中国科学技术大学数学教学丛书

微积分学习辅导

陈效群　陈秋桂　顾新身　编

科学出版社
北京

内 容 简 介

本书为《中国科学技术大学数学教学丛书》之一，是与本套丛书中的《微积分》(上、下)相匹配的学习辅导书,基本上按照其章节逐一对应编写.每节包括学习要点、解题方法和例题分析三部分，通过对大量典型例题的分析和求解，揭示微积分的解题方法、解题规律和技巧.

本书可作为理工科院校本科生学习微积分的学习辅导书以及微积分习题课的参考书,也可作为考研的复习指南.

图书在版编目（CIP）数据

微积分学习辅导/陈效群等编. —北京：科学出版社, 2004

中国科学技术大学数学教学丛书

ISBN 978-7-03- 013422-6

Ⅰ. 微… Ⅱ.陈… Ⅲ. 微积分-高等学校-教学参考资料 Ⅳ. O172

中国版本图书馆 CIP 数据核字(2004) 第 061379 号

责任编辑: 杨 波 姚莉丽 张中兴 / 责任校对: 包志虹

责任印制: 张 伟 / 封面设计: 陈 敬

科 学 出 版 社 出版

北京东黄城根北街 16 号

邮政编码：100717

http://www.sciencep.com

北京中石油彩色印刷有限责任公司 印刷

科学出版社发行 各地新华书店经销

*

2004 年 8 月第 一 版 开本: B5(720 × 1000)

2022 年 1 月第十次印刷 印张: 31 3/4

字数: 625 000

定价: 98.00 元

(如有印装质量问题，我社负责调换)

重印说明

借此次重印的机会，本书增加了一个习题选解作为附录，这是对一些读者要求的回应. 在具体做法上, 我们采取了选择部分题目详述其解的办法. 本来做一个解题提示并无不可, 然而作者发现部分学生误将解题提示当作题解本身, 此后做题三言两语仅述其旨而不实做, 长此以往恐其所获甚少, 提示也失去示范作用. 有鉴于此, 我们选取全书的约五分之一习题给出较为详细的解答, 希望补此弊端. 一般说来这些题目还是较为难解的. 当然, 不同读者对此做法会见仁见智各有不同. 唯有面对题目, 希望读者先试着自己解答, 然后对照答案. 若读者看了题解能举一反三, 更是作者乐见的, 我们应该知道完成一定数量的习题是掌握一门学科的必经之路. 此外, 作者还改进了原文的若干叙述, 调整了个别习题的顺序. 目录中带有 * 号的章节提供给授课教师选择, 学时不足时不妨略讲.

此次重印之前, 清华大学步尚全教授对本书内容提出了宝贵的意见和建议, 这里表示由衷的感谢!

作　者

2010 年 6 月

前　　言

微积分是一门非常重要的基础课. 为了帮助广大学生学好微积分这门课程, 我们根据十几年的教学经验, 编写了这本与《微积分》(上、下) 配套的辅导书.

本书基本上按着《微积分》(上、下) 的章节逐一对应编写, 指出每节的学习要点、重点与难点以及有关的基本概念、基本理论和运算技巧, 不仅有大量的问题解答及富于启发性的典型例题分析, 而且还有一题多解的灵活性例题.

本书题目论证严谨, 着重思路分析, 有的还从正、反两方面进行论证, 通过对大量有代表性的典型例题的解证, 阐述了微积分的解题方法、解题规律及运算技巧. 这样, 有助于学生对微积分基本概念、基本理论的理解, 使各章知识在头脑中形成知识网, 进而提高逻辑推理与解决问题的能力, 达到学好微积分的目的.

同时, 为了不影响读者的独立思考, 对《微积分》(上、下) 每章配置的习题, 绝大部分留给读者去完成.

本书参考了与《高等数学导论》(中国科学技术大学出版社, 1995 年) 配套的学习辅导书, 并有较大修改, 使内容与系统更加完整.

由于我们的水平有限, 本书可能有不少问题和错误, 诚恳地希望得到读者的指正.

编　者

2004 年 4 月于合肥

目 录

第 1 章　极限与连续

1.1　数 列 极 限

学 习 要 点

一、数列收敛的概念

设有数列 $\{a_n\}$ 及定数 a, 若对任意给定的正数 ε, 总存在自然数 N, 使得当 $n > N$ 时,

$$|a_n - a| < \varepsilon$$

成立, 则称数列 $\{a_n\}$ 收敛于 a, 或称 a 是数列 $\{a_n\}$ 的极限, 记作 $\lim\limits_{n\to\infty} a_n = a$ 或 $a_n \to a\ (n \to \infty)$.

二、收敛数列的重要性质

1. 收敛数列有唯一的极限.

2. 收敛的数列一定有界.

3. 设数列 $\{a_n\},\{b_n\}$ 收敛, 则有

i) $\lim\limits_{n\to\infty}(a_n \pm b_n) = \lim\limits_{n\to\infty} a_n \pm \lim\limits_{n\to\infty} b_n$;

ii) $\lim\limits_{n\to\infty}(a_n b_n) = (\lim\limits_{n\to\infty} a_n)\cdot(\lim\limits_{n\to\infty} b_n)$;

iii) 若 $\lim\limits_{n\to\infty} b_n \neq 0$, 则 $\lim\limits_{n\to\infty} \dfrac{a_n}{b_n} = \dfrac{\lim\limits_{n\to\infty} a_n}{\lim\limits_{n\to\infty} b_n}$;

iv) 若 $a_n \leq b_n$, 则 $\lim\limits_{n\to\infty} a_n \leq \lim\limits_{n\to\infty} b_n$;

v) 若 $\lim\limits_{n\to\infty} a_n < \lim\limits_{n\to\infty} b_n$, 则 $\exists$ 自然数 n_0, 使当 $n > n_0$ 时, $a_n < b_n$;

vi) $\{a_n\}$ 收敛于 a 的充要条件是 $\{a_n\}$ 的任一个子数列也收敛于 a.

三、判别数列收敛的方法

1. 利用数列收敛的定义;

2. 夹逼定理:

设 $a_n \leq c_n \leq b_n$, $\lim\limits_{n\to\infty} a_n = \lim\limits_{n\to\infty} b_n = a$, 则 $\lim\limits_{n\to\infty} c_n = a$;

3. 单调有界数列一定收敛;

4. 柯西 (Cauchy) 收敛准则:

数列 $\{a_n\}$ 收敛的充要条件是对任给的 $\varepsilon>0$, 存在自然数 N, 当 $n>N$ 时

$$|a_{n+p}-a_n|<\varepsilon,$$

对一切自然数 p 成立.

解题方法

一、利用定义证明数列收敛

这就是所谓的 "ε-N" 方法. 要证 $\lim\limits_{n\to\infty}a_n=a$, 即要证 $\forall\varepsilon>0,\exists N$, 当 $n>N$ 时, 有 $|a_n-a|<\varepsilon$.

用定义证明极限存在, 有一先决条件, 即事先得知道极限的猜测值 a, 但通常只给定了数列 $\{a_n\}$, 对它的极限不得而知, 那么如何根据 a_n 的表达式, 求出极限 a 呢? 此问题一般来说比较困难, 没有统一的方法, 只能根据具体情况进行具体的分析和处理, 有利用初等变形化为已知极限的方法等, 更多的方法有赖于人们去创造和发现.

一般方法是

1. **求最小的 N** 通过解不等式 (作等价代换), 从 $|a_n-a|<\varepsilon$ 解出 n.

2. **放大法** 有时 $|a_n-a|<\varepsilon$ 比较复杂, 不便解出 n. 可考虑将 $|a_n-a|$ 简化、适当放大, 使之成为 n 的一个新的函数, 记为 $f(n)$. 通过解 $f(n)<\varepsilon$, 求出所需的自然数 N.

3. **分步法** 有时不对 n 作某些限制, 便无法进行简化、放大. 不妨假定 n 已足够大 $n>N_1$(N_1 是某个常数), 然后放大为 $f(n)$ 解不等式 $f(n)<\varepsilon$, 求出 $n>N(\varepsilon)$. 令 $N=\max(N_1,N(\varepsilon))$, 则 $n>N$ 时, 有 $|a_n-a|<\varepsilon$.

二、利用极限的运算法则、夹逼定理以及已知的一些数列的极限

如

$$\lim_{n\to\infty}\left(1+\frac{1}{n}\right)^n=e,\quad \lim_{n\to\infty}\frac{1}{n^\alpha}=0\,(a>0),\quad \lim_{n\to\infty}\sqrt[n]{a}=1\,(a>0),$$
$$\lim_{n\to\infty}q^n=0\,(|q|<1),\quad \lim_{n\to\infty}\sqrt[n]{n}=1$$

等.

三、利用 "单调有界数列必收敛" 的定理

四、利用数列的柯西收敛准则来判断数列的敛散性

例题分析

例 1 用 "ε-N" 方法证明 $\lim\limits_{n\to\infty}\dfrac{\sin n}{n}=0$.

解题思路 $\forall\varepsilon>0$, 找 N. 由于 $\left|\frac{\sin n}{n}-0\right|=\left|\frac{\sin n}{n}\right|<\frac{1}{n}$, 当 $\frac{1}{n}<\varepsilon$ 时, $|a_n-0|<\varepsilon$ 成立, N 从简单不等式 $\frac{1}{n}<\varepsilon$ 中解出即可.

书写格式 对 $\forall\varepsilon>0$, 取 $N=\left[\frac{1}{\varepsilon}\right]+1$, 当 $n>N$ 时有

$$\left|\frac{\sin n}{n}-0\right|\leq\frac{1}{n}<\frac{1}{N}<\varepsilon.$$

由极限定义得

$$\lim_{n\to\infty}\frac{\sin n}{n}=0.$$

注 1.1 1° $|a_n-a|$ 可以放大以便解出 n, 这是因为 $\forall\varepsilon>0$, 只要找到 N 即可, 这里的 N 不是唯一的.

2° 取 $N=\left[\frac{1}{\varepsilon}\right]+1$ 使 $\forall\varepsilon>0$ 都适用, 主要是保证 N 是自然数 (因为当 $\varepsilon>1$ 时 $\left[\frac{1}{\varepsilon}\right]=0$, $\left[\frac{1}{\varepsilon}\right]+1=1$). 所以一般也写作取自然数 $N>f(\varepsilon)$, 使 $n>N$ 时 $|a_n-a|<\varepsilon$.

3° 以下题解不再叙述, 而是直接用解题格式了.

例 2 用 "ε-N" 方法证明 $\lim\limits_{n\to\infty}\frac{2n^2+3n}{5n^2+4n+1}=\frac{2}{5}$.

证 $\forall\varepsilon>0$, 取 $N=\left[\frac{1}{\varepsilon}\right]+1$, 当 $n>N$ 时, 有

$$\left|\frac{2n^2+3n}{5n^2+4n+1}-\frac{2}{5}\right|=\left|\frac{7n-2}{5(5n^2+4n+1)}\right|<\frac{7n}{25n^2}=\frac{7}{25n}<\frac{1}{n}<\varepsilon,$$

故

$$\lim_{n\to\infty}\frac{2n^2+3}{5n^2+4n+1}=\frac{2}{5}.$$

例 3 证明 $\lim\limits_{n\to\infty}0.\underbrace{999\cdots9}_{n\text{ 个}}=1$.

证 因为要 $|0.99\cdots9-1|=0.\underbrace{0\cdots0}_{n\text{ 个}}1=10^{-n}<\varepsilon$, 取 $n>\lg\frac{1}{\varepsilon}$, 所以 $\forall\varepsilon>0$, 取 N 为大于 $\lg\frac{1}{\varepsilon}$ 的自然数, 当 $n>N$ 时, 有

$$|0.99\cdots9-1|=10^{-n}<10^{-N}<10^{-\lg\frac{1}{\varepsilon}}=\varepsilon.$$

所以 $\lim\limits_{n\to\infty}0.99\cdots9=1$.

例 4 试用 ε–N 语言叙述: 数列 $\{a_n\}$ 不以 a 为极限及数列 $\{a_n\}$ 不是柯西列.

解　数列 $\{a_n\}$ 不以 a 为极限可叙述如下: 存在 $\varepsilon_0>0$, 使得对任意的自然数 N, 都存在 $n>N$, 满足 $|a_n-a|\geq\varepsilon_0$.

数列 $\{a_n\}$ 不是 Cauchy 列可叙述如下: 存在一个 $\varepsilon_0>0$, 使得对任意的自然数 N, 都至少存在一个 $n>N$ 及一个自然数 p, 满足 $|a_{n+p}-a_n|\geq\varepsilon_0$.

例 5　"对于任意给定的 $\varepsilon\in(0,1)$, 总存在整数 N, 当 $n>N$ 时恒有 $|x_n-a|\leq 2\varepsilon$" 是数列 $\{x_n\}$ 收敛到 a 的 (　　).

(A) 充分条件但非必要条件

(B) 必要条件但非充分条件

(C) 充分必要条件

(D) 既非充分条件, 又非必要条件

解　应选 (C). 先证条件的充分性. $\forall 2>\eta>0$, 取 $\varepsilon=\min\left(\frac{1}{3}\eta,\frac{\eta}{2}\right)$, 则 $\varepsilon\in(0,1)$. 由条件, 故 $\exists N$, 当 $n>N$ 时

$$|x_n-a|\leq 2\varepsilon<2\cdot\frac{\eta}{2}=\eta,$$

即

$$|x_n-a|<\eta.$$

由定义

$$\lim_{n\to\infty}x_n=a.$$

再证条件的必要性. 由 $\lim\limits_{n\to\infty}x_n=a$, $\forall\varepsilon\in(0,1),\exists N_1$, 当 $n>N_1$ 时, 有 $|x_n-a|<\varepsilon$, 即

$$|x_n-a|<\varepsilon\leq 2\varepsilon$$

成立, 即所述条件又是 $\lim\limits_{n\to\infty}x_n=a$ 的必要条件.

通过本题, 应理解 $\lim\limits_{n\to\infty}x_n=a$ 的实质是, 无论给定多么小的误差, 总存在某项数 N, 使得对位于 x_N 之后的一切项 x_n, 它与常数 a 之差的绝对值可以小到事先任意给定的无论多小的误差 ε.

例 6　证明 $\lim\limits_{n\to\infty}\frac{a^n}{n!}=0$, a 为任意实常数.

证　因为 a 是任意实常数, 一旦确定了 a 总存在自然数 N_1, 使得 $|a|\leq N_1$. 因而

$$\cdots<\frac{|a|}{N_1+2}<\frac{|a|}{N_1+1}<\frac{|a|}{N_1}\leq 1,$$

则 $\forall \varepsilon > 0$, 取 $N = \max\left\{N_1, \left[\frac{|a|^{N_1+1}}{\varepsilon}\right] + 1\right\}$, 当 $n > N$ 时, 有

$$\left|\frac{a^n}{n!} - 0\right| = \frac{|a|^n}{n!} = \frac{|a|}{n} \cdot \frac{|a|}{n-1} \cdots \frac{|a|}{N_1+1} \cdot \frac{|a|}{N_1} \cdots \frac{|a|}{1}$$
$$\leq \frac{|a|}{n} \cdot \frac{|a|}{N_1} \cdots \frac{|a|}{1} \leq \frac{|a|^{N_1+1}}{n} < \frac{|a|^{N_1+1}}{N} < \varepsilon$$

成立, 即 $\lim\limits_{n\to\infty} \frac{a^n}{n!} = 0$.

例 7 证明: 数列 $\{a_n\}$ 收敛于 a 的充分必要条件是它的奇数项及偶数项收敛于同一数 a, 即 $\lim\limits_{n\to\infty} a_n = a \Leftrightarrow \lim\limits_{n\to\infty} a_{2n+1} = a$ 和 $\lim\limits_{n\to\infty} a_{2n} = a$.

证 $(\Rightarrow)$ $\forall \varepsilon > 0$, 因为 $\lim\limits_{n\to\infty} a_n = a$, 故 $\exists N_1$, 当 $n > N_1$ 时, $|a_n - a| < \varepsilon$. 于是取 $N = \left[\frac{N_1}{2}\right] + 1$, 当 $n > N$ 时, $2n > N_1, 2n+1 > N_1$, 此时

$$|a_{2n+1} - a| < \varepsilon, \qquad |a_{2n} - a| < \varepsilon$$

同时成立. 所以

$$\lim_{n\to\infty} a_{2n+1} = a, \quad \lim_{n\to\infty} a_{2n} = a.$$

$(\Leftarrow)$ 由已知条件, $\forall \varepsilon > 0, \exists N_1 > 0$, 当 $n > N_1$ 时, $|a_{2n} - a| < \varepsilon$, 又 $\exists N_2 > 0$, 当 $n > N_2$ 时, $|a_{2n+1} - a| < \varepsilon$. 于是令 $N = \max\{2N_1, 2N_2 + 1\}$, 则 $n > N$ 时, 恒有 $|a_n - a| < \varepsilon$. 故 $\lim\limits_{n\to\infty} a_n = a$.

注 1.2 此题的结论今后常用到, 要记住.

例 8 证明: 若 $\lim\limits_{n\to\infty} a_n = a$, 则 $\lim\limits_{n\to\infty} |a_n| = |a|$. 但反之不一定成立. 试举例说明之. 但若 $\lim\limits_{n\to\infty} |a_n| = 0$, 则有 $\lim\limits_{n\to\infty} a_n = 0$. 试证之.

证 由不等式 $||a_n| - |a|| \leq |a_n - a|$, 易知若 $\lim\limits_{n\to\infty} a_n = a$, 则 $\forall \varepsilon > 0, \exists N$, 当 $n > N$ 时 $|a_n - a| < \varepsilon$, 所以 $||a_n| - |a|| \leq |a_n - a| < \varepsilon$, 故 $\lim\limits_{n\to\infty} |a_n| = |a|$.

反例: 取 $a_n = (-1)^{n-1}$, $\lim\limits_{n\to\infty} |a_n| = 1$, 但 $\lim\limits_{n\to\infty} a_n$ 不存在. 又因为 $|a_n - 0| = |a_n| = ||a_n| - 0|$, 所以当 $\lim\limits_{n\to\infty} |a_n| = 0$ 时, 一定有 $\lim\limits_{n\to\infty} a_n = 0$.

例 9 设 $\lim\limits_{n\to\infty} a_n = 0$, 则 $\lim\limits_{n\to\infty} e^{a_n} = 1$.

证 要证 $\lim\limits_{n\to\infty} e^{a_n} = 1$, 只要 $\forall \varepsilon > 0$, 找 N, 使当 $n > N$ 时有 $|e^{a_n} - 1| < \varepsilon$, 即

$$1 - \varepsilon < e^{a_n} < 1 + \varepsilon.$$

不妨设 $0 < \varepsilon < 1$ (否则 $\forall \varepsilon > 1$, 取 $\varepsilon_1 > 0$ 使 $\varepsilon_1 < 1$, 且 $\varepsilon_1 < \varepsilon$, 当 $|e^{a_n} - 1| < \varepsilon_1$ 时, 自然有 $|e^{a_n} - 1| < \varepsilon$). 于是只要

$$\ln(1 - \varepsilon) < a_n < \ln(1 + \varepsilon). \tag{1}$$

由于 $\lim\limits_{n\to\infty} a_n = 0$, 故对 $\varepsilon_2 = \min\{|\ln(1-\varepsilon)|, \ln(1+\varepsilon)\}$, 存在自然数 N, 当 $n > N$ 时, $|a_n| < \varepsilon_2$, $-\varepsilon_2 < a_n < \varepsilon_2$ 就满足上述不等式 (1). 反推上去就有 $\lim\limits_{n\to\infty} e^{a_n} = 1$.

注 1.3 本题顺序叙述如下.

$\forall\, 0 < \varepsilon < 1$, 取 $\varepsilon_2 = \min\{-\ln(1-\varepsilon), \ln(1+\varepsilon)\}$, 由 $\lim\limits_{n\to\infty} a_n = 0$ 知, 存在 N, 当 $n > N$ 时, $|a_n| < \varepsilon_2$, 即

$$\ln(1-\varepsilon) \le -\varepsilon_2 < a_n < \varepsilon_2 \le \ln(1+\varepsilon).$$

于是

$$1-\varepsilon < e^{a_n} < 1+\varepsilon,$$

即

$$|e^{a_n} - 1| < \varepsilon.$$

由此立即得 $\lim\limits_{n\to\infty} e^{a_n} = 1$.

例 10 证明: 若 $\lim\limits_{n\to\infty} a_n = a$, 且 $a > 0$, 则 $\lim\limits_{n\to\infty} \sqrt[k]{a_n} = \sqrt[k]{a}$, 其中 k 为正整数.

证 由于 k 为正整数. 当 $a_n > 0$ 时, 可利用等式

$$(\sqrt[k]{a_n} - \sqrt[k]{a})(\sqrt[k]{a_n^{k-1}} + \sqrt[k]{a_n^{k-2}a} + \cdots + \sqrt[k]{a_n a^{k-2}} + \sqrt[k]{a^{n-1}}) = a_n - a.$$

因为 $\lim\limits_{n\to\infty} a_n = a$, 而 $a > 0$, 由收敛数列的性质, 存在自然数 N_1, 当 $n > N_1$ 时 $a_n > 0$, 从而

$$\sqrt[k]{a_k^{k-1}} + \sqrt[k]{a_n^{k-2}a} + \cdots + \sqrt[k]{a_n a^{k-2}} + \sqrt[k]{a^{k-1}} > \sqrt[k]{a^{k-1}} > 0.$$

$\forall \varepsilon > 0$, $\exists$ 自然数 N_2, 当 $n > N_2$ 时, $|a_n - a| < \sqrt[k]{a^{k-1}}\varepsilon$. 取 $N = \max\{N_1, N_2\}$, 则当 $n > N$ 时

$$\begin{aligned}|\sqrt[k]{a_n} - \sqrt[k]{a}| &= \frac{|a_n - a|}{\sqrt[k]{a_n^{k-1}} + \sqrt[k]{a_k^{k-2}a} + \cdots + \sqrt[k]{a_n a^{k-2}} + \sqrt[k]{a^{k-1}}} \\ &< \frac{\sqrt[k]{a^{k-1}}\varepsilon}{\sqrt[k]{a^{k-1}}} = \varepsilon.\end{aligned}$$

于是 $\lim\limits_{n\to\infty} \sqrt[k]{a_n} = \sqrt[k]{a}$.

例 11 证明下列极限.

(1) 若 $\lim\limits_{n\to\infty} a_n = a$, 则 $\lim\limits_{n\to\infty} \dfrac{a_1 + a_2 + \cdots + a_n}{n} = a$.

(2) 若 $\lim\limits_{n\to\infty} a_n = a$, 则 $\lim\limits_{n\to\infty} \dfrac{a_1 + 2a_2 + \cdots + na_n}{n^2} = \dfrac{a}{2}$.

(3) 若 $\lim\limits_{n\to\infty} a_n = a$, 且 $a_n > 0$, 则 $\lim\limits_{n\to\infty} \sqrt[n]{a_1 \cdots a_n} = a$.

(4) 已知 $\left\{S_n=\sum\limits_{k=1}^{n}a_k\right\}$ 收敛, 求证 $\lim\limits_{n\to\infty}\frac{1}{n}\sum\limits_{k=1}^{n}ka_k=0$.

证 (1) $\forall\varepsilon>0$, 因为 $\lim\limits_{n\to\infty}a_n=a$, 故 $\exists N_1$, 当 $n>N_1$ 时, $|a_n-a|<\varepsilon/2$. 固定 N_1, 记 $M=|a_1-a|+\cdots+|a_{N_1}-a|$ 为常数, 因此, 有 $\lim\limits_{n\to\infty}\frac{M}{n}=0$. 于是 $\exists N_2$, 当 $n>N_2$ 时, $\frac{M}{n}<\frac{\varepsilon}{2}$. 取 $N=\max\{N_1,N_2\}$, 当 $n>N$ 时, 有

$$\begin{aligned}&\left|\frac{a_1+a_2+\cdots+a_n}{n}-a\right|\\=&\frac{|a_1-a+a_2-a+\cdots+a_{N_1}-a+a_{N_1+1}-a+\cdots+a_n-a|}{n}\\\leqslant&\frac{|a_1-a|+|a_2-a|+\cdots+|a_{N_1}-a|}{n}+\frac{|a_{N_1+1}-a|+\cdots+|a_n-a|}{n}\\<&\frac{M}{n}+\frac{n-N_1}{n}\cdot\frac{\varepsilon}{2}<\frac{\varepsilon}{2}+\frac{\varepsilon}{2}=\varepsilon.\end{aligned}$$

即得

$$\lim_{n\to\infty}\frac{a_1+a_2+\cdots+a_n}{n}=a.$$

注 1.4 此题的结论对许多极限题都有指导作用, 其证明方法也是常用的, 掌握此方法是很有用的. 下面两个例题都用了此题的结论.

(2) **方法 1** (利用上题结论)

设 $b_1=a_1,b_2=b_3=a_2,b_4=b_5=b_6=a_3,\cdots,b_{\frac{n(n-1)}{2}+1}=\cdots=b_{\frac{n(n+1)}{2}}=a_n,\cdots$, 得一新数列 $\{b_n\}$, 易证 $\lim\limits_{n\to\infty}b_n=a=\lim\limits_{n\to\infty}a_n$. 由上题结果

$$\lim_{n\to\infty}\frac{b_1+b_2+\cdots+b_{\frac{n(n+1)}{2}}}{\frac{n(n+1)}{2}}=\lim_{n\to\infty}b_n=a,$$

而

$$\begin{aligned}\lim_{n\to\infty}\frac{a_1+2a_2+\cdots+na_n}{n^2}&=\lim_{n\to\infty}\frac{b_1+b_2+\cdots+b_{\frac{n(n+1)}{2}}}{\frac{n(n+1)}{2}}\cdot\frac{n(n+1)}{2n^2}\\&=a\cdot\frac{1}{2}=\frac{a}{2}.\end{aligned}$$

方法 2 (ε-N 法)

因为 $\lim\limits_{n\to\infty}a_n=a$, 故 $\forall\varepsilon>0$, $\exists N_1$, 当 $n>N_1$ 时, $|a_n-a|<\frac{\varepsilon}{3}$, 固定 N_1, 记 $M=|a_1-a|+\cdots+N_1|a_{N_1}-a|$, 则 M 是一个常数, 因此 $\lim\limits_{n\to\infty}\frac{M}{n^2}=0$. 同时, 又有 $\lim\limits_{n\to\infty}\frac{|a|}{n}=0$, 所以 $\exists N_2$, 当 $n>N_2$ 时, $\frac{M}{n^2}<\frac{\varepsilon}{3}$, $\frac{|a|}{n}<\frac{\varepsilon}{3}$ 成立. 取

$N=\max\{N_1,N_2\}$, 当 $n>N$ 时, 就有

$$\begin{aligned}
&\left|\frac{a_1+2a_2+\cdots+na_n}{n^2}-\frac{a}{2}\right| \\
=&\frac{\left|a_1+2a_2+\cdots+na_n-\dfrac{n^2}{2}a\right|}{n^2} \\
=&\left|\frac{(a_1-a)+2(a_2-a)+\cdots+N_1(a_{N_1}-a)}{n^2}\right. \\
&\left.+\frac{(N_1+1)(a_{N_1+1}-a)+\cdots+n(a_n-a)+\dfrac{n}{2}a}{n^2}\right| \\
\leq&\frac{|a_1-a|+2|a_2-a|+\cdots+N_1|a_{N_1}-a|}{n^2}+\frac{(N_1+1)|a_{N_1+1}-a|+\cdots+n|a_n-a|}{n^2}+\frac{|a|}{2n} \\
<&\frac{M}{n^2}+\frac{(N_1+1)+\cdots+n}{n^2}\cdot\frac{\varepsilon}{3}+\frac{|a|}{2n} \\
<&\frac{\varepsilon}{3}+\frac{\varepsilon}{3}+\frac{\varepsilon}{3}=\varepsilon.
\end{aligned}$$

即

$$\lim_{n\to\infty}\frac{a_1+2a_2+\cdots+na_n}{n^2}=\frac{a}{2}.$$

(3) 因为 $a_n>0$, $\lim\limits_{n\to\infty}a_n=a$, 则 $a\geq 0$. 下面分情况讨论.

i) $a=0$. 由不等式

$$0<\sqrt[n]{a_1a_2\cdots a_n}\leq\frac{a_1+a_2+\cdots+a_n}{n}$$

及前面例题的结论

$$\lim_{n\to\infty}\frac{a_1+\cdots+a_n}{n}=\lim_{n\to\infty}a_n=a=0,$$

立即有

$$\lim_{n\to\infty}\sqrt[n]{a_1a_2\cdots a_n}=0=a.$$

ii) $a>0$. $\lim\limits_{n\to\infty}a_n=a$, 则 $\lim\limits_{n\to\infty}\dfrac{1}{a_n}=\dfrac{1}{a}$. 再由不等式

$$\frac{n}{\dfrac{1}{a_1}+\dfrac{1}{a_2}+\cdots+\dfrac{1}{a_n}}\leq\sqrt[n]{a_1\cdots a_n}\leq\frac{a_1+a_2+\cdots+a_n}{n}$$

及极限

$$\lim_{n\to\infty}\frac{n}{\dfrac{1}{a_1}+\dfrac{1}{a_2}+\cdots+\dfrac{1}{a_n}}=\lim_{n\to\infty}\frac{1}{\dfrac{\dfrac{1}{a_1}+\dfrac{1}{a_2}+\cdots+\dfrac{1}{a_n}}{n}}$$

$$=\frac{1}{\lim\limits_{n\to\infty}\dfrac{1}{a_n}}=\frac{1}{\dfrac{1}{a}}=a,$$

$$\lim_{n\to\infty}\frac{a_1+\cdots+a_n}{n}=a,$$

以及夹逼定理, 知

$$\lim_{n\to\infty}\sqrt[n]{a_1\cdots a_n}=a.$$

(4) 设 $\lim\limits_{n\to\infty}S_n=S$. 由 (1) 结论得 $\lim\limits_{n\to\infty}\dfrac{S_1+S_2+\cdots+S_{n-1}}{n-1}=S$. 而

$$\begin{aligned}\sum_{k=1}^{n}ka_k&=a_1+2a_2+\cdots+na_n\\&=a_1+a_2+\cdots+a_n\\&\qquad+a_2+\cdots+a_n\\&\qquad\cdots\cdots\\&\qquad\qquad+a_n\\&=S_n+(S_n-S_1)+\cdots+(S_n-S_{n-1})\\&=nS_n-(S_1+S_2+\cdots+S_{n-1}),\end{aligned}$$

因此

$$\begin{aligned}\lim_{n\to\infty}\frac{1}{n}\sum_{k=1}^{n}ka_k&=\lim_{n\to\infty}\left(S_n-\frac{S_1+\cdots S_{n-1}}{n}\right)\\&=\lim_{n\to\infty}S_n-\lim_{n\to\infty}\frac{S_1+\cdots+S_{n-1}}{n-1}\cdot\frac{n-1}{n}\\&=S-S=0.\end{aligned}$$

下面用两边夹法则解题.

要点: 当极限不易直接求出时, 可考虑将求极限的数列, 作适当地放大和缩小, 使放大、缩小所得的新数列, 易于求极限, 且两者的极限值相同, 则原极限存在, 且等于此公共值.

例 12 求下列极限:

(1) 设 $\alpha>0$, β 是实数, 求 $\lim\limits_{n\to\infty}\left(1+\dfrac{1}{n^{\alpha}}\right)^{\beta}$;

(2) 当 $0<k<1$ 时, 试证 $\lim\limits_{n\to\infty}[(n+1)^k-n^k]=0$;

(3) 求 $\lim\limits_{n\to\infty}(\sqrt{n+\sqrt{n}}-\sqrt{n})$.

解 (1) 1° 当 $0\le\beta<1$ 时, 由不等式

$$1<\left(1+\frac{1}{n^\alpha}\right)^\beta<1+\frac{1}{n^\alpha}$$

及

$$\lim_{n\to\infty}\left(1+\frac{1}{n^\alpha}\right)=1,$$

再由两边夹定理立即得到

$$\lim_{n\to\infty}\left(1+\frac{1}{n^\alpha}\right)^\beta=1.$$

2° 对一般实数 β, 总存在唯一的整数 m 及实数 r, $0\le r<1$, 使得

$$\beta=m+r,$$

(事实上, 取 $m=[\beta]$, $r=\beta-[m]$ 即可.)

$$\left(1+\frac{1}{n^\alpha}\right)^\beta=\left(1+\frac{1}{n^\alpha}\right)^m\left(1+\frac{1}{n^\alpha}\right)^r.$$

由 1°,

$$\lim_{n\to\infty}\left(1+\frac{1}{n^\alpha}\right)^r=1.$$

而

$$\lim_{n\to\infty}\left(1+\frac{1}{n^\alpha}\right)^m=\left(\lim_{n\to\infty}\left(1+\frac{1}{n^\alpha}\right)\right)^m=1,$$

故

$$\lim_{n\to\infty}\left(1+\frac{1}{n^\alpha}\right)^\beta=1.$$

(2)

$$(n+1)^k-n^k=n^k\left[\left(1+\frac{1}{n}\right)^k-1\right].$$

因为 $0<k<1$, 所以

$$1<\left(1+\frac{1}{n}\right)^k<1+\frac{1}{n},$$

即

$$0<\left(1+\frac{1}{n}\right)^k-1<\frac{1}{n}.$$

可得

$$0<(n+1)^k-n^k<n^k\cdot\frac{1}{n}=\frac{1}{n^{1-k}}.$$

因为 $1-k>0$, 所以

$$\lim_{n\to\infty}\frac{1}{n^{1-k}}=0,$$

所以

$$\lim_{n\to\infty}[(n+1)^k-n^k]=0.$$

(3) 因为

$$\begin{aligned}\sqrt{n+\sqrt{n}}-\sqrt{n}&=\sqrt{n}\left(\sqrt{1+\frac{1}{\sqrt{n}}}-1\right)\\&=\sqrt{n}\cdot\frac{1+\dfrac{1}{\sqrt{n}}-1}{\sqrt{1+\dfrac{1}{\sqrt{n}}}+1}=\frac{1}{\sqrt{1+\dfrac{1}{\sqrt{n}}}+1},\end{aligned}$$

所以

$$\lim_{n\to\infty}(\sqrt{n+\sqrt{n}}-\sqrt{n})=\lim_{n\to\infty}\frac{1}{\sqrt{1+\dfrac{1}{\sqrt{n}}}+1}$$

$$=\frac{1}{\lim\limits_{n\to\infty}\sqrt{1+\dfrac{1}{\sqrt{n}}}+1}=\frac{1}{2}.$$

例 13 求下列极限:

(1) $\lim\limits_{n\to\infty}\left(\dfrac{1}{2}+\dfrac{3}{2^2}+\dfrac{5}{2^3}+\cdots+\dfrac{2n-1}{2^n}\right)$;

(2) $\lim\limits_{n\to\infty}\left(\dfrac{n}{n^2+1^2}+\dfrac{n}{n^2+2^n}+\cdots+\dfrac{n}{n^2+n^2}\right)$;

(3) $\lim\limits_{n\to\infty}\dfrac{1^p+2^p+\cdots+n^p}{n^{p+1}}$ $(p>1)$.

一般 n 项和, 当 $n\to\infty$ 时的极限的求解方法有:

1° 利用特殊级数求和法;

2° 利用幂级数求和法;

3° 利用定积分定义求极限;

4° 利用夹逼定理求极限.

解题提示 (i) n 个项按递增或递减排列的, 一般用夹逼定理求解.

(ii) 若每一项可提一个 $\frac{1}{n}$, 提出 $\frac{1}{n}$ 后剩下的可表示为一个和式, 可考虑用定积分定义求解.

解 (1) 此题与前面有点区别. 因为其极限值不能一眼看出, 所以需要作些变形.

方法 1

$$
\begin{aligned}
2a_n &= 1+\frac{3}{2}+\frac{5}{2^2}+\cdots+\frac{2n-1}{2^{n-1}}\\
&= 1+\frac{1+2}{2}+\frac{3+2}{2^2}+\cdots+\frac{2(n-1)-1+2}{2^{n-1}}\\
&= 1+\left(\frac{1}{2}+\frac{3}{2^2}+\cdots+\frac{2(n-1)-1}{2^{n-1}}\right)+\left(1+\frac{1}{2}+\cdots+\frac{1}{2^{n-2}}\right)\\
&= 1+\left(a_n-\frac{2n-1}{2^n}\right)+\frac{1-\left(\frac{1}{2}\right)^{n-1}}{1-\frac{1}{2}}.
\end{aligned}
$$

移项得

$$
\begin{aligned}
a_n &= 1-\frac{2n-1}{2^n}+2\left(1-\frac{1}{2^{n-1}}\right)=3-\frac{2n-1}{2^n}-\frac{1}{2^{n-2}}\\
&= 3-\frac{n}{2^{n-1}}-\frac{3}{2^n}.
\end{aligned}
$$

因为 $\lim\limits_{n\to\infty}\frac{n}{2^n}=0$, $\lim\limits_{n\to\infty}\frac{1}{2^n}=0$, 所以有

$$
\lim_{n\to\infty}a_n=3.
$$

方法 2

$$
\begin{aligned}
a_n &= \frac{1}{2}+\frac{3}{2^2}+\cdots+\frac{2n-3}{2^{n-1}}+\left(\frac{2n-1}{2^n}+\frac{2n+3}{2^n}\right)-\frac{2n+3}{2^n}\\
&= \frac{1}{2}+\frac{3}{2^2}+\cdots+\frac{2n-3}{2^{n-1}}+\frac{2n+1}{2^{n-1}}-\frac{2n+3}{2^n}\\
&= \frac{1}{2}+\frac{3}{2^2}+\cdots+\frac{2n-5}{2^{n-2}}+\frac{2n-1}{2^{n-2}}-\frac{2n+3}{2^n}\\
&\cdots\cdots\\
&= \frac{1}{2}+\frac{3}{2^2}+\frac{7}{2^2}-\frac{2n+3}{2^n}\\
&= 3-\frac{n}{2^{n-1}}-\frac{3}{2^n}.
\end{aligned}
$$

故

$$
\lim_{n\to\infty}a_n=\lim_{n\to\infty}\left(3-\frac{n}{2^{n-1}}-\frac{3}{2^n}\right)=3.
$$

方法 3 原式 $=\sum_{n=1}^{\infty}\frac{2n-1}{2^n}$.

令

$$f(x)=\sum_{n=1}^{\infty}\frac{2n-1}{2^n}x^{2n-2},$$

则

$$\begin{aligned}f(x)&=\left(\sum_{n=1}^{\infty}\int_0^x\frac{2n-1}{2^n}x^{2n-2}\mathrm{d}\,x\right)'=\left(\frac{1}{x}\sum_{n=1}^{\infty}\left(\frac{x^2}{2}\right)^n\right)'\\&=\left(\frac{1}{x}\cdot\frac{\frac{x^2}{2}}{1-\frac{x^2}{2}}\right)'=\left(\frac{x}{2-x^2}\right)'=\frac{2+x^2}{(2-x^2)^2},\end{aligned}$$

故原极限 $=f(1)=\left.\frac{2+x^2}{(2-x^2)^2}\right|_{x=1}=3.$

(2) 原式 $=\lim\limits_{n\to\infty}\frac{1}{n}\sum_{i=1}^{n}\frac{1}{1+\left(\frac{i}{n}\right)^2}=\int_0^1\frac{1}{1+x^2}\mathrm{d}\,x=\frac{\pi}{4}.$

(因为 $f(x)=\frac{1}{1+x^2}$ 在 $[0,1]$ 上连续, 所以可积, 把 $[0,1]$ 分成 n 等份 $\Delta x_i=\frac{1}{n}$, 分点 $x_i=\frac{i}{n}$.)

(3) 原式 $=\lim\limits_{n\to\infty}\sum_{i=1}^{n}\left(\frac{i}{n}\right)^p\cdot\frac{1}{n}=\int_0^1x^p\mathrm{d}\,x=\left.\frac{1}{p+1}x^{p+1}\right|_0^1=\frac{1}{p+1}.$

例 14 求 $\lim\limits_{n\to\infty}\left(\frac{1}{(n+1)^\alpha}+\cdots+\frac{1}{(2n)^\alpha}\right)$, $\alpha>1$.

解 由于

$$2n=n+n>n+(n-1)>\cdots>n+1>n,$$

且 $\alpha>1$, 故有不等式

$$0<\frac{1}{(n+1)^\alpha}+\cdots+\frac{1}{(2n)^\alpha}<\frac{1}{n^\alpha}+\cdots+\frac{1}{n^\alpha}=\frac{n}{n^\alpha}=\frac{1}{n^{\alpha-1}},$$

而 $\lim\limits_{n\to\infty}\frac{1}{n^{\alpha-1}}=0$ $(\alpha-1>0)$, 由夹逼定理得

$$\lim_{n\to\infty}\left(\frac{1}{(n+1)^\alpha}+\cdots+\frac{1}{(2n)^\alpha}\right)=0.$$

注 1.5 对 $\alpha=1$ 时, 今后可用定积分定义求得

$$\lim_{n\to\infty}\left(\frac{1}{n+1}+\frac{1}{n+2}+\cdots+\frac{1}{n+n}\right)=\ln 2.$$

例 15 若 $\lim\limits_{n\to\infty} a_n = a$, 则 $\lim\limits_{n\to\infty} \dfrac{[na_n]}{n} = a$ ($[x]$ 表示不超过 x 的最大整数).

证 由 $[na_n]$ 的含义知,

$$na_n - 1 < [na_n] \le na_n,$$

故

$$\frac{na_n - 1}{n} < \frac{[na_n]}{n} \le \frac{na_n}{n} = a_n.$$

而

$$\lim_{n\to\infty} \frac{na_n - 1}{n} = \lim_{n\to\infty} \left(a_n - \frac{1}{n}\right) = \lim_{n\to\infty} a_n - 0 = a,$$

所以

$$\lim_{n\to\infty} \frac{[na_n]}{n} = a.$$

例 16 已知 $\lim\limits_{n\to\infty} \dfrac{\ln n}{n} = 0$, 求证 $\lim\limits_{n\to\infty} \dfrac{\ln n}{n^k} = 0$ $(k > 0)$.

证 由于

$$\frac{\ln n}{n^k} = \frac{\ln n^k}{kn^k},$$

而

$$[n^k] \le n^k < [n^k] + 1,$$

故有不等式

$$\frac{[n^k]}{[n^k]+1} \cdot \frac{\ln[n^k]}{[n^k]} = \frac{\ln[n^k]}{[n^k]+1} < \frac{\ln n^k}{n^k} < \frac{\ln([n^k]+1)}{[n^k]}$$
$$= \frac{\ln([n^k]+1)}{[n^k]+1} \cdot \frac{[n^k]+1}{[n^k]}.$$

又当 $n \to \infty$ 时 $[n^k] \to \infty$, 且 $[n^k]$ 为 n 的一个子列, 以及

$$\lim_{n\to\infty} \frac{\ln n}{n} = 0,$$

可知

$$\lim_{n\to\infty} \frac{\ln[n^k]}{[n^k]} = 0, \quad \lim_{n\to\infty} \frac{\ln([n^k]+1)}{[n^k]+1} = 0.$$

又

$$\lim_{n\to\infty} \frac{[n^k]+1}{[n^k]} = \lim_{n\to\infty} \left(1 + \frac{1}{[n^k]}\right) = 1,$$

因此也有

$$\lim_{n\to\infty} \frac{[n^k]}{[n^k]+1} = 1.$$

所以

$$\lim_{n\to\infty}\left(\frac{[n^k]}{[n^k]+1}\cdot\frac{\ln[n^k]}{[n^k]}\right)=1\cdot 0=0,$$
$$\lim_{n\to\infty}\left(\frac{\ln([n^k]+1)}{[n^k]+1}\cdot\frac{[n^k]+1}{[n^k]}\right)=0\cdot 1=0.$$

再由夹逼定理, 得

$$\lim_{n\to\infty}\frac{\ln n^k}{n^k}=0.$$

因而

$$\lim_{n\to\infty}\frac{\ln n}{n^k}=\frac{1}{k}\lim_{n\to\infty}\frac{\ln n^k}{n^k}=0.$$

例 17 已知 $a_n>0, n=1,2,\cdots$, 且 $\lim\limits_{n\to\infty}\dfrac{a_1+2a_2+\cdots+na_n}{\sqrt{n}}=a$. 试证

$$\lim_{n\to\infty}\sqrt{n}\sqrt[n]{a_1\cdots a_n}=0.$$

证

$$\begin{aligned}0<\sqrt{n}\cdot\sqrt[n]{a_1\cdots a_n}&=\frac{\sqrt{n}}{\sqrt[n]{n!}}\sqrt[n]{a_1\cdot(2a_2)\cdots(na_n)}\\&\le\frac{\sqrt{n}}{\sqrt[n]{n!}}\frac{a_1+2a_2+\cdots+na_n}{n}\\&=\frac{1}{\sqrt[n]{n!}}\frac{a_1+2a_2+\cdots+na_n}{\sqrt{n}},\end{aligned}$$

而

$$\lim_{n\to\infty}\frac{1}{\sqrt[n]{n!}}=\lim_{n\to\infty}\sqrt[n]{1\cdot\frac{1}{2}\cdots\frac{1}{n}}=\lim_{n\to\infty}\frac{1}{n}=0.$$

又

$$\lim_{n\to\infty}\frac{a_1+2a_2+\cdots+na_n}{\sqrt{n}}=a,$$

由夹逼定理知,

$$\lim_{n\to\infty}\sqrt{n}\sqrt[n]{a_1a_2\cdots a_n}=0.$$

例 18 证明下列数列收敛:

(1) $a_n=\left(1+\dfrac{1}{2}\right)\left(1+\dfrac{1}{2^2}\right)\cdots\left(1+\dfrac{1}{2^n}\right)$;

(2) $a_n=\dfrac{1}{2}\cdot\dfrac{3}{4}\cdots\dfrac{2n-1}{2n}$;

(3) $a_n=\dfrac{1}{1^2+1}+\dfrac{1}{2^2+1}+\cdots+\dfrac{1}{n^2+1}$.

提示　这几题都可利用单调有界数列有极限的性质来证, 一般 n 项求积, 求 $n\to\infty$ 时的极限的方法有

1° 夹逼定理;

2° 分子、分母同乘以一个因子, 使之出现连锁反应;

3° 把通项拆开, 使各项相乘过程中中间项相消;

4° 利用对数恒等式化为 n 项和形式.

证　(1) 由于

$$\frac{a_{n+1}}{a_n}=1+\frac{1}{2^{n+1}}>1,$$

则 $\{a_n\}$ 是单调增数列. 再利用几何平均小于算术平均值, 证有界性. 又

$$\begin{aligned}a_n&=\left(1+\frac{1}{2}\right)\left(1+\frac{1}{2^2}\right)\cdots\left(1+\frac{1}{2^n}\right)\\&<\left[\frac{\left(1+\frac{1}{2}\right)+\left(1+\frac{1}{2^2}\right)+\cdots+\left(1+\frac{1}{2^n}\right)}{n}\right]^n\\&=\left[1+\frac{1}{n}\frac{\frac{1}{2}\left(1-\frac{1}{2^n}\right)}{1-\frac{1}{2}}\right]^n<\left(1+\frac{1}{n}\right)^n<e,\end{aligned}$$

有上界, 故数列 $\{a_n\}$ 收敛.

(2) 由

$$\frac{a_{n+1}}{a_n}=\frac{2n+1}{2n+2}<1,$$

因此 $\{a_n\}$ 单调减, 而显然 $a_n>0$, 有下界, 所以 $\{a_n\}$ 收敛.

(3) 由于

$$a_{n+1}-a_n=\frac{1}{(n+1)^2+1}>0,$$

所以 $\{a_n\}$ 是单调增数列, 而

$$\begin{aligned}a_n&=\frac{1}{1^2+1}+\frac{1}{2^2+1}+\cdots+\frac{1}{n^2+1}\\&<\frac{1}{1^2}+\frac{1}{2^2}+\cdots+\frac{1}{n^2}\\&<1+\frac{1}{1\cdot 2}+\frac{1}{2\cdot 3}+\cdots+\frac{1}{(n-1)n}\\&=1+\left(1-\frac{1}{2}\right)+\left(\frac{1}{2}-\frac{1}{3}\right)+\cdots+\left(\frac{1}{n-1}-\frac{1}{n}\right)\\&=2-\frac{1}{n}<2,\end{aligned}$$

有上界, 故 $\{a_n\}$ 收敛.

例 19 求下列极限:

(1) $\lim\limits_{n\to\infty}\left(1-\dfrac{1}{2^2}\right)\left(1-\dfrac{1}{3^2}\right)\cdots\left(1-\dfrac{1}{n^2}\right)$;

(2) $\lim\limits_{n\to\infty}\dfrac{1}{n}\sqrt[n]{n!}$;

(3) $\lim\limits_{n\to\infty}\cos\dfrac{x}{2}\cos\dfrac{x}{4}\cdots\cos\dfrac{x}{2^n}\ (x\neq 0)$.

解 (1) 因为

$$1-\frac{1}{k^2}=\frac{(k-1)(k+1)}{k^2}=\frac{k-1}{k}\cdot\frac{k+1}{k},$$

所以

$$\begin{aligned}&\lim_{n\to\infty}\left(1-\frac{1}{2^2}\right)\left(1-\frac{1}{3^2}\right)\cdots\left(1-\frac{1}{n^2}\right)\\=&\lim_{n\to\infty}\left(\frac{1}{2}\cdot\frac{3}{2}\right)\left(\frac{2}{3}\cdot\frac{4}{3}\right)\cdots\left(\frac{n-1}{n}\cdot\frac{n+1}{n}\right)\\=&\lim_{n\to\infty}\frac{1}{2}\cdot\frac{n+1}{n}=\frac{1}{2}.\end{aligned}$$

(2) 令

$$a_1=\left(\frac{2}{1}\right)^1,\ a_2=\left(\frac{3}{2}\right)^2,\ \cdots,\ a_n=\left(\frac{n+1}{n}\right)^n,$$

则

$$\lim_{n\to\infty}a_n=e,\quad \sqrt[n]{a_1\cdots a_n}=\frac{n+1}{\sqrt[n]{n!}}.$$

由前结论

$$\lim_{n\to\infty}\sqrt[n]{a_1\cdots a_n}=\lim_{n\to\infty}a_n,$$

即

$$\lim_{n\to\infty}\frac{n+1}{\sqrt[n]{n!}}=e,$$

所以

$$\lim_{n\to\infty}\frac{\sqrt[n]{n!}}{n}=\lim_{n\to\infty}\left[\frac{n+1}{n}\cdot\frac{1}{\dfrac{n+1}{\sqrt[n]{n!}}}\right]=\frac{1}{e}.$$

(3)

$$\begin{aligned}\text{原极限}&=\lim_{n\to\infty}\frac{2^n\sin\dfrac{x}{2^n}\cos\dfrac{x}{2}\cos\dfrac{x}{4}\cdots\cos\dfrac{x}{2^n}}{2^n\sin\dfrac{x}{2^n}}\\&=\lim_{n\to\infty}\frac{2^{n-1}\cos\dfrac{x}{2}\cos\dfrac{x}{4}\cdots\left(2\cos\dfrac{x}{2^n}\sin\dfrac{x}{2^n}\right)}{2^n\sin\dfrac{x}{2^n}}\end{aligned}$$

$$= \lim_{n\to\infty} \frac{2^{n-2}\cos\frac{x}{2}\cos\frac{x}{4}\cdots\left(2\cos\frac{x}{2^{n-1}}\sin\frac{x}{2^{n-1}}\right)}{2^n\sin\frac{x}{2^n}}$$

$$\cdots\cdots$$

$$= \lim_{n\to\infty}\frac{\sin x}{2^n\sin\frac{x}{2^n}} \xlongequal{\sin\frac{x}{2^n}\sim\frac{x}{2^n}} \lim_{n\to\infty}\frac{\sin x}{2^n\cdot\frac{x}{2^n}} = \frac{\sin x}{x}.$$

例 20　已知 $\lim\limits_{n\to\infty} a_n = a$. 求证 $\lim\limits_{n\to\infty}\sin a_n = \sin a$.

证　由于

$$|\sin a_n - \sin a| = 2\left|\cos\frac{a_n+a}{2}\sin\frac{a_n-a}{2}\right| \le 2\left|\sin\frac{a_n-a}{2}\right|$$
$$\le 2\cdot\frac{|a_n-a|}{2} = |a_n-a|,$$

要使 $|\sin a_n - \sin a| < \varepsilon$, 只要 $|a_n - a| < \varepsilon$.

$\forall\varepsilon>0$, 由于 $\lim\limits_{n\to\infty} a_n = a$, 因此存在自然数 N, 当 $n>N$ 时, $|a_n-a|<\varepsilon$, 即 $|\sin a_n - \sin a| < \varepsilon$.

于是 $\lim\limits_{n\to\infty}\sin a_n = \sin a$. 证毕.

例 21　设 $a_n = \underbrace{\sin\sin\cdots\sin}_{n\text{ 个}} n$, 求证 $\{a_n\}$ 收敛, 并求其极限值.

证　因为 $-\frac{\pi}{2} < -1 \le \sin n \le 1 < \frac{\pi}{2}$ 对任意的 n 成立, 而 $\sin x$ 在 $\left[-\frac{\pi}{2},\frac{\pi}{2}\right]$ 上单调增. 所以

$$-\sin 1 \le \sin\sin n \le \sin 1,$$

$$\cdots\cdots$$

$$-\underbrace{\sin\sin\cdots\sin}_{n-1\text{ 个}} 1 \le \underbrace{\sin\sin\cdots\sin}_{n\text{ 个}} n \le \underbrace{\sin\sin\cdots\sin}_{n-1\text{ 个}} 1.$$

令 $b_n = \underbrace{\sin\sin\cdots\sin}_{n-1\text{ 个}} 1$.

下证 b_n 极限存在且为 0.

$$b_1 = 1 > 0, \quad b_2 = \sin 1 < 1 < \frac{\pi}{2} \quad 且 \quad b_2 > 0.$$

假设 $0 < b_k < \frac{\pi}{2}$, 则

$$b_{k+1} = \sin b_k < b_k \quad 且 \quad b_{k+1} > 0.$$

所以对任何自然数 n, 有

$$0 < b_{n+1} < b_n < \frac{\pi}{2},$$

即数列 $\{b_n\}$ 单调减且有下界 0. 因此 $\{b_n\}$ 收敛.

设极限为 b, 即

$$\lim_{n\to\infty} b_n = b.$$

则由前题结论

$$\lim_{n\to\infty} \sin b_n = \sin b.$$

由于

$$b_{n+1} = \sin b_n,$$

故得

$$b = \sin b, \quad 且\ 0 \le b \le \frac{\pi}{2}.$$

而当 $b > 0$ 时,

$$b > \sin b = b,$$

矛盾, 所以只有 $b = 0$, 即

$$\lim_{n\to\infty} b_n = 0.$$

而

$$-b_n \le a_n \le b_n,$$

所以

$$\lim_{n\to\infty} a_n = 0.$$

例 22 设 $a_1 = \frac{c}{2}$, $a_{n+1} = \frac{c}{2} + \frac{a_n^2}{2}$, $0 \le c \le 1, n = 1, 2, \cdots$, 求证 $\{a_n\}$ 收敛, 并求 $\lim\limits_{n\to\infty} a_n$.

提示 此类问题的解题顺序:

1° 直接对通项进行分析或数学归纳法验证 $\{a_n\}$ 单调有界;

2° 设 $\{a_n\}$ 的极限存在, 记为 $\lim\limits_{n\to\infty} a_n = A$. 代入给定 a_n 的表达式中, 则该式变为 A 的代数方程, 解之即得数列的极限.

证 先证 $\{a_n\}$ 单调有界. 因为 $0 \le c \le 1$, 所以 $0 \le c^2 \le c \le 1$, $a_1 = \frac{c}{2} \le c$, $a_1^2 \le c$, $a_1 = \frac{c}{2} \le a_2 = \frac{c}{2} + \frac{a_1^2}{2} \le \frac{c}{2} + \frac{c}{2} = c$, 即 $a_1 \le a_2 \le c$.

现用归纳法证 $c \ge a_{n+1} \ge a_n$. $n = 1$ 时, 已证. 设 $n = k$ 时, $c \ge a_{k+1} \ge a_k$ 成立, 则当 $n = k + 1$ 时, 有

$$a_{k+2} = \frac{c}{2} + \frac{a_{k+1}^2}{2} \le \frac{c}{2} + \frac{a_{k+1}c}{2} \le \frac{c}{2} + \frac{a_{k+1}}{2} \le \frac{c}{2} + \frac{c}{2} = c,$$

$$a_{k+2} = \frac{c}{2} + \frac{a_{k+1}^2}{2} \ge \frac{c}{2} + \frac{a_k^2}{2} = a_{k+1},$$

即 $n=k+1$ 时结论成立. 故 $\{a_n\}$ 单调增有上界 c, 故一定收敛.

下面求 $\lim\limits_{n\to\infty} a_n$. 设 $\lim\limits_{n\to\infty} a_n = a$, 则 $\lim\limits_{n\to\infty} a_{n+1} = a$, 而 $a_{n+1}=\dfrac{c}{2}+\dfrac{a_n^2}{2}$, 故有

$$a=\frac{c}{2}+\frac{a^2}{2},$$

即

$$a^2-2a+c=0.$$

解方程得 $a=1\pm\sqrt{1-c^2}$. 又因为 $a_n\leq c\leq 1$, 故 $a\leq 1$, $1+\sqrt{1-c^2}$ 不合题意, 只有 $a=1-\sqrt{1-c^2}$, 即

$$\lim_{n\to\infty} a_n = 1-\sqrt{1-c^2}.$$

例 23　证明: 若 $\lim\limits_{n\to\infty} a_n = a$, $\lim\limits_{n\to\infty} b_n = b$, 则

$$\lim_{n\to\infty}\frac{a_1b_n+a_2b_{n-1}+\cdots+a_nb_1}{n}=ab.$$

提示　有时为了将未知的极限化简, 或转化为已知的极限, 可根据极限式子的特点, 适当引入新变量, 以替换原有的变量, 求原来的极限过程, 转化为求新的极限过程.

证　令

$$a_n=a+c_n,\qquad b_n=b+d_n,$$

则

$$\lim_{n\to\infty} c_n=0,\qquad \lim_{n\to\infty} d_n=0.$$

则

$$\begin{aligned}&\frac{a_1b_n+a_2b_{n-1}+\cdots+a_nb_1}{n}\\=&\frac{(a+c_1)(b+d_n)+(a+c_2)(b+d_{n-1})+\cdots+(a+c_n)(b+d_1)}{n}\\=&ab+a\frac{d_1+d_2+\cdots+d_n}{n}+b\frac{c_1+c_2+\cdots+c_n}{n}+\frac{c_1d_n+c_2d_{n-1}+\cdots+c_nd_1}{n}.\end{aligned}$$

由前面的例题结论

$$\lim_{n\to\infty}\frac{d_1+\cdots+d_n}{n}=\lim_{n\to\infty} d_n=0,$$
$$\lim_{n\to\infty}\frac{c_1+c_2+\cdots+c_n}{n}=\lim_{n\to\infty} c_n=0.$$

现证最后一项极限亦为 0.

因为 $\lim\limits_{n\to\infty} c_n = 0$, 故 $\{c_n\}$ 有界, 即 $\exists M > 0$, 使得 $|c_n| \le M(\forall n \in \mathbf{N})$. 故

$$\begin{aligned}0 &< \left|\frac{c_1 d_n + c_2 d_{n-1} + \cdots + c_n d_1}{n}\right| \\ &\le M\frac{|d_n| + |d_{n-1}| + \cdots + |d_1|}{n} \longrightarrow 0,\end{aligned}$$

从而

$$\lim_{n\to\infty}\frac{a_1 b_n + a_2 b_{n-1} + \cdots + a_n b_1}{n} = ab.$$

例 24 设$a_1>1, a_{n+1}=2-\dfrac{1}{a_n}$, $n = 1, 2, \cdots$, 试证数列$\{a_n\}$收敛, 并求其极限.

解 因为

$$a_{n+1} - a_n = 2 - \frac{1}{a_n} - a_n = \frac{-(a_n - 1)^2}{a_n},$$

以及 $a_1 > 1$, 于是

$$a_2 = 2 - \frac{1}{a_1} > 2 - 1 = 1.$$

假设 $a_n > 1$, 就有

$$a_{n+1} = 2 - \frac{1}{a_n} > 1.$$

由归纳法知 $a_n > 1$, 且 $a_{n+1} - a_n < 0$, 即 $\{a_n\}$ 单调减且有下界 1, 因此收敛.

设其极限为 a, 则 $a\ge 1$. 由 $a_{n+1} = 2 - \dfrac{1}{a_n}$, 取极限 $a = 2 - \dfrac{1}{a}$, 得 $(a-1)^2 = 0$, $a = 1$, 即 $\lim\limits_{n\to\infty} a_n = 1$.

例 25 设 $c>0, a_1>0, a_{n+1}=\dfrac{1}{2}\left(a_n+\dfrac{c}{a_n}\right)$, 试证明 $\lim\limits_{n\to\infty} a_n$ 存在, 并求其值.

证 先证 $\{a_n\}$ 单调有界. 利用算术平均值大于几何平均值. 因为

$$a_2 = \frac{1}{2}\left(a_1 + \frac{c}{a_1}\right) \ge \sqrt{a_1 \cdot \frac{c}{a_1}} = \sqrt{c} > 0,$$

若 $a_k \ge \sqrt{c} > 0$, 则有

$$a_{k+1} = \frac{1}{2}\left(a_k + \frac{c}{a_k}\right) \ge \sqrt{a_k \cdot \frac{c}{a_k}} = \sqrt{c} > 0.$$

由归纳法知, 当 $n \ge 2$ 时, 有 $a_n \ge \sqrt{c}$. 又因为

$$a_{n+1} = \frac{1}{2}\left(a_n + \frac{c}{a_n}\right) \le \frac{1}{2}\left(a_n + \frac{a_n^2}{a_n}\right) = a_n,$$

所以 $\{a_n\}$ 是单调减的, 且有下界 $\sqrt{c}$. 因此 $\lim\limits_{n\to\infty} a_n$ 存在.

设 $\lim\limits_{n\to\infty} a_n = a \ge 0$, 再利用

$$a_{n+1} = \frac{1}{2}\left(a_n + \frac{c}{a_n}\right),$$

两边取极限, 得

$$a=\frac{1}{2}\left(a+\frac{c}{a}\right).$$

解此方程, 得 $a=\pm\sqrt{c}$, 而 $-\sqrt{c}<0$ 不合题意. 所以

$$\lim_{n\to\infty}a_n=a=\sqrt{c}.$$

例 26 设 $0<a_n<1$, 且适合 $(1-a_n)a_{n+1}>\frac{1}{4}$, 证明 $\{a_n\}$ 是单调增数列, 并求 $\lim\limits_{n\to\infty}a_n$.

证 由 $0<a_n<1$ 知,

$$0<1-a_n<1,$$

而

$$a_{n+1}>\frac{1}{4}\cdot\frac{1}{1-a_n},$$

于是

$$a_{n+1}-a_n>\frac{1}{4}\cdot\frac{1}{1-a_n}-a_n=\frac{(2a_n-1)^2}{4(1-a_n)}\geq 0,$$

即 $\{a_n\}$ 单调增, 又由假设有上界 1, 故 $\{a_n\}$ 收敛.

设 $\lim\limits_{n\to\infty}a_n=a$. 由关系式 $a_{n+1}(1-a_n)>\frac{1}{4}$ 知, a 满足不等式

$$a(1-a)\geq\frac{1}{4},$$

即

$$\left(a-\frac{1}{2}\right)^2\leq 0.$$

故只有 $a=\frac{1}{2}$, 即 $\lim\limits_{n\to\infty}a_n=\frac{1}{2}$.

例 27 求证 $\lim\limits_{n\to\infty}\frac{n^k}{a^n}=0,\ a>1,\ k$ 为正整数.

证 设 $a_n=\frac{n^k}{a^n}$, 于是

$$\frac{a_{n+1}}{a_n}=\frac{1}{a}\left(\frac{n+1}{n}\right)^k=\frac{1}{a}\left(1+\frac{1}{n}\right)^k\xrightarrow[n\to\infty]{}\frac{1}{a}<1,$$

故当 n 充分大时,

$$\frac{\left(1+\frac{1}{n}\right)^k}{a}<1,$$

且有

$$a_{n+1}<a_n.$$

因此 $\{a_n\}$ 从某项开始为递减数列. 又 $a_n>0$, $\{a_n\}$ 有下界, 因此 $\{a_n\}$ 收敛, 设其极限为 x. 利用关系

$$a_{n+1}=\left(1+\frac{1}{n}\right)^k\cdot\frac{a_n}{a},$$

知 $x=\dfrac{x}{a}$, 故 $x=0$. 即 $\lim\limits_{n\to\infty}\dfrac{n^k}{a^n}=0$.

注 1.6 另外还有一种数列, 虽然从总体来看不是单调的, 但其子数列有单调的性质. 证明其子数列单调有界且有相同的极限, 则也同样可证数列收敛.

例 28 设 $a_0=1, a_{n+1}=1+\dfrac{1}{a_n}$, $n=0,1,2,\cdots$, 求证 $\{a_n\}$ 收敛, 并求 $\lim\limits_{n\to\infty}a_n$.

解 首先有

$$a_0=1,\quad a_1=2,\quad a_2=\frac{3}{2},\quad a_3=\frac{5}{3},$$

可以看出

$$1=a_0<a_2<a_3<a_1\leq 2.$$

假设当 $n=k$ 时有

$$1\leq a_{2k}<a_{2k+2}<a_{2k+3}<a_{2k+1}\leq 2,$$

则当 $n=k+1$ 时, 有

$$\begin{aligned}
a_{2k+4}&=1+\frac{1}{a_{2k+3}}>1+\frac{1}{a_{2k+1}}=a_{2k+2}\geq 1,\\
a_{2k+4}&=1+\frac{1}{a_{2k+3}}<1+\frac{1}{a_{2k+2}}=a_{2k+3}\leq 2,\\
a_{2k+5}&=1+\frac{1}{a_{2k+4}}>1+\frac{1}{a_{2k+3}}=a_{2k+4}\geq 1,\\
a_{2k+5}&=1+\frac{1}{a_{2k+4}}<1+\frac{1}{a_{2k+2}}=a_{2k+3}\leq 2,
\end{aligned}$$

即有

$$1\leq a_{2(k+1)}<a_{2k+4}<a_{2k+5}<a_{2k+3}\leq 2.$$

故有

$$\begin{aligned}
&1=a_0<a_2<a_4<\cdots<a_{2n}<a_{2n+1}\leq 2,\\
&2=a_1>a_3>a_5>\cdots>a_{2n+1}>a_{2n}\geq 1.
\end{aligned}$$

$\{a_n\}$ 的偶子列 $\{a_{2k}\}$ 单调增有上界 2, 奇子列 $\{a_{2k+1}\}$ 单调减有下界 1, 故 $\lim\limits_{k\to\infty}a_{2k}$, $\lim\limits_{k\to\infty}a_{2k+1}$ 存在, 分别设为 x 和 y. 又由 $a_{2k}=1+\dfrac{1}{a_{2k-1}}$ 及 $a_{2k+1}=1+\dfrac{1}{a_{2k}}$,

得到 $x=1+\dfrac{1}{y}$ 和 $y=1+\dfrac{1}{x}$, 且 $1\le x\le 2$, $1\le y\le 2$. 立即解出 $x=y=\dfrac{1+\sqrt{5}}{2}$. 再由前面的例题, 奇数项与偶数项收敛于同一数, 则数列收敛于 $\lim\limits_{n\to\infty}a_n=\dfrac{1+\sqrt{5}}{2}$.

注 1.7

$$
\begin{aligned}
a_{n+1}&=1+\frac{1}{a_n}=1+\cfrac{1}{1+\cfrac{1}{a_{n-1}}}=1+\cfrac{1}{1+\cfrac{1}{1+\cfrac{1}{a_{n-2}}}}\\
&=\cdots\longrightarrow\frac{\sqrt{5}+1}{2},
\end{aligned}
$$

实际上就是连分数 $1+\cfrac{1}{1+\cfrac{1}{1+\cfrac{1}{1+\cdots}}}$ 的值为 $\dfrac{\sqrt{5}+1}{2}$.

同理可证

$$
\sqrt{1+\sqrt{1+\sqrt{1+\cdots}}}=\lim_{n\to\infty}a_n=\frac{1+\sqrt{5}}{2},
$$

a_n 满足 $a_0=1$, $a_{n+1}=\sqrt{1+a_n}$, $n=0,1,2,\cdots$.

有时, 可以将几个有关系的数列一起讨论, 同时求出它们的极限. 见下例.

例 29　设 $0<a_1<b_1<c_1$, $a_{n+1}=\dfrac{3}{\dfrac{1}{a_n}+\dfrac{1}{b_n}+\dfrac{1}{c_n}}$, $b_{n+1}=\sqrt[3]{a_nb_nc_n}$, $c_{n+1}=\dfrac{a_n+b_n+c_n}{3}$, $n=1,2,\cdots$. 试证数列 $\{a_n\}$, $\{b_n\}$, $\{c_n\}$ 都收敛, 而且有相同的极限 (该极限称为数 a_1,b_1,c_1 的“调和 – 几何 – 算术” 平均数).

证　由

$$
0<a_1<b_1<c_1
$$

及不等式

$$
\frac{3}{\dfrac{1}{a_n}+\dfrac{1}{b_n}+\dfrac{1}{c_n}}<\sqrt[3]{a_nb_nc_n}<\frac{a_n+b_n+c_n}{3}
$$

知, 对任何自然数 n, 有

$$
0<a_n<b_n<c_n,
$$

且

$$
\begin{aligned}
a_{n+1}&=\frac{3}{\dfrac{1}{a_n}+\dfrac{1}{b_n}+\dfrac{1}{c_n}}>\frac{3}{\dfrac{1}{a_n}+\dfrac{1}{a_n}+\dfrac{1}{a_n}}=a_n,\\
c_{n+1}&=\frac{a_n+b_n+c_n}{3}<\frac{c_n+c_n+c_n}{3}=c_n,
\end{aligned}
$$

故 $\{a_n\}$ 单调增, $\{c_n\}$ 单调减, 即

$$0 < a_1 < a_2 < \cdots < a_{n-1} < a_n < c_n < c_{n-1} < \cdots < c_2 < c_1,$$

并且 $a_n < c_1, c_n > a_1$ 都有界, 所以 $\{a_n\}, \{c_n\}$ 是收敛数列.

设

$$\lim_{n\to\infty} a_n = a, \quad \lim_{n\to\infty} c_n = c,$$

则

$$0 < a \leq c < c_1,$$

从

$$c_{n+1} = \frac{a_n + b_n + c_n}{3},$$

解得

$$b_n = 3c_{n+1} - a_n - c_n,$$

故 $\lim\limits_{n\to\infty} b_n$ 存在, 设为 b. 于是有

$$b = 2c - a,$$

再从

$$b_{n+1} = \sqrt[3]{a_n b_n c_n},$$

得到

$$b^3 = abc,$$

而 $b \geq a > 0$, 即

$$b^2 = ac,$$

于是

$$b^2 = a \cdot \frac{a+b}{2}.$$

移项, 并分解因式得

$$(a+2b)(a-b) = 0.$$

从而

$$a = b, \quad c = \frac{a+b}{2} = a,$$

即 $a = b = c$.

例 30 试判断下列数列的敛散性:

(1) $a_n=\dfrac{\sin 2}{2(2+\sin 2!)}+\dfrac{\sin 3}{3(3+\sin 3!)}+\cdots+\dfrac{\sin n}{n(n+\sin n!)}$, $n=2,3,\cdots$;

(2) $a_n=\alpha_0+\alpha_1 q+\alpha_2 q^2+\cdots+\alpha_n q^n$, $n=1,2,\cdots$, 其中 $|\alpha_k|<M, k=0,1,\cdots$, 而 $0<|q|<1$;

(3) $a_n=\sin 1+\sin\dfrac{1}{2}+\cdots+\sin\dfrac{1}{n}$.

解 (1) 因为

$$\begin{aligned}|a_{n+p}-a_n|&=\left|\frac{\sin(n+1)}{(n+1)(n+1+\sin(n+1)!)}+\cdots+\frac{\sin(n+p)}{(n+p)(n+p+\sin(n+p)!)}\right|\\&\le\frac{|\sin(n+1)|}{(n+1)(n+1+\sin(n+1)!)}+\cdots+\frac{|\sin(n+p)|}{(n+p)(n+p+\sin(n+p)!)}\\&\le\frac{1}{(n+1)n}+\cdots+\frac{1}{(n+p)(n+p-1)}\\&=\left(\frac{1}{n}-\frac{1}{n+1}\right)+\cdots+\left(\frac{1}{n+p-1}-\frac{1}{n+p}\right)\\&=\frac{1}{n}-\frac{1}{n+p}<\frac{1}{n},\end{aligned}$$

所以 $\forall\varepsilon>0$, 可以取 $N=\left[\dfrac{1}{\varepsilon}\right]+1$.

当 $n>N$ 时, 对任意自然数 p, 有 $|a_{n+p}-a_n|<\dfrac{1}{n}<\varepsilon$. 由柯西准则, 故 $\{a_n\}$ 收敛.

(2) 因为对 $q\neq 0$, 有

$$\begin{aligned}|a_{n+p}-a_n|&=\left|\alpha_{n+1}q^{n+1}+\alpha_{n+2}q^{n+2}+\cdots+\alpha_{n+p}q^{n+p}\right|\\&\le|\alpha_{n+1}||q|^{n+1}+|\alpha_{n+2}||q|^{n+2}+\cdots+|\alpha_{n+p}||q|^{n+p}\\&\le M|q|^{n+1}(1+|q|+\cdots+|q|^{p-1})\\&=M|q|^{n+1}\frac{1-|q|^p}{1-|q|}<\frac{M|q|^{n+1}}{1-|q|},\end{aligned}$$

$|q|<1, 1>1-|q|>0$, 故 $\forall\varepsilon>0$, 取 N 为大于 $\log_{|q|}\dfrac{\varepsilon(1-|q|)}{M}$ 的自然数, 当 $n>N$ 时

$$|a_{n+p}-a_n|<\frac{M|q|^n}{1-|q|}<\frac{M|q|^N}{1-|q|}<\frac{M}{1-|q|}\cdot\frac{\varepsilon(1-|q|)}{M}=\varepsilon,$$

对一切自然数 p 成立.

当 $q=0$ 时, $a_n\equiv\alpha_0, |a_{n+p}-a_n|=0<\varepsilon$, 也对一切自然数 p 成立. 于是, 当 $|q|<1$ 时, 数列 $\{a_n=\alpha_0+\alpha_1 q+\alpha_2 q^2+\cdots+\alpha_n q^n\}$ 收敛.

(3) **分析** 已知 $\left\{b_n=1+\dfrac{1}{2}+\cdots+\dfrac{1}{n}\right\}$ 是发散数列, 又虽有 $0<\sin x<x(0<x<\dfrac{\pi}{2})$ 成立, 但当 x 很小时, $\sin x$ 与 x 相差极小, 故 a_n 可能与 b_n 一样是

发散的. 为此, 须进一步找出 $\sin\frac{1}{n}$ 与 $\frac{1}{n}$ 的关系.

由不等式

$$0<\sin x<x<\tan x \qquad \left(0<x<\frac{\pi}{2}\text{ 时}\right)$$

取倒数, 得

$$\frac{1}{\sin x}>\frac{1}{x}>\frac{\cos x}{\sin x},$$

于是

$$x>\sin x>x\cos x.$$

进一步, 当 $0<x<\frac{\pi}{3}$ 时, $\cos x>\frac{1}{2}$, 就有 $\sin x>\frac{x}{2}$. 而 $\frac{1}{n}\leq 1<\frac{\pi}{3}$, 故

$$\sin\frac{1}{n}>\frac{1}{2n},\quad n=1,2,\cdots.$$

而

$$\begin{aligned}|a_{n+p}-a_n|&=\sin\frac{1}{n+1}+\sin\frac{1}{n+2}+\cdots+\sin\frac{1}{n+p}\\&>\frac{1}{2}\left(\frac{1}{n+1}+\frac{1}{n+2}+\cdots+\frac{1}{n+p}\right)>\frac{1}{2}\cdot\frac{p}{n+p},\end{aligned}$$

当取 $p=n$ 时, 有 $|a_{2n}-a_n|>\frac{1}{4}$. 故对 $\varepsilon_0=\frac{1}{4}$, 无论 n 取多么大, 只要 $p=n$, 都有 $|a_{n+p}-a_n|>\frac{1}{4}=\varepsilon_0$. 由柯西准则, 这证明了 $\{a_n\}$ 是发散的.

例 31 设有数列 $\{a_n\}$, 令 $T_n=|a_1|+\cdots+|a_n|$, $S_n=a_1+\cdots+a_n$, 若 $\{T_n\}$ 收敛, 则 $\{S_n\}$ 收敛.

证 $\forall\varepsilon>0$, 由于 $\{T_n\}$ 收敛, 故 $\exists N$, 当 $n>N$ 时, 不等式

$$|T_{n+p}-T_n|=|a_{n+1}|+|a_{n+2}|+\cdots+|a_{n+p}|<\varepsilon$$

对一切自然数 p 成立. 而

$$\begin{aligned}|S_{n+p}-S_n|&=|a_{n+1}+a_{n+2}+\cdots+a_{n+p}|\\&\leq|a_{n+1}|+|a_{n+2}|+\cdots+|a_{n+p}|=|T_{n+p}-T_n|.\end{aligned}$$

故 $\forall$ 自然数 p, $|S_{n+p}-S_n|<\varepsilon$ 也成立. 由柯西准则, $\{S_n\}$ 收敛.

例 32 设 $\{a_n\}$ 是单调减数列, $S_n=a_1+a_2+\cdots+a_n$, $n=1,2,\cdots$, 若 $\{S_n\}$ 收敛, 则 $\lim\limits_{n\to\infty}na_n=0$.

证 因 $\{S_n\}$ 收敛, 故存在一个数 S, 使得

$$\lim_{n\to\infty}S_n=S,\quad \lim_{n\to\infty}S_{n-1}=S,$$

由此得

$$\lim_{n\to\infty} a_n = \lim_{n\to\infty}(S_n - S_{n-1}) = \lim_{n\to\infty} S_n - \lim_{n\to\infty} S_{n-1} = S - S = 0,$$

再由 $\{a_n\}$ 单调减, 得 $a_n \geq 0$.

由 $\{S_n\}$ 收敛, 根据柯西准则, $\forall\varepsilon > 0$, 对 $\dfrac{\varepsilon}{2} > 0$, $\exists N$, 使对一切自然数 p, 只要 $n > N$, 就有

$$|S_{n+p} - S_n| < \frac{\varepsilon}{2},$$

于是当 $n > N$ 时,

$$2na_{2n} \leq 2(a_{n+1} + a_{n+2} + \cdots + a_{2n}) = 2|S_{n+n} - S_n| < 2\cdot\frac{\varepsilon}{2} = \varepsilon,$$

$$(2n+1)a_{2n+1} \leq 2(n+1)a_{2n} \leq 2(a_{n+1} + a_{n+2} + \cdots + a_{2n+1}) < 2\cdot\frac{\varepsilon}{2} = \varepsilon.$$

于是, $\forall\varepsilon > 0$, 取 $N_1 = 2N$, 只要 $n > N_1$ 就有

$$|na_n| = na_n < \varepsilon,$$

这就是

$$\lim_{n\to\infty} na_n = 0.$$

1.2　函数极限

学习要点

一、函数的概念

1. 函数的定义: 设有两个变量 x 和 y, 变量 x 的取值区域为 D, 若对 D 中的每一个 x 值按照一定的法则, 变量 y 有一个确定的值与之对应, 则称变量 y 为变量 x 的函数, 记作 $y = f(x)$. 取值区域 D 称为函数的定义域.

2. 函数概念的两要素: (1) 定义域 D; (2) 对应关系 f.

函数的表示法只与定义域和对应关系有关, 而与用什么字母表示无关, 即 $f(x), f(t), f(n), \cdots$ 都表示同一个函数.

3. 函数的基本性质: (1) 周期性;(2) 有界性;(3) 单调性; (4) 奇偶性.

二、函数极限的概念

1. 函数在某一点的极限 (D 为 x 的定义域)

$\lim\limits_{x\to x_0} f(x) = A \overset{\text{定义}}{\Longleftrightarrow} \forall\varepsilon > 0, \exists\,\delta > 0$, 当 $0 < |x - x_0| < \delta$ 时, 恒有 $|f(x) - A| < \varepsilon$.

2. 函数在一点的单侧极限

左极限 $f(x_0-0)=\lim\limits_{x\to x_0^-}f(x)=A \overset{\text{定义}}{\Longleftrightarrow} \forall\varepsilon>0,\exists\,\delta>0$, 当 $x_0-\delta<x<x_0$ 时, 有 $|f(x)-A|<\varepsilon$.

右极限 $f(x_0+0)=\lim\limits_{x\to x_0^+}f(x)=A \overset{\text{定义}}{\Longleftrightarrow} \forall\varepsilon>0,\exists\,\delta>0$, 当 $x_0<x<x_0+\delta$ 时, 有 $|f(x)-A|<\varepsilon$.

3. 函数在无穷远处的极限 (设 $|x|$ 充分大时, $f(x)$ 有定义)

$$\lim_{x\to\infty}f(x)=A \overset{\text{定义}}{\Longleftrightarrow} \forall\varepsilon>0,\ \exists\Delta>0,\ \text{当 } |x|>\Delta \text{ 时, 恒有 } |f(x)-A|<\varepsilon;$$

$$\lim_{x\to+\infty}f(x)=A \overset{\text{定义}}{\Longleftrightarrow} \forall\varepsilon>0,\ \exists\Delta>0,\ \text{当 } x>\Delta \text{ 时, 恒有 } |f(x)-A|<\varepsilon;$$

$$\lim_{x\to-\infty}f(x)=A \overset{\text{定义}}{\Longleftrightarrow} \forall\varepsilon>0,\ \exists\Delta>0,\ \text{当 } x<-\Delta \text{ 时, 恒有 } |f(A)-A|<\varepsilon.$$

4. 函数趋于“无穷” (或说函数发散到无穷, 或说无穷大量)

设 $f(x)$ 在 x_0 的某邻域内有定义.

$\lim\limits_{x\to x_0}f(x)=+\infty \overset{\text{定义}}{\Longleftrightarrow} \forall E>0,\ \exists\delta>0$, 当 $0<|x-x_0|<\delta$ 时, 恒有 $f(x)>E$.

$\lim\limits_{x\to x_0}f(x)=-\infty \overset{\text{定义}}{\Longleftrightarrow} \forall E>0,\ \exists\delta>0$, 当 $0<|x-x_0|<\delta$ 时, 恒有 $f(x)<-E$.

$\lim\limits_{x\to x_0}f(x)=\infty \overset{\text{定义}}{\Longleftrightarrow} \forall E>0,\ \exists\delta>0$, 当 $0<|x-x_0|<\delta$ 时, 恒有 $|f(x)|>E$.

此处 $x\to x_0$ 可改成 $x\to x_0^+$, $x\to x_0^-$, $x\to\infty$, $x\to+\infty$, $x\to-\infty$ 等, 例如容易写出 $\lim\limits_{x\to\infty}f(x)=+\infty$ 的定义.

在某极限过程下, $f(x)$ 趋于“无穷”, 也称为 $f(x)$ 发散到“无穷”或称 $f(x)$ 为 (该极限过程下的) 无穷大量.

5. 无穷小量

若某极限过程之下, 函数极限 (或数列极限) 为 0, 则称该函数 (数列) 是该极限过程之下的的无穷小量.

同一极限过程之下无穷大量的倒数是无穷小量, 反之, 若在该极限过程之下, 无穷小量不取零值, 则该无穷小量的倒数为无穷大量.

某极限过程之下, $f(x)$ 以 l 为极限, 当且仅当在该极限过程之下 $f(x)-l$ 是无穷小量.

三、函数极限的性质

1. 有界性与唯一性

i) 若 $\lim\limits_{x\to x_0}f(x)$ 存在有限, 则 $f(x)$ 在 x_0 附近有界, 即 $\exists\delta$ 和 M 大于 0, 使当 $0<|x-x_0|<\delta$ 时, $|f(x)|<M$;

ii) 若 $\lim\limits_{x\to x_0} f(x)$ 存在, 则极限是唯一的.

2. **四则运算性质**

设 $\lim\limits_{x\to x_0} f(x)=A$, $\lim\limits_{x\to x_0} g(x)=B$, A, B 为实数, 则

i) $\lim\limits_{x\to x_0}[f(x)\pm g(x)]=\lim\limits_{x\to x_0} f(x)\pm\lim\limits_{x\to x_0} g(x)=A\pm B$;

ii) $\lim\limits_{x\to x_0}[f(x)\cdot g(x)]=\lim\limits_{x\to x_0} f(x)\cdot\lim\limits_{x\to x_0} g(x)=A\cdot B$;

iii) 若 B 不为 0, 则 $\lim\limits_{x\to x_0}\dfrac{f(x)}{g(x)}=\dfrac{\lim\limits_{x\to x_0} f(x)}{\lim\limits_{x\to x_0} g(x)}=\dfrac{A}{B}$.

3. **比较大小性**

设 $\lim\limits_{x\to x_0} f(x)=A$, $\lim\limits_{x\to x_0} g(x)=B$, 若 $A>B$, 则 $\exists\delta>0$, 使当 $0<|x-x_0|<\delta$ 时, $f(x)>g(x)$.

特别, 当 $A>0$ 时, 则 $\exists\delta>0$, 当 $0<|x-x_0|<\delta$ 时, $f(x)>0$. 又若在 x_0 的附近 $f(x)\geq g(x)$, 则 $A\geq B$.

4. **夹逼准则**

设在 x_0 附近有 $f(x)\leq h(x)\leq g(x)$, 若 $\lim\limits_{x\to x_0} f(x)=\lim\limits_{x\to x_0} g(x)=A$, 则 $\lim\limits_{x\to x_0} h(x)=A$.

四、函数极限存在的判别与计算

1. 利用定义, 即 “ε-δ” 方法.

2. 利用函数极限的性质, 及复合函数的极限.

设

$$\lim_{x\to x_0} f(x)=l,\quad \lim_{t\to t_0} g(t)=x_0,$$

且在 t_0 的某去心邻域中, $g(t)\neq x_0$, 则

$$\lim_{t\to t_0} f(g(t))=l=\lim_{x\to x_0} f(x).$$

3. 利用

$$\lim_{x\to x_0} f(x)=A \iff \lim_{x\to x_0^-} f(x)=\lim_{x\to x_0^+} f(x)=A,$$

即

$$f(x_0-0)=f(x_0+0)=A.$$

4. 利用柯西准则, $f(x)$ 在点 x_0 处极限存在的充要条件是 $\forall\varepsilon>0$, $\exists\delta>0$, 使当 $0<|x_1-x_0|<\delta$, $0<|x_2-x_0|<\delta$ 时, $|f(x_1)-f(x_2)|<\varepsilon$ 成立.

5. 利用单调有界函数在每一点处都有左极限和右极限.

6. 利用函数极限与数列极限的关系:

$\lim\limits_{x\to x_0} f(x)=A \iff$ 对满足 $\lim\limits_{n\to\infty} x_n = x_0(x_n\neq x_0, n=1,2,\cdots)$ 的任何数列 $\{x_n\}$, 都有 $\lim\limits_{n\to\infty} f(x_n)=A$.

7. 利用两个重要极限及常用极限:

$$\lim_{x\to 0}\frac{\sin x}{x}=1,\ \lim_{x\to\infty}\left(1+\frac{1}{x}\right)^x=e,$$

$$\lim_{x\to 0}(1+x)^{\frac{1}{x}}=e,\ \lim_{x\to+\infty} x^{\frac{1}{x}}=1,\ \lim_{x\to+\infty}\frac{x^k}{e^x}=0\,(k>0),$$

$$\lim_{x\to+\infty}\frac{\ln x}{x^k}=0\,(k>0),\ \lim_{x\to 0^+} x^k\ln x=0\,(k>0).$$

8. 利用无穷小的性质及无穷小量的等价代换求极限, 即设 $\alpha(x)$ 和 $\beta(x)$ 是当 $x\to x_0$ 时的等价无穷小量, 如果

$$\lim_{x\to x_0}\alpha(x)u(x)=l,\quad \lim_{x\to x_0}\frac{v(x)}{\alpha(x)}=l',$$

则

$$\lim_{x\to x_0}\beta(x)u(x)=l,\quad \lim_{x\to x_0}\frac{v(x)}{\beta(x)}=l'.$$

解题方法

1. 利用定义求函数极限.

就是用所谓的 "ε-δ" 语言来证明函数的极限, 用定义证明极限存在, 有一先决条件, 即事先得知道极限的猜测值 A. 知道了 A 的值后, 对任给的正数 ε, 根据需要找出一个 δ(不是唯一的), 使 $0<|x-x_0|<\delta$ 时, $|f(x)-A|<\varepsilon$ 成立, 同数列极限相同, δ 是根据不等式 $|f(x)-A|<\varepsilon$ 来找出的, 它也有一条放大的主线.

2. 利用定义和性质证明极限不存在.

3. 利用四则运算性质和复合函数的极限求极限.

4. 应用两个重要极限及一些已知重要极限求极限.

5. 应用夹逼定理等.

6. 利用无穷小的性质及无穷小量的等价代换求极限.

常用的等价无穷小量有

当 $x\to 0$ 时, $\sin x\sim x$, $\arcsin x\sim x$, $\tan x\sim x$, $1-\cos x\sim\dfrac{x^2}{2}$, $e^x-1\sim x$, $\ln(1+x)\sim x$, $a^x-1\sim x\ln a$, $(1+x)^\mu-1\sim\mu x$.

例题分析

例 1 填空: 与 $f(x)=\ln x$ 等价的函数是 (　　).

(A) $\sqrt{\ln^2 x}$ (B) $(\sqrt{\ln x})^2$ (C) $\frac{1}{2}\ln x^2$

(D) $y=\ln(-u)$ 与 $u=-x$ 的复合函数

解 $f(x)$ 的定义域: $x>0$.

(A) $\sqrt{\ln^2 x}=|\ln x|=\begin{cases}\ln x, & x\geq 1,\\ -\ln x, & 0<x<1.\end{cases}$ (A) 与 $f(x)$ 的对应关系不同.

(B) $(\sqrt{\ln x})^2=\ln x$, 定义域 $x\geq 1$. (B) 与 $f(x)$ 的定义域不同.

(C) $\frac{1}{2}\ln x^2=\ln|x|$, 定义域 $x\neq 0$. (C) 与 $f(x)$ 的定义域不同.

(D) 复合函数为 $y=\ln(-(-x))=\ln x$, 定义域是 $x>0$.

函数关系只与其定义域和对应法则有关, 与用什么字母表示无关, 根据函数两要素, 对应关系与定义域, 故选 (D).

例 2 设 $f\left(\frac{x}{x-2}\right)=x-2$, 其中 $x\neq 1, x\neq 2$, 求 $f(x)$.

解 由于函数表示法与用什么字母表示无关, 故可令

$$t=\frac{x}{x-2},$$

解出

$$x=\frac{2t}{t-1}.$$

代入到函数方程, 得

$$f(t)=x-2=\frac{2t}{t-1}-2=\frac{2}{t-1},$$

所以

$$f(x)=\frac{2}{x-1}.$$

例 3 解答题:

(1) 如果函数 $f(x)$ 与 $g(x)$ 均是以整数为周期的周期函数, 问 $f(x)+g(x)$ 与 $f(x)\cdot g(x)$ 是否仍为周期函数?

(2) 如果函数 $f(x)$ 与 $g(x)$ 均为区间 (a,b) 上的无界函数, 问 $f(x)+g(x)$, $f(x)\cdot g(x)$ 是否仍为 (a,b) 上的无界函数?

(3) 如果函数 $f(x)$ 为偶函数, $g(x)$ 为奇函数, $g(f(x)), g(g(x))$ 有定义, 问 $f(x)+g(x)$, $f(x)\cdot g(x)$ 及复合函数 $g(f(x)), g(g(x))$ 的奇偶性如何?

解 (1) $f(x)+g(x)$ 与 $f(x)\cdot g(x)$ 仍为周期函数. 设 T_1, T_2 分别为 $f(x), g(x)$ 的周期, 令 T 为 T_1 与 T_2 的最小公倍数, 则 T 为 $f+g, f\cdot g$ 的周期.

(2) $f+g, f\cdot g$ 未必是 (a,b) 上的无界函数. 如

i) $f(x)=x, g(x)=1-x$ 都是 $(0,+\infty)$ 上的无界函数, $f(x)+g(x)=1$ 在 $(0,+\infty)$ 上有界.

ii) $f(x)=x, g(x)=\dfrac{1}{x}$ 都是 $(0,+\infty)$ 上的无界函数, $f(x)\cdot g(x)=1$ 有界.

(3) $f(x)+g(x)$ 的奇偶性不能确定, 有可能还是非奇非偶; $f(x)\cdot g(x)$ 与 $g(g(x))$ 为奇函数, $g(f(x))$ 为偶函数.

例 4 按定义证明下列极限:

(1) $\lim\limits_{x\to 2}\dfrac{x-1}{2x+1}=\dfrac{1}{5}$; (2) $\lim\limits_{x\to+\infty}\arctan x=\dfrac{\pi}{2}$;

(3) $\lim\limits_{x\to 0^+}x^{\alpha}=0\ (\alpha>0)$.

分析 (1) $\forall\varepsilon>0$, 要使 $\left|\dfrac{x-1}{2x+1}-\dfrac{1}{5}\right|<\varepsilon$, 先将左边写成与 $|x-2|$ 有关的形式, 为此, 有

$$\left|\frac{x-1}{2x+1}-\frac{1}{5}\right|=\frac{3|x-2|}{5|(2x+1)|}=\left|\frac{3}{5(2x+1)}\right||x-2|,\qquad |x-2|<\delta,$$

为使

$$\left|\frac{x-1}{2x+1}-\frac{1}{5}\right|<\left|\frac{3}{5(2x+1)}\right|\delta<\varepsilon,$$

需对 $\left|\dfrac{3}{5(2x+1)}\right|$ 加以限制, 由于考虑 $x\to 2$, 故可先将 x 限制在 2 附近. 不妨设 $1<x<3$, 即 $|x-2|<1$, 这样就有

$$\frac{3}{5(2x+1)}<\frac{1}{5},$$

此时, 就有

$$\left|\frac{x-1}{2x+1}-\frac{1}{5}\right|=\left|\frac{3}{5(2x+1)}\right||x-2|<\frac{1}{5}\delta\leq\varepsilon.$$

只要 $\delta\leq 5\varepsilon$. 为了说明 $1<x<3$, 就先限定 $|x-2|<1$, 即取 $\delta_1=1$, 后又取 $\delta\leq 5\varepsilon$, 有两层限制. 为说清楚, 在此就写成取 $\delta=\min\{1,5\varepsilon\}$, 这样 $\delta\leq 1$. 同时也满足 $\delta\leq 5\varepsilon$, 这就是证明所需的 δ, 顺序叙述如下.

证 (1) $\forall\varepsilon>0$, 先设 $|x-2|<1$, 这时

$$1<x<3,\qquad \left|\frac{3}{5(2x+1)}\right|<\frac{1}{5}.$$

取 $\delta=\min\{1,5\varepsilon\}$. 当 $0<|x-2|<\delta$ 时, 有

$$\left|\frac{x-1}{2x+1}-\frac{1}{5}\right|=\left|\frac{3}{5(2x+1)}\right||x-2|<\frac{1}{5}\cdot\delta\leq\frac{1}{5}\cdot 5\varepsilon=\varepsilon.$$

故

$$\lim_{x\to 2}\frac{x-1}{2x+1}=\frac{1}{5}.$$

(2) $\forall\varepsilon>0$ (不妨设 $\varepsilon<1$, 否则 $\forall\varepsilon>0$, 取 ε_1 使 $0<\varepsilon_1<1$ 且 $\varepsilon_1<\varepsilon$, 当 $\left|\arctan x-\frac{\pi}{2}\right|<\varepsilon_1$ 时, 自然有 $\left|\arctan x-\frac{\pi}{2}\right|<\varepsilon$), 取 $M=\tan\left(\frac{\pi}{2}-\varepsilon\right)$, 当 $x>M$ 时, 有

$$\begin{aligned}\left|\arctan x-\frac{\pi}{2}\right|&=\frac{\pi}{2}-\arctan x<\frac{\pi}{2}-\arctan M\\&=\frac{\pi}{2}-\left(\frac{\pi}{2}-\varepsilon\right)=\varepsilon,\end{aligned}$$

即 $\lim\limits_{x\to+\infty}\arctan x=\frac{\pi}{2}$.

(3) $\forall\varepsilon>0$ 取 $\delta=\varepsilon^{\frac{1}{\alpha}}$, 当 $0<x<\delta$ 时, 有

$$|x^\alpha-0|=x^\alpha<\delta^\alpha=\varepsilon,$$

故 $\lim\limits_{x\to0^+}x^\alpha=0$.

例 5 证明: $\lim\limits_{x\to a}\frac{1}{x}=\frac{1}{a}$, $a\neq0$.

证 $\forall\varepsilon>0$, 先取 $\delta_1=\frac{|a|}{2}$ 就有 $|x|>\frac{|a|}{2}$, 再取 $\delta=\min\left\{\frac{|a|}{2},\frac{a^2}{2}\varepsilon\right\}$. 当 $0<|x-a|<\delta$ 时, 有

$$\left|\frac{1}{x}-\frac{1}{a}\right|=\frac{|x-a|}{|x||a|}<\frac{\delta}{|a|^2/2}\le\varepsilon,$$

故 $\lim\limits_{x\to a}\frac{1}{x}=\frac{1}{a}$.

例 6 求下列极限:

(1) $\lim\limits_{x\to1}\frac{x^m-1}{x^n-1}$, m,n 为自然数; (2) $\lim\limits_{x\to a^+}\frac{\sqrt{x}-\sqrt{a}+\sqrt{x-a}}{\sqrt{x^2-a^2}}$ $(a>0)$;

(3) $\lim\limits_{x\to0}\frac{x-\arcsin x}{(\arcsin x)^3}$; (4) $\lim\limits_{x\to0}\frac{e^{-\frac{1}{x^2}}}{x^{100}}$.

分析 这几题都是 "$\frac{0}{0}$" 型未定式, 以后我们将要介绍求解该类未定式极限的最有效的方法 —— 洛必达 (L'Hospital) 法则, 如 (3). 除此之外, 还常用到以下方法:

1° 通过因式分解或根式有理化, 消去 "0" 因子, 再用极限运算法则或连续函数极限的求法求解;

2° 利用等价无穷小的运算性质;

3° 变量替换.

解 (1) 因式分解

$$x^m-1=(x-1)(x^{m-1}+x^{m-2}+\cdots+x+1),$$

$$x^n-1=(x-1)(x^{n-1}+x^{n-2}+\cdots+x+1),$$

$\dfrac{x^m-1}{x^n-1}$ 在 $x=1$ 处没有定义, 即式中 $x\neq 1$, 故可将 $x-1$ 约去, 从而有

$$\lim_{x\to 1}\frac{x^m-1}{x^n-1}=\lim_{x\to 1}\frac{x^{m-1}+x^{m-2}+\cdots+x+1}{x^{n-1}+x^{n-2}+\cdots+x+1}=\frac{m}{n}.$$

(2)

$$\begin{aligned}\text{原式}&=\lim_{x\to a^+}\left[\frac{(\sqrt{x}-\sqrt{a})(\sqrt{x}+\sqrt{a})}{(\sqrt{x}+\sqrt{a})(\sqrt{x^2-a^2})}+\frac{1}{\sqrt{x+a}}\right]\\&=\lim_{x\to a^+}\left[\frac{\sqrt{x-a}}{(\sqrt{x}+\sqrt{a})(\sqrt{x+a})}+\frac{1}{\sqrt{x+a}}\right]\\&=\frac{1}{\sqrt{2a}}.\end{aligned}$$

(3)

$$\begin{aligned}\text{原式}&=\lim_{x\to 0}\frac{x-\arcsin x}{x^3}=\lim_{x\to 0}\frac{1-\dfrac{1}{\sqrt{1-x^2}}}{3x^2}\\&=\lim_{x\to 0}\frac{\sqrt{1-x^2}-1}{3x^2\sqrt{1-x^2}}=\lim_{x\to 0}\frac{-x^2}{3x^2\sqrt{1-x^2}(\sqrt{1-x^2}+1)}\\&=-\frac{1}{6}.\end{aligned}$$

(4) 若直接用洛必达法则, 则

$$\text{原式}=\lim_{x\to 0}\frac{e^{-\frac{1}{x^2}}\cdot\dfrac{2}{x^3}}{100x^{99}}=\frac{1}{50}\lim_{x\to 0}\frac{e^{-\frac{1}{x^2}}}{x^{102}},$$

比原式更复杂, 可见此法不行. 可用变量替换法. 令 $u=\dfrac{1}{x^2}$,

$$\text{原式}=\lim_{u\to+\infty}\frac{u^{50}}{e^u}=0.\qquad(\text{重要极限})$$

例 7 证明下列极限不存在:

(1) $\lim\limits_{x\to 0}\operatorname{sgn}x$; (2) $\lim\limits_{x\to 0}\sin\dfrac{1}{x}$.

证 (1)

$$\operatorname{sgn}x=\begin{cases}1, & x>0,\\ 0, & x=0,\\ -1, & x<1\end{cases}$$

称为符号 (sgn) 函数. 由于

$$\lim_{x\to 0^+}\operatorname{sgn}x=\lim_{x\to 0^+}1=1,$$
$$\lim_{x\to 0^-}\operatorname{sgn}x=\lim_{x\to 0^-}(-1)=-1,$$

故在 $x=0$ 处的左、右极限存在, 但不相等, 因此 $\lim\limits_{x\to 0}\operatorname{sgn} x$ 不存在.

(2) (反证) 若 $\lim\limits_{x\to 0}\sin\dfrac{1}{x}$ 存在, 则对任何数列

$$\{x_n\},\quad x_n\neq 0,\quad \lim_{n\to\infty}x_n=0,$$

有 $\lim\limits_{n\to\infty}\sin\dfrac{1}{x_n}$ 存在且相等, 取

$$x_n'=\frac{1}{2n\pi},\qquad x_n''=\frac{1}{2n\pi+\dfrac{\pi}{2}},$$

显然

$$\lim_{n\to\infty}x_n'=\lim_{n\to\infty}x_n''=0,\quad x_n'\neq 0,\quad x_n''\neq 0,$$

且

$$\lim_{n\to\infty}\sin\frac{1}{x_n'}=\lim_{n\to\infty}\sin 2n\pi=0,$$

而

$$\lim_{n\to\infty}\sin\frac{1}{x_n''}=\lim_{n\to\infty}\sin\left(2n\pi+\frac{\pi}{2}\right)=1\neq 0,$$

矛盾, 假设错, 故 $\lim\limits_{x\to 0}\sin\dfrac{1}{x}$ 不存在.

例 8 求下列极限:

(1) $\lim\limits_{x\to\infty}\left(\sqrt{x+\sqrt{x+\sqrt{x}}}-\sqrt{x}\right)$; (2) $\lim\limits_{x\to\infty}\left[x-x^2\ln\left(1+\dfrac{1}{x}\right)\right]$.

分析 这两题都是 "$\infty-\infty$" 型未定式, 可化为 $\dfrac{0}{0}$ 型或 $\dfrac{\infty}{\infty}$ 型, 再用法则求或 "抓大头" 方法处理, 求解方法有三种: (i) 通分; (ii) 根式有理化; (iii) 变量替换.

解 (1) "$\infty-\infty$" 型. 不能直接用极限的加法求, 可采用 (ii).

$$\begin{aligned}\text{原式}&=\lim_{x\to\infty}\frac{\left(\sqrt{x+\sqrt{x+\sqrt{x}}}-\sqrt{x}\right)\left(\sqrt{x+\sqrt{x+\sqrt{x}}}+\sqrt{x}\right)}{\sqrt{x+\sqrt{x+\sqrt{x}}}+\sqrt{x}}\\&=\lim_{x\to\infty}\frac{\sqrt{x+\sqrt{x}}}{\sqrt{x+\sqrt{x+\sqrt{x}}}+\sqrt{x}}\overset{\text{抓大头}}{=\!=\!=}\frac{1}{2}.\end{aligned}$$

(2) 该题不能通分, 更不能用根式有理化, 因此只能用变量替换法.

$$\begin{aligned}\text{原式}&\overset{\text{令 } x=\frac{1}{t}}{=\!=\!=\!=}\lim_{t\to 0}\left[\frac{1}{t}-\frac{\ln(1+t)}{t^2}\right]=\lim_{t\to 0}\frac{t-\ln(1+t)}{t^2}\\&=\lim_{t\to 0}\frac{1-\dfrac{1}{1+t}}{2t}=\lim_{t\to 0}\frac{t}{2t(1+t)}=\frac{1}{2}.\end{aligned}$$

例 9 求下列极限:

(1) $\lim\limits_{x\to+\infty}\dfrac{\displaystyle\int_0^x t^2e^{t^2}dt}{xe^{x^2}}$; (2) $\lim\limits_{x\to+\infty}\dfrac{x^2\sin\frac{1}{x}}{\sqrt{2x^2-1}}$;

(3) $\lim\limits_{x\to\infty}\dfrac{e^x-x\arctan x}{e^x+x}$.

分析 “$\dfrac{\infty}{\infty}$”型未定式求解方法: (i) 洛必达法则; (ii) 变量替换法化为 $\dfrac{0}{0}$ 型.

解 (1) 原式 $=\lim\limits_{x\to+\infty}\dfrac{x^2e^{x^2}}{e^{x^2}+2x^2e^{x^2}}=\lim\limits_{x\to+\infty}\dfrac{x^2}{1+2x^2}=\dfrac{1}{2}$.

(2) 原式 $=\lim\limits_{x\to+\infty}\dfrac{\sin\frac{1}{x}}{\frac{1}{x}}\cdot\dfrac{x}{\sqrt{2x^2-1}}=\dfrac{1}{\sqrt{2}}$.

(3) **解题提示** 若 $x\to\infty$ 的极限中含有 $a^x(a>0,a\neq1)$, 或 $\arctan x$ 或 $\operatorname{arccot}x$, 则一定要分别求出 $x\to+\infty$ 与 $x\to-\infty$ 的极限, 如果两者相等, 则当 $x\to\infty$ 时极限存在, 否则不存在.

$$\lim_{x\to+\infty}\frac{e^x-x\arctan x}{e^x+x}=\lim_{x\to+\infty}\frac{1-\dfrac{x}{e^x}\arctan x}{1+\dfrac{x}{e^x}}=1,$$

而

$$\lim_{x\to-\infty}\frac{e^x-x\arctan x}{e^x+x}=\lim_{x\to-\infty}\frac{\dfrac{1}{x}e^x-\arctan x}{\dfrac{1}{x}e^x+1}=\frac{\pi}{2},$$

故极限不存在.

例 10 求下列函数极限:

(1) $\lim\limits_{x\to0}\dfrac{(1+x)^{\frac{n}{m}}-1}{x}$; (2) $\lim\limits_{x\to0}\dfrac{(1+nx)^{\frac{1}{m}}-(1+mx)^{\frac{1}{n}}}{x}$.

解 (1)

$$\begin{aligned}(1+x)^{\frac{n}{m}}-1&=\frac{(1+x)^n-1}{(1+x)^{n\cdot\frac{m-1}{m}}+(1+x)^{n\cdot\frac{m-2}{m}}+\cdots+(1+x)^{n\cdot\frac{1}{m}}+1}\\&=\frac{nx+\dfrac{n(n-1)}{2}x^2+\cdots+x^n}{(1+x)^{\frac{n(m-1)}{m}}+\cdots+(1+x)^{\frac{n}{m}}+1},\end{aligned}$$

于是

$$\lim_{x\to0}\frac{(1+x)^{\frac{n}{m}}-1}{x}=\lim_{x\to0}\frac{n+\dfrac{n(n-1)}{2}x+\cdots+x^{n-1}}{(1+x)^{\frac{n(m-1)}{m}}+\cdots+(1+x)^{\frac{n}{m}}+1}=\frac{n}{m}.$$

(2)

$$(1+nx)^{\frac{1}{m}}-(1+mx)^{\frac{1}{n}}=\left[(1+nx)^{\frac{1}{m}}-1\right]-[(1+mx)^{\frac{1}{n}}-1],$$

$$\frac{(1+nx)^{\frac{1}{m}}-(1+mx)^{\frac{1}{n}}}{x}=n\cdot\frac{(1+nx)^{\frac{1}{m}}-1}{nx}-m\cdot\frac{(1+mx)^{\frac{1}{n}}-1}{mx},$$

利用 (1) 结论, 有

$$\lim_{x\to0}\frac{(1+nx)^{\frac{1}{m}}-(1+mx)^{\frac{1}{n}}}{x}=\frac{n}{m}-\frac{m}{n}.$$

例 11　按定义证明:

(1) $\lim\limits_{x\to0^+}e^{\frac{1}{x}}=+\infty$;　　　(2) $\lim\limits_{x\to0^+}\log_a x=-\infty\ (a>1)$.

证　(1) $\forall M>0$(不妨设 $M>1$), 取 $\delta=\dfrac{1}{\ln M}>0$, 当 $0<x<\delta$ 时, 有

$$e^{\frac{1}{x}}>e^{\frac{1}{\delta}}=e^{\ln M}=M,$$

故 $\lim\limits_{x\to0^+}e^{\frac{1}{x}}=+\infty$.

(2) $\forall M>0$, 取 $\delta=a^{-M}>0$, 当 $0<x<\delta$ 时, 有

$$\log_a x<\log_a\delta=\log_a a^{-M}=-M,$$

所以 $\lim\limits_{x\to0^+}\log_a x=-\infty$.

例 12　求下列极限:

(1) $\lim\limits_{x\to\infty}\dfrac{x\sin x}{x^2-4}$;　　　(2) $\lim\limits_{x\to1}\dfrac{x^3-1+4x}{\sqrt{x^2+x}}$.

解　(1) 因为 $|\sin x|\le1$, $\dfrac{x^2}{x}\to\infty$, $\dfrac{4}{x}\to0$,

$$\left|\frac{x\sin x}{x^2-4}\right|\le\left|\frac{x}{x^2-4}\right|=\left|\frac{1}{x-\frac{4}{x}}\right|,$$

而

$$\lim_{x\to\infty}\frac{1}{x-\frac{4}{x}}=0,$$

所以 $\lim\limits_{x\to\infty}\dfrac{x\sin x}{x^2-4}=0$.

(2) $\lim\limits_{x\to1}\sqrt{x^2+x}=\sqrt2\ne0$, 故

$$\lim_{x\to1}\frac{x^3-1+4x}{\sqrt{x^2+x}}=\frac{\lim\limits_{x\to1}(x^3-1+4x)}{\lim\limits_{x\to1}\sqrt{x^2+x}}=\frac{1-1+4}{\sqrt2}=\frac{4\sqrt2}{2}=2\sqrt2.$$

例 13 求下列极限:

(1) $\lim\limits_{x\to+\infty}(\sin\sqrt{x+1}-\sin\sqrt{x})$; (2) $\lim\limits_{x\to0}\dfrac{1+\sin x-\cos x}{1+\sin px-\cos px}$;

(3) $\lim\limits_{x\to0}\dfrac{\tan(3x)\cdot\ln(1+x)}{\sin 2x\cdot\arctan 3x}$; (4) $\lim\limits_{x\to0}\dfrac{e^{ax}-e^{bx}}{\sin ax-\sin bx}$.

解 (1)

$$\begin{aligned}&|\sin\sqrt{x+1}-\sin\sqrt{x}|\\=&2\left|\cos\frac{\sqrt{x+1}+\sqrt{x}}{2}\sin\frac{\sqrt{x+1}-\sqrt{x}}{2}\right|\le2\left|\sin\frac{\sqrt{x+1}-\sqrt{x}}{2}\right|\\\le&|\sqrt{x+1}-\sqrt{x}|=\frac{1}{\sqrt{x+1}+\sqrt{x}}<\frac{1}{\sqrt{x+1}},\end{aligned}$$

而

$$\lim_{x\to\infty}\frac{1}{\sqrt{x+1}}=0,$$

所以 $\lim\limits_{x\to+\infty}(\sin\sqrt{x+1}-\sin\sqrt{x})=0$.

(2)

$$\begin{aligned}原式&=\lim_{x\to0}\frac{(1-\cos x)+\sin x}{(1-\cos px)+\sin px}=\lim_{x\to0}\frac{2\sin^2\frac{x}{2}+2\sin\frac{x}{2}\cos\frac{x}{2}}{2\sin^2\frac{p}{2}x+2\sin\frac{p}{2}x\cos\frac{p}{2}x}\\&=\lim_{x\to0}\frac{\sin\frac{x}{2}\left(\sin\frac{x}{2}+\cos\frac{x}{2}\right)}{\sin\frac{p}{2}x\left(\sin\frac{p}{2}x+\cos\frac{p}{2}x\right)}\\&=\lim_{x\to0}\frac{\sin\frac{x}{2}}{\frac{x}{2}}\cdot\lim_{x\to0}\frac{\frac{p}{2}x}{p\sin\frac{p}{2}x}\cdot\lim_{x\to0}\frac{\sin\frac{x}{2}+\cos\frac{x}{2}}{\sin\frac{p}{2}x+\cos\frac{p}{2}x}\\&=1\cdot\frac{1}{p}\cdot\frac{0+1}{0+1}=\frac{1}{p}.\end{aligned}$$

(3) 当 $x\to0$ 时, $\tan3x\sim3x$, $\sin2x\sim2x$, $\ln(1+x)\sim x$, $\arctan3x\sim3x$. 故

$$原式=\lim_{x\to0}\frac{3x\cdot x}{2x\cdot3x}=\frac{1}{2}.$$

(4)

$$\begin{aligned}原式&=\lim_{x\to0}\frac{e^{bx}(e^{(a-b)x}-1)}{2\cos\frac{a+b}{2}x\sin\frac{a-b}{2}x}\\&=\lim_{x\to0}\frac{e^{bx}}{\cos\frac{a+b}{2}x}\cdot\frac{(a-b)x}{2\sin\frac{a-b}{2}x}=\frac{1}{1}\cdot1=1.\end{aligned}$$

例 14　(1) 设 $f(x)$ 为周期函数, 且 $\lim\limits_{x\to\infty} f(x)=0$, 证明 $f(x)\equiv 0$;

(2) 设 $f(x)$ 和 $g(x)$ 是两个周期函数, 且 $\lim\limits_{x\to+\infty}(f(x)-g(x))=0$. 求证:$f(x)\equiv g(x)$.

注 1.8　由前知, 若 $f(x),g(x)$ 是均以整数为周期的周期函数, 则 $f(x)-g(x)$ 仍为周期函数, 但一般说两个周期函数的和 (差) 未必是周期函数.

证　(1) 设 T 为 $f(x)$ 的周期 $(T>0)$, $\forall x_0\in(-\infty,+\infty)$, 则

$$f(x_0)=f(x_0+nT)\quad (n\text{ 为任意自然数}).$$

由于

$$\lim_{x\to+\infty} f(x)=0,$$

所以

$$\lim_{n\to\infty} f(x_0+nT)=0,$$

得 $f(x_0)=0$, 又 x_0 任意, 故 $f(x)\equiv 0$.

(2) 设 T_1 为 $f(x)$ 的周期, T_2 为 $g(x)$ 的周期, 由于

$$\lim_{x\to\infty}(f(x)-g(x))=0,$$

故

$$\lim_{x\to\infty}(f(x+T_1)-g(x+T_1))=0.$$

把上两式相减, 且注意到 $f(x+T_1)=f(x)$, 有

$$\lim_{x\to\infty}[g(x+T_1)-g(x)]=0.$$

又 $g(x+T_1)-g(x)$ 是以 T_2 为周期的周期函数, 由题 (1) 结论

$$g(x+T_1)-g(x)\equiv 0,\quad g(x+T_1)\equiv g(x),$$

即推得 $g(x)$ 也以 T_1 为周期, 所以 $f(x)-g(x)$ 是以 T_1 为周期的周期函数.

又由 $\lim\limits_{x\to\infty}(f(x)-g(x))=0$, 由题 (1) 结论

$$f(x)\equiv g(x).$$

例 15　设 $f(x)$ 是 $(-\infty,+\infty)$ 上连续的周期函数, 如果 $f(x)$ 没有最小正周期, 求证 $f(x)\equiv C$(常数).

证 $f(x)$ 在 $x=0$ 连续, 所以 $\forall\varepsilon>0$, $\exists\delta>0$, 只要 $|x|<\delta$, 就有 $|f(x)-f(0)|<\varepsilon$, 因 $f(x)$ 无最小正周期, 故存在正周期 $a<\delta$, $\forall t\in(-\infty,+\infty)$, 令

$$n=\left[\frac{t}{a}\right]\quad(\text{取整}),$$

则

$$t=na+t_1,\qquad t_1\in[0,a),$$

所以 $t_1\in[0,\delta)$.

$$|f(t)-f(0)|=|f(na+t_1)-f(0)|=|f(t_1)-f(0)|<\varepsilon.$$

即 $\forall\varepsilon>0$, $\forall\, t\in(-\infty,+\infty)$, 总有

$$|f(t)-f(0)|<\varepsilon,$$

由 ε 的任意性, 知

$$f(t)-f(0)=0,$$

即

$$f(t)\equiv f(0),$$

所以 $f(x)\equiv$ 常数.

1.3 连 续 函 数

学 习 要 点

一、连续函数的概念

1. 函数的连续

设函数 $f(x)$ 在 x_0 的一个邻域内有定义.

函数 $f(x)$ 在 x_0 处连续 $\overset{\text{定义}}{\Longleftrightarrow}$ $\forall\varepsilon>0$, 总 $\exists\delta>0$, 使当 $|x-x_0|<\delta$ 时, 不等式 $|f(x)-f(x_0)|<\varepsilon$ 成立 $\Longleftrightarrow$ $\lim\limits_{x\to x_0}f(x)=f(x_0)$.

$f(x)$ 在 x_0 处连续包括三要素:(i) $f(x)$ 在 x_0 处有定义;(ii) $f(x)$ 在 x_0 处有有限的极限;(iii) $f(x)$ 在 x_0 处的极限恰好等于 $f(x_0)$.

2. 函数的间断点

函数 $f(x)$ 在 x_0 处不连续, 则 x_0 称为 $f(x)$ 的间断点.

$$\text{间断点}\begin{cases}\text{第 I 类:}f(x_0-0),f(x_0+0)\text{ 都存在且有限}\begin{cases}\text{可去:}f(x_0-0)=f(x_0+0)\\ \text{不可去:}f(x_0-0)\neq f(x_0+0)\end{cases}\\ \text{第 II 类: 非第一类}\begin{cases}\text{无穷间断点:}f(x_0-0),f(x_0+0)\text{ 至少有一个是 }\infty\\ \text{其余}\end{cases}\end{cases}$$

3. 左连续和右连续

$f(x)$ 在 x_0 点左连续 $\Longleftrightarrow f(x_0-0)=\lim\limits_{x\to x_0^-}f(x)=f(x_0)$.

$f(x)$ 在 x_0 点右连续 $\Longleftrightarrow f(x_0+0)=\lim\limits_{x\to x_0^+}f(x)=f(x_0)$.

$f(x)$ 在 x_0 点连续 $\Longleftrightarrow f(x)$ 在点 x_0 点既左连续又右连续.

4. 区间上的连续函数

如果 $f(x)$ 在开区间 (a,b) 内每一点都连续, 则称 $f(x)$ 是开区间 (a,b) 内的连续函数.

如果 $f(x)$ 在开区间 (a,b) 内处处连续, 在 a 处右连续且在 b 处左连续, 则称 $f(x)$ 在闭区间 $[a,b]$ 上连续或称 $f(x)$ 是闭区间 $[a,b]$ 上的连续函数.

5. 一致连续

称 $f(x)$ 在 I 上一致连续 $\Longleftrightarrow$ 若 $\forall\varepsilon>0$, 都 $\exists\delta=\delta(\varepsilon)>0$, 使对区间 I 中的任意两点 x',x'', 只要 $|x'-x''|<\delta$, 就有 $|f(x')-f(x'')|<\varepsilon$ 成立.

$$\text{一致连续}\Longrightarrow\text{连续}$$

二、初等函数的连续性

1. 函数连续的四则运算性质

若 $f(x),g(x)$ 都在 x_0 点连续, 则 $f(x)\pm g(x), f(x)\cdot g(x)$ 也在 x_0 处连续; 若 $g(x_0)\neq 0$, 则 $f(x)/g(x)$ 也在 x_0 点连续.

2. 复合函数的连续性

设 $x=\varphi(t)$ 在 t_0 处连续, $x_0=\varphi(t_0)$, $y=f(x)$ 在 x_0 连续, 则复合函数 $y=f(\varphi(t))=F(t)$ 在 t_0 处也连续.

$$\lim_{t\to t_0}f(\varphi(t))=f(\lim_{t\to t_0}\varphi(t))=f(\varphi(t_0)).$$

3. 反函数的连续性

设函数 $y=f(x)$ 在 x_0 连续, 在 x_0 的某个邻域 $(x_0-\delta,x_0+\delta)$ 内严格单调, $y_0=f(x_0)$, 则 $y=f(x)$ 的反函数 $x=f^{-1}(y)$ 在 y_0 是连续的.

区间上连续的严格单调函数必有连续的反函数, 反函数的定义域也是一个区间, 且反函数与给定函数有相同的单调性.

4. 初等函数的连续性

基本初等函数 c, x^k, $\sin x$, $\cos x$, $\tan x$, a^x, $\log_a x(x>0,\ a\neq 1)$, $\arcsin x$, $\arccos x$, $\arctan x$, $\operatorname{arccot} x,\cdots$ 在其定义域内是连续的; 设 I 是开区间, 或闭区间, 或半开半闭区间. 如果某初等函数在 I 上有定义, 则它必在 I 上连续.

三、闭区间上连续函数的性质

1. 零值定理

函数 $f(x)$ 在闭区间 $[a,b]$ 上连续, 且 $f(a)\cdot f(b)<0$, 则一定存在 $c\in(a,b)$, 使 $f(c)=0$.

2. 介值定理

函数 $f(x)$ 在闭区间 $[a,b]$ 上连续, r 是介于 $f(a)$ 及 $f(b)$ 之间的任一数, 则至少存在一点 $c\in[a,b]$, 使 $f(c)=r$.

3. 最大、最小值定理

闭区间上的连续函数一定达到最大、最小值. 即, 若函数 $f(x)$ 在 $[a,b]$ 上连续, 则必存在 $x_1,x_2\in[a,b]$, 使不等式

$$m=f(x_1)\le f(x)\le f(x_2)=M$$

成立, $m=f(x_1)$, $M=f(x_2)$ 分别是 $f(x)$ 在 $[a,b]$ 上的最小值和最大值.

4. 一致连续定理

设 $f(x)$ 在 $[a,b]$ 上连续, 则 $f(x)$ 在 $[a,b]$ 一致连续.

解题方法

一、用定义和性质讨论函数的连续性.

二、用函数的连续性求函数的极限.

三、用闭区间上连续函数的性质证明函数的零点、不动点的存在性等.

例题分析

例 1 证明: 若函数 $f(x)$ 在 x_0 处连续, 则 $|f(x)|$ 在 x_0 处也连续, 问反之是否成立?

证 由于 $f(x)$ 在 x_0 连续, 故 $\forall\varepsilon>0,\exists\delta>0$, 当 $|x-x_0|<\delta$ 时, $|f(x)-f(x_0)|<\varepsilon$ 成立, 而

$$\big||f(x)|-|f(x_0)|\big|\le|f(x)-f(x_0)|<\varepsilon,$$

由连续的定义知, $|f(x)|$ 在 x_0 亦连续.

反之不成立. 反例如下.

$f(x)=\begin{cases}1, & x\ge0,\\ -1, & x<0\end{cases}$ 在 $x=0$ 不连续; 而 $|f(x)|\equiv1$, 在 $x=0$ 连续.

例 2 设函数 $f(x)$ 和 $g(x)$ 在区间 I 上连续, 证明, 函数 $M(x)=\max\{f(x),g(x)\}$, 及 $m(x)=\min\{f(x),g(x)\}$ 在区间 I 上均连续.

证　由

$$M(x)=\frac{1}{2}[f(x)+g(x)+|f(x)-g(x)|],$$
$$m(x)=\frac{1}{2}[f(x)+g(x)-|f(x)-g(x)|],$$

自明 (详细证明略).

例 3　指出下列函数的间断点, 并说明其类型.

(1) $f(x)=\dfrac{1}{e^{\frac{1}{x}}+1}$;　　　(2) $f(x)=x\ln x^2$;

(3) $y=[x]$;　　　(4) $f(x)=\begin{cases}\dfrac{2\sin x}{(e^x+1)x}, & x>0,\\ a, & x=0,\\ 1+e^{\frac{1}{x}}\sin\dfrac{1}{x}, & x<0.\end{cases}$

解　(1) 只有 $x=0$ 是间断点. 由于

$$f(0-0)=\lim_{x\to0^-}\frac{1}{1+e^{\frac{1}{x}}}=\frac{1}{1+0}=1,$$
$$f(0+0)=\lim_{x\to0^+}\frac{1}{1+e^{\frac{1}{x}}}=\frac{1}{1+\infty}=\frac{1}{\infty}=0,$$

故 $x=0$ 是第 I 类间断点.

(2) 函数的定义域为 $x\neq0$, 且 $f(x)=x\ln x^2$ 是初等函数, 故只有 $x=0$ 是间断点. 而

$$\lim_{x\to0^+}x\ln x^2=\lim_{x\to0^+}\frac{-2\ln\dfrac{1}{x}}{\dfrac{1}{x}}\xlongequal{y=\frac{1}{x}}\lim_{y\to+\infty}\frac{-2\ln y}{y}=0,$$

$$\lim_{x\to0^-}x\ln x^2\xlongequal{y=-x}\lim_{y\to0^+}(-y\ln y^2)=-\lim_{y\to0^+}y\ln y^2=0,$$

所以

$$f(0-0)=f(0+0)=0.$$

因此 $x=0$ 是可去间断点.

补充 $f(x)$ 在 $x=0$ 处的定义, 就可得到 $f(x)$ 在 $x=0$ 处连续了. 令

$$f(x)=\begin{cases}x\ln x^2, & x\neq0,\\ 0, & x=0.\end{cases}$$

(3) $y=[x]$ 的定义域为 $(-\infty,+\infty)$, 当 $x\in[k,k+1)$ 时, k 为整数, $y=[x]=k$. 故函数在 $(k,k+1)$ 内连续. 又

$$\lim_{x\to k^-}[x]=k-1,$$
$$\lim_{x\to k^+}[x]=k,\quad k=0,\pm1,\pm2,\cdots,$$

即

$$f(k-0)\neq f(k+0),$$

所以整数点 $(k=0,\pm1,\pm2,\cdots)$ 是函数的第 I 类间断点.

(4) 只须讨论 $y=f(x)$ 在 $x=0$ 的连续性.

$$f(0+0)=\lim_{x\to0^+}f(x)=\lim_{x\to0^+}\frac{2\sin x}{(e^x+1)x}=\lim_{x\to0^+}\frac{2}{(e^x+1)}\frac{\sin x}{x}=1,$$

$$f(0-0)=\lim_{x\to0^-}f(x)=\lim_{x\to0^-}(1+e^{\frac{1}{x}}\sin\frac{1}{x})=1+0=1$$

(过程中用到了 $\lim\limits_{x\to0^-}e^{\frac{1}{x}}=0$ 及 $\left|e^{\frac{1}{x}}\sin\frac{1}{x}\right|\leq e^{\frac{1}{x}}$), 故 $f(0+0)=f(0-0)$. 又由 $f(0)=a$ 知.

若 $a=1$, 则 $f(x)$ 在 $x=0$ 处连续.

若 $a\neq1$, 则 $x=0$ 是 $f(x)$ 的可去间断点.

例 4 试确定 a,b 的值, 使下列函数处处连续.

(1) $f(x)=\begin{cases}2e^x, & x<0,\\ a+x, & x\geq0;\end{cases}$ (2) $f(x)=\lim\limits_{n\to\infty}\dfrac{x^{2n-1}+ax+b}{x^{2n}+1}$.

解 (1) 因为 $e^x,a+x$ 都为初等函数是连续的, 只须讨论 $x=0$ 处的连续性.

$$f(0+0)=\lim_{x\to0^+}2e^x=2,\qquad f(0)=a,$$

$$f(0-0)=\lim_{x\to0^-}a+x=a,$$

要 $f(x)$ 在 $x=0$ 处连续, 只有

$$f(0+0)=f(0-0)=f(a),$$

即 $a=2$ 即可.

(2)

$$f(x)=\begin{cases}ax+b, & \text{当 } |x|<1 \text{ 时},\\ \dfrac{1}{x}, & \text{当 } |x|>1 \text{ 时},\\ \dfrac{1}{2}(1+a+b), & \text{当 } x=1 \text{ 时},\\ \dfrac{1}{2}(-1-a+b), & \text{当 } x=-1 \text{ 时}.\end{cases}$$

因为要求 $f(x)$ 连续, 所以

$$f(-1+0)=f(-1-0)=f(-1),$$

而

$$f(-1+0)=\lim_{x\to-1^+}ax+b=-a+b,$$

$$f(-1-0)=\lim_{x\to-1^-}\frac{1}{x}=-1,$$

因此

$$-a+b=-1=\frac{1}{2}(-1-a+b). \tag{1}$$

同样须

$$f(1+0)=f(1-0)=f(1).$$

而

$$f(1+0)=\lim_{x\to 1^+}\frac{1}{x}=1,$$
$$f(1-0)=\lim_{x\to 1^-}ax+b=a+b,$$

所以

$$1=a+b=\frac{1}{2}(1+a+b). \tag{2}$$

由 (1)、(2) 解得 $b=0, a=1$.

例 5 设 $\lim\limits_{x\to x_0}f(x)=f(x_0)$, $\lim\limits_{n\to\infty}x_n=x_0$, 则

$$\lim_{n\to\infty}f(x_n)=f(x_0)=f(\lim_{n\to\infty}x_n).$$

证 因为

$$\lim_{x\to x_0}f(x)=f(x_0),$$

所以 $\forall\varepsilon>0$, $\exists\delta>0$, 当 $|x-x_0|<\delta$ 时, 总有

$$|f(x)-f(x_0)|<\varepsilon.$$

因为

$$\lim_{n\to\infty}x_n=x_0,$$

所以 $\forall\delta>0$, $\exists N$, 当 $n>N$ 时, 总有

$$|x_n-x_0|<\delta,$$

这样当 $n>N$ 时, 由于

$$|x_n-x_0|<\delta,$$

故有

$$|f(x_n)-f(x_0)|<\varepsilon.$$

由数列极限定义

$$\lim_{n\to\infty}f(x_n)=f(x_0),$$

而 $x_0=\lim\limits_{n\to\infty}x_n$, 得

$$\lim_{n\to\infty}f(x_n)=f\left(\lim_{n\to\infty}x_n\right).$$

注 1.9 以上是连续函数和数列复合所得数列的极限, 这种极限与函数运算可交换次序, 条件是 $\lim\limits_{n\to\infty}x_n$ 收敛到 $f(x)$ 的连续点. 由此, 只要 $\lim\limits_{n\to\infty}x_n$ 收敛, 总有

$$\lim_{n\to\infty}e^{x_n}=e^{\lim\limits_{n\to\infty}x_n},\quad \lim_{n\to\infty}\sin x_n=\sin\lim_{n\to\infty}x_n.$$

如果已知 $\lim\limits_{n\to\infty}x_n$ 的极限值大于 0, 还有

$$\lim_{n\to\infty}\ln x_n=\ln\lim_{n\to\infty}x_n,\quad \lim_{n\to\infty}(x_n^\alpha)=(\lim_{n\to\infty}x_n)^\alpha$$

等.

例 6 设 a,b 为常数, $\lim\limits_{x\to+\infty}(f(x)-ax-b)=0$, 试用极限式表示常数 a,b, 并说明 $y=ax+b$ 与 $y=f(x)$ 的关系.

解 由

$$\lim_{x\to+\infty}(f(x)-ax-b)=0$$

可得,

$$b=\lim_{x\to+\infty}(f(x)-ax),\qquad \lim_{x\to+\infty}\frac{f(x)-ax}{x}=0.$$

从而又有

$$a=\lim_{x\to+\infty}\frac{f(x)}{x}.$$

反之, 由 $\lim\limits_{x\to+\infty}\dfrac{f(x)}{x}$ 收敛到 a 且 $\lim\limits_{x\to+\infty}(f(x)-ax)$ 收敛到 b, 可得

$$\lim_{x\to+\infty}(f(x)-ax-b)=0.$$

因为曲线 $y=f(x)$ 上点 $(x,f(x))$ 到直线 $y-ax-b=0$ 的距离为

$$d=\frac{|f(x)-ax-b|}{\sqrt{1+a^2}}.$$

$\lim\limits_{x\to+\infty}(f(x)-ax-b)=0$ 当且仅当曲线上点 $(x,f(x))$ 到直线 $y=ax+b$ 的距离趋于 0, 即曲线上点 $(x,f(x))$ 在正无穷远处与直线越来越接近, 所以称直线 $y=ax+b$ 为曲线 $y=f(x)$ 的一条 (斜或水平的) 渐近线.

上面推理表示, 当 $x\to+\infty$ 时, $y=f(x)$ 有斜或水平渐近线, 当且仅当

$$\lim_{x\to+\infty}\frac{f(x)}{x}=a,\quad \lim_{x\to+\infty}(f(x)-ax)=b$$

都收敛. 此时渐近线方程是

$$y = ax + b.$$

例 7 设

$$f(x) = \begin{cases} x^2, & x \le 1, \\ 2 - x, & x > 1, \end{cases} \qquad g(x) = \begin{cases} x, & x \le 1, \\ x + 4, & x > 1, \end{cases}$$

研究 $f(g(x))$ 的连续性.

解

$$f[g(x)] = \begin{cases} g^2(x), & g(x) \le 1, \\ 2 - g(x), & g(x) > 1. \end{cases}$$

令

$$u = g(x) = \begin{cases} x, & x \le 1, \\ x + 4, & x > 1, \end{cases}$$

则

$$f(u) = \begin{cases} u^2, & u \le 1, \\ 2 - u, & u > 1. \end{cases}$$

用图示法求解 $f[g(x)]$.

先作出 $u = g(x) = \begin{cases} x, & x \le 1, \\ x + 4, & x > 1 \end{cases}$ 的图形, 再在 xOu 平面上画出 $u = 1$ 的图形. 由图 1.1 可见, 当 $x \le 1$ 时, $u = x \le 1$; 当 $x > 1$ 时, $u = x + 4 > 5$. 于是

$$f(g(x)) = \begin{cases} x^2, & x \le 1, \\ 2 - (x + 4), & x > 1, \end{cases}$$

即

$$f(g(x)) = \begin{cases} x^2, & x \le 1, \\ -2 - x, & x > 1, \end{cases}$$

$$f(1 + 0) = \lim_{x \to 1^+} (-2 - x) = -3,$$
$$f(1 - 0) = \lim_{x \to 1^-} x^2 = 1.$$

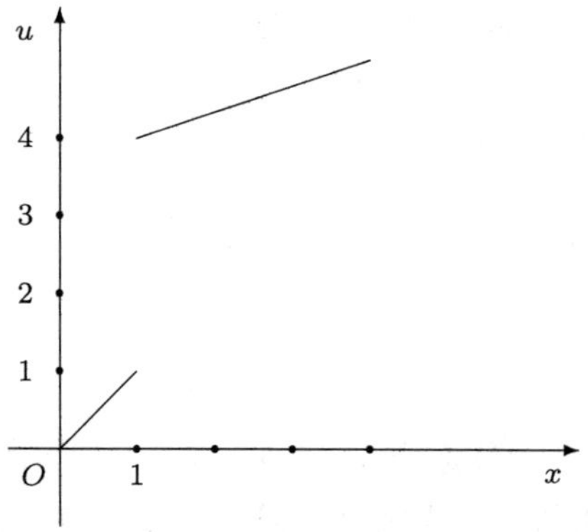

图 1.1

所以 $x = 1$ 为 $f[g(x)]$ 的第 I 类间断点 (跳跃间断点), 其余为连续.

讨论分段表示函数之复合函数的连续性时, 一般先求出复合函数的直接表达式, 然后讨论其间断点.

例 8 求极限:

(1) $\lim\limits_{x\to 0}\dfrac{\tan(\tan x)}{x}$; (2) $\lim\limits_{x\to 0}\dfrac{1-\cos(1-\cos x)}{x^4}$;

(3) $\lim\limits_{x\to 0}(1+3\tan x)^{\frac{1}{\sin x}}$; (4) $\lim\limits_{x\to 0}\left(\dfrac{a^x+b^x+c^x}{3}\right)^{\frac{1}{x}}$ $(a,b,c>0)$.

解 (1)

$$\text{原式}=\lim_{x\to 0}\frac{\tan(\tan x)}{\tan x}\cdot\frac{\tan x}{x}=1\cdot 1=1\qquad(\text{由于 } x\to 0,\ \tan x\sim x).$$

(2) 因为

$$1-\cos x\sim\frac{x^2}{2},\qquad 1-\cos(1-\cos x)\sim\frac{(1-\cos x)^2}{2},$$

所以

$$\text{原式}=\lim_{x\to 0}\frac{\frac{1}{2}(1-\cos x)^2}{x^4}=\lim_{x\to 0}\frac{\frac{1}{2}\cdot\left(\frac{x^2}{2}\right)^2}{x^4}=\frac{1}{8}.$$

(3) 原式 $=\lim\limits_{x\to 0}(1+3\tan x)^{\frac{1}{3\tan x}\cdot\frac{3\tan x}{\sin x}}=e^3$.

(4)

$$\begin{aligned}\text{原式}&=\lim_{x\to 0}\left[1+\left(\frac{a^x+b^x+c^x}{3}-1\right)\right]^{\frac{3}{a^x+b^x+c^x-3}\cdot\frac{a^x+b^x+c^x-3}{3x}}\\&=e^{\lim\limits_{x\to 0}\frac{a^x+b^x+c^x-3}{3x}}=e^{\frac{1}{3}\ln abc}=\sqrt[3]{abc}.\end{aligned}$$

例 9 证明方程 $2^x=4x$ 在区间 $\left[0,\dfrac{1}{2}\right]$ 中有根.

证 令 $f(x)=2^x-4x$, 显然 $f(x)$ 在 $\left[0,\dfrac{1}{2}\right]$ 中连续. 又

$$f(0)=1>0,\qquad f\left(\frac{1}{2}\right)=\sqrt{2}-2<0,$$

由零值定理, 至少有一点 $c\in\left(0,\dfrac{1}{2}\right)$, 使 $f(c)=0$. c 即为方程 $2^x=4x$ 的根.

例 10 证明实系数三次方程 $x^3+px^2+qx+\gamma=0$ 一定有一个实根.

证 设 $f(x)=x^3+px^2+qx+r$, 显然 $f(x)$ 连续. 因为

$$\lim_{x\to+\infty}f(x)=\lim_{x\to+\infty}x^3\left(1+\frac{p}{x}+\frac{q}{x^2}+\frac{r}{x^3}\right)=+\infty,$$
$$\lim_{x\to-\infty}f(x)=\lim_{x\to-\infty}x^3\left(1+\frac{p}{x}+\frac{q}{x^2}+\frac{r}{x^3}\right)=-\infty,$$

所以必存在 a 和 b 且 $a<b$, 使 $f(a)<0, f(b)>0$, 由零值定理, 在 (a,b) 内至少有一点 c, 使 $f(c)=0$. c 即为所求实根.

例 11 设函数 $f(x)$ 定义在区间 $[a,b]$ 上, 满足条件:

$a \le f(x) \le b$ (对任意 $x \in [a,b]$), 且对 $[a,b]$ 中任意的 x,y 有 $|f(x)-f(y)| \le k|x-y|$, 这里 k 是常数, $0<k<1$. 证明:

(1) 存在唯一的 $x_0 \in [a,b]$, 使得 $f(x_0)=x_0$;

(2) 任取 $x_1 \in [a,b]$, 并定义数列 $\{x_n\}$: $x_{n+1}=f(x_n)$, $n=1,2,\cdots$, 则 $\lim\limits_{n\to\infty} x_n = x_0$.

证 (1) 由

$$|f(x)-f(y)| \le k|x-y| \qquad (0<k<1,\ x,y\in[a,b]),$$

$\forall x_0 \in [a,b], \forall \varepsilon>0$, 取 $\delta=\dfrac{\varepsilon}{k}$, 只要 $|x-x_0|<\delta$, 有

$$|f(x)-f(x_0)| \le k|x-x_0| < \varepsilon$$

成立, 所以 $f(x)$ 在 $[a,b]$ 连续.

又由 $a \le f(x) \le b$, 令

$$F(x)=f(x)-x,\quad F(a)=f(a)-a\ge 0,\quad F(b)=f(b)-b\le 0.$$

若 $F(a)=0$ 或 $F(b)=0$, 即 a 或 b 为点 x_0, 否则

$$F(a)\cdot F(b)<0.$$

由零值定理 $\exists x_0 \in (a,b)$ 使 $F(x_0)=0$, 即

$$f(x_0)=x_0.$$

再证唯一性 (反证). 若有两点 x_0, x_1, 同时满足

$$f(x_0)=x_0,\quad f(x_1)=x_1,$$

则

$$|x_0-x_1|=|f(x_0)-f(x_1)|\le k|x_0-x_1| \implies k\ge 1.$$

矛盾! 所以存在唯一的 $x_0 \in [a,b]$, 使 $f(x_0)=x_0$.

(2) 由于值域 $a\le f(x)\le b$, 所以 $x_n\in[a,b]$. 因为

$$\begin{aligned}0 \le |x_n-x_0| &= |f(x_{n-1})-f(x_0)| \\ &\le k|x_{n-1}-x_0| = k|f(x_{n-2})-f(x_0)| \\ &\le k^2|x_{n-2}-x_0| = k^2|f(x_{n-2})-f(x_0)| \\ &\le \cdots \le k^{n-1}|x_1-x_0| \xrightarrow[n\to\infty]{} 0 \qquad (\text{因为 } 0<k<1),\end{aligned}$$

故

$$\lim_{n\to\infty}|x_n-x_0|=0,$$

即得

$$\lim_{n\to\infty}x_n=x_0.$$

例 12 设 $f(x)$ 在 $[a,b]$ 上连续, $x_1,x_2,\cdots,x_n$ 是 $[a,b]$ 上的 n 个点, 又 $t_1,t_2,\cdots,t_n>0$, 且 $t_1+t_2+\cdots+t_n=1$, 证明在 $[a,b]$ 中必有一点 ξ, 使得 $f(\xi)=t_1f(x_1)+$
$t_2f(x_2)+\cdots+t_nf(x_n)$.

证 因为 $f(x)$ 在 $[a,b]$ 上连续, 必有最大值 M 及最小值 m, 即

$$m\le f(x_i)\le M\quad(i=1,2,\cdots,n),$$

$$t_1f(x_1)+t_2f(x_2)+\cdots+t_nf(x_n)\le(t_1+t_2+\cdots+t_n)M=M.$$

又

$$t_1f(x_1)+t_2f(x_2)+\cdots+t_nf(x_n)\ge t_1m+t_2m+\cdots+t_nm=m,$$

由介值定理的推论, 在 $[a,b]$ 中必有一点 ξ, 使

$$f(\xi)=t_1f(x_1)+t_2f(x_2)+\cdots+t_nf(x_n).$$

例 13 证明: 函数 $f(x)=\dfrac{1+x^2}{1-x^2+x^4}$ 在 $(-\infty,+\infty)$ 上有界.

证 当 $|x|\ge\sqrt{2}$ 时, $x^2-1\ge1$, 有

$$\left|\frac{1+x^2}{1-x^2+x^4}\right|=\frac{1+x^2}{1+x^2(x^2-1)}\le\frac{1+x^2}{1+x^2}=1.$$

又因为 $|f(x)|$ 在 $[-\sqrt{2},\sqrt{2}]$ 上连续, 必存在最大值 M, 使

$$\left|\frac{1+x^2}{1-x^2+x^4}\right|\le M,\quad\forall x\in[-\sqrt{2},\sqrt{2}],$$

所以在 $(-\infty,+\infty)$ 上有

$$\left|\frac{1+x^2}{1-x^2+x^4}\right|\le\max(1,M),$$

即 $f(x)$ 在 $(-\infty,+\infty)$ 上有界.

例 14 设 $f(x)$ 在 $(-\infty,+\infty)$ 上有定义, 且对任意的 x 和 y, 有 $f(x+y)=f(x)+f(y)$, 若 $f(x)$ 在 $x=0$ 连续. 证明:

(1) $f(x)$ 在 $(-\infty,+\infty)$ 连续;

(2) $f(x)=ax$, 其中 $a=f(1)$.

证 (1) 由 $f(0+0)=f(0)+f(0)$, 得 $f(0)=0$. 又因 $f(x)$ 在 $x=0$ 连续, 所以

$$\lim_{x\to0}f(x)=f(0)=0.$$

$\forall x_0\in(-\infty,+\infty)$,

$$\begin{aligned}\lim_{x\to x_0}f(x)&=\lim_{x\to x_0}f(x_0+x-x_0)=\lim_{x\to x_0}[f(x_0)+f(x-x_0)]\quad(\text{令 } x-x_0=y)\\&=f(x_0)+\lim_{y\to0}f(y)=f(x_0),\end{aligned}$$

所以 $f(x)$ 在 $(-\infty,+\infty)$ 上连续.

(2) 由 $f(x+y)=f(x)+f(y)$, 对 n 用归纳法易推得

$$f(nx)=nf(x)\qquad(-\infty<x<+\infty).$$

令 $x=\dfrac{1}{n}$, 得

$$f\left(\frac{1}{n}\right)=\frac{1}{n}f(1)=a\cdot\frac{1}{n}.$$

又对任意非负整数 k,

$$f\left(\frac{k}{n}\right)=kf\left(\frac{1}{n}\right)=a\cdot\frac{k}{n}.$$

再注意到

$$0=f(x-x)=f(x)+f(-x),$$

即

$$f(-x)=-f(x),$$

即有

$$f\left(-\frac{k}{n}\right)=-f\left(\frac{k}{n}\right)=-\frac{k}{n}a.$$

即证得对任意有理数 $\dfrac{m}{n}$, 有

$$f\left(\frac{m}{n}\right)=\frac{m}{n}a. \tag{3}$$

对任意 x, 取有理数列 $\{x_n\}$, 使

$$\lim_{n\to\infty}x_n=x,$$

于是由 (3) 式及 $f(x)$ 的连续性推得

$$f(x)=\lim_{n\to\infty}f(x_n)=\lim_{n\to\infty}(ax_n)=ax.$$

由本题易得以下推论.

推论 若 $g(x)$ 在 $(-\infty,+\infty)$ 上有定义, 不恒等于 0, 且对任意 x,y, 有

$$g(x+y)=g(x)\cdot g(y),$$

则当 $g(x)$ 在 $x=0$ 连续时, $g(x)=e^{ax}$, 其中 $a=\ln g(1)$.

例 15 设 $f(x)$ 在闭区间 $[0,a]$ 上连续 $(a>0)$, 且 $f(0)=f(a)$. 证明: 对任意自然数 n, 在区间 $\left[\frac{a}{n},a\right]$ 中至少有一点 ξ, 使 $f(\xi)=f\left(\xi-\frac{a}{n}\right)$.

证 令

$$F(x)=f(x)-f\left(x-\frac{a}{n}\right).$$

显然 $F(x)$ 在 $\left[\frac{a}{n},a\right]$ 上连续.

又

$$\begin{aligned}&F\left(\frac{a}{n}\right)+F\left(\frac{2a}{n}\right)+\cdots+F\left(\frac{ia}{n}\right)+\cdots+F\left(\frac{na}{n}\right)\\=&f\left(\frac{a}{n}\right)-f(0)+f\left(\frac{2a}{n}\right)-f\left(\frac{a}{n}\right)+\cdots+f(a)-f\left(\frac{n-1}{n}a\right)=0,\end{aligned}$$

故 $F\left(\frac{ia}{n}\right)$ $(i=1,2,\cdots,n)$ 不能同时为正或同时为负. 若有一项 $F\left(\frac{ia}{n}\right)=0$, 则 $\frac{ia}{n}$ 即为 ξ $(i=1,2,\cdots,n)$, 否则至少有二项异号, 不妨设

$$F\left(\frac{a}{n}\right)\cdot F\left(\frac{2a}{n}\right)<0.$$

由零值定理

$$\exists\,\xi\in\left(\frac{a}{n},\frac{2a}{n}\right)\subset\left[\frac{a}{n},a\right],$$

使 $F(\xi)=0$, 即

$$f(\xi)=f\left(\xi-\frac{a}{n}\right).$$

第 2 章　一元函数的微分学

2.1　导　　数

学习要点

一、基本概念

1. 导数的定义

设 $y=f(x)$ 在 x_0 的邻域内有定义, 若极限

$$\lim_{\Delta x\to 0}\frac{\Delta y}{\Delta x}=\lim_{\Delta x\to 0}\frac{f(x_0+\Delta x)-f(x_0)}{\Delta x}$$

或

$$\lim_{x\to x_0}\frac{f(x)-f(x_0)}{x-x_0}$$

存在有限, 则称 $y=f(x)$ 在 x_0 处可导. 极限值称为函数在 x_0 处的导数或微商, 记为

$$f'(x_0),\qquad y'(x_0),\qquad \left.\frac{dy}{dx}\right|_{x=x_0},$$

即

$$f'(x_0)=\lim_{x\to x_0}\frac{f(x)-f(x_0)}{x-x_0}=\lim_{\Delta x\to 0}\frac{f(x_0+\Delta x)-f(x_0)}{\Delta x}.$$

同理定义

$$f''(x_0)=\lim_{\Delta x\to 0}\frac{f'(x_0+\Delta x)-f'(x_0)}{\Delta x}.$$

2. 左、右导数

左导数　$f'_-(x_0)=\lim\limits_{\Delta x\to 0^-}\dfrac{f(x_0+\Delta x)-f(x_0)}{\Delta x}=\lim\limits_{x\to x_0^-}\dfrac{f(x)-f(x_0)}{x-x_0}.$

右导数　$f'_+(x_0)=\lim\limits_{\Delta x\to 0+}\dfrac{f(x_0+\Delta x)-f(x_0)}{\Delta x}=\lim\limits_{x\to x_0^+}\dfrac{f(x)-f(x_0)}{x-x_0}.$

3. 区间上可导　若 $y=f(x)$ 在 (a,b) 内每一点均可导, 称 $y=f(x)$ 在 (a,b) 内可导. 若 $y=f(x)$ 在 (a,b) 内可导, 且在 $x=a$ 和 $x=b$ 处分别具有右导数 $f'_+(a)$ 和左导数 $f'_-(b)$, 则称 $y=f(x)$ 在闭区间 $[a,b]$ 上可导.

4. 导数的几何意义

几何意义: $y=f(x)$ 在 x_0 处的导数 $f'(x_0)$, 表示曲线 $y=f(x)$ 在点 $M(x_0,y_0)$ 处的切线的斜率, 因此曲线 $y=f(x)$ 在点 $M(x_0,y_0)$ 处的切线方程为

$$y-y_0=f'(x_0)(x-x_0),$$

法线方程为

$$y-y_0=-\frac{1}{f'(x_0)}(x-x_0) \qquad (f'(x_0)\neq 0).$$

二、主要定理与公式

1. $f'(x_0)$ 存在 $\Longleftrightarrow$ $f'_-(x_0)=f'_+(x_0)$.

2. 可导与连续的关系

若 $y=f(x)$ 在点 x_0 处可导, 则必在点 x_0 处连续, 反之不真 (例如 $y=|x|$ 在 $x=0$ 处连续但不可导).

3. 运算法则

设 $u=u(x)$, $v=v(x)$ 均可导, 则

(1) $[cu(x)]'=cu'(x)$ (c 为任意常数);　　(2) $(u\pm v)'=u'\pm v'$;

(3) $(uv)'=uv'+u'v$;　　(4) $\left(\dfrac{u}{v}\right)'=\dfrac{vu'-uv'}{v^2}$ $(v\neq 0)$.

4. 复合函数的导数

设 $y=f(u)$, $u=\varphi(x)$. 若 $\varphi(x)$ 在 x 处可导, $f(u)$ 在对应点 u 处可导, 则复合函数 $y=f[\varphi(x)]$ 在 x 处可导, 且有

$$\frac{df}{dx}=f'(u)\cdot\varphi'(x) \quad 或 \quad \frac{dy}{dx}=\frac{dy}{du}\frac{du}{dx}.$$

5. 反函数的导数

设 $y=f(x)$ 在点 x 的某邻域内连续且严格单调, 在点 x 处可导且 $f'(x)\neq 0$, 则其反函数在点 x 所对应的 y 处可导, 且有

$$\frac{dx}{dy}=\frac{1}{\dfrac{dy}{dx}}.$$

6. 基本公式

(1) $(c)'=0$;　　(2) $(x^\mu)'=\mu x^{\mu-1}$;

(3) $(a^x)'=a^x\ln a$, $(e^x)'=e^x$;

(4) $(\log_a x)'=\dfrac{1}{x\ln a}$ $(a>0, a\neq 1)$, $(\ln x)'=\dfrac{1}{x}$;

(5) $(\sin x)' = \cos x$;　　(6) $(\cos x)' = -\sin x$;

(7) $(\tan x)' = \sec^2 x$;　　(8) $(\cot x)' = -\csc^2 x$;

(9) $(\sec x)' = \sec x \tan x$;　　(10) $(\csc x)' = -\csc x \cot x$;

(11) $(\arcsin x)' = \dfrac{1}{\sqrt{1-x^2}}$;　　(12) $(\arccos x)' = -\dfrac{1}{\sqrt{1-x^2}}$;

(13) $(\arctan x)' = \dfrac{1}{1+x^2}$;　　(14) $(\operatorname{arccot} x)' = -\dfrac{1}{1+x^2}$;

(15) $(\operatorname{sh} x)' = \operatorname{ch} x$;　　(16) $(\operatorname{ch} x)' = \operatorname{sh} x$.

三、高阶导数的运算法则

1. 线性性

$$[c_1u(x) \pm c_2v(x)]^{(n)} = c_1u^{(n)}(x) \pm c_2v^{(n)}(x).$$

2. 莱布尼茨 (Leibniz) 公式

$$[u(x)v(x)]^{(n)} = \sum_{r=0}^{n} \mathrm{C}_n^r u^{(n-r)}(x)v^{(r)}(x).$$

在上式中, 当 $u^{(n)}(x)$, $v^{(n)}(x)$ 都可直接写出时, 或者其中一函数是低次多项式时用起来比较方便.

3. 常见基本初等函数的 n 阶微商公式

(1) $(x^m)^{(n)} = \begin{cases} m(m-1)\cdots(m-n+1)x^{m-n}, & n < m, \\ m!, & n = m, \\ 0, & n > m, \end{cases}$　m 为自然数;

(2) $(x^\alpha)^{(n)} = \alpha(\alpha-1)\cdots(\alpha-n+1)x^{\alpha-n}$　(α 不为自然数);

(3) $[\sin(ax+b)]^{(n)} = a^n \sin\left(ax+b+\dfrac{n\pi}{2}\right)$;

(4) $[\cos(ax+b)]^{(n)} = a^n \cos\left(ax+b+\dfrac{n\pi}{2}\right)$;

(5) $(e^{ax})^{(n)} = a^n e^{ax}$, $(e^x)^{(n)} = e^x$;

(6) $(a^x)^{(n)} = (\ln a)^n a^x$;

(7) $\left(\dfrac{1}{x+a}\right)^{(n)} = \dfrac{(-1)^n \cdot n!}{(x+a)^{n+1}}$;

(8) $[\ln(x+a)]^{(n)} = \dfrac{(-1)^{n-1}(n-1)!}{(x+a)^n}$.

解题方法

一、导数的求法

1. 利用导数的定义.

2. 基本公式表及四则运算法则.

3. 复合函数的链式法, 反函数求导法.

4. 参数方程微分法.

设 $x(t), y(t)$ 均二阶可导, 且 $x'(t) \neq 0$. 则由参数方程 $\begin{cases} x = x(t) \\ y = y(t) \end{cases}$ 所确定的函数 $y = f(x)$ 的一、二阶导数分别为

$$\frac{dy}{dx} = \frac{y'(t)}{x'(t)},$$

$$\frac{d^2y}{dx^2} = \frac{d\left(\dfrac{dy}{dx}\right)}{dx} = \frac{x'(t)y''(t) - y'(t)x''(t)}{[x'(t)]^2} \cdot \frac{1}{x'(t)}$$
$$= \frac{x'(t)y''(t) - y'(t)x''(t)}{[x'(t)]^3}.$$

注 2.1 利用一阶微分形式不变性推导上面式子, 便于记忆, 且不易出错.

5. 隐函数微分法.

由方程 $F(x, y) = 0$ 所确定的函数 $y = y(x)$, 称为 y 是变量 x 的隐函数, 其导数 $\dfrac{dy}{dx}$ 求法有三种方法:

(i) 视 y 为 x 的函数 $y(x)$, 方程 $F(x, y(x)) = 0$ 两边对 x 求导, 把 $y'(x)$ 解出来.

(ii) 公式法. 由 $F(x \cdot y) = 0$ 知,

$$\frac{dy}{dx} = -\frac{F'_x(x,y)}{F'_y(x,y)},$$

其中 $F'_x(x,y), F'_y(x,y)$ 分别表示 $F(x,y)$ 对 x 和 y 的偏导数.

(iii) 利用微分形式不变性, 在方程两边求微分, 然后解出 $\dfrac{dy}{dx}$.

6. 幂指函数微分法.

$y = u(x)^{v(x)} (u(x) > 0,\ u(x) \neq 1)$ 的导数 $\dfrac{dy}{dx}$ 的求法有二种方法:

(i) $y = u(x)^{v(x)} = e^{v(x)\ln u(x)}$ (复合函数链式法)

$$\frac{dy}{dx} = e^{v(x)\ln u(x)}[v(x)\ln u(x)]'$$
$$= u(x)^{v(x)}\left[v'(x)\ln u(x) + v(x)\frac{u'(x)}{u(x)}\right];$$

(ii) $\ln y = v(x)\ln u(x)$ (取对数求导法及隐函数求导法)

$$\frac{1}{y}y' = v'(x)\ln u(x) + v(x)\frac{u'(x)}{u(x)},$$
$$\frac{dy}{dx} = u(x)^{v(x)}\left[v'(x)\ln u(x) + v(x)\frac{u'(x)}{u(x)}\right].$$

因此, 幂指函数 $u(x)^{v(x)}$ 的导数, 等于该幂指函数与函数 $v(x)\ln u(x)$ 的导数的乘积.

7. 对数微分法.

若函数表达式为若干因子连乘积、乘方、开方或商形式, 先对式子两边取绝对值后再取自然对数. 然后在等式两边对 x 求导.

注 2.2 在求导数的上述方法中, 复合函数的链式法是难点. 初学者容易出错, 如易漏掉某个因子等.

二、利用微商的几何意义与物理意义解决几何问题及物理、化学等问题.

三、利用函数的连续、可微定义, 研究函数的连续性与可微性.

四、利用高阶导数的运算法则, 已知函数的 n 阶导数公式及归纳法等求某些函数的高阶导数.

例题分析

例 1 设 $f'(x_0)$ 存在, 求下列各极限.

(1) $\lim\limits_{h\to 0}\dfrac{f(x_0-h)-f(x_0+h)}{h}$;

(2) $\lim\limits_{\Delta x\to 0}\dfrac{f(x_0-2\Delta x)-f(x_0+3\Delta x)}{\Delta x}$.

解 (1)

$$\begin{aligned}&\lim_{h\to 0}\frac{f(x_0-h)-f(x_0+h)}{h}\\ =&\lim_{h\to 0}\frac{f(x_0-h)-f(x_0)}{-h}(-1)-\lim_{h\to 0}\frac{f(x_0+h)-f(x_0)}{h}\\ =&-f'(x_0)-f'(x_0)=-2f'(x_0)\qquad(\text{利用导数定义}).\end{aligned}$$

(2)

$$\begin{aligned}&\lim_{\Delta x\to 0}\frac{f(x_0-2\Delta x)-f(x_0+3\Delta x)}{\Delta x}\\ =&\lim_{\Delta x\to 0}\frac{f(x_0-2\Delta x)-f(x_0)}{-2\Delta x}(-2)-\lim_{\Delta x\to 0}\frac{f(x_0+3\Delta x)-f(x_0)}{3\Delta x}\cdot 3\\ =&-2f'(x_0)-3f'(x_0)=-5f'(x_0).\end{aligned}$$

例 2 已知 $f(x)=\begin{cases}x+1, & x\le 0,\\ e^x, & x>0,\end{cases}$ 求 $f'(0)$.

解 对于分段函数分段点的微商值, 一般用定义求. 由于函数是分段定义的, 故求 $\lim\limits_{\Delta x\to 0}\dfrac{\Delta y}{\Delta x}$ 时, 只得分别求 $\lim\limits_{\Delta x\to 0^-}\dfrac{\Delta y}{\Delta x}$ 与 $\lim\limits_{\Delta x\to 0^+}\dfrac{\Delta y}{\Delta x}$. 若相等, 其值即为分段点的微商值; 若不相等, 则函数在分段点上不可导.

$$f'_+(0)=\lim_{\Delta x\to 0^+}\frac{f(0+\Delta x)-f(0)}{\Delta x}=\lim_{\Delta x\to 0^+}\frac{e^{\Delta x}-1}{\Delta x}=1,$$

$$f'_-(0)=\lim_{\Delta x\to 0^-}\frac{f(0+\Delta x)-f(0)}{\Delta x}=\lim_{\Delta x\to 0^-}\frac{\Delta x+1-1}{\Delta x}=1.$$

故

$$f'(0)=1.$$

注 2.3 分段函数分段点的微商值也可由导数极限定理求得 (见 2.3 节习题), 即若 $\lim\limits_{x\to x_0^+}f'(x)$ 存在, 则 $f'_+(x_0)=\lim\limits_{x\to x_0^+}f'(x)$. 同理 $f'_-(x_0)=\lim\limits_{x\to x_0^-}f'(x)$. 因此, 本题易求得

$$f'_+(0)=\lim_{x\to 0^+}f'(x)=\lim_{x\to 0^+}e^x=1,$$
$$f'_-(0)=\lim_{x\to 0^-}f'(x)=\lim_{x\to 0^-}1=1,$$

故

$$f'(0)=1.$$

但须注意, 若 $\lim\limits_{x\to x_0^+}f'(x)$ 不存在. 不能推得 $f'_+(x_0)$ 不存在. 如下面例 3.

例 3 设 $f(x)=\begin{cases}x+\left(\sin x\sin\dfrac{1}{x}\right)^2, & x\neq 0,\\ 0, & x=0,\end{cases}$ 求 $f'(x)$.

解 当 $x\neq 0$ 时,

$$f'(x)=1+2\sin x\sin\frac{1}{x}\left(\cos x\sin\frac{1}{x}-\frac{1}{x^2}\sin x\cos\frac{1}{x}\right),$$

当 $x=0$ 时,

$$f'(0)=\lim_{x\to 0}\frac{f(x)-f(0)}{x-0}=\lim_{x\to 0}\frac{x+\left(\sin x\sin\dfrac{1}{x}\right)^2}{x}=1.$$

所以

$$f'(x)=\begin{cases}1+\sin 2x\left(\sin\dfrac{1}{x}\right)^2-\left(\dfrac{\sin x}{x}\right)^2\sin\dfrac{2}{x}, & x\neq 0,\\ 1, & x=0.\end{cases}$$

显然 $\lim\limits_{x\to 0}f'(x)$ 不存在.

例 4 设 $f(x)=3x^3+x^2|x|$, 求使 $f^{(n)}(0)$ 存在的最高阶数 n.

解 有绝对值号是分段函数

$$f(x)=\begin{cases}4x^3, & x\geq 0,\\ 2x^3, & x<0,\end{cases}\qquad f'(x)=\begin{cases}12x^2, & x\geq 0,\\ 6x^2, & x<0,\end{cases}$$

$$f''(x)=\begin{cases}24x, & x\geq 0,\\ 12x, & x<0,\end{cases}\qquad f'''(x)=\begin{cases}24, & x>0,\\ \text{不存在}, & x=0,\\ 12, & x<0,\end{cases}$$

所以最高阶数 $n=2$.

更一般, 可推出以下重要结论:

(1) $y=|x|$ 在 $x=0$ 连续但不可导.

(2) $y=x|x|$ 在 $x=0$ 可导, 即 $y'(0)$ 存在, 但 $y''(0)$ 不存在.

(3) $y=x^n|x|$ 直至 $y^{(n)}(0)$ 存在, 但 $y^{(n+1)}(0)$ 不存在, 且有

$$(x^n|x|)^{(k)}=(n+1)n\cdots(n-k+2)x^{n-k}|x| \qquad (1\le k\le n).$$

例 5　在下列各题中, 指出不可导点.

(1) $y=|x-1|+|x-2|$;

(2) $y=(x^2-1)|x-1|+x^2|x-2|$;

(3) $y=x|x^2-x|+(x-2)|x-2|$;

(4) $y=(x-1)^n|x-1|$.

解　(1) 在 $x=1,x=2$ 处不可导.

(2) 在 $x=2$ 处不可导.

(3) 在 $x=1$ 处不可导.

(4) 直到 $y^{(n)}(1)$ 存在, 但 $y^{(n+1)}(1)$ 不存在.

例 6　设 $f(x)$ 在 $(-\infty,+\infty)$ 内有定义, 对任意 x, 恒有 $f(x+1)=2f(x)$. 当 $0\le x<1$ 时, $f(x)=x(1-x^2)$. 试判断在 $x=0$ 处, $f(x)$ 的连续性与可导性.

解　由于在 $-1\le x<0$ 上, 函数具体表达式未知, 故首先把这段区间上函数的表达式求出来.

当 $-1\le x<0$ 时, $0\le x+1<1$, 于是

$$f(x)=\frac{1}{2}f(x+1)=\frac{1}{2}(x+1)[1-(x+1)^2]=\frac{1}{2}(x+1)(-2x-x^2).$$

显然

$$\lim_{x\to0^+}f(x)=0=f(0), \qquad \lim_{x\to0^-}f(x)=0=f(0),$$

故 $f(x)$ 在 $x=0$ 处连续.

又

$$f'_+(0)=\lim_{x\to0^+}\frac{f(x)-f(0)}{x-0}=\lim_{x\to0^+}\frac{x(1-x^2)}{x}=1,$$

$$f'_-(0)=\lim_{x\to0^-}\frac{f(x)-f(0)}{x-0}=\lim_{x\to0^-}\frac{-\frac{1}{2}(x+1)x(2+x)}{x}=-1,$$

$f'_+(0)\ne f'_-(0)$, 所以 $f(x)$ 在 $x=0$ 处不可导.

例 7 选择题.

(1) 设 $f(x)=\begin{cases}\dfrac{(e^x-1)\sin x}{\sqrt{x}}, & x>0,\\ x^2g(x), & x\le 0,\end{cases}$ 其中 $g(x)$ 是有界函数, 则 $f(x)$ 在 $x=0$ 处 ( )

(A) 极限不存在 (B) 极限存在, 但不连续

(C) 连续, 但不可导 (D) 可导

(2) 设 $f(0)=0$, 则 $f(x)$ 在点 $x=0$ 可导的充要条件为 ( )

(A) $\lim\limits_{h\to 0}\dfrac{1}{h^2}f(1-\cos h)$ 存在 (B) $\lim\limits_{h\to 0}\dfrac{1}{h}f(1-e^h)$ 存在

(C) $\lim\limits_{h\to 0}\dfrac{1}{h^2}f(h-\sin h)$ 存在 (D) $\lim\limits_{h\to 0}\dfrac{1}{h}[f(2h)-f(h)]$ 存在

解 (1) 由于

$$\begin{aligned}&\lim_{x\to 0^+}f(x)=\lim_{x\to 0^+}\frac{(e^x-1)\sin x}{\sqrt{x}}=\lim_{x\to 0^+}\frac{x^2}{\sqrt{x}}=0,\\&\lim_{x\to 0^-}f(x)=\lim_{x\to 0^-}x^2g(x)=0,\end{aligned}$$

故

$$\lim_{x\to 0}f(x)=0=f(0),$$

从而 $f(x)$ 在 $x=0$ 连续.

又

$$\begin{aligned}&\lim_{x\to 0^+}\frac{f(x)-f(0)}{x}=\lim_{x\to 0^+}\frac{(e^x-1)\sin x}{x\sqrt{x}}=0,\\&\lim_{x\to 0^-}\frac{f(x)-f(0)}{x}=\lim_{x\to 0^-}\frac{x^2g(x)}{x}=0,\end{aligned}$$

故 $f(x)$ 在 $x=0$ 处可导, 因而应选 (D).

(2)

$$\begin{aligned}\lim_{h\to 0}\frac{1}{h^2}f(1-\cos h)&=\lim_{h\to 0}\frac{f(1-\cos h)}{1-\cos h}\cdot\frac{1-\cos h}{h^2}\\&=\frac{1}{2}\lim_{t\to 0^+}\frac{f(t)-f(0)}{t-0}\qquad(t=1-\cos h)\end{aligned}$$

存在, 不能保证 $f'(0)=\lim\limits_{t\to 0}\dfrac{f(t)-f(0)}{t-0}$ 存在.

例如 $f(x)=|x|$, $f'_+(0)=1$, 但 $f'(0)$ 不存在.

$$\begin{aligned}\lim_{h\to 0}\frac{1}{h}f(1-e^h)&=\lim_{h\to 0}\frac{f(1-e^h)}{1-e^h}\cdot\frac{1-e^h}{h}\\&=-\lim_{t\to 0}\frac{f(t)-f(0)}{t-0}\qquad(t=1-e^h)\end{aligned}$$

存在, 推得 $f'(0)$ 存在.

$$\lim_{h\to 0}\frac{1}{h^2}f(h-\sin h)=\lim_{h\to 0}\frac{f(h-\sin h)}{h-\sin h}\cdot\frac{h-\sin h}{h^2}$$

存在, 但

$$\lim_{h\to 0}\frac{h-\sin h}{h^2}=0$$

不能保证

$$\lim_{h\to 0}\frac{f(h-\sin h)}{h-\sin h}=\lim_{t\to 0}\frac{f(t)-f(0)}{t-0}\qquad (t=h-\sin h)$$

存在. 例如 $f(x)=|x|$,

$$\lim_{h\to 0}\frac{1}{h}[f(2h)-f(h)]=\lim_{h\to 0}\left[\frac{f(2h)-f(0)}{h}-\frac{f(h)-f(0)}{h}\right]$$

存在, 不能保证

$$\lim_{h\to 0}\frac{f(h)-f(0)}{h}$$

存在. 例如

$$f(x)=\begin{cases}1, & x>0,\\ 0, & x=0,\\ -1, & x<0.\end{cases}$$

显然 (A), (B), (C), (D) 都是 $f'(0)$ 存在的必要条件, 但只有 (B) 是 $f'(0)$ 存在的充分条件, 故应选 (B).

例 8　设 $y=f\left(\frac{3x-2}{3x+2}\right)$, $f'(x)=\arcsin x^2$, 求 $\left.\frac{dy}{dx}\right|_{x=0}$.

解

$$\frac{dy}{dx}=f'\left(\frac{3x-2}{3x+2}\right)\cdot\left(\frac{3x-2}{3x+2}\right)'=\arcsin\left(\frac{3x-2}{3x+2}\right)^2\cdot\frac{12}{(3x+2)^2},$$

故

$$\left.\frac{dy}{dx}\right|_{x=0}=(\arcsin 1)\cdot 3=\frac{3}{2}\pi.$$

例 9　求下列函数的导数.

(1) $y=\sqrt{x\sqrt{x\sqrt{x}}}$;　　(2) $y=\sqrt{x+\sqrt{x+\sqrt{x}}}$.

解　(1) $y'=\left[x^{\frac{1}{2}+\frac{1}{4}+\frac{1}{8}}\right]'=\left(x^{\frac{7}{8}}\right)'=\frac{7}{8}x^{-\frac{1}{8}}$.

(2)

$$y'=\frac{1}{2\sqrt{x+\sqrt{x+\sqrt{x}}}}\left[1+\frac{1}{2\sqrt{x+\sqrt{x}}}\left(1+\frac{1}{2\sqrt{x}}\right)\right]$$

$$=\frac{4\sqrt{x}\cdot\sqrt{x+\sqrt{x}}+2\sqrt{x}+1}{8\sqrt{x}\cdot\sqrt{x+\sqrt{x}}\cdot\sqrt{x+\sqrt{x+\sqrt{x}}}}.$$

例 10 设 $\begin{cases} x=\ln(1+t^2), \\ y=t-\arctan t, \end{cases}$ 求 $\dfrac{dy}{dx}, \dfrac{d^2y}{dx^2}$.

解

$$\frac{dy}{dx}=\frac{y'(t)dt}{x'(t)dt}=\frac{1-\dfrac{1}{1+t^2}}{\dfrac{2t}{1+t^2}}=\frac{t}{2},$$

$$\frac{d^2y}{dx^2}=\frac{d\left(\dfrac{dy}{dx}\right)}{dx}=\frac{\left(\dfrac{t}{2}\right)'}{\dfrac{2t}{1+t^2}}=\frac{1+t^2}{4t}.$$

例 11 设方程 $xy^2+e^y=\cos(x+y^2)$, 求 y'.

解 视 y 是 x 的函数, 方程两边对 x 求导

$$y^2+2xyy'+e^yy'=-\sin(x+y^2)\cdot(1+2yy'),$$

整理得

$$y'=-\frac{y^2+\sin(x+y^2)}{2xy+e^y+2y\sin(x+y^2)}.$$

例 12 设 $y=x^{x^x}+x^{a^x}+x^{x^a}+a^{x^x}$, 求 y'.

解 由幂指函数求导法则

$$[u(x)^{v(x)}]'=u(x)^{v(x)}\cdot[v(x)\ln u(x)]',$$

则有

$$\begin{aligned}(x^{x^x})'&=x^{x^x}\cdot(x^x\ln x)'=x^{x^x}\left[x^x(x\ln x)'\ln x+x^x\cdot\frac{1}{x}\right]\\&=x^{x^x}\cdot x^x\cdot\left(\ln^2x+\ln x+\frac{1}{x}\right),\end{aligned}$$

$$\begin{aligned}(x^{a^x})'&=x^{a^x}\cdot(a^x\ln x)'=x^{a^x}\left(a^x\ln a\ln x+a^x\cdot\frac{1}{x}\right)\\&=x^{a^x}\cdot a^x\cdot\left(\ln a\ln x+\frac{1}{x}\right),\end{aligned}$$

$$\begin{aligned}(x^{x^a})'&=x^{x^a}\cdot(x^a\ln x)'=x^{x^a}\left(ax^{a-1}\ln x+x^a\cdot\frac{1}{x}\right)\\&=x^{x^a}\cdot x^{a-1}\cdot(a\ln x+1),\end{aligned}$$

$$\begin{aligned}(a^{x^x})' &= a^{x^x}\cdot\ln a\cdot(x^x)' = a^{x^x}\cdot\ln a\cdot x^x\cdot(x\ln x)'\\ &= a^{x^x}\cdot x^x\cdot(1+\ln x)\ln a.\end{aligned}$$

所以

$$\begin{aligned}y' = {}& x^{x^x}\cdot x^x\left(\ln x+\ln^2 x+\frac{1}{x}\right)+x^{a^x}\cdot a^x\left(\ln a\ln x+\frac{1}{x}\right)\\ &+x^{x^a}\cdot x^{a-1}(a\ln x+1)+a^{x^x}\cdot x^x\cdot(1+\ln x)\ln a.\end{aligned}$$

例 13 设由方程 $x^y=y^x$ 确定 y 是 x 的函数, 求 $\dfrac{dy}{dx}$.

解 两边取对数

$$y\ln x = x\ln y,$$

方程两边对 x 求导

$$y'\ln x+\frac{y}{x}=\ln y+x\frac{1}{y}y',$$

得

$$y'=\frac{y(y-x\ln y)}{x(x-y\ln x)}=\frac{y^2(1-\ln x)}{x^2(1-\ln y)}.$$

例 14 求 $y=\sqrt[3]{\dfrac{(x-1)(x-2)^2}{(x-3)(x-4)^2}}$ 的微商.

解 $\ln|y|=\dfrac{1}{3}[\ln|x-1|+2\ln|x-2|-\ln|x-3|-2\ln|x-4|]$. 两边对 x 求导, 得

$$\frac{1}{y}y'=\frac{1}{3}\left(\frac{1}{x-1}+\frac{2}{x-2}-\frac{1}{x-3}-\frac{2}{x-4}\right),$$

所以

$$y'=\frac{1}{3}\left(\frac{1}{x-1}+\frac{2}{x-2}-\frac{1}{x-3}-\frac{2}{x-4}\right)\sqrt[3]{\frac{(x-1)(x-2)^2}{(x-3)(x-4)^2}}.$$

例 15 当实数 n 满足什么条件时, 函数

$$f(x)=\begin{cases} x^n\cos\dfrac{1}{x}, & x\neq 0,\\ 0, & x=0\end{cases}$$

具有

(1) 在点 $x=0$ 连续;

(2) 在点 $x=0$ 可微;

(3) 在点 $x=0$ 导函数连续.

解 (1) $f(x)$ 在点 $x=0$ 连续, 即要求

$$\lim_{x\to 0}f(x)=\lim_{x\to 0}x^n\cos\frac{1}{x}=f(0)=0,$$

推得 $n>0$.

(2) $f(x)$ 在点 $x=0$ 可微, 即要求

$$\lim_{x\to 0}\frac{f(x)-f(0)}{x-0}=\lim_{x\to 0}\frac{x^n\cos\dfrac{1}{x}}{x}$$

存在, 必须 $n-1>0$, 即 $n>1$, 且有 $f'(0)=0$.

(3) 当 $n>1$ 时,

$$f'(x)=\begin{cases} x^{n-2}\left(nx\cos\dfrac{1}{x}+\sin\dfrac{1}{x}\right), & x\neq 0,\\ 0, & x=0.\end{cases}$$

要求

$$\lim_{x\to 0}f'(x)=\lim_{x\to 0}x^{n-2}\left(nx\cos\frac{1}{x}+\sin\frac{1}{x}\right)=f'(0)=0,$$

必须 $n-2>0$, 即 $n>2$. 故 $n>2$ 时, 导函数在点 $x=0$ 连续.

例 16 $y=\dfrac{1}{\sqrt{1-x^2}}\arcsin x$, 求 $y^{(n)}(0)$.

解

$$y'=\frac{x}{1-x^2}\frac{\arcsin x}{\sqrt{1-x^2}}+\frac{1}{1-x^2}.$$

$x\neq\pm 1$ 时, 有

$$(1-x^2)y'=xy+1,$$

$$[(1-x^2)y']^{(n-1)}=(xy+1)^{(n-1)},$$

$$\sum_{r=0}^{n-1}\mathrm{C}_{n-1}^r(1-x^2)^{(r)}(y')^{(n-1-r)}=\sum_{r=0}^{n-1}\mathrm{C}_{n-1}^r(x)^{(r)}y^{(n-1-r)},$$

$$(1-x^2)y^{(n)}+(n-1)(-2x)y^{(n-1)}+\frac{(n-1)(n-2)}{2}(-2)y^{(n-2)}$$
$$=xy^{(n-1)}+(n-1)y^{(n-2)}.$$

令 $x=0$, 得递推式

$$y^{(n)}(0)=(n-1)^2y^{(n-2)}(0).$$

又

$$y(0)=0,\qquad y'(0)=1,$$

故当 $n=2m$, $y^{(2m)}(0)=0$.

当 $n=2m+1$,

$$\begin{aligned}y^{(2m+1)}(0)&=(2m)^2y^{(2m-1)}(0)=(2m)^2(2m-2)^2y^{(2m-3)}(0)\\&=(2m)^2(2m-2)^2\cdots4^2\cdot2^2y'(0)\\&=[(2m)!!]^2=[2^m\cdot m!]^2=4^m(m!)^2.\end{aligned}$$

2.2　一元函数的微分

学习要点

一、微分的定义、可微与可导的关系

设 $y=f(x)$ 在 x 处的某邻域内有定义, 当自变量在点 x 取得增量 Δx 时, 函数的增量 Δy 可表示为 $\Delta y=A\Delta x+o(\Delta x)$, 其中 A 是与 Δx 无关的量, $o(\Delta x)$ 表示当 $\Delta x\to0$ 时比 Δx 高阶无穷小, 则称 $y=f(x)$ 在 x 处可微, 称 $A\Delta x$ 为 $f(x)$ 在点 x 处的微分, 记为 $dy=A\Delta x$. 由于可证 $f'(x)=A$, 又当 x 为自变量时 $dx=\Delta x$, 故又可写成

$$dy=df(x)=f'(x)dx.$$

函数 $f(x)$ 在 x 处可微 $\Leftrightarrow$ $f(x)$ 在 x 处可导.

二、微分基本公式及运算法则

1. 基本公式

(1) $d(c)=0$;　　(2) $d(x^\mu)=\mu x^{\mu-1}dx$;

(3) $d(a^x)=a^x\ln a dx$;　　(4) $d(e^x)=e^xdx$;

(5) $d(\log_a x)=\dfrac{1}{x\ln a}dx$;　　(6) $d(\ln x)=\dfrac{1}{x}dx$;

(7) $d(\sin x)=\cos x dx$;　　(8) $d(\cos x)=-\sin x dx$;

(9) $d(\tan x)=\sec^2 x dx$;　　(10) $d(\cot x)=-\csc^2 x dx$;

(11) $d(\sec x)=\sec x\tan x dx$;　　(12) $d(\csc x)=-\csc x\cot x dx$;

(13) $d(\arcsin x)=\dfrac{1}{\sqrt{1-x^2}}dx$;　　(14) $d(\arccos x)=-\dfrac{1}{\sqrt{1-x^2}}dx$;

(15) $d(\arctan x)=\dfrac{1}{1+x^2}dx$;　　(16) $d(\mathrm{arccot}\, x)=-\dfrac{1}{1+x^2}dx$;

(17) $d(\mathrm{sh}\, x)=\mathrm{ch}\, x dx$;　　(18) $d(\mathrm{ch}\, x)=\mathrm{sh}\, x dx$.

2. 运算法则

设 $u=u(x)$, $v=v(x)$ 均可导, 则

(1) $d(c_1u\pm c_2v)=c_1du\pm c_2dv$　(c_1,c_2 为任常数),

(2) $d(uv) = udv + vdv$,

(3) $d\left(\dfrac{u}{v}\right) = \dfrac{vdu - udv}{v^2} \quad (v \neq 0)$.

三、一阶微分形式的不变性

对于 $y = f(u)$, 不管 u 是自变量或中间变量, 都有

$$dy = f'(u)du.$$

这就是微分形式的不变性 (这里设 $y = f(u)$, $u = \varphi(x)$ 可微).

注 2.4 对于高阶微分, $d^n y = f^{(n)}(x)dx^n$ 一般不成立. 只有当 x 是自变量或自变量的线性函数时, 上式才成立. 而在其他情形, 高阶导数 $\dfrac{d^n y}{dx^n}$ 一般不等于 $d^n y$ 除以 dx^n 的商.

解 题 方 法

一、利用微分的基本公式及运算法则求函数的微分.

二、利用一阶微分形式不变性. 例如,

1. 对复合函数 $y = f(\varphi(x))$ 的微分, 可分步进行, 即

$$dy = f'(\varphi(x))d\varphi(x) = f'(\varphi(x))\varphi'(x)dx.$$

2. 用于参数方程的微分法, 便于记忆, 不易出错.

3. 用于隐函数的微分法等.

例 题 分 析

例 1 设 $f(x)$ 为可微分两次的函数, 求 dy 和 d^2y.

(1) $y = \ln f(x)$, x 为自变量;

(2) $y = \ln f(x)$, x 为中间变量;

(3) $y = \ln f(x)$, $x = e^t$.

解 (1) $dy = \dfrac{1}{f(x)} df(x) = \dfrac{f'(x)}{f(x)} dx$,

$$d^2y = d\left[\frac{f'(x)}{f(x)} dx\right] = \frac{f(x)f''(x) - [f'(x)]^2}{f^2(x)} dx^2.$$

(2) $dy = \dfrac{f'(x)}{f(x)} dx$,

$$d^2y = d\left[\frac{f'(x)}{f(x)} dx\right] = \frac{f(x)f''(x) - [f'(x)]^2}{f^2(x)} dx^2 + \frac{f'(x)}{f(x)} d^2x.$$

(3) $dy=\dfrac{f'(x)}{f(x)}dx=\dfrac{f'(e^t)}{f(e^t)}e^tdt,$

$$\begin{aligned}d^2y&=d\left[\frac{f'(e^t)}{f(e^t)}e^t\right]dt\\&=\left[\frac{f(e^t)f''(e^t)-[f'(e^t)]^2}{f^2(e^t)}\cdot e^t+\frac{f'(e^t)}{f(e^t)}\right]e^tdt^2.\end{aligned}$$

例 2 求下列函数的微分.

(1) $y=e^{\sin^2\frac{1}{x}}$; (2) $y=\arcsin\dfrac{1}{|x|}$.

解 (1) 定义域 $x\neq 0$.

$$\begin{aligned}dy&=e^{\sin^2\frac{1}{x}}d\left(\sin^2\frac{1}{x}\right)=e^{\sin^2\frac{1}{x}}\cdot 2\sin\frac{1}{x}\cos\frac{1}{x}\cdot d\left(\frac{1}{x}\right)\\&=-\frac{1}{x^2}\sin\frac{2}{x}\cdot e^{\sin^2\frac{1}{x}}dx.\end{aligned}$$

(2) 定义域 $|x|\geq 1$. 故

$$|x|=\begin{cases}x, & x\geq 1,\\-x, & x\leq -1,\end{cases}\qquad (|x|)'=\begin{cases}1, & x>1,\\-1, & x<-1.\end{cases}$$

所以

$$\begin{aligned}dy&=\frac{1}{\sqrt{1-\dfrac{1}{x^2}}}d\left(\frac{1}{|x|}\right)=\frac{|x|}{\sqrt{x^2-1}}\cdot\left(-\frac{1}{x^2}\right)d(|x|)\\&=-\frac{1}{x\sqrt{x^2-1}}dx\qquad (|x|>1).\end{aligned}$$

例 3 设 $x=a\cos^3 t,\ y=a\sin^3 t$, 求 $\dfrac{dy}{dx}$, $\dfrac{d^2y}{dx^2}$.

解 利用一阶微分形式不变性, 有

$$\frac{dy}{dx}=\frac{3a\sin^2 t\cos tdt}{-3a\cos^2 t\sin tdt}=-\tan t,$$

$$\frac{d^2y}{dx^2}=\frac{d\left(\dfrac{dy}{dx}\right)}{dx}=\frac{-\sec^2 tdt}{-3a\cos^2 t\sin tdt}=\frac{1}{3a\cos^4 t\sin t}.$$

例 4 设方程 $xy^2+e^y=\cos(x+y^2)$, 求 y', dy.

解 利用微分形式不变性, 方程两边求微分

$$y^2dx+2xydy+e^ydy=-\sin(x+y^2)(dx+2ydy),$$

$$[2xy+e^y+2y\sin(x+y^2)]dy=-[y^2+\sin(x+y^2)]dx,$$

得

$$\frac{dy}{dx}=-\frac{y^2+\sin(x+y^2)}{2xy+e^y+2y\sin(x+y^2)},$$

$$dy=-\frac{y^2+\sin(x+y^2)}{2xy+e^y+2y\sin(x+y^2)}dx.$$

例 5 指出下面计算中的错误.

(1) 设 $x=a\sin\theta$, $y=b\cos\theta$, 因为

$$dx=a\cos\theta d\theta,\qquad dy=-b\sin\theta d\theta,\qquad d^2y=-b\cos\theta d\theta^2,$$

所以

$$\frac{d^2y}{dx^2}=\frac{-b\cos\theta d\theta^2}{(a\cos\theta d\theta)^2}=\frac{-b\cos\theta d\theta^2}{a^2\cos^2\theta d\theta^2}=-\frac{b}{a^2\cos\theta}.$$

(2) 设 $x=a\sin\theta$, $y=b\cos\theta$, 因为

$$\frac{dy}{dx}=\frac{d(b\cos\theta)}{d(a\sin\theta)}=\frac{-b\sin\theta d\theta}{a\cos\theta d\theta}=-\frac{b}{a}\tan\theta,$$

所以

$$\frac{d^2y}{dx^2}=\left(\frac{dy}{dx}\right)'=\left(-\frac{b}{a}\tan\theta\right)'=-\frac{b}{a}\sec^2\theta.$$

解 (1) 本题要求 $\dfrac{d^2y}{dx^2}$, 应把 x 看成自变量, 而 θ 不是自变量, 也不是自变量 x 的线性函数, 所以 $d^2y\neq -b\cos\theta d\theta^2$. 正确的解法应是

$$d^2y=d(-b\sin\theta d\theta)=-b\cos\theta d\theta^2-b\sin\theta d^2\theta.$$

又

$$d\theta=\frac{dx}{a\cos\theta},$$

$$d^2\theta=d\left(\frac{1}{a\cos\theta}dx\right)=\frac{1}{a}\sec\theta\tan\theta\frac{d\theta}{dx}dx^2=\frac{1}{a^2}\sec^2\theta\tan\theta dx^2,$$

$$d^2y=\left(-\frac{b}{a^2\cos\theta}-\frac{b\sin^2\theta}{a^2\cos^3\theta}\right)dx^2=-\frac{b}{a^2}\sec^3\theta dx^2.$$

所以

$$\frac{d^2y}{dx^2}=-\frac{b}{a^2}\sec^3\theta.$$

当然, 上面的解法太烦了, 好的方法是利用一阶微分形式不变性, 即

$$\frac{dy}{dx}=\frac{-b\sin\theta d\theta}{a\cos\theta d\theta}=-\frac{b}{a}\tan\theta,$$

$$\frac{d^2y}{dx^2}=\frac{d\left(\dfrac{dy}{dx}\right)}{dx}=\frac{-\dfrac{b}{a}\sec^2\theta d\theta}{a\cos\theta d\theta}=-\frac{b}{a^2}\sec^3\theta.$$

(2) 错误在于 $\left(\dfrac{dy}{dx}\right)'=\left(-\dfrac{b}{a}\tan\theta\right)'$ 这一步. $\left(\dfrac{dy}{dx}\right)'$ 表示 $\dfrac{dy}{dx}$ 再对 x 求微商, 而 $\left(-\dfrac{b}{a}\tan\theta\right)'$ 表示 $\dfrac{dy}{dx}=-\dfrac{b}{a}\tan\theta$ 对 θ 求微商, 所以 $\left(\dfrac{dy}{dx}\right)'\neq\left(-\dfrac{b}{a}\tan\theta\right)'$. 正确解法应是

$$\begin{aligned}\frac{d^2y}{dx^2}&=\left(\frac{dy}{dx}\right)'_x=\left(\frac{dy}{dx}\right)'_\theta\cdot\frac{d\theta}{dx}=\left(-\frac{b}{a}\tan\theta\right)'\frac{d\theta}{dx}\\&=-\frac{b}{a}\sec^2\theta\cdot\frac{1}{a}\sec\theta=-\frac{b}{a^2}\sec^3\theta.\end{aligned}$$

2.3 拉格朗日中值定理, 函数的增减与极值

学 习 要 点

一、极值的定义

设 $f(x)$ 在 x_0 的某邻域 I 内有定义, 若对 I 内任一点 x, 都有

$$f(x_0)\geq f(x)\qquad (\text{或 } f(x_0)\leq f(x)),$$

则称 x_0 是 $f(x)$ 的一个极大值点 (或极小值点), $f(x_0)$ 称为 $f(x)$ 的一个极大值 (或极小值). 极大值和极小值统称为极值.

二、微分学基本定理

1. (费马 (Fermat) 定理) 如果 $f(x)$ 在其定义区间上的一个内点 c 取得极值, 并且函数在这点可微, 则必有 $f'(c)=0$.

2. (可微函数的零值定理) 设 $f(x)$ 在 $[a,b]$ 可微, $f'_+(a)f'_-(b)<0$, 则必有 $\xi\in(a,b)$, 使 $f'(\xi)=0$.

注 2.5 本定理 $f'(x)$ 未必是连续函数, 故与连续函数的零值定理无关, 是可微函数的特有性质.

3. (罗尔 (Rolle) 定理) 设 $f(x)$ 在 $[a,b]$ 上连续, 在 (a,b) 内可导, 且 $f(a)=f(b)$, 则存在 $\xi\in(a,b)$, 使 $f'(\xi)=0$.

几何意义: 满足罗尔定理条件的函数有水平切线.

4. (拉格朗日 (Lagrange) 中值定理) 设 $f(x)$ 在 $[a,b]$ 上连续, 在 (a,b) 内可导, 则存在 $\xi \in (a,b)$, 使得

$$f'(\xi)=\frac{f(b)-f(a)}{b-a},$$

或

$$f(b)-f(a)=f'(\xi)\cdot(b-a),$$

或

$$f(b)-f(a)=f'(a+\theta(b-a))\cdot(b-a) \qquad (0<\theta<1).$$

几何意义: 满足拉格朗日定理条件的函数, 有平行于连接曲线二端点的弦的切线.

5. (中值定理推论) 若在 (a,b) 内恒有 $f'(x)\equiv 0$, 则 $f(x)\equiv C$(常数).

三、函数单调性理论

设 $f(x)$ 在 (a,b) 内可微.

1. $f(x)$ 在 (a,b) 内单调增 (减) $\Longleftrightarrow$ 在 (a,b) 内恒有 $f'(x)\geq 0$ ($f'(x)\leq 0$).

2. 若在 (a,b) 内恒有 $f'(x)>0$ (或 $f'(x)<0$), 则 $f(x)$ 在 (a,b) 内严格增 (严格减).

3. 若在 (a,b) 内恒有 $f'(x)\geq 0$ (或 $f'(x)\leq 0$) 且等号只在有限个点处成立, 则 $f(x)$ 在 (a,b) 内严格增 (严格减).

四、函数的极值理论

1. (极值第一判别法) 设 $f(x)$ 在点 x_0 的邻域 $(x_0-\delta,\ x_0+\delta)$ 内连续. 在点 x_0 的去心邻域 $(x_0-\delta,\ x_0)\cup(x_0,\ x_0+\delta)$ 内可微.

(1) 当 $x<x_0$, $f'(x)<0$, 当 $x>x_0$, $f'(x)>0$, 则 $f(x)$ 在点 x_0 取到极小值;

(2) 当 $x<x_0$, $f'(x)>0$, 当 $x>x_0$, $f'(x)<0$, 则 $f(x)$ 在点 x_0 取到极大值;

(3) 当 $f'(x)$ 在点 x_0 的左、右两侧同正或同负时, 则 $f(x)$ 在点 x_0 无极值.

2. (极值第二判别法) 设 $f(x)$ 在驻点 x_0 的 n 阶微商存在, 且

$$f'(x_0)=f''(x_0)=\cdots=f^{(n-1)}(x_0)=0, \quad 而\ f^{(n)}(x_0)\neq 0.$$

(1) 当 n 是奇数时, 则 $f(x)$ 在点 x_0 无极值;

(2) 当 n 是偶数时, 则 $f(x)$ 在点 x_0 取极值, 当 $f^{(n)}(x_0)>0$, $f(x)$ 在点 x_0 取极小值; 当 $f^{(n)}(x_0)<0$, $f(x)$ 在点 x_0 取极大值.

注 2.6 驻点与不可微点是可疑极值点. 判断驻点是否极值点用第一或第二判别法. 判断不可微点是否极值点用第一判别法或定义法.

3. (最值的判别) 设 $f(x)$ 在 $[a,b]$ 上连续, 在 (a,b) 内可导, 又 $x_1,x_2,\cdots,x_n$ 是 $f(x)$ 在 (a,b) 中的全部驻点, 则

$$\max_{x\in[a,b]} f(x)=\max\{f(a),f(x_1),\cdots,f(x_n),f(b)\},$$
$$\min_{x\in[a,b]} f(x)=\min\{f(a),f(x_1),\cdots,f(x_n),f(b)\},$$

或者求出所有的极值, 则

$$\max_{x\in[a,b]} f(x)=\max\{f(a),f(b),f(x)\ \text{所有极大值}\},$$
$$\min_{x\in[a,b]} f(x)=\min\{f(a),f(b),f(x)\ \text{所有极小值}\}.$$

4. 如果连续函数 $f(x)$ 在 $[a,b]$ 内只有一个极值, 当这个极值是极大值, 则它就是 $f(x)$ 在 $[a,b]$ 上的最大值; 当这个极值是极小值, 则它就是 $f(x)$ 在 $[a,b]$ 上的最小值.

解题方法

一、本节理论是微分学的重要理论之一, 常用于证明题 (证等式或不等式), 方法如下.

1. 利用微分学基本定理. 例如

(i) 若证含有 $f(x),f'(x)$ 或 $f(x)-f(y)$ 的不等式, 试用拉格朗日中值定理证明. 若证恒等式, 则用中值定理的推论.

(ii) 若证至少存在一点 $\xi\in(a,b)$, 使得 $f^{(n)}(\xi)=0$ 的命题, 其证法思路常用

1° 验证 $f^{(n-1)}(x)$ 在 $[a,b]$ 上满足罗尔定理条件, 由罗尔定理即得结论.

2° 验证 $f^{(n-1)}(x)$ 在 $[a,b]$ 上满足费马定理条件, 由费马定理即得结论.

3° 验证 $f^{(n)}(x)$ 在 $[a,b]$ 上满足零值定理条件, 由零值定理即得结论.

如果定理条件不能满足, 可创造条件, 用极限理论或其他理论.

2. 利用单调性理论证不等式.

3. 利用极值理论证不等式.

二、利用单调性理论与极值理论求函数的极值、最大值与最小值.

三、利用连续函数的零值定理及单调性理论等确定方程根的分布.

四、利用中值定理求极限.

例题分析

例 1 证明 $\arctan x+\arctan\dfrac{1}{x}=\begin{cases}\dfrac{\pi}{2}, & x>0,\\ -\dfrac{\pi}{2}, & x<0.\end{cases}$

证 令 $F(x)=\arctan x+\arctan\dfrac{1}{x}$, 显然 $F(x)$ 在 $x=0$ 间断. 又

$$F'(x)=\frac{1}{1+x^2}+\frac{1}{1+\left(\dfrac{1}{x}\right)^2}\left(-\frac{1}{x^2}\right)\equiv 0,$$

利用中值定理的推论,

当 $x>0$ 时, 有 $F(x)\equiv C_1$, 取 $x=1$, 得 $C_1=\dfrac{\pi}{2}$.

当 $x<0$ 时, 有 $F(x)\equiv C_2$, 取 $x=-1$, 得 $C_2=-\dfrac{\pi}{2}$.

故

$$\arctan x+\arctan\frac{1}{x}=\begin{cases}\dfrac{\pi}{2}, & x>0,\\ -\dfrac{\pi}{2}, & x<0.\end{cases}$$

例 2 试证明: 若函数 $f(x)$ 在有穷区间 (a,b) 内可微, 但无界, 则其导数 $f'(x)$ 在区间 (a,b) 内也无界. 其逆命题不真, 举例说明.

证 (反证) 设在 (a,b) 内 $f'(x)$ 有界, 即存在正数 M, 使

$$|f'(x)|\le M.$$

取 x_0 是 (a,b) 内一定点. 当 $x\ne x_0$, $x\in(a,b)$ 时, 由**拉格朗日中值定理**, 在 (a,b) 内存在一点 ξ, 使

$$f(x)-f(x_0)=f'(\xi)(x-x_0),$$

于是

$$|f(x)|\le|f'(\xi)||x-x_0|+|f(x_0)|\le M(b-a)+|f(x_0)|.$$

这与 $f(x)$ 在 (a,b) 内无界矛盾, 所以 $f'(x)$ 在 (a,b) 内必无界.

逆命题不真, 即 $f'(x)$ 在 (a,b) 内无界, $f(x)$ 在 (a,b) 内未必无界. 例如, $f(x)=\sqrt{x}$ 在 $(0,1)$ 内有界, 但 $f'(x)=\dfrac{1}{2\sqrt{x}}$ 在 $(0,1)$ 内无界.

如果有限区间改为无穷区间, 则结论又不对了. 例如, $y=x$ 在 $(0,+\infty)$ 上无界, 但 $y'\equiv 1$ 在 $(0,+\infty)$ 上有界.

例 3 设 $f(x)$ 在 $[a,b]$ 上连续, 在 (a,b) 内可微, 且 $|f'(x)|<k\,(k>0)$, 又 $f(a)=f(b)$. 证明对于 $[a,b]$ 上任二点 x_1,x_2, 恒有 $|f(x_1)-f(x_2)|<\dfrac{k(b-a)}{2}$.

证　在 $[a,b]$ 上任取二点 x_1,x_2, 不妨设 $x_2>x_1$, 由

$$|f(x)-f(y)|=|f'(\xi)(x-y)|<k|x-y|$$

及

$$f(a)=f(b),$$

有

$$\begin{aligned}2|f(x_1)-f(x_2)|&=|f(b)-f(x_2)+f(x_1)-f(a)+f(x_1)-f(x_2)|\\&\leq|f(b)-f(x_2)|+|f(x_1)-f(a)|+|f(x_1)-f(x_2)|\\&<k(b-x_2)+k(x_1-a)+k(x_2-x_1)\\&=k(b-x_2+x_1-a+x_2-x_1)\\&=k(b-a),\end{aligned}$$

故

$$|f(x_1)-f(x_2)|<\frac{1}{2}k(b-a).$$

例 4　若 $f(x)$ 在 $[a,b]$ 上连续, 且 $f(a)=f(b)=0$ 及 $f'_+(a)\cdot f'_-(b)>0$, 则在 (a,b) 内至少存在一点 ξ, 使 $f(\xi)=0$.

证　因为 $f'_+(a)\cdot f'_-(b)>0$, 不妨设 $f'_+(a)>0$, $f'_-(b)>0$, 即

$$f'_+(a)=\lim_{x\to a^+}\frac{f(x)-f(a)}{x-a}>0.$$

由极限的保号定理知, $\exists\,\delta_1>0$, 当 $x_1\in(a,\,a+\delta_1)$ 时, 有

$$\frac{f(x_1)-f(a)}{x_1-a}>0\quad\longrightarrow\quad f(x_1)>f(a)=0.$$

同理

$$f'_-(b)=\lim_{x\to b^-}\frac{f(x)-f(b)}{x-b}>0.$$

$\exists\,\delta_2>0$, 当 $x_2\in(b-\delta_2,b)$ 时, 有

$$\frac{f(x_2)-f(b)}{x_2-b}>0\quad\longrightarrow\quad f(x_2)<f(b)=0.$$

取 δ_1,δ_2 足够小, 使 $a+\delta_1<b-\delta_2$, 于是 $a<x_1<a+\delta_1<b-\delta_2<x_2<b$.

又因为 $f(x)$ 在 $[a,b]$ 上连续. 由**零值定理**, 至少存在一点 $\xi\in(x_1,x_2)\subset(a,b)$ 使

$$f(\xi)=0.$$

例 5 设 $f(x)$ 在 $[0,1]$ 上连续, 在 $(0,1)$ 内可导, 且 $f(0)=f(1)=0, f\left(\frac{1}{2}\right)=1$. 试证:

(1) 存在 $\eta\in\left(\frac{1}{2},1\right)$ 使 $f(\eta)=\eta$;

(2) 对任意实数 λ, 必存在 $\xi\in(0,\eta)$, 使得

$$f'(\xi)-\lambda[f(\xi)-\xi]=1.$$

证 (1) 令 $F(x)=f(x)-x$, $F(x)$ 在 $\left[\frac{1}{2},1\right]$ 上连续, 且

$$F\left(\frac{1}{2}\right)=f\left(\frac{1}{2}\right)-\frac{1}{2}=\frac{1}{2}>0,\quad F(1)=f(1)-1=-1<0,$$

由**零值定理**, 存在 $\eta\in\left(\frac{1}{2},1\right)$, 使 $F(\eta)=0$. 即 $f(\eta)=\eta$.

(2) 令 $\varphi(x)=e^{-\lambda x}[f(x)-x]$. 显然 $\varphi(x)$ 在 $[0,\eta]$ 上连续, 在 $(0,\eta)$ 上可导, 且 $\varphi(0)=0$, $\varphi(\eta)=0$, 满足**罗尔定理**条件, 故存在 $\xi\in(0,\eta)$, 使 $\varphi'(\xi)=0$, 即

$$e^{-\lambda\xi}[f'(\xi)-1-\lambda(f(\xi)-\xi)]=0,$$

又 $e^{-\lambda\xi}\neq 0$, 所以

$$f'(\xi)-\lambda[f(\xi)-\xi]=1.$$

例 6 设 $f(x)$ 在 $(a,+\infty)$ 内可微, 且 $\lim\limits_{x\to a^+}f(x)=\lim\limits_{x\to+\infty}f(x)=L$. 求证: 存在 $\xi\in(a,+\infty)$, 使 $f'(\xi)=0$(此结论也称广义的罗尔定理).

证法 1 令

$$g(x)=\begin{cases}f\left(\dfrac{1}{x}+a-1\right), & 0<x<1,\\ L, & x=0,1.\end{cases}$$

显然 $g(x)$ 在闭区间 $[0,1]$ 上连续, 在开区间 $(0,1)$ 内可微且 $g(0)=g(1)$. 于是由**罗尔定理**知, 在 $(0,1)$ 内存在 ξ_1, 使

$$g'(\xi_1)=-\frac{1}{\xi_1^2}f'\left(\frac{1}{\xi_1}+a-1\right)=0.$$

即

$$f'(\xi)=0\qquad\left(\xi=\frac{1}{\xi_1}+a-1\in(a,+\infty)\right).$$

证法 2 若在 $(a,+\infty)$ 上, $f(x)\equiv L$, 则 $f'(x)\equiv 0$, $(a,+\infty)$ 上每一点都可为 ξ.

若 $f(x)\not\equiv L$, 存在 x_0, $f(x_0)\neq L$. 不妨设 $f(x_0)>L$, 则 $f(x)$ 在 $(a,+\infty)$ 内必有最大值.

由于 $\lim\limits_{x\to a^+} f(x) = \lim\limits_{x\to+\infty} f(x) = L < f(x_0)$, 故存在 $\delta > 0$, $M > a$, 使在 $(a, a+\delta)$ 及 $(M, +\infty)$ 内 $f(x) < f(x_0)$, 而 $f(x)$ 在 $[a+\delta, M]$ 连续, 必有最大值 $f(\xi)$, $f(\xi) \geq f(x_0)$, 所以 $f(x)$ 在 $(a, +\infty)$ 的内点取到最大值. 又 $f(x)$ 可微, 由费马定理, $f'(\xi) = 0$.

例 7 设 $f(x)$ 在 $[a,b]$ 连续, 在 (a,b) 可微, $\lim\limits_{x\to a^+} \dfrac{f(x)-f(a)}{x-a} = +\infty$, $\lim\limits_{x\to b^-} \dfrac{f(x)-f(b)}{x-b} = -\infty$. 证明:

(1) 存在 $\xi \in (a,b)$, 使 $f'(\xi) = 0$;

(2) $f'(x)$ 可取到 $(-\infty, +\infty)$ 上的任何值.

证 (1) 因为 $\lim\limits_{x\to a^+} \dfrac{f(x)-f(a)}{x-a} = +\infty$, 存在 $\delta_1 > 0$. 当 $x \in (a, a+\delta_1)$ 时,

$$\frac{f(x)-f(a)}{x-a} > 0,$$

可知 $f(x) > f(a)$. 又 $\lim\limits_{x\to b^-} \dfrac{f(x)-f(b)}{x-b} = -\infty$, 存在 $\delta_2 > 0$, 当 $x \in (b-\delta_2, b)$ 时,

$$\frac{f(x)-f(b)}{x-b} < 0,$$

可知 $f(x) > f(b)$. 又 $f(x)$ 在 $[a,b]$ 上连续, 必在 $[a,b]$ 上取到最大值. 由上知, 最大值必在 (a,b) 的内点 ξ 取得. 又 $f(x)$ 可微, 由费马定理, 存在 $\xi \in (a,b)$, 使 $f'(\xi) = 0$.

(2) 任取一数 $\lambda \in (-\infty, +\infty)$, 令 $F(x) = f(x) - \lambda x$, 显然 $F(x)$ 在 $[a,b]$ 连续, 在 (a,b) 可微, 且

$$\lim_{x\to a^+} \frac{F(x)-F(a)}{x-a} = \lim_{x\to a^+} \frac{f(x)-f(a)}{x-a} - \lambda = +\infty,$$
$$\lim_{x\to b^-} \frac{F(x)-F(b)}{x-b} = \lim_{x\to b^-} \frac{f(x)-f(b)}{x-b} - \lambda = -\infty,$$

由 (1) 的结论, 存在 $\xi \in (a,b)$, 使 $F'(\xi) = 0$. 即

$$f'(\xi) = \lambda.$$

例 8 设 $f(x)$ 在 $[0,1]$ 上连续, 在 $(0,1)$ 内可导, 且 $f(0) = 0$, $f(1) = 1$. 试证: 对任意给定的正数 a, b, 在 $(0,1)$ 内存在不同的 ξ, η, 使得

$$\frac{a}{f'(\xi)} + \frac{b}{f'(\eta)} = a + b.$$

证 因为 a, b 均为正数, 所以

$$0 < \frac{a}{a+b} < 1.$$

又因为 $f(x)$ 在 $[0,1]$ 上连续, 由介值定理, $\exists\tau\in(0,1)$, 使

$$f(\tau)=\frac{a}{a+b}.$$

$f(x)$ 在 $[0,\tau]$, $[\tau,1]$ 上分别用拉格朗日中值定理

$$f(\tau)-f(0)=f'(\xi)(\tau-0),\qquad \xi\in(0,\tau),$$
$$f(1)-f(\tau)=f'(\eta)(1-\tau),\qquad \eta\in(\tau,1),$$

注意到 $f(0)=0$, $f(1)=1$, 于是上二式又化为

$$\tau=\frac{f(\tau)}{f'(\xi)}=\frac{\dfrac{a}{a+b}}{f'(\xi)}\quad 且\quad f'(\xi)\neq 0, \tag{1}$$

$$1-\tau=\frac{1-f(\tau)}{f'(\eta)}=\frac{\dfrac{b}{a+b}}{f'(\eta)}\quad 且\quad f'(\eta)\neq 0. \tag{2}$$

(1)+(2) 得

$$1=\frac{\dfrac{a}{a+b}}{f'(\xi)}+\frac{\dfrac{b}{a+b}}{f'(\eta)}.$$

即

$$\frac{a}{f'(\xi)}+\frac{b}{f'(\eta)}=a+b.$$

例 9 设 $b>a>e$, 证明: $a^b>b^a$.

分析 $a^b>b^a \iff b\ln a>a\ln b \iff \dfrac{\ln a}{a}>\dfrac{\ln b}{b}\ (b>a>e)$.

证 (利用单调性) 令

$$f(x)=\frac{\ln x}{x},$$
$$f'(x)=\frac{1-\ln x}{x^2}<0\ \ (当\ x>e).$$

所以 $f(x)$ 在 $x>e$ 是严格减. 当 $b>a>e$ 时,

$$\frac{\ln b}{b}<\frac{\ln a}{a}\implies b\ln a>a\ln b\implies a^b>b^a.$$

例 10 证明: 当 $0<x<\pi$ 时, 有 $\sin\dfrac{x}{2}>\dfrac{x}{\pi}$.

证 (利用单调性) 令

$$f(x)=\frac{1}{x}\sin\frac{x}{2},$$
$$f'(x)=\frac{\dfrac{x}{2}\cos\dfrac{x}{2}-\sin\dfrac{x}{2}}{x^2}=\frac{\cos\dfrac{x}{2}\left(\dfrac{x}{2}-\tan\dfrac{x}{2}\right)}{x^2}.$$

当 $0<x<\pi$ 时,

$$\cos\frac{x}{2}>0,\quad \tan\frac{x}{2}>\frac{x}{2},$$

所以 $f'(x)<0$. 即 $f(x)$ 在 $(0,\pi)$ 上严格减.

当 $x<\pi$,

$$f(x)=\frac{\sin\dfrac{x}{2}}{x}>f(\pi)=\frac{1}{\pi},$$

即当 $0<x<\pi$ 时, 有

$$\sin\frac{x}{2}>\frac{x}{\pi}.$$

例 11　设 p,q 是大于 1 的常数, 且 $\dfrac{1}{p}+\dfrac{1}{q}=1$, 证明: 对任意 $x>0$, 有

$$\frac{1}{p}x^p+\frac{1}{q}\geq x.$$

证　(利用极值理论) 令

$$f(x)=\frac{1}{p}x^p+\frac{1}{q}-x,$$
$$f'(x)=x^{p-1}-1,\quad \text{驻点 } x=1.$$

又 $f''(x)=(p-1)x^{p-2}>0$(因为 $p-1>0,\ x>0$), 所以 $x=1$ 是 $f(x)$ 唯一的极小值点, 即最小值点. 故当 $x>0$ 时, $f(x)\geq f(1)$,

$$\frac{1}{p}x^p+\frac{1}{q}-x\geq\frac{1}{p}+\frac{1}{q}-1=0,$$

即

$$\frac{1}{p}x^p+\frac{1}{q}\geq x.$$

例 12　求函数 $y=\sqrt[3]{(2x-x^2)^2}$ 在区间 $[-1,3]$ 上的极值, 最大值与最小值.

解　$y'=\dfrac{4(1-x)}{3\sqrt[3]{2x-x^2}}$, 驻点 $x=1$, 不可微点 $x=0,x=2$. 由极值的第一判别法,

在 $(1-\delta,1)$ 中 $y'>0$, 在 $(1,1+\delta)$ 中 $y'<0$, 故 $x=1$ 是 $f(x)$ 的极大值点, 极大值 $f(1)=1$.

在 $(-\delta,0)$ 中 $y'<0$, 在 $(0,\delta)$ 中 $y'>0$, 故 $x=0$ 是 $f(x)$ 的极小值点, 极小值 $f(0)=0$.

在 $(2-\delta,2)$ 中 $y'<0$, 在 $(2,2+\delta)$ 中 $y'>0$, 故 $x=2$ 是 $f(x)$ 的极小值点, 极小值 $f(2)=0$.

又 $f(x)=\sqrt[3]{(2x-x^2)^2}$ 在 $[-1,3]$ 上连续, 必有最大值 M 与最小值 m,

$$M=\max\{f(1),f(-1),f(3)\}=\max\{1,\sqrt[3]{9},\sqrt[3]{9}\}=\sqrt[3]{9},$$
$$m=\min\{f(0),f(2),f(-1),f(3)\}=0.$$

例 13 设 $f(x)$ 是 $(-\infty,0]$ 上可微分两次的函数, 且满足 $f(0)<0$, $f'(0)<0$, $f''(x)\geq 0\,(-\infty<x\leq 0)$, 证明: $f(x)=0$ 在 $(-\infty,0)$ 内有且仅有一个实根.

证 因为 $x<0$ 时 $f''(x)\geq 0$, 所以 $f'(x)$ 单调增. 于是, 当 $x<0$ 时, 有

$$f'(x)\leq f'(0)<0,$$

则 $f(x)$ 在 $x<0$ 时严格减 (若有根, 只有唯一根).

由中值定理, 存在 ξ 满足 $x<\xi<0$, 且

$$f(x)=f'(\xi)x+f(0)\geq f'(0)\cdot x+f(0).$$

取 $a=\dfrac{1-f(0)}{f'(0)}<0$, 于是

$$f(a)\geq f'(0)a+f(0)=1>0.$$

又 $f(0)<0$, 由零值定理, 在 $(a,0)$ 中至少存在一点 c, 使 $f(c)=0$. 又因为 $f(x)$ 在 $x<0$ 时严格减, 故 $f(x)=0$ 在 $(-\infty,0)$ 内有且仅有一个实根.

例 14 过点 $M(1,4)$ 引一直线, 使其在两坐标轴上的截距均为正, 且它们之和为最小, 求此直线方程.

解 设所求的直线方程为

$$\frac{x}{a}+\frac{y}{b}=1,\qquad a>0,\ b>0.$$

又点 $M(1,4)$ 在直线上, 故

$$\frac{1}{a}+\frac{4}{b}=1,$$

即

$$b=\frac{4a}{a-1}.$$

又 $a>0,b>0$, 故 $a>1$. 于是两截距之和

$$f(a)=a+b=\frac{a^2+3a}{a-1},$$
$$f'(a)=\frac{a^2-2a-3}{(a-1)^2}.$$

令 $f'(a)=0$, 得驻点 $a=3, a=-1$ (不合题意, 舍去). 又在 $a=3$ 处的左右, $f'(a)$ 的符号由负变正, 所以, $f(a)$ 在点 $a=3$ 取得极小值, 也是最小值. 此时, $b=6$. 故所求直线方程为

$$\frac{x}{3}+\frac{y}{6}=1.$$

例 15 宽度为 a 的运河垂直地流向宽度为 b 的运河, 问能在运河中航行的船的最大长度是多少 (这里, 船的宽度不予考虑)?

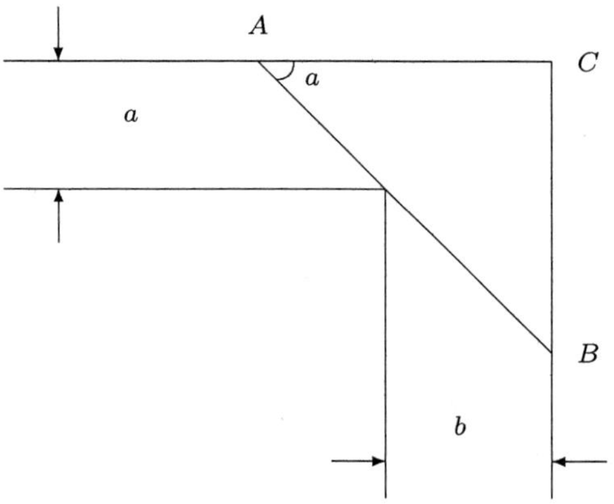

图 2.1

解 如图 2.1, 根据题意, 船要能转过直角弯, AB 要求最小, 最小的 AB 也就是船的最大长度.

设 $\angle CAB=\alpha$, 则线段 AB 的长度为

$$f(\alpha)=\frac{a}{\sin\alpha}+\frac{b}{\cos\alpha}, \qquad 0<\alpha<\frac{\pi}{2}.$$

于是

$$\begin{aligned}f'(\alpha)&=\frac{-a\cos\alpha}{\sin^2\alpha}+\frac{b\sin\alpha}{\cos^2\alpha}\\&=\frac{b\cos\alpha}{\sin^2\alpha}\left(\tan^3\alpha-\frac{a}{b}\right).\end{aligned}$$

令 $f'(\alpha)=0$, 求得驻点 $\alpha=\arctan\sqrt[3]{\frac{a}{b}}$.

当 α 由小于 $\arctan\sqrt[3]{\frac{a}{b}}$ 变到大于 $\arctan\sqrt[3]{\frac{a}{b}}$ 时, $f'(\alpha)$ 由负变到正, 所以 $f(\alpha)$ 在 $\alpha=\arctan\sqrt[3]{\frac{a}{b}}$ 处取得极小值, 也是 $\left(0,\frac{\pi}{2}\right)$ 中的最小值. 此时

$$\sec\alpha=\sqrt{1+\tan^2\alpha}=\sqrt{1+\sqrt[3]{\frac{a^2}{b^2}}},$$

故所求的船的最大长度为

$$\begin{aligned}f\left[\arctan\sqrt[3]{\frac{a}{b}}\right]&=[(a\cot\alpha+b)\sec\alpha]\Big|_{\alpha=\arctan\sqrt[3]{\frac{a}{b}}}\\&=\left[a\sqrt[3]{\frac{b}{a}}+b\right]\cdot\sqrt{1+\sqrt[3]{\frac{a^2}{b^2}}}=\left(a^{\frac{2}{3}}+b^{\frac{2}{3}}\right)^{\frac{3}{2}}.\end{aligned}$$

例 16 设函数 $f(x)$ 在区间 $[a,+\infty)$ 上可微, 且 $\lim\limits_{x\to+\infty}f'(x)=0$, 证明: $\lim\limits_{x\to+\infty}\dfrac{f(x)}{x}=0$.

证 因为 $\lim\limits_{x\to+\infty} f'(x)=0$, 故对任给 $\varepsilon>0$, 存在 $M_1>0$, 当 $x>M_1$ 时, 有 $|f'(x)|<\dfrac{\varepsilon}{2}$.

又因为 $\lim\limits_{x\to+\infty}\dfrac{f(M_1)}{x}=0$, 故存在 M_2, 当 $x>M_2$ 时, 有

$$\left|\frac{f(M_1)}{x}\right|<\frac{\varepsilon}{2}.$$

由中值定理, 有

$$f(x)=f'(\xi)(x-M_1)+f(M_1),\qquad M_1<\xi<x,$$

于是

$$\left|\frac{f(x)}{x}\right|\leq|f'(\xi)|\left|\frac{x-M_1}{x}\right|+\left|\frac{f(M_1)}{x}\right|.$$

取 $M=\max(M_1,M_2)$, 则当 $x>M$ 时, 有

$$\left|\frac{f(x)}{x}\right|<\frac{\varepsilon}{2}+\frac{\varepsilon}{2}=\varepsilon.$$

所以

$$\lim_{x\to+\infty}\frac{f(x)}{x}=0.$$

例 17 设 $f(x)$ 在 $[a,+\infty)$ 内可微, 当 $x\to+\infty$ 时, $f'(x)$ 有界, 证明 $\lim\limits_{x\to+\infty}\dfrac{f(x)}{x^k}=0$, 其中 $k>1$.

证 因为 $x\to+\infty$ 时 $f'(x)$ 有界, 故存在 $x_0>0$, 当 $x>x_0$ 时, 有 $|f'(x)|<M$, 且

$$\begin{aligned}\left|\frac{f(x)}{x^k}\right|&=\left|\frac{f(x)-f(x_0)}{x-x_0}\cdot\frac{x-x_0}{x^k}+\frac{f(x_0)}{x^k}\right|\\&\leq|f'(\xi)|\left|\frac{x-x_0}{x^k}\right|+\left|\frac{f(x_0)}{x^k}\right|\\&\leq M\left|\frac{x-x_0}{x^k}\right|+\left|\frac{f(x_0)}{x^k}\right|\qquad(x_0<\xi<x).\end{aligned}$$

因为当 $k>1$ 时 $\lim\limits_{x\to+\infty}\dfrac{x-x_0}{x^k}=0$, 所以, 对任给 $\varepsilon>0$, 存在 x_1, 当 $x>x_1$ 时, $\left|\dfrac{x-x_0}{x^k}\right|<\dfrac{\varepsilon}{2M}$.

又因为 $k>1$ 时 $\lim\limits_{x\to+\infty}\dfrac{f(x_0)}{x^k}=0$, 所以对 $\varepsilon>0$, 存在 x_2, 当 $x>x_2$ 时, $\left|\dfrac{f(x_0)}{x^k}\right|<\dfrac{\varepsilon}{2}$.

令 $A=\max(x_0,x_1,x_2)$, 于是当 $x>A$ 时, 有

$$\left|\frac{f(x)}{x^k}\right|<\frac{\varepsilon}{2}+\frac{\varepsilon}{2}=\varepsilon.$$

故

$$\lim_{x\to+\infty}\frac{f(x)}{x^k}=0.$$

例 18 求 $\lim\limits_{x\to0}\dfrac{e^{\tan x}-e^{\sin x}}{\tan 2x^3-\tan x^3}$.

解 由拉格朗日中值公式知,

$$\frac{e^{\tan x}-e^{\sin x}}{\tan 2x^3-\tan x^3}=\frac{(\tan x-\sin x)e^{\xi}}{x^3\sec^2\eta},$$

其中 ξ 在 $\tan x$ 与 $\sin x$ 之间, η 在 x^3 与 $2x^3$ 之间. 故当 $x\to0$ 时 ξ 和 η 也趋于 0, 所以

$$\begin{aligned}\lim_{x\to0}\frac{e^{\tan x}-e^{\sin x}}{\tan 2x^3-\tan x^3}&=\lim_{x\to0}\frac{(\tan x-\sin x)e^{\xi}}{x^3\sec^2\eta}\\&=\lim_{x\to0}\frac{\tan x\cdot(1-\cos x)}{x^3}=\frac{1}{2}.\end{aligned}$$

例 19 设 $f(x)$ 在 $x=0$ 点附近有连续的导函数, $f'(0)=0$ 且 $f''(0)$ 存在有限. 证明 $\lim\limits_{x\to0}\dfrac{f(x)-f(\ln(1+x))}{x^3}=\dfrac{1}{2}f''(0)$.

证 由拉格朗日中值定理,

$$\begin{aligned}\lim_{x\to0}\frac{f(x)-f(\ln(1+x))}{x^3}&=\lim_{x\to0}\frac{f'(\xi)(x-\ln(1+x))}{x^3}\\&=\lim_{x\to0}\frac{x-\ln(1+x)}{x^2}\cdot\lim_{\substack{x\to0\\ \xi\to0}}\frac{f'(\xi)-f'(0)}{\xi-0}\cdot\frac{\xi}{x},\end{aligned}$$

由于

$$\lim_{x\to0}\frac{x-\ln(1+x)}{x^2}=\lim_{x\to0}\frac{1-\dfrac{1}{1+x}}{2x}=\lim_{x\to0}\frac{1}{2(1+x)}=\frac{1}{2},$$

而 ξ 介于 x 与 $\ln(1+x)$ 之间, 当 $x\to0$, $\xi\to0$, 且 $\dfrac{\xi}{x}$ 介于 1 与 $\dfrac{\ln(1+x)}{x}$ 之间.

又

$$\lim_{x\to0}\frac{\ln(1+x)}{x}=1,$$

所以

$$\lim_{x\to0}\frac{\xi}{x}=1,$$

故原极限 $=\dfrac{1}{2}f''(0)$.

2.4 柯西中值定理和未定式极限

学习要点

一、柯西定理

设 $f(x), g(x)$ 在 $[a,b]$ 上连续, 在 (a,b) 内可微, 且 $g'(x) \neq 0$, 则存在 $\xi \in (a,b)$, 使得

$$\frac{f(b)-f(a)}{g(b)-g(a)} = \frac{f'(\xi)}{g'(\xi)}.$$

二、未定式极限

1. 定义

设 $\lim\limits_{x\to x_0} f(x) = 0$, $\lim\limits_{x\to x_0} g(x) = 0$, 则比式 $\dfrac{f(x)}{g(x)}$ 称为当 $x \to x_0$ 时的 $\dfrac{0}{0}$ 型未定式. 此外, 还有其他形式的未定式, 如 $\dfrac{\infty}{\infty}$, $0\cdot\infty$, $\infty-\infty$, 0^0, 1^∞, ∞^0 等.

2. 洛必达法则

(1) 设 $f(x), g(x)$ 在 x_0 的去心邻域可微, $\lim\limits_{x\to x_0} f(x) = \lim\limits_{x\to x_0} g(x) = 0$, 如果 $\lim\limits_{x\to x_0} \dfrac{f'(x)}{g'(x)} = L$, 则 $\lim\limits_{x\to x_0} \dfrac{f(x)}{g(x)} = L$ (x_0 也可为 ∞).

(2) 设 $f(x), g(x)$ 在 x_0 的去心邻域可微, $\lim\limits_{x\to x_0} f(x) = \lim\limits_{x\to x_0} g(x) = \infty$, 如果 $\lim\limits_{x\to x_0} \dfrac{f'(x)}{g'(x)} = L$, 则 $\lim\limits_{x\to x_0} \dfrac{f(x)}{g(x)} = L$.

解题方法

一、洛必达法则是求极限的一个重要方法, 适用于“$\dfrac{0}{0}$”型或“$\dfrac{\infty}{\infty}$”型未定式极限. 对于“$0\cdot\infty$”型与“$\infty-\infty$”型, 可通过初等变形化为“$\dfrac{0}{0}$”型或“$\dfrac{\infty}{\infty}$”型; 对于“0^0”型、“1^∞”型、“∞^0”型, 均用先取对数的方法将其化为“$\dfrac{0}{0}$”型或“$\dfrac{\infty}{\infty}$”型, 再用洛必达法则.

二、当 $\lim\limits_{x\to x_0} \dfrac{f'(x)}{g'(x)}$ 不存在, 不能断定 $\lim\limits_{x\to x_0} \dfrac{f(x)}{g(x)}$ 不存在.

三、当 $\dfrac{f'(x)}{g'(x)}$ 仍是“$\dfrac{0}{0}$”型或“$\dfrac{\infty}{\infty}$”型, 则继续用洛必达法则, 每用完一次法则, 将式子整理化简, 为简化运算常将法则与等价无穷小结合使用.

四、柯西中值定理是拉格朗日中值定理的推广, 常用于证明题.

例题分析

例 1 $\lim\limits_{x\to 0} \dfrac{\tan x - x}{x - \sin x}$.

解 这是 “$\dfrac{0}{0}$” 型, 用洛必达法则

$$\lim_{x\to 0}\frac{\tan x - x}{x-\sin x}=\lim_{x\to 0}\frac{\sec^2 x-1}{1-\cos x}=\lim_{x\to 0}\frac{1+\cos x}{\cos^2 x}=2.$$

例 2 $\lim\limits_{x\to 0}\left(\dfrac{x}{x-1}-\dfrac{1}{\ln x}\right).$

解 这是 “$\infty-\infty$” 型, 先变成 “$\dfrac{0}{0}$” 型或 “$\dfrac{\infty}{\infty}$” 型, 然后用洛必达法则, 共用两次.

$$\lim_{x\to 1}\left(\frac{x}{x-1}-\frac{1}{\ln x}\right)=\lim_{x\to 1}\frac{x\ln x-x+1}{(x-1)\ln x}=\lim_{x\to 1}\frac{\ln x}{\ln x+\dfrac{x-1}{x}}$$
$$=\lim_{x\to 1}\frac{x\ln x}{x\ln x+x-1}=\lim_{x\to 1}\frac{\ln x+1}{\ln x+2}=\frac{1}{2}.$$

例 3 求 $\lim\limits_{x\to\infty}x\left(a^{\frac{1}{x}}-b^{\frac{1}{x}}\right).$

解 这是 “$0\cdot\infty$” 型, 先变成 “$\dfrac{0}{0}$” 型或 “$\dfrac{\infty}{\infty}$” 型, 再用洛必达法则.

$$\lim_{x\to\infty}x\left(a^{\frac{1}{x}}-b^{\frac{1}{x}}\right)=\lim_{x\to\infty}\frac{a^{\frac{1}{x}}-b^{\frac{1}{x}}}{\dfrac{1}{x}}\xlongequal{(令\ \frac{1}{x}=y)}\lim_{y\to 0}\frac{a^y-b^y}{y}$$
$$=\lim_{y\to 0}(a^y\ln a-b^y\ln b)=\ln a-\ln b=\ln\frac{a}{b}.$$

例 4 求 $\lim\limits_{x\to\frac{\pi}{2}}(\cos x)^{\frac{\pi}{2}-x}.$

解 这是 “0^0” 型, 先取对数, 变成 “$\dfrac{0}{0}$” 型或 “$\dfrac{\infty}{\infty}$” 型, 然后用洛必达法则. 因为

$$\ln(\cos x)^{\frac{\pi}{2}-x}=\left(\frac{\pi}{2}-x\right)\ln\cos x=\frac{\ln\cos x}{\dfrac{1}{\dfrac{\pi}{2}-x}},$$

于是

$$\lim_{x\to\frac{\pi}{2}}\frac{\ln\cos x}{\dfrac{1}{\dfrac{\pi}{2}-x}}=\lim_{x\to\frac{\pi}{2}}\frac{-\tan x}{\dfrac{1}{\left(\dfrac{\pi}{2}-x\right)^2}}=\lim_{x\to\frac{\pi}{2}}\frac{\left(\dfrac{\pi}{2}-x\right)^2}{\cos x}\cdot(-\sin x)$$
$$=\lim_{x\to\frac{\pi}{2}}\frac{2\left(\dfrac{\pi}{2}-x\right)}{\sin x}\cdot\lim_{x\to\frac{\pi}{2}}(-\sin x)=0,$$

故

$$\lim_{x\to\frac{\pi}{2}}(\cos x)^{\frac{\pi}{2}-x}=e^0=1.$$

例 5 $\lim\limits_{x\to 0}\left(\dfrac{\sin x}{x}\right)^{\frac{1}{x^2}}$.

解 这是 "1^∞" 型, 先取对数化为 "$\dfrac{0}{0}$" 型或 "$\dfrac{\infty}{\infty}$" 型, 然后再计算.

$$\begin{aligned}\lim_{x\to 0^+}\ln\left(\frac{\sin x}{x}\right)^{\frac{1}{x^2}} &= \lim_{x\to 0^+}\frac{\ln\sin x-\ln x}{x^2}=\lim_{x\to 0^+}\frac{\dfrac{\cos x}{\sin x}-\dfrac{1}{x}}{2x}\\ &= \lim_{x\to 0^+}\frac{x\cos x-\sin x}{2x^2\sin x}=\lim_{x\to 0^+}\frac{x\cos x-\sin x}{2x^3}\\ &= \lim_{x\to 0^+}\frac{-x\sin x}{6x^2}=\lim_{x\to 0^+}\left(-\frac{1}{6}\frac{\sin x}{x}\right)=-\frac{1}{6}.\end{aligned}$$

故

$$\lim_{x\to 0}\left(\frac{\sin x}{x}\right)^{\frac{1}{x^2}}=e^{-\frac{1}{6}}.$$

注 2.7 在计算中, 如果分子或分母的导数很复杂, 可以考虑作适当的变量代换或等价的无穷小代换, 使计算简化.

例 6 求 $\lim\limits_{x\to\infty}\left[x-x^2\ln\left(1+\dfrac{1}{x}\right)\right]$.

解 这是 "∞–∞" 型, 先化为 "$\dfrac{0}{0}$" 型或 "$\dfrac{\infty}{\infty}$" 型, 再计算.

$$\begin{aligned}\lim_{x\to\infty}\left[x-x^2\ln\left(1+\frac{1}{x}\right)\right] &\xlongequal{(令\ \frac{1}{x}=y)}\lim_{y\to 0}\frac{y-\ln(1+y)}{y^2}\\ &= \lim_{y\to 0}\frac{1-\dfrac{1}{1+y}}{2y}=\lim_{y\to 0}\frac{1}{2(1+y)}=\frac{1}{2}.\end{aligned}$$

例 7 设 $a_1,a_2,\cdots,a_n$ 为正常数, 求

$$\lim_{x\to 0}\left(\frac{a_1^x+a_2^x+\cdots+a_n^x}{n}\right)^{\frac{1}{x}}.$$

解 由于

$$\begin{aligned}\lim_{x\to 0}\ln\left(\frac{a_1^x+a_2^x+\cdots+a_n^x}{n}\right)^{\frac{1}{x}} &= \lim_{x\to 0}\frac{\ln(a_1^x+a_2^x+\cdots+a_n^x)-\ln n}{x}\\ &= \lim_{x\to 0}\frac{a_1^x\ln a_1+a_2^x\ln a_2+\cdots+a_n^x\ln a_n}{a_1^x+a_2^x+\cdots+a_n^x}\\ &= \frac{\ln a_1+\ln a_2+\cdots+\ln a_n}{n}\\ &= \ln(a_1a_2\cdots a_n)^{\frac{1}{n}},\end{aligned}$$

故

$$\lim_{x\to 0}\left(\frac{a_1^x+a_2^x+\cdots+a_n^x}{n}\right)^{\frac{1}{x}}=\sqrt[n]{a_1a_2\cdots a_n}.$$

例 8　证明函数 $f(x)=x^4e^{-x^2}$ 在 $(-\infty,+\infty)$ 上有界.

证　因为

$$\begin{aligned}\lim_{x\to\infty}\frac{x^4}{e^{x^2}}&=\lim_{x\to\infty}\frac{4x^3}{2xe^{x^2}}=\lim_{x\to\infty}\frac{2x^2}{e^{x^2}}\\&=\lim_{x\to\infty}\frac{4x}{2xe^{x^2}}=\lim_{x\to\infty}\frac{2}{e^{x^2}}=0.\end{aligned}$$

因此, 存在 $L>0$, 使得当 $|x|>L$ 时, $|f(x)|\le 1$.

由 $f(x)=x^4e^{-x^2}$ 在 $[-L,L]$ 上连续可知, 存在 $A>0$, 使得当 $|x|\le L$ 时, $|f(x)|\le A$.

取 $M=\max\{1,A\}$, 于是, 在 $-\infty<x<+\infty$ 上有

$$|f(x)|\le M.$$

例 9　下列极限是否存在? 是否可用洛必达法则? 为什么? 若有极限, 求出其极限值:

(1) $\lim\limits_{x\to 0}x\cos\dfrac{1}{x}$;　　(2) $\lim\limits_{x\to 0}\dfrac{x^2\sin\dfrac{1}{x}}{\sin x}$.

解　(1) 由于无穷小量乘有界量仍是无穷小量, 故

$$\lim_{x\to 0}x\cos\frac{1}{x}=0.$$

由于 $\lim\limits_{x\to 0}\cos\dfrac{1}{x}$ 不存在, 且 $x\cos\dfrac{1}{x}$ 既不是 "$\dfrac{0}{0}$" 型, 也不是 "$\dfrac{\infty}{\infty}$" 型或其他形式的未定式, 所以不能用洛必达法则.

(2)

$$\lim_{x\to 0}\frac{x^2\sin\dfrac{1}{x}}{\sin x}=\lim_{x\to 0}\left(\frac{x}{\sin x}\cdot x\sin\frac{1}{x}\right)=1\cdot 0=0.$$

虽然当 $x\to 0$ 时 $\dfrac{x^2\sin\dfrac{1}{x}}{\sin x}$ 是 "$\dfrac{0}{0}$" 型, 但由于

$$\lim_{x\to 0}\frac{\left(x^2\sin\dfrac{1}{x}\right)'}{(\sin x)'}=\lim_{x\to 0}\frac{2x\sin\dfrac{1}{x}-\cos\dfrac{1}{x}}{\cos x}$$

不存在, 故不能用洛必达法则. 本题结论说明了由 $\lim\limits_{x\to x_0}\dfrac{f'(x)}{g'(x)}$ 不存在不能断定 $\lim\limits_{x\to x_0}\dfrac{f(x)}{g(x)}$ 不存在.

例 10　设 $f(x)$ 在 $[a,b]$ 上连续, 在 (a,b) 内可微. 求证: 存在 $\xi\in(a,b)$, 使

$$\frac{e^af(b)-e^bf(a)}{e^a-e^b}=f(\xi)-f'(\xi).$$

证 由于

$$\frac{e^a f(b)-e^b f(a)}{e^a-e^b}=\frac{e^{-b}f(b)-e^{-a}f(a)}{e^{-b}-e^{-a}},$$

令

$$F(x)=e^{-x}f(x),\quad g(x)=e^{-x}.$$

显然 $F(x),g(x)$ 在 $[a,b]$ 上连续, 在 (a,b) 内可微, 且 $g'(x)=-e^{-x}\neq 0$. 由**柯西中值定理**, 存在 $\xi\in(a,b)$, 使

$$\frac{F(b)-F(a)}{g(b)-g(a)}=\frac{F'(\xi)}{g'(\xi)},$$

即

$$\frac{e^{-b}f(b)-e^{-a}f(a)}{e^{-b}-e^{-a}}=\frac{[f'(\xi)-f(\xi)]e^{-\xi}}{-e^{-\xi}},$$

推得

$$\frac{e^a f(b)-e^b f(a)}{e^a-e^b}=f(\xi)-f'(\xi).$$

2.5 函数图形的描绘

学 习 要 点

一、函数的凹凸和拐点

1. 基本概念

(1) 设 $f(x)$ 在区间 I 有定义, 任给 I 中三点 $x_1<x<x_2$, 恒有

$$f(x)\geq f(x_1)+\frac{f(x_2)-f(x_1)}{x_2-x_1}(x-x_1)$$
$$\left(f(x)\leq f(x_1)+\frac{f(x_2)-f(x_1)}{x_2-x_1}(x-x_1)\right),$$

则称 $f(x)$ 是 I 上凸函数 (凹函数), 如果成立严格的不等式, 则称 $f(x)$ 为严格凸函数 (严格凹函数).

由定义, 易得如下结论.

如果 $f(x)$ 是 I 上凸函数, 对任 $x_1,x_2\in I$, 恒有

$$f\left(\frac{x_1+x_2}{2}\right)\geq\frac{f(x_1)+f(x_2)}{2};$$

如果 $f(x)$ 是 I 上凹函数, 对任 $x_1,x_2\in I$, 恒有

$$f\left(\frac{x_1+x_2}{2}\right)\leq\frac{f(x_1)+f(x_2)}{2}.$$

(2) 设 $y=f(x)$ 在含点 x_0 的某个区间内连续, 且点 x_0 是连续曲线 $y=f(x)$ 凹形与凸形的分界点. 则称 $M(x_0,f(x_0))$ 为曲线 $y=f(x)$ 的扭转点或拐点.

2. 函数的凹凸理论

(1) 区间 I 上的凸函数 (凹函数) 必是连续的.

(2) 设 $f(x)$ 在 (a,b) 内可导, 则

(i) $f(x)$ 在 (a,b) 内是凸的 $\Longleftrightarrow$ $f'(x)$ 在 (a,b) 内单调减.

(ii) $f(x)$ 在 (a,b) 内是凹的 $\Longleftrightarrow$ $f'(x)$ 在 (a,b) 内单调增.

(3) 设 $f(x)$ 在 (a,b) 内存在二阶导数, 则

(i) $f(x)$ 在 (a,b) 内是凸的 $\Longleftrightarrow$ 在 (a,b) 内, $f''(x)\le 0$.

(ii) $f(x)$ 在 (a,b) 内是凹的 $\Longleftrightarrow$ 在 (a,b) 内, $f''(x)\ge 0$.

(4) 设 $f(x)$ 在 (a,b) 内可导, $f'(x)$ 在 (a,b) 内严格单调减 (增), 则 $f(x)$ 在 (a,b) 内严格凸 (凹).

(5) 设 $f(x)$ 在 (a,b) 内存在二阶导数, 且 $f''(x)<0\,(f''(x)>0)$, 则 $f(x)$ 在 (a,b) 内严格凸 (凹).

(6) 设 $f(x)$ 在 (a,b) 内存在二阶导数, 且 $f''(x)\le 0\,(f''(x)\ge 0)$, 且等号只在 (a,b) 内有限个点成立, 则 $f(x)$ 在 (a,b) 内严格凸 (凹).

3. 曲线 $y=f(x)$ 的拐点

(1) 设 $f(x)$ 在 x_0 连续, 在 x_0 的去心邻域内可导, 在 $(x_0-\delta,x_0)$ 内 $f'(x)$ 单调增 (减), 在 $(x_0,x_0+\delta)$ 内 $f'(x)$ 单调减 (增), 则 x_0 是 $f(x)$ 的拐点.

(2) 设 $f(x)$ 在 x_0 连续, 在 x_0 的去心邻域内二阶可导, 在 $(x_0-\delta,x_0)$ 内 $f''(x)\ge 0\,(f''(x)\le 0)$, 在 $(x_0,x_0+\delta)$ 内 $f''(x)\le 0\,(f''(x)\ge 0)$, 则 x_0 是 $f(x)$ 的拐点.

(3) 设 $f(x)$ 在 x_0 有二阶导数, x_0 是 $f(x)$ 的拐点, 则 $f''(x_0)=0$.

(4) 设 $f(x)$ 在 x_0 点的某邻域内有三阶导数, 且 $f''(x_0)=0$, $f'''(x_0)\ne 0$, 则 x_0 是 $f(x)$ 的拐点.

二、曲线的渐近线

1. 曲线 $y=f(x)$ 的渐近线

如果 $\lim\limits_{\substack{x\to a^+\\ \text{或}\,x\to a^-}} f(x)=\infty$, 则 $x=a$ 是曲线 $y=f(x)$ 的一条垂直渐近线.

如果 $\lim\limits_{\substack{x\to +\infty\\ \text{或}\,x\to -\infty}} f(x)=b$, b 为有限数, 则 $y=b$ 是曲线 $y=f(x)$ 的一条水平渐近线.

如果 $\lim\limits_{\substack{x\to +\infty\\ \text{或}\,x\to -\infty}} \dfrac{f(x)}{x}=a$, $\lim\limits_{\substack{x\to +\infty\\ \text{或}\,x\to -\infty}} [f(x)-ax]=b$, a,b 为有限数, 且 $a\ne 0$, 则

$y=ax+b$ 是曲线 $y=f(x)$ 的一条斜渐近线.

2. 由参数方程 $x=\varphi(t)$, $y=\psi(t)$ 所表示的曲线的渐近线

(1) 若存在 t_0, 使得 $\lim\limits_{t\to t_0}\varphi(t)=\infty$ 和 $\lim\limits_{t\to t_0}\psi(t)=\infty$, 这时才可能有斜渐近线, 如果斜渐近线的方程为 $y=ax+b$, 那么

$$a=\lim_{t\to t_0}\frac{\psi(t)}{\varphi(t)},\quad b=\lim_{t\to t_0}[\psi(t)-a\varphi(t)].$$

(2) 若存在 t_0 使得 $\lim\limits_{t\to t_0}\varphi(t)$ 存在且有限, 同时 $\lim\limits_{t\to t_0}\psi(t)=\infty$, 则 $x=\lim\limits_{t\to t_0}\varphi(t)$ 为一条垂直渐近线; 反之, 若存在 t_0 使得 $\lim\limits_{t\to t_0}\varphi(t)=\infty$, 而 $\lim\limits_{t\to t_0}\psi(t)$ 存在有限, 则 $y=\lim\limits_{t\to t_0}\psi(t)$ 为一条水平渐近线 (其中 $t\to t_0$ 也可改为 $t\to t_0^+$ 或 $t\to t_0^-$).

三、描绘函数图形的大致步骤

1. 确定函数的定义域, 是否具有奇偶性、周期性;

2. 找出 $f(x)$ 的不连续点和不可微点;

3. 求 $f'(x)$ 确定 $f(x)$ 的增减区间与极值点;

4. 求 $f''(x)$ 确定 $f(x)$ 的凹凸区间与拐点;

5. 找出 $y=f(x)$ 的渐近线;

6. 描出函数图像的某些特别的点, 如与坐标轴的交点等.

解题方法

一、利用函数的凹凸理论证明不等式.

1. 如果 $f(x)$ 是区间 I 上凸函数 (凹函数), 则对任 $x,y\in I$, 恒有

$$f\left(\frac{x+y}{2}\right)\geq\frac{f(x)+f(y)}{2}\qquad\left(f\left(\frac{x+y}{2}\right)\leq\frac{f(x)+f(y)}{2}\right).$$

2. 如果 $f(x)$ 在 $[a,b]$ 上严格凸 (凹), 且 $f(a)=f(b)=\lambda$, 由定义, 对任 $x\in(a,b)$, 有 $f(x)>\lambda$ $(f(x)<\lambda)$.

二、利用凹凸与拐点理论, 求函数的凹凸区间与拐点.

三、求曲线的渐近线及描绘函数图形.

例题分析

例 1 证明在 $(-\infty,+\infty)$ 上任取二点 x,y, 都有

$$e^{\frac{x+y}{2}}<\frac{e^x+e^y}{2}.$$

证 这类题比较显然用凹凸性理论. 令

$$f(x)=e^x,$$

$$f'(x)=e^x,\quad f''(x)=e^x>0,$$

所以 $f(x)$ 在 $(-\infty,+\infty)$ 上是严格凹的. 由定义, 在 $(-\infty,+\infty)$ 上任取二点 x,y 恒有

$$f\left(\frac{x+y}{2}\right)<\frac{f(x)+f(y)}{2},$$

即

$$e^{\frac{x+y}{2}}<\frac{e^x+e^y}{2}.$$

例 2 证明: 当 $0<x<\frac{\pi}{2}$ 时, 有 $\sin x>\frac{2}{\pi}x$.

证 令

$$f(x)=\sin x-\frac{2}{\pi}x,$$
$$f'(x)=\cos x-\frac{2}{\pi},\quad f''(x)=-\sin x<0\quad\left(0<x<\frac{\pi}{2}\right),$$

所以 $y=f(x)$ 在 $\left(0,\frac{\pi}{2}\right)$ 内严格凸. 又 $f(0)=f\left(\frac{\pi}{2}\right)=0$, 由定义当 $0<x<\frac{\pi}{2}$ 时, $f(x)>0$, 即

$$\sin x>\frac{2}{\pi}x.$$

(本题也可用单调性理论或极值理论证明, 读者试证之.)

例 3 设 $f(x)$ 在 $[a,b]$ 上二阶可导, 且 $f(a)=a,\ f(b)=b,\ f''(x)<0$. 证明: 在 (a,b) 内, $f(x)>x$.

证 令

$$F(x)=f(x)-x,$$
$$F'(x)=f'(x)-1,\quad F''(x)=f''(x)<0,$$

故 $F(x)$ 在 (a,b) 内严格凸. 又 $F(a)=F(b)=0$, 所以在 (a,b) 内, $F(x)>0$, 即 $f(x)>x$.

例 4 求下列函数的凹凸区间与拐点:

(1) $y=x^4(12\ln x-7)$; (2) $y=e^{-x}\sin x$.

证 (1)

$$y'=4x^3(12\ln x-7)+12x^3,$$
$$y''=144x^2\ln x,$$

令 $y''=0$, 求得 $x=1$. 而当 $0<x<1$ 时, $y''<0$; 当 $x>1$ 时, $y''>0$. 故 $y=x^4\ (12\ln x-7)$ 在 $(0,1)$ 内呈凸形, 在 $(1,+\infty)$ 内呈凹形, $x=1$ 是拐点.

(2)

$$y' = e^{-x}(\cos x - \sin x),$$

$$y'' = -2e^{-x}\cos x,$$

令 $y''=0$, 即 $\cos x = 0$, 求得 $x = n\pi + \frac{\pi}{2}$. 故当 $2n\pi - \frac{\pi}{2} < x < 2n\pi + \frac{\pi}{2}$ 时, $y''<0$, 函数呈凸形; 当 $2n\pi + \frac{\pi}{2} < x < 2n\pi + \frac{3\pi}{2}$ 时, $y''>0$, 函数呈凹形.$x = n\pi + \frac{\pi}{2}$ 是拐点.

例 5 求下列函数的拐点:

(1) $x = e^t,\ y = \sin t$; (2) $xy^2 = a^2(a-x)$, 其中 $a>0$.

解 (1)

$$\frac{dy}{dx} = \frac{\cos t}{e^t},$$

$$\frac{d^2y}{dx^2} = \frac{d\left(\dfrac{dy}{dx}\right)}{dx} = -\frac{\sin t + \cos t}{e^{2t}},$$

令 $\frac{d^2y}{dx^2} = 0$, 求得 $t = k\pi + \frac{3\pi}{4}$, $k = 0, \pm1, \pm2, \cdots$, 且 t 通过 $k\pi + \frac{3\pi}{4}$ 点时, $\frac{d^2y}{dx^2}$ 改变符号. 故当 $t = k\pi + \frac{3\pi}{4}$, $k = 0, \pm1, \pm2, \cdots$ 时, $(e^t, \sin t)$ 均是曲线的拐点.

(2) 由隐函数求导法, 得

$$y' = -\frac{a^3}{2x^2y}.$$

显然 $y' \neq 0$, 再求导, 得

$$y'' = \frac{a^3(2x^2y' + 4xy)}{(2x^2y)^2},$$

把 $y' = -\frac{a^3}{2x^2y}$ 代入上式, 整理得

$$y'' = \frac{a^5(3a-4x)}{y(2x^2y)^2}.$$

令 $y''=0$, 求得 $x = \frac{3a}{4}$, 且 $y'' = \frac{3a}{4}$ 两侧符号改变. 因此, 拐点为 $\left(\frac{3}{4}a, \pm\frac{1}{\sqrt{3}}a\right)$.

例 6 设 $f(x)$ 满足 $f''(x) + [f(x)]^2 = \sin x$, 且 $f(0)=0$, 证明:$x=0$ 是 $f(x)$ 的拐点.

证 由 $f''(x) + [f(x)]^2 = \sin x$, 令 $x=0$, 得 $f''(0)=0$.

$$f''(x) = \sin x - [f(x)]^2.$$

由于 $\sin x$ 可导, $f(x)$ 二阶可导, 所以

$$f'''(x) = \cos x - 2f(x)f'(x),$$

得 $f'''(0)=1$, 故 $x=0$ 是 $f(x)$ 的拐点.

例 7 求下列曲线的渐近线:

(1) $y=xe^{\frac{2}{x}}+1$; (2) $(y+x+1)^2=x^2+1$;

(3) $x=\dfrac{t-8}{t^2-4}$, $y=\dfrac{3}{t(t^2-4)}$.

解 (1) 由于

$$\lim_{x\to0^+}(xe^{\frac{2}{x}}+1)=+\infty,$$

故 $x=0$ 是曲线的一条垂直渐近线. 又

$$\lim_{x\to\infty}\frac{xe^{\frac{2}{x}}+1}{x}=1,$$

$$\lim_{x\to\infty}(xe^{\frac{2}{x}}+1-x)=\lim_{x\to\infty}\left(\frac{e^{\frac{2}{x}}-1}{\frac{1}{x}}+1\right)=2+1=3,$$

故 $y=x+3$ 是曲线的一条斜渐近线. 此外, 无其他渐近线.

(2) 原曲线有两支, 即

$$y=\sqrt{x^2+1}-x-1$$

与

$$y=-\sqrt{x^2+1}-x-1.$$

由于 $y=\sqrt{x^2+1}-x-1$ 与 $y=-\sqrt{x^2+1}-x-1$ 均在整个实轴上连续, 故原曲线无垂直渐近线. 而

$$\lim_{x\to+\infty}(\sqrt{x^2+1}-x-1)=\lim_{x\to+\infty}\left(\frac{1}{\sqrt{x^2+1}+x}-1\right)=-1,$$

故 $y=-1$ 是 $y=\sqrt{x^2+1}-x-1$ 的一条水平渐近线. 又

$$\lim_{x\to-\infty}\frac{\sqrt{x^2+1}-x-1}{x}=-2,$$

$$\lim_{x\to-\infty}(\sqrt{x^2+1}-x-1+2x)=\lim_{x\to-\infty}\left(\frac{1}{\sqrt{x^2+1}-x}-1\right)=-1,$$

故 $y=-2x-1$ 是曲线 $y=\sqrt{x^2+1}-x-1$ 的一条斜渐近线. 同理对另一支曲线 $y=-\sqrt{x^2+1}-x-1$ 讨论, 也得出同样的渐近线.

(3) 由于

$$\lim_{t\to0}\frac{t-8}{t^2-4}=2,\qquad \lim_{t\to0}\frac{3}{t(t^2-4)}=\infty,$$

故 $x=2$ 为其一条垂直渐近线. 又

$$\lim_{t\to\pm 2} x=\infty, \qquad \lim_{t\to\pm 2} y=\infty,$$

故只有在这些值处才可能有斜渐近线. 而

$$\lim_{t\to 2}\frac{y}{x}=\lim_{t\to 2}\frac{3}{t(t-8)}=-\frac{1}{4},$$

$$\lim_{t\to 2}\left[y+\frac{1}{4}x\right]=\lim_{t\to 2}\left[\frac{3}{t(t^2-4)}+\frac{t-8}{4(t^2-4)}\right]=-\frac{1}{8},$$

故 $y=-\frac{x}{4}-\frac{1}{8}$ 是曲线的一条斜渐近线.

$$\lim_{t\to -2}\frac{y}{x}=\lim_{t\to -2}\frac{3}{t(t-8)}=\frac{3}{20},$$

$$\lim_{t\to -2}\left[y-\frac{3}{20}x\right]=\lim_{t\to -2}\left[\frac{3}{t(t^2-4)}-\frac{3(t-8)}{20(t^2-4)}\right]=\frac{9}{40}.$$

故 $y=\frac{3}{20}x+\frac{9}{40}$ 为曲线的另一条斜渐近线.

2.6 泰勒公式

学习要点

一、泰勒 (Taylor) 定理

1. *局部的泰勒公式*

设 $f(x)$ 在 x_0 处有 n 阶导数, 则

$$f(x)=f(x_0)+\frac{f'(x_0)}{1!}(x-x_0)+\cdots+\frac{f^{(n)}(x_0)}{n!}(x-x_0)^n + o((x-x_0)^n) \qquad (x\to x_0),$$

上公式称为 $f(x)$ 在点 x_0 处的具有佩亚诺 (Peano) 余项的泰勒公式, 也称局部的泰勒公式.

2. **整体的泰勒公式**

设 $f(x)$ 在区间 I 有 $n+1$ 阶导数, $x_0\in I$, 则对任意 $x\in I$, 有

$$f(x)=f(x_0)+\frac{f'(x_0)}{1!}(x-x_0)+\cdots+\frac{f^{(n)}(x_0)}{n!}(x-x_0)^n+R_n(x),$$

其中余项

$$R_n(x)=\frac{f^{(n+1)}(\xi)}{(n+1)!}(x-x_0)^{n+1}\qquad(\xi\text{ 在 }x_0\text{ 与 }x\text{ 之间})$$
$$\underline{\underline{\text{或}}}\ \frac{f^{(n+1)}(x_0+\theta(x-x_0))}{(n+1)!}(x-x_0)^{n+1}\qquad(0<\theta<1),$$

3. 麦克劳林 (Maclaurin) 公式

当 $x_0=0$, $f(x)$ 在 $x=0$ 的泰勒公式也称为麦克劳林公式. 即

$$f(x)=f(0)+\frac{f'(0)}{1!}x+\cdots+\frac{f^{(n)}(0)}{n!}x^n+o(x^n),\qquad(\text{局部})$$
$$f(x)=f(0)+f'(0)x+\cdots+\frac{f^{(n)}(0)}{n!}x^n+\frac{f^{(n+1)}(\theta x)}{(n+1)!}x^{n+1}\ (0<\theta<1).\qquad(\text{整体})$$

二、几个基本初等函数的麦克劳林公式

1. $e^x=1+x+\dfrac{x^2}{2!}+\cdots+\dfrac{x^n}{n!}+R_n(x)\quad(-\infty<x<+\infty)$, 其中

$$R_n(x)=\frac{e^{\theta x}}{(n+1)!}x^{n+1}\qquad(0<\theta<1).$$

2. $\sin x=x-\dfrac{x^3}{3!}+\dfrac{x^5}{5!}-\cdots+(-1)^{m-1}\dfrac{x^{2m-1}}{(2m-1)!}+R_{2m}(x)\quad(-\infty<x<+\infty)$, 其中

$$R_{2m}(x)=\frac{(-1)^m\cos\theta x}{(2m+1)!}x^{2m+1}\qquad(0<\theta<1).$$

3. $\cos x=1-\dfrac{x^2}{2!}+\dfrac{x^4}{4!}-\cdots+(-1)^{m-1}\dfrac{x^{2m-2}}{(2m-2)!}+R_{2m-1}(x)\quad(-\infty<x<+\infty)$, 其中

$$R_{2m-1}(x)=\frac{(-1)^m\cos\theta x}{(2m)!}x^{2m}\qquad(0<\theta<1).$$

4. $(1+x)^\alpha=1+\alpha x+\dfrac{\alpha(\alpha-1)}{2!}x^2+\cdots+\dfrac{\alpha(\alpha-1)\cdots(\alpha-n+1)}{n!}x^n+R_n(x)\quad(-1<x<+\infty)$, 其中

$$R_n(x)=\frac{\alpha(\alpha-1)\cdots(\alpha-n)}{(n+1)!}(1+\theta x)^{\alpha-n-1}\cdot x^{n+1}\qquad(0<\theta<1).$$

5. $\ln(1+x)=x-\dfrac{x^2}{2}+\dfrac{x^3}{3}-\cdots+(-1)^{n-1}\dfrac{x^n}{n}+R_n(x)\quad(-1<x<+\infty)$, 其中

$$R_n(x)=\frac{(-1)^nx^{n+1}}{(n+1)(1+\theta x)^{n+1}}\qquad(0<\theta<1).$$

6. $(1+x)^{-1}=1-x+x^2-\cdots+(-1)^nx^n+R_n(x)\quad(x\neq-1)$, 其中

$$R_n(x)=\frac{(-1)^{n+1}x^{n+1}}{(1+\theta x)^{n+2}}\qquad(0<\theta<1).$$

解题方法

一、求 $f(x)$ 在指定点 x_0 处的泰勒展式方法

1. 直接法: 直接计算 $f(x)$ 在 $x=x_0$ 处的各阶导数, 并代入泰勒公式.

2. 间接法: 利用已知函数的泰勒展式及函数的代数, 复合运算作间接展开.

注 2.8 如果 $f^{(n)}(x)$ 没有规律或计算麻烦, 直接法计算量就比较大. 常改用间接法, 而泰勒公式的余项 $R_n(x)$ 有多种不同形式, 只要能够确认 $R_n(x)=o((x-x_0)^n)$, 就可以把 $f(x)=f(x_0)+\dfrac{f'(x_0)}{1!}(x-x_0)+\cdots+\dfrac{f^{(n)}(x_0)}{n!}(x-x_0)^n+R_n(x)$ 说成是 $f(x)$ 的 n 阶泰勒公式.

二、局部的泰勒公式反映了函数在一点附近的性态, 常用作极限计算, 因此要记住常见函数的局部泰勒公式.

三、整体的泰勒公式刻画了函数在整个区间上的性质, 是拉格朗日中值公式的推广, 我们已经看到中值公式的重要应用. 可想而知, 泰勒公式会有更大功效. 如果题中含有函数高阶导数的证明题 (包括不等式证明), 可试用泰勒公式.

例题分析

例 1 写出函数 $f(x)=xe^x$ 的 n 阶麦克劳林展开式.

解 **方法 1** (直接法)

$$f^{(n)}(x)=[xe^x]^{(n)}=\sum_{r=0}^{n}\mathrm{C}_n^r x^{(r)}(e^x)^{(n-r)}=(x+n)e^x,$$

得

$$f^{(n)}(0)=n.$$

代入麦克劳林公式

$$f(x)=f(0)+f'(0)x+\frac{f''(0)}{2!}x^2+\cdots+\frac{f^{(n)}(0)}{n!}x^n+\frac{f^{(n+1)}(\theta x)}{(n+1)!}x^{n+1},$$

即得

$$xe^x=x+x^2+\frac{x^3}{2!}+\cdots+\frac{x^n}{(n-1)!}+\frac{(\theta_1 x+n+1)e^{\theta_1 x}}{(n+1)!}x^{n+1}\qquad(0<\theta_1<1).$$

方法 2 (间接法)

由

$$e^x=1+x+\frac{x^2}{2!}+\cdots+\frac{x^{n-1}}{(n-1)!}+\frac{e^{\theta_2 x}}{n!}x^n\qquad(0<\theta_2<1),$$

得

$$xe^x = x + x^2 + \frac{x^3}{2!} + \cdots + \frac{x^n}{(n-1)!} + \frac{e^{\theta_2 x}}{n!}x^{n+1} \qquad (0 < \theta_2 < 1).$$

注 2.9　两种方法的余项 $R_n(x)$ 表达式不同, 但都有

$$\frac{(\theta_1 x + n + 1)e^{\theta_1 x}}{(n+1)!}x^{n+1} \equiv \frac{e^{\theta_2 x}}{n!}x^{n+1} = o(x^n),$$

故两展式都可认为是 xe^x 的 n 阶麦克劳林展开式.

例 2　求 $\ln x$ 在点 $x_0 = 1$ 的泰勒展开式.

解　由于 $\ln x = \ln(1 + x - 1)$, 在 $\ln(1+x)$ 的麦克劳林展开式中, 将 x 换成 $(x-1)$, 就得到

$$\ln x = (x-1) - \frac{(x-1)^2}{2} + \frac{(x-1)^3}{3} - \cdots + (-1)^{n-1}\frac{(x-1)^n}{n} + R_n,$$

其中

$$R_n = \frac{(-1)^n (x-1)^{n+1}}{(n+1)[1+\theta(x-1)]^{n+1}} \qquad (0 < \theta < 1).$$

例 3　利用泰勒公式求下列极限:

(1) $\lim\limits_{x\to 0}\dfrac{1-\cos x\cos 2x\cos 3x}{1-\cos x}$;　　(2) $\lim\limits_{x\to 0}\dfrac{e^{-x^4}-\cos^2 x - x^2}{x^4}$.

解　(1) 分母中 $1-\cos x \sim \dfrac{x^2}{2}$ $(x\to 0)$, 所以把分子的麦克劳林公式展至 x^2 项即可, 我们有

$$\begin{aligned}
&\cos x\cos 2x\cos 3x \\
&= \left(1-\frac{x^2}{2}+o(x^2)\right)\left(1-\frac{4x^2}{2}+o(x^2)\right)\left(1-\frac{9x^2}{2}+o(x^2)\right) \\
&= 1-7x^2+o(x^2),
\end{aligned}$$

故

$$\lim_{x\to 0}\frac{1-\cos x\cos 2x\cos 3x}{1-\cos x} = \lim_{x\to 0}\frac{1-(1-7x^2+o(x^2))}{\dfrac{x^2}{2}} = 14.$$

(2) 由于分母是 x^4, 故只须把分子的麦克劳林公式展至 x^4 项. 易得

$$\begin{aligned}
e^{-x^4}-\cos^2 x &= (1-x^4+o(x^4)) - \left(1-x^2+\frac{1}{3}x^4+o(x^4)\right) \\
&= x^2 - \frac{4}{3}x^4 + o(x^4),
\end{aligned}$$

故

$$\lim_{x\to 0}\frac{e^{-x^4}-\cos^2 x - x^2}{x^4} = \lim_{x\to 0}\frac{-\dfrac{4}{3}x^4+o(x^4)}{x^4} = -\frac{4}{3}.$$

注 2.10 上两极限都是“$\frac{0}{0}$”型未定式, 都可用洛必达法则. 但很麻烦, 故用泰勒公式也是求极限的一个好方法.

例 4 设 $f(x)$ 定义在 $(1,+\infty)$ 上, 且 $f'(x)$, $f''(x)$ 存在, 证明: 当 $\lim\limits_{x\to+\infty} f(x)=0$ 且 $\lim\limits_{x\to+\infty} f''(x)=0$ 时, 有 $\lim\limits_{x\to+\infty} f'(x)=0$.

证 据泰勒公式

$$f(x+h)=f(x)+f'(x)h+\frac{f''(\xi)}{2!}h^2,$$

令 $h=1$, 有

$$f(x+1)=f(x)+f'(x)+\frac{f''(\xi)}{2!},\qquad x<\xi<x+1.$$

当 $x\to+\infty$ 时, $\xi\to+\infty$, 故

$$\lim_{x\to+\infty} f'(x)=\lim_{x\to+\infty}\left[f(x+1)-f(x)-\frac{f''(\xi)}{2!}\right]=0.$$

例 5 设在区间 $[a,b]$ 上 $f''(x)>0$, 试证对于 $[a,b]$ 中的任意点 $x_1,x_2,\cdots,x_n$, 恒有

$$\frac{f(x_1)+f(x_2)+\cdots+f(x_n)}{n}\geq f\left(\frac{x_1+x_2+\cdots+x_n}{n}\right),$$

其中, 等号当且仅当 $x_1=x_2=\cdots=x_n$ 时成立.

证 设 $x_0=\dfrac{x_1+x_2+\cdots+x_n}{n}$, 据泰勒定理, 有

$$f(x_i)=f(x_0)+(x_i-x_0)f'(x_0)+\frac{1}{2}(x_i-x_0)^2f''[x_0+\theta_i(x_i-x_0)],$$
$$0<\theta_i<1,\ i=1,2,\cdots,n.$$

因为 $f''(x)>0$, 故

$$f(x_i)\geq f(x_0)+(x_i-x_0)f'(x_0),\qquad i=1,2,\cdots,n,$$

当且仅当 $x_i=x_0$ 时, 等号成立. 于是

$$\begin{aligned}&f(x_1)+f(x_2)+\cdots+f(x_n)\\ \geq& nf(x_0)+(x_1+x_2+\cdots+x_n-nx_0)f'(x_0)\\ =&nf(x_0).\end{aligned}$$

即得

$$\frac{f(x_1)+f(x_2)+\cdots+f(x_n)}{n}\geq f\left(\frac{x_1+x_2+\cdots+x_n}{n}\right).$$

例 6　设在区间 $(-\infty,+\infty)$ 上 $f''(x)>0$, 且 $\lim\limits_{x\to 0}\dfrac{f(x)}{x}=1$. 证明:$f(x)\geq x$.

证　因为 $f(x)$ 连续且有连续一阶导数. 由 $\lim\limits_{x\to 0}\dfrac{f(x)}{x}=1$, 知

$$f(0)=0,$$
$$f'(0)=\lim_{x\to 0}\frac{f(x)-f(0)}{x-0}=1.$$

由 $f(x)$ 在 $x=0$ 的一阶泰勒公式

$$f(x)=f(0)+f'(0)x+\frac{f''(\xi)}{2}x^2=x+\frac{x^2}{2}f''(\xi),\quad \xi\text{ 在 }0\text{ 与 }x\text{ 之间},$$

又因为 $f''(\xi)>0$, 故 $f(x)\geq x$.

例 7　设 n 是正整数, 多项式 $P_{2n}(x)=1+\dfrac{x}{1!}+\dfrac{x^2}{2!}+\cdots+\dfrac{x^{2n}}{(2n)!}$. 证明:$P_{2n}(x)$ 没有实根.

证　当 $x\geq 0$, $P_{2n}(x)\geq 1>0$, 即 $P_{2n}(x)$ 在 $[0,+\infty)$ 上无实根. 若有实根, 必为负根. 令为 $x_0(x_0<0)$, $P_{2n}(x_0)=0$. 由泰勒公式

$$\begin{aligned}0<e^{x_0}&=P_{2n}(x_0)+\frac{e^{\xi}}{(2n+1)!}x_0^{2n+1}\\&=\frac{e^{\xi}}{(2n+1)!}x_0^{2n+1}<0.\end{aligned}$$

矛盾! 即 $P_{2n}(x)$ 也没有负根. 证得 $P_{2n}(x)$ 没有实根.

例 8　设 $f(x)$ 在 $[0,1]$ 上二阶可导, 且对任 $x\in[0,1]$, 有 $|f''(x)|\leq M$ (常数 $M>0$), 又 $f(0)=f(1)=0$, 证明: 当 $x\in[0,1]$, 有 $|f(x)|\leq\dfrac{M}{8}$.

证　由泰勒公式

$$f(y)=f(x)+f'(x)(y-x)+\frac{f''(\xi)}{2!}(y-x)^2\qquad x\in(0,1),$$

令 $y=0$,

$$f(0)=f(x)-f'(x)x+\frac{f''(\xi_1)}{2}x^2\qquad \xi_1\in(0,x),\tag{1}$$

令 $y=1$,

$$f(1)=f(x)+f'(x)(1-x)+\frac{f''(\xi_2)}{2}(1-x)^2\qquad \xi_2\in(x,1).\tag{2}$$

将 (1) 式乘 $(1-x)$,(2) 式乘 x, 并相加, 得

$$\begin{aligned}|f(x)|&=\left|\frac{f''(\xi_1)}{2}x^2(1-x)+\frac{f''(\xi_2)}{2}(1-x)^2x\right|\\&\leq\frac{M}{2}x(1-x)\leq\frac{M}{2}\left(\frac{x+1-x}{2}\right)^2=\frac{M}{8}.\end{aligned}$$

例 9 设 $f(x)$ 在 $[0,2]$ 具有连续的三阶导数, 且 $f(0)=1$, $f(2)=2$, $f'(1)=0$. 证明在 $[0,2]$ 上至少存在一点 ξ, 使 $|f'''(\xi)|\geq 3$.

证 因为 $f'''(x)$ 在 $[0,2]$ 上连续, 所以 $|f'''(x)|$ 在 $[0,2]$ 上连续, 必取到最大值. 设

$$|f'''(\xi)|=\max_{0\leq x\leq 2}|f'''(x)|,\qquad \xi\in[0,2],$$

由泰勒公式

$$f(x)=f(1)+f'(1)(x-1)+\frac{f''(1)}{2!}(x-1)^2+\frac{f'''(\eta)}{3!}(x-1)^3$$
$$(x\in[0,2],\ \eta\text{ 在 }x\text{ 与 }1\text{ 之间}).$$

$x=0$ 时,

$$f(0)=f(1)+\frac{f''(1)}{2!}-\frac{f'''(\eta_1)}{3!}\qquad(0<\eta_1<1),\tag{3}$$

$x=2$ 时,

$$f(2)=f(1)+\frac{f''(1)}{2!}+\frac{f'''(\eta_2)}{3!}\qquad(1<\eta_2<2).\tag{4}$$

(4) − (3) 得

$$f(2)-f(0)=\frac{1}{6}[f'''(\eta_2)+f'''(\eta_1)],$$
$$6=|f'''(\eta_1)+f'''(\eta_2)|\leq|f'''(\eta_1)|+|f'''(\eta_2)|\leq 2|f'''(\xi)|,$$

所以

$$|f'''(\xi)|\geq 3.$$

例 10 设 $f(x)$ 在 $[0,1]$ 上二阶可导, 且 $f(0)=f(1)=0$, $\min\limits_{0\leq x\leq 1}f(x)=-1$. 证明: 存在 $\xi\in(0,1)$, 使 $f''(\xi)\geq 8$.

证 因为 $f(x)$ 在 $[0,1]$ 上连续, 必取到最小值. 设 $f(x_0)=\min f(x)=-1$, 显然 $x_0\in(0,1)$. 因为 $f(x)$ 可导, 故 $f'(x_0)=0$ (费马定理). 再由 $f(x)$ 在 x_0 点一阶泰勒公式,

$$\begin{aligned}f(x)&=f(x_0)+f'(x_0)(x-x_0)+\frac{f''(\eta)}{2!}(x-x_0)^2\\&=-1+\frac{f''(\eta)}{2}(x-x_0)^2\qquad(\eta\text{ 在 }x_0\text{ 与 }x\text{ 之间}),\end{aligned}$$

若 $0<x_0\leq\dfrac{1}{2}$, 由

$$\left.\begin{aligned}&f(0)=-1+\frac{f''(\xi_1)}{2}x_0^2\\&f(0)=0\end{aligned}\right\}\Longrightarrow f''(\xi_1)=\frac{2}{x_0^2}\geq 8\quad(0<\xi_1<x_0),$$

若 $\frac{1}{2} < x_0 < 1$, 由

$$\left.\begin{array}{l} f(1) = -1 + \dfrac{f''(\xi_2)}{2}(1-x_0)^2 \\ f(1) = 0 \end{array}\right\} \Longrightarrow f''(\xi_2) = \frac{2}{(1-x_0)^2} \geq 8 \qquad (x_0 < \xi_2 < 1).$$

综上, 存在 $\xi \in (0,1)$, 使 $f''(\xi) \geq 8$.

例 11　设 $f(x)$ 在点 x_0 的某个邻域内具有连续的 $n+1$ 阶导数, 且 $f^{(n+1)}(x_0) \neq 0$, 证明:

(1) 对于充分接近 x_0 的 x, 存在唯一的 $\theta = \theta(x)$, 使得

$$f(x) = f(x_0) + f'(x_0)(x-x_0) + \cdots + \frac{f^{(n-1)}(x_0)}{(n-1)!}(x-x_0)^{n-1} + \frac{f^{(n)}(x_0+\theta(x-x_0))}{n!}(x-x_0)^n \qquad (0<\theta<1);$$

(2) $\lim\limits_{x \to x_0} \theta = \frac{1}{n+1}$.

证　(1) 设 $f(x)$ 在 $(x_0-\delta, x_0+\delta)$ 内具有连续的 $n+1$ 阶导数. 又已知 $f^{(n+1)}(x_0) \neq 0$, 不妨设 $f^{(n+1)}(x_0) > 0$.

由 $f^{(n+1)}(x)$ 的连续性, 存在 $0 < \delta_1 < \delta$. 当$x \in (x_0-\delta_1, x_0+\delta_1)$, $f^{(n+1)}(x) > 0$, 推得 $f^{(n)}(x)$ 在 $(x_0-\delta_1, x_0+\delta_1)$ 内严格增.

对任 $x \in (x_0-\delta_1, x_0+\delta_1)$ 且 $x \neq x_0$, 由泰勒定理得

$$f(x) = f(x_0) + f'(x_0)(x-x_0) + \cdots + \frac{f^{(n-1)}(x_0)}{(n-1)!}(x-x_0)^{n-1} + \frac{f^{(n)}(x_0+\theta(x-x_0))}{n!}(x-x_0)^n \qquad (0<\theta<1).$$

又因为 $f^{(n)}(x)$ 在 $(x_0-\delta_1, x_0+\delta_1)$ 内严格增, 故 $\theta = \theta(x)$ 唯一.

(2) 任 $x \in (x_0-\delta_1, x_0+\delta_1)$, 且 $x \neq x_0$, 由 $f(x)$ 的 n 阶泰勒公式与 $n-1$ 阶泰勒公式

$$f(x) = f(x_0) + f'(x_0)(x-x_0) + \cdots + \frac{f^{(n)}(x_0)}{n!}(x-x_0)^n + \frac{f^{(n+1)}(x_0+\theta_1(x-x_0))}{(n+1)!}(x-x_0)^{n+1} \qquad (0<\theta_1<1),$$

$$f(x) = f(x_0) + f'(x_0)(x-x_0) + \cdots + \frac{f^{(n-1)}(x_0)}{(n-1)!}(x-x_0)^{n-1} + \frac{f^{(n)}(x_0+\theta(x-x_0))}{n!}(x-x_0)^n \qquad (0<\theta<1),$$

比较上面两式, 有

$$\begin{aligned}&\frac{f^{(n)}(x_0+\theta(x-x_0))}{n!}(x-x_0)^n\\=&\frac{f^{(n)}(x_0)}{n!}(x-x_0)^n+\frac{f^{(n+1)}(x_0+\theta_1(x-x_0))}{(n+1)!}(x-x_0)^{n+1}.\end{aligned}$$

因 $x\neq x_0$, 从而有

$$\theta\cdot\frac{f^{(n)}(x_0+\theta(x-x_0))-f^{(n)}(x_0)}{\theta(x-x_0)}=\frac{f^{(n+1)}(x_0+\theta_1(x-x_0))}{n+1}.$$

又因为 $f^{(n+1)}(x)$ 连续, 故

$$\lim_{x\to x_0}\frac{f^{(n+1)}(x_0+\theta_1(x-x_0))}{n+1}=\frac{1}{n+1}f^{(n+1)}(x_0),$$

$$\lim_{x\to x_0}\frac{f^{(n)}(x_0+\theta(x-x_0))-f^{(n)}(x_0)}{\theta(x-x_0)}=f^{(n+1)}(x_0).$$

又 $f^{(n+1)}(x_0)\neq 0$, 所以

$$\lim_{x\to x_0}\theta=\frac{1}{n+1}.$$

第 3 章　一元函数的不定积分

3.1　原函数和不定积分的概念

学 习 要 点

一、掌握原函数的概念

如果在区间 I 上处处有 $(F(x))' = f(x)$ 或 $dF(x) = f(x)dx$, 则称 $F(x)$ 是 $f(x)$ 在 I 上的一个原函数.

二、掌握不定积分的概念

设 $f(x)$ 在区间 I 上有一个原函数 $F(x)$ 存在, 则它在区间 I 上的全体原函数都可表示为 $F(x)+c$ 的形式. 称 $f(x)$ 在区间 I 上的全体原函数为 $f(x)$ 在区间 I 上的不定积分, 记作 $\int f(x)dx$.

三、微分式的积分

设在区间 I 上处处有 $f(x)dg(x) = dF(x)$, 则规定微分式 $f(x)dg(x)$ 在区间 I 上的不定积分 $\int f(x)dg(x)$ 为 $F(x)+c$.

四、不定积分的基本性质 (当所涉及的导数, 微分及不定积分都存在时)

$$\int \left(\frac{dF(x)}{dx}\right)dx = F(x)+c, \quad \int dF(x) = F(x)+c,$$

$$\frac{d}{dx}\left(\int f(x)dx\right) = f(x), \qquad d\left(\int f(x)dx\right) = f(x)dx.$$

五、原函数的存在性

并非在区间上有定义的函数都有原函数存在. 区间上的连续函数在该区间上的原函数是存在的.

解 题 方 法

一、利用定义及微分运算求不定积分

如果在区间 I 上被积表达式 $f(x)dx$ 能恒等变形为 $dF(x)$ 的形式, 则 $\int f(x)dx = F(x)+c$.

二、拼接方法

如果已知 $f(x)$ 在 (a,b) 上有原函数存在, 并且已知 $F_1(x)$ 是 $f(x)$ 在 (a,c) 上的原函数, 而 $F_2(x)$ 是 $f(x)$ 在 (c,b) 上的原函数, $a<c<b$, 则 $f(x)$ 在 (a,b) 上满足条件 $F(c)=0$ 的原函数为

$$F(x)=\begin{cases} F_1(x)-F_1(c-0), & a<x<c, \\ 0, & x=c, \\ F_2(x)-F_2(c+0), & c<x<b. \end{cases}$$

三、注意第一类间断点的邻域内原函数不存在

由导函数在区间上的性质可知, 若 $f(x)$ 在区间 I 内部有第一类间断点, 则在全区间上的 $f(x)$ 的原函数是不存在的.

例题分析

例 1 设 $\int f(x^2+1)dx=\frac{1}{5}x^5+\frac{2}{3}x^3-x+c$, 求 $f(x)$.

解 求导得 $f(x^2+1)=x^4+2x^2-1$, 即

$$f(x^2+1)=(x^2+1)^2-2,$$

所以

$$f(u)=u^2-2 \qquad (u\geq 1),$$

即

$$f(x)=x^2-2 \qquad (x\geq 1).$$

例 2 求不定积分:

(1) $\int x^\alpha dx$, 其中 $\alpha\neq -1$;　　(2) $\int \frac{e^x\cos x-e^x\sin x}{e^{2x}}dx$.

解 (1) 由微分公式

$$dx^{\alpha+1}=(\alpha+1)x^\alpha dx$$

及 $\alpha\neq -1$ 得

$$x^\alpha dx=d\frac{x^{\alpha+1}}{\alpha+1},$$

所以, $\alpha\neq -1$ 时,

$$\int x^\alpha dx=\frac{1}{\alpha+1}x^{\alpha+1}+c.$$

(2) 被积表达式可凑成商式的微分:

$$\frac{e^x\cos x-e^x\sin x}{e^{2x}}dx=\frac{e^x d\sin x-\sin x de^x}{(e^x)^2}=d\frac{\sin x}{e^x},$$

所以

$$\int \frac{e^x \cos x - e^x \sin x}{e^{2x}} dx = \frac{\sin x}{e^x} + c.$$

例 3　试验证在 $(-\infty,-1),(-1,1),(1,+\infty)$ 上, 函数 $\dfrac{1}{\sqrt{2}}\arctan\dfrac{\sqrt{2}x}{1-x^2}$ 都是 $\dfrac{1+x^2}{1+x^4}$ 的原函数, 并试由此凑出函数 $\dfrac{1+x^2}{1+x^4}$ 在 $(-\infty,+\infty)$ 上的一个原函数.

解　当 $|x|\neq 1$ 时, 易验

$$\left(\frac{1}{\sqrt{2}}\arctan\frac{\sqrt{2}x}{1-x^2}\right)' = \frac{1+x^2}{1+x^4},$$

故在 $(-\infty,-1),(-1,1),(1,+\infty)$ 上, $\dfrac{1}{\sqrt{2}}\arctan\dfrac{\sqrt{2}x}{1-x^2}$ 都是 $\dfrac{1+x^2}{1+x^4}$ 的原函数.

因 $\dfrac{1+x^2}{1+x^4}$ 在 $(-\infty,+\infty)$ 上连续, 故它在 $(-\infty,+\infty)$ 上的原函数是存在的. 它与分段原函数 $\dfrac{1}{\sqrt{2}}\arctan\dfrac{\sqrt{2}x}{1-x^2}$ 在各段上的差是常数, 直接计算得

$$\lim_{x\to 1^-}\frac{1}{\sqrt{2}}\arctan\frac{\sqrt{2}x}{1-x^2} = \frac{\pi}{2\sqrt{2}},$$
$$\lim_{x\to 1^+}\frac{1}{\sqrt{2}}\arctan\frac{\sqrt{2}x}{1-x^2} = -\frac{\pi}{2\sqrt{2}},$$
$$\lim_{x\to -1^-}\frac{1}{\sqrt{2}}\arctan\frac{\sqrt{2}x}{1-x^2} = \frac{\pi}{2\sqrt{2}},$$
$$\lim_{x\to -1^+}\frac{1}{\sqrt{2}}\arctan\frac{\sqrt{2}x}{1-x^2} = -\frac{\pi}{2\sqrt{2}}.$$

由此可得 $\dfrac{1+x^2}{1+x^4}$ 在 $(-\infty,+\infty)$ 上的一个原函数为

$$F(x) = \begin{cases} \dfrac{1}{\sqrt{2}}\arctan\dfrac{\sqrt{2}x}{1-x^2} - \dfrac{\pi}{\sqrt{2}}, & x<-1, \\ -\dfrac{\pi}{2\sqrt{2}}, & x=-1, \\ \dfrac{1}{\sqrt{2}}\arctan\dfrac{\sqrt{2}x}{1-x^2}, & -1<x<1, \\ \dfrac{\pi}{2\sqrt{2}}, & x=1, \\ \dfrac{1}{\sqrt{2}}\arctan\dfrac{\sqrt{2}x}{1-x^2} + \dfrac{\pi}{\sqrt{2}}, & 1<x. \end{cases}$$

例 4　单项选择题. 以下命题中正确的是 (　　):

(A) 若 $f(x)$ 在 $(-1,1)$ 内有间断点, 则 $f(x)$ 在 $(-1,1)$ 内的原函数必不存在.

(B) 若 $f(x)$ 在 $(-1,1)$ 内某点附近无界, 则 $f(x)$ 在 $(-1,1)$ 内的原函数必不存在.

(C) 已知 $f(x)$ 在 $(-1,1)$ 内的原函数是存在的, 并且已知 $F(x)$ 是 $f(x)$ 在 (a,b) 上的一个原函数, $-1<a<b<1$, 则 $F(a+0),F(b-0)$ 必存在.

(D) 若 $F_1(x),F_2(x)$ 分别是 $f(x)$ 在 $(-1,0)$ 和 $(0,1)$ 内的原函数, 且 $F_1(0-0)=F_2(0+0)$ 则

$$F(x)=\begin{cases}F_1(x), & -1<x<0,\\ F_1(0-0), & x=0,\\ F_2(x), & 0<x<1\end{cases}$$

是 $f(x)$ 在 $(-1,1)$ 内的一个原函数.

解 (C) 正确. 由假设 $f(x)$ 在 $(-1,1)$ 内有原函数 $\Phi(x)$ 存在. 因为 $(a,b)\subset(-1,1)$, 所以 $\Phi(x)$ 也是 $f(x)$ 在 (a,b) 上的一个原函数. 故 $F(x)=\Phi(x)+C$ 由于 $\lim\limits_{x\to a+0}\Phi(x)$ 及 $\lim\limits_{x\to b-0}\Phi(x)$ 都收敛, 所以 $F(a+0),F(b-0)$ 都存在.

(A)(B) 不正确. 例如

$$F(x)=\begin{cases}x^3\cos\dfrac{1}{x^4}, & x\neq 0,\\ 0, & x=0,\end{cases}$$

$$f(x)=F'(x)=\begin{cases}3x^2\cos\dfrac{1}{x^4}+\dfrac{4}{x^2}\sin\dfrac{1}{x^4}, & x\neq 0,\\ 0, & x=0.\end{cases}$$

显然 $f(x)$ 在 $x=0$ 不连续且在 $x=0$ 附近无界, 但它在 $(-1,1)$ 内却有原函数 $F(x)$ 存在.

(D) 不正确. 例如 $F_1(x)=-x$ 在 $(-1,0)$ 内是 -1 的原函数, 而 $F_2(x)=x$ 在 $(0,1)$ 内是 1 的原函数, 且有 $F_1(0-0)=0=F_2(0+0)$, 但拼接成的函数 $F(x)=|x|$ 在 $x=0$ 不可导.

3.2 基本积分方法

学习要点

一、掌握基本积分公式

补充一个公式

$$\int\frac{dx}{\sqrt{x^2+b}}=\ln|x+\sqrt{x^2+b}|+c.$$

(公式之成立可直接由 $(\ln|x+\sqrt{x^2+b}|)'=\dfrac{1}{\sqrt{x^2+b}}$ 得证).

二、掌握分项积分法, 变量代换法(包括第一类与第二类变量代换)及分部积分法

三、掌握分段求原函数的方法

当已知函数在全区间上的原函数存在, 且分段求原函数较容易时, 可先分段求原函数, 然后再拼接成全区间上的原函数, 以解决全区间上求不定积分的问题.

解题方法

一、初等变形

利用对被积函数的恒等变形, 分项等使其化为便于积分的形式.

二、微分式变形

对被积表达式作微分式的恒等变形, 使其化为便于积分的形式.

三、熟悉典型的解题方法

如令 $t=\sqrt[n]{\dfrac{ax+b}{cx+d}}$ $(ad-bc\neq 0)$ 化去被积式中所含的根式 $\sqrt[n]{\dfrac{ax+b}{cx+d}}$, 作三角代换化去二次根式, 作分部积分, 使求导运算转移到反三角函数及对数函数上以消去被积式中的反三角函数或对数函数等, 对三角函数作万能代换以化去三角函数等, 以及某些积分的递推公式法.

四、灵活应用各种方法

根据被积表达式的具体情况, 灵活运用各种积分方法以达到简便快捷.

例题分析

求下列各题中的不定积分.

例 1　(1) $\displaystyle\int \frac{1}{\sin^2 x\cos^2 x}dx$;　　(2) $\displaystyle\int \frac{1}{\sqrt{x+1}+\sqrt{x-1}}dx$;

(3) $\displaystyle\int \frac{4}{x^4-1}dx$.

解题提示　对被积函数作恒等变形和适当分项, 乃是求积的基本方法.

解　(1) 因为

$$\frac{1}{\sin^2 x\cos^2 x}=\frac{\sin^2 x+\cos^2 x}{\sin^2 x\cos^2 x}=\frac{1}{\cos^2 x}+\frac{1}{\sin^2 x},$$

所以

$$\begin{aligned}\int \frac{1}{\sin^2 x\cos^2 x}dx&=\int \frac{1}{\cos^2 x}dx+\int \frac{1}{\sin^2 x}dx\\&=\tan x-\cot x+c.\end{aligned}$$

(2) 因为

$$\begin{aligned}\frac{1}{\sqrt{x+1}+\sqrt{x-1}}&=\frac{\sqrt{x+1}-\sqrt{x-1}}{(\sqrt{x+1}+\sqrt{x-1})(\sqrt{x+1}-\sqrt{x-1})}\\&=\frac{\sqrt{x+1}-\sqrt{x-1}}{2},\end{aligned}$$

所以

$$\int \frac{1}{\sqrt{x+1}+\sqrt{x-1}}dx = \frac{1}{2}\left(\int \sqrt{x+1}dx - \int \sqrt{x-1}dx\right)$$
$$= \frac{1}{3}\left[(x+1)^{\frac{3}{2}} - (x-1)^{\frac{3}{2}}\right] + c.$$

(3) 因为

$$\frac{4}{x^4-1} = \frac{2}{x^2-1} - \frac{2}{x^2+1} = \frac{1}{x-1} - \frac{1}{x+1} - \frac{2}{x^2+1},$$

所以

$$\int \frac{4}{x^4-1}dx = \int \frac{1}{x-1}dx - \int \frac{1}{x+1}dx - \int \frac{2}{x^2+1}dx$$
$$= \ln\left|\frac{x-1}{x+1}\right| - 2\arctan x + c.$$

例 2 (1) $\displaystyle\int \frac{1}{\sqrt{4+(ax+b)^2}}dx\ (a \neq 0)$; (2) $\displaystyle\int \frac{\sin 2x}{\sqrt{2-\sin^4 x}}dx$;

(3) $\displaystyle\int \frac{x^2+4x+1}{\sqrt{(x^2+1)^3}}dx$; (4) $\displaystyle\int \frac{x\cos x - \sin x}{x^2\sqrt{1-\frac{\sin^2 x}{x^2}}}dx$.

解题提示 若已知 $\int f(u)du = F(u) + c$, 则立即可得 $\int f(\varphi(x))\varphi'(x)dx = F(\varphi(x)) + c$. 在具体计算时, 往往要先算 $d\varphi(x)$, 然后凑足因子 $\varphi'(x)dx$.

解 (1) 因为 $d(ax+b) = adx$, 所以 $dx = \frac{1}{a}d(ax+b)$.

$$\int \frac{dx}{\sqrt{4+(ax+b)^2}} = \frac{1}{a}\int \frac{d(ax+b)}{\sqrt{(ax+b)^2+4}}$$
$$= \frac{1}{a}\ln(ax+b+\sqrt{(ax+b)^2+4}) + c$$

(这里把式子 $(ax+b)$ 看成一个变量 u, 并且心目中已记住了 $\dfrac{1}{\sqrt{u^2+b}}$ 的积分公式).

(2) $\dfrac{1}{\sqrt{1-u^2}}$ 的积分是有公式的, 而 $\sqrt{2-\sin^4 x} = \sqrt{2}\sqrt{1-\left(\dfrac{\sin^2 x}{\sqrt{2}}\right)^2}$, 可试将 $\dfrac{\sin^2 x}{\sqrt{2}}$ 看成 u. $d\dfrac{\sin^2 x}{\sqrt{2}} = \dfrac{2\sin x\cos x}{\sqrt{2}}dx = \dfrac{\sin 2x}{\sqrt{2}}dx$, 原题中恰有 $\sin 2x$ 的因子.

于是,

$$\int \frac{\sin 2x}{\sqrt{2-\sin^4 x}}\,dx = \int \frac{1}{\sqrt{1-\left(\dfrac{\sin^2 x}{\sqrt{2}}\right)^2}} \cdot \frac{\sin 2x}{\sqrt{2}}\,dx$$

$$= \int \frac{1}{\sqrt{1-\left(\dfrac{\sin^2 x}{\sqrt{2}}\right)^2}}\, d\frac{\sin^2 x}{\sqrt{2}} = \arcsin\frac{\sin^2 x}{\sqrt{2}} + c.$$

(3) 本题除要求熟记 $\dfrac{1}{\sqrt{1+x^2}}$ 及 u^α 的积分公式外, 还要求熟练分项积分技巧.

$$\int \frac{x^2+4x+1}{\sqrt{(x^2+1)^3}}dx = \int \frac{x^2+1}{\sqrt{(x^2+1)^3}}\,dx + \int \frac{4x}{\sqrt{(x^2+1)^3}}\,dx$$

$$= \int \frac{1}{\sqrt{x^2+1}}\,dx + 2\int \frac{1}{\sqrt{(x^2+1)^3}}\,d(x^2+1)$$

$$= \ln(x+\sqrt{x^2+1}) - \frac{4}{\sqrt{x^2+1}} + c.$$

(4) 心目中已记住了 $\dfrac{1}{\sqrt{1-u^2}}$ 的积分公式, 今由于

$$d\frac{\sin x}{x} = \frac{x\cos x - \sin x}{x^2}\,dx,$$

且被积表达式中已含有此因式, 我们自然认定中间变量 $\varphi(x) = \dfrac{\sin x}{x}$ 了, 这样

$$\int \frac{x\cos x - \sin x}{x^2\sqrt{1-\left(\dfrac{\sin x}{x}\right)^2}}\,dx = \int \frac{1}{\sqrt{1-\left(\dfrac{\sin x}{x}\right)^2}}\, d\frac{\sin x}{x}$$

$$= \arcsin\frac{\sin x}{x} + c.$$

例 3 (1) $\displaystyle\int \frac{x-1}{x^2+2x+3}\,dx$; (2) $\displaystyle\int \frac{x-1}{\sqrt{x^2+2x+3}}\,dx$;

(3) $\displaystyle\int \frac{x+1}{\sqrt{x^2-2x-3}}\,dx$; (4) $\displaystyle\int \frac{x-1}{\sqrt{3-2x-x^2}}\,dx$.

解 (1) 分母是无实根的二次三项式, 分子是一次式, 是常见的积分, 必须熟练积出. 因为 $d(x^2+2x+3) = 2(x+1)dx$, 所以分项时, 有一项的分子应含有

$x+1$ 的因式,

$$\begin{aligned}\int \frac{x-1}{x^2+2x+3}\,dx &= \int \frac{x+1}{x^2+2x+3}\,dx - 2\int \frac{1}{x^2+2x+3}\,dx \\ &= \int \frac{1}{x^2+2x+3}\cdot\frac{1}{2}\,d(x^2+2x+3) \\ &\quad -2\int \frac{1}{(x+1)^2+2}\,d(x+1) \\ &= \frac{1}{2}\ln(x^2+2x+3) - \sqrt{2}\arctan\frac{x+1}{\sqrt{2}} + c.\end{aligned}$$

(2) 分母是二次三项式的平方根, 分子是一次式, 读者应熟练掌握这类函数的积分方法. 本小题先算 $d(x^2+2x+3)=2(x+1)dx$, 就知道分子该如何分项了.

$$\begin{aligned}&\int \frac{x-1}{\sqrt{x^2+2x+3}}\,dx = \int \frac{x+1}{\sqrt{x^2+2x+3}}\,dx - \int \frac{2}{\sqrt{x^2+2x+3}}\,dx \\ =&\int \frac{1}{\sqrt{x^2+2x+3}}\cdot\frac{1}{2}\,d(x^2+2x+3) - 2\int \frac{1}{\sqrt{(x+1)^2+2}}\,d(x+1) \\ =&\sqrt{x^2+2x+3} - 2\ln(x+1+\sqrt{x^2+2x+3}) + c.\end{aligned}$$

(3)

$$\begin{aligned}&\int \frac{x+1}{\sqrt{x^2-2x-3}}\,dx = \int \frac{x-1}{\sqrt{x^2-2x-3}}\,dx + \int \frac{2}{\sqrt{x^2-2x-3}}\,dx \\ =&\int \frac{1}{\sqrt{x^2-2x-3}}\cdot\frac{1}{2}\,d(x^2-2x-3) + 2\int \frac{1}{\sqrt{(x-1)^2-4}}\,d(x-1) \\ =&\sqrt{x^2-2x-3} + 2\ln|x-1+\sqrt{x^2-2x-3}| + c.\end{aligned}$$

(4)

$$\begin{aligned}&\int \frac{x-1}{\sqrt{3-2x-x^2}}\,dx = \int \frac{x+1}{\sqrt{3-2x-x^2}}dx - \int \frac{2}{\sqrt{3-2x-x^2}}\,dx \\ =&\int \frac{1}{\sqrt{3-2x-x^2}}\cdot\frac{-1}{2}\,d(3-2x-x^2) - 2\int \frac{1}{\sqrt{4-(x+1)^2}}\,d(x+1) \\ =&-\sqrt{3-2x-x^2} - 2\arcsin\frac{x+1}{2} + c.\end{aligned}$$

例 4 (1) $\displaystyle\int \frac{dx}{\cos x}$; (2) $\displaystyle\int \frac{dx}{1+\sin x}$;

(3) $\displaystyle\int \frac{dx}{a^2\sin^2 x + b^2\cos^2 x}$ $(a>0, b>0)$; (4) $\displaystyle\int \frac{dx}{2\sin x+\sin 2x}$;

(5) $\displaystyle\int \frac{dx}{\sin^4 x+\cos^4 x}$; (6) $\displaystyle\int \frac{dx}{\sin^4 x\cos^4 x}$.

解　(1) 因为三角函数具有众多恒等式, 所以其积分方法也是多样的. 一般选用比较快捷, 且本人比较熟练的方法.

方法 1

$$\int \frac{dx}{\cos x} = \int \frac{dx}{\cos^2 \dfrac{x}{2} - \sin^2 \dfrac{x}{2}} = \int \frac{2}{1 - \tan^2 \dfrac{x}{2}} \cdot \frac{dx}{2\cos^2 \dfrac{x}{2}}$$

$$= \int \left(\frac{1}{1 - \tan \dfrac{x}{2}} + \frac{1}{1 + \tan \dfrac{x}{2}} \right) d\tan \frac{x}{2} = \ln \left| \frac{1 + \tan \dfrac{x}{2}}{1 - \tan \dfrac{x}{2}} \right| + c.$$

方法 2

$$\begin{aligned}
\int \frac{dx}{\cos x} &= \int \sec x \cdot \frac{\sec x + \tan x}{\sec x + \tan x} dx \\
&= \int \frac{1}{\sec x + \tan x} \cdot (\sec^2 x + \sec x \tan x) dx \\
&= \int \frac{1}{\sec x + \tan x} d(\tan x + \sec x) \\
&= \ln |\sec x + \tan x| + c.
\end{aligned}$$

方法 3　令 $\tan \dfrac{x}{2} = t$, 则 $dx = \dfrac{2}{1+t^2} dt$, $\cos x = \dfrac{1 - \tan^2 \dfrac{x}{2}}{1 + \tan^2 \dfrac{x}{2}} = \dfrac{1-t^2}{1+t^2}$,

$$\int \frac{dx}{\cos x} = \int \frac{1}{\dfrac{1-t^2}{t^2+1}} \cdot \frac{2}{1+t^2} dt = \int \left(\frac{1}{t+1} - \frac{1}{t-1} \right) dt$$

$$= \ln \left| \frac{t+1}{t-1} \right| + c = \ln \left| \frac{\tan \dfrac{x}{2} + 1}{\tan \dfrac{x}{2} - 1} \right| + c.$$

方法 4　因为

$$\int \frac{dx}{\sin x} = \ln \left| \tan \frac{x}{2} \right| + c,$$

所以

$$\int \frac{dx}{\cos x} = \int \frac{d\left(\dfrac{\pi}{2} + x\right)}{\sin\left(\dfrac{\pi}{2} + x\right)} = \ln \left| \tan\left(\frac{\pi}{4} + \frac{x}{2}\right) \right| + c.$$

(2) **方法 1**

$$\begin{aligned}\int \frac{dx}{1+\sin x} &= \int \frac{dx}{\sin^2\frac{x}{2}+\cos^2\frac{x}{2}+2\sin\frac{x}{2}\cos\frac{x}{2}} \\ &= \int \frac{2}{\left(\tan\frac{x}{2}+1\right)^2}\cdot\frac{dx}{2\cos^2\frac{x}{2}} \\ &= 2\int \frac{1}{\left(\tan\frac{x}{2}+1\right)^2}d\left(\tan\frac{x}{2}\right) = -\frac{2}{\tan\frac{x}{2}+1}+c.\end{aligned}$$

方法 2

$$\begin{aligned}\int \frac{dx}{1+\sin x} &= \int \frac{1-\sin x}{1-\sin^2 x}dx = \int \frac{1}{\cos^2 x}dx - \int \frac{1}{\cos^2 x}\sin x dx \\ &= \tan x - \frac{1}{\cos x}+c.\end{aligned}$$

(3)

$$\begin{aligned}\int \frac{dx}{a^2\sin^2 x+b^2\cos^2 x} &= \int \frac{1}{a^2\tan^2 x+b^2}d\tan x \\ &= \frac{1}{|ab|}\int \frac{1}{\left(\left|\frac{a}{b}\right|\tan x\right)^2+1}d\left(\left|\frac{a}{b}\right|\tan x\right) \\ &= \frac{1}{ab}\arctan\left(\frac{a}{b}\tan x\right)+c.\end{aligned}$$

(4) $\displaystyle\int \frac{dx}{2\sin x+\sin 2x} = \int \frac{dx}{2\sin x(1+\cos x)}$, 令

$$\tan\frac{x}{2}=t,\quad \frac{dx}{1+\cos x}=\frac{dx}{2\cos^2\frac{x}{2}}=d\tan\frac{x}{2}=dt,\quad \sin x=\frac{2t}{1+t^2}.$$

所以

$$\begin{aligned}\int \frac{dx}{2\sin x+\sin 2x} &= \int \frac{1}{2\sin x}\cdot\frac{dx}{1+\cos x} = \int \frac{1}{2\cdot\frac{2t}{1+t^2}}\cdot dt \\ &= \int \frac{1+t^2}{4t}dt = \frac{1}{4}\ln|t|+\frac{1}{8}t^2+c \\ &= \frac{1}{4}\ln\left|\tan\frac{x}{2}\right|+\frac{1}{8}\tan^2\frac{x}{2}+c.\end{aligned}$$

(5)

$$\int \frac{dx}{\sin^4 x+\cos^4 x}=\int \frac{1}{\left(\frac{1-\cos 2x}{2}\right)^2+\left(\frac{1+\cos 2x}{2}\right)^2}dx$$
$$=\int \frac{2}{1+\cos^2 2x}dx=\int \frac{1}{\sec^2 2x+1}\cdot\frac{2dx}{\cos^2 2x}$$
$$=\int \frac{1}{2+\tan^2 2x}d\tan 2x$$
$$=\frac{1}{\sqrt{2}}\arctan\left(\frac{1}{\sqrt{2}}\tan 2x\right)+c.$$

(6)

$$\int \frac{dx}{\sin^4 x\cos^4 x}=\int \frac{16}{\sin^4 2x}dx=\int 8\csc^2 2x\cdot\frac{d2x}{\sin^2 2x}$$
$$=\int 8(\cot^2 2x+1)d(-\cot 2x)$$
$$=-\frac{8}{3}\cot^3 2x-8\cot 2x+c.$$

例 5　(1) $\displaystyle\int \frac{1}{\sqrt{x}(1+\sqrt[3]{x})}dx$;　　(2) $\displaystyle\int \frac{1}{(2x^2+1)\sqrt{x^2+1}}dx$;

(3) $\displaystyle\int \frac{x^3}{2\sqrt{1+x^2}}dx$;　　(4) $\displaystyle\int \frac{x^2}{\sqrt{x^2+1}}dx$;

(5) $\displaystyle\int \sqrt{2x+x^2}dx$.

解　(1) 为同时化去 $\sqrt{x}$ 及 $\sqrt[3]{x}$, 令 $\sqrt[6]{x}=t$, $x=t^6$, $dx=6t^5dt$,

$$\int \frac{1}{\sqrt{x}(1+\sqrt[3]{x})}dx=\int \frac{6t^5}{t^3(1+t^2)}dt=6\int \frac{t^2+1-1}{1+t^2}dt$$
$$=6t-6\arctan t+c=6\sqrt[6]{x}-6\arctan\sqrt[6]{x}+c.$$

(2) 令 $x=\tan t$, $t\in\left(-\frac{\pi}{2},\frac{\pi}{2}\right)$, 如图 3.1,

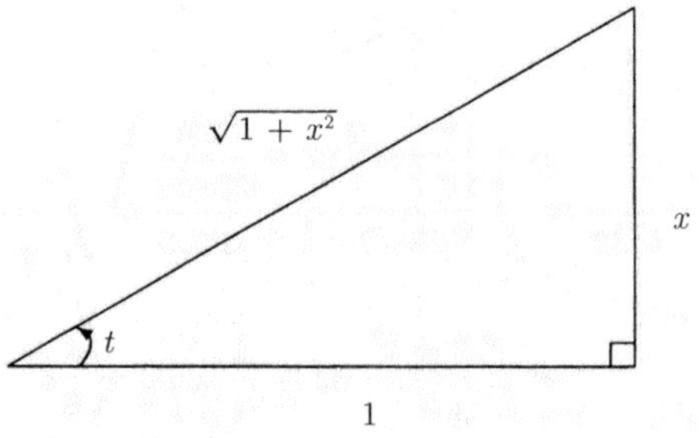

图 3.1

$$\begin{aligned}\int\frac{dx}{(2x^2+1)\sqrt{x^2+1}}&=\int\frac{\sec^2 tdt}{(2\tan^2 t+1)\sec t}=\int\frac{\cos tdt}{2\sin^2 t+\cos^2 t}\\&=\int\frac{d\sin t}{1+\sin^2 t}=\arctan(\sin t)+c\\&=\arctan\frac{x}{\sqrt{x^2+1}}+c.\end{aligned}$$

注 3.1 这里画出直角三角形的图形是有益的，因为由图形我们可以直接写出 $\sin t=\dfrac{x}{\sqrt{x^2+1}}$, $\cos t=\dfrac{1}{\sqrt{x^2+1}}$, $t=\arctan x$, $t=\arcsin\dfrac{x}{\sqrt{x^2+1}}$ 等.

(3) 被积函数含有 $\sqrt{x^2+1}$, 可以令 $x=\tan t$ 来化去 $\sqrt{x^2+1}$, 但我们发现这样做后续计算较繁，而被积式又可写成 $f(x^2)xdx$ 的形式，因此自然想到先作代换 $x^2=u$.

$$\begin{aligned}\int\frac{x^3}{2\sqrt{x^2+1}}dx&=\int\frac{x^2}{4\sqrt{x^2+1}}\cdot 2xdx=\int\frac{x^2+1-1}{4\sqrt{x^2+1}}d(x^2)\\&=\frac{1}{4}\int\left(\sqrt{x^2+1}-\frac{1}{\sqrt{x^2+1}}\right)d(x^2+1)\\&=\frac{1}{6}\sqrt{(x^2+1)^3}-\frac{1}{2}\sqrt{x^2+1}+c.\end{aligned}$$

(4) **方法 1** 令 $x=\tan t$, 如图 3.1.

$$\begin{aligned}\int\frac{x^2}{\sqrt{x^2+1}}dx&=\int\frac{\tan^2 t\sec^2 t}{\sec t}dt=\int\frac{\sin^2 t}{\cos^3 t}dt\\&=\int\frac{\sin^2 t}{(1-\sin^2 t)^2}\cdot\cos tdt\xlongequal{\sin t=s}\int\frac{s^2}{(1-s^2)^2}ds\\&=\frac{1}{4}\int\left(\frac{1}{(s+1)^2}+\frac{1}{(s-1)^2}+\frac{1}{s-1}-\frac{1}{s+1}\right)ds\\&=-\frac{1}{4}\left[\frac{1}{s+1}+\frac{1}{s-1}\right]+\frac{1}{4}\ln\left|\frac{s-1}{s+1}\right|+c\\&=-\frac{1}{4}\left[\frac{1}{\frac{x}{\sqrt{x^2+1}}+1}+\frac{1}{\frac{x}{\sqrt{x^2+1}}-1}\right]+\frac{1}{4}\ln\left|\frac{\frac{x}{\sqrt{x^2+1}}-1}{\frac{x}{\sqrt{x^2+1}}+1}\right|+c\\&=\frac{1}{2}x\sqrt{x^2+1}-\frac{1}{2}\ln(x+\sqrt{x^2+1})+c.\end{aligned}$$

方法 2

$$\begin{aligned}\int\frac{x^2}{\sqrt{x^2+1}}dx&=\int\frac{x}{\sqrt{x^2+1}}\cdot\frac{1}{2}\cdot 2xdx=\int x\cdot\frac{d(x^2+1)}{2\sqrt{x^2+1}}\\&=\int xd\sqrt{x^2+1}=x\sqrt{x^2+1}-\int\sqrt{x^2+1}dx\\&=x\sqrt{x^2+1}-\int\left(\frac{x^2}{\sqrt{x^2+1}}+\frac{1}{\sqrt{x^2+1}}\right)dx,\end{aligned}$$

所以

$$\int \frac{x^2}{\sqrt{x^2+1}}\,dx = \frac{1}{2}x\sqrt{x^2+1} - \frac{1}{2}\int \frac{1}{\sqrt{x^2+1}}\,dx$$
$$= \frac{1}{2}x\sqrt{x^2+1} - \frac{1}{2}\ln(x+\sqrt{x^2+1}) + c.$$

方法 3 令 $x = \operatorname{sh} t$, 则 $t = \operatorname{arsinh} x = \ln(\sqrt{x^2+1}+x)$,

$$\int \frac{x^2}{\sqrt{x^2+1}}\,dx = \int \frac{\operatorname{sh}^2 t}{\operatorname{ch} t}\cdot \operatorname{ch} t dt = \int \frac{\operatorname{ch} 2t - 1}{2}\,dt$$
$$= \frac{1}{4}\operatorname{sh} 2t - \frac{1}{2}t + c = \frac{1}{2}\operatorname{sh} t\operatorname{ch} t - \frac{1}{2}t + c$$
$$= \frac{1}{2}x\sqrt{x^2+1} - \frac{1}{2}\ln(x+\sqrt{x^2+1}) + c$$

(此解法要求比较熟悉双曲函数的有关公式).

方法 4 作欧拉 (Euler) 代换:$\sqrt{x^2+1} = x + t$, 则

$$x = \frac{1-t^2}{2t}, \quad \sqrt{x^2+1} = \frac{1+t^2}{2t}, \quad dx = \frac{-(1+t^2)}{2t^2}\,dt,$$

$$\int \frac{x^2}{\sqrt{x^2+1}}\,dx = \int \left(\frac{1-t^2}{2t}\right)^2 \cdot \frac{2t}{1+t^2}\cdot\frac{-(1+t^2)}{2t^2}\,dt = -\int \frac{(1-t^2)^2}{4t^3}\,dt$$
$$= -\frac{1}{4}\int\left(\frac{1}{t^3} - \frac{2}{t} + t\right)dt = \frac{1}{8t^2} + \frac{1}{2}\ln|t| - \frac{1}{8}t^2 + c$$
$$= \frac{1}{8(\sqrt{x^2+1}-x)^2} + \frac{1}{2}\ln|\sqrt{x^2+1}-x| - \frac{(\sqrt{x^2+1}-x)^2}{8} + c$$
$$= \frac{1}{8}\left[(\sqrt{x^2+1}+x)^2 - (\sqrt{x^2+1}-x)^2\right] + \frac{1}{2}\ln(\sqrt{x^2+1}-x) + c$$
$$= \frac{1}{2}x\sqrt{x^2+1} + \frac{1}{2}\ln(\sqrt{x^2+1}-x) + c.$$

方法 5 因为

$$\int \frac{x^2}{\sqrt{x^2+1}}\,dx = \int \frac{x^2+1-1}{\sqrt{x^2+1}}\,dx = \int \sqrt{x^2+1}dx - \int \frac{dx}{\sqrt{x^2+1}}$$
$$= x\sqrt{x^2+1} - \int \frac{x^2}{\sqrt{x^2+1}}\,dx - \ln(x+\sqrt{x^2+1}),$$

所以

$$\int \frac{x^2}{\sqrt{x^2+1}}\,dx = \frac{1}{2}x\sqrt{x^2+1} - \frac{1}{2}\ln(x+\sqrt{x^2+1}) + c.$$

本小题方法 5, 2 最为简单.

(5)

$$\begin{aligned}\int \sqrt{2x+x^2}dx &= x\sqrt{2x+x^2} - \int x \cdot \frac{1+x}{\sqrt{2x+x^2}}dx \\ &= x\sqrt{2x+x^2} - \int \left(\frac{2x+x^2}{\sqrt{2x+x^2}} - \frac{x}{\sqrt{2x+x^2}}\right)dx \\ &= x\sqrt{2x+x^2} - \int \sqrt{2x+x^2}dx + \int \frac{x}{\sqrt{2x+x^2}}dx,\end{aligned}$$

所以

$$\begin{aligned}\int \sqrt{2x+x^2}dx &= \frac{1}{2}x\sqrt{2x+x^2} + \frac{1}{2}\int \frac{x}{\sqrt{2x+x^2}}dx \\ &= \frac{1}{2}x\sqrt{2x+x^2} + \frac{1}{2}\int \frac{x+1-1}{\sqrt{(x+1)^2-1}}d(x+1) \\ &= \frac{1}{2}x\sqrt{2x+x^2} + \frac{1}{2}\sqrt{(x+1)^2-1} - \frac{1}{2}\ln\left|x+1+\sqrt{(x+1)^2-1}\right| + c \\ &= \frac{1}{2}x\sqrt{2x+x^2} + \frac{1}{2}\sqrt{x^2+2x} - \frac{1}{2}\ln\left|x+1+\sqrt{2x+x^2}\right| + c.\end{aligned}$$

例 6 (1) $\int e^{2x}(\tan x+1)^2dx$; (2) $\int \frac{\arctan e^x}{e^{2x}}dx$;

(3) $\int \frac{dx}{\sqrt{1-e^x}}$; (4) $\int \frac{xe^{-x}}{(x-1)^2}dx$.

解 (1)

$$\begin{aligned}\int e^{2x}(\tan x+1)^2dx &= \int e^{2x}(\tan^2 x+1+2\tan x)dx \\ &= \int e^{2x}d\tan x + 2\int e^{2x}\tan x dx \\ &= e^{2x}\tan x - \int \tan x \cdot 2e^{2x}dx + 2\int e^{2x}\tan x dx \\ &= e^{2x}\tan x + c.\end{aligned}$$

(2)

$$\begin{aligned}\int \frac{\arctan e^x}{e^{2x}}dx &= \int \arctan e^x \cdot \left(-\frac{1}{2}de^{-2x}\right) \\ &= -\frac{1}{2}e^{-2x}\arctan e^x + \frac{1}{2}\int \frac{e^{-2x}\cdot e^x}{1+(e^x)^2}dx \\ &= -\frac{\arctan e^x}{2e^{2x}} + \frac{1}{2}\int \frac{1}{e^{2x}(1+e^{2x})}de^x \\ &= -\frac{\arctan e^x}{2e^{2x}} + \frac{1}{2}\int \left(\frac{1}{e^{2x}} - \frac{1}{1+e^{2x}}\right)de^x \\ &= -\frac{\arctan e^x}{2e^{2x}} - \frac{1}{2e^x} - \frac{1}{2}\arctan e^x + c.\end{aligned}$$

(3)

$$\int \frac{dx}{\sqrt{1-e^x}} = \int \frac{e^{-\frac{x}{2}}dx}{\sqrt{\left(e^{-\frac{x}{2}}\right)^2-1}} = -2\int \frac{1}{\sqrt{\left(e^{-\frac{x}{2}}\right)^2-1}}de^{-\frac{x}{2}}$$
$$= -2\ln\left|e^{-\frac{x}{2}}+\sqrt{e^{-x}-1}\right| + c.$$

(4)

$$\int \frac{xe^{-x}}{(x-1)^2}dx = \int xe^{-x}d\frac{-1}{x-1}$$
$$= -\frac{1}{x-1}\cdot xe^{-x} + \int \frac{1}{x-1}(e^{-x}-xe^{-x})dx$$
$$= -\frac{x}{x-1}e^{-x} - \int e^{-x}dx = -\frac{x}{x-1}e^{-x}+e^{-x}+c.$$

例 7　(1) $\int \frac{\arctan x}{x^2(1+x^2)}dx$;　　　(2) $\int \frac{\ln\sin x}{\sin^2 x}dx$;

(3) $\int \frac{\arcsin x}{\sqrt{(1-x^2)^3}}dx$;　　　(4) $\int \arctan(1+\sqrt{x})dx$;

(5) $\int \frac{3\ln^2 x+2\ln x+1}{x}\arctan\ln x dx$.

解　(1)

$$\int \frac{\arctan x}{x^2(1+x^2)}dx = \int \frac{\arctan x}{x^2} - \frac{\arctan x}{1+x^2}dx$$
$$= -\int \arctan x d\frac{1}{x} - \int \arctan x d\arctan x$$
$$= -\frac{1}{x}\arctan x + \int \frac{1}{x}\cdot\frac{1}{1+x^2}dx - \frac{1}{2}(\arctan x)^2$$
$$= -\frac{1}{x}\arctan x - \frac{1}{2}(\arctan x)^2 + \int\left(\frac{1}{x}-\frac{x}{1+x^2}\right)dx$$
$$= -\frac{1}{x}\arctan x - \frac{1}{2}(\arctan x)^2 + \ln|x| - \frac{1}{2}\ln(1+x^2)+c.$$

(2)

$$\int \frac{\ln\sin x}{\sin^2 x}dx = -\int \ln\sin x\ d\cot x$$
$$= -\cot x\ln\sin x + \int \cot x\cdot\frac{\cos x}{\sin x}dx$$
$$= -\cot x\ln\sin x + \int(\csc^2 x-1)dx$$
$$= -\cot x\ln\sin x - \cot x - x + c.$$

(3) 式中既有 $\sqrt{1-x^2}$, 又有 $\arcsin x$, 令 $x=\sin t$, 可同时消去它们.

$$\begin{aligned}\int \frac{\arcsin x}{\sqrt{(1-x^2)^3}}\,dx &\xlongequal{(x=\sin t)} \int \frac{t}{\cos^3 t}\cdot \cos t dt = \int t d\tan t\\ &= t\tan t - \int \frac{\sin t}{\cos t}\,dt = t\tan t + \ln|\cos t| + c\\ &= \frac{x\arcsin x}{\sqrt{1-x^2}} + \frac{1}{2}\ln(1-x^2) + c,\end{aligned}$$

其中最后一步利用了图 3.2.

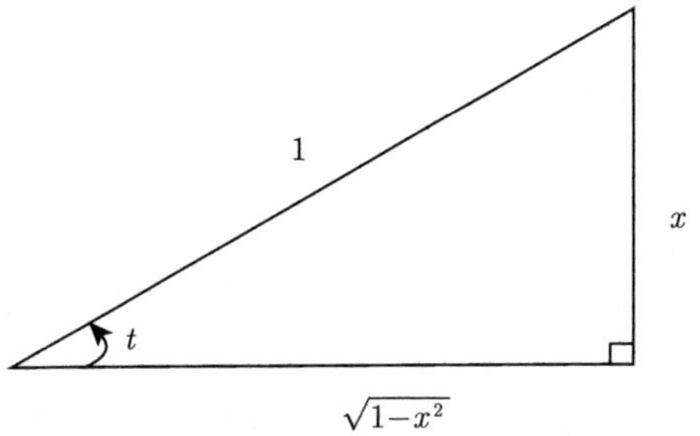

图 3.2

(4) **方法 1**

$$\begin{aligned}\int \arctan(1+\sqrt{x})dx &= x\arctan(1+\sqrt{x}) - \int x\cdot \frac{\frac{1}{2\sqrt{x}}}{1+(1+\sqrt{x})^2}\,dx\\ &\xlongequal{(\sqrt{x}=t)} x\arctan(1+\sqrt{x}) - \frac{1}{2}\int \frac{t}{1+(1+t)^2}\cdot 2tdt\\ &= x\arctan(1+\sqrt{x}) - \int \frac{t^2}{1+(1+t)^2}\,dt\\ &= x\arctan(1+\sqrt{x}) - \int \frac{(t+1)^2+1-2(t+1)}{1+(1+t)^2}\,dt\\ &= x\arctan(1+\sqrt{x}) - t + \ln[1+(1+t)^2] + c\\ &= x\arctan(1+\sqrt{x}) - \sqrt{x} + \ln(x+2\sqrt{x}+2) + c.\end{aligned}$$

方法 2 令 $1+\sqrt{x}=t,\ x=(t-1)^2$.

$$\begin{aligned}\int \arctan(1+\sqrt{x})dx &= \int \arctan t d(t-1)^2\\ &= (t-1)^2\arctan t - \int (t-1)^2\cdot \frac{1}{1+t^2}\,dt\\ &= (t-1)^2\arctan t - \int \frac{t^2+1-2t}{1+t^2}\,dt\\ &= (t-1)^2\arctan t - t + \ln(1+t^2) + c\\ &= x\arctan(1+\sqrt{x}) - \sqrt{x} - 1 + \ln(2+2\sqrt{x}+x) + c.\end{aligned}$$

(5) 令 $\ln x = t$.

$$\begin{aligned}
&\int \frac{3\ln^2 x + 2\ln x + 1}{x} \arctan \ln x dx \\
=&\int (3t^2 + 2t + 1) \arctan t dt \\
=&\int \arctan t d(t^3 + t^2 + t) \\
=&(t^3 + t^2 + t) \arctan t - \int \frac{t^3 + t + t^2 + 1 - 1}{1 + t^2} dt \\
=&(t^3 + t^2 + t) \arctan t - \int \left(t + 1 - \frac{1}{1 + t^2} \right) dt \\
=&(t^3 + t^2 + t) \arctan t - \frac{1}{2} t^2 - t + \arctan t + c \\
=&(\ln^3 x + \ln^2 x + \ln x) \arctan \ln x - \frac{1}{2} \ln^2 x - \ln x + \arctan \ln x + c.
\end{aligned}$$

例 8　设 $J_n = \int (x^2 + b)^{n - \frac{1}{2}} dx$, 求 J_n 的递推公式并求 J_1, J_2, J_{-1}, J_{-2} (其中 $b \neq 0$).

解题提示　因为 $J_0 = \ln |x + \sqrt{x^2 + b}| + C$, 为求 J_1, J_2 只要找到由 J_n 求 J_{n-1} 的递推公式, 为求 J_{-1}, J_{-2}, 只要找到由 J_{n-1} 求 J_n 的递推公式.

解

$$\begin{aligned}
J_n &= \int (x^2 + b)^{n - \frac{1}{2}} dx \\
&= x(x^2 + b)^{n - \frac{1}{2}} - \int x \cdot \left(n - \frac{1}{2} \right) \cdot 2x (x^2 + b)^{n - \frac{1}{2} - 1} dx \\
&= x(x^2 + b)^{n - \frac{1}{2}} - (2n - 1) \int \left[(x^2 + b)^{n - \frac{1}{2}} - b(x^2 + b)^{n - \frac{1}{2} - 1} \right] dx \\
&= x(x^2 + b)^{n - \frac{1}{2}} - (2n - 1) J_n + (2n - 1) b J_{n-1},
\end{aligned}$$

所以

$$\begin{aligned}
J_n &= \frac{1}{2n} x(x^2 + b)^{n - \frac{1}{2}} + \frac{(2n - 1)}{2n} b J_{n-1}, \\
J_{n-1} &= -\frac{x(x^2 + b)^{n - \frac{1}{2}}}{(2n - 1)b} + \frac{2n}{(2n - 1)b} J_n,
\end{aligned}$$

$$\begin{aligned}
J_1 &= \frac{1}{2} x\sqrt{x^2 + b} + \frac{1}{2} b J_0 = \frac{1}{2} x\sqrt{x^2 + b} + \frac{1}{2} b \ln |x + \sqrt{x^2 + b}| + c, \\
J_2 &= \frac{1}{4} x\sqrt{(x^2 + b)^3} + \frac{3}{4} b J_1 \\
&= \frac{1}{4} x\sqrt{(x^2 + b)^3} + \frac{3}{8} bx\sqrt{x^2 + b} + \frac{3}{8} b^2 \ln |x + \sqrt{x^2 + b}| + c,
\end{aligned}$$

$$J_{-1}=\frac{-x(x^2+b)^{-\frac{1}{2}}}{-b}+c=\frac{x}{b\sqrt{x^2+b}}+c,$$

$$J_{-2}=\frac{-x(x^2+b)^{-\frac{3}{2}}}{-3b}+\frac{2}{3b}J_{-1}=\frac{x}{3b\sqrt{(x^2+b)^3}}+\frac{2x}{3b^2\sqrt{x^2+b}}+c.$$

例 9 (1) $\int\max\{1,x^2\}dx$; (2) $\int e^{\sqrt{|x|}}dx$.

解 (1) 因 $\max\{1,x^2\}$ 在 $(-\infty,+\infty)$ 连续, 故它在 $(-\infty,+\infty)$ 上的原函数是存在的. 今设 $F(x)$ 是 $\max\{1,x^2\}$ 在 $(-\infty,+\infty)$ 上的原函数, 且满足 $F(0)=0$.

在 $x>1$ 时,

$$\int\max\{1,x^2\}dx=\int x^2dx=\frac{1}{3}x^3+c,$$

所以

$$F(x)=\frac{1}{3}x^3+c_1.$$

在 $-1<x<1$ 时,

$$\int\max\{1,x^2\}dx=\int 1dx=x+c,$$

所以

$$F(x)=x+c_2.$$

在 $x<-1$ 时,

$$\int\max\{1,x^2\}dx=\int x^2dx=\frac{1}{3}x^3+c,$$

所以

$$F(x)=\frac{1}{3}x^3+c_3.$$

因为 $F(0)=0$, 所以 $c_2=0$.

因为 $F(1-0)=1,\ F(1+0)=\frac{1}{3}+c_1$, 又 $F(x)$ 在 $x=1$ 连续, 所以 $c_1=\frac{2}{3}$.

因为 $F(-1+0)=-1,\ F(-1-0)=-\frac{1}{3}+c_3$, 又 $F(x)$ 在 $x=-1$ 连续, 所以 $c_3=-\frac{2}{3}$.

$$F(x)=\begin{cases}\frac{2}{3}+\frac{1}{3}x^3, & x>1,\\ x, & -1\le x\le 1,\\ -\frac{2}{3}+\frac{1}{3}x^3, & x<-1.\end{cases}$$

在 $(-\infty,+\infty)$ 上,

$$\int\max\{1,x^2\}dx=F(x)+c\qquad (c\text{ 为任意常数}).$$

(2) $e^{\sqrt{|x|}}$ 在 $(-\infty,+\infty)$ 连续, 有原函数 $F(x)$, 不妨设 $F(0)=0$.

当 $x>0$ 时,

$$\int e^{\sqrt{|x|}}dx=\int e^{\sqrt{x}}dx \xlongequal{(\sqrt{x}=t)} \int e^{t}\cdot 2tdt$$
$$=2(t-1)e^{t}+c=2(\sqrt{x}-1)e^{\sqrt{x}}+c$$

$$F(x)=2(\sqrt{x}-1)e^{\sqrt{x}}+c_1,$$

令 $x\to 0^{+}$, 得

$$0=F(0^{+})=2(-1)e^{0}+c_1,$$

所以 $c_1=2$, 所以 $x>0$ 时,

$$F(x)=2(\sqrt{x}-1)e^{\sqrt{x}}+2.$$

当 $x<0$ 时,

$$\int e^{\sqrt{|x|}}dx=\int e^{\sqrt{-x}}dx \xlongequal{(\sqrt{-x}=t)} -\int e^{t}\cdot 2tdt$$
$$=-2(t-1)e^{t}+c=-2(\sqrt{-x}-1)e^{\sqrt{-x}}+c,$$

$$F(x)=-2(\sqrt{-x}-1)e^{\sqrt{-x}}+c_2,$$

令 $x\to 0^{-}$ 得

$$0=F(0^{-})=-2(-1)e^{0}+c_2,$$

所以 $c_2=-2$, 所以 $x<0$ 时,

$$F(x)=-2(\sqrt{-x}-1)e^{\sqrt{-x}}-2.$$

$$F(x)=\begin{cases}2(\sqrt{x}-1)e^{\sqrt{x}}+2, & x\geq 0,\\ -2(\sqrt{-x}-1)e^{\sqrt{-x}}-2, & x<0,\end{cases}$$
$$\int e^{\sqrt{|x|}}dx=F(x)+c \qquad (c\text{ 为任意常数}).$$

例 10 (1) $\displaystyle\int \frac{x^4+1}{x^6+1}dx$;

(2) $\displaystyle\int \frac{dx}{\sqrt{1-x^2}\arcsin\sqrt{1-x^2}\sqrt{1-(\arcsin\sqrt{1-x^2})^2}}$;

(3) $\displaystyle\int 8(x^3-2x^2+x-1)e^{-2x}dx$.

解 (1)

$$\int \frac{x^4+1}{x^6+1}\,dx = \int \frac{x^4+1-x^2+x^2}{(x^2+1)(x^4-x^2+1)}\,dx = \int \frac{dx}{x^2+1} + \int \frac{x^2dx}{x^6+1}$$
$$= \arctan x + \frac{1}{3}\arctan x^3 + c.$$

(2) 被积函数定义域为 $\sqrt{1-\sin^2 1} < |x| < 1$. 因为

$$(\arcsin\sqrt{1-x^2})' = \frac{1}{\sqrt{1-(\sqrt{1-x^2})^2}} \cdot \frac{-2x}{2\sqrt{1-x^2}} = \frac{-x}{\sqrt{x^2}\sqrt{1-x^2}}$$
$$= -\operatorname{sgn} x \frac{1}{\sqrt{1-x^2}} \qquad (x=0 \text{ 处不可导}).$$

所以令 $\arcsin\sqrt{1-x^2} = u$,

$$\int \frac{dx}{\sqrt{1-x^2}\arcsin\sqrt{1-x^2}\sqrt{1-(\arcsin\sqrt{1-x^2})^2}}$$
$$= -\operatorname{sgn} x \int \frac{du}{u\sqrt{1-u^2}} = -\operatorname{sgn} x \int \frac{1}{\sqrt{\left(\frac{1}{u}\right)^2-1}}\frac{du}{u^2}$$
$$= \operatorname{sgn} x \ln\left|\frac{1}{u} + \sqrt{\frac{1}{u^2}-1}\right| + c$$
$$= \operatorname{sgn} x \ln\left|\frac{1}{\arcsin\sqrt{1-x^2}} + \sqrt{\left(\frac{1}{\arcsin\sqrt{1-x^2}}\right)^2-1}\right| + c.$$

注 3.2 因本小题被积函数的定义域是两个区间: $(-1,\ -\sqrt{1-\sin^2 1})$ 及 $(\sqrt{1-\sin^2 1}, 1)$, 且是连续的, 故实际上是两个小题. 解法中用 $\operatorname{sgn} x$, 实际上是两小题一起做. 因为本章主要要求是掌握求积的基本方法, 所以一般不强调更细致的讨论. 在今后的定积分计算中, 注意积分区间将是十分重要的.

(3) 本题显然是利用分部积分, 将求导运算转移到多项式上去, 因为要进行多次分部积分, 为避免重复书写且使问题更加简明, 可设计一个表, 对 $g(x)$ 逐次求原函数得

$$g_1,\ g_2,\ \cdots,\ g_n,$$

其中 $g_k' = g_{k-1}$, 对 $f(x)$ 逐次求导

$$f_1(x),\ f_2(x),\ \cdots,\ f_n(x),$$

其中 $f_k(x)=f'_{k-1}(x)$, 多次用分部积分公式可得以下等式

$$\int f(x)g(x)dx = f(x)g_1(x) - f_1(x)g_2(x) + \cdots + (-1)^{n-1}f_{n-1}(x)g_n(x) + (-1)^n\int f_n(x)g_n(x)dx.$$

例如本题,

	(f_1,g_1)	(f_2,g_2)	(f_3,g_3)
$f(x)=x^3-2x^2+x-1$	$3x^2-4x+1$	$6x-4$	6
$g(x)=8e^{-2x}$	$-4e^{-2x}$	$2e^{-2x}$	$-e^{-2x}$

$$\begin{aligned}&\int(x^3-2x^2+x-1)\cdot 8e^{-2x}dx\\=&(x^3-2x^2+x-1)\cdot(-4e^{-2x})-(3x^2-4x+1)\cdot 2e^{-2x}\\&+(6x-4)\cdot(-e^{-2x})-\int 6\cdot(-e^{-2x})dx\\=&(-4x^3+2x^2-2x+3)e^{-2x}+c.\end{aligned}$$

3.3 有理函数的积分

学习要点

一、了解原函数不一定都是初等函数

并非所有初等函数, 都存在初等函数形式的原函数.

二、了解什么样的函数, 其原函数具有初等函数的形式

称两个多项式的商式为有理函数. 理论上可以证明, 任何有理函数, 都具有初等函数形式的原函数.

在理论上, 任何可化为有理函数积分的积分, 其原函数都可由初等函数与有关的变量代换复合得到. 如三角函数有理式的积分, 含简单根式的有理式的积分等.

三、熟悉有理函数求原函数的方法

求有理函数积分的典型方法是先将有理函数写成多项式与简单的 (部分) 分式的和, 然后逐项求积分. 因为在实数范围内多项式的因式分解有实质性的困难, 所以在实际上只能对可以写出简单分式的有理函数, 才可用典型方法具体写出它的原函数与不定积分.

四、注意有理函数积分的特殊方法

在求有理函数积分时, 也应注意灵活应用变量代换与分部积分的方法, 当用典型方法求积有困难时更是如此.

解题方法

一、掌握有理函数分解成部分分式的方法

有理函数分解成部分分式的典型方法是待定系数法.

因为有理函数与分解成的部分分式是恒等关系, 所以还可用特殊值方法, 或两边作一定运算后取极限的方法来确定待定系数. 此外还可将分子拼凑成分母的因式之和, 来化简或求出分解式. 例如, 为求满足关系 $\dfrac{x^2+2x-1}{x^3-1}=\dfrac{A}{x-1}+\dfrac{Bx+C}{x^2+x+1}$ 中的 A,B,C, 先将两边同乘 $x-1$, 再令 $x\to 1$. 左端 $\lim\limits_{x\to 1}\dfrac{x^2+2x-1}{x^2+x+1}=\dfrac{2}{3}$; 右端 $=A$. 即得 $A=\dfrac{2}{3}$, 令 $x=0$ 得 $1=-A+C$, 所以 $C=\dfrac{5}{3}$, 两边同乘 x, 再令 $x\to\infty$ 得 $1=A+B$, 所以 $B=\dfrac{1}{3}$. 于是得

$$\frac{x^2+2x-1}{x^3-1}=\frac{\dfrac{2}{3}}{x-1}+\frac{\dfrac{1}{3}x+\dfrac{5}{3}}{x^2+x+1}.$$

二、尽量采取简便方法

灵活运用分项积分、变量代换和分部积分, 常可使积分更简单快捷.

例题分析

例 1 求积分:

(1) $\displaystyle\int\frac{x^2+1}{x^4+1}dx$; (2) $\displaystyle\int\frac{x^3+2}{(x+1)^2(x^2+1)}dx$;

(3) $\displaystyle\int\frac{x}{(x^4+1)(x^4+x^2)}dx$; (4) $\displaystyle\int\frac{x^{15}}{(x^8+1)^2}dx$.

解 (1) **方法 1**

$$x^4+1=(x^2+\sqrt{2}x+1)(x^2-\sqrt{2}x+1).$$

观察到

$$(x^2+\sqrt{2}x+1)+(x^2-\sqrt{2}x+1)=2(x^2+1),$$

故

$$\begin{aligned}\int \frac{x^2+1}{x^4+1}\,dx &= \frac{1}{2}\int \frac{(x^2+\sqrt{2}x+1)+(x^2-\sqrt{2}x+1)}{(x^2+\sqrt{2}x+1)(x^2-\sqrt{2}x+1)}\,dx \\ &= \frac{1}{2}\left(\int \frac{1}{x^2-\sqrt{2}x+1}\,dx+\int \frac{1}{x^2+\sqrt{2}x+1}\,dx\right) \\ &= \frac{1}{2}\int \frac{dx}{\left(x-\dfrac{\sqrt{2}}{2}\right)^2+\dfrac{1}{2}}+\frac{1}{2}\int \frac{dx}{\left(x+\dfrac{\sqrt{2}}{2}\right)^2+\dfrac{1}{2}} \\ &= \frac{1}{\sqrt{2}}\int \frac{d(\sqrt{2}x-1)}{(\sqrt{2}x-1)^2+1}+\frac{1}{\sqrt{2}}\int \frac{d(\sqrt{2}x+1)}{(\sqrt{2}x+1)^2+1} \\ &= \frac{1}{\sqrt{2}}[\arctan(\sqrt{2}x-1)+\arctan(\sqrt{2}x+1)]+c.\end{aligned}$$

方法 2

$$\begin{aligned}\frac{x^2+1}{x^4+1} &= \frac{x^2-\sqrt{2}x+1+\sqrt{2}x}{(x^2-\sqrt{2}x+1)(x^2+\sqrt{2}x+1)} \\ &= \frac{1}{x^2+\sqrt{2}x+1}+\frac{\sqrt{2}x}{x^4+1},\end{aligned}$$

所以

$$\begin{aligned}\int \frac{x^2+1}{x^4+1}\,dx &= \int \frac{dx}{x^2+\sqrt{2}x+1}+\int \frac{\sqrt{2}x}{x^4+1}\,dx \\ &= \sqrt{2}\arctan(\sqrt{2}x+1)+\frac{1}{\sqrt{2}}\arctan x^2+c.\end{aligned}$$

方法 3 $x \neq 0$ 时,

$$\int \frac{x^2+1}{x^4+1}\,dx = \int \frac{\dfrac{1}{x^2}+1}{x^2+\dfrac{1}{x^2}}\,dx = \int \frac{d\left(x-\dfrac{1}{x}\right)}{x^2+\dfrac{1}{x^2}} = \int \frac{d\left(x-\dfrac{1}{x}\right)}{\left(x-\dfrac{1}{x}\right)^2+2}$$

$$= \frac{1}{\sqrt{2}}\arctan\frac{x^2-1}{\sqrt{2}x}+c.$$

由于

$$\begin{aligned}\lim_{x\to 0^+}\frac{1}{\sqrt{2}}\arctan\frac{x^2-1}{\sqrt{2}x} &= -\frac{\pi}{2\sqrt{2}}, \\ \lim_{x\to 0^-}\frac{1}{\sqrt{2}}\arctan\frac{x^2-1}{\sqrt{2}x} &= \frac{\pi}{2\sqrt{2}},\end{aligned}$$

故可由拼接法得 $\dfrac{x^2+1}{x^4+1}$ 在 $(-\infty,+\infty)$ 上的一个原函数是

$$F(x)=\begin{cases}\dfrac{1}{\sqrt{2}}\arctan\dfrac{x-1}{\sqrt{2}x}+\dfrac{\pi}{2\sqrt{2}}, & x>0,\\ 0, & x=0,\\ \dfrac{1}{\sqrt{2}}\arctan\dfrac{x-1}{\sqrt{2}x}-\dfrac{\pi}{2\sqrt{2}}, & x<0,\end{cases}$$

$$\int\frac{x^2+1}{x^4+1}dx=F(x)+c,\quad c\text{ 为任意常数}.$$

(2) 设被积函数的分解式为

$$\frac{x^3+2}{(x+1)^2(x^2+1)}=\frac{A}{x+1}+\frac{B}{(x+1)^2}+\frac{Cx+D}{x^2+1},$$

两边同乘以 $(x+1)^2$, 约去 $(x+1)$ 的因子后令 $x\to-1$ 得

$$B=\frac{(-1)^3+2}{(-1)^2+1}=\frac{1}{2}.$$

两边同乘以 $(x+1)^2$, 对 x 求一次导, 再令 $x\to-1$, 右端第二项常数求导得 0, 第三项 $\dfrac{Cx+D}{x^2+1}\cdot(x+1)^2$ 求导后, 仍有 $x+1$ 的因式, 令 $x\to-1$ 时也得 0, 而第一项 $A(x+1)$ 对 x 求导再令 $x\to-1$ 时得 A, 故施以以上运算后, 右端得 A, 而左端为

$$\begin{aligned}&\lim_{x\to-1}\frac{d}{dx}\left[\frac{x^3+2}{(x+1)^2(x^2+1)}(x+1)^2\right]\\ =&\lim_{x\to-1}\frac{d}{dx}\frac{x^3+2}{x^2+1}=\lim_{x\to-1}\frac{3x^2(x^2+1)-2x(x^3+2)}{(x^2+1)^2}\\ =&\frac{3\cdot(-1)^2[(-1)^2+1]-2\cdot(-1)[(-1)^3+2]}{[(-1)^2+1]^2}=\frac{6+2}{4}=2,\end{aligned}$$

所以 $A=2$.

分解式中令 $x=0$, 得

$$2=A+B+D,$$

所以

$$D=2-A-B=-\frac{1}{2}.$$

分解式两边同乘以 x, 再令 $x\to+\infty$, 得

$$1=A+C,$$

所以

$$C=1-A=-1,$$

故有

$$\frac{x^3+2}{(x+1)^2(x^2+1)}=\frac{2}{x+1}+\frac{\frac{1}{2}}{(x+1)^2}+\frac{-x-\frac{1}{2}}{x^2+1},$$

所以

$$\int\frac{x^3+2}{(x+1)^2(x^2+1)}\,dx=\int\left(\frac{2}{x+1}+\frac{\frac{1}{2}}{(x+1)^2}+\frac{-x-\frac{1}{2}}{x^2+1}\right)dx$$

$$=2\ln|x+1|-\frac{1}{2(x+1)}-\frac{1}{2}\ln(x^2+1)-\frac{1}{2}\arctan x+c.$$

(3) 本题可先引进中间变量 $u=x^2$ 后, 再作部分分式的分解

$$\int\frac{x}{(x^4+1)(x^4+x^2)}\,dx\overset{(x^2=u)}{=\!=\!=}\frac{1}{2}\int\frac{du}{(u^2+1)(u^2+u)}.$$

令

$$\frac{1}{(u^2+1)(u^2+u)}=\frac{A}{u}+\frac{B}{u+1}+\frac{Cu+D}{u^2+1}.$$

两边乘以 u, 再令 $u\to 0$, 得

$$A=1,$$

两边乘以 $u+1$, 再令 $u\to -1$, 得

$$B=-\frac{1}{2},$$

两边乘以 u, 再令 $u\to +\infty$, 得

$$0=A+B+C,$$

所以

$$C=-A-B=-\frac{1}{2}.$$

令 $u=1$, 得

$$\frac{1}{4}=A+\frac{B}{2}+\frac{C+D}{2},$$

所以

$$D=\frac{1}{2}-2A-B-C=-\frac{1}{2}.$$

所以

$$\frac{1}{(u^2+1)(u^2+u)}=\frac{1}{u}-\frac{1}{2(u+1)}+\frac{-\frac{1}{2}u-\frac{1}{2}}{u^2+1}.$$

所以

$$
\begin{aligned}
&\int \frac{x}{(x^4+1)(x^4+x^2)}\,dx\\
=&\frac{1}{2}\int \frac{du}{(u^2+1)(u^2+u)}\\
=&\frac{1}{2}\int \left(\frac{1}{u}-\frac{1}{2(u+1)}+\frac{-\frac{1}{2}u-\frac{1}{2}}{u^2+1}\right)du\\
=&\frac{1}{2}\ln|u|-\frac{1}{4}|u+1|-\frac{1}{8}\ln(u^2+1)-\frac{1}{4}\arctan u+c\\
=&\frac{1}{2}\ln x^2-\frac{1}{4}\ln(x^2+1)-\frac{1}{8}\ln(x^4+1)-\frac{1}{4}\arctan x^2+c\\
=&\frac{1}{8}\ln\frac{x^8}{(x^2+1)^2(x^4+1)}-\frac{1}{4}\arctan x^2+c.
\end{aligned}
$$

(4)

$$
\begin{aligned}
\int \frac{x^{15}}{(x^8+1)^2}\,dx=\int \frac{x^8}{(x^8+1)^2}\cdot x^7dx&=\int \frac{x^8+1-1}{(x^8+1)^2}\cdot\frac{dx^8}{8}\\
&=\frac{1}{8}\int \left[\frac{1}{x^8+1}-\frac{1}{(x^8+1)^2}\right]d(x^8+1)\\
&=\frac{1}{8}\ln(x^8+1)+\frac{1}{8(x^8+1)}+c.
\end{aligned}
$$

注 3.3 一般有

$$
\int f(x^n)x^{n-1}dx=\frac{1}{n}\int f(x^n)dx^n,
$$

更一般的是

$$
\int f(\varphi(x))\varphi'(x)dx=\int f(\varphi(x))d\varphi(x),
$$

这又回到了第一类变量代换的基本方法.

例 2 设 n 为自然数, $a>0$, $H_n=\int \frac{dx}{(x^2-a^2)^n}$, 试推导 H_n 到 H_{n+1} 的递推公式, 并求 H_1,H_2,H_3.

解 $n\geq 1$ 时,

$$
\begin{aligned}
H_n=\int \frac{dx}{(x^2-a^2)^n}&=\frac{x}{(x^2-a^2)^n}-\int x\cdot\frac{-2nx}{(x^2-a^2)^{n+1}}\,dx\\
&=\frac{x}{(x^2-a^2)^n}+2n\int \frac{x^2-a^2+a^2}{(x^2-a^2)^{n+1}}\,dx\\
&=\frac{x}{(x^2-a^2)^n}+2nH_n+2na^2H_{n+1},
\end{aligned}
$$

所以

$$
H_{n+1}=-\frac{1}{2na^2}\cdot\frac{x}{(x^2-a^2)^n}-\frac{2n-1}{2na^2}H_n\qquad(n\geq 1).
$$

这就是递推公式.

$$\begin{aligned}H_1&=\int\frac{dx}{x^2-a^2}=\frac{1}{2a}\int\left(\frac{1}{x-a}-\frac{1}{x+a}\right)dx\\&=\frac{1}{2a}\ln\left|\frac{x-a}{x+a}\right|+c,\\H_2&=-\frac{1}{2a^2}\cdot\frac{x}{(x^2-a^2)}-\frac{1}{2a^2}H_1\\&=-\frac{x}{2a^2(x^2-a^2)}-\frac{1}{4a^3}\ln\left|\frac{x-a}{x+a}\right|+c,\\H_3&=-\frac{1}{4a^2}\frac{x}{(x^2-a^2)^2}-\frac{3}{4a^2}H_2\\&=-\frac{x}{4a^2(x^2-a^2)^2}+\frac{3x}{8a^4(x^2-a^2)}+\frac{3}{16a^5}\ln\left|\frac{x-a}{x+a}\right|+c.\end{aligned}$$

例 3 求积分:$\displaystyle\int\frac{1+\cos x}{1+\cos x-\sin x}dx$.

解 令 $\tan\dfrac{x}{2}=t$,

$$\begin{aligned}\int\frac{1+\cos x}{1+\cos x-\sin x}dx&=\int\frac{1+\dfrac{1-t^2}{1+t^2}}{1+\dfrac{1-t^2}{1+t^2}-\dfrac{2t}{1+t^2}}\cdot\frac{2}{1+t^2}dt\\&=\int\frac{2}{(1+t^2)(1-t)}dt=\int\frac{-1}{t-1}+\frac{t+1}{t^2+1}dt\\&=-\ln|t-1|+\frac{1}{2}\ln(t^2+1)+\arctan t+c\\&=\frac{1}{2}\ln\frac{t^2+1}{(t-1)^2}+\arctan t+c\\&=\frac{1}{2}\ln\frac{\tan^2\dfrac{x}{2}+1}{\left(\tan\dfrac{x}{2}-1\right)^2}+\frac{x}{2}+c\\&=-\frac{1}{2}\ln(1-\sin x)+\frac{x}{2}+c.\end{aligned}$$

注 3.4 若对最后结果求导, 得

$$\frac{\cos x}{2(1-\sin x)}+\frac{1}{2}=\frac{1+\cos x-\sin x}{2(1-\sin x)},$$

容易验证当分母不为 0 时, 它与被积函数相等. 换言之, 若一开始找到分项关系式

$$\frac{1+\cos x}{1+\cos x-\sin x}=\frac{1+\cos x-\sin x}{2(1-\sin x)}=\frac{1}{2}+\frac{\cos x}{2(1-\sin x)},$$

则积分结果立即可得.

第 4 章　一元函数的定积分

4.1　定积分的概念与性质

学习要点

一、掌握定积分的定义

设 $f(x)$ 在区间 $[a,b]$ 上有定义, 作 $[a,b]$ 的一个分割 T : $a=x_0<x_1<x_2<\cdots<x_n=b$, 记 $\Delta x_i=x_i-x_{i-1}$, $\lambda=\max\{\Delta x_i,\ 1\le i\le n\}$, 在每个小区间 $[x_{i-1},x_i]$ 上任取一点 ξ_i, 作和数 $\sum\limits_{i=1}^{n}f(\xi_i)\Delta x_i$, 如果 $\lim\limits_{\lambda\to 0}\sum\limits_{i=1}^{n}f(\xi_i)\Delta x_i$ 收敛, 则称 $f(x)$ 在 $[a,b]$ 上可积, 并称其极限值为 $f(x)$ 在区间 $[a,b]$ 上的定积分, 记作 $\int_a^b f(x)dx$, 即

$$\int_a^b f(x)dx=\lim_{\lambda\to 0}\sum_{i=1}^{n}f(\xi_i)\Delta x_i,$$

其中 $\lim\limits_{\lambda\to 0}\sum\limits_{i=1}^{n}f(\xi_i)\Delta x_i$ 收敛的意义是: 存在一个实数 I, 使得对 $\forall\varepsilon>0$, 都存在 $\delta>0$, 使得对无论怎样的分割, 无论每个 $\xi_i\in[x_{i-1},x_i]$ 如何选取, 只要 $\lambda<\delta$, 就有 $\left|\sum\limits_{i=1}^{n}f(\xi_i)\Delta x_i-I\right|<\varepsilon$ 成立.

二、理解与定义有关的一些问题

1. $f(x)$ 在 $[a,b]$ 上的定积分 (若存在时) 是一个数, 它是由区间 $[a,b]$ 及在 $[a,b]$ 上的函数 f 所确定, 因而有

$$\int_a^b f(x)dx=\int_a^b f(t)dt=\int_a^b f(u)du.$$

2. 当 $a>b$ 时, 规定

$$\int_a^b f(x)dx=-\int_b^a f(x)dx,$$

又规定

$$\int_a^a f(x)dx=0.$$

这样做将给我们带来方便.

3. 定积分的**几何意义**是: 当 $f(x)$ 是 $[a,b]$ 上正值连续函数时, $\int_a^b f(x)dx$ 是曲线 $y=f(x)$, 直线 $x=a$, $x=b$ 及 x 轴所围图形 (称为曲边梯形) 的面积. 定积分的**物理意义**是: 质点作直线变速运动, 设时刻 x 时质点速度为 $f(x)$, 则 $\int_a^b f(x)dx$ 表示从时刻 a 到时刻 b 质点总位移.

4. 无界函数必不可积. 在讨论定积分时, 一般首先假设函数是有界的. 我们应把今后的无界函数的积分 (即广义积分) 看成是另一概念, 不要与定积分混为一谈.

三、了解什么样的函数在区间上可积

区间上什么样的函数才是可积的? 这是个理论问题. 理论的研究可证, 闭区间上连续函数是可积的, 闭区间上单调函数是可积的, 闭区间上有界且仅有有限个间断点的函数是可积的. 如果一个函数在闭区间上可积, 则其绝对值函数也可积. 改变可积函数在有限个点处的值, 所得函数仍可积且与给定函数有相同的积分值. 另外, 闭区间上可积函数的线性组合仍是可积的, 可积函数的乘积是可积的. 若 $f(x)$ 可积, $p\ge 1$, 则 $|f(x)|^p$ 也可积.

四、掌握定积分的基本性质

1° *可积必有界*. 由 $f(x)$ 在 $[a,b]$ 可积可推出 $f(x)$ 在 $[a,b]$ 有界.

2° *线性性质*. 对任意两个 $[a,b]$ 上的可积函数 $f(x)$ 与 $g(x)$, 对任意两个实数 c_1 与 c_2, $c_1f(x)+c_2g(x)$ 也在 $[a,b]$ 可积且有

$$\int_a^b [c_1f(x)+c_2g(x)]dx = c_1\int_a^b f(x)dx + c_2\int_a^b g(x)dx.$$

3° *对积分区间的可加性*. 设 a,b,c 为三个实数, $\int_a^b f(x)dx$, $\int_a^c f(x)dx$ 及 $\int_c^b f(x)dx$ 中至少有两个积分存在, 则第三个积分也存在, 且有

$$\int_a^b f(x)dx = \int_a^c f(x)dx + \int_c^b f(x)dx.$$

4° *1 的积分*. $\int_a^b 1dx = b-a$.

5° *定积分保持不等号方向的性质*. 设 $[a,b]$ 上 $f(x)$ 与 $g(x)$ 都可积, 且对 $\forall x\in[a,b]$, 都有 $f(x)\le g(x)$, 则

$$\int_a^b f(x)dx \le \int_a^b g(x)dx \qquad (\text{注意 } a<b).$$

6° *绝对值函数积分性质*. 若 $f(x)$ 在 $[a,b]$ 可积, 则 $|f(x)|$ 也可积且有

$$\left|\int_a^b f(x)dx\right| \le \int_a^b |f(x)|dx.$$

7° 积分中值性质.

积分中值定理 设 $f(x)$ 在 $[a,b]$ 连续, 则存在 $\xi\in(a,b)$ 使得

$$\int_a^b f(x)dx=f(\xi)(b-a).$$

推广的积分中值定理 设 $f(x)$ 在 $[a,b]$ 连续, $\varphi(x)$ 在 $[a,b]$ 不变号且可积, 则存在 $\xi\in(a,b)$ 使得

$$\int_a^b f(x)\varphi(x)dx=f(\xi)\int_a^b \varphi(x)dx.$$

解题方法

一、利用定积分定义求某些和式的极限

当一个和式可看成某可积函数在某区间上的黎曼 (Riemann) 积分和数时, 则当 $\lambda\to 0$ 时此和式的极限就是相应可积函数的积分值.

二、掌握分项积分和分段积分方法

定积分的基本性质 2°, 3°, 4° 提供了计算积分的一些基本方法, 如分项积分, 分段积分及求常数的积分值等. 定积分的几何意义也有利于我们写出某些定积分的积分值, 如 $\int_0^a\sqrt{a^2-x^2}dx=\frac{1}{4}\pi a^2$ (四分之一圆面积, $a>0$).

三、会利用定积分性质估计积分大小

定积分的性质 5°, 6°, 7° 可用于估计积分大小等. 例如某些 (不易直接处理的) 离散的量 (例如一些项的和), 可以通过 (易于求出的) 连续量的积分作出估计, 在一定的场合下, 定积分的性质提供了这样的方便.

例题分析

例 1 求值:(1) $\int_0^\pi \sin xdx$; (2) $\int_1^2 \ln xdx$; (3) $\lim\limits_{n\to\infty}\sum\limits_{i=1}^n\frac{1}{n}\sqrt{a^2-\left(\frac{i}{n}a\right)^2}$.

解 (1) 将 $[0,\pi]$ n 等分, 分点为 $x_i=\frac{i}{n}\pi,\ i=0,1,\cdots,n$. 取 $\xi_i=x_i$, 这时, $\sin x$ 在 $[0,\pi]$ 上的积分和数为 $\sum\limits_{i=1}^n\frac{\pi}{n}\sin\frac{i\pi}{n}$, 由于当 α 不是 π 的整数倍时总有 (利用和差化积)

$$\sum_{k=1}^n\sin k\alpha=\frac{\cos\frac{\alpha}{2}-\cos\frac{2n+1}{2}\alpha}{2\sin\frac{\alpha}{2}}=\frac{\sin\frac{n+1}{2}\alpha\sin\frac{n}{2}\alpha}{\sin\frac{\alpha}{2}},$$

故

$$\lim_{n\to\infty}\frac{\pi}{n}\sum_{k=1}^{n}\sin\frac{k\pi}{n}=\lim_{n\to\infty}\frac{\pi}{n}\frac{\sin\dfrac{n+1}{2n}\pi\sin\dfrac{n}{2n}\pi}{\sin\dfrac{\pi}{2n}}$$

$$=\lim_{n\to\infty}\left(2\cdot\frac{\dfrac{\pi}{2n}}{\sin\dfrac{\pi}{2n}}\cdot\sin\frac{n+1}{2n}\pi\right)=2,$$

由于 $\sin x$ 在 $[0,\pi]$ 连续, 故可积, 所以 $\int_0^{\pi}\sin xdx=2$.

注 4.1 利用本题的求和法及两边夹原理易得

$$\lim_{n\to\infty}\sum_{i=1}^{n}\frac{\sin\dfrac{i\pi}{n}}{n+\dfrac{1}{i}}=\frac{2}{\pi}.$$

(2) 取分点 $x_i=2^{\frac{i}{n}}$, $i=0,1,2,\cdots,n$, 将区间 $[1,2]$ 分成 n 份, 并取 $\xi_i=x_i$, 则函数 $\ln x$ 在 $[1,2]$ 上的积分和数为

$$\sum_{i=1}^{n}\left(2^{\frac{i}{n}}-2^{\frac{i-1}{n}}\right)\ln 2^{\frac{i}{n}}=\frac{2^{\frac{1}{n}}-1}{n}\sum_{i=1}^{n}i\cdot 2^{\frac{i-1}{n}}\cdot\ln 2.$$

由于 $x\neq 1$ 时,

$$\sum_{i=1}^{n}ix^{i-1}=\sum_{i=1}^{n}(x^i)'=\left(\sum_{i=1}^{n}x^i\right)'=\left(\frac{x-x^{n+1}}{1-x}\right)'$$

$$=\frac{1-(n+1)x^n+nx^{n+1}}{(1-x)^2},$$

从而有

$$\frac{2^{\frac{1}{n}}-1}{n}\sum_{i=1}^{n}i\left(2^{\frac{1}{n}}\right)^{i-1}=\frac{2^{\frac{1}{n}}-1}{n}\cdot\frac{1-(n+1)\left(2^{\frac{1}{n}}\right)^{n}+n\left(2^{\frac{1}{n}}\right)^{n+1}}{\left(1-2^{\frac{1}{n}}\right)^{2}}$$

$$=\frac{-1+2n\left(2^{\frac{1}{n}}-1\right)}{n\left(2^{\frac{1}{n}}-1\right)}=\frac{-1}{n\left(2^{\frac{1}{n}}-1\right)}+2.$$

因

$$\lim_{n\to\infty}\frac{\dfrac{1}{n}}{2^{\frac{1}{n}}-1}=\lim_{x\to 0^+}\frac{x}{2^x-1}=\lim_{x\to 0^+}\frac{1}{\ln 2\cdot 2^x}=\frac{1}{\ln 2},$$

故

$$\lim_{n\to\infty}\left(\frac{2^{\frac{1}{n}}-1}{n}\sum_{i=1}^{n} i\cdot 2^{\frac{i-1}{n}}\ln 2\right)=\left(-\frac{1}{\ln 2}+2\right)\ln 2=2\ln 2-1.$$

因 $\ln x$ 在 $[1,2]$ 上连续, 故可积. 由以上极限可知,

$$\int_1^2 \ln x dx = 2\ln 2-1.$$

(3) 考虑 $[0,a]$ 上可积函数 $f(x)=\sqrt{a^2-x^2}$, 将闭区间 $[0,a]$ n 等分, 取 $\xi_i=x_i=\frac{ia}{n}$, 则 $f(x)$ 在 $[0,a]$ 上的积分和数为

$$\sum_{i=1}^{n}\frac{a}{n}\sqrt{a^2-\left(\frac{ia}{n}\right)^2},$$

由定积分的定义及几何意义可得

$$\lim_{n\to\infty}\sum_{i=1}^{n}\frac{a}{n}\sqrt{a^2-\left(\frac{ia}{n}\right)^2}=\int_0^a\sqrt{a^2-x^2}dx=\frac{\pi}{4}a^2.$$

例 2 (1) 证明 $\int_0^1 x^m(1-x)^n dx \le \frac{m^m n^n}{(m+n)^{m+n}}$ $(m>0,n>0)$.

(2) 设 $f(x)$ 在 $[a,b]$ 非负连续且 $\int_a^b f(x)dx=0$, 证明在 $[a,b]$ 上 $f(x)$ 恒等于 0.

证 (1) 先求 $x^m(1-x)^n=f(x)$ 在 $[0,1]$ 上的最大值

$$\begin{aligned} f'(x) &= mx^{m-1}(1-x)^n-nx^m(1-x)^{n-1}\\ &= x^{m-1}(1-x)^{n-1}[m(1-x)-nx]. \end{aligned}$$

令 $f'(x)=0$, 得 $x_0=\frac{m}{m+n}$ 是 $f(x)$ 在 $(0,1)$ 内的唯一的驻点, 由于 $f(0)=f(1)=0$, $f(x_0)>0$, 所以 $f(x_0)$ 是 $f(x)$ 在 $[0,1]$ 上的最大值.

$$\begin{aligned} \int_0^1 x^m(1-x)^n dx &\le \int_0^1 x_0^m(1-x_0)^n dx\\ &= \int_0^1\left(\frac{m}{m+n}\right)^m\left(1-\frac{m}{m+m}\right)^n dx=\frac{m^m n^n}{(m+n)^{m+n}}. \end{aligned}$$

(2) 只要证命题之逆否命题成立, 即证明当 $f(x)$ 非负连续且不恒等于 0 时, 必有 $\int_a^b f(x)dx\neq 0$.

因为 $f(x)$ 不恒等于 0 且非负, 所以至少有一点 $x_0 \in [a,b]$, $f(x_0) > 0$, 由于 $f(x)$ 在 x_0 连续, 所以对 $\varepsilon = \frac{1}{2}f(x_0) > 0$, 存在 $\delta > 0$, 使得当 $x \in [a,b]$ 且 $|x - x_0| < \delta$ 时总有 $|f(x) - f(x_0)| < \frac{1}{2}f(x_0)$. 由该不等式得 $f(x) > \frac{1}{2}f(x_0)$. 记

$$\alpha = \max\{a, x_0 - \delta\}, \quad \beta = \min\{x_0 + \delta, b\},$$

则 $\beta > \alpha$ 且

$$[\alpha, \beta] = [a,b] \cap [x_0 - \delta, x_0 + \delta],$$

当 $x \in [\alpha, \beta]$ 时,

$$f(x) \geq \frac{1}{2}f(x_0) > 0.$$

再由定积分对区间的可加性及 $f(x)$ 非负, 得

$$\begin{aligned}\int_a^b f(x)dx &= \int_a^\alpha f(x)dx + \int_\alpha^\beta f(x)dx + \int_\beta^b f(x)dx \\ &\geq 0 + (\beta - \alpha) \cdot \frac{1}{2}f(x_0) + 0 > 0,\end{aligned}$$

所以

$$\int_a^b f(x)dx \neq 0.$$

即原命题的逆否命题成立, 所以原命题成立.

例 3 设 $f(u)$ 在 $[a,b]$ 上有二阶导数且 $f''(u) \geq 0$, 又设 $\varphi(x)$ 在 $[\alpha, \beta]$ 连续且值域不超出 $[a,b]$, 证明

$$\frac{1}{\beta - \alpha}\int_\alpha^\beta f(\varphi(x))dx \geq f\left(\frac{1}{\beta - \alpha}\int_\alpha^\beta \varphi(x)dx\right).$$

证 设 $u_0 = \frac{1}{\beta - \alpha}\int_\alpha^\beta \varphi(x)dx$, 因 $\varphi(x)$ 的值域不超出 $[a,b]$, 由积分中值定理可知, $u_0 \in [a,b]$. 将 $f(u)$ 在 u_0 作一阶泰勒展开

$$f(u) = f(u_0) + f'(u_0)(u - u_0) + \frac{f''(\xi)}{2!}(u - u_0)^2,$$

由于 $f''(u) \geq 0$, 故 $u \in [a,b]$ 时, $f''(\xi) \geq 0$, 由上式得

$$f(u) \geq f(u_0) + f'(u_0)(u - u_0).$$

令 $u=\varphi(x)$ 代入, 并在 $[\alpha,\beta]$ 作函数平均值得

$$\begin{aligned}\frac{1}{\beta-\alpha}\int_\alpha^\beta f(\varphi(x))dx &\geq \frac{1}{\beta-\alpha}\int_\alpha^\beta [f(u_0)+f'(u_0)(\varphi(x)-u_0)]dx\\&=f(u_0)+f'(u_0)\left[\frac{1}{\beta-\alpha}\int_\alpha^\beta \varphi(x)dx-\frac{1}{\beta-\alpha}\int_\alpha^\beta u_0dx\right]\\&=f(u_0)+f'(u_0)[u_0-u_0]\\&=f\left(\frac{1}{\beta-\alpha}\int_\alpha^\beta \varphi(x)dx\right),\end{aligned}$$

即欲证之结论成立.

注 4.2 把以上结果用于下列情况容易得到下面的一些不等式.

1° $f(u)=\frac{1}{u}$, $u=\varphi(x)$ 是正值可积函数, 则有

$$\frac{1}{b-a}\int_a^b \frac{dx}{\varphi(x)} \geq \frac{1}{\frac{1}{b-a}\int_a^b \varphi(x)dx},$$

即

$$\int_a^b \frac{1}{\varphi(x)}dx\int_a^b \varphi(x)dx \geq (b-a)^2.$$

2° $f(u)=u^p$, $p\geq 1$, $u=\varphi(x)$ 非负连续, 则有

$$\frac{1}{b-a}\int_a^b (\varphi(x))^p dx \geq \left(\frac{1}{b-a}\int_a^b \varphi(x)dx\right)^p,$$

即

$$\int_a^b \varphi(x)dx \leq \left(\int_a^b (\varphi(x))^p dx\right)^{\frac{1}{p}}\cdot(b-a)^{1-\frac{1}{p}}.$$

(其证明可对 $p>1$ 及 $p=1$ 分别作出.$p<1$ 时不对, 为什么?)

3° $f(u)=e^u$, $u=\varphi(x)$ 连续, 则有

$$\frac{1}{b-a}\int_a^b e^{\varphi(x)}dx \geq \exp\left\{\frac{1}{b-a}\int_a^b \varphi(x)dx\right\},$$

式中改写 $e^{\varphi(x)}=\psi(x)$ ($\psi(x)$ 正值连续), 则有

$$\frac{1}{b-a}\int_a^b \psi(x)dx \geq \exp\left\{\frac{1}{b-a}\int_a^b \ln\psi(x)dx\right\},$$

其中 $\exp\{v\}$ 表示 e^v.

4° $f(u)=e^{u^2}$, $u=\varphi(x)$ 连续, 则有

$$\frac{1}{b-a}\int_a^b e^{\varphi^2(x)}dx \geq \exp\left\{\left(\frac{1}{b-a}\int_a^b \varphi(x)dx\right)^2\right\}.$$

例 4 设 $f(x)$, $g(x)$ 都在 $[a,b]$ 可积, 证明:

(1) $\left(\int_a^b f(x)g(x)dx\right)^2 \leq \int_a^b f^2(x)dx\cdot\int_a^b g^2(x)dx.$

(2) $\left|\int_a^b f(x)g(x)dx\right| \leq \left(\int_a^b |f(x)|^p dx\right)^{\frac{1}{p}}\cdot\left(\int_a^b |g(x)|^q dx\right)^{\frac{1}{q}}$, 其中 $p>1$, $\frac{1}{p}+\frac{1}{q}=1.$

证 (1) 由 $f(x),g(x)$ 可积保证了 $f^2(x),g^2(x)$ 及 $f(x)g(x)$ 的可积性. 为证明不等关系, 我们从 $(\lambda f(x)+g(x))^2$ 的积分出发,

$$\begin{aligned}0 &\leq \int_a^b(\lambda f(x)+g(x))^2dx=\int_a^b \lambda^2 f^2(x)+2\lambda f(x)g(x)+g^2(x)dx\\&=\lambda^2\int_a^b f^2(x)dx+2\lambda\int_a^b f(x)g(x)dx+\int_a^b g^2(x)dx.\end{aligned}$$

该式右端是 λ 的二次三项式, λ 为任意实数时它恒 ≥ 0, 故其判别式必 ≤ 0, 即有

$$\left(2\int_a^b f(x)g(x)dx\right)^2-4\int_a^b f^2(x)dx\cdot\int_a^b g^2(x)dx\leq 0,$$

由此即得要证明的不等式.

顺便指出, 不等式中等号成立, 相当于二次三项式有重根 λ_0, 相当于 $\int_a^b(\lambda_0 f(x)+g(x))^2dx=0$. 若 $f(x)$ 与 $g(x)$ 都连续时, 此条件又等价于 $\lambda_0 f(x)+g(x)=0$ $(\forall x\in[a,b])$, 我们称这个条件为 $f(x)$ 与 $g(x)$ 在区间 $[a,b]$ 上成比例. 也就是说, 当 $f(x)$ 和 $g(x)$ 都在 $[a,b]$ 连续时, 不等式中等号成立的充要条件是 $f(x)$ 与 $g(x)$ 在 $[a,b]$ 上成比例.

(2) 各部分的可积性由 $f(x)$ 和 $g(x)$ 的可积性得到保证, 要证明的是不等关系. 首先, 对任意两个非负数 a,b, 总有

$$ab\leq\frac{1}{p}a^p+\frac{1}{q}b^q\qquad\left(p>1,\ \frac{1}{p}+\frac{1}{q}=1\right).$$

事实上, 当 $b=0$ 时上式自然成立, 当 $b\neq 0$ 即 $b>0$ 时, 令 $f(a)=\frac{1}{p}a^p+\frac{1}{q}b^q-ab$, $f'(a)=a^{p-1}-b$, $f'(a)=0$ 在 $a>0$ 有唯一的根 $a=b^{\frac{1}{p-1}}$, 且易知 $f''(a)>0$,

所以 $a=b^{\frac{1}{p-1}}$ 是 $f(a)$ 在 $a\geq 0$ 的最小值点. 由 $\dfrac{1}{p}+\dfrac{1}{q}=1$ 可导出 $q=\dfrac{p}{p-1}$, 从而可算出 $f(b^{\frac{1}{p-1}})=0$, 即 $f(a)$ 在 $a\geq 0$ 的最小值为 0. 这样, a,b 非负时, 总有 $ab\leq \dfrac{1}{p}a^p+\dfrac{1}{q}b^q$. 其次当 $\left(\displaystyle\int_a^b |f(x)|^p dx\right)^{\frac{1}{p}}$ 与 $\left(\displaystyle\int_a^b |g(x)|^q dx\right)^{\frac{1}{q}}$ 都大于 0 时, 我们来证明欲证的不等式成立. 事实上, 令

$$F(x)=\frac{f(x)}{\left(\displaystyle\int_a^b |f(t)|^p dt\right)^{\frac{1}{p}}},\qquad G(x)=\frac{g(x)}{\left(\displaystyle\int_a^b |g(t)|^q dt\right)^{\frac{1}{q}}},$$

则有

$$|F(x)G(x)|\leq \frac{1}{p}|F(x)|^p+\frac{1}{q}|G(x)|^q,$$

所以

$$\begin{aligned}\left|\int_a^b F(x)G(x)dx\right|&\leq \int_a^b |F(x)G(x)|dx\leq \frac{1}{p}\int_a^b |F(x)|^p dx+\frac{1}{q}\int_a^b |G(x)|^q dx\\&=\frac{1}{p}\int_a^b \frac{|f(x)|^p}{\displaystyle\int_a^b |f(t)|^p dt}dx+\frac{1}{q}\int_a^b \frac{|g(x)|^q}{\displaystyle\int_a^b |g(t)|^q dt}dx\\&=\frac{1}{p}+\frac{1}{q}=1.\end{aligned}$$

用 $F(x),G(x)$ 的定义式代入, 得

$$\left|\int_a^b \frac{f(x)g(x)}{\left(\displaystyle\int_a^b |f(t)|^p dt\right)^{\frac{1}{p}}\left(\displaystyle\int_a^b |g(t)|^q dt\right)^{\frac{1}{q}}}dx\right|\leq 1.$$

由此即得欲证之不等式. 当 $\left(\displaystyle\int_a^b |f(t)|^p dt\right)^{\frac{1}{p}}$, $\left(\displaystyle\int_a^b |g(t)|^q dt\right)^{\frac{1}{q}}$ 之一为 0 时, 进一步可证 (详细证明从略), 此时必有 $\displaystyle\int_a^b |f(x)g(x)|dx=0$(当 $f(x),g(x)$ 都连续时, 这一结果可由本节例 2(2) 推出), 由此可知, 此时欲证的不等式也成立 (等号成立). 总之在一般情况下总有

$$\left|\int_a^b f(x)g(x)dx\right|\leq \left(\int_a^b |f(x)|^p dt\right)^{\frac{1}{p}}\cdot\left(\int_a^b |g(x)|^q dt\right)^{\frac{1}{q}}$$

成立.

例 5　(1) 设 $f(x)$ 在 $[1,+\infty)$ 非负递减, 则对任意的自然数 n 有

$$0 \le \sum_{k=1}^{n} f(k) - \int_{1}^{n} f(x)dx \le f(1),$$

且

$$\lim_{n\to\infty}\left(\sum_{k=1}^{n} f(k) - \int_{1}^{n} f(x)dx\right)$$

收敛到 $[0,f(1)]$ 中的某个数.

(2) 证明 $\lim\limits_{n\to\infty}\left(\sum\limits_{k=1}^{n}\dfrac{1}{k} - \ln n\right)$ 收敛 (其极限值称为欧拉常数).

证　(1) 由 $f(x)$ 在 $[1,+\infty)$ 递减可得

$$f(2) \le \int_{1}^{2} f(x)dx \le f(1),$$

$$f(3) \le \int_{2}^{3} f(x)dx \le f(2),$$

$$\cdots\cdots$$

$$f(n) \le \int_{n-1}^{n} f(x)dx \le f(n-1),$$

相加得

$$\sum_{k=2}^{n} f(k) \le \int_{1}^{n} f(x)dx \le \sum_{k=1}^{n-1} f(k).$$

由此得

$$f(n) \le f(n) + \sum_{k=1}^{n-1} f(k) - \int_{1}^{n} f(x)dx = \sum_{k=1}^{n} f(k) - \int_{1}^{n} f(x)dx,$$

$$\sum_{k=1}^{n} f(k) - \int_{1}^{n} f(x)dx = f(1) + \sum_{k=2}^{n} f(k) - \int_{1}^{n} f(x)dx \le f(1).$$

因为

$$f(x) \ge 0,$$

所以

$$0 \le \sum_{k=1}^{n} f(k) - \int_{1}^{n} f(x)dx \le f(1).$$

记

$$g(n) = \sum_{k=1}^{n} f(k) - \int_{1}^{n} f(x)dx,$$

则

$$0 \le g(n) \le f(1),$$

且

$$\begin{aligned} g(n+1)-g(n) &= \left(\sum_{k=1}^{n+1} f(k) - \int_1^{n+1} f(x)dx\right) - \left(\sum_{k=1}^{n} f(k) - \int_1^{n} f(x)dx\right) \\ &= f(n+1) - \int_n^{n+1} f(x)dx \le 0. \end{aligned}$$

可知 $\{g(n)\}$ 单调减且有界, $g(n)$ 有极限, 且

$$0 \le \lim_{n\to\infty} g(n) \le f(1).$$

(2) 取 $f(x)=\dfrac{1}{x}$, 则 $f(x)$ 在 $[1,+\infty)$ 非负且递减, $f(x)$ 满足 (1) 中的条件, 由 (1),

$$\lim_{n\to\infty}\left(\sum_{k=1}^{n} f(k) - \int_1^{n} f(x)dx\right) = \lim_{n\to\infty}\left(\sum_{k=1}^{n} \frac{1}{k} - \int_1^{n} \frac{1}{x}dx\right) = \lim_{n\to\infty}\left(\sum_{k=1}^{n} \frac{1}{k} - \ln n\right)$$

收敛, 且极限值 $\in [0, f(1)]$, 即 $\in [0,1]$ (推导中用到的等式 $\displaystyle\int_1^n \frac{1}{x}dx = \ln n$ 可用定义直接证明, 也可利用下节的牛顿 - 莱布尼茨公式得到).

例 6 (1) 证明 $\displaystyle\lim_{n\to\infty}\int_0^{\frac{\pi}{4}} \sin^{n+\frac{1}{3}} x dx = 0$.

(2) 证明 $\displaystyle\lim_{n\to\infty}\int_0^{\frac{\pi}{2}} \sin^{n+\frac{1}{3}} x dx = 0$.

证 (1) 因为 $\sin x$ 在 $\left[0,\dfrac{\pi}{4}\right]$ 是增函数, 所以 $0 \le x \le \dfrac{\pi}{4}$ 时有

$$0 \le (\sin x)^{n+\frac{1}{3}} \le \left(\sin\frac{\pi}{4}\right)^{n+\frac{1}{3}} \le \left(\frac{1}{\sqrt{2}}\right)^{n+\frac{1}{3}}.$$

再利用定积分性质可得

$$0 \le \int_0^{\frac{\pi}{4}} \sin^{n+\frac{1}{3}} x dx \le \int_0^{\frac{\pi}{4}} \left(\frac{1}{\sqrt{2}}\right)^{n+\frac{1}{3}} dx = \frac{\pi}{4}\left(\frac{1}{\sqrt{2}}\right)^{n+\frac{1}{3}}.$$

由

$$\lim_{n\to\infty}\frac{\pi}{4}\cdot\left(\frac{1}{\sqrt{2}}\right)^{n+\frac{1}{3}} = 0,$$

得

$$\lim_{n\to\infty}\int_0^{\frac{\pi}{4}} \sin^{n+\frac{1}{3}} x dx = 0.$$

(2) 由于 $\sin^{n+\frac{1}{3}} x$ 在 $\left[0, \frac{\pi}{2}\right]$ 上的最大值为 1 与 (1) 有所不同, 这里我们要利用极限定义来证明.

$\forall \varepsilon > 0$, 不妨设 $\varepsilon < \frac{\pi}{2}$. 因为在 $\left[\frac{\pi}{2} - \frac{\varepsilon}{2}, \frac{\pi}{2}\right]$ 上 $0 \le \sin^{n+\frac{1}{3}} x \le 1$, 所以

$$0 \le \int_{\frac{\pi}{2}-\frac{\varepsilon}{2}}^{\frac{\pi}{2}} \sin^{n+\frac{1}{3}x} dx \le \int_{\frac{\pi}{2}-\frac{\varepsilon}{2}}^{\frac{\pi}{2}} 1dx = \frac{\varepsilon}{2}.$$

对固定的 ε, 当 $x \in \left[0, \frac{\pi}{2} - \frac{\varepsilon}{2}\right]$ 时恒有

$$0 \le \sin^{n+\frac{1}{3}} x \le \left[\sin\left(\frac{\pi}{2} - \frac{\varepsilon}{2}\right)\right]^{n+\frac{1}{3}}.$$

再利用定积分的性质可得

$$0 \le \int_0^{\frac{\pi}{2}-\frac{\varepsilon}{2}} \sin^{n+\frac{1}{3}} xdx \le \left(\frac{\pi}{2} - \frac{\varepsilon}{2}\right)\left[\sin\left(\frac{\pi}{2} - \frac{\varepsilon}{2}\right)\right]^{n+\frac{1}{3}}.$$

因为 $\sin\left(\frac{\pi}{2} - \frac{\varepsilon}{2}\right) < 1$, 所以上面不等式的右端极限为 0. 因而对固定的 $\varepsilon > 0$,

$$\lim_{n\to\infty} \int_0^{\frac{\pi}{2}-\frac{\varepsilon}{2}} \sin^{n+\frac{1}{3}} xdx = 0.$$

于是对 $\frac{\varepsilon}{2} > 0$, 存在 N, 只要 $n > N$, 就有

$$\int_0^{\frac{\pi}{2}-\frac{\varepsilon}{2}} \sin^{n+\frac{1}{3}} xdx < \frac{\varepsilon}{2}.$$

这样, 当 $n > N$ 时, 有

$$\begin{aligned} 0 \le \int_0^{\frac{\pi}{2}} \sin^{n+\frac{1}{3}} xdx &= \int_0^{\frac{\pi}{2}-\frac{\varepsilon}{2}} \sin^{n+\frac{1}{3}} xdx + \int_{\frac{\pi}{2}-\frac{\varepsilon}{2}}^{\frac{\pi}{2}} \sin^{n+\frac{1}{3}} xdx \\ &< \frac{\varepsilon}{2} + \frac{\varepsilon}{2} = \varepsilon. \end{aligned}$$

由此得

$$\lim_{n\to\infty} \int_0^{\frac{\pi}{2}} \sin^{n+\frac{1}{3}} xdx = 0.$$

4.2　微积分基本定理

学习要点

一、掌握变上限积分的连续性

设 $f(x)$ 在区间 I 上可积, $x_0 \in I$, 则 $\varphi(x) = \int_{x_0}^x f(t)dt$ 在区间 I 上连续.

二、掌握变限积分的求导法

1. 逐点求导. 设 $f(x)$ 在 $[a,b]$ 上可积, $x_0 \in [a,b]$, $\varphi(x) = \int_{x_0}^{x} f(t)dt$. 若 $f(x)$ 在 $x_1 \in (a,b)$ 连续, 则 $\varphi'(x_1) = f(x_1)$. 若 $f(x)$ 在 $x=a$ 右连续, 则 $\varphi'_+(a) = f(a)$; 若 $f(x)$ 在 $x=b$ 左连续, 则 $\varphi'_-(b) = f(b)$.

2. 区间上求导. 设 $f(x)$ 在 $[a,b]$ 连续, $x_0 \in [a,b]$, $\varphi(x) = \int_{x_0}^{x} f(t)dt$, 则 $x \in (a,b)$ 时, $\varphi'(x) = f(x)$, 且 $\varphi'_+(a) = f(a)$, $\varphi'_-(b) = f(b)$.

3. 复合函数情形. 设 $f(x)$ 在 $[a,b]$ 连续, $u(x), v(x)$ 在 (α,β) 可微, 且当 $x \in (\alpha,\beta)$ 时, $u(x), v(x)$ 的值域都不超出 $[a,b]$, $\psi(x) = \int_{v(x)}^{u(x)} f(t)dt$, 则在 (α,β) 内有

$$\psi'(x) = f(u(x))u'(x) - f(v(x))v'(x).$$

三、掌握原函数存在定理

设 $f(x)$ 在区间 I 连续, $x_0 \in I$, 则 $F(x) = \int_{x_0}^{x} f(t)dt$ 是 $f(x)$ 在区间 I 的一个原函数.

四、掌握牛顿 – 莱布尼茨 (Newton–Leibniz) 公式

设 $f(x)$ 在 $[a,b]$ 上有原函数 $F(x)$, 则有

$$\int_a^b f(x)dx = F(x)\Big|_a^b = F(b) - F(a).$$

此公式在稍稍推广的情况下也成立.

(1) $a > b$ 时, 且 $F(x)$ 是可积函数 $f(x)$ 的在 $[b,a]$ 上的一个原函数, 则仍有 $\int_a^b f(x)dx = F(b) - F(a)$.

(2) 若 $f(x)$ 在 $[a,b]$ 可积, $F'(x) = f(x)$ 在 (a,b) 内的每一点处都成立, 且 $F(x)$ 在 $[a,b]$ 连续, 则仍有 $\int_a^b f(x)dx = F(b) - F(a)$.

解题方法

一、要习惯利用变限积分表示函数

要习惯于利用变限积分表示函数, 并讨论这类函数的性质 (如估值、不等关系、极限、微分等).

二、准确利用牛顿 - 莱布尼茨公式

牛顿 - 莱布尼茨公式是计算定积分值的基本公式, 在应用时必须先验明公式成立的条件.

三、学会引进原函数的方法

对区间上连续函数的问题的讨论, 可引进它的原函数, 从而把原问题转化为对原函数的相应问题的讨论, 这样做常有利于问题的证明及解决.

例题分析

例 1 (1) 设 $\varphi(x)=\int_{\frac{1}{x}}^{x^2}\sin t^2dt$, 求 $\varphi'(x)$.

(2) 设 $g(x)$ 在 $[a,b]$ 上连续, $\psi(x)=\int_a^b|x-t|g(t)dt$, 当 $x\in(a,b)$ 时, 求 $\psi'(x)$ 与 $\psi''(x)$.

(3) 设 $f(x)=\int_0^x[1-\sin(\sin t)]dt$, 求 $(f^{-1})'(0)$.

(4) 设 $f(x)$ 在 $[0,+\infty)$ 正值连续, $G(x)=\dfrac{\int_0^x tf(t)dt}{\int_0^x f(t)dt}$, 证明 $G(x)$ 在 $(0,+\infty)$ 严格增.

(5) 求极限 $\lim\limits_{x\to 0}\dfrac{\int_0^x\left[\int_0^{u^2}\arctan(1+t)dt\right]du}{(1-\cos x)\ln(1+x)}$.

(6) 求函数 $f(x)=\int_0^{x^2}(2-t)e^{-t}dt$ 的最大值与最小值.

解 (1)

$$\begin{aligned}\varphi'(x)&=\sin[(x^2)^2]\cdot 2x-\sin\left(\frac{1}{x}\right)^2\cdot\frac{-1}{x^2}\\&=2x\sin x^4+\frac{1}{x^2}\sin\frac{1}{x^2}.\end{aligned}$$

(2) $a<x<b$ 时,

$$\begin{aligned}\psi(x)&=\int_a^b|x-t|g(t)dt=\int_a^x|x-t|g(t)dt+\int_x^b|x-t|g(t)dt\\&=\int_a^x(x-t)g(t)dt+\int_x^b(t-x)g(t)dt\\&=x\int_a^x g(t)dt-\int_a^x tg(t)dt+\int_x^b tg(t)dt-x\int_x^b g(t)dt,\end{aligned}$$

所以

$$\psi'(x) = \left(\int_a^x g(t)dt + xg(x)\right) - xg(x) + (-xg(x)) - \left(\int_x^b g(t)dt - xg(x)\right)$$
$$= \int_a^x g(t)dt - \int_x^b g(t)dt,$$
$$\psi''(x) = g(x) - (-g(x)) = 2g(x).$$

(3) $y = f(x)$ 的反函数 $x = f^{-1}(y)$, 当 $x = 0$ 时 $y = 0$.

$$(f^{-1})'(0) = \left.\frac{dx}{dy}\right|_{y=0} = \frac{1}{\left.\dfrac{dy}{dx}\right|_{x=f^{-1}(0)}} = \frac{1}{[1-\sin(\sin x)]\big|_{x=0}} = 1.$$

(4)

$$G'(x) = \frac{\left(\int_0^x tf(t)dt\right)' \cdot \int_0^x f(t)dt - \left(\int_0^x f(t)dt\right)' \cdot \int_0^x tf(t)dt}{\left(\int_0^x f(t)dt\right)^2}$$
$$= \frac{xf(x)\int_0^x f(t)dt - f(x)\int_0^x tf(t)dt}{\left(\int_0^x f(t)dt\right)^2} = \frac{\int_0^x (x-t)f(x)f(t)dt}{\left(\int_0^x f(t)dt\right)^2}.$$

上式右端分子是 $t \in [0, x]$ 上的积分, 由已知条件及 $x > 0$, 易见被积函数 $(x-t)f(x)f(t)$ 非负连续, 且对 $t \in [0, x]$, 不恒等于 0, 所以分子大于 0, 而分母显然也大于 0, 所以 $G'(x) > 0$ ($x > 0$ 时), 所以 $G(x)$ 在 $(0, +\infty)$ 严格增.

(5) 利用等价无穷小量及洛必达法则

$$\lim_{x\to 0}\frac{\int_0^x\left[\int_0^{u^2}\arctan(1+t)dt\right]du}{(1-\cos x)\ln(1+x)}$$
$$= \lim_{x\to 0}\left\{\frac{\int_0^x\left[\int_0^{u^2}\arctan(1+t)dt\right]du}{\frac{1}{2}x^2\cdot x}\cdot\frac{\frac{1}{2}x^2}{1-\cos x}\cdot\frac{x}{\ln(1+x)}\right\}$$
$$= \lim_{x\to 0}\frac{\int_0^{x^2}\arctan(1+t)dt}{\frac{3}{2}x^2} = \lim_{x\to 0}\frac{\arctan(1+x^2)\cdot 2x}{3x} = \frac{1}{6}\pi.$$

(6) 因 $f(x)$ 是偶函数, 故只需求在 $[0,+\infty)$ 内 $f(x)$ 的最值.

$$f'(x)=2x(2-x^2)e^{-x^2},$$

令 $f'(x)=0$, 求得 $f(x)$ 在 $[0,+\infty)$ 内有唯一的驻点 $x=\sqrt{2}$. 当 $0<x<\sqrt{2}$ 时, $f'(x)>0$, 而 $x>\sqrt{2}$ 时 $f'(x)<0$, 所以 $x=\sqrt{2}$ 是 $f(x)$ 在 $[0,+\infty)$ 的最大值点, $f(\sqrt{2})$ 也是 $f(x)$ 在 $(-\infty,+\infty)$ 的最大值.

$$f_{\max}=f(\sqrt{2})=\int_0^2(2-t)e^{-t}dt=(t-1)e^{-t}\Big|_0^2=1+e^{-2}.$$

因为

$$\lim_{x\to+\infty}f(x)=\lim_{x\to+\infty}\int_0^{x^2}(2-t)e^{-t}dt=\lim_{x\to+\infty}\left[(t-1)e^{-t}\Big|_0^{x^2}\right]=1,$$

而 $f(0)=0$, 所以 $f(x)$ 在 $[0,+\infty)$ 的最小值为 $f(0)=0$, 即

$$f_{\min}=f(0)=0.$$

例 2 求极限:

(1) $\lim\limits_{n\to\infty}\left[\dfrac{1}{n\sqrt{n^2+1}}+\dfrac{2}{n\sqrt{n^2+2^2}}+\cdots+\dfrac{n}{n\sqrt{n^2+n^2}}\right]$,

(2) $\lim\limits_{n\to\infty}\left[\dfrac{1}{\sqrt{4n^2-1^2}}+\dfrac{1}{\sqrt{4n^2-2^2}}+\cdots+\dfrac{1}{\sqrt{4n^2-n^2}}\right]$,

(3) $\lim\limits_{n\to\infty}\dfrac{1^k+2^k+\cdots+n^k}{n^{k+1}}\ (k>-1)$,

(4) $\lim\limits_{n\to\infty}\displaystyle\int_0^1\frac{x^n}{1+(1-x)^7}dx$.

解 (1) 考虑函数 $\dfrac{x}{\sqrt{1+x^2}}$ 在 $[0,1]$ 上的积分和, 将 $[0,1]$ n 等分, 分点 $x_i=\dfrac{i}{n}$, $i=0,1,\cdots,n$, 取 $\xi_i=x_i$, 那么函数的积分和恰为

$$\begin{aligned}&\frac{\frac{1}{n}}{\sqrt{1+\left(\frac{1}{n}\right)^2}}\cdot\frac{1}{n}+\frac{\frac{2}{n}}{\sqrt{1+\left(\frac{2}{n}\right)^2}}\cdot\frac{1}{n}+\cdots+\frac{\frac{n}{n}}{\sqrt{1+\left(\frac{n}{n}\right)^2}}\cdot\frac{1}{n}\\=&\frac{1}{n\sqrt{n^2+1^2}}+\frac{2}{n\sqrt{n^2+2^2}}+\cdots+\frac{n}{n\sqrt{n^2+n^2}},\end{aligned}$$

所以

$$\begin{aligned}&\lim_{n\to\infty}\left(\frac{1}{n\sqrt{n^2+1^2}}+\frac{2}{n\sqrt{n^2+2^2}}+\cdots+\frac{n}{n\sqrt{n^2+n^2}}\right)\\=&\int_0^1\frac{x}{\sqrt{1+x^2}}dx=\sqrt{1+x^2}\Big|_0^1=\sqrt{2}-1.\end{aligned}$$

(2) 考虑函数 $\dfrac{1}{\sqrt{4-x^2}}$, 区间 $[0,1]$, 将 $[0,1]$ n 等分并取 $\xi_i = x_i = \dfrac{i}{n}$, $i = 1,2,\cdots,n$, 则 $\dfrac{1}{\sqrt{4-x^2}}$ 在 $[0,1]$ 上的积分和恰为被求极限式, 于是有

$$\begin{aligned}&\lim_{n\to\infty}\left(\frac{1}{\sqrt{4n^2-1^2}}+\frac{1}{\sqrt{4n^2-2^2}}+\cdots+\frac{1}{\sqrt{4n^2-n^2}}\right)\\&=\int_0^1\frac{1}{\sqrt{4-x^2}}\,dx=\arcsin\frac{x}{2}\Big|_0^1=\arcsin\frac{1}{2}=\frac{\pi}{6}.\end{aligned}$$

(3) 函数 x^k, 区间 $[0,1]$ n 等分, 取 $\xi_i = x_i = \dfrac{i}{n}$, $i = 1,2,\cdots,n$. 相应的积分和就是被求极限式, 故

$$\lim_{n\to\infty}\frac{1^k+2^k+\cdots+n^k}{n^{k+1}}=\int_0^1 x^k dx=\frac{x^{k+1}}{k+1}\Big|_0^1=\frac{1}{k+1}.$$

(4) 因 $\dfrac{x^n}{1+(1-x)^7}$ 在 $[0,1]$ 上的原函数难以求出, 故不宜先算积分值. 又因本题与上节例 6(2) 类似, 可用类似的方法证明其极限为 0, 但这里有更简便的方法.

因为 $0\le x\le 1$ 时, 有

$$0\le\frac{x^n}{1+(1-x)^7}\le x^n,$$

所以

$$0\le\int_0^1\frac{x^n}{1+(1-x)^7}\,dx\le\int_0^1 x^n dx=\frac{1}{n+1}.$$

因为

$$\lim_{n\to\infty}\frac{1}{n+1}=0,$$

所以

$$\lim_{n\to\infty}\int_0^1\frac{x^n}{1+(1-x)^7}dx=0.$$

注 4.3 本小题还可用推广的积分中值定理来做 (把 x^n 看成不变号的 $\varphi(x)$).

例 3 (1) 设 $f(x)=\begin{cases}2x+\dfrac{3}{2}x^2, & -1\le x\le 0,\\ \dfrac{xe^x}{(e^x+1)^2}, & 0< x\le 1,\end{cases}$ 求 $F(x)=\displaystyle\int_{-1}^x f(t)dt$ 的表达式.

(2) 设 $S(x)=\displaystyle\int_0^x|\cos t|dt$, 求 $\displaystyle\lim_{x\to\infty}\frac{S(x)}{x}$.

(3) 设 Oxy 平面上正方形区域 $D=\{(x,y)|\ 0\le x\le 1,\ 0\le y\le 1\}$ 及直线 $l:\ x+y=t\ (t>0)$, 若 $S(t)$ 表示正方形 D 位于直线 l 左下方部分的面积, 试求 $\displaystyle\int_0^x S(t)dt\ (x>0)$.

(4) 求 $\int_{-1}^{1} \frac{1+x^2}{1+x^4}\, dx$.

解　(1) 当 $-1 \le x < 0$ 时,

$$F(x) = \int_{-1}^{x} \left(2t + \frac{3}{2}t^2\right) dt = \left(t^2 + \frac{1}{2}t^3\right)\Big|_{-1}^{x} = \frac{1}{2}x^3 + x^2 - \frac{1}{2}.$$

当 $0 \le x \le 1$ 时,

$$\begin{aligned} F(x) &= \int_{-1}^{x} f(t)dt = \int_{-1}^{0} f(t)dt + \int_{0}^{x} f(t)dt \\ &= \left(t^2 + \frac{1}{2}t^3\right)\Big|_{-1}^{0} + \int_{0}^{x} \frac{te^t}{(e^t+1)^2}\, dt. \end{aligned}$$

因为

$$\begin{aligned} \int \frac{te^t}{(e^t+1)^2}\, dt &= \int td\frac{-1}{e^t+1} = -\frac{t}{e^t+1} + \int \frac{dt}{e^t+1} \\ &= -\frac{t}{e^t+1} - \int \frac{de^{-t}}{1+e^{-t}} = -\frac{t}{e^t+1} - \ln(1+e^{-t}) + C, \end{aligned}$$

所以 $0 \le x \le 1$ 时,

$$\begin{aligned} F(x) &= \left(t^2 + \frac{1}{2}t^3\right)\Big|_{-1}^{0} + \left[-\frac{t}{e^t+1} - \ln(1+e^{-t})\right]\Big|_{0}^{x} \\ &= -\frac{1}{2} - \frac{x}{e^x+1} - \ln(1+e^{-x}) + \ln 2. \end{aligned}$$

综合以上结果得

$$F(x) = \begin{cases} \frac{1}{2}x^3 + x^2 - \frac{1}{2}, & -1 \le x < 0, \\ \ln 2 - \frac{1}{2} - \frac{x}{e^x+1} - \ln(1+e^{-x}), & 0 \le x \le 1. \end{cases}$$

(2) 对任意自然数 n,

$$\begin{aligned} \int_{(n-1)\pi}^{n\pi} |\cos x|dx &= \int_{(n-1)\pi}^{(n-1)\pi+\frac{\pi}{2}} |\cos x|dx + \int_{(n-1)\pi+\frac{\pi}{2}}^{n\pi} |\cos x|dx \\ &= \left|\int_{(n-1)\pi}^{(n-1)\pi+\frac{\pi}{2}} \cos x dx\right| + \left|\int_{(n-1)\pi+\frac{\pi}{2}}^{n\pi} \cos x dx\right| \\ &= 2, \end{aligned}$$

所以

$$\int_{0}^{n\pi} |\cos x|dx = 2n.$$

当 $n\pi \le x < (n+1)\pi$ 时 (因 $|\cos x| \ge 0$) 有

$$\int_0^{n\pi} |\cos x|dx \le \int_0^x |\cos t|dt = S(x) \le \int_0^{(n+1)\pi} |\cos x|dx,$$

得

$$2n \le S(x) \le 2(n+1),$$

所以 $n\pi \le x \le (n+1)\pi$ 时,

$$\frac{2n}{(n+1)\pi} \le \frac{S(x)}{x} \le \frac{2(n+1)}{n\pi}.$$

令 $x \to +\infty$, 有 $n \to \infty$, 由两边夹定理得

$$\lim_{x\to+\infty} \frac{S(x)}{x} = \frac{2}{\pi}.$$

(3) 由题设知 (见图 4.1)

$$S(t) = \begin{cases} \frac{1}{2}t^2, & 0 \le t \le 1, \\ -\frac{1}{2}t^2 + 2t - 1, & 1 < t \le 2, \\ 1, & t > 2, \end{cases}$$

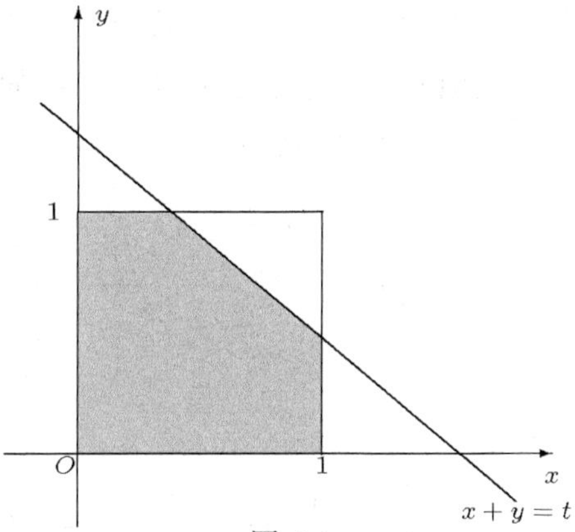

图 4.1

故 $0 \le x \le 1$ 时,

$$\int_0^x S(t)dt = \int_0^x \frac{1}{2}t^2 dt = \frac{1}{6}x^3,$$

$1 < x \le 2$ 时,

$$\begin{aligned} \int_0^x S(t)dt &= \int_0^1 S(t)dt + \int_1^x S(t)dt \\ &= \int_0^1 \frac{1}{2}t^2 dt + \int_1^x \left(-\frac{1}{2}t^2 + 2t - 1\right) dt \\ &= \frac{t^3}{6}\Big|_0^1 + \left(-\frac{1}{6}t^3 + t^2 - t\right)\Big|_1^x \\ &= -\frac{1}{6}x^3 + x^2 - x + \frac{1}{3}, \end{aligned}$$

$x > 2$ 时,

$$\int_0^x S(t)dt = \int_0^2 S(t)dt + \int_2^x S(t)dt = x - 1.$$

综合得

$$\int_0^x S(t)dt = \begin{cases} \frac{1}{6}x^3, & 0 \le x \le 1, \\ -\frac{1}{6}x^3 + x^2 - x + \frac{1}{3}, & 1 < x \le 2, \\ x - 1, & x > 2. \end{cases}$$

(4) 在 3.3 节例 1(1) 中, 已经求出 $\dfrac{1+x^2}{1+x^4}$ 在 $(-\infty,+\infty)$ 上的不定积分

$$\int \frac{1+x^2}{1+x^4}\,dx = \frac{1}{\sqrt{2}}[\arctan(x\sqrt{2}+1)+\arctan(x\sqrt{2}-1)]+C$$

或

$$\int \frac{1+x^2}{1+x^4}\,dx = \frac{1}{\sqrt{2}}\arctan(x\sqrt{2}+1)+\frac{1}{\sqrt{2}}\arctan(x^2)+C.$$

由此及牛顿 - 莱布尼茨公式可算出积分值. 这里要讲的是如果我们仅算出 $x\neq 0$ 时的原函数, 如何计算定积分的值的问题.

当 $x\neq 0$ 时, 因为

$$\frac{1+x^2}{1+x^4}\,dx = \frac{\left(\dfrac{1}{x^2}+1\right)dx}{\dfrac{1}{x^2}+x^2} = \frac{d\left(x-\dfrac{1}{x}\right)}{\left(x-\dfrac{1}{x}\right)^2+2} = d\left[\frac{1}{\sqrt{2}}\arctan\left(x-\frac{1}{x}\right)\right],$$

所以

$$\begin{aligned}\int_{-1}^{1}\frac{1+x^2}{1+x^4}\,dx &= \int_{-1}^{0}\frac{1+x^2}{1+x^4}\,dx+\int_{0}^{1}\frac{1+x^2}{1+x^4}\,dx\\ &= \frac{1}{\sqrt{2}}\arctan\left(x-\frac{1}{x}\right)\Big|_{-1}^{0^-}+\frac{1}{\sqrt{2}}\arctan\left(x-\frac{1}{x}\right)\Big|_{0^+}^{1}\\ &= \left(\frac{1}{\sqrt{2}}\cdot\frac{\pi}{2}-0\right)+\left[0-\frac{1}{\sqrt{2}}\cdot\left(-\frac{\pi}{2}\right)\right]=\frac{\pi}{\sqrt{2}}.\end{aligned}$$

例 4　(1) 设 $f'(x)$ 存在, 求极限

$$\lim_{a\to 0}\frac{1}{a^2}\int_0^a[f(x+a)-f(x-a)]dx.$$

(2) 设 $f(x)$ 在 $[a,b]$ 连续, 证明必存在 $\xi\in(a,b)$ 使得

$$(\xi-a)f(\xi)=\int_\xi^b f(x)dx.$$

(3) 设 $f(x)$ 在 $[a,b]$ 上有连续的导函数, 证明

$$\max\{f(x),a\le x\le b\}\le\frac{1}{b-a}\int_a^b f(x)dx+\int_a^b|f'(x)|dx.$$

(4) 设 $f(x),g(x)$ 都是 $[a,b]$ 上的连续的增函数, 证明

$$\int_a^b f(x)dx\cdot\int_a^b g(x)dx\le(b-a)\int_a^b f(x)g(x)dx.$$

(5) 设 $f(a)=0$, $f'(x)$ 在 $[a,b]$ 连续且 $|f'(x)|\le M$ ($x\in[a,b]$ 时). 证明

$$\left|\int_a^b f(x)dx\right|\le\frac{(b-a)^2}{2}M.$$

解 (1) 本题被积函数依赖于参变量 a, 解这类问题的典型方法是通过定积分的变量代换或分部积分等, 化去被积式中所含有的参变量. 这里我们介绍用原函数方法.

因为 $f'(x)$ 存在, 所以 $f(x)$ 连续, $f(x)$ 有原函数 $F(x)$, 易见 $f(x+a)$ 及 $f(x-a)$ 分别有原函数 $F(x+a)$ 及 $F(x-a)$, 从而

$$\begin{aligned}\int_0^a[f(x+a)-f(x-a)]dx&=F(x+a)\Big|_0^a-F(x-a)\Big|_0^a\\&=F(2a)-F(a)-F(0)+F(-a),\end{aligned}$$

$$\begin{aligned}&\lim_{a\to0}\frac{1}{a^2}\int_0^a[f(x+a)-f(x-a)]dx\\=&\lim_{a\to0}\frac{F(2a)-F(a)-F(0)+F(-a)}{a^2}\\=&\lim_{a\to0}\frac{2f(2a)-f(a)-f(-a)}{2a}\quad(\text{洛必达法则})\\=&\lim_{a\to0}\left[2\cdot\frac{f(2a)-f(0)}{2a}-\frac{1}{2}\frac{f(a)-f(0)}{a}+\frac{1}{2}\frac{f(-a)-f(0)}{-a}\right]\\=&2f'(0)-\frac{1}{2}f'(0)+\frac{1}{2}f'(0)\quad(\text{导数定义})\\=&2f'(0).\end{aligned}$$

注 4.4 若已知 $f'(x)$ 连续, 则可两次应用洛必达法则求出结果.

(2) **分析** 因为 $f(x)$ 在 $[a,b]$ 连续, 所以

$$F(x)=\int_x^b f(t)dx$$

可导且 $F'(x)=-f(x)$. 利用 $F(x)$, 等式 $(\xi-a)f(\xi)=\int_\xi^b f(x)dx$ ($\xi\in(a,b)$) 可改写为

$$(\xi-a)F'(\xi)+F(\xi)=0,$$

可凑成全微分形式为 $[(x-a)F(x)]'\big|_{x=\xi}=0$. 可知要引进什么辅助函数了.

令 $G(x)=(x-a)\int_x^b f(t)dt$, 易得 $G(a)=0$, $G(b)=0$, $G(x)$ 在 $[a,b]$ 上连续. 当 $x\in(a,b)$ 时, 由 $f(t)$ 在 $[a,b]$ 的连续性可得 $G'(x)$ 存在. 根据罗尔定理,

$\exists\xi\in(a,b)$, 使 $G'(\xi)=0$. 因为

$$G'(x)=\int_x^b f(t)dt-(x-a)f(x),$$

所以 $G'(\xi)=0$ 可改写为

$$\int_\xi^b f(t)dt-(\xi-a)f(\xi)=0.$$

即

$$(\xi-a)f(\xi)=\int_\xi^b f(t)dt,\quad 其中\ \xi\in(a,b).$$

(3) 因为 $f(x)$ 在 $[a,b]$ 有连续的导函数, 所以连续, 故有最大值与最小值, 即在 $[a,b]$ 上存在 x_0,x_1, 使得对 $\forall x\in[a,b]$, 都有 $f(x_1)\le f(x)\le f(x_0)$. 由牛顿 - 莱布尼茨公式

$$\begin{aligned}f(x_0)=f(x_1)+\int_{x_1}^{x_0}f'(t)dt&=\frac{1}{b-a}\int_a^b f(x_1)dx+\int_{x_1}^{x_0}f'(x)dx\\&\le\frac{1}{b-a}\int_a^b f(x)dx+\left|\int_{x_1}^{x_0}|f'(t)|dt\right|\\&\le\frac{1}{b-a}\int_a^b f(x)dx+\int_a^b|f'(t)|dt.\end{aligned}$$

(4) 为证结论成立, 只要证明对 $\forall u\in(a,b]$ 都有

$$\int_a^u f(x)dx\cdot\int_a^u g(x)dx\le(u-a)\int_a^u f(x)g(x)dx.$$

令

$$F(u)=(u-a)\int_a^u f(x)g(x)dx-\int_a^u f(x)dx\cdot\int_a^u g(x)dx,\qquad u\in[a,b].$$

显然 $F(a)=0$, 且在本题条件下, $u>a$ 时 $F(u)$ 可微,

$$\begin{aligned}F'(u)&=\int_a^u f(x)g(x)dx+(u-a)f(u)g(u)-\int_a^u f(x)dxg(u)-f(u)\int_a^u g(x)dx\\&=\int_a^u[f(x)g(x)+f(u)g(u)-f(x)g(u)-f(u)g(x)]dx\\&=\int_a^u(f(u)-f(x))(g(u)-g(x))dx.\end{aligned}$$

因为在积分区间内, $x\le u$, 又因为 $f(x),g(x)$ 都是增函数, 所以 $f(u)-f(x)\ge 0$, $g(u)-g(x)\ge0$. 根据定积分的性质可知, 上面关于 $F'(u)$ 的等式的最右端当 $u>a$ 时非负, 故 $F(u)$ 单调不减. 特别地有, $0=F(a)\le F(b)$, 从而有

$$\int_a^b f(x)dx\cdot\int_a^b g(x)dx\le(b-a)\int_a^b f(x)g(x)dx.$$

注 4.5 本题证明中, 用到了将常数 b 换成变量 u, 不妨称为常数变量化方法. 这样的方法在数学中常被用到. 使用此法便于利用极限、微分等工具来讨论问题. 本题证明中, 把本来是四项的式子写成了一个 (含参变量的) 函数的积分, 是为了估计大小 (或确定非负), 这一方法也常被用到, 它属于式子作恒等变形的方法.

(5) 由条件及牛顿 - 莱布尼茨公式,

$$f(x)=f(a)+\int_a^x f'(x)dx=\int_a^x f'(x)dx \qquad (x\in[a,b]),$$

所以

$$|f(x)|\le\int_a^x|f'(x)|dx\le\int_a^x Mdx=M(x-a) \qquad (x\in[a,b]\text{ 时}),$$

故

$$\left|\int_a^b f(x)dx\right|\le\int_a^b|f(x)|dx\le\int_a^b M(x-a)dx=\frac{M(b-a)^2}{2}.$$

例 5 设 $\lim\limits_{x\to0}f(x)$ 及 $\int_0^1 f(x)dx$ 都存在, 且有

$$f(x)=(x^2-1)\lim_{x\to0}f(x)+x\int_0^1 f(t)dt+2,$$

求 $f(x)$.

解 记 $a=\lim\limits_{x\to0}f(x),\ b=\int_0^1 f(x)dx$, 则由条件有

$$f(x)=a(x^2-1)+bx+2, \tag{1}$$

令 $x\to0$ 取极限, 得

$$a=-a+2,$$

即

$$a=1.$$

(1) 式两边在 $[0,1]$ 上积分, 得

$$b=a\left(\frac13-1\right)+\frac12b+2,$$

再结合 $a=1$, 可解得

$$b=\frac83.$$

故

$$f(x)=(x^2-1)+\frac83x+2=x^2+\frac83x+1.$$

4.3 定积分的变量代换与分部积分

学习要点

一、掌握定积分的变量代换的方法

设 $f(x)$ 在以 a, b 为端点的闭区间上连续, $\varphi(t)$ 在以 α,β 为端点的闭区间上连续且有连续的导函数, $\varphi(\alpha)=a$, $\varphi(\beta)=b$ 且 $\varphi(t)$ 在以 α, β 为端点的闭区间上的值域不超出以 a,b 为端点的闭区间, 则有

$$\int_a^b f(x)dx=\int_\alpha^\beta f(\varphi(t))\varphi'(t)dt.$$

要注意的是, 定理中的连续性条件不可少, 特别是必须有 $\varphi'(t)$ 连续的条件.

二、掌握定积分的分部积分法

设 $u(x),v(x)$, $u'(x),v'(x)$ 都在 $[a,b]$ 上连续, 则有

$$\int_a^b u(x)v'(x)dx=u(x)v(x)\bigg|_a^b-\int_a^b u'(x)v(x)dx.$$

三、要理解定积分的变量代换与分部积分方法的重要性

这些方法不仅可简化计算, 而且可帮助我们求出一些仅利用牛顿 - 莱布尼茨公式难以算出的积分, 所以这些方法也是定积分理论的重要组成部分.

解题方法

一、掌握化简的原则

使经过变量代换或分部积分, 积分化简了.

二、抓住被积函数在积分区间上的特性作变量代换

注意观察被积函数在积分区间上所满足的关系式 (如对称关系等), 并充分利用这些关系作变量代换.

三、要结合分项积分及分段积分法解题

例如 (2001 年全国硕士研究生入学考试数二的) 填空题:

$$\int_{-\frac{\pi}{2}}^{\frac{\pi}{2}}(x^3+\sin^2 x)\cos^2 xdx=\underline{\qquad\qquad}.$$

应先把积分分成两项, 其中 $x^3\cos^2 x$ 是奇函数, 它在 $\left[-\frac{\pi}{2},\frac{\pi}{2}\right]$ 上的积分为 0, 而 $\sin^2 x\cos^2 x=\frac{1}{8}(1-\cos 4x)$ 它在 $\left[-\frac{\pi}{2},\frac{\pi}{2}\right]$ 上的积分为 $\frac{\pi}{8}$, 所以应填 $\frac{\pi}{8}$.

四、灵活运用分部积分法及建立递推关系式解题

对某些依赖于自然数 n 的积分, 建立递推公式是方便的.

例题分析

例 1 求积分

(1) $\displaystyle\int_{\frac{1}{4}}^{\frac{1}{2}} \frac{\arccos\sqrt{x}}{\sqrt{x(1-x)}}dx$; (2) $\displaystyle\int_0^a \frac{dx}{x+\sqrt{a^2-x^2}}\ (a>0)$;

(3) $\displaystyle\int_0^{\ln 2}\sqrt{1-e^{-2x}}dx$; (4) $\displaystyle\int_0^{\frac{\pi}{4}}\sqrt{\tan x}dx$.

解 (1) 令 $x=t^2$,

$$\int_{\frac{1}{4}}^{\frac{1}{2}} \frac{\arccos\sqrt{x}}{\sqrt{x(1-x)}}dx=\int_{\frac{1}{2}}^{\frac{1}{\sqrt{2}}}\frac{\arccos t}{\sqrt{t^2(1-t^2)}}\cdot 2tdt=2\int_{\frac{1}{2}}^{\frac{1}{\sqrt{2}}}\frac{\arccos t}{\sqrt{1-t^2}}dt$$

$$=-2\int_{\frac{1}{2}}^{\frac{1}{\sqrt{2}}}\arccos t d\arccos t=-(\arccos t)^2\Big|_{\frac{1}{2}}^{\frac{1}{\sqrt{2}}}$$

$$=-\left(\frac{\pi}{4}\right)^2+\left(\frac{\pi}{3}\right)^2=\frac{7}{144}\pi^2.$$

另法. 直接令 $\arccos\sqrt{x}=s$, $x=\cos^2 s$, 得 $dx=2\cos s(-\sin s)ds$,

$$\sqrt{x(1-x)}=\sqrt{\cos^2 s(1-\cos^2 s)}=|\cos s\sin s|=\cos s\sin s,$$

$x=\dfrac{1}{4}$ 时, $s=\dfrac{\pi}{3}$; $x=\dfrac{1}{2}$ 时, $s=\dfrac{\pi}{4}$, 有

$$\int_{\frac{1}{4}}^{\frac{1}{2}} \frac{\arccos\sqrt{x}}{\sqrt{x(1-x)}}dx=-\int_{\frac{\pi}{3}}^{\frac{\pi}{4}}\frac{s\cdot 2\cos s\sin s}{\cos s\sin s}ds=-s^2\Big|_{\frac{\pi}{3}}^{\frac{\pi}{4}}=\frac{7\pi^2}{144}.$$

(2) 令 $x=a\sin t$.

$$\int_0^a\frac{dx}{x+\sqrt{a^2-x^2}}=\int_0^{\frac{\pi}{2}}\frac{\cos t}{\sin t+\cos t}dt\xlongequal{\left(t=\frac{\pi}{2}-s\right)}\int_0^{\frac{\pi}{2}}\frac{\sin s}{\cos s+\sin s}ds$$

$$=\frac{1}{2}\int_0^{\frac{\pi}{2}}\left(\frac{\cos t}{\sin t+\cos t}+\frac{\sin t}{\cos t+\sin t}\right)dt=\frac{\pi}{4}.$$

(3) 令 $e^{-x}=\sin t$, 则

$$x=-\ln\sin t,\qquad dx=-\frac{\cos t}{\sin t}dt,$$

$$\int_0^{\ln 2}\sqrt{1-e^{-2x}}dx=\int_{\frac{\pi}{2}}^{\frac{\pi}{6}}\sqrt{1-\sin^2 t}\cdot\left(-\frac{\cos t}{\sin t}dt\right)=\int_{\frac{\pi}{6}}^{\frac{\pi}{2}}\frac{\cos^2 t}{\sin t}dt$$

$$=\left(\frac{1}{2}\ln\frac{1-\cos t}{1+\cos t}+\cos t\right)\Big|_{\frac{\pi}{6}}^{\frac{\pi}{2}}=\ln(2+\sqrt{3})-\frac{\sqrt{3}}{2}.$$

另法. 令 $\sqrt{1-e^{-2x}}=t$, 则

$$x=-\frac{1}{2}\ln(1-t^2),\quad dx=\frac{t}{1-t^2}\,dt,$$

$x=0$ 对应 $t=0$, $x=\ln 2$ 对应 $t=\frac{\sqrt{3}}{2}$. 有

$$\int_0^{\ln 2}\sqrt{1-e^{-2x}}dx=\int_0^{\frac{\sqrt{3}}{2}}\frac{t^2}{1-t^2}\,dt=\left(-t+\frac{1}{2}\ln\left|\frac{1+t}{1-t}\right|\right)\Bigg|_0^{\frac{\sqrt{3}}{2}}$$
$$=\ln(2+\sqrt{3})-\frac{\sqrt{3}}{2}.$$

(4) 令 $x=\arctan t^2$, 则 $dx=\frac{2t}{1+t^4}\,dt$,

$$\int_0^{\frac{\pi}{4}}\sqrt{\tan x}dx=\int_0^1\frac{2t^2}{1+t^4}\,dt.$$

因为

$$\frac{2t^2}{1+t^4}=\frac{\frac{\sqrt{2}}{2}t}{t^2-\sqrt{2}t+1}-\frac{\frac{\sqrt{2}}{2}t}{t^2+\sqrt{2}t+1}$$
$$=\frac{\sqrt{2}}{2}\left[\frac{t-\frac{1}{2}\sqrt{2}}{t^2-\sqrt{2}t+1}+\frac{\frac{1}{2}\sqrt{2}}{t^2-\sqrt{2}t+1}-\frac{t+\frac{1}{2}\sqrt{2}}{t^2+\sqrt{2}t+1}+\frac{\frac{1}{2}\sqrt{2}}{t^2+\sqrt{2}t+1}\right],$$

所以

$$\int\frac{2t^2}{1+t^4}\,dt=\frac{\sqrt{2}}{4}\ln(t^2-\sqrt{2}t+1)+\frac{1}{\sqrt{2}}\arctan(\sqrt{2}t-1)$$
$$-\frac{\sqrt{2}}{4}\ln(t^2+\sqrt{2}t+1)+\frac{1}{\sqrt{2}}\arctan(\sqrt{2}t+1)+C.$$

综合得

$$\int_0^{\frac{\pi}{4}}\sqrt{\tan x}dx=\int_0^1\frac{2t^2}{1+t^4}\,dt$$
$$=\left[\frac{\sqrt{2}}{4}\ln(t^2-\sqrt{2}t+1)+\frac{1}{\sqrt{2}}\arctan(\sqrt{2}t-1)\right.$$
$$\left.-\frac{\sqrt{2}}{4}\ln(t^2+\sqrt{2}t+1)+\frac{1}{\sqrt{2}}\arctan(\sqrt{2}t+1)\right]\Bigg|_0^1$$
$$=\frac{\sqrt{2}}{4}\ln\frac{2-\sqrt{2}}{2+\sqrt{2}}+\frac{1}{\sqrt{2}}\left[\arctan(\sqrt{2}-1)+\frac{\pi}{4}+\arctan(\sqrt{2}+1)-\frac{\pi}{4}\right]$$
$$=\frac{\sqrt{2}}{2}\ln(\sqrt{2}-1)+\frac{\pi}{2\sqrt{2}}$$

(最后一步用到了以下结论: 当 $x>0$ 时, $\arctan x+\arctan\dfrac{1}{x}=\dfrac{\pi}{2}$. 请自证之).

例 2 设 $f(x)$ 连续且 $\displaystyle\int_0^x tf(2x-t)dt=\frac{1}{2}\arctan x^2$. 已知 $f(1)=1$, 求 $\displaystyle\int_1^2 f(x)dx$.

解 令 $t=2x-s$, 则

$$\begin{aligned}\int_0^x tf(2x-t)dt&=\int_{2x}^x (2x-s)f(s)\cdot(-ds)\\&=2x\int_x^{2x} f(s)ds-\int_x^{2x} sf(s)ds.\end{aligned}$$

已知条件化为

$$2x\int_x^{2x} f(s)ds-\int_x^{2x} sf(s)ds=\frac{1}{2}\arctan x^2,$$

求导并化简得

$$2\int_x^{2x} f(s)ds+2x[2f(2x)-f(x)]-[2\cdot 2xf(2x)-xf(x)]=\frac{x}{1+x^4},$$

$$2\int_x^{2x} f(s)ds=\frac{x}{1+x^4}+xf(x).$$

令 $x=1$, 再利用 $f(1)=1$, 得

$$2\int_1^2 f(s)ds=\frac{1}{2}+1,$$

即 $\displaystyle\int_1^2 f(s)ds=\frac{3}{4}$.

例 3 求积分:

(1) $\displaystyle\int_0^1 \frac{\ln(1+x)}{1+x^2}dx$; (2) $\displaystyle\int_0^{\frac{\pi}{4}} \ln(1+\tan x)dx$;

(3) $\displaystyle\int_0^1 \frac{\arctan x}{1+x}dx$; (4) $\displaystyle\int_0^{\frac{\pi}{4}} \frac{x}{\cos^2 x+\sin x\cos x}dx$.

解 (1) 令 $x=\dfrac{1-t}{1+t}$, 则 $1+x=\dfrac{2}{1+t}$, $\dfrac{dx}{1+x^2}=-\dfrac{dt}{1+t^2}$,

$$\begin{aligned}\int_0^1 \frac{\ln(1+x)}{1+x^2}dx&=\int_1^0 \ln\frac{2}{1+t}\cdot\left(-\frac{dt}{1+t^2}\right)\\&=\int_0^1 \frac{\ln 2}{1+t^2}dt-\int_0^1 \frac{\ln(1+t)}{1+t^2}dt.\end{aligned}$$

由此得

$$\int_0^1 \frac{\ln(1+x)}{1+x^2}dx=\frac{1}{2}\int_0^1 \frac{\ln 2}{1+t^2}dt=\frac{\pi}{8}\ln 2.$$

(2) 令 $x=\frac{\pi}{4}-t$,

$$\begin{aligned}\int_0^{\frac{\pi}{4}}\ln(1+\tan x)dx&=\int_{\frac{\pi}{4}}^0\ln\left[1+\tan\left(\frac{\pi}{4}-t\right)\right]\cdot(-dt)\\&=\int_0^{\frac{\pi}{4}}\ln\left(1+\frac{\tan\frac{\pi}{4}-\tan t}{1+\tan\frac{\pi}{4}\tan t}\right)dt\\&=\int_0^{\frac{\pi}{4}}\ln\frac{2}{1+\tan t}dt\\&=\frac{\pi}{4}\ln 2-\int_0^{\frac{\pi}{4}}\ln(1+\tan t)dt,\end{aligned}$$

由此得

$$\int_0^{\frac{\pi}{4}}\ln(1+\tan x)dx=\frac{\pi}{8}\ln 2.$$

(3) 设法找一个 y, 使 $\arctan x+\arctan y=\frac{\pi}{4}$, 为此要使两边正切相等, 即 $\frac{x+y}{1-xy}=1$, $y=\frac{1-x}{1+x}$, $x=\frac{1-y}{1+y}$. 因此,

令 $x=\frac{1-y}{1+y}$,

$$\int_0^1\frac{\arctan x}{1+x}dx=\int_1^0\frac{\arctan\frac{1-y}{1+y}}{1+\frac{1-y}{1+y}}\cdot\frac{-2}{(1+y)^2}dy=\int_0^1\frac{\arctan\frac{1-y}{1+y}}{1+y}dy$$

$$\xlongequal{(\text{积分变量 } y \text{ 换成 } x)}\int_0^1\frac{\arctan\frac{1-x}{1+x}}{1+x}dx.$$

由此得

$$\begin{aligned}\int_0^1\frac{\arctan x}{1+x}dx&=\frac{1}{2}\int_0^1\left(\frac{\arctan x}{1+x}+\frac{\arctan\frac{1-x}{1+x}}{1+x}\right)dx\\&=\frac{1}{2}\int_0^1\frac{\frac{\pi}{4}}{1+x}dx=\frac{\pi}{8}\ln 2.\end{aligned}$$

(4) 因为

$$\int_0^{\frac{\pi}{4}}\frac{x}{\cos^2 x+\sin x\cos x}dx$$

$$\xlongequal{x=\frac{\pi}{4}-t}\int_{\frac{\pi}{4}}^0\frac{\left(\frac{\pi}{4}-t\right)(-dt)}{\left[\cos\left(\frac{\pi}{4}-t\right)\right]^2+\sin\left(\frac{\pi}{4}-t\right)\cos\left(\frac{\pi}{4}-t\right)}$$

$$= \int_0^{\frac{\pi}{4}} \frac{\dfrac{\pi}{4} - t}{\left(\dfrac{1}{\sqrt{2}}\cos t + \dfrac{1}{\sqrt{2}}\sin t\right)^2 + \left(\dfrac{1}{\sqrt{2}}\cos t - \dfrac{1}{\sqrt{2}}\sin t\right)\left(\dfrac{1}{\sqrt{2}}\cos t + \dfrac{1}{\sqrt{2}}\sin t\right)} dt$$

$$= \int_0^{\frac{\pi}{4}} \frac{\dfrac{\pi}{4} - t}{\cos^2 t + \sin t \cos t} dt$$

$$= \int_0^{\frac{\pi}{4}} \frac{\dfrac{\pi}{4} - x}{\cos^2 x + \sin x \cos x} dx,$$

由此得

$$\begin{aligned}
&\int_0^{\frac{\pi}{4}} \frac{x}{\cos^2 x + \sin x \cos x} dx \\
=&\frac{1}{2}\int_0^{\frac{\pi}{4}} \left(\frac{x}{\cos^2 x + \sin x \cos x} + \frac{\dfrac{\pi}{4} - x}{\cos^2 x + \sin x \cos x}\right) dx \\
=&\frac{\pi}{8}\int_0^{\frac{\pi}{4}} \frac{1}{\cos^2 x + \sin x \cos x} dx = \frac{\pi}{8}\ln(1+\tan x)\Big|_0^{\frac{\pi}{4}} \\
=&\frac{\pi}{8}\ln 2.
\end{aligned}$$

注 4.6 以上四个积分可利用分部积分及变量代换互化, 求出其中一个的值后, 可得到其他三个的值. 若不利用定积分的变量代换和分部积分工具, 是很难积出来的.

例 4 (1) 设 $l > 0$, $f(x)$ 是连续的偶函数, 则 $\int_{-l}^{l} f(x)dx = 2\int_0^l f(x)dx$.

(2) 设 $l > 0$, $f(x)$ 是连续的奇函数, 则 $\int_{-l}^{l} f(x)dx = 0$.

(3) 设 $f(x)$ 是以 T 为周期的连续的周期函数, 则对任意的实数 a, 都有

$$\int_a^{a+T} f(x)dx = \int_0^T f(x)dx.$$

(4) 设 a 是实数, $f(x)$ 和 $g(x)$ 连续且对 $\forall x$, $f(a-x) = f(a+x)$, $g(a-x) + g(a+x) = A$, A 为常数, 则对任意的实数 l 有

$$\int_{a-l}^{a+l} f(x)g(x)dx = \frac{A}{2}\int_{a-l}^{a+l} f(x)dx = A\int_a^{a+l} f(x)dx.$$

(5) 设 $f(x)$ 和 $g(x)$ 都在 $[a,b]$ 上连续, 对 $\forall x \in [a,b]$ 有 $f(a+b-x) = f(x)$, $g(a+b-x) + g(x) = A$, A 为常数, 则有

$$\int_a^b f(x)g(x)dx = \frac{A}{2}\int_a^b f(x)dx = A\int_{\frac{a+b}{2}}^b f(x)\,dx.$$

(6) 设 $a>1$, $f(x)$ 和 $g(x)$ 都在 $\left[\dfrac{1}{a},a\right]$ 连续, 对 $\forall x\in\left[\dfrac{1}{a},a\right]$, $f(x)=f\left(\dfrac{1}{x}\right)$, $g(x)+g\left(\dfrac{1}{x}\right)=A$, A 为常数, 则有

$$\int_{\frac{1}{a}}^{a}\frac{f(x)g(x)}{x}dx=\frac{A}{2}\int_{\frac{1}{a}}^{a}\frac{f(x)}{x}dx=A\int_{1}^{a}\frac{f(x)}{x}dx.$$

(7) 设 $f(x)$ 在 $[a,b]$ 连续, 且对 $\forall x\in[a,b]$ 有 $f(a+b-x)=-f(x)$, 则有 $\int_a^b f(x)dx=0$.

证 (1)

$$\int_{-l}^{l}f(x)dx=\int_{-l}^{0}f(x)dx+\int_{0}^{l}f(x)dx=\int_{l}^{0}f(-t)d(-t)+\int_{0}^{l}f(x)dx$$
$$\xlongequal{(f\text{ 偶})}\int_{0}^{l}f(t)dt+\int_{0}^{l}f(t)dt=2\int_{0}^{l}f(x)dx.$$

(2)

$$\int_{-l}^{l}f(x)dx=\int_{-l}^{0}f(x)dx+\int_{0}^{l}f(x)dx=\int_{l}^{0}f(-t)d(-t)+\int_{0}^{l}f(x)dx$$
$$\xlongequal{(f\text{ 奇})}-\int_{0}^{l}f(t)dt+\int_{0}^{l}f(x)dx=0.$$

(3)

$$\begin{aligned}\int_{a}^{a+T}f(x)dx&=\int_{a}^{0}f(x)dx+\int_{0}^{T}f(x)dx+\int_{T}^{a+T}f(x)dx\\&=\int_{a}^{0}f(x)dx+\int_{0}^{T}f(x)dx+\int_{0}^{a}f(T+t)d(T+t)\\&\xlongequal{(f\text{ 周期})}\int_{a}^{0}f(x)dx+\int_{0}^{T}f(x)dx+\int_{0}^{a}f(t)dt\\&=\int_{0}^{T}f(x)dx.\end{aligned}$$

(4)

$$\int_{a-l}^{a+l}f(x)g(x)dx=\int_{a+l}^{a-l}f(2a-t)g(2a-t)d(2a-t)$$
$$\xlongequal{(f(2a-t)=f(t))}\int_{a-l}^{a+l}f(t)g(2a-t)dt,$$

所以

$$\int_{a-l}^{a+l}f(x)g(x)dx=\frac{1}{2}\int_{a-l}^{a+l}f(x)[g(x)+g(2a-x)]dx$$
$$\xlongequal{(g(2a-x)+g(x)=A)}\frac{1}{2}A\int_{a-l}^{a+l}f(x)dx.$$

又

$$\begin{aligned}\frac{A}{2}\int_{a-l}^{a+l}f(x)dx&=\frac{A}{2}\left[\int_{a-l}^{a}f(x)dx+\int_{a}^{a+l}f(x)dx\right]\\&=\frac{A}{2}\left[\int_{a+l}^{a}f(2a-t)d(2a-t)+\int_{a}^{a+l}f(x)dx\right]\\&\xlongequal{(f(2a-t)=f(t))}\frac{A}{2}\left(\int_{a}^{a+l}f(t)dt+\int_{a}^{a+l}f(x)dx\right)\\&=A\int_{a}^{a+l}f(x)dx.\end{aligned}$$

(5) 本题是 (4) 的推论.$f(x)$ 关于区间 $[a,b]$ 的中点 $x=\dfrac{a+b}{2}$ 对称, 而 $g(x)$ 满足 $g\left(\dfrac{a+b}{2}-x\right)+g\left(\dfrac{a+b}{2}+x\right)=A$ (当 $x\in\left[a,\dfrac{a+b}{2}\right]$ 时).

(6)

$$\begin{aligned}\int_{\frac{1}{a}}^{a}\frac{f(x)g(x)}{x}dx&=\int_{a}^{\frac{1}{a}}f\left(\frac{1}{t}\right)g\left(\frac{1}{t}\right)t\cdot\frac{-1}{t^2}dt\\&\xlongequal{(f(\frac{1}{t})=f(t))}\int_{\frac{1}{a}}^{a}\frac{f(t)g\left(\dfrac{1}{t}\right)}{t}dt=\int_{\frac{1}{a}}^{a}\frac{f(x)g\left(\dfrac{1}{x}\right)}{x}dx.\end{aligned}$$

由此得

$$\begin{aligned}\int_{\frac{1}{a}}^{a}\frac{f(x)g(x)}{x}dx&=\frac{1}{2}\int_{\frac{1}{a}}^{a}\left[\frac{f(x)g(x)}{x}+\frac{f(x)g\left(\dfrac{1}{x}\right)}{x}\right]dx\\&\xlongequal{(g(x)+g(\frac{1}{x})=A)}\frac{1}{2}\int_{\frac{1}{a}}^{a}\frac{f(x)\cdot A}{x}dx=\frac{A}{2}\int_{\frac{1}{a}}^{a}\frac{f(x)}{x}dx.\end{aligned}$$

又

$$\begin{aligned}\frac{A}{2}\int_{\frac{1}{a}}^{a}\frac{f(x)}{x}dx&=\frac{A}{2}\left(\int_{\frac{1}{a}}^{1}\frac{f(x)}{x}dx+\int_{1}^{a}\frac{f(x)}{x}dx\right)\\&=\frac{A}{2}\left(\int_{a}^{1}f\left(\frac{1}{t}\right)t\cdot\left(-\frac{1}{t^2}dt\right)+\int_{1}^{a}\frac{f(x)}{x}dx\right)\\&\xlongequal{(f(\frac{1}{t})=f(t))}\frac{A}{2}\int_{1}^{a}\frac{f(t)}{t}dt+\frac{A}{2}\int_{1}^{a}\frac{f(x)}{x}dx\\&=A\int_{1}^{a}\frac{f(x)}{x}dx.\end{aligned}$$

(7)

$$\int_a^b f(x)dx = \int_b^a f(a+b-t)d(a+b-t) \xlongequal{(f(a+b-t)=-f(t))} -\int_a^b f(t)dt,$$

由此得

$$\int_a^b f(x)dx = 0.$$

本题启示　在定积分的计算中, 观察并利用被积函数所满足的某些关系式或对称式, 可以帮助我们选取合适的变量代换以化简积分或消去难以求积的因式等, 请读者自行完成以下各问题的计算:

1° $\int_{-2}^{2} \ln(x+\sqrt{x^2+1}) \cdot \ln(1+x^2)dx$;

2° $\int_{-\frac{1}{2}}^{\frac{1}{2}} \cos x\left(\ln\dfrac{1+x}{1-x}+1\right)dx$;

3° $\int_{\pi+1}^{3\pi+1} \dfrac{e^{\sin x}-e^{-\sin x}}{4+\sin^2 x+\cos^2 x}dx$;

4° $\int_0^{\pi} \dfrac{x\cos^{2n} x}{\cos^{2n} x+\sin^{2n} x}dx$, n 为自然数;

5° $\int_{-\frac{\pi}{2}}^{\frac{\pi}{2}} |\sin x| \arctan e^x dx$ (提示: 利用 $\arctan e^x + \arctan e^{-x} = \dfrac{\pi}{2}$);

6° $\int_{-\frac{\pi}{2}}^{\frac{\pi}{2}} \dfrac{\cos^3 x}{1+e^x}dx$;

7° $\int_0^{\pi} \dfrac{x\sin x}{\sin x+|\cos x|}dx$;

8° $\int_0^{\frac{\pi}{4}} \ln\dfrac{\sin\left(\dfrac{\pi}{4}+x\right)}{\cos x}dx$;

9° $\int_0^{\frac{\pi}{2}} \dfrac{f(\sin x)}{f(\sin x)+f(\cos x)}dx$, 其中 $f(x)$ 是正值连续函数.

例 5　证明:

(1) $$\int_0^{\frac{\pi}{2}} \sin^m x\cos^n x dx = \begin{cases} \dfrac{(m-1)!!(n-1)!!}{(m+n)!!}\cdot\dfrac{\pi}{2}, & \text{当 } m,n \text{ 全为偶数}, \\ \dfrac{(m-1)!!(n-1)!!}{(m+n)!!}, & \text{当 } m,n \text{ 至少有一个为奇数}; \end{cases}$$

(2) $\int_{-1}^{0} x^n e^x dx = (-1)^n n!\left(1-\dfrac{1}{e}\sum_{k=0}^{n}\dfrac{1}{k!}\right)$, 其中 n 为非负整数;

(3) 证明对任意自然数 n 有 $\displaystyle\int_0^{\pi}\frac{\sin\left(n+\frac{1}{2}\right)x}{\sin\frac{x}{2}}dx=\pi$.

证 (1) 记 $I_{m,n}=\displaystyle\int_0^{\frac{\pi}{2}}\sin^m x\cos^n xdx$.

1° 先证

$$I_{m,0}=\int_0^{\frac{\pi}{2}}\sin^m xdx=\begin{cases}\dfrac{(m-1)!!}{m!!}\cdot\dfrac{\pi}{2}, & \text{当 } m \text{ 为偶数时},\\ \dfrac{(m-1)!!}{m!!}, & \text{当 } m \text{ 为奇数时}.\end{cases}$$

显然

$$I_{0,0}=\int_0^{\frac{\pi}{2}}dx=\frac{\pi}{2},\quad I_{1,0}=\int_0^{\frac{\pi}{2}}\sin xdx=1.$$

$m>1$ 时,

$$\begin{aligned}I_{m,0}&=\int_0^{\frac{\pi}{2}}\sin^m xdx=\int_0^{\frac{\pi}{2}}\sin^{m-1}xd(-\cos x)\\&=-\sin^{m-1}x\cos x\Big|_0^{\frac{\pi}{2}}+(m-1)\int_0^{\frac{\pi}{2}}\sin^{m-2}x\cos^2 xdx\\&=0+(m-1)\int_0^{\frac{\pi}{2}}\sin^{m-2}x(1-\sin^2 x)dx\\&=(m-1)(I_{m-2,0}-I_{m,0}),\end{aligned}$$

由此得

$$I_{m,0}=\frac{m-1}{m}I_{m-2,0}\qquad(m\geq 2).$$

当 m 为偶数时, 反复应用以上递推公式得

$$\begin{aligned}I_{m,0}&=\frac{m-1}{m}I_{m-2,0}=\cdots=\frac{m-1}{m}\cdot\frac{m-3}{m-2}\cdots\frac{1}{2}I_{0,0}\\&=\frac{(m-1)!!}{m!!}\cdot\frac{\pi}{2};\end{aligned}$$

当 m 为奇数时, 反复应用以上递推公式得

$$I_{m,0}=\frac{m-1}{m}I_{m-2,0}=\cdots=\frac{m-1}{m}\cdot\frac{m-3}{m-2}\cdots\frac{2}{3}I_{1,0}=\frac{(m-1)!!}{m!!}.$$

2°

$$\begin{aligned}I_{m,1}&=\int_0^{\frac{\pi}{2}}\sin^m x\cos xdx=\frac{1}{m+1}=\frac{1}{m+1}\cdot\frac{(m-1)!!}{(m-1)!!}\cdot(1-1)!!\\&=\frac{(m-1)!!(1-1)!!}{(m+1)!!},\end{aligned}$$

即 $n=1$ 时, 要证的公式成立.

3° $n>1$ 时,

$$\begin{aligned}
I_{m,n} &= \int_0^{\frac{\pi}{2}} \sin^m x \cos^n x dx = \int_0^{\frac{\pi}{2}} \cos^{n-1} x d\frac{\sin^{m+1} x}{m+1} \\
&= \frac{\cos^{n-1} x \sin^{m+1} x}{m+1}\Big|_0^{\frac{\pi}{2}} - \int_0^{\frac{\pi}{2}} \frac{\sin^{m+1} x}{m+1} \cdot (n-1)\cos^{n-2} x(-\sin x)dx \\
&= 0 + \int_0^{\frac{\pi}{2}} \frac{n-1}{m+1} \sin^m x(1-\cos^2 x)\cos^{n-2} x dx \\
&= \frac{n-1}{m+1} I_{m,n-2} - \frac{n-1}{m+1} I_{m,n}.
\end{aligned}$$

由此得以下递推公式

$$I_{m,n} = \frac{n-1}{m+n} I_{m,n-2} \qquad (n>1 \text{ 时}).$$

4° 当 m,n 都是偶数且 $n>1$ 时,

$$\begin{aligned}
I_{m,n} &= \frac{n-1}{m+n} I_{m,n-2} \\
&= \cdots = \frac{n-1}{m+n} \cdot \frac{n-3}{m+n-2} \cdots \frac{n-(n-1)}{m+n-(n-2)} I_{m,0} \\
&= \frac{(n-1)(n-3)\cdots 1}{(m+n)(m+n-2)\cdots(m+2)} \cdot \frac{(m-1)!!}{m!!} \cdot \frac{\pi}{2} \\
&= \frac{(m-1)!!(n-1)!!}{(m+n)!!} \cdot \frac{\pi}{2};
\end{aligned}$$

当 n 为偶数且 m 为奇数时,

$$\begin{aligned}
I_{m,n} &= \frac{n-1}{m+n} \cdot \frac{n-3}{m+n-2} \cdots \frac{n-(n-1)}{m+n-(n-2)} \cdot I_{m,0} \\
&= \frac{(n-1)(n-3)\cdots 1}{(m+n)(m+n-2)\cdots(m+2)} \cdot \frac{(m-1)!!}{m!!} \\
&= \frac{(m-1)!!(n-1)!!}{(m+n)!!};
\end{aligned}$$

当 n 为奇数且 $n>1$ 时,

$$\begin{aligned}
I_{m,n} &= \frac{n-1}{m+n} I_{m,n-2} = \cdots = \frac{(n-1)(n-3)\cdots 2}{(m+n)(m+n-2)\cdots(m+3)} I_{m,1} \\
&= \frac{(n-1)(n-3)\cdots 2}{(m+n)(m+n-2)\cdots(m+3)} \cdot \frac{1}{m+1} \cdot \frac{(m-1)!!}{(m-1)!!} \\
&= \frac{(m-1)!!(n-1)!!}{(m+n)!!}.
\end{aligned}$$

综合 1°, 2°, 4° 可知, 所要证明的公式成立.

(2) 用数学归纳法, $n=0,1,2,\cdots$.

$n=0$ 时,

$$I_0=\int_{-1}^{0}x^0e^xdx=e^x\Big|_{-1}^{0}=1-\frac{1}{e}=(-1)^0 0!\left(1-\frac{1}{e}\sum_{k=0}^{0}\frac{1}{k!}\right),$$

所以 $n=0$ 时公式成立.

设 $n=m$ 时公式成立, 即有

$$\int_{-1}^{0}x^me^xdx=(-1)^m m!\left(1-\frac{1}{e}\sum_{k=0}^{m}\frac{1}{k!}\right).$$

当 $n=m+1$ 时,

$$\begin{aligned}&\int_{-1}^{0}x^{m+1}e^xdx=x^{m+1}e^x\Big|_{-1}^{0}-(m+1)\int_{-1}^{0}x^me^xdx\\&=-(-1)^{m+1}e^{-1}-(m+1)(-1)^m m!\left(1-\frac{1}{e}\sum_{k=0}^{m}\frac{1}{k!}\right)\\&=-(m+1)!(-1)^{m+1}\cdot\frac{1}{e(m+1)!}+(m+1)!(-1)^{m+1}\left(1-\frac{1}{e}\sum_{k=0}^{m}\frac{1}{k!}\right)\\&=(m+1)!(-1)^{m+1}\left(1-\frac{1}{e}\sum_{k=0}^{m+1}\frac{1}{k!}\right).\end{aligned}$$

即 $n=m+1$ 时公式也成立. 所以公式对任意非负整数 n 都成立.

(3) 若熟悉公式

$$\frac{1}{2}+\cos x+\cos 2x+\cdots+\cos nx=\frac{\sin\left(n+\dfrac{1}{2}\right)x}{2\sin\dfrac{x}{2}},$$

则利用分项积分直接得到本题结论. 今用递推法证明. 记

$$J_n=\int_0^{\pi}\frac{\sin\left(n+\dfrac{1}{2}\right)x}{2\sin\dfrac{x}{2}}dx,$$

则

$$J_n - J_{n-1} = \int_0^\pi \frac{\sin\left(n+\frac{1}{2}\right)x - \sin\left(n-\frac{1}{2}\right)x}{2\sin\frac{x}{2}}dx$$

$$= \int_0^\pi \frac{2\sin\frac{x}{2}\cos nx}{\sin\frac{x}{2}}dx = \frac{2}{n}\sin nx\Big|_0^\pi = 0.$$

因而有

$$J_n = J_{n-1} = \cdots = J_0 = \int_0^\pi \frac{\sin\left(0+\frac{1}{2}\right)x}{\sin\frac{1}{2}x}dx = \pi.$$

例 6　设 $f(x)$ 在以 x_0, x 为端点的闭区间上有直到 $n+1$ 阶的连续的导函数, 则以下 (带积分余项形式的) 泰勒公式成立:

$$f(x) = f(x_0) + f'(x_0)(x-x_0) + \frac{1}{2!}f''(x_0)(x-x_0)^2 + \cdots$$
$$+ \frac{1}{n!}f^{(n)}(x_0)(x-x_0)^n + \frac{1}{n!}\int_{x_0}^x (x-t)^n f^{(n+1)}(t)dt.$$

证　$n=0$ 时, 由牛顿 - 莱布尼茨公式,

$$f(x) = f(x_0) + \int_{x_0}^x f'(t)dt = f(x_0) + \frac{1}{0!}\int_{x_0}^x (x-t)^0 f'(t)dt.$$

因此, $n=0$ 时公式成立, 今设 $n=k$ $(k \geq 0)$ 时公式成立, 即有

$$f(x) = f(x_0) + \cdots + \frac{1}{k!}f^{(k)}(x_0)(x-x_0)^k + \frac{1}{k!}\int_{x_0}^x (x-t)^k f^{(k+1)}(t)dt,$$

则 $n=k+1$ 时,

$$f(x) = f(x_0) + \cdots + \frac{1}{k!}f^{(k)}(x_0)(x-x_0)^k + \frac{1}{k!}\int_{x_0}^x (x-t)^k f^{(k+1)}(t)dt$$
$$= f(x_0) + \cdots + \frac{1}{k!}f^{(k)}(x_0)(x-x_0)^k + \frac{1}{k!}\int_{x_0}^x f^{(k+1)}(t)\frac{d}{dt}\left(\frac{-(x-t)^{k+1}}{k+1}\right)dt$$
$$= f(x_0) + \cdots + \frac{1}{k!}f^{(k)}(x_0)(x-x_0)^k + \frac{1}{(k+1)!}f^{(k+1)}(x_0)(x-x_0)^{k+1}$$
$$+ \frac{1}{(k+1)!}\int_{x_0}^x (x-t)^{k+1} f^{(k+2)}(t)dt.$$

即 $n=k+1$ 时, 公式也成立, 所以原公式对任意非负整数 n 都成立.

例 7 (1) 设 $f(x)$ 在 $[a,b]$ 上连续, 且 $f'(x)$ 在 (a,b) 内单调不减, 试证

$$(b-a)f\left(\frac{a+b}{2}\right) \leq \int_a^b f(x)dx \leq \frac{f(a)+f(b)}{2}\cdot(b-a).$$

(2) 设 $f(x)$ 在 $[a,b]$ 上连续, 且 $f''(x)$ 在 (a,b) 内存在且非负, 证明同样的结论.

证 (1) 因为 $f'(x)$ 在 (a,b) 内单调不减, 所以 $f'(x)-f'\left(\frac{a+b}{2}\right)$ 总与 $x-\frac{a+b}{2}$ 同号. 由微分中值定理,

$$\begin{aligned}&f(x)-f\left(\frac{a+b}{2}\right)-f'\left(\frac{a+b}{2}\right)\left(x-\frac{a+b}{2}\right)\\=&\left[f'(\xi)-f'\left(\frac{a+b}{2}\right)\right]\left(x-\frac{a+b}{2}\right)\geq 0,\end{aligned}$$

(此处还利用了 $\xi-\frac{a+b}{2}$ 与 $x-\frac{a+b}{2}$ 同号)

$$\begin{aligned}0\leq&\int_a^b\left[f(x)-f\left(\frac{a+b}{2}\right)-f'\left(\frac{a+b}{2}\right)\left(x-\frac{a+b}{2}\right)\right]dx\\=&\int_a^b f(x)dx-(b-a)f\left(\frac{a+b}{2}\right)-f'\left(\frac{a+b}{2}\right)\cdot 0.\end{aligned}$$

从而有

$$(b-a)f\left(\frac{a+b}{2}\right)\leq\int_a^b f(x)dx,$$

即欲证的不等式之左半成立.

因为 $f'(x)$ 在 (a,b) 单调不减, 所以 $y>x$ 时, 总有 $f'(y)-f'(x)\geq 0$, 于是当 $x\in(a,b)$ 时,

$$\begin{aligned}&f(a)+f(b)-2f(x)\\=&f(b)-f(x)-(f(x)-f(a))\\=&f'(\xi)(b-x)-f'(\eta)(x-a)\qquad(a<\eta<x<\xi<b)\\=&f'(x)(b-x)-f'(x)(x-a)+(f'(\xi)-f'(x))(b-x)+(f'(x)-f'(\eta))(x-a)\\\geq&f'(x)(b-x)-f'(x)(x-a)\\=&f'(x)(a+b-2x),\end{aligned}$$

再在 $[a,b]$ 上积分得

$$\int_a^b [f(a)+f(b)-2f(x)]dx \geq \int_a^b f'(x)(a+b-2x)dx$$

$$=f(x)(a+b-2x)\Big|_a^b + 2\int_a^b f(x)dx$$

$$=-[f(a)+f(b)](b-a)+2\int_a^b f(x)dx.$$

而此不等式左端为

$$\int_a^b [f(a)+f(b)-2f(x)]dx = [f(a)+f(b)](b-a)-2\int_a^b f(x)dx,$$

移项整理后即得

$$\int_a^b f(x)dx \leq \frac{f(a)+f(b)}{2}\cdot(b-a).$$

即欲证的不等式之右半也成立.

(2) 因为 $f''(x)\geq 0$ 可推出 $f'(x)$ 单调不减, 即 $f(x)$ 满足第 (1) 题的条件, 所以结论成立.

方法探讨　今介绍直接证明 (2) 的右端不等式 $\int_a^b f(x)dx \leq \frac{f(a)+f(b)}{2}\cdot(b-a)$ 的 5 种不同方法如下.

方法 1 (曲线位于割线下方)　过 $(a,f(a))$ 与 $(b,f(b))$ 的割线方程为

$$y=f(a)+\frac{f(b)-f(a)}{b-a}(x-a).$$

考虑

$$g(x)=f(x)-f(a)-\frac{f(b)-f(a)}{b-a}(x-a),$$

有

$$g'(x)=f'(x)-\frac{f(b)-f(a)}{b-a}=f'(x)-f'(\xi)=f''(\eta)(x-\xi).$$

由此及 $f''(x)\geq 0$ 可知, 当 $a\leq x<\xi$ 时, $g'(x)\leq 0$, 因而 $g(x)$ 不增; 而当 $\xi<x\leq b$ 时, $g'(x)\geq 0$, 因而 $g(x)$ 不减; 由 $g(x)$ 的定义式可见, $g(a)=g(b)=0$. 综上可知, $[a,b]$ 上恒有 $g(x)\leq 0$. 因而有

$$0\geq \int_a^b g(x)dx = \int_a^b \left[f(x)-f(a)-\frac{f(b)-f(a)}{b-a}\cdot(x-a)\right]dx$$

$$=\int_a^b f(x)dx - f(a)\cdot(b-a)-\frac{f(b)-f(a)}{b-a}\cdot\frac{(b-a)^2}{2}$$

$$=\int_a^b f(x)dx - \frac{f(b)+f(a)}{2}\cdot(b-a).$$

得证.

方法 2 (泰勒展开法) 因为

$$f(a)=f(x)+f'(x)(a-x)+\frac{f''(\xi)}{2}(x-a)^2\geq f(x)+f'(x)(a-x),$$
$$f(b)=f(x)+f'(x)(b-x)+\frac{f''(\eta)}{2}(b-x)^2\geq f(x)+f'(x)(b-x).$$

所以

$$f(a)+f(b)\geq 2f(x)+f'(x)(a+b-2x).$$

两边在 $[a,b]$ 上积分得

$$\begin{aligned}[f(a)+f(b)](b-a)&\geq 2\int_a^b f(x)dx+\int_a^b f'(x)(a+b-2x)dx\\&=2\int_a^b f(x)dx+f(x)(a+b-2x)\Big|_a^b+2\int_a^b f(x)dx\\&=4\int_a^b f(x)dx-[f(a)+f(b)](b-a).\end{aligned}$$

由此得出结论.

方法 3 (常数 b 换成变量 x) 令

$$g(x)=[f(x)+f(a)](x-a)-2\int_a^x f(t)dt.$$

显然 $g(a)=0$, 当 $x\in(a,b]$ 时,

$$\begin{aligned}g'(x)&=f(x)+f(a)+(x-a)f'(x)-2f(x)\\&=(x-a)f'(x)-[f(x)-f(a)]\\&=(x-a)f'(x)-(x-a)f'(\xi)\qquad(a<\xi<x)\\&=(x-a)(x-\xi)f''(\eta)\geq 0.\end{aligned}$$

因而可知 $g(x)$ 在 $[a,b]$ 不减, 特别 $g(b)\geq g(a)$, 即得结论.

方法 4 (两次积分法) 当 x,t 都 $\in[a,b], x\neq t$ 时,

$$f(x)=f(t)+f'(t)(x-t)+\frac{1}{2}f''(\xi)(x-t)^2.$$

因为 $f''(\xi)\geq 0$, 所以

$$f(x)\geq f(t)+f'(t)(x-t).$$

易见此式当 $x=t$ 时也成立. 对 t 在 $[a,b]$ 上积分得

$$\begin{aligned}(b-a)f(x) &\geq \int_a^b f(t)dt+\int_a^b f'(t)(x-t)dt\\ &=\int_a^b f(t)dt+f(t)(x-t)\Big|_{t=a}^{t=b}+\int_a^b f(t)dt\\ &=2\int_a^b f(t)dt+f(b)(x-b)-f(a)(x-a),\end{aligned}$$

再对 x 在 $[a,b]$ 上积分得

$$\begin{aligned}&(b-a)\int_a^b f(x)dx\\ \geq&2\int_a^b f(t)dt\cdot(b-a)+f(b)\cdot\frac{(x-b)^2}{2}\Big|_a^b-f(a)\cdot\frac{(x-a)^2}{2}\Big|_a^b\\ =&2(b-a)\int_a^b f(t)dt-(f(b)+f(a))\cdot\frac{(b-a)^2}{2},\end{aligned}$$

整理即得

$$\frac{f(a)+f(b)}{2}\cdot(b-a)\geq\int_a^b f(x)dx.$$

方法 5 (分段, 并用变量代换)　因为

$$\frac{f(a)+f(b)}{2}\cdot(b-a)=\int_a^{\frac{a+b}{2}} f(a)dx+\int_{\frac{a+b}{2}}^b f(b)dx,$$

所以

$$\begin{aligned}&\int_a^b f(x)dx-\frac{f(a)+f(b)}{2}\cdot(b-a)\\ =&\int_a^{\frac{a+b}{2}} f(x)dx+\int_{\frac{a+b}{2}}^b f(x)dx-\int_a^{\frac{a+b}{2}} f(a)dx-\int_{\frac{a+b}{2}}^b f(b)dx\\ =&\int_a^{\frac{a+b}{2}}[f(x)-f(a)]dx+\int_{\frac{a+b}{2}}^b[f(x)-f(b)]dx\\ =&\int_a^{\frac{a+b}{2}}[f(x)-f(a)]dx+\int_a^{\frac{a+b}{2}}[f(a+b-t)-f(b)]dx\\ =&\int_a^{\frac{a+b}{2}} f'(\xi)(x-a)dx+\int_a^{\frac{a+b}{2}} f'(\eta)(a-t)dt\qquad\left(a<\xi<\frac{a+b}{2}<\eta<b\right)\\ =&\int_a^{\frac{a+b}{2}}(f'(\xi)-f'(\eta))(x-a)dx\\ \leq&0\qquad(\text{最后一步根据 }\xi<\eta\text{ 时, }f'(\xi)\leq f'(\eta)\text{, 而 }x-a\geq 0),\end{aligned}$$

得证.

例 8 (1) 设 $f(x)=\int_0^x \cos\frac{1}{t}\,dt$, 证明 $f'_+(0)=0,\ f'(0)=0$.

(2) 设 $f(x)$ 连续, $g(x)=\int_0^1 f(xt)dt+\int_0^1 f(x-t)dt$, 求 $g'(x)$.

证 (1)

$$\begin{aligned}f(x)&=\int_0^x \cos\frac{1}{t}dt=\lim_{\eta\to 0^+}\int_\eta^x \cos\frac{1}{t}dt=\lim_{\eta\to 0^+}\int_\eta^x (-t^2)d\sin\frac{1}{t}\\&=\lim_{\eta\to 0}\left(-t^2\sin\frac{1}{t}\bigg|_\eta^x+\int_\eta^x 2t\sin\frac{1}{t}\,dt\right)\\&=-x^2\sin\frac{1}{x}+\int_0^x 2t\sin\frac{1}{t}\,dt.\end{aligned}$$

因为

$$\frac{f(x)-f(0)}{x}=\frac{-x^2\sin\frac{1}{x}+\int_0^x 2t\sin\frac{1}{t}dt}{x}=-x\sin\frac{1}{x}+\frac{2\int_0^x t\sin\frac{1}{t}dt}{x},$$

所以

$$\begin{aligned}\lim_{x\to 0^+}\frac{f(x)-f(0)}{x}&=\lim_{x\to 0^+}\left[-x\sin\frac{1}{x}+\frac{2\int_0^x t\sin\frac{1}{t}dt}{x}\right]\\&=0+\lim_{x\to 0^+}\frac{2x\sin\frac{1}{x}}{1}=0.\end{aligned}$$

得

$$f'_+(0)=0.$$

又由

$$f(-x)=\int_0^{-x}\cos\frac{1}{t}\,dt=\int_0^x\cos\frac{1}{-s}\,d(-s)=-\int_0^x\cos\frac{1}{s}\,ds=-f(x).$$

$$f'_-(0)=\lim_{x\to 0^-}\frac{f(x)-f(0)}{x}=\lim_{u\to 0^+}\frac{f(-u)-f(0)}{-u}=\lim_{u\to 0^+}\frac{-f(u)}{-u}=f'_+(0)=0.$$

得

$$f'(0)=0.$$

注 4.7 以 x 为变上限的奇函数的积分是偶函数, 而以 x 为变上限的偶函数的积分未必是奇函数. 但如果是偶函数的从 0 到 x 的积分, 则得奇函数.

解 (2)

$$\begin{aligned}g(x) &= \int_0^1 f(xt)dt + \int_0^1 f(x+t)dt \\ &= \int_0^x f(u)\frac{du}{x} + \int_x^{x+1} f(v)dv \\ &= \frac{1}{x}\int_0^x f(u)du + \int_x^{x+1} f(v)dv,\end{aligned}$$

求导得

$$g'(x) = -\frac{1}{x^2}\int_0^x f(u)du + \frac{f(x)}{x} + f(x+1) - f(x).$$

例 9 (1) 设 $f(x)$ 在 $[0,\pi]$ 上连续, $\int_0^\pi f(x)dx = 0$, $\int_0^\pi f(x)\cos xdx = 0$, 试证在 $(0,\pi)$ 内存在 $\xi_1 \neq \xi_2$, 使得 $f(\xi_1) = f(\xi_2) = 0$.

(2) 设 $f(x)$ 在 $[0,\pi]$ 上连续, $\int_0^\pi f(x)\sin xdx = 0$, $\int_0^\pi f(x)\cos xdx = 0$, 试证在 $(0,\pi)$ 内存在 $\xi_1 \neq \xi_2$, 使得 $f(\xi_1) = f(\xi_2) = 0$.

证 (1) 令

$$F(x) = \int_0^x f(t)dt, \qquad 0 \le x \le \pi,$$

则有

$$F(0) = F(\pi) = 0.$$

又因为

$$\begin{aligned}0 &= \int_0^\pi f(x)\cos xdx = \int_0^\pi \cos xdF(x) \\ &= F(x)\cos x\Big|_0^\pi + \int_0^\pi F(x)\sin xdx = \int_0^\pi F(x)\sin xdx,\end{aligned}$$

所以必存在 $\xi \in (0,\pi)$ 使得 $F(\xi)\sin\xi = 0$. 事实上, 若不然, 则在 $(0,\pi)$ 内连续函数 $F(x)\sin x$ 或恒为正, 或恒为负, 均与 $\int_0^\pi F(x)\sin xdx = 0$ 相矛盾. 但当 $\xi \in (0,\pi)$ 时, $\sin\xi \neq 0$, 故 $F(\xi) = 0$.

由上证得

$$F(0) = F(\xi) = F(\pi) = 0 \qquad (0 < \xi < \pi).$$

再对 $F(x)$ 在区间 $[0,\xi]$ 及 $[\xi,\pi]$ 上用 Rolle 定理知, 至少存在 $\xi_1 \in (0,\xi)$ 及 $\xi_2 \in (\xi,\pi)$, 使得 $F'(\xi_1) = F'(\xi_2) = 0$, 即得 $f(\xi_1) = f(\xi_2) = 0$.

(2) 由 $\int_0^\pi f(x)\sin xdx = 0$ 知, 存在 $\xi_1 \in (0,\pi)$, 使得 $f(\xi_1)\sin\xi_1 = 0$. 因为如若不然, 连续函数 $f(x)\sin x$ 在 $(0,\pi)$ 或恒为正, 或恒为负, 均与 $\int_0^\pi f(x)\sin xdx = 0$ 相矛盾. 但当 $\xi_1 \in (0,\pi)$ 时, $\sin\xi_1 \neq 0$, 从而有 $f(\xi_1) = 0$.

若在 $(0,\pi)$ 内 $f(x)=0$ 仅有一个实根 $x=\xi_1$, 则由 $\int_0^\pi f(x)\sin xdx=0$ 推知, $f(x)\sin x$ 从而 $f(x)$ 在 $(0,\xi_1)$ 与 (ξ_1,π) 内异号, 不妨设 $f(x)$ 在 $(0,\xi_1)$ 内恒正, 在 (ξ_1,π) 内恒负, 由于

$$\begin{aligned}0&=\cos\xi_1\int_0^\pi f(x)\sin xdx-\sin\xi_1\int_0^\pi f(x)\cos xdx\\&=\int_0^\pi f(x)\sin(x-\xi_1)dx\\&=\int_0^{\xi_1} f(x)\sin(x-\xi_1)dx+\int_{\xi_1}^\pi f(x)\sin(x-\xi_1)dx<0,\end{aligned}$$

得到矛盾, 从而推知在 $(0,\pi)$ 内除 ξ_1 外, $f(x)=0$ 还至少有一个实根 ξ_2. 故知存在 $\xi_1,\xi_2\in(0,\pi)$, $\xi_1\neq\xi_2$, 使得 $f(\xi_1)=f(\xi_2)=0$.

注 4.8 第 (1) 小题也可用第 (2) 小题的方法证明.

例 10 设 $f''(x)$ 在 $[0,1]$ 上连续, $f'(0)=f'(1)=0$, 试证明存在 $\xi\in[0,1]$, 使得

$$\int_0^1 f(x)dx=\frac{1}{2}(f(0)+f(1))+\frac{1}{24}f''(\xi).$$

证 因为

$$f(x)=f(0)+f'(0)x+\frac{f''(\xi_1)}{2!}x^2=f(0)+\frac{1}{2}f''(\xi_1)x^2\qquad(0<\xi_1<x),$$

所以

$$\int_0^{\frac{1}{2}} f(x)dx=\frac{1}{2}f(0)+\frac{1}{2}\int_0^{\frac{1}{2}} f''(\xi_1)x^2dx.$$

因为

$$\begin{aligned}f(x)&=f(1)+f'(1)(x-1)+\frac{1}{2}f''(\xi_2)(x-1)^2\\&=f(1)+\frac{1}{2}f''(\xi_2)(1-x)^2\qquad(x<\xi_2<1),\end{aligned}$$

所以

$$\int_{\frac{1}{2}}^1 f(x)dx=\frac{1}{2}f(1)+\frac{1}{2}\int_{\frac{1}{2}}^1 f''(\xi_2)(1-x)^2dx.$$

综合得

$$\int_0^1 f(x)dx=\frac{1}{2}(f(0)+f(1))+\frac{1}{2}\left(\int_0^{\frac{1}{2}} f''(\xi_1)x^2dx+\int_{\frac{1}{2}}^1 f''(\xi_2)(1-x^2)dx\right).$$

记 $f''(x)$ 在 $[0,1]$ 上的最小值为 m, 最大值为 M, 则

$$\frac{m}{24}=m\int_0^{\frac{1}{2}} x^2dx\le\int_0^{\frac{1}{2}} f''(\xi_1)x^2dx\le M\int_0^{\frac{1}{2}} x^2dx=\frac{M}{24},$$

$$\frac{m}{24} = m\int_{\frac{1}{2}}^{1}(1-x)^2dx \le \int_{\frac{1}{2}}^{1} f''(\xi_2)(1-x)^2dx$$
$$\le M\int_{\frac{1}{2}}^{1}(1-x)^2dx = \frac{M}{24},$$

因此有

$$\frac{m}{24} \le \frac{1}{2}\left[\int_0^{\frac{1}{2}} f''(\xi_1)x^2dx + \int_{\frac{1}{2}}^{1} f''(\xi_2)(1-x)^2dx\right] \le \frac{M}{24}.$$

由 $f''(x)$ 的连续性知, $\exists\xi \in [0,1]$, 使得

$$\frac{1}{2}\left[\int_0^{\frac{1}{2}} f''(\xi_1)x^2dx + \int_{\frac{1}{2}}^{1} f''(\xi_2)(1-x)^2dx\right] = \frac{1}{24}f''(\xi).$$

综合以上结果, 得

$$\int_0^1 f(x)dx = \frac{1}{2}(f(0)+f(1)) + \frac{1}{24}f''(\xi).$$

证毕.

4.4　定积分的近似计算

学 习 要 点

定积分近似计算的**梯形法**、**抛物线法**与**辛普森 (Simpson) 公式**, **插值多项式与机械求积公式**, 其误差估计公式的证明可参看计算数学的有关部分, 此处略.

4.5　定积分应用

学 习 要 点

一、掌握微元分析法

二、掌握平面曲线弧长及其微分公式

三、学会以初等几何、初等物理等知识为依据, 直接写出所求可加量的微元及积分公式 (切忌死记硬背)

解 题 方 法

首先, 选定一个自变量 x, 使所求量是该自变量在某个区间上的可加量; 其次, 写出所求量分布在 dx 上的部分量的一阶近似式 (即微分式); 最后, 写出定积分表达式并求出积分值. 在求解具体问题时, 往往要选取适当的坐标系, 并选

取自变量 (选取的自变量常是直角坐标系的某坐标, 或是极坐标变量, 或是某个参数), 而所求量的微分式也往往要经过计算才能写出来 (如旋转体侧面积、立体截面积、变力做功、某个高度长条上所受压力等), 在作这些具体计算时, 应充分利用学过的数学工具 (如函数, 微分、积分等), 利用对称性常会给我们带来很大方便.

例题分析

例 1 求心形线 $r=a(1+\cos\theta)$ $(a>0)$ 所围图形的面积及所围图形的周长.

解 此曲线上下对称, θ 从 0 经 π 变到 2π 时, r 从 $2a$ 减少到 0 又增加到 $2a$, 恰好对应整条曲线. 由于曲线形如心脏, 故称为心形线 (见图 4.2).

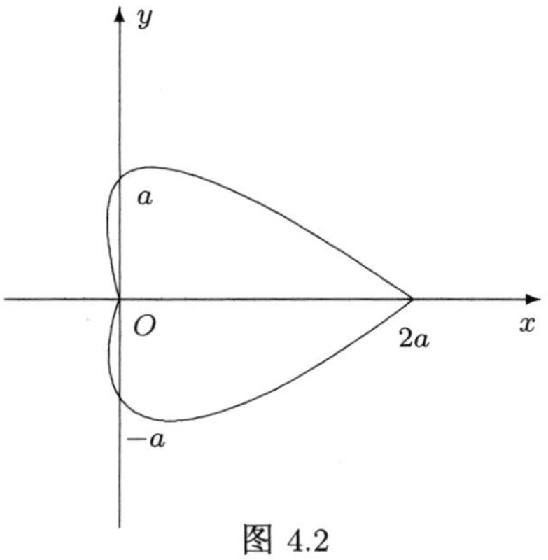

图 4.2

根据以 r 为半径, $d\theta$ 为张角的扇形面积为 $\dfrac{1}{2}r^2d\theta$, 因而曲线所围图形面积公式为

$$
\begin{aligned}
A&=\int_0^{2\pi}\frac{1}{2}[a(1+\cos\theta)]^2d\theta\\
&=\frac{1}{2}a^2\int_0^{2\pi}\left[1+2\cos\theta+\frac{1+\cos 2\theta}{2}\right]d\theta=\frac{3}{2}\pi a^2.
\end{aligned}
$$

由极坐标下弧长的微分公式, $ds=\sqrt{r^2(\theta)+r'^2(\theta)}d\theta$, 故图形周长

$$
\begin{aligned}
s&=2\int_0^{\pi}\sqrt{[a(1+\cos\theta)]^2+(-a\sin\theta)^2}d\theta\\
&=2\int_0^{\pi}2a\left|\cos\frac{\theta}{2}\right|d\theta=8a.
\end{aligned}
$$

例 2 在曲线 $y=x^2$ $(x>0)$ 上某点 A 处作一切线 (见图 4.3), 使之与曲线以及 x 轴所围图形面积为 $\dfrac{1}{12}$, 试求:

(1) 切点 A 的坐标及过切点 A 的切线方程;

(2) 由上述平面图形绕 x 轴旋转一周所成旋转体体积.

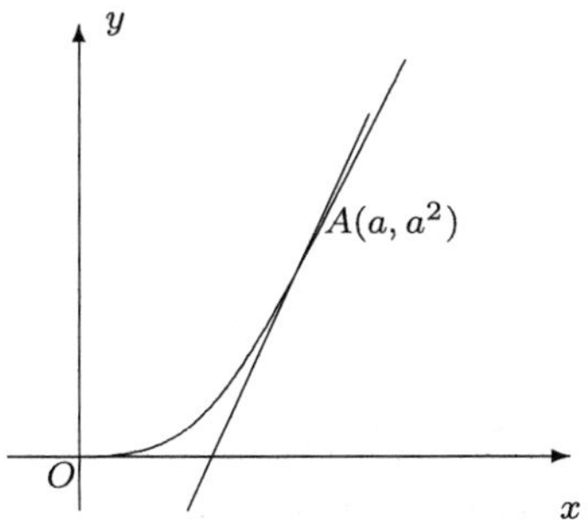

图 4.3

解 设切点 A 的坐标为 (a,a^2), 则过点 A 的切线斜率为 $y'\Big|_{x=a}=2a$, 切线方程为 $y-a^2=2a(x-a)$, 即

$y=2ax-a^2$.

切线与 x 轴的交点为 $\left(\frac{a}{2},0\right)$, 因此曲线、$x$ 轴及切线所围图形面积为

$$S=\int_0^a x^2dx-\frac{1}{2}\cdot\left(a-\frac{1}{2}a\right)\cdot a^2=\frac{1}{12}a^3.$$

由题设, $S=\frac{1}{12}$, 故 $a=1$. 于是切点 A 的坐标为 $(1,1)$, 过切点 $(1,1)$ 的切线方程为 $y=2x-1$, 旋转体体积为

$$V=\int_0^1\pi(x^2)^2dx-\int_{\frac{1}{2}}^1\pi(2x-1)^2dx=\frac{1}{30}\pi.$$

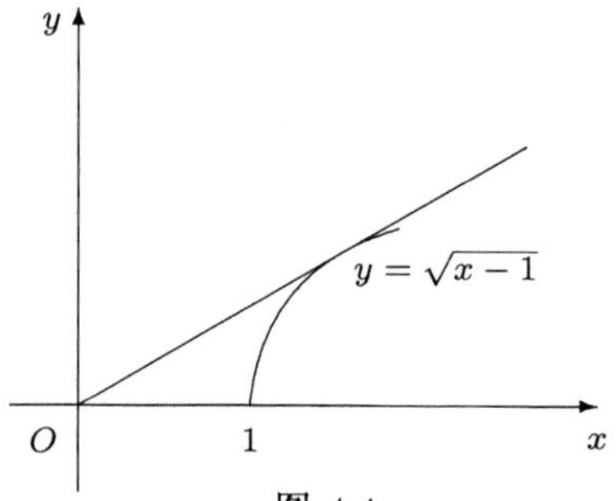

图 4.4

例 3 设有曲线 $y=\sqrt{x-1}$, 过原点作其切线, 求此曲线、切线及 x 轴所围成的平面图形绕 x 轴旋转一周所得旋转体的侧面积.

解 设切点为 $(x_0,\sqrt{x_0-1})$, 则过原点的切线方程为 $y=\frac{1}{2\sqrt{x_0-1}}x$, 再用点 $(x_0,\sqrt{x_0-1})$ 代入, 解得 $x_0=2$, $y_0=\sqrt{x_0-1}=1$, 故上述切线方程为 $y=\frac{1}{2}x$. 曲线段 $y=\sqrt{x-1}$ $(1\le x\le 2)$ 绕 x 轴旋转一周所得旋转曲面的侧面积为

$$S_1=\int_1^2 2\pi y\sqrt{1+y'^2}dx=\pi\int_1^2\sqrt{4x-3}dx=\frac{\pi}{6}(5\sqrt{5}-1),$$

直线段 $y=\frac{1}{2}x$ $(0\le x\le 2)$ 绕 x 轴旋转一周所得旋转曲面 (侧) 面积

$$S_2=\int_0^2 2\pi\cdot\frac{1}{2}x\cdot\sqrt{1+\left(\frac{1}{2}\right)^2}dx=\sqrt{5}\pi.$$

因此所求旋转体侧面积为

$$S=S_1+S_2=\frac{\pi}{6}(11\sqrt{5}-1).$$

例 4 已知水从旋转体的容量的小孔流出的速度 $v=0.6a\sqrt{2gh}$, 其中 g 是重力加速度, h 为水面在小孔上方的高度, 小孔的面积为 a. 问该旋转体应当是什么样的形状, 才能使盛满水的容器当水从小孔流出时, 其水的表面下降速度是均匀的?

解 设 x 轴竖直向上, 容器侧面是由曲线 $y=f(x)$ $(0\le x\le H)$ 绕 x 轴旋转而成. 设时刻 t 时水面高度为 $x=x(t)$, 经时间 dt 后高度变化为 dx, 则在 $[0,t]$ 时间段内从小孔流出的水量为 $\int_0^t 0.6a\sqrt{2gx}dt$, 而在该时间段内容器中减少的水量为 $\int_x^H \pi f^2(x)dx$, 两者应当相等, 即有

$$\int_0^t 0.6\sqrt{2gx(t)}dt=\int_x^H \pi f^2(x)dx.$$

由已知, 水表面下降速度是均匀的, 所以 $\frac{dx}{dt}$ 为常数, 不妨记 $\frac{dx}{dt}=-c$. 上式两边对 t 求导得

$$0.6a\sqrt{2gx}=\pi f^2(x)\cdot(-c),$$

解得

$$f(x)=\sqrt{\frac{0.6a}{\pi c}\sqrt{2gx}}.$$

例 5 某闸门的形状与大小如图 4.5 所示, 其中直线 l 为对称轴, 闸门的上部为矩形 $ABCD$, 下部由二次抛物线与线段 AB 所围成. 当水面与闸门的上端相平时, 欲使闸门矩形部分承受的水压力与闸门下部承受的水压力之比为 5 : 4, 闸门矩形部分的高应为多少米?

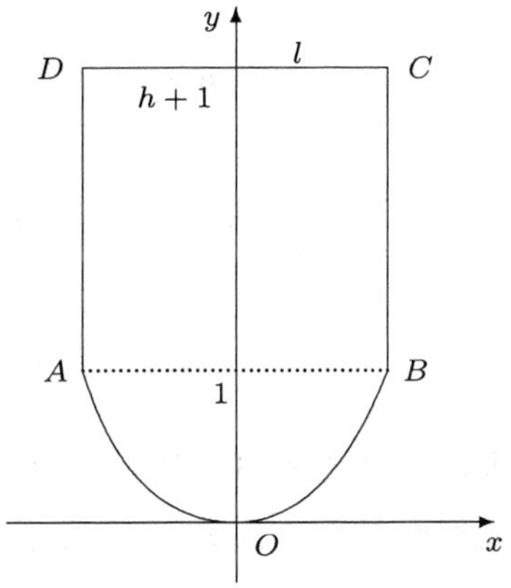

图 4.5

解 以抛物线的顶点为坐标原点, 直线 l 为 y 轴, 向上, 建立直角坐标系 Oxy, 则抛物线方程为 $y=x^2$, 水面与闸门上端相平时, 闸门矩形部分承受的水压力为

$$P_1=2\int_1^{h+1}\rho g(h+1-y)dy=2\rho g\left[(h+1)y-\frac{y^2}{2}\right]_1^{h+1}=\rho g h^2,$$

其中 ρ 为水的密度, g 为重力加速度.

闸门下部承受的水压力

$$\begin{aligned}P_2&=2\int_0^1\rho g(h+1-y)\sqrt{y}dy=2\rho g\left[\frac{2}{3}(h+1)y^{\frac{3}{2}}-\frac{2}{5}y^{\frac{5}{2}}\right]\Bigg|_0^1\\&=4\rho g\left(\frac{1}{3}h+\frac{2}{15}\right),\end{aligned}$$

由题意知

$$\frac{P_1}{P_2}=\frac{5}{4},$$

即 $\dfrac{\rho g h^2}{4\rho g\left(\dfrac{1}{3}h+\dfrac{2}{15}\right)}=\dfrac{5}{4}$, 解之得 $h=2$, $h=-\dfrac{1}{3}$(舍去), 故 $h=2$, 即闸门矩形部分的高应为 2 米.

例 6 设位于 $[a,b]$ 上的均匀细杆的密度为 ρ_1, 位于 $[c,d]$ 上均匀细杆的密度为 ρ_2, $a<b<c<d$. 求两细杆间的引力.

解 将 $x\in[a,b]$, dx 长的细杆小段与 $y\in[c,d]$, dy 长的细杆小段看成两个质点. 由物理学知, 它们之间引力为 $\dfrac{k\cdot\rho_1 dx\cdot\rho_2 dy}{(y-x)^2}$, 先固定 y 处小段 dy, 让 x 在 $[a,b]$ 上变化, 则 $[a,b]$ 小段对 y 处 dy 长小段的引力为

$$dy\int_a^b\frac{k\rho_1\rho_2}{(y-x)^2}dx=k\rho_1\rho_2\left[\frac{1}{y-b}-\frac{1}{y-a}\right]dy.$$

于是, 两杆之间引力为

$$F=\int_c^d k\rho_1\rho_2\left[\frac{1}{y-b}-\frac{1}{y-a}\right]dy=k\rho_1\rho_2\ln\frac{(d-b)(c-a)}{(c-b)(d-a)}.$$

4.6 广义积分

学习要点

一、掌握一端为无穷限的广义积分及敛散概念

设对任意的 $b>a$, $f(x)$ 在 $[a,b]$ 可积, 则称形式积分 $\displaystyle\int_a^{+\infty}f(x)dx$ 为一端为 $+\infty$ 的广义积分. 规定

$$\int_a^{+\infty}f(x)dx=\lim_{b\to+\infty}\int_a^b f(x)dx.$$

当等号右边极限收敛时, 称左边的广义积分收敛, 当右边发散时, 称左边广义积分发散.

同理规定一端为 $-\infty$ 的广义积分如下:

$$\int_{-\infty}^b f(x)dx=\lim_{a\to-\infty}\int_a^b f(x)dx.$$

二、掌握瑕积分及其敛散概念

若 $f(x)$ 在包含于 $[a,b)$ 内的任意闭区间上都可积, 且 $f(x)$ 在 $[a,b)$ 无界, 则称 b 为 $f(x)$ 的瑕点. 规定广义积分

$$\int_a^b f(x)dx = \lim_{\varepsilon\to 0^+}\int_a^{b-\varepsilon} f(x)dx.$$

若 $f(x)$ 在包含于 $(a,b]$ 内的任意闭区间上都可积, 且 $f(x)$ 在 $(a,b]$ 无界, 则称 a 为 $f(x)$ 的瑕点, 规定广义积分

$$\int_a^b f(x)dx = \lim_{\varepsilon\to 0^+}\int_{a+\varepsilon}^{b} f(x)dx.$$

若 $f(x)$ 在包含于 $[a,c)$ 及 $(c,b]$ 内的任意闭区间上都可积, 且 $f(x)$ 在 $[a,b]$ 无界, 则称 c 是 $f(x)$ 的瑕点, 并规定广义积分

$$\int_a^b f(x)dx = \int_a^c f(x)dx + \int_c^b f(x)dx.$$

当上式右边两个 (广义) 积分都收敛时, 称左边的广义积分收敛, 当右边至少有一个积分发散时, 称左边广义积分发散.

三、掌握较复杂形式的广义积分及其敛散概念

当积分区间含有无穷限, 瑕点或多个瑕点时, 应把积分区间分成多段, 使每段上只有一个端点为广义积分. 例如, $f(x)$ 在 $(-\infty,+\infty)$ 内以 a,b 为其全部瑕点时, 规定

$$\begin{aligned}\int_{-\infty}^{+\infty} f(x)dx =& \int_{-\infty}^{a-1} f(x)dx + \int_{a-1}^{a} f(x)dx + \int_a^{\frac{a+b}{2}} f(x)dx\\ &+ \int_{\frac{a+b}{2}}^{b} f(x)dx + \int_b^{b+1} f(x)dx + \int_{b+1}^{+\infty} f(x)dx.\end{aligned}$$

并且规定当等号右边的各广义积分都收敛时, 称左边广义积分收敛, 否则称左边广义积分发散.

解 题 方 法

当中间无瑕点, 一端或两端是广义积分时, 利用牛顿 - 莱布尼茨公式, 分部积分与变量代换是方便的.

一、当 $f(x)$ 在 (a,b) 内连续且有原函数 $F(x)$ 时, 有推广的牛顿 - 莱布尼茨公式

$$\int_a^b f(x)dx = \lim_{x\to b^-} F(x) - \lim_{x\to a^+} F(x)$$

(等号右边的两个极限中有一个发散时, 左边广义积分发散).

二、当 $f(x), f'(x), g(x)$ 都在 (a,b) 连续, $G(x)$ 是 $g(x)$ 在 (a,b) 的一个原函数且 $\lim\limits_{x\to b^-}(f(x)G(x))$ 与 $\lim\limits_{x\to a^+}(f(x)G(x))$ 都收敛时, 有以下分部积分公式:

$$\int_a^b f(x)g(x)dx = \lim_{x\to b^-}[f(x)G(x)] - \lim_{x\to a^+}[f(x)G(x)] - \int_a^b f'(x)G(x)dx.$$

三、当 $\varphi(t)$, $\varphi'(t)$ 都在 (α,β) 连续, $\varphi(t)$ 在 (α,β) 内的值域都在 (a,b) 内, $f(x)$ 在 (a,b) 连续且 $\lim\limits_{t\to\alpha^+}\varphi(t)=a$, $\lim\limits_{t\to\beta^-}\varphi(t)=b$ 时, 有变量代换公式

$$\int_a^b f(x)dx = \int_\alpha^\beta f(\varphi(t))\varphi'(t)dt.$$

例题分析

在下列各题中, 求广义积分的值:

例 1 (1) $\displaystyle\int_0^{+\infty}\frac{xe^x}{(1+e^x)^2}dx$;　　(2) $\displaystyle\int_0^{+\infty}\frac{xe^{-x}}{(1+e^{-x})^2}dx$.

解 (1) 因为

$$\int\frac{xe^x}{(1+e^x)^2}dx = \int xd\frac{-1}{1+e^x} = -\frac{x}{1+e^x}+\int\frac{1}{1+e^x}dx = -\frac{x}{1+e^x}-\ln(1+e^{-x})+C,$$

所以

$$\int_0^{+\infty}\frac{xe^x}{(1+e^x)^2}dx = \left[-\frac{x}{1+e^x}-\ln(1+e^{-x})\right]\Bigg|_{0^+}^{+\infty} = \ln 2.$$

(2) 易见 (2) 的被积函数与 (1) 的被积函数恒等, 所以积分值也是 $\ln 2$.

注 4.9 对于 (2), 虽有

$$\int\frac{xe^{-x}}{(1+e^{-x})^2}dx = \frac{x}{1+e^{-x}}-\int\frac{1}{1+e^{-x}}dx,$$

但不能用广义积分的分部积分形式, 即式子

$$\int_0^{+\infty}\frac{xe^{-x}}{(1+e^{-x})^2}dx = \frac{x}{1+e^{-x}}\Bigg|_0^{+\infty} - \int_0^{+\infty}\frac{1}{1+e^{-x}}dx$$

不成立. 此外, 由

$$\int\frac{xe^{-x}}{(1+e^{-x})^2}dx = \frac{x}{1+e^{-x}}-\int\frac{1}{1+e^{-x}}dx = \frac{x}{1+e^{-x}}-\ln(1+e^x)+C$$

导出

$$\int_0^{+\infty} \frac{xe^{-x}}{(1+e^{-x})^2}\,dx = \left[\frac{x}{1+e^{-x}} - \ln(1+e^x)\right]\Bigg|_0^{+\infty},$$

求原积分归结为求出极限 $\lim\limits_{x\to+\infty}\left[\dfrac{x}{1+e^{-x}} - \ln(1+e^x)\right]$, 这是 $(+\infty)-(+\infty)$ 型不定式的极限, 是求不定式极限的一个很好的练习题.

例 2 (1) $\displaystyle\int_1^{+\infty} \frac{\arctan x}{x^2}\,dx$; (2) $\displaystyle\int_2^{+\infty} \frac{dx}{(x+7)\sqrt{x-2}}$.

解 (1)

$$\begin{aligned}\int_1^{+\infty} \frac{\arctan x}{x^2}\,dx &= -\frac{1}{x}\arctan x\Bigg|_1^{+\infty} + \int_1^{+\infty} \frac{dx}{x(1+x^2)}\\ &= \frac{\pi}{4} + \ln\frac{x}{\sqrt{1+x^2}}\Bigg|_1^{+\infty} = \frac{\pi}{4} + \ln 2.\end{aligned}$$

(2) 令 $\sqrt{x-2}=t$,

$$\int_2^{+\infty} \frac{dx}{(x+7)\sqrt{x-2}} = \int_0^{+\infty} \frac{2tdt}{(t^2+9)t} = \frac{2}{3}\arctan\frac{t}{3}\Bigg|_0^{+\infty} = \frac{\pi}{3}.$$

例 3 设 $\alpha>0$, 求 $\displaystyle\int_0^{+\infty} \frac{dx}{(1+x^2)(1+x^\alpha)}$.

解 令 $\dfrac{1}{x}=t$,

$$\begin{aligned}\int_0^{+\infty} \frac{dx}{(1+x^2)(1+x^\alpha)} &= \int_{+\infty}^0 \frac{1}{\left(1+\dfrac{1}{t^2}\right)\left(1+\dfrac{1}{t^\alpha}\right)}\cdot\frac{-1}{t^2}\,dt\\ &= \int_0^{+\infty} \frac{t^\alpha}{(1+t^2)(1+t^\alpha)}\,dt\\ &= \int_0^{+\infty} \frac{x^\alpha}{(1+x^2)(1+x^\alpha)}\,dx,\end{aligned}$$

所以

$$\begin{aligned}&\int_0^{+\infty} \frac{dx}{(1+x^2)(1+x^\alpha)}\\ =&\frac{1}{2}\int_0^{+\infty}\left(\frac{1}{(1+x^2)(1+x^\alpha)} + \frac{x^\alpha}{(1+x^2)(1+x^\alpha)}\right)dx\\ =&\frac{1}{2}\int_0^{+\infty}\frac{dx}{1+x^2} = \frac{1}{2}\arctan x\Bigg|_0^{+\infty} = \frac{\pi}{8}.\end{aligned}$$

例 4 (1) 设 $\alpha>0$, 求 $\displaystyle\int_1^{+\infty} \frac{dx}{x\sqrt{1+x^\alpha+x^{2\alpha}}}$.

(2) 设 $a>0$, n 为自然数, 求 $\int_0^{+\infty}\frac{dx}{(a^2+x^2)^n}$.

解　(1) 令 $\frac{1}{x^\alpha}=t$. 因 $\alpha>0$, 故有 $\frac{dx}{x^{1+\alpha}}=-\frac{1}{\alpha}d\frac{1}{x^\alpha}$. 这样,

$$\begin{aligned}\int_1^{+\infty}\frac{dx}{x\sqrt{1+x^\alpha+x^{2\alpha}}}&=\int_1^{+\infty}\frac{1}{\sqrt{x^{-2\alpha}+x^{-\alpha}+1}}\cdot\frac{dx}{x^{1+\alpha}}\\&=\int_1^0\frac{1}{\sqrt{t^2+t+1}}\cdot\left(-\frac{1}{\alpha}dt\right)\\&=\frac{1}{\alpha}\int_0^1\frac{dt}{\sqrt{t^2+t+1}}\\&=\frac{1}{\alpha}\ln\left(t+\frac{1}{2}+\sqrt{t^2+t+1}\right)\Big|_0^1\\&=\frac{1}{\alpha}\ln\left(1+\frac{2}{\sqrt{3}}\right).\end{aligned}$$

(2) 令 $x=a\tan t$. 当 $n>1$ 时,

$$\begin{aligned}\int_0^{+\infty}\frac{dx}{(a^2+x^2)^n}&=\int_0^{\frac{\pi}{2}}\frac{1}{(a^2\sec^2 t)^n}\cdot a\sec^2 tdt\\&=\frac{1}{a^{2n-1}}\int_0^{\frac{\pi}{2}}\cos^{2(n-1)}tdt=\frac{(2n-3)!!}{a^{2n-1}(2n-2)!!}\cdot\frac{\pi}{2};\end{aligned}$$

当 $n=1$ 时,

$$\int_0^{+\infty}\frac{dx}{a^2+x^2}=\frac{\pi}{2a}.$$

例 5　$\int_{\frac{1}{2}}^{\frac{3}{2}}\frac{dx}{\sqrt{|x-x^2|}}$.

解

$$\begin{aligned}\int_{\frac{1}{2}}^{\frac{3}{2}}\frac{dx}{\sqrt{|x-x^2|}}&=\int_{\frac{1}{2}}^{1}\frac{dx}{\sqrt{x-x^2}}+\int_1^{\frac{3}{2}}\frac{dx}{\sqrt{x^2-x}}\\&\xlongequal{(x-\frac{1}{2}=t)}\int_0^{\frac{1}{2}}\frac{dt}{\sqrt{\frac{1}{4}-t^2}}+\int_{\frac{1}{2}}^{1}\frac{dt}{\sqrt{t^2-\frac{1}{4}}}\\&=\arcsin 2t\Big|_0^{\frac{1}{2}}+\ln\left(t+\sqrt{t^2-\frac{1}{4}}\right)\Big|_{\frac{1}{2}}^{1}\\&=\frac{\pi}{2}+\ln(2+\sqrt{3}).\end{aligned}$$

第 5 章　常微分方程

5.1　常微分方程基本概念

学 习 要 点

一、微分方程 $\Longleftrightarrow$ 含有自变量、未知函数以及未知函数的导数或微分的方程.

常微分方程 $\Longleftrightarrow$ 未知函数为一元函数的微分方程.

***n* 阶微分方程** 的一般形式为

$$F(x,y,y',\cdots,y^{(n)})=0, \tag{1}$$

标准形式为

$$y^{(n)}=f(x,y,y',\cdots,y^{(n-1)}), \tag{2}$$

其中, x 是自变量, y 是未知函数, $F(x,y,y',\cdots,y^{(n)})$ 是 $n+2$ 个变量 $x,y,y',\cdots,y^{(n)}$ 的已知函数, 且 F 中必出现变量 $y^{(n)}$.

二、微分方程的阶 $\Longleftrightarrow$ 微分方程中未知函数的导数或微分的最高阶数.

三、微分方程的解 $\Longleftrightarrow$ 若函数 $y=\varphi(x)$ 在某区间 (a,b) 内有 n 阶连续微商, 且使 $F(x,\varphi(x),\varphi'(x),\cdots,\varphi^{(n)}(x))=0$ 在 (a,b) 内恒成立, 则称 $y=\varphi(x)$ 是微分方程 (1) 的显式解. 而 $a<x<b$ 称为解 $y=\varphi(x)$ 的定义区间. 如果由 $\Phi(x,y)=0$ 所确定的隐函数 $y=\varphi(x)$ 或 $x=\varphi(y)$ 是方程 (1) 或 (2) 的解, 则称 $\Phi(x,y)=0$ 为 (1) 或 (2) 的隐式解.

方程 (1) 或 (2) 的通解 $\Longleftrightarrow$ 含有 n 个独立的任意常数 $c_1,c_2,\cdots,c_n$ 的解, 如 $y=\varphi(x,c_1,c_2,\cdots,c_n)$ 或 $\Phi(x,y,c_1,\cdots,c_n)=0$.

方程 (1) 或 (2) 的特解 $\Longleftrightarrow$ 不含任意常数或通解中的任意常数已被初始条件确定出来的解.

初始条件 $\Longleftrightarrow$ 为了确定方程 (1) 和 (2) 通解中的任意常数而给的条件.

例 题 分 析

例 1　指出下列方程的阶:

(1) $\dfrac{dx}{dt}+P(t)x=Q(t)x^n$;　　(2) $\dfrac{d^2y}{dx^2}+a(x)\dfrac{dy}{dx}+b(x)y=f(x)$.

解　(1)　自变量为 t, x 是未知函数. 由阶的定义, x 的最高阶导数为 1, 所以是一阶微分方程.

(2)　x 是自变量, y 是未知函数, 所以是 2 阶微分方程.

例 2　设物体 A 从点 $(0,1)$ 出发, 以速度 v 沿 y 轴正向匀速运动, 物体 B 从点 $(-1,0)$ 与 A 同时出发, 其速度为 $2v$, 方向始终指向 A(见图 5.1), 试建立物体 B 的运动轨迹所满足的微分方程, 并写出初始条件.

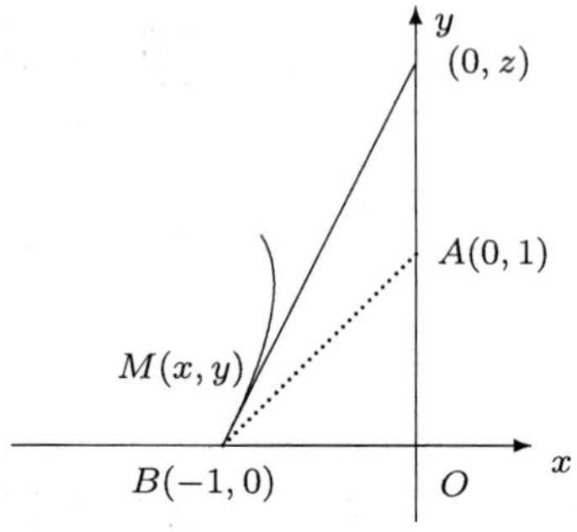

图 5.1

解　设 B 的运动曲线上任一点为 $M(x,y)$, 这时 A 位于 $(0,z)$, 则

$$\begin{aligned}
&z = 1 + vt,\\
&\int_{-1}^{x}\sqrt{1+y'^2}dx = 2vt \implies vt = \frac{1}{2}\int_{-1}^{x}\sqrt{1+y'^2}dx,\\
&y'(x) = \frac{z-y}{0-x} \implies y - xy' = z,\\
&y - xy' = 1 + vt = 1 + \frac{1}{2}\int_{-1}^{x}\sqrt{1+y'^2}dx,
\end{aligned}$$

即

$$y - xy' = 1 + \frac{1}{2}\int_{-1}^{x}\sqrt{1+y'^2}dx$$

两边关于 x 求导

$$-x\frac{d^2y}{dx^2} = \frac{1}{2}\sqrt{1+\left(\frac{dy}{dx}\right)^2},$$

即 v

$$x\frac{d^2y}{dx^2} + \frac{1}{2}\sqrt{1+\left(\frac{dy}{dx}\right)^2} = 0,$$

初始条件

$$y\Big|_{x=-1} = 0, \qquad \frac{dy}{dx}\Big|_{x=-1} = 1.$$

5.2 一阶微分方程与可降阶的二阶方程

学习要点

1. **分离变量型的一阶方程**

$$y' = \frac{\varphi(x)}{\psi(y)}, \tag{1}$$

解

$$\int \varphi(x)dx = \int \psi(y)dy.$$

若 $\psi(y) = 0$ 有零点, 例如 $\psi(y_0) = 0$, 则 $y = y_0$ 也是 (2) 的一个解.

2. **可化为分离变量型的一阶方程**

1) 齐次方程

$$y' = \varphi\left(\frac{y}{x}\right) \tag{2}$$

通过变换 $y = ux$ 可得

$$\frac{du}{\varphi(u) - u} = \frac{dx}{x},$$

成为分离变量型方程.

2)

$$\frac{dy}{dx} = f\left(\frac{a_1x + b_1y + c_1}{a_2x + b_2y + c_2}\right), \tag{3}$$

其中 $a_1, a_2, b_1, b_2, c_1, c_2$ 都是常数 c_1, c_2 不同时为 0. a_1, a_2, b_1, b_2 不同时为 0.

1° $a_1b_2 \neq a_2b_1$, 则 $\begin{cases} a_1k + b_1h = c_1 \\ a_2k + b_2h = c_2 \end{cases}$ 有唯一解.

作变量代换 $u = x + k, v = y + h$, 原方程就化为齐次方程

$$\frac{dv}{du} = f\left(\frac{a_1u + b_1v}{a_2u + b_2v}\right).$$

2° $a_1b_2 = a_2b_1$, 如果 $a_1 \neq 0$, 则取 $\lambda = \dfrac{a_2}{a_1} = \dfrac{b_2}{b_1}$.

作变量代换, $z = a_1x + b_1y$ 原方程就化为

$$\frac{dz}{dx} = a_1 + b_1 f\left(\frac{z + c_1}{\lambda z + c_2}\right),$$

其他情形类似可以化为分离变量型方程.

3. 一阶线性方程

一般形式

$$\frac{dy}{dx}+P(x)y=Q(x), \tag{4}$$

而

$$\frac{dy}{dx}+P(x)y=0, \tag{5}$$

称为与方程 (4) 对应的齐次方程 (此处的 "齐次" 是指 y 的零次项系数为 0).

方程 (5) 的解是

$$y=ce^{-\int P(x)dx} \qquad (c\neq 0),$$

对方程 (4) 的解, 利用常数变易法, 可得到 (4) 的通解为

$$y=e^{-\int P(x)dx}\left(\int Q(x)e^{\int P(x)dx}dx+C\right).$$

4. 可化为一阶线性方程的非线性方程

1) 伯努利 (Bernoulli) 方程

形如

$$\frac{dy}{dx}+P(x)y=Q(x)y^n, \qquad n\neq 0,1, \tag{6}$$

$y=0$ 是 (6) 的特解. 当 $y\neq 0$, 令 $u=\dfrac{1}{y^{n-1}}$ 就得到关于 u 的线性非齐次方程

$$\frac{du}{dx}+(1-n)P(x)u=Q(x)(1-n). \tag{7}$$

2) 里卡蒂 (Riccati) 方程

形如

$$\frac{dy}{dx}=P(x)y^2+Q(x)y+R(x), \tag{8}$$

称为里卡蒂方程.

若已知 (8) 的一个特解 $y=\varphi(x)$, 令 $u=y-\varphi(x)$. 有

$$\frac{du}{dx}=P(x)u^2+[2P(x)\varphi(x)+Q(x)]u,$$

这是以 u 为未知函数的伯努利方程.

5. 可降阶的二阶微分方程

1) 不显含未知函数的二阶方程

$$f(x,y',y'')=0. \tag{9}$$

此时, 令 $p=y',p'=y''$, 方程降为函数变量为 p 的一阶方程

$$f(x,p,p')=0. \tag{10}$$

在 (10) 的通解中将 p 换成 y', 又得到一个新的一阶微分方程, 就有可能最后得到 (10) 的通解.

2) 不显含自变量的二阶方程

$$f(y,y',y'')=0 \tag{11}$$

也可通过变换 $p=y'$ 降成一阶方程

$$f\left(y,p,p\frac{dp}{dy}\right)=0. \tag{12}$$

例题分析

例 1 求下列方程的解:

(1) $(1+y^2)dx=xdy$;

(2) $y-xy'=a(y+x^2y)$;

(3) $\tan x\sin^2 ydx+\cos^2 x\cot ydy=0$;

(4) $(xy^2+x)dx+(y-x^2y)dy=0$.

解 (1) 易知 $x=0$ 是特解. 当 $x\neq 0$ 时, 有

$$\frac{dx}{x}=\frac{dy}{1+y^2}.$$

两边积分有

$$\ln|x|=\arctan y+c_1,$$

即有通解

$$x=ce^{\arctan y} \quad 和 \quad x=0.$$

故方程的全部解为

$$x=ce^{\arctan y}, \qquad c\text{ 为任意常数}.$$

(2) 易知 $y=0$ 是解, 当 $y\neq 0$ 时, 有

$$\frac{dy}{y}=\left(\frac{1}{x}-\frac{a}{x}-ax\right)dx,$$

$$\ln|y|=(1-a)\ln|x|-\frac{1}{2}ax^2+c_1.$$

所以

$$y = ce^{-\frac{1}{2}ax^2}|x|^{1-a}, \qquad c = \pm e^{c_1}.$$

因为 $y=0$ 是解, 所以

$$y = ce^{-\frac{1}{2}ax^2}|x|^{1-a}, \qquad c \text{ 为任意常数}.$$

(3) $\tan x d(\tan x) - \cot y(d\cot y) = 0$. 所以

$$\tan^2 x - \cot^2 y = c, \quad y = \operatorname{arccot}(\pm\sqrt{\tan^2 x - c}).$$

(4)

$$\begin{aligned}&\frac{y}{1+y^2}dy = \frac{x}{x^2-1}dx,\\&\ln|1+y^2| = \ln|x^2-1| + c_1,\end{aligned}$$

所以

$$x^2 - 1 = c(1+y^2)$$

(易知 $c=0$ 时, $x=\pm 1$ 是解).

例 2 求解下列齐次方程和可化为齐次的方程.

(1) $(y+\sqrt{x^2+y^2})dx - xdy = 0$; (2) $y' = \dfrac{x}{y} + \dfrac{y}{x}$;

(3) $y' = \dfrac{1-3x-3y}{1+x+y}$; (4) $y' = \dfrac{2y-x-5}{2x-y+4}$.

解 (1) 令 $y = xu$, 则

$$xu + x^2\frac{du}{dx} = xu + \sqrt{x^2+x^2u^2}.$$

因为

$$x = \pm\sqrt{x^2},$$

所以

$$\begin{aligned}&\frac{du}{\sqrt{1+u^2}} = \pm\frac{dx}{x},\\&\ln(u+\sqrt{1+u^2}) = \pm\ln|x| + c_1.\end{aligned}$$

所以

$$y + \sqrt{x^2+y^2} = cx^2, \tag{14}$$

及

$$y-\sqrt{x^2+y^2}=c. \tag{15}$$

可合写成

$$y=\frac{1}{2}\left(cx^2-\frac{1}{c}\right)$$

((15) 也可写成 $y+\sqrt{x^2+y^2}=cx^2$).

(2) 令 $y=ux$, 则

$$u+xu'=\frac{1}{u}+u.$$

所以

$$udu=\frac{dx}{x},$$

即

$$x=e^{\frac{1}{2}u^2+c},$$
$$x=e^{\frac{y^2}{2x^2}+c}$$

或

$$y^2=2x^2\ln(cx).$$

(3) 令 $u=x+y$, 则 $u'-1=\dfrac{1-3u}{1+u}$.

$$\frac{1+u}{2(1-u)}du=dx,$$

所以

$$-\ln|u-1|-\frac{1}{2}u=x+c_1,$$
$$2\ln|u-1|+u+2x=2c_1,$$

$x+y-1=0$ 也是解.

$$\ln(x+y-1)^2+3x+y=c, \qquad c \text{ 为任意常数}.$$

(4) 令

$$\begin{cases} x=\xi-1, \\ y=\eta+2, \end{cases}$$

则

$$\frac{d\eta}{d\xi}=\frac{2\eta-\xi}{2\xi-\eta}$$

是齐次方程.

再令 $\eta = u\xi$, 则

$$u + \xi\frac{du}{d\xi} = \frac{2u-1}{2-u},$$

即 $\dfrac{2-u}{u^2-1}du = \dfrac{d\xi}{\xi}$.

$$\left(\frac{1}{u-1} - \frac{3}{u+1}\right)du = 2\frac{d\xi}{\xi}, \quad u-1 = (u+1)^3\xi^2 \cdot c,$$

即

$$\eta - \xi = c(\eta+\xi)^3,$$
$$y - x - 3 = c(x+y-1)^3.$$

易知 $x+y-1=0$ 也是解.

例 3 求下列线性方程和伯努利方程的解.

(1) $(1+x^2)y' - 2xy = (1+x^2)^2$;

(2) $(y^2-6x)y' + 2y = 0$;

(3) $y' = \dfrac{1}{2x-y^2}$;

(4) $(y^4-3x^2)dy + xydx = 0$;

(5) $y^3dx + 2(x^2-xy^2)dy = 0$;

(6) $xy'\ln x\sin y + (1-x\cos y)\cos y = 0$.

解 (1) 两边除以 $(1+x^2)$, 得

$$y' - \frac{2x}{1+x^2}y = (1+x^2)$$

是线性方程. 上式的通解是

$$y = e^{\int \frac{2x}{1+x^2}dx}\left(\int (1+x^2)e^{-\int \frac{2x}{1+x^2}dx}dx + c\right)$$
$$= (1+x^2)(x+c).$$

(2) 原方程可写为

$$(y^2-6x)dy + 2ydx = 0,$$

即若 $y \neq 0$, 则

$$\frac{dx}{dy} - \frac{3x}{y} = -\frac{y}{2}$$

是关于 x 的线性方程. 所以

$$x = e^{\int \frac{3}{y}dy}\left(\int -\frac{y}{2}e^{-\int \frac{3}{y}dy}dy + c\right) = \frac{y^2}{2} + cy^3,$$

故所求解为

$$y = 0 \quad \text{或} \quad x = \frac{y^2}{2} + cy^3.$$

(3) 原方程可化为

$$\frac{dx}{dy} = 2x - y^2$$

是关于 x 的线性方程. 所以

$$x = e^{\int 2dy}\left(\int -y^2 e^{-\int 2dy} dy + c\right),$$

即

$$x = ce^{2y} + \frac{y^2}{2} + \frac{y}{2} + \frac{1}{4}.$$

(4) 当 $y \neq 0$ 时, 原方程可改写成

$$\frac{1}{2}\frac{d(x^2)}{dy} = \frac{3}{y}x^2 - y^3,$$

再令 $u = x^2$, 得到线性方程

$$\frac{du}{dy} - \frac{6}{y}u = -2y^3.$$

上式的通解为

$$\begin{aligned} u &= e^{\int \frac{b}{y} dy}\left(c - 2\int y^3 e^{-\int \frac{b}{y} dy} dy\right) \\ &= y^6\left(c - 2\int \frac{dy}{y^3}\right) = cy^6 + y^4, \end{aligned}$$

故方程的解为 $x^2 - y^4 = cy^6$. 另外, 显然 $y \equiv 0$ 也是原方程的一个解.

(5) 当 $y \neq 0$ 时, 原方程改写为

$$\frac{dx}{dy} + \frac{2(x^2 - xy^2)}{y^3} = 0,$$

令 $x = u^2$, 有

$$2u\frac{du}{dy} + \frac{2(u^4 - u^2y^2)}{y^3} = 0.$$

于是得到伯努利方程

$$\frac{du}{dy} - \frac{1}{y}u = -\frac{1}{y^3}u^3.$$

再令 $z = \dfrac{1}{u^2}$, 就变为

$$\frac{dz}{dy} + \frac{2}{y}z = \frac{2}{y^3} \quad (\text{是线性方程}),$$

上式的通解为

$$z = e^{-2\int \frac{dy}{y}} \left(c + \int \frac{2}{y^3} e^{2\int \frac{dy}{y}} dy \right) = \frac{1}{y^2}(c + 2\ln y).$$

故原方程的通积分为

$$\frac{1}{x} = \frac{1}{y^2}(c + 2\ln y),$$

或写为

$$y^2 = x(\ln y^2 + c),$$

易知 $y = 0$ 也为解.

(6) 令 $u = \cos y$, 则

$$\frac{du}{dx} = -\sin y \frac{dy}{dx},$$

原方程变为

$$-x\frac{du}{dx}\ln x + u - xu^2 = 0.$$

当 $x \neq 1$ 时, 有

$$\frac{du}{dx} - \frac{1}{x\ln x}u = -\frac{1}{\ln x}u^2,$$

这是伯努利方程. 令 $z = \dfrac{1}{u}$, 上式变为

$$\frac{dz}{dx} + \frac{1}{x\ln x}z = \frac{1}{\ln x} \quad (\text{是线性方程}),$$

通解为

$$z = e^{-\int \frac{dx}{x\ln x}} \left(c + \int \frac{1}{\ln x} e^{\int \frac{dx}{x\ln x}} dx \right) = \frac{1}{\ln x}(c + x).$$

所以, 原方程的解为

$$\ln x = (c + x)\cos y.$$

例 4 求下列二阶微分方程的解.

(1) $1 + (y')^2 = 2yy''$; (2) $(1 + x^2)y'' + (y')^2 + 1 = 0$.

解 (1) 方程不显含自变量, 可令 $p = y'$. 则

$$y'' = p\frac{dp}{dy},$$

原方程化为

$$1 + p^2 = 2y \cdot p\frac{dp}{dy} \quad (\text{可分离变量}),$$

即

$$\frac{dy}{y}=\frac{2pdp}{1+p^2},$$
$$\ln|y|=\ln(1+p^2)+c_1,$$

解出

$$y=c_1(1+p^2),$$

即

$$y=c_1\left(1+\left(\frac{dy}{dx}\right)^2\right),$$

或写为

$$c_1y=1+\left(\frac{dy}{dx}\right)^2.$$

则

$$\frac{dy}{dx}=\sqrt{c_1y-1},$$

所以

$$\frac{dy}{\sqrt{c_1y-1}}=dx,$$

解得

$$\frac{2}{c_1}\sqrt{c_1y-1}=x+c_2.$$

所以, 原方程的解

$$y=\frac{c_1(x+c_2)^2}{4}+\frac{1}{c_1}.$$

注 5.1 此题中的 c_1 只是表示任意常数, 上下式中的 c_1 不一定相同.

(2) 令 $p=\frac{dy}{dx}$, 则原方程化为

$$(1+x^2)\frac{dp}{dx}=-(1+p^2) \quad (\text{可分离变量}),$$
$$\arctan p=-\arctan x+c,$$
$$p=\tan(c-\arctan x).$$

由公式

$$\tan(A-B)=\frac{\tan A-\tan B}{1+\tan A\tan B},$$

则

$$\frac{dy}{dx}=\frac{c_1-x}{1+c_1x}.$$

所以

$$dy = \frac{c_1 - x}{1 + c_1 x} dx.$$

解得

$$y = -\frac{1}{c_1}x + \left(1 + \frac{1}{c_1^2}\right) \ln|1 + c_1 x| + c_2.$$

例 5 求解下列微分方程.

(1) $f(xy)ydx + g(xy)xdy = 0$; (2) $y' = \frac{1}{xy} \cdot \frac{1}{\sin^2(xy^2)} - \frac{y}{2x}$.

解题提示 方程中出现 $f(xy), f(x \pm y), f(x^2 \pm y^2)$ 等形式的项时, 通常做这样的相应变量替换 $u = xy, x \pm y, x^2 \pm y^2, \cdots$.

解 (1) 令 $u = xy$, 代入原方程, 经整理得

$$[f(u) - g(u)]\frac{u}{x}dx + g(u)du = 0,$$

即

$$\frac{dx}{x} + \frac{g(u)du}{[f(u) - g(u)]u} = 0.$$

两边积分

$$\ln|x| + \int \frac{g(u)}{u[f(u) - g(u)]} du = c.$$

(2) 令 $u = xy^2$, 代入原方程, 得

$$\frac{du}{dx} = \frac{2}{\sin^2 u} \quad \Longrightarrow \quad \sin^2 u du = 2dx,$$

即

$$(1 - \cos 2u)du = 4dx.$$

两边积分, 得

$$u - \frac{1}{2}\sin 2u - 4x = c.$$

变量还原

$$xy^2 - \frac{1}{2}\sin(2xy^2) - 4x = c.$$

在解函数方程时, 常利用已知条件将问题转化为求关于未知函数的微分方程.

例 6 设 $f(x)$ 是 $x(x > 0)$ 的一个连续可导函数, 且满足

$$x\int_0^x f(t)dt = (x + 1)\int_0^x tf(t)dt,$$

求 $f(x)$.

解 等式两边对 x 求导, 得

$$\int_0^x f(t)dt + xf(x) = \int_0^x tf(t)dt + (x+1)xf(x),$$

化简得

$$\int_0^x f(t)dt = \int_0^x tf(t)dt + x^2 f(x).$$

上式两边再对 x 求导, 得

$$f(x) = xf(x) + 2xf(x) + x^2 f'(x),$$

所以

$$f'(x) = \frac{f(x)(1-3x)}{x^2}.$$

可分离变量

$$\ln|f(x)| = -\frac{1}{x} - 3\ln x + c,$$

即

$$f(x) = \frac{c}{x^3}e^{-\frac{1}{x}}.$$

在含未知函数 $f(x)$ 的积分方程中, 常采取方程两边对自变量求导的方法, 将积分方程化为微分方程, 再求出微分方程的解而求得未知函数 $f(x)$.

例 7 设函数 $f(x)$ 在 $[0,+\infty)$ 上可导, $f(0)=0$, 且其反函数为 $g(x)$, 若 $\int_0^{f(x)} g(t)dt = x^2e^x$, 求 $f(x)$.

解 等式两边对 x 求导, 得

$$g(f(x))\cdot f'(x) = 2xe^x + x^2e^x,$$

而

$$g(f(x)) = x,$$

所以

$$xf'(x) = (2x+x^2)e^x.$$

当 $x\neq 0$ 时

$$f'(x) = 2e^x + xe^x,$$

两边积分得

$$f(x) = 2e^x + xe^x - \int e^x dx + c = (1+x)e^x + c.$$

又因为 $f(x)$ 在 $[0,+\infty)$ 可导, 所以在 $x=0$ 处连续. 所以

$$f(0)=\lim_{x\to 0^+} f(x)=\lim_{x\to 0^+}[(1+x)e^x+c]=0,$$

得

$$c=-1.$$

所以

$$f(x)=(x+1)e^x-1.$$

例 8　已知 $f(x)$ 连续, $f(x)=\int_0^x f(t)dt$. 求 $f(x)$.

解　对方程两边求导得

$$f'(x)=f(x),$$

即

$$\frac{df(x)}{dx}=f(x).$$

所以

$$\frac{df(x)}{f(x)}=dx.$$

所以

$$\ln|f(x)|=x+c_1.$$

所以

$$f(x)=ce^x.$$

又因为

$$f(0)=0 \implies c=0,$$

所以

$$f(x)\equiv 0.$$

例 9　设 $y=f(x)$ 是方程 $y''-2y'+2y=0$ 的一个解, 若 $f(x_0)>0$, 且 $f'(x_0)=0$, 则函数 $f(x)$ 在点 x_0________.

(A) 取得极大值　　(B) 取得极小值

(C) 某个邻域内单调增加　　(D) 某个邻域内单调减小

解　$f'(x_0)=0$, $x=x_0$ 为 $f(x)$ 的驻点. 又

$$f''(x_0)-2f'(x_0)+2f(x_0)=0,$$

$$f(x_0)>0,$$

所以

$$f''(x_0) = -2f(x_0) < 0,$$

故 $x = x_0$ 是 $f(x)$ 的极大值点. 所以选 (A).

例 10 设 $f(x)$ 具有二阶连续导函数, 且满足

$$\oint_c \left[\frac{\ln x}{x} - \frac{1}{x}f'(x)\right] ydx + f'(x)dy = 0,$$

其中 c 为 xOy 平面第一象限内任一条闭曲线, 已知 $f(1) = f'(1) = 0$. 求 $f(x)$.

解 $P = \left[\frac{\ln x}{x} - \frac{f'(x)}{x}\right] y$, $Q = f'(x)$, P, Q 在第一象限内有一阶连续偏导数, 且 xOy 平面内第一象限为单连通区域, 由平面曲线积分与路径无关的条件, 得

$$f''(x) = \frac{\ln x}{x} - \frac{1}{x}f'(x),$$

即

$$f''(x) + \frac{1}{x}f'(x) = \frac{\ln x}{x}.$$

令 $f'(x) = u$, 则 $u' + \frac{1}{x}u = \frac{\ln x}{x}$,

$$\begin{aligned} u &= e^{-\int \frac{1}{x}dx}\left[\int \frac{\ln x}{x} e^{-\int \frac{1}{x}dx} dx + c_1\right] \\ &= \frac{1}{x}\left[\int \ln x dx + c_1\right] = \ln x - 1 + \frac{c_1}{x}. \end{aligned}$$

由 $f'(1) = 0$, 得 $c_1 = 1$, 故

$$f'(x) = u = \ln x - 1 + \frac{1}{x}.$$

所以

$$f(x) = \int \left(\ln x - 1 + \frac{1}{x}\right) dx = (x+1)\ln x - 2x + c_2.$$

由 $f(1) = 0$, 得 $c_2 = 2$. 故

$$f(x) = (x+1)\ln x - 2x + 2.$$

例 11 函数 $f(x)$ 在 $[0, +\infty)$ 上可导, $f(0) = 1$, 且满足等式

$$f'(x) + f(x) - \frac{1}{x+1}\int_0^x f(t)dt = 0.$$

(1) 求导数 $f'(x)$;

(2) 证明: 当 $x \geq 0$ 时, 成立不等式 $e^{-x} \leq f(x) \leq 1$.

解 (1) 由题设知,

$$(x+1)f'(x) + (x+1)f(x) - \int_0^x f(t)dt = 0.$$

上式两边对 x 求导, 得

$$(x+1)f''(x) = -(x+2)f'(x),$$

设 $u = f'(x)$, 则有

$$\frac{du}{dx} = -\frac{x+2}{x+1}u,$$

所以

$$\ln|u| = -(x + \ln(x+1)) + c_1.$$

所以

$$u = \frac{ce^{-x}}{x+1},$$

即

$$f'(x) = \frac{ce^{-x}}{x+1}.$$

由

$$f(0) = 1, f'(0) + f(0) = 0 \implies f'(0) = -1 \implies c = -1,$$

所以

$$f'(x) = -\frac{e^{-x}}{x+1}.$$

(2) 当 $x \geq 0$ 时, $f'(x) < 0$ 即 $f(x)$ 单调下降. 所以

$$f(x) \leq f(0) = 1.$$

设 $\varphi(x) = f(x) - e^{-x}$, 则

$$\varphi(0) = 0, \qquad \varphi'(x) = f'(x) + e^{-x} = \frac{x}{x+1}e^{-x}.$$

当 $x \geq 0$ 时, $\varphi'(x) \geq 0$, 即 $\varphi(x)$ 单调升. 所以

$$\varphi(x) \geq \varphi(0) = 0,$$

即有 $f(x) \geq e^{-x}$.

综上所述, 当 $x \geq 0$ 时, 成立 $e^{-x} \leq f(x) \leq 1$.

例 12 解函数方程

$$f(x+y)=\frac{f(x)+f(y)}{1-f(x)f(y)},$$

其中 $f(x)$ 为未知函数, 且假定 $f'(0)$ 存在.

解题提示 在解函数方程时, 常利用已知条件将问题化为求关于未知函数的微分方程.

解 先证 $f(0)=0$, 令 $x=y=0$. 得

$$f(0)=\frac{f(0)+f(0)}{1-f^2(0)}.$$

若 $f(0)\neq 0$, 则 $1-f^2(0)=2$, 即 $f^2(0)=-1$. 这不可能, 故 $f(0)=0$.

下面再证 $f(x)$ 在任一点 x 处可导, 由题设 $f(x)$ 在 $x=0$ 处可导, 故 $f(x)$ 在 $x=0$ 处连续 (即 $\lim\limits_{\Delta x\to 0}f(\Delta x)=f(0)$). 所以

$$\begin{aligned}\lim_{\Delta x\to 0}\frac{f(x+\Delta x)-f(x)}{\Delta x}&=\lim_{\Delta x\to 0}\frac{\dfrac{f(x)+f(\Delta x)}{1-f(x)f(\Delta x)}-f(x)}{\Delta x}\\&=\lim_{\Delta x\to 0}\frac{f(\Delta x)[1+f^2(x)]}{\Delta x[1-f(x)f(\Delta x)]}\\&=\lim_{\Delta x\to 0}\frac{f(\Delta x)-f(0)}{\Delta x}\cdot\frac{1+f^2(x)}{1-f(x)f(\Delta x)}\\&=f'(0)\cdot\frac{1+f^2(x)}{1-f(x)f(0)}\\&=f'(0)[1+f^2(x)],\end{aligned}$$

因此 $f(x)$ 满足方程

$$f'(x)=f'(0)(1+f^2(x))\quad 及\quad f(0)=0.$$

解此方程

$$\begin{aligned}&\frac{df(x)}{1+f^2(x)}=f'(0)dx,\\&\arctan f(x)=f'(0)x+c,\end{aligned}$$

将 $f(0)=0$ 代入得 $c=0$. 故

$$f(x)=\tan(f'(0)x).$$

例 13 设 L 是一条平面曲线, 其上任意一点 $P(x,y)(x>0)$ 到坐标原点的距离, 恒等于该点处的切线在 y 轴上的截距, 且 L 经过 $\left(\dfrac{1}{2},0\right)$, 试求曲线 L 的方程.

解 曲线 L 过点 $P(x,y)$ 的切线方程为

$$Y-y=y'(X-x),$$

令 $X=0$, 得该切线在 y 轴的截距为 $b=y-y'x$.

由题设知,

$$\sqrt{x^2+y^2}=y-xy',$$

令 $u=\dfrac{y}{x}$, 则此方程可化为

$$\frac{du}{\sqrt{1+u^2}}=-\frac{dx}{x}.$$

解之得

$$\ln(u+\sqrt{1+u^2})=-\ln|x|+c_1=-\ln c|x|,$$

所以

$$y+\sqrt{x^2+y^2}=c.$$

由于 L 经过 $\left(\dfrac{1}{2},0\right)$ 得 $c=\dfrac{1}{2}$. 所以 L 的方程为

$$y+\sqrt{x^2+y^2}=\frac{1}{2},$$

化简得

$$y=\frac{1}{4}-x^2.$$

例 14 在空气中自由落下, 初始质量为 M_0 克的雨点均匀地蒸发着, 设每秒蒸发 m 克, 空气阻力和雨点速度成正比, 如果开始时雨点速度为 0, 试求雨点运动速度和时间的关系.

分析 这是一个动力学问题, 关键是找出在任何时刻 t 雨点的质量及雨点所受的力.

解 1) 列方程. 设雨点运动速度为 v, 空气阻力和雨点速度的比例系数为 k. 依题意在任何时刻 t, 雨点质量为 M_0-mt, 雨点所受的力为 $(M_0-mt)g-kv$. 由牛顿定律 $F=ma$, 有

$$\begin{cases}(M_0-mt)\dfrac{dv}{dt}=(M_0-mt)g-kv,\\ v|_{t=0}=0.\end{cases}$$

2) 解方程. 将方程变形为

$$\frac{dv}{dt}=-\frac{k}{M_0-mt}v+g.$$

这是一阶线性方程, 其解为

$$\begin{aligned} v &= e^{-\int \frac{k}{M_0 - mt}dt}\left[\int g e^{\int \frac{k}{M_0-mt}dt}dt + c\right] \\ &= -\frac{g}{m-k}(M_0 - mt) + c(M_0 - mt)^{k/m}. \end{aligned}$$

由 $v\big|_{t=0} = 0$. 得 $c = \frac{g}{m-k}M_0^{1-\frac{k}{m}}$, 故雨点运动速度与时间的关系为

$$v = -\frac{g}{m-k}(M_0 - mt) + \frac{g}{m-k}M_0^{\frac{m-k}{m}}(M_0 - mt)^{\frac{k}{m}}.$$

例 15 一个半球状的雪堆, 其体积融化的速率与半球面面积 S 成正比, 比例常数 $k > 0$, 假设在融化过程中雪堆始终保持半球状, 已知半径为 r_0 的雪堆在开始融化的 3 小时内, 融化了其体积的 $\frac{7}{8}$, 问雪堆全部融化需要多少小时?

解 设半球状雪堆在 t 时刻的半径为 $r(t)$, 则在 t 时刻的体积为 $V = \frac{4}{6}\pi r^3$. 而由题意

$$\frac{dV}{dt} = -k \cdot 2\pi r^2,$$

即

$$\begin{aligned} &2\pi r^2 \frac{dr}{dt} = -2k\pi r^2, \\ &\frac{dr}{dt} = -k, \\ &r = -kt + c. \end{aligned}$$

又已知

$$r\big|_{t=0} = r_0 \implies c = r_0,$$

即

$$r = r_0 - kt.$$

由题设, 3 小时后雪堆的体积是原体积的 $\frac{1}{8}$, 即

$$\frac{4}{6}\pi(r_0 - 3k)^3 = \frac{1}{8} \times \frac{4}{6}\pi r_0^3,$$

即

$$(r_0 - 3k)^3 = \frac{1}{8}r_0^3,$$

解得

$$k = \frac{1}{6}r_0,$$

从而

$$r = r_0 - \frac{1}{6} r_0 t.$$

若要雪堆全部融化, 即 $r = 0$. 故得 $t = 6$, 即雪堆全部融化需要 6 小时.

例 16 有一质量为 1 克的质点，受力的作用作直线运动. 该力从瞬时 $t = 0$ 秒起与时间成正比, 且与质点运动的速度成反比. 在 $t = 10$ 秒时, 速度等于 50 厘米/秒, 力为 4 达因 *. 试建立该质点运动的微分方程, 并求 1 分钟后的速度.

解 设质点运动的速度为 $v(t)$, 由题意知, 质点受到的外力为 $k\frac{t}{v}$, 且 $m = 1$. 由牛顿第二定律, 有

$$\frac{dv}{dt} = k\frac{t}{v},$$

且有

$$4 = k \cdot \frac{10}{50} \implies k = 20.$$

这时, 质点运动的微分方程为

$$\begin{cases} \dfrac{dv}{dt} = 20\dfrac{t}{v}, \\ v\big|_{t=10} = 50. \end{cases}$$

求解后得到

$$v(t) = \sqrt{500 + 20t^2},$$

故当 $t = 1$ 分钟 ($= 60$ 秒) 时, $v = 50\sqrt{29}$ 厘米/秒.

例 17 设单位质点在水平面上作直线运动, 初速度 $v\big|_{t=0} = v_0$, 已知阻力与速度成正比 (比例常数为 1), 问 t 为多少时此质点的速度为 $\frac{v_0}{3}$? 并求到此时刻该质点所经过的路程.

解 设质点的运动速度为 $v(t)$, 则由牛顿第二定律

$$\begin{aligned} &\frac{dv}{dt} = -v, \\ &\ln|v| = -t + c, \qquad v = ce^{-t}. \end{aligned}$$

由

$$v\big|_{t=0} = v_0,$$

得

$$c = v_0,$$

* 1 达因 $= 10^{-5}$ 牛顿

所以

$$v = v_0 e^{-t}.$$

由题设

$$v = v_0 e^{-t} = \frac{1}{3} v_0 \implies t = \ln 3,$$

此时质点所经过的路程为

$$S = \int_0^{\ln 3} v dt = \int_0^{\ln 3} v_0 e^{-t} dt = \frac{2}{3} v_0.$$

当 t 为 $\ln 3$ 时, 质点的速度为 $\frac{v_0}{3}$. 此时该质点所经过的路程为 $\frac{2}{3}v_0$.

5.3 二阶线性微分方程的一般理论

学习要点

一、概念

二阶线性微分方程的一般形式

$$y'' + p(x)y' + q(x)y = f(x), \tag{1}$$

其中 $p(x), q(x), f(x)$ 在 (a, b) 连续.

方程 (1) 所对应的齐次方程

$$y' + p(x)y' + q(x)y = 0. \tag{2}$$

二、二阶线性微分方程解的结构

1. 若 y_1 与 y_2 是方程 (2) 的解, 则 $c_1y_1 + c_2y_2$ 也是 (2) 的解.

2. 设 $y_1, y_2, \cdots, y_n$ 为定义在区间 I 内的 n 个函数, 如果存在 n 个不全为 0 的常数 $k_1, k_2, \cdots, k_n$, 使得当 x 在该区间内时恒有

$$k_1y_1 + k_2y_2 + \cdots + k_ny_n \equiv 0$$

成立, 则称这 n 个函数在区间 I 内线性相关, 否则称线性无关.

3. 对两个函数 y_1 和 y_2, 若 $y_1 : y_2 = c$(常数), 则 y_1 与 y_2 线性相关, 若 $y_1 : y_2 \neq c$, 则 y_1 与 y_2 线性无关.

4. 若 y_1 与 y_2 是方程 (2) 的两个线性无关的特解, 则 $c_1y_1 + c_2y_2$ 是方程 (2) 的通解, 其中 c_1, c_2 是任意常数.

5. 若 $\tilde{y}$ 是方程 (1) 的一个特解, Y 是方程 (2) 的通解, 则 $y=\tilde{y}+Y$ 是方程 (1) 的通解.

6. 若 $\tilde{y}_i$ 是方程 $y''+p(x)y'+q(x)y=f_i(x)\ (i=1,2)$ 的一个特解, 则 $\tilde{y}_1+\tilde{y}_2$ 是方程

$$y''+p(x)y'+q(x)y=f_1(x)+f_2(x)$$

的一个特解.

例题分析

例 1　函数 $\cos^2 x,\sin^2 x$ 在开区间 $\left(0,\dfrac{\pi}{2}\right)$ 内满足一个二阶线性齐次方程.

(1) 证明它们是一组基本解;

(2) 作出这个方程;

(3) 证明 1 和 $\cos 2x$ 是这个方程的另一基本解组.

解　(1) $\cos^2 x,\sin^2 x$ 的 Wronsky 行列式

$$W(x)=\begin{vmatrix}\cos^2 x & \sin^2 x\\ -2\cos x\sin x & 2\sin x\cos x\end{vmatrix}=\sin 2x$$

在 $\left(0,\dfrac{\pi}{2}\right)$ 上不为 0. 因此 $\cos^2 x,\sin^2 x$ 是一组基本解.

(2) 方程的通解是

$$\begin{aligned}y&=c_1\cos^2 x+c_2\sin^2 x,\\ y'&=-2c_1\cos x\sin x+2c_2\sin x\cos x=(c_2-c_1)\sin 2x,\\ y''&=2(c_2-c_1)\cos 2x,\end{aligned}$$

所以

$$y''=2\cot 2x\cdot y',$$

故该方程是

$$y''-2y'\cot 2x=0.$$

(3) 通解

$$\begin{aligned}y&=c_1\frac{1+\cos 2x}{2}+c_2\frac{1-\cos 2x}{2}\\ &=\frac{1}{2}(c_1+c_2)+\frac{c_1-c_2}{2}\cos 2x.\end{aligned}$$

令

$$c_3=\frac{1}{2}(c_1+c_2),c_4=\frac{c_1-c_2}{2},$$

则

$$y = c_3 + c_4 \cos 2x.$$

从而 $1, \cos 2x$ 是此方程的另一组基本解.

例 2 在下列方程中, 已知其一个特解为 y_1, 试求它们的通解.

(1) $y'' \sin^2 x = 2y,\ y_1 = \cot x$;

(2) $(1 - x^2)y'' - xy' + 9y = 0,\ y_1$ 为三次多项式.

解 (1) 利用公式

$$y_2(x) = y_1(x) \int \frac{1}{y_1^2(x)} e^{-\int p(x)dx} dx,$$

$$\begin{aligned} y_2 &= y_1 \int \frac{1}{y_1^2} e^0 dx = \frac{\cos x}{\sin x} \int \frac{\sin^2 x}{\cos^2 x} dx \\ &= \frac{\cos x}{\sin x} \int \left(\frac{1}{\cos^2 x} - 1 \right) dx = 1 - x\cot x, \end{aligned}$$

所以

$$y = c_1 \cot x + c_2(1 - x\cot x) = c_2 + (c_1 - c_2 x)\cot x.$$

(2) 设

$$y_1 = ax^3 + bx^2 + cx + d,$$

则 y_1 应满足方程. 代入得

$$(1 - x^2)(6ax + 2b) - x(3ax^2 + 2bx + c) + 9(ax^3 + bx^2 + cx + d) = 0.$$

整理得

$$(-6a - 3a + 9a)x^3 + (-2b + 2b + 9b)x^2 + (6a - c + 9c)x + 2b + 9d = 0$$

$$\Longrightarrow \begin{cases} 6a - 3a + 9a = 0 \\ -2b + 2b + 9b = 0 \\ 6a - c + 9c = 0 \\ 2b + 9d = 0 \end{cases} \Longrightarrow \begin{cases} b = d = 0, \\ 3a = -4c. \end{cases}$$

故可令 (取 $c = 3$)

$$\begin{aligned} y_1 &= 4x^3 - 3x, \\ y_2 &= y_1 \int \frac{1}{y_1^2} e^{\int \frac{x dx}{1 - x^2}} dx = y_1 \int \frac{1}{y_1^2} \frac{dx}{|x^2 - 1|^{1/2}}. \end{aligned}$$

i) $1-x^2>0$ 时,

$$y_2=(4x^3-3x)\int\frac{1}{(4x^3-3x)^2}\frac{dx}{\sqrt{1-x^2}}.$$

令 $x=\cos t$. 则

$$\begin{aligned}y_2&=(4x^3-3x)\int\frac{dt}{\cos^2 3t}=-\frac{1}{3}(4x^3-3x)\frac{\sin 3t}{\cos 3t}\\&=-\frac{1}{3}(3\sin t-4\sin^3 t)=-\frac{1}{3}\sqrt{1-x^2}[3-4(1-x^2)]\\&=-\frac{1}{3}(4x^2-1)\sqrt{1-x^2},\end{aligned}$$

所以通解 $y=c_1(4x^3-3x)+c_2(4x^2-1)\sqrt{1-x^2}$.

ii) $1-x^2<0$ 时,

$$y_2=(4x^3-3x)\int\frac{1}{(4x^3-3x)^2}\frac{dx}{\sqrt{x^2-1}}.$$

令 $x=\mathrm{ch}t$. 则

$$\begin{aligned}y_2&=(4x^3-3x)\int\frac{dt}{(\mathrm{ch}3t)^2}=\frac{1}{3}(4x^3-3x)\frac{\mathrm{sh}3t}{\mathrm{ch}3t}=\frac{1}{3}\mathrm{sh}3t\\&=\frac{1}{3}(4\mathrm{sh}^3t+3\mathrm{sh}t)=\frac{1}{3}\sqrt{x^2-1}[4(x^2-1)+3]\\&=\frac{1}{3}\sqrt{x^2-1}(4x^2-1),\end{aligned}$$

所以通解 $y=c_1(4x^3-3x)+c_2(4x^2-1)\sqrt{x^2-1}$.

例 3 先用观察法求下列齐次方程的一个非零特解, 然后求方程通解.

(1) $x^2y''-2xy'+2y=0,\ x\neq 0$;

(2) $y''-y'\tan x+2y=0$.

解 (1) 显然 $y_1=x$ 是一特解. 令 $y_2=z(x)y_1=zx$. 则

$$\begin{aligned}y_2'&=z+xz',\\y_2''&=xz''+2z',\end{aligned}$$

代入方程, 则

$$x^3z''+2x^2z'-2xz-2x^2z'+2zx=0.$$

即 $z''=0$, 可取 $z=x$, 则

$$y_2=x^2,$$

故通解

$$y = c_1 x + c_2 x^2.$$

(2) $y_1 = \sin x$ 是一特解.

$$\begin{aligned} y_2 &= \sin x \int \frac{1}{\sin^2 x} e^{\int \tan x dx} \\ &= \sin x \int \frac{dx}{\sin^2 x \cos x} = \sin x \int \frac{d \sin x}{\sin^2 x(1-\sin^2 x)} \\ &= \sin x \left(-\frac{1}{\sin x} - \frac{1}{2} \ln \left| \frac{\sin x - 1}{\sin x + 1} \right| \right) \\ &= -1 + \frac{1}{2} \sin x \ln \left| \frac{1+\sin x}{1-\sin x} \right|, \end{aligned}$$

故通解

$$y = c_1 \sin x - c_2 + \frac{c_2}{2} \sin x \ln \frac{1+\sin x}{1-\sin x}.$$

例 4 已知特解 $y_1 = x, y_2 = x^2$, 试求方程

$$x^3 y''' - 3x^2 y'' + 6xy' - 6y = 0$$

的通解.

解 这是一个三阶线性方程, 可类似二阶情形. 令 $y = xz$, 则

$$\begin{aligned} y' &= z + xz', \\ y'' &= xz'' + 2z', \\ y''' &= xz''' + z'' + 2z'' = xz''' + 3z'', \end{aligned}$$

代入方程得

$$x^4 z''' = 0.$$

所以

$$z = c_1 + c_2 x + c_3 x^2.$$

从而

$$y = c_1 x + c_2 x^2 + c_3 x^3.$$

例 5 求方程 $(2x - x^2)y'' + (x^2 - 2)y' + 2(1-x)y = 0$ $(x \neq 0, 2)$ 满足初始条件 $y\big|_{x=1} = 0$, $y'\big|_{x=1} = 1$ 的特解.

解 易知 $y_1 = e^x$ 是一特解. 又令

$$y_2 = ze^x,$$

则

$$y_2' = (z' + z)e^x, \quad y_2'' = (z'' + 2z' + z)e^x.$$

代入方程得

$$(2x - x^2)z'' + (4x - x^2 - 2)z' = 0.$$

令 $p = z'$, 则

$$\frac{dp}{p} = \frac{4x - x^2 - 2}{x(x-2)}dx,$$

即

$$\frac{dp}{p} = \left(\frac{1}{x} + \frac{1}{x-2} - 1\right)dx,$$

所以

$$p = x(x-2)e^{-x},$$

得

$$z = -x^2 e^{-x},$$

所以

$$y_2 = -x^2,$$

故通解

$$y = c_1 x^2 + c_2 e^x.$$

由

$$\begin{cases} y\big|_{x=1} = 0 \\ y'\big|_{x=1} = 1 \end{cases} \Longrightarrow \begin{cases} c_1 + c_2 e = 0 \\ 2c_1 + c_2 e = 1 \end{cases} \Longrightarrow \begin{cases} c_1 = 1, \\ c_2 = -\dfrac{1}{e}, \end{cases}$$

故满足条件的特解为 $y = x^2 - e^{x-1}$.

例 6　求下列非齐次方程的通解.

(1) $(x-1)y'' - xy' + y = (x-1)^2 \quad (x \neq 1)$;

(2) $y'' + k^2 y = f(x)$;

(3) $y' - y\tan x = \sec x$.

解　(1) 设特解为 $y = Ax^3 + Bx^2 + Cx + D$, 则

$$(x-1)(6Ax + 2B) - x(3Ax^2 + 2Bx + C) + (Ax^3 + Bx^2 + Cx + D)$$
$$= x^2 - 2x + 1,$$

比较两边系数, 得

$$A = 0, \quad B = -1, \quad C \text{ 任意}, \quad D = -1,$$

故非齐次方程有特解 $y^* = -(x^2+1)$.

而对应齐次方程有一特解

$$y_1 = x,$$

设对应齐次方程另一特解

$$y_2 = xz,$$

则

$$(x-1)xz'' + 2(x-1)z' - x^2z' - xz + xz = 0.$$

令 $z' = p$, 则

$$(x-1)xp' - (x^2-2x+2)p = 0,$$

解得

$$\begin{aligned} z' &= p = \frac{x-1}{x^2}e^x, \\ z &= \frac{e^x}{x}, \end{aligned}$$

所以

$$y_2 = e^x.$$

故原方程的通解为 $y = c_1x + c_2e^x - (x^2+1)$.

(2) 易知对应齐次方程的通解为

$$y = c_1\cos kx + c_2\sin kx,$$

又

$$W(x) = \begin{vmatrix} \cos kx & \sin kx \\ -k\sin kx & k\cos kx \end{vmatrix} = k,$$

利用常数变易法得原方程一特解

$$\begin{aligned} y^*(x) &= \int_{x_0}^{x} \frac{y_1(t)y_2(x) - y_2(t)y_1(x)}{W(t)} f(t)dt \\ &= \int_{x_0}^{x} \frac{\cos kt\sin kx - \sin kt\cos kx}{k} f(t)dt \\ &= \frac{1}{k}\int_{x_0}^{x} f(t)\sin k(x-t)dt. \end{aligned}$$

故原方程通解为

$$y = c_1\cos kx + c_2\sin kx + \frac{1}{k}\int_{x_0}^{x} f(t)\sin k(x-t)dt.$$

(3) 易知齐次方程通解为 $y=\dfrac{c}{\cos x}$. 令 $y=\dfrac{z}{\cos x}$, 代入原方程得

$$\frac{z'}{\cos x}=\frac{1}{\cos x},\quad z=x+c,$$

即 $y=\dfrac{x+c}{\cos x}$.

例 7　已知方程 $(1+x^2)y''+2xy'-6x^2-2=0$ 的一个特解 $y=x^2$, 试求方程满足初始条件 $y\big|_{x=-1}=0,\ y'\big|_{x=-1}=0$ 的特解.

解　对应的齐次方程 $y''+\dfrac{2x}{1+x^2}y'=0$. 令 $y'=p$, 则

$$\frac{dp}{p}=-\frac{2x}{1+x^2}dx=-\frac{dx^2}{1+x^2},$$

所以

$$p=\frac{c_1}{1+x^2}=y',$$

所以

$$y=c_1\arctan x+c_2.$$

从而原方程通解为

$$y=c_1\arctan x+c_2+x^2.$$

由

$$y(-1)=y'(-1)=0\implies\begin{cases}c_1\left(-\dfrac{\pi}{4}\right)+c_2+1=0\\ \dfrac{c_1}{2}+2\cdot(-1)=0\end{cases}$$
$$\implies c_1=4,\quad c_2=\pi-1.$$

故所求特解为 $y=\pi-1+4\arctan x+x^2$.

例 8　设线性无关的函数 $y_1(x),y_2(x),y_3(x)$ 都是二阶非齐次线性方程

$$y''+p_1(x)y'+p_2(x)y=f(x)$$

的解, c_1,c_2 为任意常数, 则该非齐次方程的通解是 (　　)

(a) $c_1y_1+c_2y_2+y_3$　　(b) $c_1y_1+c_2y_2-(c_1+c_2)y_3$

(c) $c_1y_1+c_2y_2-(1-c_1-c_2)y_3$　　(d) $c_1y_1+c_2y_2+(1-c_1-c_2)y_3$

解　(a) 因为 $c_1y_1+c_2y_2$ 不是对应齐次方程的通解, 所以 $c_1y_1+c_2y_2+y_3$ 不是该非齐次方程的通解.

(b) $c_1y_1+c_2y_2-c_1y_3-c_2y_3=c_1(y_1-y_3)+c_2(y_2-y_3)$ 是对应齐次方程的通解, 但没有特解, 故给的函数也不是所求方程的通解.

(c) $c_1y_1+c_2y_2-(1-c_1-c_2)y_3=c_1(y_1+y_3)+c_2(y_2+y_3)-y_3$. 把 $y=c_1y_1+c_2y_2-(1-c_1-c_2)y_3$ 代入方程得

$$\begin{aligned}y''+p(x)y'+q(x)y&=c_1f(x)+c_2f(x)-(1-c_1-c_2)f(x)\\&=(2c_1+2c_2-1)f(x).\end{aligned}$$

因为 $f(x)\neq 0$, 所以当 $2c_1+2c_2-1\neq 1$ 时, 不是非齐次方程的解, 故 (c) 不是通解.

由排除法可知 (d) 入选. 因为 (d)

$$c_1y_1+c_2y_2+(1-c_1-c_2)y_3=c_1(y_1-y_3)+c_2(y_2-y_3)+y_3.$$

$c_1(y_1-y_3)+c_2(y_2-y_3)$ 是对应齐次方程的通解. y_3 是特解, 所以应选 (d).

5.4 二阶常系数线性微分方程

学习要点

一、二阶常系数齐次线性微分方程

$$y''+py'+qy=0,\qquad p,q \text{ 为常数}. \tag{1}$$

对应的特征方程为 $\lambda^2+p\lambda+q=0$, 其根为 λ_1,λ_2.

当 $\lambda_1\neq\lambda_2$ 时, 即两相异实根, 通解为

$$y=c_1e^{\lambda_1x}+c_2e^{\lambda_2x}.$$

当 $\lambda_1=\lambda_2=\lambda$ 时, 即两相等实根, 通解为

$$y=(c_1+c_2x)e^{\lambda x}.$$

$\lambda_{1,2}=\alpha\pm i\beta$ $(\beta\neq 0)$, 一对共轭复根, 通解为

$$y=e^{\alpha x}(c_1\cos\beta x+c_2\sin\beta x).$$

二、二阶常系数非齐次线性微分方程

$$y''+py'+qy=f(x),\qquad p,q \text{ 为常数},\ f(x)\neq 0. \tag{2}$$

由上节知可通过常数变易法求出其特解，所以对常系数二阶微分方程的求解已经没有讨论的必要了. 这里给出某些特殊形式的 $f(x)$ 的方程 (2) 的特解.

1. $f(x) = e^{\lambda x}p_n(x)$ ($p_n(x)$ 是 n 次多项式).

i) λ 不是特征方程的根, 则 $y^* = Q_n(x)e^{\lambda x}$.

ii) λ 是特征方程的单根, 则 $y^* = xQ_n(x)e^{\lambda x}$.

iii) λ 是特征方程的重根, 则 $y^* = x^2Q_n(x)e^{\lambda x}$.

$Q_n(x)$ 是 n 次待定多项式, 下同.

2. $f(x) = e^{\lambda x}[p_l(x)\cos\beta x + p_n(x)\sin\beta x]$ ($\beta \neq 0$).

i) $\lambda + \beta i$ 不是特征方程的根, 则

$$y^* = e^{\lambda x}[R_m^{(1)}(x)\cos\beta x + R_m^{(2)}(x)\sin\beta x].$$

ii) $\lambda + \beta i$ 是特征方程的根、单根.

$$y^* = xe^{\lambda x}[R_m^{(1)}(x)\cdot\cos\beta x + R_m^{(2)}(x)\sin\beta x],$$

其中 $m = \max\{l, n\}$.

三、欧拉方程

$$x^2y'' + pxy' + qy = f(x), \qquad \text{其中 } p, q \text{ 是给定数}. \tag{3}$$

用变量代换 $x = e^t (x > 0)$ 或 $x = -e^t (x < 0)$ 可化为

$$\frac{d^2y}{dt^2} + (p-1)\frac{dy}{dt} + qy = f(\pm e^t). \tag{4}$$

例题分析

例 1 求下列常系数齐次方程的通解或特解.

(1) $3y'' - 2y' - 8y = 0$;

(2) $4y'' - 8y' + 5y = 0$;

(3) $y'' + 2y' + 5y = 0$, $y\big|_{x=0} = 1$, $y'\big|_{x=0} = 1$;

(4) $4y'' + 4y' + y = 0$, $y\big|_{x=0} = 2$, $y'\big|_{x=0} = 0$.

解 (1) 特征方程为

$$3\lambda^2 - 2\lambda - 8 = 0, \quad \lambda_1 = 2,\ \lambda_2 = -\frac{4}{3},$$

通解为

$$y = c_1e^{2x} + c_2e^{-\frac{4}{3}x}.$$

(2) 特征方程为

$$4\lambda^2 - 8\lambda + 5 = 0, \quad \lambda_{1,2} = 1 \pm \frac{1}{2}i,$$

通解为

$$y = e^x \left(c_1 \cos\frac{x}{2} + c_2 \sin\frac{x}{2}\right).$$

(3) 特征方程为

$$\lambda^2 + 2\lambda + 5 = 0, \quad \lambda_{1,2} = -1 \pm 2i,$$

所以通解为

$$y = e^{-x}(c_1 \cos 2x + c_2 \sin 2x).$$

由

$$\begin{cases} y\big|_{x=0} = 1 \\ y'\big|_{x=0} = 1 \end{cases} \Longrightarrow \begin{cases} c_1 = 1, \\ c_2 = 1, \end{cases}$$

所以特解为

$$y = e^{-x}(\cos 2x + \sin 2x).$$

(4) 特征方程为

$$4\lambda^2 + 4\lambda + 1 = 0, \quad \lambda_{1,2} = -\frac{1}{2},$$

所以通解为

$$y = (c_1 + c_2 x)e^{-\frac{1}{2}x}.$$

由

$$\begin{cases} y\big|_{x=0} = 2 \\ y'\big|_{x=0} = 0 \end{cases} \Longrightarrow \begin{cases} c_1 = 2, \\ c_2 = 1, \end{cases}$$

所以特解为

$$y = (2 + x)e^{-\frac{1}{2}x}.$$

例 2 求下列二阶常系数非齐次方程的通解.

(1) $y'' + y = 3\sin\dfrac{x}{2}$;

(2) $y'' - 6y' + 9y = (x+1)e^{2x}$;

(3) $y'' - 5y' + 6y = 3e^{4x}$;

(4) $y'' - y = (x^2 - 1)e^x$;

(5) $y'' + 4y' + a^2 y = e^{-2x}$, 其中 a 为实数;

(6) $y'' + y' - 2y = 3e^x - \dfrac{1}{2}\sin 2x$;

(7) $y''+y=\cos x\cos 2x$;

(8) $2y''+5y'=\cos^2 x$.

解 (1) 对应齐次方程的特征方程为

$$\lambda^2+1=0,\quad \lambda_{1,2}=\pm i,$$

所以齐次方程的通解为

$$y=c_1\cos x+c_2\sin x.$$

求特解, 考虑 $y''+y=3e^{\frac{i}{2}x}$ 的特解.

设其一特解为 $y^*=Ae^{\frac{i}{2}x}$ 代入方程

$$y''+y=\left(-\frac{1}{4}A+A\right)e^{\frac{i}{2}x}=3e^{\frac{i}{2}x},$$

所以

$$A=4,$$

故原方程的一特解为 $y^*=4\sin\dfrac{x}{2}$. 所以原方程的通解为

$$y=c_1\cos x+c_2\sin x+4\sin\frac{x}{2}.$$

(2) 特征方程为

$$\lambda^2-6\lambda+9=0,\quad \lambda_{1,2}=3,$$

齐次方程的通解为 $y=(c_1+c_2x)e^{3x}$.

又设 $y^*=(Ax+B)e^{2x}$ 是非齐次方程的一特解. 代入方程, 得

$$-2A+Ax+B=x+1,$$

得

$$A=1,\quad B=3.$$

所以特解

$$y^*=(x+3)e^{2x},$$

因此原方程的通解是

$$y=(x+3)e^{2x}+(c_1+c_2x)e^{3x}.$$

(3) 特征方程为

$$\lambda^2-5\lambda+6=0,\qquad \lambda_1=2,\quad \lambda_2=3,$$

又 $\lambda=4$ 不是特征方程的根, 故令一特解为 $y^*=Ae^{4x}$ 代入方程得

$$2Ae^{4x}=3e^{4x},\quad A=\frac{3}{2},$$

所以原方程的通解为

$$y=c_1e^{2x}+c_2e^{3x}+\frac{3}{2}e^{4x}.$$

(4) 特征方程

$$\lambda^2-1=0,\qquad \lambda_1=1,\quad \lambda_2=-1,$$

又 $\lambda=1$ 是特征方程的单根, 故原方程的一特解可令为

$$y^*=x(Ax^2+Bx+C)e^x.$$

代入方程得

$$\begin{cases}6A=1\\4B+6A=0\\2C+2B=-1\end{cases}\Longrightarrow\begin{cases}A=\dfrac{1}{6},\\B=-\dfrac{1}{4},\\C=-\dfrac{1}{4},\end{cases}$$

所以特解

$$y^*=x\left(\frac{x^2}{6}-\frac{1}{4}x-\frac{1}{4}\right)e^x,$$

所以原方程的通解为

$$y=c_1e^x+c_2e^{-x}+x\left(\frac{x^2}{6}-\frac{1}{4}x-\frac{1}{4}\right)e^x.$$

(5) 特征方程

$$\lambda^2+4\lambda+a^2=0,$$

特征根

$$\lambda=-2\pm\sqrt{4-a^2}.$$

i) 当 $|a|=2$ 时, λ 有重根 $\lambda_1=\lambda_2=-2$. 所以齐次方程通解为

$$y=(c_1+c_2x)e^{-2x},$$

特解可令 $y^*=Ax^2e^{-2x}$, 代入方程, 可得

$$A=\frac{1}{2},$$

所以原方程的通解为

$$y=(c_1+c_2x)e^{-2x}+\frac{1}{2}x^2e^{-2x}.$$

ii) 当 $|a|<2$ 时, λ 有两实根 $\lambda_1=-2+\sqrt{4-a^2}$, $\lambda_2=-2-\sqrt{4-a^2}$. 令特解为 $y^*=Ae^{-2x}$, 代入方程, 可得

$$A=\frac{1}{a^2-4},$$

所以原方程通解为

$$y=e^{-2x}\left(c_1e^{\sqrt{4-a^2}x}+c_2e^{-\sqrt{4-a^2}x}\right)+\frac{1}{a^2-4}e^{-2x}.$$

iii) 当 $|a|>2$ 时, λ 为复根 $\lambda_{1,2}=-2\pm\sqrt{a^2-4}i$. 令特解为

$$y^*=Ae^{-2x},\quad A=\frac{1}{a^2-4},$$

故通解为

$$y=e^{-2x}(c_1\cos\sqrt{a^2-4}x+c_2\sin\sqrt{a^2-4}x)+\frac{1}{a^2-4}e^{-2x}.$$

(6) 对应齐次方程的特征方程为

$$\lambda^2+\lambda-2=0,\qquad \lambda_1=1,\qquad \lambda_2=-2,$$

故齐次方程通解为

$$y=c_1e^x+c_2e^{-2x},$$

非齐次方程的一个特解为如下形式:

$$y^*=Axe^x+B\cos 2x+C\sin 2x,$$

代入到原方程, 化简得

$$3Ae^x+(-6B+2C)\cos 2x+(-6C-2B)\sin x=3e^x-\frac{1}{2}\sin 2x.$$

比较系数, 得

$$\begin{cases}3A=3,\\ -6B+2C=0,\\ -6C-2B=-\dfrac{1}{2},\end{cases}$$

解得

$$A=1,\quad B=\frac{1}{40},\quad C=\frac{3}{40},$$

故

$$y^*=xe^x+\frac{1}{40}\cos 2x+\frac{3}{40}\sin 2x,$$

所以原方程的通解为

$$y = c_1 e^x + c_2 e^{-2x} + \frac{1}{40}\cos 2x + \frac{3}{40}\sin 2x + xe^x.$$

(7) 原方程对应的齐次方程的特征方程为

$$\lambda^2 + 1 = 0, \quad \lambda_{1,2} = \pm i.$$

所以齐次方程的通解为 $y = c_1\cos x + c_2\sin x$, 而原方程可化为

$$y'' + y = \frac{1}{2}\cos 3x + \frac{1}{2}\cos x.$$

易知

$$y'' + y = \frac{1}{2}\cos 3x \tag{5}$$

有形如 $y = A\sin 3x + B\cos 3x$ 的特解, 代入方程得

$$A = 0, \quad B = -\frac{1}{16},$$

所以 (5) 有特解 $y = -\frac{1}{16}\cos 3x$.

再考虑方程

$$y'' + y = \frac{1}{2}e^{ix}. \tag{6}$$

可设 (6) 有特解 $y = Axe^{ix}$, 代入 (6)

$$2iA = \frac{1}{2}, \quad A = -\frac{i}{4},$$

所以 $y'' + y = \frac{1}{2}\cos x$ 的特解是 $y = \frac{x}{4}\sin x$.

因此原方程的特解是

$$y = \frac{x}{4}\sin x - \frac{1}{16}\cos 3x,$$

原方程的通解为

$$y = c_1\cos x + c_2\sin x + \frac{x}{4}\sin x - \frac{1}{16}\cos 3x.$$

(8) 齐次方程的特征方程为

$$2\lambda^2 + 5\lambda = 0, \quad \lambda_1 = 0,\ \lambda_2 = -\frac{5}{2},$$

故齐次方程的通解为

$$y = c_1 + c_2 e^{-\frac{5}{2}x}.$$

原方程可化为

$$2y'' + 5y' = \frac{1}{2} + \frac{1}{2}\cos 2x.$$

易知其有如下形式的特解:

$$y^* = Ax + B\cos 2x + C\sin 2x.$$

代入方程并比较两边得

$$A = \frac{1}{10},\quad B = -\frac{1}{41},\quad C = \frac{5}{164},$$

故原方程的通解为

$$y = c_1 + c_2 e^{-\frac{5}{2}x} + \frac{1}{10}x - \frac{1}{41}\cos 2x + \frac{5}{164}\sin 2x.$$

例 3　设 $f(x) = \sin x - \int_0^x (x-t)f(t)dt$, 其中 f 为连续函数, 求 $f(x)$.

解　原方程可写为

$$f(x) = \sin x - x\int_0^x f(t)dt + \int_0^x tf(t)dt. \tag{7}$$

方程右边可导, 而 $f(x)$ 等于右边, 因此可导. 两边求导得

$$f'(x) = \cos x - \int_0^x f(t)dt. \tag{8}$$

再对两边求导 (因右边可导, 所以左边也可导), 得

$$f''(x) = -\sin x - f(x),$$

即

$$f''(x) + f(x) = -\sin x. \tag{9}$$

由 (7)、(8) 可知

$$\begin{cases} f(0) = 0, \\ f'(0) = 1. \end{cases}$$

令 $y = f(x)$. (9) 对应的齐次方程的特征方程为 $\lambda^2 + 1 = 0$, $\lambda_{1,2} = \pm i$. 所以齐次方程的通解为

$$y = c_1\cos x + c_2\sin x.$$

(9) 的一个特解设为

$$y^* = x(A\cos x + B\sin x),$$

代入到 (9), 得

$$A=\frac{1}{2},\quad B=0.$$

故

$$y^*=\frac{1}{2}x\cos x,$$

因此 (9) 的通解为

$$y=c_1\cos x+c_2\sin x+\frac{1}{2}x\cos x.$$

再由 $f(0)=y\big|_{x=0}=0,\ f'(0)=y'\big|_{x=0}=1$, 得

$$c_1=0,\quad c_2=\frac{1}{2},$$

因而

$$y=f(x)=\frac{1}{2}(\sin x+x\cos x).$$

注 5.2 此例是把积分方程化成微分方程的. 一般像这种情况, 不要忘记加初始条件, 这些初始条件有的是给定的, 有的隐含在方程中.

例 4 设二阶常系数线性微分方程 $y''+\alpha y'+\beta y=\gamma e^x$ 的一个特解为 $y=e^{2x}+(1+x)e^x$, 试确定 α,β,γ, 并求该方程的通解.

解 $y=e^{2x}+(1+x)e^x$ 代入方程, 比较两边系数得

$$\begin{cases}4+2\alpha+\beta=0,\\ 3+2\alpha+\beta=\gamma,\\ 1+\alpha+\beta=0,\end{cases}$$

解得

$$\alpha=-3,\quad \beta=2,\quad \gamma=-1.$$

故原方程为

$$y''-3y'+2y=-e^x,$$

对应的特征方程为

$$\lambda^2-3\lambda+2=0,\quad \lambda_1=1,\ \lambda_2=2,$$

齐次方程的通解为

$$y=c_1e^x+c_2e^{2x},$$

故原方程的通解为

$$\begin{aligned}y&=c_1e^x+c_2e^{2x}+e^{2x}+(1+x)e^x\\&=(\tilde{c}_1+x)e^x+\tilde{c}_2e^{2x}.\end{aligned}$$

例 5 设函数 $y=y(x)$ 满足微分方程 $y''-3y'+2y=2e^x$, 且其图形在点 $(0,1)$ 处的切线与曲线 $y=x^2-x+1$ 在该点的切线重合, 求函数 $y=y(x)$.

解 先求方程 $y''-3y'+2y=2e^x$ 的通解. 对应的特征方程为

$$\lambda^2-3\lambda+2=0,\quad \lambda_1=1,\ \lambda_2=2,$$

设其一特解为 $y^*=Axe^x$ 代入方程得

$$(Ax+2A)e^x-3(Ax+A)e^x+2Axe^x=2e^x,$$

所以

$$A=-2.$$

故原方程的通解为

$$y=c_1e^x+c_2e^{2x}-2xe^x.$$

又已知

$$\begin{cases} y(0)=1, \\ y'(0)=2x-1\big|_{x=0}=-1, \end{cases}$$

代入, 得

$$\begin{cases} c_1+c_2=1, \\ c_1+2c_2-2=-1, \end{cases}$$

得 $\begin{cases} c_1=1, \\ c_2=0, \end{cases}$ 所以函数 $y=e^x-2xe^x$.

例 6 解下列欧拉方程 $(x\neq 0)$.

(1) $x^2y''+3xy'+5y=0$; (2) $x^2y''-xy'+2y=x\ln x$.

解 (1) 当 $x>0$. 设 $x=e^t$, 则

$$\frac{dy}{dx}=\frac{dy}{dt}\cdot\frac{dt}{dx}=\frac{1}{x}\frac{dy}{dt},$$
$$\frac{d^2y}{dx^2}=\frac{1}{x^2}\left(\frac{d^2y}{dt^2}-\frac{dy}{dt}\right),$$

代入方程得到

$$\frac{d^2y}{dt^2}+2\frac{dy}{dt}+5y=0,$$

其对应的特征方程为

$$\lambda^2+2\lambda+5=0,\quad \lambda_1=-1+2i,\ \lambda_2=-1-2i.$$

从而

$$y = e^{-t}(c_1 \cos 2t + c_2 \sin 2t),$$

即

$$y = \frac{1}{x}(c_1 \cos(\ln x^2) + c_2 \sin(\ln x^2)).$$

当 $x < 0$ 时, 同样可得上式.

(2) 令 $x = e^t$, 则

$$\frac{d^2y}{dt^2} - 2\frac{dy}{dt} + 2y = te^t,$$

对应的特征方程为

$$\lambda^2 - 2\lambda + 2 = 0, \quad \lambda_1 = 1 + i,\ \lambda_2 = 1 - i.$$

设其有一特解 $y = (At + B)e^t$, 代入方程比较系数, 得

$$A = 1, \quad B = 0.$$

故通解为

$$y = e^t(c_1 \cos t + c_2 \sin t) + te^t,$$

即

$$y = x(c_1 \cos \ln x + c_2 \sin \ln x + \ln x).$$

5.5 质点的振动

学习要点

1. **自由简谐振动方程**

$$\frac{d^2x}{dt^2} + \omega^2 x = 0,$$

其中 x 是位移, $\omega^2 = \dfrac{b}{m}$, $b > 0$ 是弹性系数, m 是质量.

通解

$$x = c_1 \cos \omega t + c_2 \sin \omega t,$$

或写为

$$x = A \sin(\omega t + \delta),$$

其中 A 称为质点振动的振幅, δ 称为初相, ω 称为固有频率.

2. 自由阻尼振动方程

$$m\frac{d^2x}{dt^2}=-a\frac{dx}{dt}-bx,$$

或写成

$$\frac{d^2x}{dt^2}+2\beta\frac{dx}{dt}+\alpha^2x=0,$$

其通解

$$x=e^{-\beta t}(c_1\cos\omega t+c_2\sin\omega t),\qquad \omega=\sqrt{\alpha^2-\beta^2},$$

或写为

$$x=Ae^{-\beta t}\sin(\omega t+\delta).$$

$Ae^{-\beta t}$ 称为质点振动的振幅, δ 称为振动的初相, ω 称为振动的固有频率.

3. 无阻尼的强迫振动方程

$$m\cdot\frac{d^2x}{dt^2}=-bx+F\sin pt,$$

或写为

$$\frac{d^2x}{dt^2}+\omega^2x=F_0\sin pt,$$

方程的通解为

$$x=A\sin(\omega t+\delta)+\frac{F_0}{\omega^2-p^2}\sin pt.$$

4. 有阻尼的强迫振动方程

$$m\frac{d^2x}{dt^2}=-a\frac{dx}{dt}-bx+F\sin pt,$$

这方程又可写为

$$\frac{d^2x}{dt^2}+2\beta\frac{dx}{dt}+\alpha^2x=F_0\sin pt,$$

方程的通解可表示为

$$x=Ae^{-\beta t}\sin(\omega t+\delta)+E\sin(pt+\gamma).$$

例题分析

例 1　在光滑的水平面上有一单位质量的质点与一水平弹簧 (弹性系数 $k=9$) 的一端相连, 弹簧的另一端固定. 设质点在周期性外力 $f(t)=3\sin 3t$ 的作用下由静止开始沿水平轴运动, 运动开始时弹簧没有伸缩, 所有阻力忽略不计.

1° 写出质点运动的微分方程;

2° 求质点的运动规律;

3° 讨论质点的运动状态.

解 取水平轴为 x 轴, 质点的平衡位置为原点, 则由题意, 方程为

1°

$$\begin{cases} x'' + 9x = 3\sin 3t, \\ x(0) = x'(0) = 0. \end{cases} \tag{1}$$

2° 解方程. 先考虑方程

$$x'' + 9x = 3e^{3it}, \tag{2}$$

特征方程

$$\lambda^2 + 9 = 0, \quad \lambda_{1,2} = \pm 3i,$$

其有特解 $x = Ate^{3it}$, 代入到 (1) 式, 得

$$A = -\frac{1}{2}i,$$

取虚部, 得方程 (1) 的特解为

$$-\frac{1}{2}t\cos 3t,$$

故 (1) 有通解

$$x = c_1\cos 3t + c_2\sin 3t - \frac{1}{2}t\cos 3t,$$

再根据初始条件

$$x(0) = x'(0) = 0,$$

得

$$c_1 = 0, \quad c_2 = \frac{1}{6},$$

所以

$$x = \frac{1}{6}\sin 3t - \frac{1}{2}t\cos 3t.$$

3° 产生共振现象.

例 2 一长为 l 米, 质量为 m 的单摆作自由摆动, 假定其摆动偏角很小 (即 $\sin\theta \approx \theta$), 试求其运动方程.

解 $mg\theta = -ml\dfrac{d^2\theta}{dt^2}$. 即

$$\frac{d^2\theta}{dt^2} + \frac{g}{l}\theta = 0,$$

所以

$$\theta = A\cos\sqrt{\frac{g}{l}}t + B\sin\sqrt{\frac{g}{l}}t.$$

例 3 一质点开始在距地球中心为 a 的地方, 并以初速 v_0 向地心运动, 问此质点在重力作用下而移动距离 s 时, 其速度如何 (假设在真空中进行)?

解 由牛顿第二定律,

$$F=k\frac{m}{(a-x)^2}=m\frac{d^2x}{dt^2},$$

即

$$\frac{d^2x}{dt^2}=\frac{k}{(a-x)^2},$$

令 $v=v(x)$, 则

$$v\frac{dv}{dx}=\frac{k}{(a-x)^2},$$

$$v^2=\frac{2k}{(a-x)}+c.$$

由 $t=0$ 时 $\begin{cases}x=0,\\ v=v_0,\end{cases}$ 知

$$c=v_0^2-\frac{2k}{a}\qquad (\text{易知 } v>0),$$

故

$$v=\sqrt{v_0^2+2k\left(\frac{1}{a-x}-\frac{1}{a}\right)},$$

故当 $x=s$ 时,

$$v=\sqrt{v_0^2+2k\left(\frac{1}{a-s}-\frac{1}{a}\right)}.$$

5.6 n 阶线性微分方程和微分方程组

学 习 要 点

一、n 阶线性方程解的结构

n 阶线性齐次方程

$$y^{(n)}+p_1(x)y^{(n-1)}+\cdots+p_n(x)y=0, \tag{1}$$

n 阶线性非齐次方程

$$y^{(n)}+p_1(x)y^{(n-1)}+\cdots+p_n(x)y=f(x). \tag{2}$$

如果 $y_1(x),\cdots,y_n(x)$ 是 (1) 的 n 个线性无关解, 则 (1) 的通解为

$$y=c_1y_1(x)+c_2y_2(x)+\cdots+c_ny_n(x),$$

$y_1(x),y_2(x),\cdots,y_n(x)$ 称为 (1) 的基本解组.

若 $y^*(x)$ 是 (2) 的一个特解, 则 (2) 的通解为

$$y=c_1y_1(x)+c_2y_2(x)+\cdots+c_ny_n(x)+y^*(x).$$

二、n 阶常系数齐次方程

$$y^{(n)}+p_1y^{(n-1)}+\cdots+p_ny=0,\qquad p_i\text{ 为常数}. \tag{3}$$

对应的特征方程为

$$\lambda^n+p_1\lambda^{n-1}+\cdots+p_n=0. \tag{4}$$

类似二阶情况. 根据特征方程的根, 可以写其对应的微分方程的通解的对应项.

(1) 单实根 λ: 对应一项 $ce^{\lambda x}$.

(2) 一对单复根 $\lambda_{1,2}=\alpha\pm i\beta$: 对应两项 $e^{\alpha x}(c_1\cos\beta x+c_2\sin\beta x)$.

(3) k 重实根 λ, 对应 k 项 $e^{\lambda x}(c_1+c_2x+\cdots+c_kx^{k-1})$.

(4) 一对 k 重根 $\lambda_{1,2}=\alpha\pm i\beta$ 对应 $2k$ 项

$$e^{\alpha x}[(c_1+c_2x+\cdots+c_kx^{k-1})\cos\beta x+(d_1+d_2x+\cdots+d_kx^{k-1})\sin\beta x].$$

因特征方程的每一根都对应着通解中的一项, 且它们是线性无关的, 故方程 (3) 的通解为

$$y=c_1y_1+c_2y_2+\cdots+c_ny_n,$$

其中 $y_i(i=1,\cdots,n)$ 为上面 (1)~(4) 中相应的一项.

三、n 阶常系数非齐次线性方程

$$y^{(n)}+p_1y^{(n-1)}+\cdots+p_ny=f(x). \tag{5}$$

和二阶类似, 只要求 (5) 的一个特解, 只对 $f(x)$ 的某些特殊情况进行讨论, 类似二阶. 此处不赘述.

四、欧拉方程

n 阶欧拉方程

$$x^ny^{(n)}+p_1x^{n-1}y^{(n-1)}+\cdots+p_{n-1}xy'+p_ny=f(x).$$

同样可以用变量代换 $x=\pm e^t$ 化为常系数线性方程

$$\frac{d^n y}{dt^n}+q_1\frac{d^{n-1}y}{dt^{n-1}}+\cdots+q_{n-1}\frac{dy}{dt}+q_n=f(\pm e^t).$$

五、微分方程组 (略)

例题分析

例 1　求下列常系数齐次方程的通解.

(1) $y'''-3y''+3y'-y=0$;

(2) $y^{(4)}+y=0$;

(3) $y'''+4y'=0$.

解　(1) 特征方程 $\lambda^3-3\lambda^2+3\lambda-1=0$, $(\lambda-1)^3=0$,

$$\lambda_1=\lambda_2=\lambda_3=1.$$

所以通解

$$y=(c_1+c_2x+c_3x^2)e^x.$$

(2) 特征方程 $\lambda^4+1=0$.

$$\lambda_{1,2}=\frac{\sqrt{2}\pm\sqrt{2}i}{2},\quad \lambda_{3,4}=\frac{-\sqrt{2}\pm\sqrt{2}i}{2}.$$

从而通解为

$$y=\left(c_1\cos\frac{\sqrt{2}}{2}x+c_2\sin\frac{\sqrt{2}}{2}x\right)e^{\frac{\sqrt{2}}{2}x}+\left(c_3\cos\frac{\sqrt{2}}{2}x+c_4\sin\frac{\sqrt{2}}{2}x\right)e^{-\frac{\sqrt{2}}{2}x}.$$

(3) 特征方程为

$$\lambda^3+4\lambda=0,\quad \lambda_1=0,\ \lambda_2=2i,\ \lambda_3=-2i,$$

故通解为

$$y=c_1+c_2\cos 2x+c_3\sin 2x.$$

例 2　求下列常系数非齐次方程的通解.

(1) $y'''+y''+4y'+4y=\cos 2x$;　　(2) $y^{(4)}-2y'''+y''=x$.

解　(1) 特征方程 $\lambda^3+\lambda^2+4\lambda+4=0$.

$$\lambda_1=-1,\qquad \lambda_{2,3}=\pm 2i,$$

所以对应齐次方程的通解为

$$y = c_1e^{-x} + c_2\sin 2x + c_3\cos 2x.$$

再求非齐次方程的特解. 考虑方程

$$y''' + y'' + 4y' + 4y = e^{2ix},$$

可设其特解为

$$y = Axe^{2ix},$$

则代入方程得 $A = -\dfrac{2+i}{20}$,

$$y = -\frac{x}{20}(2+i)(\cos 2x + i\sin 2x),$$

其实部是

$$\frac{x}{20}(\sin 2x - 2\cos 2x),$$

故原方程的通解为

$$y = c_1e^{-x} + c_2\sin 2x + c_3\cos 2x + \frac{x}{20}(\sin 2x - 2\cos 2x).$$

(2) 特征方程

$$\lambda^4 - 2\lambda^3 + \lambda^2 = 0,$$

其中 $\lambda = 0$ 为二重根, $\lambda = 1$ 为二重根. 所以齐次方程的通解为

$$y = (c_1 + c_2x) + (c_3 + c_4x)e^x.$$

现求非齐次方程的特解. 设特解为

$$y = (Ax + B)x^2,$$

代入方程, 则

$$y' = 3Ax^2 + 2Bx,$$
$$y'' = 6Ax + 2B,$$
$$y''' = 6A, \quad y^{(4)} = 0,$$

故

$$-12A + 6Ax + 2B = x \implies A = \frac{1}{6}, \quad B = 1,$$

故原方程的通解为

$$y = (c_1 + c_2 x) + (c_3 + c_4 x)e^x + \frac{1}{6}x^3 + x^2.$$

例 3 求解欧拉方程：$x^3y''' + 3x^2y'' - 2xy' + 2y = 0$.

解 当 $x > 0$ 时, 令 $x = e^t$, 则

$$\begin{aligned} y' &= \frac{dy}{dx} = \frac{dy}{dt} \cdot \frac{dt}{dx} = \frac{1}{x}\frac{dy}{dt}, \\ y'' &= \frac{d}{dx}\left(\frac{1}{x}\frac{dy}{dt}\right) = \frac{1}{x^2}\left(\frac{d^2y}{dt^2} - \frac{dy}{dt}\right), \\ y''' &= -\frac{2}{x^3}\left(\frac{d^2y}{dt^2} - \frac{dy}{dt}\right) + \frac{1}{x^2}\left(\frac{d^3y}{dt^3} - \frac{d^2y}{dt^2}\right), \end{aligned}$$

所以原方程化为

$$\frac{d^3y}{dt^3} - 3\frac{dy}{dx} + 2y = 0.$$

特征方程

$$\begin{aligned} &\lambda^3 - 3\lambda + 2 = 0, \\ &(\lambda + 2)(\lambda - 1)^2 = 0, \\ &\lambda_1 = -2, \quad \lambda_2 = \lambda_3 = 1. \end{aligned}$$

从而通解

$$y = (c_1 + c_2 t)e^t + c_3 e^{-2t},$$

即

$$y = (c_1 + c_2 \ln x)x + \frac{c_3}{x^2}.$$

当 $x < 0$ 时, 令 $x = -e^t$, 同样可得,

$$y = [c_1 + c_2 \ln(-x)](-x) + \frac{c_3}{(-x)^2}.$$

故当 $x \neq 0$ 时, 通解

$$y = (c_1 + c_2 \ln|x|)|x| + c_3 x^{-2}.$$

例 4 求下列方程组的通解.

(1) $\begin{cases} \dfrac{dx}{dt} + \dfrac{dy}{dt} = -x + y + 3, \\ \dfrac{dx}{dt} - \dfrac{dy}{dt} = x + y - 3; \end{cases}$ (2) $\begin{cases} \dfrac{dx}{dt} = -y + \cos t, \\ \dfrac{dy}{dt} = -x + \sin t. \end{cases}$

注 5.3 利用代数求解法或消元升阶法解.

解 (1) 两个方程通过代数运算得

$$\begin{cases} \dfrac{dx}{dt} = y, \\ \dfrac{dy}{dt} = -x + 3, \end{cases}$$

所以

$$\frac{d^2x}{dt^2} = \frac{dy}{dt} = -x + 3,$$
$$\frac{d^2x}{dt^2} + x = 3,$$

所以

$$\begin{cases} x = c_1 \cos t + c_2 \sin t + 3, \\ y = -c_1 \sin t + c_2 \cos t, \end{cases}$$

(2) 对第一个方程关于 t 求导得

$$\frac{d^2x}{dt^2} + \frac{dy}{dt} = -\sin t \qquad (\frac{dy}{dt} \text{ 用第 2 个方程得}),$$

即

$$\frac{d^2x}{dt^2} - x = -2\sin t, \tag{6}$$

特征方程 $\lambda^2 - 1 = 0$, $\lambda = \pm 1$.

考虑方程

$$\frac{d^2x}{dt^2} - x = -2e^{it} \tag{7}$$

的特解. 设 $x = Ae^{it}$, 代入方程 (7), 比较得

$$A = 1.$$

(7) 的特解为

$$x = \cos t + i\sin t,$$

取虚部得 (6) 的特解.

所以 (6) 的一般通解为

$$x = c_1e^t + c_2e^{-t} + \sin t,$$

又

$$y = -\frac{dx}{dt} + \cos t,$$

故

$$\begin{cases} x = c_1e^t + c_2e^{-t} + \sin t, \\ y = -c_1e^t + c_2e^{-t}. \end{cases}$$

第 6 章　实数集的连续性

6.1　实数集的连续性命题

学习要点

一、了解本节的宗旨

1. 本节讲解的是与连续性有关的实数的几条性质及它们的等价性. 这几条性质, 是用以证明一些较深入的定理的基础和有力工具.

2. 本节是建立在实数的几何性质 (实数与数轴上的点是一一对应的) 及实数的代数性质 (比较大小, 四则运算及其性质) 的基础之上的.

3. 本节提供了建立完整实数理论的基本思想. 有益于有需要和兴趣去进一步弄清实数理论的读者, 有益于需要进一步学习分析数学的读者.

二、了解与实数连续性等价的一些命题及推理过程

1. *实数的连续性*. 设 A,B 是两个非空实数集, 满足: 1° $A\cap B=\emptyset$; 2° $A\cup B=\mathbf{R}$; 3° 任给 $a\in A, b\in B$, 都有 $a<b$. 则 A 有最大数而 B 无最小数或 A 无最大数而 B 有最小数.

2. *确界定理*. 非空且有上界的实数集必有上确界; 非空且有下界的实数集必有下确界 (实数集最小的上界称为上确界, 最大的下界称为下确界).

3. *单调数列判敛定理*. 单调有界数列必定收敛.

4. *区间套定理*. 设闭区间列 $\{I_n=[a_n,b_n]\}$ 满足: 1° 对任意的自然数 n, 有 $I_n\supset I_{n+1}$; 2° $\lim\limits_{n\to\infty}(b_n-a_n)=0$. 则存在唯一的实数 x_0, 使 $x_0\in I_n(\forall n)$, 且有 $\lim\limits_{n\to\infty}a_n=\lim\limits_{n\to\infty}b_n=x_0$.

5. *实数的列紧性*. 任何有界的实数列必含有收敛子列.

6. *实数的完备性*. 实数列 $\{a_n\}$ 收敛的充分必要条件是: 对 $\forall\varepsilon>0,\exists N$, 使当 $m,n>N$ 时总有 $|a_n-a_m|<\varepsilon$ 成立.

例题分析

例 1　设 E 是非空实数集, 证明 E 中存在点列 $\{x_n\}$ 和 $\{y_n\}$, 使得

$$\lim_{n\to\infty}x_n=\sup E,\quad \lim_{n\to\infty}y_n=\inf E.$$

证 当 E 有上界时, $\sup E$ 是实数. 对任意自然数 n, 因 $\sup E-\dfrac{1}{n}$ 不再是 E 的上界, 故存在 $x_n\in E$, 使得 $x_n>\sup E-\dfrac{1}{n}$, 又因 $\sup E$ 是 E 的上界, 故 $x_n\le\sup E$, 由此,

$$|x_n-\sup E|=\sup E-x_n<\frac{1}{n}.$$

由 $\lim\limits_{n\to\infty}\dfrac{1}{n}=0$ 即得 $\lim\limits_{n\to\infty}x_n=\sup E$.

当 E 无上界时, $\sup E=+\infty$. 因 E 无上界, 故对任意自然数 n, 有 $x_n\in E$, 使 $x_n>n$. 由此得 $\lim\limits_{n\to\infty}x_n=+\infty=\sup E$.

类似地, 对 E 有下界及无下界两种情况的讨论, 可证得存在 $y_n\in E$, 使得 $\lim\limits_{n\to\infty}y_n=\inf E$.

例 2 设实值函数 $f(x)$ 和 $g(x)$ 都在集合 A 上有定义.

(1) 若对 $\forall x\in A$, 都有 $f(x)\le g(x)$, 则

$$\sup_{x\in A}f(x)\le\sup_{x\in A}g(x),\quad \inf_{x\in A}f(x)\le\inf_{x\in A}g(x)$$

(即在不等式两边同取上 (下) 确界, 不改变不等号方向).

(2) $\sup\limits_{x\in A}(f(x)-g(x))\le\sup\limits_{x\in A}f(x)-\inf\limits_{x\in A}g(x)$, $\inf\limits_{x\in A}(f(x)-g(x))\ge\inf\limits_{x\in A}f(x)-\sup\limits_{x\in A}g(x)$.

证 (1) 因对 $\forall x\in A, f(x)\le g(x)$, 又 $g(x)\le\sup g(x)$, 故对 $\forall x\in A$,

$$f(x)\le\sup_{x\in A}g(x).$$

当 $\sup\limits_{x\in A}g(x)$ 为有限数时, 说明 $\sup\limits_{x\in A}g(x)$ 是 $f(x)$ 在 $x\in A$ 上的一个上界, 从而有

$$\sup_{x\in A}f(x)\le\sup_{x\in A}g(x);$$

当 $\sup\limits_{x\in A}g(x)=+\infty$ 时, 显然有

$$\sup_{x\in A}f(x)\le\sup_{x\in A}g(x).$$

总之, $\sup\limits_{x\in A}f(x)\le\sup\limits_{x\in A}g(x)$ 成立.

因对 $\forall x\in A$, $f(x)\le g(x)$, 又 $\inf\limits_{x\in A}f(x)\le f(x)$. 故对 $\forall x\in A$,

$$\inf_{x\in A}f(x)\le g(x).$$

与上面相仿, 进一步可证 $\inf\limits_{x\in A}f(x)\le\inf\limits_{x\in A}g(x)$.

(2) 因对 $\forall x \in A$, 有 $f(x) \leq \sup\limits_{x\in A} f(x)$, $g(x) \geq \inf\limits_{x\in A} g(x)$, 故对 $\forall x \in A$, 有

$$f(x) - g(x) \leq \sup_{x\in A} f(x) - \inf_{x\in A} g(x),$$

从而有

$$\begin{aligned}\sup_{x\in A}(f(x) - g(x)) &\leq \sup_{x\in A}\left(\sup_{x\in A} f(x) - \inf_{x\in A} g(x)\right) \\ &= \sup_{x\in A} f(x) - \inf_{x\in A} g(x)\end{aligned}$$

(其中等号利用了常值函数的上确界等于该常数).

仿上可证第二式成立.

例 3 先介绍点集的极限点的概念. 设 E 是实数集, a 是一个实数. 如果对 $\forall \delta > 0$, 在 a 的 δ 邻域内总含有 E 的无限个点, 则称 a 是点集 E 的一个极限点.

以下极限点定理是实数连续性的等价命题之一.

极限点定理 设 E 是非空实数集, 则

$$E \text{ 有界} \iff E \text{ 中任何无限子集 (如果存在的话) 必有极限点存在.}$$

证 首先我们证明, 实数的列紧性与以下命题 P_1 等价.

P_1: 非空实数集 E 是有界的 $\iff$ E 中任何数列必含有收敛子列.

先设实数列紧性命题成立, 来证明命题 P_1 成立.

命题 P_1 的必要性. 因 E 有界, 故 E 中任何数列必是有界数列. 由列紧性定理可知, E 的任何数列中必含有收敛子列.

命题 P_1 的充分性. 用反证法. 如果 E 无界, 则对任意自然数 n, 都有 $x_n \in E$, 使得 $|x_n| > n$, 由此得 $x_n \to \infty\,(n \to \infty)$. 显然 $\{x_n\}$ 的任何子列都发散到 ∞, 与命题 P_1 的充分性假定 (E 中任何数列必含有收敛子列) 相矛盾. 故命题 P_1 的充分性成立.

再设命题 P_1 成立, 来证明列紧性定理成立.

设 $\{x_n\}$ 是有界数列. 记 $E = \{x |\ \exists n \in \mathbf{N}, \text{使得}\, x = x_n\}$, 则 E 是有界的实数集, 且 $\{x_n\}$ 是 E 中的点列. 根据命题 P_1 的必要性可知, $\{x_n\}$ 中必含有收敛子列. 这就是说, 列紧性定理成立.

为证明极限点定理也是实数连续性的等价命题之一, 我们还须证明以下命题 P_2.

P_2: 实数集 E 中任何数列必含有收敛子列 $\iff$ 实数集 E 中任何无限子集 (如果存在的话) 必有极限点存在.

命题 P_2 的必要性. 设 $E_1\subset E$, E_1 是无限集, 则 E_1 中存在各项元素互异的点列 $\{x_n\}$, 由必要性的假定, $\{x_n\}$ 中必含有收敛子列 $\{x_{n_k}\}$, $\lim\limits_{k\to\infty}x_{n_k}=a$. 故对 $\forall\delta>0$, $\exists k_0$, 当 $k>k_0$ 时总有 $|x_{n_k}-a|<\delta$. 即 $k>k_0$ 时, $x_{n_k}\in(a-\delta,a+\delta)$. 因 $\{x_n\}$ 是各项元素互异的点列, 故 $\{x_{n_k},k>k_0\}$ 中含有 E_1 中的无穷个点. 即在 a 的任意 δ 邻域内都含有 E_1 中的无限个点. 从而 a 是 E_1 的一个极限点. E_1 又是 E 的任意的无限子集, 命题 P_2 的必要性得证.

命题 P_2 的充分性. 设 $\{y_n\}$ 是 E 中任一数列. 记

$$E_2=\{y|\ \exists n\in N,\ 使得\ y=y_n\}.$$

当 E_2 是有限集时, 显然 $\{x_n\}$ 中有无穷多项相等, 这相等的无限多项所在的子列, 就是 $\{x_n\}$ 的一个收敛子列. 当 E_2 是无限集时, 由证充分性的假定, E_2 有极限点 b 存在. 因而在 b 的任意 δ 邻域内, 都含有 E_2 中的无穷多个点, 从而也必含有 $\{x_n\}$ 中的无穷多项.

因 $(b-1,b+1)$ 内含有 $\{x_n\}$ 中的无穷多项, 故存在 n_1, 使 $x_{n_1}\in(b-1,b+1)$; 因 $\left(b-\dfrac{1}{2},b+\dfrac{1}{2}\right)$ 内含有 $\{x_n\}$ 中的无穷多项, 故存在 $n_2>n_1$, 使 $x_{n_2}\in\left(b-\dfrac{1}{2},b+\dfrac{1}{2}\right)$; 由数学归纳法易得, 对任意自然数 k, 因 $\left(b-\dfrac{1}{k},b+\dfrac{1}{k}\right)$ 内含有 $\{x_n\}$ 中的无穷多项, 故存在 $n_k>n_{k-1}$, 使 $x_{n_k}\in\left(b-\dfrac{1}{k},b+\dfrac{1}{k}\right)$. 这样, $|x_{n_k}-b|<\dfrac{1}{k}$. 令 $k\to\infty$, 得 $\lim\limits_{k\to\infty}x_{n_k}=b$, 即 $\{x_n\}$ 中含有收敛子列. 由 $\{x_n\}$ 的任意性, 命题 P_2 的充分性得证.

例 4 证明以下有限覆盖定理也是实数连续性的等价命题之一.

有限覆盖定理 设 $[a,b]$ 是闭区间, $\mathcal{J}$ 是一开区间簇, 若对 $\forall x\in[a,b]$, 都有开区间 $I\in\mathcal{J}$, 使得 $x\in I$, 则在 $\mathcal{J}$ 中存在有限个开区间 $I_1,I_2,\cdots,I_n$, 使得 $[a,b]\subset\bigcup\limits_{i=1}^{n}I_i$.

证 显然, 我们只须完成以下证明:

$$区间套定理\overset{(1)}{\Longrightarrow}有限覆盖定理\overset{(2)}{\Longrightarrow}列紧性定理.$$

(1) 用反证法. 设闭区间 $[a,b]$ 被开区间簇 $\mathcal{J}$ 覆盖, 但 $\mathcal{J}$ 中任意有限个开区间都不能覆盖 $[a,b]$. 将 $[a,b]$ 两等分, 则其中至少有一个两等分闭区间不能被 $\mathcal{J}$ 有限覆盖, 记作 $[a_1,b_1]$. 显然

$$[a_1,b_1]\subset[a,b]\ 且\ b_1-a_1=\frac{1}{2}(b-a).$$

若对 $k\geq 1$, 已找到了 $[a_1,b_1],\cdots,[a_k,b_k]$, 其中后一个区间是前一个的两等分区间, $b_k-a_k=\dfrac{1}{2^k}(b-a)$, 且其中每个区间都不能被 $\mathcal{J}$ 有限覆盖, 将 $[a_k,b_k]$ 两等

分, 则其中至少有一个区间不能被 $\mathscr{J}$ 有限覆盖, 记作 $[a_{k+1},b_{k+1}]$, 显然

$$[a_{k+1},b_{k+1}]\subset[a_k,b_k],\quad b_{k+1}-a_{k+1}=\frac{1}{2^{k+1}}(b-a).$$

由数学归纳法, 得

$$\begin{aligned}&\{[a_n,b_n]\},\ n=1,2,\cdots,\\&[a_{n+1},b_{n+1}]\subset[a_n,b_n],\ b_n-a_n=\frac{1}{2^n}(b-a)\longrightarrow 0\ (n\to\infty),\end{aligned}$$

且每个 $[a_n,b_n]$ 都不能被 $\mathscr{J}$ 有限覆盖. 由区间套定理,

$$\exists\xi\in[a_n,b_n]\ (\forall n),\ 且\ \lim_{n\to\infty}a_n=\lim_{n\to\infty}b_n=\xi.$$

因 $\xi\in[a_n,b_n]\subset[a,b]$, 故存在开区间 $(\alpha,\beta)\in\mathscr{J}$, 使得 $\xi\in(\alpha,\beta)$, 即 $\alpha<\xi<\beta$. 因

$$\lim_{n\to\infty}a_n=\xi,\quad \lim_{n\to\infty}b_n=\xi,$$

故 $\exists N$, 当 $n>N$ 时,

$$[a_n,b_n]\subset(\alpha,\beta).$$

即 $n>N$ 时 $[a_n,b_n]$ 被 $\mathscr{J}$ 中的一个区间覆盖, 与 $[a_n,b_n]$ 不能被 J 有限覆盖相矛盾, 矛盾证明了 $[a,b]$ 必能被 $\mathscr{J}$ 中有限个开区间覆盖.

(2) 用有限覆盖定理证明列紧性定理.

设 $\{x_n\}$ 是有界数列. 则存在上界 b 和下界 a, $a<b$, 使对 $\forall n$, 都有 $a\le x_n\le b$. 因此 $[a,b]$ 中含有数列 $\{x_n\}$ 的无穷多项.

我们先证明一个事实: 当数 l 不是数列 $\{x_n\}$ 的任何子列的极限时, 必存在 $\delta>0$, 使得 $(l-\delta,l+\delta)$ 内至多只含有 $\{x_n\}$ 中的有限多项. 用反证法. 假定对 $\forall\delta>0$, $(l-\delta,l+\delta)$ 内总含有 $\{x_n\}$ 中的无穷多项, 则由于 $(l-1,l+1)$ 内含有 $\{x_n\}$ 中的无限多项, 故必 $\exists n_1$, 使 $x_{n_1}\in(l-1,l+1)$. 由于 $\left(l-\dfrac{1}{2},l+\dfrac{1}{2}\right)$ 内含有 $\{x_n\}$ 中的无限多项, 故必 $\exists n_2>n_1$, 使 $x_{n_2}\in\left(l-\dfrac{1}{2},l+\dfrac{1}{2}\right)$. 继续下去, 由数学归纳法可得, 对任意自然数 k, $k>1$, 存在 n_k, $n_k>n_{k-1}$, 且 $x_{n_k}\in\left(l-\dfrac{1}{k},l+\dfrac{1}{k}\right)$. 由 $l-\dfrac{1}{k}<x_{n_k}<l+\dfrac{1}{k}$ 可知, $\lim\limits_{k\to\infty}x_{n_k}=l$. 这与 l 不是数列 $\{x_n\}$ 的任意子列的极限相矛盾.

为证明 $\{x_n\}$ 必含有收敛子列, 用反证法, 假设 $\{x_n\}$ 中不含有任何收敛子列. 因而对 $\forall x\in[a,b]$, x 必不是 $\{x_n\}$ 的任何子列的极限, 由此可知, 存在 $\delta>0$, 使得 $(x-\delta,x+\delta)$ 内至多只含有 $\{x_n\}$ 中的有限多项. 所有以上开区间形成了

$[a,b]$ 的一个开覆盖. 由有限覆盖定理, 其中存在有限个开区间 $I_1, I_2, \cdots, I_n$, 其并集盖住 $[a,b]$. 因每个 I_i 中至多只含有 $\{x_n\}$ 中的有限多项, 故 $\bigcup\limits_{i=1}^{n} I_i \supset [a,b]$ 中至多只含有 $\{x_n\}$ 中的有限多项, 这与无穷数列 $\{x_n\}$ 包含在 $[a,b] \subset \bigcup\limits_{i=1}^{n} I_i$ 内相矛盾. 矛盾证明了 $\{x_n\}$ 中必含有收敛子列.

6.2 连续函数的性质

学习要点

一、了解闭区间上连续函数的零值定理、介值定理、有界性定理、最值定理等定理的证明.

二、了解一致连续的概念、性质、定理及其证明.

1. 设 $f(x)$ 在区间 I 上有定义, 如果对 $\forall \varepsilon > 0$, 总存在 $\delta > 0$, 使得只要 $x', x'' \in I$ 且满足 $|x' - x''| < \delta$, 总有 $|f(x') - f(x'')| < \varepsilon$ 成立, 则称 $f(x)$ 在区间 I 上**一致连续**.

2. 一致连续的性质.

1° 区间 I 上一致连续的函数必在该区间上连续.

2° 设 $f(x)$ 在区间 I 上一致连续, 区间 $J \subset I$, 则 $f(x)$ 也在区间 J 上一致连续.

3° 设 $f(x)$ 在区间 I_1 和区间 I_2 上都一致连续, 区间 $I = I_1 \cup I_2$, 则 $f(x)$ 也在 I 上一致连续.

4° 开区间上的连续函数未必在该开区间上一致连续.

3. 闭区间上连续函数必在该闭区间上一致连续.

解题方法

一、证明一致连续的方法

1. *定义法.*

2. *分段法.* 证明 $f(x)$ 在各 I_i $(i = 1, 2, \cdots, n)$ 上都一致连续, 由性质 3 可知 $f(x)$ 在 $I = I_1 \cup I_2 \cup \cdots \cup I_n$ 上一致连续.

3. *延拓法.* 设 $f(x)$ 在 (a,b) 有定义, $-\infty < a < b < +\infty$. 如果存在 $g(x)$ 满足当 $x \in (a,b)$ 时, $g(x) = f(x)$, $g(x)$ 的定义域 $I \supset (a,b)$(称 g 为 f 的延拓), 且 $g(x)$ 在 I 上一致连续, 则 $f(x)$ 在 (a,b) 也一致连续.

二、证明不一致连续的方法

1. *定义法.* 写出一致连续的否命题, 证明该否命题成立.

2. *反证法.* 假设一致连续, 推出矛盾.

例题分析

例 1 试利用区间套定理来证明闭区间 $[a,b]$ 上的连续函数必有最大值.

证 设 $f(x)$ 在 $[a,b]$ 连续. 将 $[a,b]$ 两等分得两等分区间 $\left[a,\dfrac{a+b}{2}\right]$ 和 $\left[\dfrac{a+b}{2},b\right]$, 则或者

$$\sup\{f(x),x\in[a,b]\}=\sup\left\{f(x),\ x\in\left[a,\frac{a+b}{2}\right]\right\},$$

或者

$$\sup\{f(x),x\in[a,b]\}=\sup\left\{f(x),\ x\in\left[\frac{a+b}{2},b\right]\right\}.$$

称使上面等式成立的一个两等分区间为 $[a_1,b_1]$(如果上面两个等式都成立, 则可取任一两等分区间为 $[a_1,b_1]$). 继续作下去可得一列两等分区间 $\{[a_n,b_n]\}$, 其中 $[a_{n+1},b_{n+1}]$ 是 $[a_n,b_n]$ 的两等分区间, 且对 $\forall n$ 有

$$\sup\{f(x),\ x\in[a,b]\}=\sup\{f(x),\ x\in[a_n,b_n]\}.$$

显然 $\{[a_n,b_n]\}$ 满足区间套定理的条件, 由区间套定理可知, 存在 $\xi\in[a_n,b_n]$ $(\forall n)$, 且 $\lim\limits_{n\to\infty}a_n=\lim\limits_{n\to\infty}b_n=\xi$. 因 $f(x)$ 在 $[a,b]$ 连续, $\xi\in[a,b]$, 故 $f(x)$ 在 $x=\xi$ 连续 (当 ξ 是左端点时, $f(x)$ 在 ξ 右连续;ξ 为右端点时左连续).$\forall\varepsilon>0$, $\exists\delta>0$, 只要 $x\in[a,b]$ 且 $|x-\xi|<\delta$, 就有 $|f(\xi)-f(x)|<\varepsilon$. 由 $\lim\limits_{n\to\infty}a_n=\lim\limits_{n\to\infty}b_n=\xi$ 可知, 对 $\delta>0$, $\exists N$, 当 $n>N$ 时,

$$[a_n,b_n]\subset((\xi-\delta,\xi+\delta)\cap[a,b]).$$

特别地,

$$[a_{N+1},a_{N+1}]\subset((\xi-\delta,\xi+\delta)\cap[a,b]).$$

由此可知, 当 $x\in[a_{N+1},b_{n+1}]$ 时,

$$|f(x)-f(\xi)|<\varepsilon,$$

进一步得 $x\in[a_{N+1},b_{N+1}]$ 时,

$$f(x)<f(\xi)+\varepsilon.$$

这就是说, $f(\xi)+\varepsilon$ 是 $f(x)$ 在区间 $[a_{N+1},b_{N+1}]$ 上的一个上界, 从而

$$\sup\{f(x),\ x\in[a_{N+1},b_{N+1}]\}\le f(\xi)+\varepsilon.$$

再由 $f(\xi)\le\sup\{f(x),x\in[a,b]\}$ 及

$$\sup\{f(x),\ x\in[a,b]\}=\sup\{f(x),\ x\in[a_{N+1},b_{N+1}]\},$$

得

$$f(\xi) \le \sup\{f(x),\ x \in [a,b]\} \le f(\xi) + \varepsilon.$$

在上式中, $f(\xi)$ 及 $\sup\{f(x),\ x \in [a,b]\}$ 都是实数 (有上界的实数集的上确界是个实数), 而 $\varepsilon > 0$ 可以任意小, 故有

$$\sup\{f(x),\ x \in [a,b]\} = f(\xi).$$

因 $\xi \in [a,b]$, 上式表示 $f(\xi)$ 就是 $f(x)$ 在 $[a,b]$ 上的最大值.

例 2 证明 $\sin\sqrt{x}$ 在 $[0,+\infty)$ 一致连续.

证 方法 1 (分段方法) 因 $\sin\sqrt{x}$ 在闭区间 $[0,1]$ 上连续, 故在 $[0,1]$ 上一致连续. 在 $[1,+\infty)$ 上, 对 $\forall\varepsilon > 0$, 令 $\delta = \varepsilon > 0$, 当 $x', x'' \in [1,+\infty)$ 且 $|x' - x''| < \delta$, 有

$$\begin{aligned} |\sin\sqrt{x'} - \sin\sqrt{x''}| &= \left|2\sin\frac{\sqrt{x'}-\sqrt{x''}}{2}\cos\frac{\sqrt{x'}+\sqrt{x''}}{2}\right| \\ &\le 2\cdot\frac{|\sqrt{x'}-\sqrt{x''}|}{2}\cdot 1 = \frac{|x'-x''|}{\sqrt{x'}+\sqrt{x''}} < \frac{\delta}{2} = \frac{\varepsilon}{2} < \varepsilon. \end{aligned}$$

故 $f(x)$ 在 $[1,+\infty)$ 也一致连续. 由性质 3°, $f(x)$ 在 $[0,+\infty)$ 一致连续.

方法 2 (定义法) 因 $\lim\limits_{x\to 0^+}\sin\sqrt{x} = 0$, 故对 $\forall\varepsilon > 0$, $\exists\delta_1 > 0$, 只要 $|x| < \delta_1$ 时就有 $|\sin\sqrt{x}| < \dfrac{\varepsilon}{2}$. 从而只要 x', x'' 都在 $[0,\delta_1)$ 内时有

$$|\sin\sqrt{x'} - \sin\sqrt{x''}| < \varepsilon. \tag{1}$$

固定 δ_1, 令 $\delta_2 = \varepsilon\sqrt{\delta_1}$, 当 $x', x'' \ge \dfrac{\delta_1}{2}$ 且 $|x' - x''| < \delta_2$ 时, 有

$$\begin{aligned} |\sin\sqrt{x'} - \sin\sqrt{x''}| &= \left|2\sin\frac{\sqrt{x'}-\sqrt{x''}}{2}\cos\frac{\sqrt{x'}+\sqrt{x''}}{2}\right| \le 2\frac{|\sqrt{x'}-\sqrt{x''}|}{2}\cdot 1 \\ &= \frac{|x'-x''|}{\sqrt{x'}+\sqrt{x''}} < \frac{1}{\sqrt{\frac{1}{2}\delta_1}+\sqrt{\frac{1}{2}\delta_1}}\delta_2 = \frac{\varepsilon}{\sqrt{2}} < \varepsilon. \end{aligned} \tag{2}$$

令 $\delta = \min\left\{\dfrac{1}{2}\delta_1, \delta_2\right\}$, 当 x', x'' 都属于 $[0,+\infty)$ 且 $|x' - x''| < \delta$ 时, 或 x', x'' 中较大者小于 δ_1, 此时 (1) 式成立, 或 x', x'' 中较大者不小于 δ_1, 此时必有 x', x'' 都不小于 $\dfrac{\delta_1}{2}$, 于是 (2) 式成立, 总之, 当 x', x'' 都属于 $[0,+\infty)$ 且 $|x' - x''| < \delta$ 时, 总有

$$|\sin\sqrt{x'} - \sin\sqrt{x''}| < \varepsilon$$

成立, 即 $\sin\sqrt{x}$ 在 $[0,+\infty)$ 一致连续.

例 3　设 $a<b$ 是有限实数, $f(x)$ 在 (a,b) 连续. 若 $\lim\limits_{x\to a+0}f(x)$ 与 $\lim\limits_{x\to b-0}f(x)$ 都收敛, 则 $f(x)$ 在 (a,b) 一致连续.

证 (延拓法)　由假设, $\lim\limits_{x\to a+0}f(x)$, $\lim\limits_{x\to b-0}f(x)$ 都收敛, 故它们表示两个实数. 令

$$g(x)=\begin{cases}\lim\limits_{x\to a+0}f(x), & x=a,\\ f(x), & x\in(a,b),\\ \lim\limits_{x\to b-0}f(x), & x=b,\end{cases}$$

则显然 $g(x)$ 在 $[a,b]$ 连续. 根据定理, $g(x)$ 在 $[a,b]$ 一致连续. 由此更有 $g(x)$ 在 (a,b) 一致连续, 而在 (a,b) 内, $g(x)=f(x)$. 故 $f(x)$ 在 (a,b) 内一致连续.

例 4　设 $f(x)$ 在 $[0,+\infty)$ 一致连续, 对任意 $x\in[0,1]$, 数列极限 $\lim\limits_{n\to\infty}f(x+n)=0$. 求证 $f(+\infty)=0$.

证　要证的是 $\lim\limits_{x\to+\infty}f(x)=0$.

因 $f(x)$ 在 $[0,+\infty)$ 一致连续, 故对 $\forall\varepsilon>0$, 都 $\exists\delta>0$, 使得只要 $x',x''\in[0,+\infty)$ 且 $|x'-x''|<\delta$ 时总有 $|f(x')-f(x'')|<\dfrac{\varepsilon}{2}$. 固定 δ, 并令 $k=\left[\dfrac{1}{\delta}\right]+1$ (其中 $\left[\dfrac{1}{\delta}\right]$ 表示 $\dfrac{1}{\delta}$ 的整数部分), 对于 $j=0,1,\cdots,k-1$, 由已知条件 $\lim\limits_{n\to\infty}f\left(n+\dfrac{j}{k}\right)=0$ 可知, 对 $\forall\varepsilon>0$, 存在 N_j, 当 $n>N_j$ 时总有 $\left|f\left(n+\dfrac{j}{k}\right)\right|<\dfrac{\varepsilon}{2}$. 取 $N=\max\{N_0,N_1,\cdots,N_{k-1}\}$, 则 $n>N$ 时, 对一切 $j=0,1,\cdots,k-1$ 及一切 $n>N$, 都有

$$\left|f\left(n+\frac{j}{k}\right)\right|<\frac{\varepsilon}{2}.$$

当整数 $m>k(N+1)$ 时, $n=\left[\dfrac{m}{k}\right]>N$, 且 $\dfrac{m}{k}$ 总可写成 $n+\dfrac{j}{k}$ 的形式, 其中 $j\in\{0,1,\cdots,k-1\}$, 于是有

$$\left|f\left(\frac{m}{k}\right)\right|<\frac{\varepsilon}{2}.$$

当 $x>N+1$ 时, 记 $[kx]=m$, 则

$$m\leq kx<m+1.$$

即

$$\frac{m}{k}\leq x<\frac{m+1}{k}.$$

由此得

$$\left|x-\frac{m}{k}\right|<\frac{1}{k}.$$

由 $k=\left[\frac{1}{\delta}\right]+1$ 可知 $\frac{1}{k}<\delta$. 从而

$$\left|x-\frac{m}{k}\right|<\delta,$$

得

$$\left|f(x)-f\left(\frac{m}{k}\right)\right|<\frac{\varepsilon}{2}.$$

又由 $x>N+1$ 可知, $m=[kx]>k(N+1)$, 于是有

$$\left|f\left(\frac{m}{k}\right)\right|<\frac{\varepsilon}{2}.$$

因此, 当 $x>N+1$ 时,

$$|f(x)|\leq\left|f(x)-f\left(\frac{m}{k}\right)\right|+\left|f\left(\frac{m}{k}\right)\right|<\frac{\varepsilon}{2}+\frac{\varepsilon}{2}=\varepsilon.$$

根据极限定义可知, $\lim\limits_{x\to+\infty}f(x)=0$.

6.3 可积函数

学习要点

一、了解闭区间上有界函数的达布 (Darboux) 上、下和及上、下积分的概念与性质

1. 设 $f(x)$ 在闭区间 $[a,b]$ 上有定义且有界, 作 $[a,b]$ 上一个分割 T: $a=x_0<x_1<x_2<\cdots<x_n=b$, 在每个区间 $[x_{i-1},x_i]$ 上各任取一点 ξ_i, 记 $[x_{i-1},x_i]$ 的长度为 Δx_i, 则称和数

$$S(f,T,\xi)=\sum_{i=1}^{n}f(\xi_i)\Delta x_i$$

为 $f(x)$ 在 $[a,b]$ 上 (相应于分割 T, 取点 $\{\xi_1,\xi_2,\cdots,\xi_n\}$) 的一个黎曼积分和数.

2. 在分割 T 下, 记 $M_i=\sup\{f(x),x\in[x_{i-1},x_i]\}$, $m_i=\inf\{f(x),x\in[x_{i-1},x_i]\}$, 分别称和数

$$\overline{S}(f,T)=\sum_{i=1}^{n}M_i\Delta x_i \quad 与 \quad \underline{S}(f,T)=\sum_{i=1}^{n}m_i\Delta x_i$$

为 $f(x)$ 在 $[a,b]$ 上 (相应于分割 T) 的达布上和与达布下和.

3. 由 $f(x)$ 在 $[a,b]$ 有界可知, $\inf\{\overline{S}(f,T),T\}$ 及 $\sup\{\underline{S}(f,T),T\}$ 都是有限数. 分别记作 $\overline{I}(f)$ 与 $\underline{I}(f)$, 称为 $f(x)$ 在 $[a,b]$ 上的达布上积分与达布下积分.

4. 黎曼和、达布上下和及达布上下积分之间有以下关系:

$$m(b-a) \leq \underline{S}(f,T) \leq S(f,T,\xi) \leq \overline{S}(f,T) \leq M(b-a),$$
$$\underline{S}(f,T) \leq \underline{I}(f) \leq \overline{I}(f) \leq \overline{S}(f,T),$$

其中, $m = \inf\{f(x), x \in [a,b]\}$, $M = \sup\{f(x), x \in [a,b]\}$.

对任意两个分割 T 与 T', 还有

$$\underline{S}(f,T) \leq \overline{S}(f,T').$$

5. 称 $\omega(f(x),[x_{i-1},x_i]) = \omega_i = \sup\{f(x), x \in [x_{i-1},x_i]\} - \inf\{f(x), x \in [x_{i-1},x_i]\}$ 为 $f(x)$ 在区间 $[x_{i-1},x_i]$ 上的振幅, 则有

$$0 \leq \overline{S}(f,T) - \underline{S}(f,T) = \sum_{i=1}^{n} \omega_i \Delta x_i.$$

二、了解闭区间上函数可积的充要条件

1. $f(x)$ 在闭区间 $[a,b]$ 可积的定义.

如果 $\lim\limits_{\|T\|\to 0} S(f(x),T,\xi)$ 收敛, 则称 $f(x)$ 在区间 $[a,b]$ 可积, 其中 $\|T\| = \max\{x_i - x_{i-1},\ i = 1,2,\cdots,n\}$ 称为分割 T 的宽度. 而 $\lim\limits_{\|T\|\to 0} S(f,T,\xi)$ 收敛是指: 存在实数 I, 使得对 $\forall \varepsilon > 0$, 都存在 $\delta > 0$, 不论 T 是怎样的分割, 不论各 $\xi_i \in [x_{i-1},x_i]$ 如何选取, 只要 $\|T\| < \delta$, 就有

$$|S(f,T,\xi) - I| < \varepsilon$$

成立.

2. $f(x)$ 在 $[a,b]$ 可积的充分必要条件.

1° $f(x)$ 在 $[a,b]$ 可积 $\Longleftrightarrow$ 对 $\forall \varepsilon > 0$, 都存在 $[a,b]$ 的一个分割 T, 使得 $\overline{S}(f,T) - \underline{S}(f,T) < \varepsilon$.

2° $f(x)$ 在 $[a,b]$ 可积 $\Longleftrightarrow$ $f(x)$ 在 $[a,b]$ 的上积分 $\overline{I}(f)$ 与下积分 $\underline{I}(f)$ 相等.

三、掌握判定函数可积的一些充分条件, 了解其证明方法

1. 闭区间上的连续函数可积. 闭区间上有界且仅有有限个间断点的函数可积.

2. 闭区间上单调函数可积.

3. 有限个可积函数的和可积.

4. 有限个可积函数的乘积可积.

5. 若 $f(x), g(x)$ 都在 $[a,b]$ 可积, 则 $|f(x)|$ 也可积, $\max\{f(x), g(x)\}$ 及 $\min\{f(x), g(x)\}$ 也在 $[a,b]$ 上可积.

6. 若 $f(x)$ 在 $[a,b]$ 可积, 则 $f(x)$ 在包含于 $[a,b]$ 内的任何闭区间上可积.

7. 若 $f(x)$ 在 $[a,c]$ 与 $[c,b]$ 上都可积, 则 $f(x)$ 在 $[a,b]$ 上可积.

四、了解积分第二中值定理的证明, 会用积分第二中值定理

1. 设 $f(x)$ 在 $[a,b]$ 可积, $g(x)$ 在 $[a,b]$ 非负且单调减, 则必有 $\xi\in[a,b]$, 使得

$$\int_a^b f(x)g(x)\mathrm{d}x=g(a)\int_a^{\xi} f(x)\mathrm{d}x.$$

2. 设 $f(x)$ 在 $[a,b]$ 可积, $g(x)$ 在 $[a,b]$ 单调, 则必有 $\xi\in[a,b]$, 使得

$$\int_a^b f(x)g(x)\mathrm{d}x=g(a)\int_a^{\xi} f(x)\mathrm{d}x+g(b)\int_{\xi}^b f(x)\mathrm{d}x.$$

3. 设 $f(x)$ 在 $[a,b]$ 可积, $g(x)$ 在 $[a,b]$ 非负且单调增, 则必有 $\xi\in[a,b]$, 使得

$$\int_a^b f(x)g(x)\mathrm{d}x=g(b)\int_{\xi}^b f(x)\mathrm{d}x.$$

以上 3 个定理是积分第二中值定理的 3 种不同的形式, 它们是互相等价的.

例题分析

例 1 设 $f(x),g(x)$ 都在 $[a,b]$ 上可积, 则

(1) $f(x)\pm g(x)$ 在 $[a,b]$ 上可积;

(2) $f(x)g(x)$ 在 $[a,b]$ 上可积;

(3) 对 $\forall p\geq 1$, $|f(x)|^p$ 在 $[a,b]$ 上可积;

(4) $\max\{f(x),g(x)\}$ 及 $\min\{f(x),g(x)\}$ 在 $[a,b]$ 上可积.

证 (1) 设 J 是一个区间, 对 $\forall x_1,x_2\in J$ 有

$$\begin{aligned}&(f(x_2)\pm g(x_2))-[f(x_1)\pm g(x_1)]=f(x_2)-f(x_1)\pm[g(x_2)-g(x_1)]\\ \leq&\sup\{f(x),x\in J\}-\inf\{f(x),x\in J\}+\sup\{g(x),x\in J\}-\inf\{g(x),x\in J\}\\ \leq&\omega(f(x),x\in J)+\omega(g(x),x\in J),\end{aligned}$$

由此可得

$$0\leq\omega(f(x)\pm g(x),\ x\in J)\leq\omega(f(x),x\in J)+\omega(g(x),x\in J).$$

对任意分割 T: $x_0=a<x_1<x_2<\cdots<x_n=b$, 有

$$\begin{aligned}0&\leq\sum_{i=1}^n\omega(f(x)\pm g(x),\ x\in[x_{i-1},x_i))\Delta x_i\\ &\leq\sum_{i=1}^n\omega(f(x),x\in[x_{i-1},x_i])\Delta x_i+\sum_{i=1}^n\omega(g(x),x\in[x_{i-1},x_i])\Delta x_i.\end{aligned}$$

令 $\|T\|\to 0$, 因 $f(x),g(x)$ 都在 $[a,b]$ 可积, 故上面不等式最右端的式子趋于 0, 由极限的两边夹定理知

$$\lim_{\|T\|\to 0}\sum_{i=1}^{n}\omega(f(x)\pm g(x),\ x\in[x_{i-1},x_i])\Delta x_i=0,$$

因而 $f(x)\pm g(x)$ 在 $[a,b]$ 可积.

(2) 因 $f(x),g(x)$ 都在 $[a,b]$ 可积, 故必有界. 因而存在正数 M, 使得对 $\forall x\in[a,b]$, 有 $|f(x)|\le M$, $|g(x)|\le M$ 成立.

设 J 是任意一个区间, x_1,x_2 是 J 上任意两点, 则

$$\begin{aligned}f(x_2)g(x_2)-f(x_1)g(x_1)&=(f(x_2)-f(x_1))g(x_2)+f(x_1)(g(x_2)-g(x_1))\\&\le M\omega(f(x),x\in J)+M\omega(g(x),x\in J).\end{aligned}$$

故有

$$0\le\omega(f(x)g(x),x\in J)\le M[\omega(f(x),x\in J)+\omega(g(x),x\in J)].$$

这样, 对 $[a,b]$ 上任意分割 T, 有

$$\begin{aligned}0&\le\sum_{i=1}^{n}\omega(f(x)g(x),x\in[x_{i-1},x_i])\Delta x_i\\&\le M\left[\sum_{i=1}^{n}\omega(f(x),x\in[x_{i-1},x_i])\Delta x_i+\sum_{i=1}^{n}\omega(g(x),x\in[x_{i-1},x_i])\Delta x_i\right].\end{aligned}$$

令 $\|T\|\to 0$, 由 $f(x),g(x)$ 可积及极限的两边夹定理可知,

$$\lim_{\|T\|\to 0}\sum_{i=1}^{n}\omega(f(x)g(x),x\in[x_{i-1},x_i])\Delta x_i=0.$$

因而 $f(x)g(x)$ 在 $[a,b]$ 上可积.

(3) 因 $f(x)$ 在 $[a,b]$ 可积, 故 $f(x)$ 在 $[a,b]$ 有界. 因而存在 $M>0$, 使对 $\forall x\in[a,b]$, 有 $|f(x)|\le M$.

设 J 是包含于 $[a,b]$ 的任一闭区间, x_1,x_2 是 J 上任意两点, 对函数 u^p 在以 $u=f(x_2)$ 及 $u=f(x_1)$ 为端点的闭区间上用微分中值定理, 并利用 $|f(x)|\le M$, 当 $p\ge 1$ 时可得

$$||f(x_2)|^p-|f(x_1)|^p|\le pM^{p-1}|f(x_2)-f(x_1)|\le pM^{p-1}\omega(f(x),x\in J).$$

因而有

$$0\le\omega(|f(x)|^p,x\in J)\le pM^{p-1}\omega(f(x),x\in J).$$

对 $[a,b]$ 上任意分割 T: $a=x_0<x_1<x_2<\cdots<x_n=b$, 有

$$\begin{aligned}0&\le\sum_{i=1}^{n}\omega(|f(x)|^p,x\in[x_{i-1},x_i])\Delta x_i\\&\le pM^{p-1}\sum_{i=1}^{n}\omega(f(x),x\in[x_{i-1},x_i])\Delta x_i.\end{aligned}$$

由 $f(x)$ 的可积性及极限的两边夹定理可知,

$$\lim_{\|T\|\to0}\sum_{i=1}^{n}\omega(|f(x)|^p,x\in[x_{i-1},x_i])\Delta x_i=0.$$

因而 $|f(x)|^p$ $(p\ge1)$ 在 $[a,b]$ 上可积.

(4) 因为可积函数的和, 可积函数的差, 及可积函数加绝对值后仍可积, 又因为有恒等式

$$\begin{aligned}\max\{f(x),g(x)\}&=\frac{1}{2}(f(x)+g(x))+\frac{1}{2}|f(x)-g(x)|,\\\min\{f(x),g(x)\}&=\frac{1}{2}(f(x)+g(x))-\frac{1}{2}|f(x)-g(x)|.\end{aligned}$$

立即可知, $f(x),g(x)$ 可积时, $\max\{f(x),g(x)\}$, $\min\{f(x),g(x)\}$ 都可积.

例 2 设 $f(u)$ 在 $u\in[\alpha,\beta]$ 有连续的导函数 $f'(u),\varphi(x)$ 在 $[a,b]$ 上可积, 并且当 $x\in[a,b]$ 时总有 $\alpha\le\varphi(x)\le\beta$, 则 $f(\varphi(x))$ 在 $[a,b]$ 上也可积.

证 因 $f'(u)$ 在 $[\alpha,\beta]$ 连续, 故有界. 即存在数 $M>0$, 使得对于任意的 $u\in[\alpha,\beta]$, 都有 $|f'(u)|\le M$.

设闭区间 $J\subset[a,b]$, 对 $\forall x_1,x_2\in J$, 有

$$\begin{aligned}f(\varphi(x_2))-f(\varphi(x_1))&=f'(\xi)(\varphi(x_2)-\varphi(x_1))\\&\le M\cdot\omega(\varphi(x),x\in J)\end{aligned}$$

从而有

$$\omega(f(\varphi(x)),x\in J)\le M\omega(\varphi(x),x\in J).$$

设 T 是 $[a,b]$ 上任一分割: $a=x_0<x_1<x_2<\cdots<x_n=b$. 利用上面不等式, 有

$$\begin{aligned}0&\le\sum_{i=1}^{n}\omega(f(\varphi(x)),x\in[x_{i-1},x_i])\Delta x_i\\&\le M\sum_{i=1}^{n}\omega(\varphi(x),x\in[x_{i-1},x_i])\Delta x_i,\end{aligned}$$

再由 $\varphi(x)$ 在 $[a,b]$ 可积及极限的两边夹定理, 有

$$\lim_{\|T\|\to 0}\sum_{i=1}^{n}\omega(f(\varphi(x)),x\in[x_{i-1},x_i])\Delta x_i=0.$$

因而 $f(\varphi(x))$ 在 $[a,b]$ 上可积.

例 3 (1) 证明函数

$$D(x)=\begin{cases}1, & \text{当 } x \text{ 是 } [0,1] \text{ 上的无理数时},\\ 0, & \text{当 } x \text{ 是 } [0,1] \text{ 上的有理数时}\end{cases}$$

在 $[0,1]$ 上不可积.

(2) 举例说明可积函数列的极限函数未必可积.

证 (1) 因为在任何闭区间上, 都同时含有有理数点与无理数点, 故在包含于 $[0,1]$ 的任意闭区间上, $D(x)$ 的振幅都是 1, 对 $[0,1]$ 上的任一分割 $T: x_0=a<x_1<x_2<\cdots<x_n=b$, 有

$$\sum_{i=1}^{n}\omega(D(x),x\in[x_{i-1},x_i])\Delta x_i=\sum_{i=1}^{n}\Delta x_i=1.$$

当 $\|T\|\to 0$ 时, 上式 $\nrightarrow 0$, 由此可知, $D(x)$ 在 $[0,1]$ 上不可积.

(2) 为构造满足条件的函数列, 先考虑 $[0,1]$ 内的全体有理数所成的集合. 因为 $[0,1]$ 上的有理数都可写成 $\dfrac{q}{p}$ 的形式, 其中 $p\geq 1,\ 0\leq q\leq p,\ p,q$ 都是整数. 我们可先按 p 从小到大, 再按 q 从小到大的次序将 $[0,1]$ 中全体有理数排成一列 (相等的分数只出现一次):

$$0,\ 1,\ \frac{1}{2},\ \frac{1}{3},\ \frac{2}{3},\ \frac{1}{4},\ \frac{3}{4},\ \frac{1}{5},\ \frac{2}{5},\ \frac{3}{5},\ \frac{4}{5},\ \cdots$$

这样 $[0,1]$ 中的每个有理数, 都是以上数列中的一项. 作函数列

$$D_n(x)=\begin{cases}1, & \text{当 } x \text{ 不等于该数列中前 } n \text{ 项的任何一项时},\\ 0, & \text{当 } x \text{ 等于该数列中前 } n \text{ 项的某一项时}.\end{cases}$$

则对 $\forall x\in[0,1]$, 不论是有理数或无理数, 都有

$$\lim_{n\to\infty}D_n(x)=D(x).$$

因每个 $D_n(x)$ 都是在 $[0,1]$ 上有界且仅有有限个间断点的函数, 故每个 $D_n(x)$ 在 $[0,1]$ 上都是可积的. 而 (由 (1)) 其极限函数 $D(x)$ 在 $[0,1]$ 上却是不可积的.

注 6.1 从本题结果可知, (黎曼) 可积函数对于极限运算不是封闭的.

例 4 设 $f(x)$ 在 $[a,b]$ 上可积, 证明对于任意的正数 ε, 都存在 $[a,b]$ 上的连续可微函数 $\varphi(x)$, 使得 $\int_a^b |f(x)-\varphi(x)|\mathrm{d}x<\varepsilon$.

证 设 $f(x)$ 在 $[a,b]$ 上可积. 根据可积的充要条件, 对 $\forall\varepsilon>0$, 都存在 $[a,b]$ 的分割 T: $a=x_0<x_1<x_2<\cdots<x_n=b$, 使得

$$\sum_{i=1}^{n}\omega(f(x),x\in[x_{i-1},x_i])\Delta x_i<\varepsilon.$$

令

$$\varphi(x)=\begin{cases}\dfrac{f(x_i)+f(x_{i-1})}{2}+\dfrac{f(x_i)-f(x_{i-1})}{2}\sin\dfrac{\pi(2x-x_i-x_{i-1})}{2(x_i-x_{i-1})},\\ \qquad\qquad x\in[x_{i-1},x_i),\quad i=1,2,\cdots,n-1,\\ f(x_n),\qquad x=x_n\text{ 时}.\end{cases}$$

由 $\varphi(x)$ 的定义容易验证: 1° $\varphi(x_i)=f(x_i)$, $i=0,1,2,\cdots,n$ 且当 $x\in[x_{i-1},x_i]$ 时, $\varphi(x)$ 介于 $f(x_{i-1})$ 与 $f(x_i)$ 之间; 2° $\varphi(x)$ 在 $[a,b]$ 连续; 3° $\varphi(x)$ 在 (a,b) 内有连续的导函数, $\varphi'_+(a)=\lim\limits_{x\to a+0}\varphi'(x)$, $\varphi'_-(b)=\lim\limits_{x\to b-0}\varphi'(x)$ 且 $\varphi'_+(a)=\varphi'(x_1)=\cdots=\varphi'(x_{n-1})=\varphi'_-(b)=0$, 即 $\varphi'(x)$ 在 $[a,b]$ 连续. 综合以上可知, 当 $x\in[x_{i-1},x_i]$ 时,

$$\begin{aligned}|f(x)-\varphi(x)|&\leqslant\max\{\sup\{|f(x)-f(x_{i-1})|,\ x\in[x_{i-1},x_i]\},\\&\qquad\sup\{|f(x)-f(x_i)|,\ x\in[x_{i-1},x_i]\}\}\\&\leqslant\omega(f(x),x\in[x_{i-1},x_i]).\end{aligned}$$

于是

$$\begin{aligned}\int_a^b|f(x)-\varphi(x)|\mathrm{d}x&=\sum_{i=1}^{n}\int_{x_{i-1}}^{x_i}|f(x)-\varphi(x)|\mathrm{d}x\\&\leqslant\sum_{i=1}^{n}\int_{x_{i-1}}^{x_i}\omega(f(x),x\in[x_{i-1},x_i])\mathrm{d}x\\&=\sum_{i=1}^{n}\omega(f(x),x\in[x_{i-1},x_i])\Delta x_i<\varepsilon.\end{aligned}$$

注 6.2 本题结果表明, 求定积分时, 可用连续可微函数来逼近可积函数.

例 5 设 $f(x)$ 在 $[a,b]$ 可积, 试证明

$$\lim_{\lambda\to\infty}\int_a^b f(x)\sin\lambda x\mathrm{d}x=0,\quad \lim_{\lambda\to\infty}\int_a^b f(x)\cos\lambda x\mathrm{d}x=0.$$

证 因 $f(x)$ 在 $[a,b]$ 可积, 而 $\sin\lambda x,\cos\lambda x$ 在 $[a,b]$ 连续, 于是也可积, 故 $\int_a^b f(x)\sin\lambda x\mathrm{d}x$, $\int_a^b f(x)\cos\lambda x\mathrm{d}x$ 是存在的.

因 $f(x)$ 可积, 由例 4, 对 $\forall\varepsilon>0$, 有连续且有连续导函数的函数 $\varphi(x)$ 存在, 使得 $\int_a^b|f(x)-\varphi(x)|\mathrm{d}x<\frac{\varepsilon}{2}$, 固定 $\varphi(x)$. 由

$$\int_a^b\varphi(x)\sin\lambda x\mathrm{d}x=\frac{\cos\lambda x}{-\lambda}\varphi(x)\bigg|_a^b+\frac{1}{\lambda}\int_a^b\varphi'(x)\cos\lambda x\mathrm{d}x,$$

得

$$\left|\int_a^b\varphi(x)\sin\lambda x\mathrm{d}x\right|\leq\frac{1}{\lambda}\left[|\varphi(b)|+|\varphi(a)|+\int_a^b|\varphi'(x)|\mathrm{d}x\right],$$

可知

$$\lim_{\lambda\to\infty}\int_a^b\varphi(x)\sin\lambda x\mathrm{d}x=0.$$

故对 $\varepsilon>0$, 存在 $B>0$, 使得 $|\lambda|>B$ 时,

$$\left|\int_a^b\varphi(x)\sin\lambda x\mathrm{d}x\right|<\frac{\varepsilon}{2}.$$

这样, $|\lambda|>B$ 时,

$$\begin{aligned}\left|\int_a^b f(x)\sin\lambda x\mathrm{d}x\right|&=\left|\int_a^b(f(x)-\varphi(x))\sin\lambda x\mathrm{d}x+\int_a^b\varphi(x)\sin\lambda x\mathrm{d}x\right|\\&\leq\int_a^b|f(x)-\varphi(x)|\mathrm{d}x+\left|\int_a^b\varphi(x)\sin\lambda x\mathrm{d}x\right|\\&<\frac{\varepsilon}{2}+\frac{\varepsilon}{2}=\varepsilon.\end{aligned}$$

由极限的定义得

$$\lim_{\lambda\to\infty}\int_a^b f(x)\sin\lambda x\mathrm{d}x=0.$$

同理可证另一式. 证毕.

第 7 章　空间解析几何

7.1　空间直角坐标系

本节略.

7.2　向量代数

学习要点

一、基本概念

1. 向量

既有大小又有方向的量称为向量, 如速度、力等. 向量 $\boldsymbol{a}$ 的大小 (长度、模) 记为 $|\boldsymbol{a}|$. 长度为 1 的向量叫单位向量, 长度为 0 的向量称零向量, 记为 $\mathbf{0}$, 零向量的方向看作任意的.

2. 向量的坐标表达式

向量 $\boldsymbol{a}$ 在空间直角坐标系的三个坐标轴 $\overrightarrow{ox},\overrightarrow{oy},\overrightarrow{oz}$ 上投影分别为 a_1,a_2,a_3, 则 $\boldsymbol{a}=a_1\boldsymbol{i}+a_2\boldsymbol{j}+a_3\boldsymbol{k}$, 其中 $\boldsymbol{i},\boldsymbol{j},\boldsymbol{k}$ 分别为三个坐标轴正向的单位向量. $\boldsymbol{a}$ 的长度为 $|\boldsymbol{a}|=\sqrt{a_1^2+a_2^2+a_3^2}$. $\boldsymbol{a}$ 的方向由方向角 α,β,γ 确定. α,β,γ 分别为向量 $\boldsymbol{a}$ 与三个坐标轴的正向的夹角, $\boldsymbol{a}$ 的方向余弦

$$\cos\alpha=\frac{a_1}{|\boldsymbol{a}|},\qquad \cos\beta=\frac{a_2}{|\boldsymbol{a}|},\qquad \cos\gamma=\frac{a_3}{|\boldsymbol{a}|}.$$

过点 $M_1(x_1,y_1,z_1)$, $M_2(x_2,y_2,z_2)$ 的向量

$$\overrightarrow{M_1M_2}=(x_2-x_1)\boldsymbol{i}+(y_2-y_1)\boldsymbol{j}+(z_2-z_1)\boldsymbol{k}.$$

3. 一个向量在另一向量上的投影

向量 $\boldsymbol{a}$ 在向量 $\boldsymbol{b}$ 上的投影 $\mathrm{Prj}_{\boldsymbol{b}}\boldsymbol{a}$ 等于向量 $\boldsymbol{a}$ 点乘 $\boldsymbol{b}$ 方向的单位向量 (它可正可负). 即

$$\mathrm{Prj}_{\boldsymbol{b}}\boldsymbol{a}=\boldsymbol{a}\cdot\boldsymbol{b}^0,$$

$\boldsymbol{b}^0$ 表示 $\boldsymbol{b}$ 的单位向量, 即

$$\boldsymbol{b}^0=\frac{\boldsymbol{b}}{|\boldsymbol{b}|}.$$

4. 向量的运算 设 $\boldsymbol{a}=(a_1,a_2,a_3)$, $\boldsymbol{b}=(b_1,b_2,b_3)$, $\boldsymbol{c}=(c_1,c_2,c_3)$.

(1) 加法与数乘

运算法则

$$\begin{aligned}
&\boldsymbol{a}+\boldsymbol{b}=\boldsymbol{b}+\boldsymbol{a},\\
&(\boldsymbol{a}+\boldsymbol{b})+\boldsymbol{c}=\boldsymbol{a}+(\boldsymbol{b}+\boldsymbol{c}),\\
&(\lambda+\mu)\boldsymbol{a}=\lambda\boldsymbol{a}+\mu\boldsymbol{a},\\
&\lambda(\boldsymbol{a}+\boldsymbol{b})=\lambda\boldsymbol{a}+\lambda\boldsymbol{b},\\
&\lambda(\mu\boldsymbol{a})=\mu(\lambda\boldsymbol{a})=\lambda\mu\boldsymbol{a}.
\end{aligned}$$

坐标表达式

$$\begin{aligned}
&\boldsymbol{a}\pm\boldsymbol{b}=(a_1\pm b_1,a_2\pm b_2,a_3\pm b_3),\\
&\lambda\boldsymbol{a}=(\lambda a_1,\lambda a_2,\lambda a_3).
\end{aligned}$$

(2) 点乘 (数量积、内积)

定义 7.1 $\boldsymbol{a}\cdot\boldsymbol{b}=|\boldsymbol{a}|\cdot|\boldsymbol{b}|\cos(\boldsymbol{a},\boldsymbol{b})=|\boldsymbol{a}|\mathrm{Prj}_{\boldsymbol{a}}\cdot\boldsymbol{b}=|\boldsymbol{b}|\mathrm{Prj}_{\boldsymbol{b}}\cdot\boldsymbol{a}$.

运算法则

$$\begin{aligned}
&\boldsymbol{a}\cdot\boldsymbol{b}=\boldsymbol{b}\cdot\boldsymbol{a},\\
&\boldsymbol{a}\cdot(\boldsymbol{b}+\boldsymbol{c})=\boldsymbol{a}\cdot\boldsymbol{b}+\boldsymbol{a}\cdot\boldsymbol{c},\\
&\boldsymbol{a}\cdot(\lambda\boldsymbol{b})=(\lambda\boldsymbol{a})\cdot(\boldsymbol{b})=\lambda(\boldsymbol{a}\cdot\boldsymbol{b}).
\end{aligned}$$

坐标表达式

$$\boldsymbol{a}\cdot\boldsymbol{b}=a_1b_1+a_2b_2+a_3b_3.$$

作用

1° 利用内积的坐标表达式, 求两向量的夹角等.

$$\cos(\boldsymbol{a},\boldsymbol{b})=\frac{\boldsymbol{a}\cdot\boldsymbol{b}}{|\boldsymbol{a}||\boldsymbol{b}|}=\frac{a_1b_2+a_2b_2+a_3b_3}{\sqrt{a_1^2+a_2^2+a_3^2}\cdot\sqrt{b_1^2+b_2^2+b_3^2}}.$$

2° $\boldsymbol{a}\cdot\boldsymbol{b}=0\iff\boldsymbol{a}\perp\boldsymbol{b}$.

3° $\boldsymbol{a}\cdot\boldsymbol{a}=|\boldsymbol{a}|^2$.

(3) 叉乘 (向量积、外积)

定义 7.2 $\boldsymbol{a}\times\boldsymbol{b}=\boldsymbol{c}$, $|\boldsymbol{c}|=|\boldsymbol{a}|\cdot|\boldsymbol{b}|\sin(\boldsymbol{a},\boldsymbol{b})$, $\boldsymbol{c}$ 垂直于 $\boldsymbol{a}$ 和 $\boldsymbol{b}$. 且 $\boldsymbol{a},\boldsymbol{b},\boldsymbol{c}$ 构成右手系.

运算法则

$$\boldsymbol{a}\times\boldsymbol{b}=-\boldsymbol{b}\times\boldsymbol{a},$$

$$\boldsymbol{a}\times(\boldsymbol{b}+\boldsymbol{c})=\boldsymbol{a}\times\boldsymbol{b}+\boldsymbol{a}\times\boldsymbol{c},$$

$$\boldsymbol{a}\times(\lambda\boldsymbol{b})=(\lambda\boldsymbol{a})\times\boldsymbol{b}=\lambda(\boldsymbol{a}\times\boldsymbol{b}).$$

坐标表达式

$$\boldsymbol{a}\times\boldsymbol{b}=\begin{vmatrix}\boldsymbol{i} & \boldsymbol{j} & \boldsymbol{k}\\ a_1 & a_2 & a_3\\ b_1 & b_2 & b_3\end{vmatrix}.$$

作用

1° 求三角形、平行四边形的面积.

2° 求点 $M(x_0,y_0,z_0)$ 到直线 $L:\ \dfrac{x-x_1}{l}=\dfrac{y-y_1}{m}=\dfrac{z-z_1}{n}$ 的距离

$$d=\frac{|\boldsymbol{a}\times\boldsymbol{v}|}{|\boldsymbol{v}|},$$

其中 $\boldsymbol{a}=(x_1-x_0)\boldsymbol{i}+(y_1-y_0)\boldsymbol{j}+(z_1-z_0)\boldsymbol{k},\ \boldsymbol{v}=l\boldsymbol{i}+m\boldsymbol{j}+n\boldsymbol{k}$.

3° 求同时垂直于向量 $\boldsymbol{a},\boldsymbol{b}$ 的一个向量.

(4) 混合积

称 $(\boldsymbol{a}\times\boldsymbol{b})\cdot\boldsymbol{c}$ 为向量 $\boldsymbol{a},\boldsymbol{b},\boldsymbol{c}$ 的混合积.

坐标表达式

$$(\boldsymbol{a}\times\boldsymbol{b})\cdot\boldsymbol{c}=\begin{vmatrix}a_1 & a_2 & a_3\\ b_1 & b_2 & b_3\\ c_1 & c_2 & c_3\end{vmatrix}.$$

混合积的大小其几何意义是表示三向量张成的平行六面体的体积.

混合积具有轮换性, 即 $(\boldsymbol{a}\times\boldsymbol{b})\cdot\boldsymbol{c}=(\boldsymbol{b}\times\boldsymbol{c})\cdot\boldsymbol{a}=(\boldsymbol{c}\times\boldsymbol{a})\cdot\boldsymbol{b}$.

作用

1° 求四面体、平行六面体的体积.

2° 求异面直线间的距离 d.

$$L_1:\ \frac{x-x_1}{l_1}=\frac{y-y_1}{m_1}=\frac{z-z_1}{n_1},$$

$$L_2:\ \frac{x-x_2}{l_2}=\frac{y-y_2}{m_2}=\frac{z-z_2}{n_2},$$

记

$$\boldsymbol{v}_1=l_1\boldsymbol{i}+m_1\boldsymbol{j}+n_1\boldsymbol{k},$$

$$\boldsymbol{v}_2=l_2\boldsymbol{i}+m_2\boldsymbol{j}+n_2\boldsymbol{k}.$$

$\boldsymbol{a}=(x_2-x_1)\boldsymbol{i}+(y_2-y_1)\boldsymbol{j}+(z_2-z_1)\boldsymbol{k}$, 则

$$d=\left|\frac{(\boldsymbol{v}_1\times\boldsymbol{v}_2)\cdot\boldsymbol{a}}{|\boldsymbol{v}_1\times\boldsymbol{v}_2|}\right|.$$

解题方法

1. 利用向量及其运算.
2. 引进坐标来解.
3. 两者结合.

例题分析

例 1　设某点与给定点 (a,b,c) 分别对称于下列坐标平面:

(1) Oxy;　(2) Oyz;　(3) Oxz,

求它的坐标.

解　(1) $(a,b,-c)$;　(2) $(-a,b,c)$;　(3) $(a,-b,c)$.

例 2　设某点与给定点 (a,b,c) 分别对称于:

(1) x 轴;　(2) y 轴;　(3) z 轴;　(4) 原点 O.

求它的坐标.

解　(1) $(a,-b,-c)$;　(2) $(-a,b,-c)$;

(3) $(-a,-b,c)$;　(4) $(-a,-b,-c)$.

例 3　求点 $P(3,-4,5)$ 到坐标原点以及各坐标轴的距离.

解　设该点到原点, 到 x 轴, 到 y 轴, 到 z 轴的距离分别是 L_0,L_x,L_y,L_z, 则

$$L_0=\sqrt{3^2+(-4)^2+5^2}=5\sqrt{2},$$
$$L_x=\sqrt{(-4)^2+5^2}=\sqrt{41},$$
$$L_y=\sqrt{3^3+5^2}=\sqrt{34},$$
$$L_z=\sqrt{3^2+(-4)^2}=5.$$

例 4　求点 $M(a_1,b_1,c_1)$ 关于点 $N(a_2,b_2,c_2)$ 的对称点.

解　设所求点是 (x,y,z), 则

$$\begin{cases}\dfrac{1}{2}(x+a_1)=a_2\\[2mm]\dfrac{1}{2}(y+b_1)=b_2\\[2mm]\dfrac{1}{2}(z+c_1)=c_2\end{cases}\implies\begin{cases}x=2a_2-a_1,\\ y=2b_2-b_1,\\ z=2c_2-c_1,\end{cases}$$

故所求点是 $(2a_2-a_1,2b_2-b_1,2c_2-c_1)$.

例 5 下列各式对吗? 为什么?

(1) $\boldsymbol{a}\cdot\boldsymbol{a}\cdot\boldsymbol{a}=\boldsymbol{a}^3$;

(2) $(\boldsymbol{a}\cdot\boldsymbol{b})^2=\boldsymbol{a}^2\cdot\boldsymbol{b}^2$;

(3) $(\boldsymbol{a}+\boldsymbol{b})\times(\boldsymbol{a}-\boldsymbol{b})=\boldsymbol{a}\times\boldsymbol{a}-\boldsymbol{b}\times\boldsymbol{b}=\boldsymbol{0}$;

(4) 若 $\boldsymbol{a}\neq\boldsymbol{0}$, $\boldsymbol{a}\cdot\boldsymbol{b}=\boldsymbol{a}\cdot\boldsymbol{c}$, 则 $\boldsymbol{b}=\boldsymbol{c}$;

(5) 若 $\boldsymbol{a}\neq\boldsymbol{0}$, $\boldsymbol{a}\times\boldsymbol{b}=\boldsymbol{a}\times\boldsymbol{c}$, 则 $\boldsymbol{b}=\boldsymbol{c}$.

解 (1) 不对. (1) 式两端都是没有意义的, 既没有三个向量的数量积的定义, 也没有 $\boldsymbol{a}^3$ 的定义, 我们曾规定了 $\boldsymbol{a}^2=\boldsymbol{a}\cdot\boldsymbol{a}$, 它实际上表示 $|\boldsymbol{a}|^2$.

(2) 不对. (2) 式是乱套实数乘法的结合律. 实际上, (2) 式左端为

$$(\boldsymbol{a}\cdot\boldsymbol{b})^2=[|\boldsymbol{a}||\boldsymbol{b}|\cos(\boldsymbol{a},\boldsymbol{b})]^2=|\boldsymbol{a}|^2|\boldsymbol{b}|^2\cos^2(\boldsymbol{a},\boldsymbol{b}).$$

可见, 只有当 $\boldsymbol{a}/\!/\boldsymbol{b}$ 时 (2) 式才成立.

(3) 不对. (3) 式是套用实数的平方差公式而得, 但由于两向量的叉乘虽满足分配律, 但不满足交换律, 因此, 这些公式对叉乘运算不成立, 事实上, 有

$$\begin{aligned}(\boldsymbol{a}+\boldsymbol{b})\times(\boldsymbol{a}-\boldsymbol{b})&=(\boldsymbol{a}+\boldsymbol{b})\times\boldsymbol{a}+(\boldsymbol{a}+\boldsymbol{b})\times(-\boldsymbol{b})\\&=\boldsymbol{b}\times\boldsymbol{a}-\boldsymbol{a}\times\boldsymbol{b}=2\boldsymbol{b}\times\boldsymbol{a}.\end{aligned}$$

(4)、(5) 不对. (4)、(5) 两式是套用实数的消去律, 由于两向量的点乘、叉乘运算都没有逆运算, 因此, 这种消去律是不成立的. 事实上, 由 (4) 式可得

$$\boldsymbol{a}\cdot(\boldsymbol{b}-\boldsymbol{c})=0,$$

从而

$$\boldsymbol{a}\perp(\boldsymbol{b}-\boldsymbol{c}).$$

由 (5) 式可得

$$\boldsymbol{a}\times(\boldsymbol{b}-\boldsymbol{c})=\boldsymbol{0},$$

于是

$$\boldsymbol{a}/\!/(\boldsymbol{b}-\boldsymbol{c}).$$

例 6 证明空间四边形相邻各边中点的连线构成平行四边形.

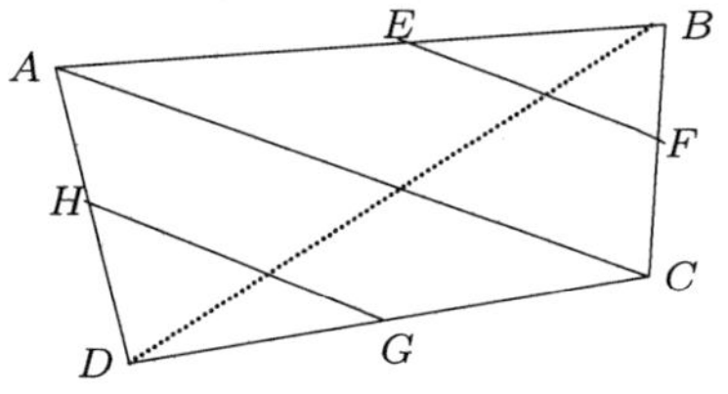

图 7.1

证 设空间四边形的四个顶点为 A,B,C,D; AB,BC,CD,DA 的中点分别是 E,F,G,H (见图 7.1). 则

$$\overrightarrow{AC}=\overrightarrow{AB}+\overrightarrow{BC}=2\,\overrightarrow{EB}+2\,\overrightarrow{BF}=2\,\overrightarrow{EF}$$

从而

$$\overrightarrow{EF}\ /\!/\ \overrightarrow{AC}\ .$$

同理可证 $\overrightarrow{HG}\ /\!/\ \overrightarrow{AC}$, $\overrightarrow{GF}\ /\!/\ \overrightarrow{DB}\ /\!/\ \overrightarrow{HE}$.

因此四边形 $EFGH$ 是平行四边形.

例 7 已知 $\boldsymbol{a}$ 与轴 Ox 和 Oy 所夹角 $\alpha=60^\circ$, $\beta=120^\circ$, 且 $|\boldsymbol{a}|=2$. 试求 $\boldsymbol{a}$ 的坐标.

解

$$\cos^2\gamma=1-\cos^2\alpha-\cos^2\beta=1-\frac{1}{4}-\frac{1}{4}=\frac{1}{2},$$

所以

$$\cos\gamma=\pm\frac{\sqrt{2}}{2},$$
$$\boldsymbol{a}=(2\cdot\cos 60^\circ,2\cos 120^\circ,2\cdot\cos\gamma).$$

故

$$\boldsymbol{a}=(1,-1,\pm\sqrt{2}).$$

例 8 证明下面恒等式

$$(\boldsymbol{a}+\boldsymbol{b})^2+(\boldsymbol{a}-\boldsymbol{b})^2=2(\boldsymbol{a}^2+\boldsymbol{b}^2),$$

并说明它的几何意义.

证

$$\text{左边}=(\boldsymbol{a}^2+\boldsymbol{b}^2+2\boldsymbol{a}\cdot\boldsymbol{b})+(\boldsymbol{a}^2+\boldsymbol{b}^2-2\boldsymbol{a}\cdot\boldsymbol{b})=2(\boldsymbol{a}^2+\boldsymbol{b}^2)=\text{右边}.$$

几何意义是: 平行四边形对角边的平方和等于四边的平方和.

例 9 试证恒等式

$$(\boldsymbol{a}\times\boldsymbol{b})^2+(\boldsymbol{a}\cdot\boldsymbol{b})^2=\boldsymbol{a}^2\boldsymbol{b}^2.$$

证 设 $\boldsymbol{a}$ 和 $\boldsymbol{b}$ 夹角为 φ, 则

$$(\boldsymbol{a}\times\boldsymbol{b})^2+(\boldsymbol{a}\cdot\boldsymbol{b})^2=\boldsymbol{a}^2\boldsymbol{b}^2\sin^2\varphi+\boldsymbol{a}^2\boldsymbol{b}^2\cos^2\varphi=\boldsymbol{a}^2\boldsymbol{b}^2.$$

例 10 已知 $\boldsymbol{a}+\boldsymbol{b}+\boldsymbol{c}=0$. 试证 $\boldsymbol{a}\times\boldsymbol{b}=\boldsymbol{b}\times\boldsymbol{c}=\boldsymbol{c}\times\boldsymbol{a}$.

证

$$\boldsymbol{a}\times\boldsymbol{b}=\boldsymbol{a}\times(-\boldsymbol{c}-\boldsymbol{a})=-\boldsymbol{a}\times\boldsymbol{c}=\boldsymbol{c}\times\boldsymbol{a},$$

同理

$$\boldsymbol{a}\times\boldsymbol{b}=\boldsymbol{b}\times\boldsymbol{c},$$

故得证.

例 11 若向量 $\boldsymbol{a}+3\boldsymbol{b}$ 垂直于向量 $7\boldsymbol{a}-5\boldsymbol{b}$, 向量 $\boldsymbol{a}-4\boldsymbol{b}$ 垂直于向量 $7\boldsymbol{a}-2\boldsymbol{b}$, 求两向量 $\boldsymbol{a}$ 和 $\boldsymbol{b}$ 的夹角.

解 因为

$$(\boldsymbol{a}+3\boldsymbol{b})\perp(7\boldsymbol{a}-5\boldsymbol{b}),$$

即

$$(\boldsymbol{a}+3\boldsymbol{b})\cdot(7\boldsymbol{a}-5\boldsymbol{b})=0 \quad\Longrightarrow\quad 7\boldsymbol{a}^2-15\boldsymbol{b}^2+16\boldsymbol{a}\cdot\boldsymbol{b}=0.$$

同样

$$(\boldsymbol{a}-4\boldsymbol{b})\cdot(7\boldsymbol{a}-2\boldsymbol{b})=0 \quad\Longrightarrow\quad 7\boldsymbol{a}^2+8\boldsymbol{b}^2-30\boldsymbol{a}\cdot\boldsymbol{b}=0,$$

即

$$\begin{cases}23\boldsymbol{b}^2=46\boldsymbol{a}\cdot\boldsymbol{b}\ \Rightarrow\ 2\boldsymbol{a}\cdot\boldsymbol{b}=\boldsymbol{b}^2,\\ 2\boldsymbol{a}\cdot\boldsymbol{b}=\boldsymbol{a}^2,\end{cases}$$

即

$$\boldsymbol{a}\cdot\boldsymbol{b}>0,$$

所以

$$\begin{aligned}&(\boldsymbol{a}\cdot\boldsymbol{b})^2=\frac{1}{4}\boldsymbol{a}^2\boldsymbol{b}^2,\\ &\cos\varphi=\frac{\boldsymbol{a}\cdot\boldsymbol{b}}{|\boldsymbol{a}||\boldsymbol{b}|}=\frac{1}{2},\qquad \varphi=\frac{\pi}{3}.\end{aligned}$$

故 $\boldsymbol{a}$ 和 $\boldsymbol{b}$ 的夹角为 $\frac{\pi}{3}$.

例 12 已知点 $O(0,0,0),A(1,-1,2),B(3,3,1)$ 及 $C(3,1,3)$, 求:

(1) $\overrightarrow{AB}$, $|\overrightarrow{AB}|$ 及 $\overrightarrow{AB}$ 的方向余弦;

(2) $\triangle ABC$ 的面积;

(3) 四面体 $OABC$ 的体积.

解 (1)

$$\begin{aligned}&\overrightarrow{AB}=(2,4,-1),\\ &|\overrightarrow{AB}|=\sqrt{2^2+4^2+(-1)^2}=\sqrt{21},\\ &\cos\alpha=\frac{2}{\sqrt{21}},\ \cos\beta=\frac{4}{\sqrt{21}},\ \cos\gamma=-\frac{1}{\sqrt{21}}.\end{aligned}$$

(2) 因为 $\overrightarrow{AC}=(2,2,1)$ 而

$$\overrightarrow{AB}\times\overrightarrow{AC}=\begin{vmatrix} \boldsymbol{i} & \boldsymbol{j} & \boldsymbol{k} \\ 2 & 4 & -1 \\ 2 & 2 & 1 \end{vmatrix}=6\boldsymbol{i}-4\boldsymbol{j}-4\boldsymbol{k},$$

所以, $\triangle ABC$ 的面积 $=\dfrac{1}{2}|\overrightarrow{AB}\times\overrightarrow{AC}|=\dfrac{1}{2}\sqrt{6^2+(-4)^2+(-4)^2}=\sqrt{17}$.

(3) 混合积

$$(\overrightarrow{OA}\times\overrightarrow{OB})\cdot\overrightarrow{OC}=\begin{vmatrix} 1 & -1 & 2 \\ 3 & 3 & 1 \\ 3 & 1 & 3 \end{vmatrix}=2,$$

所以四面体 $OABC$ 的体积 $=\dfrac{1}{6}|(\overrightarrow{OA}\times\overrightarrow{OB})\cdot\overrightarrow{OC}|=\dfrac{1}{3}$.

例 13 设 $\boldsymbol{a}=(1,-2,3)$, $\boldsymbol{b}=(2,-3,1)$, 求同时垂直于 $\boldsymbol{a}$ 和 $\boldsymbol{b}$ 且在向量 $\boldsymbol{c}=(2,1,2)$ 上的投影是 7 的向量.

提示 由向量积的定义知, 同时垂直于 $\boldsymbol{a}$ 和 $\boldsymbol{b}$ 的向量 $\boldsymbol{x}$ 可表示为 $\boldsymbol{x}=\lambda(\boldsymbol{a}\times\boldsymbol{b})$. 求出 λ 即可.

解

$$\boldsymbol{a}\times\boldsymbol{b}=\begin{vmatrix} \boldsymbol{i} & \boldsymbol{j} & \boldsymbol{k} \\ 1 & -2 & 3 \\ 2 & -3 & 1 \end{vmatrix}=(7,5,1),$$

所以

$$\boldsymbol{x}=(7\lambda,5\lambda,\lambda).$$

又因为

$$\mathrm{Prj}_{\boldsymbol{c}}\boldsymbol{x}=7,$$

即

$$\frac{\boldsymbol{x}\cdot\boldsymbol{c}}{|\boldsymbol{c}|}=7,$$

即

$$\frac{14\lambda+5\lambda+2\lambda}{\sqrt{2^2+1^2+2^2}}=7,$$

即 $\lambda=1$, 所以 $\boldsymbol{x}=(7,5,1)$.

例 14 已知 $\boldsymbol{a}\times\boldsymbol{x}=\boldsymbol{b}$, $\boldsymbol{a}\cdot\boldsymbol{x}=\lambda\ (\lambda\neq 0)$, 求 $\boldsymbol{x}$.

解

$$\boldsymbol{a}\times(\boldsymbol{a}\times\boldsymbol{x})=\boldsymbol{a}\times\boldsymbol{b},$$

即

$$(\boldsymbol{a}\cdot\boldsymbol{x})\boldsymbol{a}-(\boldsymbol{a}\cdot\boldsymbol{a})\boldsymbol{x}=\boldsymbol{a}\times\boldsymbol{b}.$$

而

$$\boldsymbol{a}\cdot\boldsymbol{x}=\lambda,$$

代入整理得

$$|\boldsymbol{a}|^2\boldsymbol{x}=\lambda\boldsymbol{a}-\boldsymbol{a}\times\boldsymbol{b},$$

故

$$\boldsymbol{x}=\frac{1}{|\boldsymbol{a}|^2}(\lambda\boldsymbol{a}-\boldsymbol{a}\times\boldsymbol{b}).$$

例 15 设 $\boldsymbol{a}=(1,-2,2)$, $\boldsymbol{b}=(-2,1,1)$, $\boldsymbol{c}=(-2,1,2)$. 问满足 $\boldsymbol{a}\times\boldsymbol{x}=\boldsymbol{b}$ 或 $\boldsymbol{a}\times\boldsymbol{x}=\boldsymbol{c}$ 的向量 $\boldsymbol{x}$ 是否存在? 若存在, 求出 $\boldsymbol{x}$ 的坐标.

解 由 $\boldsymbol{a}\cdot\boldsymbol{b}\neq 0$, $\boldsymbol{a}$ 与 $\boldsymbol{b}$ 不垂直, 因此满足 $\boldsymbol{a}\times\boldsymbol{x}=\boldsymbol{b}$ 的向量 $\boldsymbol{x}$ 是不存在的, 而满足 $\boldsymbol{a}\times\boldsymbol{x}=\boldsymbol{c}$ 的向量 $\boldsymbol{x}$ 存在, 是因为 $\boldsymbol{a}\cdot\boldsymbol{c}=0$.

设 $\boldsymbol{x}=(x,y,z)$, 由 $\boldsymbol{a}\times\boldsymbol{x}=\boldsymbol{c}$ 得

$$\begin{vmatrix}\boldsymbol{i} & \boldsymbol{j} & \boldsymbol{k}\\ 1 & -2 & 2\\ x & y & z\end{vmatrix}=-2\boldsymbol{i}+\boldsymbol{j}+2\boldsymbol{k},$$

比较两边系数可得方程

$$\begin{cases}-2z-2y=-2,\\ 2x-z=1,\\ y+2x=2,\end{cases}$$

解之得

$$x=x,\quad y=2-2x,\quad z=2x-1.$$

即

$$\boldsymbol{x}=(x,2-2x,2x-1),$$

这表示满足 $\boldsymbol{a}\times\boldsymbol{x}=\boldsymbol{c}$ 的向量 $\boldsymbol{x}$ 有无穷多个.

7.3 平面与直线

学习要点

一、空间平面方程的几种形式

两相交的直线可确定一个平面. 相当于一个点, 两个方向.

设 $M_0(x_0,y_0,z_0)$, $M_1(x_1,y_1,z_1)$, $M_2(x_2,y_2,z_2)$ 为不共线三点, $\boldsymbol{n}=(A,B,C)$ 为平面法向, $\boldsymbol{v}_1=(l_1,m_1,n_1)$, $\boldsymbol{v}_2=(l_2,m_2,n_2)$ 为二不共线向量, $M(x,y,z)$ 为平面上任一点.

1. **平面的向量式方程**. 平面过给定点 M_0 与两不共线向量 $\boldsymbol{v}_1,\boldsymbol{v}_2$, 则 $\overrightarrow{M_0M}$ 与 $\boldsymbol{v}_1,\boldsymbol{v}_2$ 共面

$$\begin{aligned}&\Longleftrightarrow \overrightarrow{M_0M}=s\boldsymbol{v}_1+t\boldsymbol{v}_2 \quad (s,t\ \text{为参数})\\&\Longleftrightarrow \boldsymbol{r}=\boldsymbol{r}_0+s\boldsymbol{v}_1+t\boldsymbol{v}_2 \quad (\boldsymbol{r}=\overrightarrow{OM},\boldsymbol{r}_0=\overrightarrow{OM_0})\end{aligned}$$

2. **参数式**. 已知平面过 M_0 及 $\boldsymbol{v}_1$, $\boldsymbol{v}_2$, 则

$$\begin{cases}x=x_0+sl_1+tl_2\\ y=y_0+sm_1+tm_2\\ z=z_0+sn_1+tn_2\end{cases}\qquad (s,t\ \text{为参数})$$

3. **点法式**. 平面过点 M_0, 法向 $\boldsymbol{n}=(A,B,C)$, 则平面方程为

$$A(x-x_0)+B(y-y_0)+C(z-z_0)=0$$

4. **平面的一般式方程**

$$Ax+By+Cz+D=0.$$

只要 A,B,C 不全为 0, 它就表示空间的一张平面, $D=0$ 表示平面过原点.

5. **平面的三点式方程**. 平面过三点 M_0,M_1,M_2, 则

$$\overrightarrow{M_0M}\cdot(\overrightarrow{M_0M_1}\times\overrightarrow{M_0M_2})=0,$$

写成坐标形式, 即为

$$\begin{vmatrix}x-x_0 & y-y_0 & z-z_0\\ x_1-x_0 & y_1-y_0 & z_1-z_0\\ x_2-x_0 & y_2-y_0 & z_2-z_0\end{vmatrix}=0.$$

6. **平面的截距式方程**

$$\frac{x}{\alpha}+\frac{y}{\beta}+\frac{z}{\gamma}=1,$$

α,β,γ 分别是平面截三坐标轴所得的截距.

二、两平面之间的关系(平行、重合、相交、垂直)

设有两平面

$$\pi_1:\quad A_1x+B_1y+C_1z+D_1=0,$$

$$\pi_2:\quad A_2x+B_2y+C_2z+D_2=0.$$

1. π_1 平行于 $\pi_2 \ \Leftrightarrow\ \dfrac{A_1}{A_2}=\dfrac{B_1}{B_2}=\dfrac{C_1}{C_2}\neq\dfrac{D_1}{D_2}$.

2. π_1,π_2 重合 $\ \Leftrightarrow\ \dfrac{A_1}{A_2}=\dfrac{B_1}{B_2}=\dfrac{C_1}{C_2}=\dfrac{D_1}{D_2}$.

3. π_1,π_2 相交 $\ \Leftrightarrow\ x,y,z$ 的对应系数不成比例.

两个平面相交所成二面角 φ 定义为其法向量 $\boldsymbol{n}_1,\boldsymbol{n}_2$ 的夹角 $(0\leq\varphi\leq\pi)$.

$$\cos\varphi=\frac{\boldsymbol{n}_1\cdot\boldsymbol{n}_2}{|\boldsymbol{n}_1||\boldsymbol{n}_2|}=\frac{A_1A_2+B_1B_2+C_1C_2}{\sqrt{A_1^2+B_1^2+C_1^2}\sqrt{A_2^2+B_2^2+C_2^2}}.$$

两个平面相交成两个互补的角, 不要求确切指出哪个.

4. π_1,π_2 垂直 $\ \Leftrightarrow\ \boldsymbol{n}_1\perp\boldsymbol{n}_2\ \Leftrightarrow\ A_1A_2+B_1B_2+C_1C_2=0$.

三、点到平面的距离

设平面 π: $Ax+By+Cz+D=0$ 及平面外一点 $M_0(x_0,y_0,z_0)$, 则 M_0 到 π 的距离 (垂直距离) 为

$$d=\frac{|Ax_0+By_0+Cz_0+D|}{\sqrt{A^2+B^2+C^2}}.$$

四、空间直线方程的几种形式

一个点, 一个方向确定一条直线, 即经过一点 $M_0(x_0,y_0,z_0)$, 平行一非零向量 $\boldsymbol{v}=(l,m,n)$ 有唯一的一条直线 M_0M, 其中动点 $M(x,y,z)$.

1. **一般式**(直线看成两不平行平面的交线)

$$\begin{cases}A_1x+B_1y+C_1z+D_1=0,\\ A_2x+B_2y+C_2z+D_2=0.\end{cases}$$

2. **向量式**

$$\overrightarrow{M_0M}\text{ 与 }\boldsymbol{v}\text{ 共线 }\Longleftrightarrow \overrightarrow{M_0M}=\lambda\boldsymbol{v}$$

$$\Longleftrightarrow\ \boldsymbol{r}=\boldsymbol{r}_0+\lambda\boldsymbol{v}\quad(\boldsymbol{r}_0=\overrightarrow{OM_0},\ \boldsymbol{r}=\overrightarrow{OM},\ \lambda\text{ 为参数}).$$

3. **参数式**

$$\begin{cases}x=x_0+\lambda l,\\ y=y_0+\lambda m,\\ z=z_0+\lambda n,\end{cases}\qquad \lambda\text{ 为参数 }(-\infty<\lambda<+\infty).$$

4. **点向式**

$$\frac{x-x_0}{l}=\frac{y-y_0}{m}=\frac{z-z_0}{n}.$$

5. **两点式**. 过空间两点 $M_0(x_0,y_0,z_0),M_1(x_1,y_1,z_1)$ 的直线方程为

$$\frac{x-x_0}{x_1-x_0}=\frac{y-y_0}{y_1-y_0}=\frac{z-z_0}{z_1-z_0}.$$

五、两直线的关系(共面, 异面)

设有两直线

$$L_1:\quad \frac{x-x_1}{l_1}=\frac{y-y_1}{m_1}=\frac{z-z_1}{n_1},$$
$$L_2:\quad \frac{x-x_2}{l_2}=\frac{y-y_2}{m_2}=\frac{z-z_2}{n_2}.$$

1. L_1,L_2 共面 (相交或平行)

$$\Longleftrightarrow \begin{vmatrix} x_2-x_1 & y_2-y_1 & z_2-z_1 \\ l_1 & m_1 & n_1 \\ l_2 & m_2 & n_2 \end{vmatrix}=0.$$

特别地, L_1 和 L_2 平行或重合 $\Longleftrightarrow$ $\boldsymbol{v}_1=\lambda\boldsymbol{v}_2$.

2. L_1,L_2 异面 (不共面, 既不相交也不平行)

设异面直线 L_1,L_2 的夹角定义为 φ, 则

$$\cos\varphi=\frac{\boldsymbol{v}_1\cdot\boldsymbol{v}_2}{|\boldsymbol{v}_1||\boldsymbol{v}_2|}=\frac{l_1l_2+m_1m_2+n_1n_2}{\sqrt{l_1^2+m_1^2+n_1^2}\sqrt{l_2^2+m_2^2+n_2^2}}.$$

六、点到直线的距离

已知直线 $L:\ \dfrac{x-x_0}{l}=\dfrac{y-y_0}{m}=\dfrac{z-z_0}{n}$, 直线外有一点 $M_1(x_1,y_1,z_1)$, 求点 M_1 到直线 L 的距离 d, 令 $M_0=(x_0,y_0,z_0)$, $\boldsymbol{v}=(l,m,n)$, 则

$$d=\frac{|\boldsymbol{v}\times\overrightarrow{M_0M_1}|}{|\boldsymbol{v}|}.$$

七、两直线间的距离

1. 两平行直线间的距离, 等于一条直线上的点到另一条直线的距离.

2. 求两异面直线

$$L_1:\quad \frac{x-x_1}{l_1}=\frac{y-y_1}{m_1}=\frac{z-z_1}{n_1},$$
$$L_2:\quad \frac{x-x_2}{l_2}=\frac{y-y_2}{m_2}=\frac{z-z_2}{n_2}.$$

L_1, L_2 之间的距离, 亦即求出公垂线上两垂足间的距离 d, 则

$$d = \frac{|\overrightarrow{M_1M_2} \cdot (\boldsymbol{v}_1 \times \boldsymbol{v}_2)|}{|\boldsymbol{v}_1 \times \boldsymbol{v}_2|} = \left|\overrightarrow{M_1M_2} \cdot \frac{\boldsymbol{v}_1 \times \boldsymbol{v}_2}{|\boldsymbol{v}_1 \times \boldsymbol{v}_2|}\right|.$$

其中 $M_1(x_1, y_1, z_1), M_2(x_2, y_2, z_2), \boldsymbol{v}_1 = (l_1, m_1, n_1), \boldsymbol{v}_2 = (l_2, m_2, n_2)$.

八、直线与平面的关系(平行、相交、重合)

设直线方程为 $\dfrac{x - x_0}{l} = \dfrac{y - y_0}{m} = \dfrac{z - z_0}{n}$, 平面方程为 $Ax + By + Cz + D = 0$, 则直线的方向向量 $\boldsymbol{v} = (l, m, n)$, 平面的法向量 $\boldsymbol{n} = (A, B, C)$.

1. 若 $\boldsymbol{v} \cdot \boldsymbol{n} \neq 0$, 则直线与平面相交.

2. 若 $\boldsymbol{v} \cdot \boldsymbol{n} = 0$, 且 $M_0(x_0, y_0, z_0)$ 不在平面上, 即

$$Ax_0 + By_0 + Cz_0 + D \neq 0,$$

则直线与平面平行.

3. 若 $\boldsymbol{v} \cdot \boldsymbol{n} = 0$, 且 $M_0(x_0, y_0, z_0)$ 又在平面上, 则直线在平面内.

九、平面束方程

设空间直线 L 的方程为

$$\begin{cases} A_1x + B_1y + C_1z + D_1 = 0, \\ A_2x + B_2y + C_2z + D_2 = 0, \end{cases}$$

则

$$\lambda_1(A_1x + B_1y + C_1z + D_1) + \lambda_2(A_2x + B_2y + C_2z + D_2) = 0$$

(其中, λ_1 与 λ_2 是不全为零的任意常数), 它表示通过直线 L 的所有平面.

例题分析

例 1 试判定点 $M(2, -1, 1)$ 与原点在平面

$$x + 5y + 12z - 1 = 0$$

的同侧还是异侧.

解 空间一平面 $Ax + By + Cz + D = 0$, 将空间中的点分成三部分: 在平面上以及在平面的两侧, 平面上的点的坐标满足平面方程, 平面一侧的点的坐标满足 $Ax + By + Cz + D > 0$, 而另一侧点的坐标满足 $Ax + By + Cz + D < 0$, 因此, $Ax + By + Cz + D$ 的值的正负可以判断两个 (或两个以上) 点是否在平面的同一侧. 本题中, 由于

$$2 + 5 \cdot (-1) + 12 - 1 = 8 > 0,$$

$$0 + 5 \cdot 0 + 12 \cdot 0 - 1 = -1 < 0,$$

所以点 $M(2,-1,1)$ 与原点在平面 $x+5y+12z-1=0$ 的异侧.

例 2 已知点 $P(2,-1,-1)$ 是原点到一个平面所引垂线的垂足, 求这个平面的方程.

解 由题意, 平面的法向为 $\boldsymbol{n}=(2,-1,-1)$, 则平面上任一点 $M(x,y,z)$,

$$\overrightarrow{MP}\cdot\boldsymbol{n}=0,$$

即

$$(x-2,y+1,z+1)\cdot(2,-1,-1)=0,$$

即

$$2x-y-z-6=0.$$

例 3 求过点 $M_1(2,-1,3)$ 和 $M_2(3,1,2)$ 且垂直于平面 $\pi_0: 6x-2y+3z+7=0$ 的平面.

分析 为了确定所求平面的法向量 $\boldsymbol{n}$, 只要先求出与 $\boldsymbol{n}$ 同时垂直的两个不共线的向量, 然后利用向量积即可得到 $\boldsymbol{n}$.

解 依题设知 $\overrightarrow{M_1M_2}=(1,2,-1)$, 且 $\overrightarrow{M_1M_2}\perp\boldsymbol{n}$. 又平面 π_0 垂直于所求平面, 故其法向量 $\boldsymbol{n}_0=(6,-2,3)$ 垂直于 $\boldsymbol{n}$, 即

$$\boldsymbol{n}\perp\overrightarrow{M_1M_2}\quad\text{且}\quad\boldsymbol{n}\perp\boldsymbol{n}_0,$$

所以可取

$$\boldsymbol{n}=\overrightarrow{M_1M_2}\times\boldsymbol{n}_0=\begin{vmatrix}\boldsymbol{i}&\boldsymbol{j}&\boldsymbol{k}\\1&2&-1\\6&-2&3\end{vmatrix}=(4,-9,-14).$$

又所求平面过点 M_1, 故所求平面的方程为

$$4(x-2)-9(y+1)-14(z-3)=0,$$

即

$$4x-9y-14z+25=0.$$

注 7.1 建立平面方程时, 要善于把确定平面的几何条件转化为向量之间的关系.

例 4 设平面通过点 $(4,-7,5)$ 且在 x,y,z 三轴上的截距相等, 求平面方程.

解 利用平面的截距式方程. 由题设, 可令平面方程为

$$\frac{x}{a}+\frac{y}{a}+\frac{z}{a}=1.$$

又

$$\frac{4}{a}+\frac{-7}{a}+\frac{5}{a}=1,$$

得 $a=2$. 故平面方程为

$$x+y+z-2=0.$$

例 5 求两点 $M_1(x_1,y_1,z_1)$, $M_2(x_2,y_2,z_2)$ 的垂直平分面 (中垂面) 的方程.

解 **方法 1** M_1M_2 的中点为

$$M_0\left(\frac{x_1+x_2}{2},\frac{y_1+y_2}{2},\frac{z_1+z_2}{2}\right),$$

且

$$\overrightarrow{M_1M_2}=(x_2-x_1,y_2-y_1,z_2-z_1).$$

M_1M_2 的垂直平分面就是过 M_0 点, 且以 $\overrightarrow{M_1M_2}$ 为法向量的平面, 故它的方程为

$$(x_2-x_1)\left(x-\frac{x_1+x_2}{2}\right)+(y_2-y_1)\left(y-\frac{y_1+y_2}{2}\right)+(z_2-z_1)\left(z-\frac{z_1+z_2}{2}\right)=0,$$

化简后得

$$(x_2-x_1)x+(y_2-y_1)y+(z_2-z_1)z=\frac{1}{2}[(x_2^2-x_1^2)+(y_2^2-y_1^2)+(z_2^2-z_1^2)].$$

方法 2 设 $M(x,y,z)$ 是 $\overline{M_1M_2}$ 的垂直平分面上动点的坐标, 它到点 M_1 和 M_2 的距离相等, 即

$$\overline{M_1M}=\overline{M_2M},$$

写成坐标形式为

$$(x-x_1)^2+(y-y_1)^2+(z-z_1)^2=(x-x_2)^2+(y-y_2)^2+(z-z_2)^2.$$

化简后得

$$(x_2-x_1)x+(y_2-y_1)y+(z_2-z_1)z=\frac{1}{2}[(x_2^2-x_1^2)+(y_2^2-y_1^2)+(z_2^2-z_1^2)].$$

例 6 求通过点 $M(1,3,-1)$ 且同时垂直于两个平面 $2x-z+1=0$ 和 $y=0$ 的平面方程.

解 设所求平面的法向为 $\boldsymbol{n}$, 则由题意, $\boldsymbol{n}$ 同时垂直于已知两个平面的法向, 而 $2x-z+1=0$ 和 $y=0$ 的法向分别为

$$\boldsymbol{n}_1=(2,0,-1),\qquad \boldsymbol{n}_2=(0,1,0),$$

所以

$$\boldsymbol{n}=\boldsymbol{n}_1\times\boldsymbol{n}_2=\begin{vmatrix}\boldsymbol{i} & \boldsymbol{j} & \boldsymbol{k}\\ 2 & 0 & -1\\ 0 & 1 & 0\end{vmatrix}=(1,0,2),$$

故所求平面方程为

$$(x-1)+2(z+1)=0,$$

即

$$x+2z+1=0.$$

例 7　一半径 $R=5$, 球心在 $M(5,-5,3)$ 点的球与平面 $9x-6y-2z=25$ 相截得一圆, 求此圆的圆心坐标和半径.

解　设圆心坐标为 $N(a,b,c)$, 则 MN 垂直于已给平面, 且线段 MN 的长就是点 M 到该平面的距离.

$$|MN|=\frac{|9\cdot 5-6\cdot(-5)-2\cdot 3-25|}{\sqrt{9^2+6^2+2^2}}=4.$$

此外, 向量 $\overrightarrow{MN}$ 平行于已知平面的法向量

$$\boldsymbol{n}=(9,-6,-2),$$

故

$$\frac{a-5}{9}=\frac{b+5}{-6}=\frac{c-3}{-2}.$$

又 N 在已知平面上, 因此

$$9a-6b-2c=25,$$

联立解之, 可得

$$a=\frac{19}{11},\ b=-\frac{31}{11},\ c=\frac{41}{11}.$$

圆的半径为 $r=\sqrt{R^2-|MN|^2}=\sqrt{5^2-4^2}=3$.

例 8　求与两平面 $x+y-2z-2=0$ 和 $x+y-2z+2=0$ 等距离的平面.

解　设 $M(x,y,z)$ 为所求平面上的任一点, 则由题意

$$\frac{|x+y-2z-2|}{\sqrt{1^2+1^2+2^2}}=\frac{|x+y-2z+2|}{\sqrt{1^2+1^2+2^2}}$$
$$\Longrightarrow x+y-2z-2=-(x+y-2z+2)$$
$$\Longrightarrow x+y-2z=0,$$

这就是所求平面方程.

例 9 求两平面 $2x-y+z-7=0$ 和 $x+y+2z-9=0$ 所成两个二面角的平分面.

解 设 $M(x,y,z)$ 在这个平分面上, 则 M 点到两个平面的距离相等, 即

$$\frac{|2x-y+z-7|}{\sqrt{2^2+1^2+1^2}}=\frac{|x+y+2z-9|}{\sqrt{1^2+1^2+2^2}},$$

即

$$2x-y+z-7=\pm(x+y+2z-9),$$

故平分面的方程为

$$x-2y-z+2=0 \quad 或 \quad 3x+3z-16=0.$$

例 10 分别按下列各组条件求平面方程:

(1) 平分两点 $A(2,3,4)$ 和 $B(3,1,5)$ 间的线段且垂直于线段 AB;

(2) 与平面 $6x+3y+2z+12=0$ 平行, 而点 $(0,2,-1)$ 到这两个平面的距离相等;

(3) 经过点 $M(0,0,1)$ 及 $N(3,0,0)$, 并与 Oxy 平面成 $\pi/3$ 角;

(4) 通过 x 轴, 且点 $(5,4,13)$ 到这个平面的距离为 8 个单位.

解 (1) 平面的法向与 $\overrightarrow{AB}$ 同向. 可令

$$\boldsymbol{n}=\overrightarrow{AB}=(1,-2,1),$$

而 AB 中点 M 的坐标为 $\left(\frac{5}{2},2,\frac{9}{2}\right)$, 平面过 M 点且法向为 $\boldsymbol{n}$. 故

$$\left(x-\frac{5}{2}\right)-2(y-2)+\left(z-\frac{9}{2}\right)=0,$$

即

$$x-2y+z-3=0.$$

(2) 因为所求平面与 $6x+3y+2z+12=0$ 平行, 所以可设平面为

$$6x+3y+2z+a=0,$$

由已知条件

$$\frac{|3\times 2+2\times(-1)+12|}{\sqrt{6^2+3^2+2^2}}=\frac{|3\times 2+2\times(-1)+a|}{\sqrt{6^2+3^2+2^2}},$$

即

$$4+a=\pm 16,$$

解得

$$a = 12 \quad 或 \quad a = -20.$$

由题意知 $a = -20$.

故平面方程为 $6x + 3y + 2z - 20 = 0$.

(3) 因为平面与 Oxy 平面成 $\pi/3$ 角, 所以可设法向为

$$\boldsymbol{n} = \left(a, b, \cos\frac{\pi}{3}\right),$$

且

$$a^2 + b^2 + \cos^2\frac{\pi}{3} = 1,$$

得

$$a^2 + b^2 = \frac{3}{4}.$$

又因为

$$\boldsymbol{n} \perp \overrightarrow{MN},$$

即

$$\boldsymbol{n} \cdot \overrightarrow{MN} = 0,$$

即

$$3a - \cos\frac{\pi}{3} = 0,$$

所以 $a = \dfrac{1}{6}$, 故 $b = \pm\dfrac{\sqrt{26}}{6}$.

因此所求平面方程为

$$\frac{1}{6}(x - 0) \pm \frac{\sqrt{26}}{6}(y - 0) + \frac{1}{2}(z - 1) = 0,$$

即

$$x \pm \sqrt{26}y + 3z - 3 = 0.$$

(4) 因为平面通过 x 轴, 所以可设平面方程为

$$ay + bz = 0.$$

由题意

$$\frac{|4a + 13b|}{\sqrt{a^2 + b^2}} = 8,$$

即

$$64(a^2 + b^2) = 16a^2 + 104ab + 169b^2.$$

令 $b=4$

$$\Longrightarrow \quad 3a^2-26a-105=0.$$

解得

$$a=-3 \quad 或 \quad a=\frac{35}{3}.$$

故所求平面之方程为

$$3y-4z=0 \quad 或 \quad 35y+12z=0.$$

例 11 分别求出满足下列各组条件的直线方程:

(1) 过点 $(2,3,-8)$ 且平行于直线 $\dfrac{x-2}{3}=\dfrac{y}{-2}=\dfrac{z+8}{5}$;

(2) 过点 $(0,2,4)$ 且与两平面 $x+2z=1$, $y-3z=2$ 平行;

(3) 过点 $(-1,-4,3)$ 并与下面两直线

$$\text{I}: \quad \begin{cases} 2x-4y+z=1, \\ x+3y=-5, \end{cases} \qquad \text{II}: \quad \begin{cases} x=2+4t, \\ y=-1-t, \\ z=-3+2t \end{cases}$$

都垂直;

(4) 通过两个已知点 $(1,-2,1)$, $(3,1-1)$.

解 (1) 直线方程为

$$\frac{x-2}{3}=\frac{y-3}{-2}=\frac{z+8}{5}.$$

(2) $\boldsymbol{v}=(1,0,2)\times(0,1,-3)=(-2,3,1)$ 即为直线方向, 所以直线方程为

$$\frac{x}{-2}=\frac{y-2}{3}=\frac{z-4}{1}.$$

(3) 令 $y=-t$, 则直线 I 的方程可写为参数形式

$$\begin{cases} x=3t-5, \\ y=-t, \\ z=11-10t, \end{cases}$$

即

$$t=\frac{x+5}{3}=\frac{y}{-1}=\frac{z-11}{-10}.$$

直线 II 可化为

$$\frac{x-2}{4}=\frac{y+1}{-1}=\frac{z+3}{2},$$

故

$$v=(3,-1,-10)\times(4,-1,2)=(-12,-46,1).$$

所以所求直线方程为

$$\frac{x+1}{-12}=\frac{y+4}{-46}=\frac{z-3}{1}.$$

(4) 方程为

$$\frac{x-1}{3-1}=\frac{y+2}{1-(-2)}=\frac{z-1}{-1-1},$$

即

$$\frac{x-1}{2}=\frac{y+2}{3}=\frac{z-1}{-2}.$$

例 12　求直线 $\begin{cases}2x+5y-z-4=0 & (1)\\ 3x-3y+2z+1=0 & (2)\end{cases}$ 的参数方程.

解　(1) × 2 + (2) 得

$$7x+7y-7=0.$$

令 $x=t,\ y=1-t$, 代入 (1) 得

$$z=1-3t.$$

因此参数方程为

$$\begin{cases}x=t,\\ y=1-t,\\ z=1-3t.\end{cases}$$

例 13　求直线与平面的交点:

(1) $\dfrac{x-12}{4}=\dfrac{y-9}{3}=\dfrac{z-1}{1},\ 3x+5y-z-2=0;$

(2) $\dfrac{x+1}{2}=\dfrac{y-3}{4}=\dfrac{z}{3},\ 3x-3y+2z-5=0.$

解　(1) 求直线与平面的交点, 一般方法是先把直线写成参数形式, 再代入到平面方程, 求出参数值.

令 $x=12+4t$, 则

$$y=9+3t,\quad z=1+t,$$

故

$$36+12t+45+15t-1-t-2=0\implies t=-3.$$

因此交点坐标为 $(0,0,-2)$.

(2) 因为

$$v\cdot n=(2,4,3)\cdot(3,-3,2)=0,$$

故直线与平面平行, 而 $(-1,3,0)$ 不在平面上, 故直线与平面没有交点.

例 14 求下面两直线的夹角:

$$\begin{cases} 2x-2y-z+8=0, \\ x+2y-2z+1=0 \end{cases} \quad 和 \quad \begin{cases} 4x+y+3z-21=0, \\ 2x+2y-3z+15=0. \end{cases}$$

解 求两直线的夹角, 一般先求出两直线的方向, 再利用夹角公式即可.

$$\boldsymbol{v}_1=(2,-2,-1)\times(1,2,-2)=(6,3,6),$$

$$\boldsymbol{v}_2=(4,1,3)\times(2,2,-3)=(-9,18,6),$$

$$\cos\theta=\frac{\boldsymbol{v}_1\cdot\boldsymbol{v}_2}{|\boldsymbol{v}_1||\boldsymbol{v}_2|}=\frac{36}{9\times21}=\frac{4}{21}.$$

故夹角 $\theta=\arccos\dfrac{4}{21}$.

例 15 证明下列各组直线互相平行, 并求它们之间的距离.

(1) $\dfrac{x+7}{3}=\dfrac{y-5}{-1}=\dfrac{z-9}{4}$ 和 $\begin{cases} 2x+2y-z-10=0, \\ x-y-z-22=0; \end{cases}$

(2) $\begin{cases} 2y+z=0, \\ 3y-4z=0 \end{cases}$ 和 $\begin{cases} 5y-2z=8, \\ 4y+z=4. \end{cases}$

解 (1) 因为

$$(3,-1,4)\cdot(2,2,-1)=6-2-4=0,$$

$$(3,-1,4)\cdot(1,-1,-1)=3+1-4=0,$$

故两直线平行. 易验证点 (15,−9,2) 在直线 II 上, 该点到直线 I 的距离为

$$d=\frac{|\boldsymbol{v}_1\times(22,-14,-7)|}{|\boldsymbol{v}_1|}=\frac{\sqrt{63^2+109^2+20^2}}{\sqrt{3^2+1^2+4^2}}=25.$$

故所求两直线的距离为 25.

(2) 易知这两条直线均平行于 x 轴, 而直线 I 与 Oyz 平面的交点为 $(0,0,0)$, 直线 II 与 Oyz 平面的交点为 $\left(0,\dfrac{16}{13},-\dfrac{12}{13}\right)$.

故两直线距离为

$$d=\sqrt{0^2+\left(\frac{16}{13}\right)^2+\left(-\frac{12}{13}\right)^2}=\frac{20}{13}.$$

例 16 证明下列两条直线垂直相交, 并求出其交点.

$$\begin{cases} x+2y=1, \\ 2y-z=1 \end{cases} \quad 和 \quad \begin{cases} x-y=1, \\ x-2z=3. \end{cases}$$

解 因为

$$v_1 = (1,2,0)\times(0,2,-1) = (-2,1,2),$$
$$v_2 = (1,-1,0)\times(1,0,-2) = (2,2,1),$$

$v_1 \cdot v_2 = 0$, 故两直线垂直.

又解

$$\begin{cases} x+2y=1, \\ 2y-z=1, \\ x-y=1, \\ x-2z=3, \end{cases} \Longrightarrow \begin{cases} x=1, \\ y=0, \\ z=-1, \end{cases}$$

故 $(1,0,-1)$ 是两直线的交点, 从而两直线确实是垂直相交的.

例 17 求直线与平面的夹角 φ:

(1) $\begin{cases} 3x-2y=24, \\ 3x-z=-4, \end{cases}$ $6x+15y-10z+31=0$;

(2) $\dfrac{x}{3}=\dfrac{y}{-2}=\dfrac{z}{7}$, $3x-2y+7z=8$.

解 (1)

$$v = (3,-2,0)\times(3,0,-1) = (2,3,6),$$
$$n = (6,15,-10),$$
$$\sin\varphi = \frac{v\cdot n}{|v||n|} = \frac{12+45-60}{\sqrt{4+9+36}\cdot\sqrt{36+225+100}} = \frac{-3}{133},$$

故

$$\varphi = \pi - \arcsin\frac{3}{133} \quad 或 \quad \varphi = \arcsin\frac{3}{133}.$$

(2) $\sin\varphi = \frac{v\cdot n}{|v||n|} = \dfrac{9+4+49}{\sqrt{9+4+49}\cdot\sqrt{9+4+49}} = 1$, 故 $\varphi = \dfrac{\pi}{2}$.

例 18 证明下列各组直线是异面直线, 并求它们的距离 (即两直线公垂线之长).

(1) $\begin{cases} x+y-z=1, \\ 2x+z=3 \end{cases}$ 和 $x=y=z-1$;

(2) $\begin{cases} x+y-z-1=0, \\ 2x+y-z-2=0 \end{cases}$ 和 $\begin{cases} x+2y-z-2=0, \\ x+2y+2z+4=0. \end{cases}$

注 7.2 先推出异面直线的距离公式. 设直线 I 过点 M_1, 方向向量为 $\boldsymbol{v}_1$, 直线 II 过点 M_2, 方向向量为 $\boldsymbol{v}_2$, 则两直线的距离为

$$d=\frac{|(\boldsymbol{v}_1\times\boldsymbol{v}_2)\cdot\overrightarrow{M_1M_2}|}{|\boldsymbol{v}_1\times\boldsymbol{v}_2|}.$$

解 (1)

$$\boldsymbol{v}_1=(1,1,-1)\times(2,0,1)=(1,-3,-2),$$
$$\boldsymbol{v}_1\times\boldsymbol{v}_2=(1,-3,-2)\times(1,1,1)=(-1,-3,4),$$

又直线 I 上显然有点 $M_1(1,1,1)$, 故

$$\overrightarrow{M_1M_2}=(-1,-1,0).$$

所以

$$d=\frac{|(\boldsymbol{v}_1\times\boldsymbol{v}_2)\cdot\overrightarrow{M_1M_2}|}{|\boldsymbol{v}_1\times\boldsymbol{v}_2|}=\frac{1+3}{\sqrt{1+9+16}}=\frac{2}{13}\sqrt{26}.$$

(2)

$$\boldsymbol{v}_1=(1,1,-1)\times(2,1,-1)=(0,-1,-1),$$
$$\boldsymbol{v}_2=(1,2,-1)\times(1,2,2)=(6,-3,0),$$

又直线 I 上显然有点 $M_1(1,1,1)$, 直线 II 上显然有点 $M_2(0,0,-2)$,

$$\boldsymbol{v}_1\times\boldsymbol{v}_2=(-3,-6,6),$$
$$\overrightarrow{M_1M_2}=(-1,-1,-3),$$

故

$$d=\frac{|3+6-18|}{3\sqrt{1+4+4}}=1.$$

例 19 求通过直线 $x=3t+1, y=2t+3, z=-t-2$ 且平行于直线

$$\begin{cases}2x-y+z-3=0,\\ x+2y-z-5=0\end{cases}$$

的平面方程.

解 根据平面束方程可设所求平面的法向量为

$$\boldsymbol{n}=(2+\lambda,-1+2\lambda,1-\lambda),$$

从而

$$(3,2,-1)\cdot(2+\lambda,-1+2\lambda,1-\lambda)=0,$$

即

$$6+3\lambda-2+4\lambda-1+\lambda=0,$$

即 $\lambda=-\dfrac{3}{8}$, 所以

$$\boldsymbol{n}=\left(\frac{13}{8},-\frac{14}{8},\frac{11}{8}\right),$$

又平面过点 $(1,3,-2)$, 故所求平面方程为

$$13(x-1)-14(y-3)+11(z+2)=0,$$

即

$$13x-14y+11z+51=0.$$

例 20 过直线 $\begin{cases}5x-11z+7=0\\5y+7z-4=0\end{cases}$ 作两互相垂直的平面, 其中一个平面过点 $(4,-3,1)$, 求此两平面的方程.

解 设过 $(4,-3,1)$ 的平面为

$$5x-11z+7+\lambda(5y+7z-4)=0,$$

则

$$20-11+7-15\lambda+7\lambda-4\lambda=0 \implies \lambda=\frac{4}{3},$$

故该平面的方程为

$$15x+20y-5z+5=0,$$

即

$$3x+4y-z+1=0.$$

又设另一平面为

$$5x-11z+7+\delta(5y+7z-4)=0,$$

则

$$(5,5\delta,7\delta-11)\cdot(3,4,-1)=0,$$

即

$$15+20\delta-7\delta+11=0 \implies \delta=-2,$$

故该平面方程为

$$5x-10y-25z+15=0,$$

即

$$x-2y-5z+3=0.$$

因此所求两平面方程为

$$3x+4y-z+1=0 \quad \text{和} \quad x-2y-5z+3=0.$$

例 21 求点 $(2,1,0)$ 在平面 $x+2y-z+1=0$ 上的投影.

解 过点 $(2,1,0)$ 且垂直所给平面直线方程为

$$\begin{cases} x=2+t, \\ y=1+2t, \\ z=-t, \end{cases}$$

代入平面方程得

$$2+t+2+4t+t+1=0 \implies t=\frac{-5}{6},$$

故所求投影点坐标为 $\left(\frac{7}{6},\frac{-4}{6},\frac{5}{6}\right)$.

例 22 求点 $(2,3,1)$ 在直线 $x=t-7, y=2t-2, z=3t-2$ 上的投影.

解 可设投影为 $(t-7,2t-2,3t-2)$, 故

$$(t-7-2,2t-2-3,3t-2-1)\cdot(1,2,3)=0$$

$$\implies t-9+4t-10+9t-9=0 \implies t=2,$$

故投影点的坐标为 $(-5,2,4)$.

例 23 求点 $(1,1,1)$ 关于平面 $6x+2y-9z+121=0$ 对称的点的坐标.

解 可设该点的坐标为 $(6t+1,2t+1,-9t+1)$, 则 $\left(3t,t,-\frac{9}{2}t\right)$ 应在平面上, 即

$$18t+2t+\frac{81}{2}t+121=0 \implies t=-2,$$

故所求点的坐标为 $(-11,-3,19)$.

例 24 求点 $(1,2,3)$ 关于直线 $\frac{x}{1}=\frac{y-4}{-3}=\frac{z-3}{-2}$ 对称的点的坐标.

解 可设点 $(1,2,3)$ 在直线上的投影为 $(t,4-3t,3-2t)$, 则

$$(t-1,4-3t-2,3-2t-3)\cdot(1,-3,-2)=0,$$

即

$$14t-7=0 \implies t=\frac{1}{2},$$

故投影点为 $\left(\frac{1}{2},\frac{5}{2},2\right)$(投影点是已知点与所求点的中点), 从而所求点坐标为 $(0,3,1)$.

例 25　经过平面 $x+28y-2z+17=0$ 和平面 $5x+8y-z+1=0$ 的交线, 作切于球面 $x^2+y^2+z^2=1$ 的平面.

解　可设所求平面方程为

$$x+28y-2z+17+\lambda(5x+8y-z+1)=0,$$

即

$$(1+5\lambda)x+(28+8\lambda)y-(2+\lambda)z+17+\lambda=0.$$

由于其与单位球面相切, 从而原点到该平面的距离为 1. 即

$$|17+\lambda|=\sqrt{(1+5\lambda)^2+(28+8\lambda)^2+(2+\lambda)^2},$$

即

$$89\lambda^2+428\lambda+500=0,$$

$$(89\lambda+250)(\lambda+2)=0,$$

故

$$\lambda_1=-2,\quad \lambda_2=\frac{-250}{89}.$$

从而所求平面为

$$-9x+12y+15=0,$$

或

$$(1250-89)x+(2000-2492)y-(250-178)z+250-1513=0.$$

即

$$3x-4y-5=0 \quad 或 \quad 387x-164y-24z-421=0.$$

例 26　试求 λ, 使两直线 $\frac{x-1}{\lambda}=\frac{y+4}{5}=\frac{z-3}{-3}$ 与 $\frac{x+3}{3}=\frac{y-9}{-4}=\frac{z+14}{7}$ 相交, 并求出交点, 和由此两直线确定的平面方程.

解

$$\boldsymbol{v}_1\times\boldsymbol{v}_2=(\lambda,5,-3)\times(3,-4,7)=(23,-9-7\lambda,-15-4\lambda).$$

由相交, 则

$$(1-(-3),(-4)-9,3-(-14))\cdot(\boldsymbol{v}_1\times\boldsymbol{v}_2)=0,$$

即

$$92+117+91\lambda-255-68\lambda=0 \implies \lambda=2,$$

从而

$$\boldsymbol{n}=\boldsymbol{v}_1\times\boldsymbol{v}_2=(23,-23,-23).$$

又可设交点为

$$\begin{cases} x=1+2t,\\ y=-4+5t,\\ z=3-3t, \end{cases}$$

从而

$$\frac{1+2t+3}{3}=\frac{-4+5t-9}{-4} \implies t=1,$$

即交点 $(3,1,0)$. 因此, 当 $\lambda=2$ 时, 两直线相交, 交点为 $(3,1,0)$, 此时两直线所定平面方程为

$$(x-3)-(y-1)-z=0,$$

即 $x-y-z-2=0$.

例 27 求直线 $\begin{cases} x+y-z-1=0\\ x-y+z+1=0 \end{cases}$ 在平面 $x+y+z=0$ 上的投影直线的方程.

解 **方法 1** 直线与平面的交点坐标满足

$$\begin{cases} x+y-z-1=0,\\ x-y+z+1=0,\\ x+y+z=0, \end{cases}$$

即坐标为 $\left(0,\frac{1}{2},-\frac{1}{2}\right)$, 已知直线的方向向量为

$$\boldsymbol{v}_1=(1,1,-1)\times(1,-1,1)=(0,-2,-2),$$

令

$$\boldsymbol{v}_2=\boldsymbol{v}_1\times\boldsymbol{n}=(0,-2,-2)\times(1,1,1)=(0,-2,2),$$

故所求直线方向向量为

$$\boldsymbol{v}_2\times\boldsymbol{n}=(0,-2,2)\times(1,1,1)=(-4,2,2),$$

故所求直线方程为

$$\frac{x}{2}=\frac{y-\frac{1}{2}}{-1}=\frac{z+\frac{1}{2}}{-1}.$$

方法 2 投影直线落在平面 $x+y+z=0$ 上, 也落在过已知直线的某平面上, 可设为

$$x+y-z-1+\lambda(x-y+z+1)=0,$$

其垂直于平面

$$x+y+z=0,$$

故

$$(1+\lambda,1-\lambda,-1+\lambda)\cdot(1,1,1)=0,$$

即

$$1+\lambda+1-\lambda-1+\lambda=0 \implies \lambda=-1,$$

即为

$$y-z-1=0,$$

故所求直线为

$$\begin{cases} x+y+z=0, \\ y-z-1=0. \end{cases}$$

例 28 求由原点到直线 $\dfrac{x-5}{4}=\dfrac{y-2}{3}=\dfrac{z+1}{-2}$ 的垂线方程.

解 设交点为

$$(5+4t,2+3t,-1-2t),$$

则

$$(5+4t-0,2+3t-0,-1-2t-0)\cdot(4,3,-2)=0,$$

即

$$4(5+4t)+3(2+3t)-2(-1-2t)=0 \implies t=-\frac{28}{29},$$

故交点为 $\left(\dfrac{33}{29},-\dfrac{26}{29},\dfrac{27}{29}\right)$, 从而所求直线为

$$\frac{x}{33}=\frac{y}{-26}=\frac{z}{27}.$$

例 29 一平面过从点 $M(1,-1,1)$ 到直线 $L:\begin{cases} y-z+1=0 \\ x=0 \end{cases}$ 的垂线, 并垂直于平面 $z=0$. 试求其方程.

解 直线 L 的方向向量为

$$\boldsymbol{v}=(0,1,-1)\times(1,0,0)=(0,-1,-1).$$

设 M 到 L 的垂足为 $P(x_0,y_0,z_0)$, 则

$$(x_0-1,y_0+1,z_0-1)\cdot(0,-1,-1)=0,$$

即

$$y_0+z_0=0.$$

又 P 在 L 上, 所以

$$\begin{cases}y_0-z_0+1=0,\\ x_0=0,\\ y_0+z_0=0,\end{cases}$$

解得 $\begin{cases}x_0=0,\\ y_0=-\dfrac{1}{2},\\ z_0=\dfrac{1}{2},\end{cases}$ 所以垂线方程为

$$\frac{x-1}{1}=\frac{y+1}{-\frac{1}{2}}=\frac{z-1}{\frac{1}{2}}.$$

所以所求平面的法向

$$\boldsymbol{n}=\left(1,-\frac{1}{2},\frac{1}{2}\right)\times(0,0,1)=\left(-\frac{1}{2},-1,0\right).$$

故所求平面

$$-\frac{1}{2}(x-1)-(y+1)=0,$$

即

$$x+2y+1=0.$$

7.4 常见曲面

学习要点

基本概念

1. 柱面

设 L 是坐标平面 Oxy 内的一条曲线

$$L:\quad \begin{cases} f(x,y)=0, \\ z=0, \end{cases}$$

一条垂直于 Oxy 坐标平面 (即 $z=0$) 且与 L 相交的直线沿曲线 L 平行移动时所构成的曲面称为柱面, 其方程为

$$f(x,y)=0.$$

L 称为此柱面的标线, 动直线称为柱面的母线.

同理, $g(y,z)=0$ 表示母线平行于 x 轴的柱面, $h(z,x)=0$ 表示母线平行于 y 轴的柱面.

2. 旋转曲面

设 L 是 Oxy 坐标平面上的一条曲线, 方程为

$$L:\quad \begin{cases} f(x,y)=0, \\ z=0, \end{cases}$$

当它绕 x 轴旋转时, 构成一个旋转曲面. 这个旋转曲面的方程为

$$f(x,\pm\sqrt{y^2+z^2})=0.$$

3. 几个常见曲面 $(a>0,b>0,c>0)$

(1) $\dfrac{x^2}{a^2}+\dfrac{y^2}{b^2}+\dfrac{z^2}{c^2}=1$ (椭球面) (三项正);

(2) $\dfrac{x^2}{a^2}+\dfrac{y^2}{b^2}-\dfrac{z^2}{c^2}=1$ (单叶双曲面) (二正一负);

(3) $\dfrac{x^2}{a^2}-\dfrac{y^2}{b^2}-\dfrac{z^2}{c^2}=1$ (双叶双曲面) (一正二负);

(4) $\dfrac{x^2}{a^2}+\dfrac{y^2}{b^2}-\dfrac{z^2}{c^2}=0$ (二次锥面);

(5) $z=\dfrac{x^2}{a^2}+\dfrac{y^2}{b^2}$ (椭圆抛物面);

(6) $z=\dfrac{x^2}{a^2}-\dfrac{y^2}{b^2}$ (双曲抛物面, 又称马鞍面).

注意, 二次锥面的右端是 0, 而不是 1, 所以, 如果左端“三项正”, 就只表示一个点. 至于是“二正一负”还是“一正二负”, 由于右端是 0, 乘一个负号就是一回事.

4. 空间曲线在坐标面上的投影

设空间曲线方程为

$$\begin{cases} F(x,y,z)=0, \\ G(x,y,z)=0, \end{cases}$$

这是将空间曲线看作空间两曲面的交线, 若从此方程组中消去 z 变量, 所得方程为

$$H(x,y)=0.$$

这是一个母线平行于 z 轴的柱面, 它在坐标平面 Oxy 上的投影曲线为

$$\begin{cases} H(x,y)=0, \\ z=0. \end{cases}$$

例题分析

例 1 指出下列方程中哪些是旋转曲面, 它们是怎样产生的?

(1) $\dfrac{x^2}{4}+\dfrac{y^2}{9}+\dfrac{z^2}{9}=1$;　　(2) $x^2+y^2+z^2=1$;

(3) $x^2+2y^2+4z^2=1$;　　(4) $x^2-\dfrac{y^2}{4}+z^2=1$.

解 (1) 是旋转曲面. 可看作 Oxy 平面的椭圆 $\dfrac{x^2}{4}+\dfrac{y^2}{9}=1$ 绕 Ox 轴旋转而得的椭球面, 也可看作 Oxz 平面的椭圆 $\dfrac{x^2}{4}+\dfrac{z^2}{9}=1$ 绕 Ox 轴旋转而得.

(2) 是旋转曲面. 是 Oxy 平面上的圆 $x^2+y^2=1$ 绕 Ox 轴旋转而得的旋转曲面, 此时是球面.

(3) 不是旋转曲面.

(4) 是旋转曲面. 是 Oxy 平面上双曲线 $x^2-\dfrac{y^2}{4}=1$ 绕 y 轴旋转而得的旋转单叶双曲面.

例 2 指出下列方程在平面直角坐标系 Oxy 和空间直角坐标系 $Oxyz$ 中分别表示怎样的几何图形?

(1) $y=x+1$;　　(2) $x^2-y^2=1$;

(3) $\begin{cases} 5x-y+1=0, \\ 2x-y-3=0; \end{cases}$　　(4) $\begin{cases} \dfrac{x^2}{4}+\dfrac{y^2}{9}=1, \\ y=2\,. \end{cases}$

解 (1) 分别表示直线和平面.

(2) 分别表示双曲线和平行于 z 轴的双曲柱面.

(3) 分别表示一个点和一条直线.

(4) 分别表示一直线与椭圆相交的两点和一平面与椭圆柱面相交的两条直线 (平行于 z 轴的).

例 3 求直线 $L:\begin{cases} x-y-z-1=0 \\ x-y+z+1=0 \end{cases}$ 在平面 $\pi:\ x+2y-z=0$ 的投影直线的方程. 并求投影直线绕 z 轴旋转产生的旋转曲面的方程.

解 投影直线落在平面 $x+2y-z=0$ 上, 也落在过已知直线 L 的某平面上. 可设为

$$x+y-z-1+\lambda(x-y+z+1)=0,$$

其垂直于平面 π, $x+2y-z=0$, 即

$$(1+\lambda,1-\lambda,-1+\lambda)\cdot(1,2,-1)=0 \implies \lambda=2,$$

所以投影直线方程为

$$\begin{cases} 3x-y+z+1=0, \\ x+2y-z=0, \end{cases}$$

即

$$\begin{cases} x=-\dfrac{1}{7}z-\dfrac{2}{7}, \\ y=\dfrac{4}{7}z+\dfrac{1}{7}, \end{cases}$$

旋转曲面方程为

$$x^2+y^2=\left(-\frac{1}{7}z-\frac{2}{7}\right)^2+\left(\frac{4}{7}z+\frac{1}{7}\right)^2,$$

即

$$x^2+y^2=\frac{17}{49}z^2+\frac{12}{49}z+\frac{5}{49}.$$

例 4 一动点 $P(x,y,z)$ 到原点的距离等于它到平面 $z=4$ 的距离, 试求此动点 P 的轨迹, 并判定它是什么曲面.

解 由条件知

$$\sqrt{x^2+y^2+z^2}=|z-4|,$$

即

$$x^2+y^2+z^2=z^2-8z+16,$$

所以

$$x^2+y^2=-8(z-2),$$

故是旋转抛物面.

例 5 建立单叶双曲面 $\dfrac{x^2}{16}+\dfrac{y^2}{4}-\dfrac{z^2}{5}=1$ 与平面 $x-2z+3=0$ 的交线在 Oxy 平面上的投影柱面.

解 因为所求的柱面是平行于 z 轴的, 因此在二个方程中消去 z 即可得所求柱面方程

$$\frac{x^2-24x-36}{80}+\frac{y^2}{4}=1$$

是椭圆柱面.

例 6 问在 Oxy 平面中方程 $xy=h$ (h 是或正, 或负, 或为 0 的常数) 表示怎样的曲线? 在空间坐标系中方程 $xy=z$ 表示什么曲面? 试用截口法研究它的图形.

解 在 Oxy 平面中, 方程 $xy=h$.

当 $h>0$ 时, 是一、三象限中的曲线, 是关于 $y=-x$ 对称的双曲线;

当 $h<0$ 时, 是落在二、四象限中的关于 $y=x$ 对称的双曲线;

当 $h=0$ 时, 即为 x 轴和 y 轴.

利用以上结论可知方程 $xy=z$ 被平面 $z=h$ 相截, 截口情况和以上讨论的相仿, 故是马鞍面 (双曲抛物面).

7.5 空间坐标变换

学习要点

1. 空间坐标变换包括平移和旋转两种基本变换, 目的是简化二次曲面的方程.

2. 坐标系的平移. 不改变坐标轴的方向和长度单位, 只移动原点 $O\to O'$. 设旧坐标系为 $Oxyz$, 新坐标系为 $O'x'y'z'$. 设新的坐标原点 O' 在坐标系 $Oxyz$ 中的坐标为 (a,b,c), 空间一点 P 在新、老坐标系中的坐标分别为 (x',y',z') 和 (x,y,z), 则

$$\begin{cases} x=x'+a,\\ y=y'+b,\\ z=z'+c,\end{cases}$$

这就是空间直角坐标系平移的坐标变换公式.

3. 坐标系的旋转. 不改变原点和长度单位, 只旋转坐标轴方向 (但仍保持三轴相互垂直及右手系不变). 设旧坐标系为 $Oxyz$, 新坐标系为 $Ox'y'z'$. 设每个新坐标轴与每个旧坐标轴的夹角是已知的 (见表 7.1).

表 7.1

	Ox	Oy	Oz
Ox'	α_1	β_1	γ_1
Oy'	α_2	β_2	γ_2
Oz'	α_3	β_3	γ_3

设 $Oxyz$ 的基本向量为 $\boldsymbol{i},\boldsymbol{j},\boldsymbol{k}$, $Ox'y'z'$ 的基本向量为 $\boldsymbol{i}',\boldsymbol{j}',\boldsymbol{k}'$, 则

$$\begin{cases} \boldsymbol{i}' = \cos\alpha_1\boldsymbol{i} + \cos\beta_1\boldsymbol{j} + \cos\gamma_1\boldsymbol{k}, \\ \boldsymbol{j}' = \cos\alpha_2\boldsymbol{j} + \cos\beta_2\boldsymbol{j} + \cos\gamma_2\boldsymbol{k}, \\ \boldsymbol{k}' = \cos\alpha_3\boldsymbol{i} + \cos\beta_3\boldsymbol{j} + \cos\gamma_3\boldsymbol{k}, \end{cases}$$

设空间中一点 P 在坐标系 $Oxyz$ 和 $Ox'y'z'$ 中的坐标分别为 (x,y,z) 和 (x',y',z'). 则有公式

$$\begin{cases} x = x'\cos\alpha_1 + y'\cos\alpha_2 + z'\cos\alpha_3, \\ y = x'\cos\beta_1 + y'\cos\beta_2 + z'\cos\beta_3, \\ z = x'\cos\gamma_1 + y'\cos\gamma_2 + z'\cos\gamma_3 \end{cases}$$

及

$$\begin{cases} x' = x\cos\alpha_1 + y\cos\beta_1 + z\cos\gamma_1, \\ y' = x\cos\alpha_2 + y\cos\beta_2 + z\cos\gamma_2, \\ z' = x\cos\alpha_3 + y\cos\beta_3 + z\cos\gamma_3. \end{cases}$$

将上述公式写成矩阵形式也许更方便:

$$(\boldsymbol{i}',\boldsymbol{j}',\boldsymbol{k}') = (\boldsymbol{i},\boldsymbol{j},\boldsymbol{k})\begin{pmatrix} \cos\alpha_1 & \cos\alpha_2 & \cos\alpha_3 \\ \cos\beta_1 & \cos\beta_2 & \cos\beta_3 \\ \cos\gamma_1 & \cos\gamma_2 & \cos\gamma_3 \end{pmatrix},$$

其中, 矩阵

$$T = \begin{pmatrix} \cos\alpha_1 & \cos\alpha_2 & \cos\alpha_3 \\ \cos\beta_1 & \cos\beta_2 & \cos\beta_3 \\ \cos\gamma_1 & \cos\gamma_2 & \cos\gamma_3 \end{pmatrix}$$

称为由基 $(\boldsymbol{i},\boldsymbol{j},\boldsymbol{k})$ 到基 $(\boldsymbol{i}',\boldsymbol{j}',\boldsymbol{k}')$ 的过渡矩阵. 则有

$$X = TX'$$

及

$$X' = T^{\mathrm{T}}X,$$

其中

$$X = \begin{pmatrix} x \\ y \\ z \end{pmatrix}, \quad X' = \begin{pmatrix} x' \\ y' \\ z' \end{pmatrix},$$

T^{T} 表示 T 的转置矩阵.

4. 当 z 轴与 z' 轴重合, x' 轴是由 x 轴沿逆时针方向旋转 α 角而成时, 过渡矩阵

$$T=\begin{pmatrix}\cos\alpha & -\sin\alpha & 0\\ \sin\alpha & \cos\alpha & 0\\ 0 & 0 & 1\end{pmatrix},$$

因而

$$\begin{pmatrix}x\\ y\\ z\end{pmatrix}=\begin{pmatrix}\cos\alpha & -\sin\alpha & 0\\ \sin\alpha & \cos\alpha & 0\\ 0 & 0 & 1\end{pmatrix}\begin{pmatrix}x'\\ y'\\ z'\end{pmatrix}$$

及

$$\begin{pmatrix}x'\\ y'\\ z'\end{pmatrix}=\begin{pmatrix}\cos\alpha & \sin\alpha & 0\\ -\sin\alpha & \cos\alpha & 0\\ 0 & 0 & 1\end{pmatrix}\begin{pmatrix}x\\ y\\ z\end{pmatrix}.$$

读者可以类似地得到 x 轴与 x' 轴重合或 y 轴与 y' 轴重合, 其余轴旋转一个角度时相应的过渡矩阵.

5. 特别地, 对一平面二次曲线方程为

$$Ax^2+Bxy+Cy^2+Dx+Ey+F=0,$$

考虑逆时针旋转 α 角得到新坐标系, 可设

$$\begin{cases}x=x'\cos\alpha-y'\sin\alpha,\\ y=x'\sin\alpha+y'\cos\alpha,\end{cases}$$

要求“旋”去 xy 项, 则

i) 当 $A=C$ 时, 取 $\alpha=\dfrac{\pi}{4}$;

ii) 当 $A\neq C$ 时, 取 $\tan 2\alpha=\dfrac{B}{A-C}$.

例题分析

例 1 试利用坐标系旋转, 消去方程 $x^2-y^2-z^2+2yz+2x+y-8=0$ 中的 yz 项.

解 要消去 yz 项, 只要将 y 轴, z 轴绕 x 轴旋转一个角度 α (逆时针方向), 由于 y^2,z^2 前系数相同, 可取 $\alpha=\dfrac{\pi}{4}$, 此时旋转矩阵为

$$T=\begin{pmatrix}1 & 0 & 0\\ 0 & \cos\alpha & -\sin\alpha\\ 0 & \sin\alpha & \cos\alpha\end{pmatrix}=\begin{pmatrix}1 & 0 & 0\\ 0 & \dfrac{\sqrt{2}}{2} & -\dfrac{\sqrt{2}}{2}\\ 0 & \dfrac{\sqrt{2}}{2} & \dfrac{\sqrt{2}}{2}\end{pmatrix},$$

因而

$$\begin{pmatrix} x \\ y \\ z \end{pmatrix} = T \begin{pmatrix} x' \\ y' \\ z' \end{pmatrix} = \begin{pmatrix} 1 & 0 & 0 \\ 0 & \dfrac{\sqrt{2}}{2} & -\dfrac{\sqrt{2}}{2} \\ 0 & \dfrac{\sqrt{2}}{2} & \dfrac{\sqrt{2}}{2} \end{pmatrix} \begin{pmatrix} x' \\ y' \\ z' \end{pmatrix},$$

即

$$\begin{cases} x = x', \\ y = \dfrac{1}{\sqrt{2}}(y' - z'), \\ z = \dfrac{1}{\sqrt{2}}(y' + z'). \end{cases}$$

代入原方程, 化简后得曲面的方程为

$$2x'^2 - 4z'^2 + 4x' + \sqrt{2}y' - \sqrt{2}z' - 16 = 0.$$

第 8 章　多变量函数的微分学

8.1　平面点集及 $\mathbf{R}^2$ 的完备性

此节略.

8.2　映射及其连续性

学习要点

一、平面点集的一些基本概念

1. M_0 为平面上一点, 以 M_0 为圆心, δ 为半径的圆的内部, 称为 M_0 的一个 δ 邻域, 记为 $O(M_0,\delta)$ 或 $\delta(M_0)$.

2. E 为平面上的点集, M_0 为平面上一点.

(1) 若存在 $\delta>0$, 使 $\delta(M_0)\subset E$, 则称 M_0 为 E 的内点.

(2) 若存在 $\delta>0$, 使 $\delta(M_0)\cap E=\emptyset$, 则称 M_0 为 E 的外点.

(3) 对任 $\delta>0$, $\delta(M_0)$ 中既有 E 的点, 也有 E^c 的点 (E^c 为 E 的余集), 称 M_0 为 E 的边界点.

(4) 若存在 $\delta>0$, 使 $\delta(M_0)\cap E=\{M_0\}$(独点集), 称 M_0 为 E 的孤立点. 显然 E 的孤立点必是 E 的边界点.

(5) 对任 $\delta>0$, $(\delta(M_0)-\{M_0\})\cap E\neq\emptyset$, 称 M_0 为 E 的一个聚点或极限点. 显然边界点或是孤立点, 或是聚点, E 的内点必定是 E 的聚点, E 的聚点包括 E 的内点和非孤立的边界点.

3. 设 E 是平面点集, 若存在一个正数 L, 使 $E\subset O(0,L)$, 称 E 为有界点集.

4. 设 E 是平面点集,

(1) 若 E 中的点都是 E 的内点, 则称 E 为开集.

(2) 若 E 的余集 E^c 为开集, 则称 E 为闭集.

5. E 为平面点集, 若 E 中任意二点, 都可以用 E 中的一条曲线连接起来, 称 E 是一个连通集.

6. (1) 非空连通开集称为区域.

(2) 开区域加上它的所有边界点所成的集合称闭区域.

7. 若平面区域 G 内任一条简单闭曲线的内部还在 G 内, 则称 G 是单连通域, 反之, 称 G 是多连通域.

8. 在集合 $\mathbf{R}^n=\{(x_1,x_2,\cdots,x_n)|\ x_1,x_2,\cdots,x_n\in\mathbf{R}\}$ ($\mathbf{R}$ 为实数集) 中, 定义两个点 $x(x_1,x_2,\cdots,x_n)$ 和 $y(y_1,y_2,\cdots,y_n)$ 间的距离

$$\rho(x,y)=\sqrt{(x_1-y_1)^2+(x_2-y_2)^2+\cdots+(x_n-y_n)^2}$$

后构成 n 维欧氏空间, 简记为 $\mathbf{R}^n$, 特别, 平面点集也记为 $\mathbf{R}^2$.

9. 设 $\{M_n\}$ 是平面点列, 若存在一点 M_0, 使 $\lim\limits_{n\to\infty}\rho(M_n,M_0)=0$, 称 $\{M_n\}$ 收敛于 M_0, 记为 $\lim\limits_{n\to\infty}M_n=M_0$.

10. 设 $\{M_n\}$ 是平面点列, 若对任给 $\varepsilon>0$, 存在 N, 当 $n,m>N$ 时有 $\rho(M_n,M_m)<\varepsilon$, 则称 $\{M_n\}$ 为基本点列或柯西点列.

二、平面点集的主要定理

1. $E\subset\mathbf{R}^2$ 是开集的充分必要条件是 $\partial E\cap E=\emptyset$.

2. $E\subset\mathbf{R}^2$ 是闭集的充分必要条件是 $\partial E\subset E$.

3. $E\subset\mathbf{R}^2$ 是闭集的充分必要条件是 E 包含其全部聚点.

4. 设 E 是一个连通集. 如果有 E 的二个非空子集 A,B, 使 $A\cap B=\emptyset$, $A\cup B=E$, 则必有 E 中一点 M_0, 它是 A,B 的公共边界点.

5. 区域 $D\subset\mathbf{R}^2$. 如果 D 中二个开集 A,B 满足: $A\cap B=\emptyset$, $A\cup B=D$, 则 $A=\emptyset$ 或 $B=\emptyset$, 即一个区域不能分成两个互不相交的非空开集.

6. 设点列 $M(x_n,y_n)$ 和点 $M_0(x_0,y_0)$, 则有 $\lim\limits_{n\to\infty}M_n=M_0\iff\lim\limits_{n\to\infty}x_n=x_0$ 且 $\lim\limits_{n\to\infty}y_n=y_0$.

7. 设 E 是一个闭集, 则 E 中任何收敛点列的极限仍是 E 中的点.

8. ($\mathbf{R}^2$ 的完备性) 平面点列 $\{M_n\}$ 收敛的充分必要条件是 $\{M_n\}$ 为基本点列.

9. (列紧性) 有界的平面点列必含有收敛子列.

10. (闭集套原理) 设 $\{E_n\}$ 是一列有界闭集, 满足:

(1) $E_{n+1}\subset E_n$, $n=1,2,\cdots$;

(2) $\lim\limits_{n\to\infty}\operatorname{diam}E_n=0$.

则有唯一的点 M_0, 属于所有 E_n.

三、多元函数的一些概念

1. 映射、多元函数、向量值函数的概念

设有两集合 X,Y 及一个规则 f, 对 X 中任一元素 x, 按照规则 f, 都可以在 Y 中找到唯一元素 y 与 x 对应, 称 f 是 X 到 Y 的一个映射, 记成

$$f:\ X\longrightarrow Y.$$

特别地,

(1) $f: D \to \mathbf{R}$ $(D \subset \mathbf{R}^n)$ 称映射 f 是定义在 D 上的 n 元函数, 记为

$$y = f(x_1, x_2, \cdots, x_n), \qquad (x_1, x_2, \cdots, x_n) \in D.$$

(2) $f: D \to \mathbf{R}^m$ $(D \subset \mathbf{R}^n)$ 称映射 f 是定义在 D 上的向量值函数, 记成

$$(y_1, y_2, \cdots, y_m) = (f_1(x_1, x_2, \cdots, x_n),\ f_2(x_1, x_2, \cdots, x_n),\\ \cdots,\ f_m(x_1, x_2, \cdots, x_n)), \qquad (x_1, x_2, \cdots, x_n) \in D.$$

2. 二元函数的极限定义

设 $f(M)$ 在平面点集 D 上有定义, M_0 是 D 的聚点, 若存在实数 a, 使对任 $\varepsilon > 0$, 存在 $\delta > 0$. 当 $0 < \rho(M, M_0) < \delta$ 且 $M \in D$ 时有

$$|f(M) - a| < \varepsilon,$$

就称当 $M \to M_0$ 时 $f(M)$ 以 a 为极限, 记为

$$\lim_{M \to M_0} f(M) = a,$$

也写成

$$\lim_{\substack{x \to x_0 \\ y \to y_0}} f(x, y) = a \quad \text{或} \quad \lim_{(x,y) \to (x_0, y_0)} f(x, y) = a.$$

式 $0 < \rho(M, M_0) = \sqrt{(x - x_0)^2 + (y - y_0)^2} < \delta$ 也可改用

$$\begin{cases} 0 \leq |x - x_0| < \delta, \\ 0 \leq |y - y_0| < \delta, \\ (x, y) \neq (x_0, y_0). \end{cases}$$

3. 二元函数的连续, 一致连续定义

(1) 设 $f(M)$ 在平面点集 D 有定义, $M_0 \in D$, 若对任意 $\varepsilon > 0$, 存在 $\delta > 0$, 当 $M \in D$ 且 $\rho(M, M_0) < \delta$ 时, 有 $|f(M) - f(M_0)| < \varepsilon$, 就称 $f(M)$ 在 M_0 连续. 显然, 若 M_0 是 D 的聚点, 即有 $\lim\limits_{M \to M_0} f(M) = f(M_0)$. 若 M_0 是 D 的孤立点, 则 M_0 是 $f(M)$ 的连续点.

(2) 如果 $f(M)$ 在 D 的每一点都连续, 称 $f(M)$ 在 D 连续.

(3) 设 $f(M)$ 在平面点集 D 有意义. 若对任 $\varepsilon > 0$, 存在 $\delta > 0$, 当 $M, M' \in D$ 且 $\rho(M, M') < \delta$ 时, 有 $|f(M) - f(M')| < \varepsilon$, 就称 $f(M)$ 在 D 一致连续.

四、二元函数极限的性质

1. 极限的唯一性.

2. 若 $\lim\limits_{M\to M_0} f(M)=a$, 则当 M 充分接近 M_0 时, $f(M)$ 有界.

3. 极限的四则运算. 设 $\lim\limits_{M\to M_0} f(M)=a$, $\lim\limits_{M\to M_0} g(M)=b$, 则

(1) $\lim\limits_{M\to M_0}[f(M)\pm g(M)]=a\pm b$.

(2) $\lim\limits_{M\to M_0}[f(M)\cdot g(M)]=ab$.

(3) $\lim\limits_{M\to M_0}\dfrac{f(M)}{g(M)}=\dfrac{a}{b}\ (b\neq 0)$.

4. 夹逼准则. 若在 M_0 附近, 有不等式

$$h(M)\le f(M)\le g(M),\quad 且\quad \lim_{M\to M_0}h(M)=\lim_{M\to M_0}g(M)=a,$$

则

$$\lim_{M\to M_0}f(M)=a.$$

五、连续函数的性质

1. 多元连续函数的和、差、积、商 (分母不为零) 也还是连续函数, 连续的复合函数在其定义域内也是连续函数.

2. (介值定理) 二元函数 $f(M)$ 在连通集 E 中连续, $M_1,M_2\in E$, 则 f 在 E 中取到 $f(M_1)$ 和 $f(M_2)$ 之间的所有值.

3. (最大值与最小值定理) D 是 $\mathbf{R}^2$ 中的有界闭集, 二元函数 $f(M)$ 在 D 上连续, 则 $f(M)$ 在 D 上取到最大值和最小值.

4. D 是 $\mathbf{R}^2$ 中的有界闭集, $f(M)$ 在 D 连续, 则 $f(M)$ 必在 D 一致连续.

解题方法

1. 判别二元函数极限的存在性, 并求其极限值.

2. 研究二元函数的连续性.

在二元函数极限中, 动点 $M(x,y)$ 趋于定点 $M_0(x_0,y_0)$ 有无限多种方式, 与一元函数情形不同. 一元函数自变量 x 趋于定点 x_0, 只有左、右两个直线方式, 因此, $\lim\limits_{\substack{x\to x_0\\ y\to y_0}} f(x,y)$ 存在的充分必要条件是当 M 沿任意路径趋于 M_0 时 $f(x,y)$ 的极限都存在且相等. 注意: 必须是任意路径, 否则, 即使动点 $M(x,y)$ 沿无限条特殊路径趋于 $M_0(x_0,y_0)$ 时, $f(x,y)$ 的极限均存在且相等, 也不能断定 $\lim\limits_{\substack{x\to x_0\\ y\to y_0}} f(x,y)$ 存在.

证明 $\lim\limits_{\substack{x\to x_0\\ y\to y_0}} f(x,y)$ 存在常用方法:

(1) 定义;

(2) 夹逼准则;

(3) 四则运算性质;

(4) 作变量代换或利用不等式化为一元函数的极限问题;

(5) 利用初等函数在其定义域上的连续性.

而证明 $\lim\limits_{\substack{x\to x_0\\y\to y_0}} f(x,y)$ 不存在的有效方法是: 设法取两条趋于 (x_0,y_0) 的不同路径, 使 $f(x,y)$ 的极限值不相等.

例题分析

例 1 $A,B\subset \mathbf{R}^2$, A^c 是 A 的余集. 证明:

(1) A 与 A^c 有共同的边界, 即 $\partial A=\partial A^c$.

(2) $(A\cup B)^c=A^c\cap B^c$.

证 (1) 设点 $M\in\partial A$, 则 M 的任意邻域中都有 A 与 A^c 的点, 即有 $(A^c)^c$ 与 A^c 的点, 故 $M\in\partial A^c$, 所以 $\partial A\subseteq\partial A^c$. 同样可证 $\partial A^c\subseteq\partial A$, 即 $\partial A=\partial A^c$.

(2) 设点 $x_1\in(A\cup B)^c$. x_1 不属于 A, 同时 x_1 不属于 B, 即

$$x_1\in A^c \text{ 且 } x_1\in B^c.$$

可见

$$x_1\in A^c\cap B^c,$$

故

$$(A\cup B)^c\subseteq A^c\cap B^c.$$

又设点 $x_2\in A^c\cap B^c$. x_2 不属于 A, 同时 x_2 不属于 B. 可见

$$x_2\in(A\cup B)^c,$$

故

$$A^c\cap B^c\subseteq(A\cup B)^c,$$

因此

$$(A\cup B)^c=A^c\cap B^c.$$

例 2 如果一条折线的每一条直线段都与一个坐标轴平行, 就称它是一条正则折线, 求证: 域 D 的任意二点都可用一条正则折线连结起来.

证 任取 $M_0 \in D$, 令

$$A = \{M|\ 点\ M\ 能用正则折线与\ M_0\ 相连,\ M \in D\},$$
$$B = \{M|\ 点\ M\ 不能用正则折线与\ M_0\ 相连,\ M \in D\}.$$

显然

$$A \cap B = \emptyset, \quad A \cup B = D.$$

下面证明: A, B 都是开集.

任取 $M_1 \in A$, 则 $M_1 \in D$. 由于 D 是区域, 故存在 $\delta > 0$, $O(M_1, \delta) \subset D$. M_1 能用正则折线与 M_0 相连, 在 $O(M_1, \delta)$ 中任一点都可作平行于坐标轴的直线段, 故任一点都可用正则折线与 M_1 相连, 即与 M_0 相连, 得 $O(M_1, \delta) \subset A$, 即 M_1 是 A 的内点, A 是非空开集.

任取 $M_2 \in B$, 则 $M_2 \in D$. 故存在 $\delta > 0$, $O(M_2, \delta) \subset D$, 而 $O(M_2, \delta)$ 中任一点都能用正则折线与 M_2 相连, 但 M_2 不能用正则折线与 M_0 相连, 所以 $O(M_2, \delta) \subset B$ (否则 $M_2 \in A$, 矛盾), 即 M_2 是 B 的内点, B 是开集.

再由学习要点中 (二、5) 的定理, 得 $B = \emptyset$, 即 $A = D$.

例 3 证明对于函数

$$f(x, y) = \frac{x^2y^2}{x^2y^2 + (x-y)^2},$$

有

$$\lim_{x \to 0} \lim_{y \to 0} f(x, y) = \lim_{y \to 0} \lim_{x \to 0} f(x, y) = 0,$$

但是

$$\lim_{\substack{x \to 0 \\ y \to 0}} f(x, y)$$

不存在.

证 显然, $\lim\limits_{x \to 0} \lim\limits_{y \to 0} f(x, y) = \lim\limits_{y \to 0} \lim\limits_{x \to 0} f(x, y) = 0$. 为了证明 $\lim\limits_{\substack{x \to 0 \\ y \to 0}} f(x, y)$ 不存在, 我们选取特殊路径. 令 $y = x - kx^2$, 则此时

$$\lim_{\substack{x \to 0 \\ y \to 0}} f(x, y) = \lim_{x \to 0} \frac{x^2(x - kx^2)^2}{x^2(x - kx^2)^2 + (kx^2)^2}$$
$$= \lim_{x \to 0} \frac{(1 - kx)^2}{(1 - kx)^2 + k^2} = \frac{1}{1 + k^2}.$$

当选取不同的 k 值时, 极限值不等, 故 $\lim\limits_{\substack{x \to 0 \\ y \to 0}} f(x, y)$ 不存在.

例 4 证明对于函数

$$f(x,y)=(x+y)\sin\frac{1}{x}\sin\frac{1}{y},$$

有 $\lim\limits_{\substack{x\to 0\\y\to 0}} f(x,y)=0$, 但两个累次极限均不存在.

证 $\forall\varepsilon>0$, 取 $\delta=\dfrac{\varepsilon}{2}$, 则当 $0<|x|<\delta,\ 0<|y|<\delta$ 时, 有

$$|f(x,y)-0|=|(x+y)\sin\frac{1}{x}\sin\frac{1}{y}|\leq |x|+|y|<2\delta=\varepsilon.$$

由定义, 所以

$$\lim_{\substack{x\to 0\\y\to 0}}(x+y)\sin\frac{1}{x}\sin\frac{1}{y}=0.$$

因为 $\lim\limits_{x\to 0}\sin\dfrac{1}{x}$ 不存在, $y\neq 0$ 时, $\lim\limits_{x\to 0}(x+y)=y\neq 0$, 故 $\lim\limits_{x\to 0}(x+y)\sin\dfrac{1}{x}$ 不存在, 同理 $x\neq 0$ 时, $\lim\limits_{y\to 0}(x+y)\sin\dfrac{1}{y}$ 不存在, 从而两个累次极限不存在.

注 8.1 二重极限 $\lim\limits_{\substack{x\to x_0\\y\to y_0}} f(x,y)$ 与累次极限 $\lim\limits_{x\to x_0}\lim\limits_{y\to y_0} f(x,y)$ 是不同的极限概念, 二重极限存在, 未必累次极限存在; 累次极限存在也未必二重极限存在.

例 5 求 $\lim\limits_{\substack{x\to 0\\y\to 0}}\dfrac{\sin(x^3+y^3)}{x^2+y^2}$.

解 因为

$$\begin{aligned}0\leq\left|\frac{x^3+y^3}{x^2+y^2}\right|&\leq(|x|+|y|)\left(1+\frac{|xy|}{x^2+y^2}\right)\\&\leq\frac{3}{2}(|x|+|y|)\longrightarrow 0\qquad(x\to 0,y\to 0),\end{aligned}$$

由夹逼准则

$$\lim_{\substack{x\to 0\\y\to 0}}\left|\frac{x^3+y^3}{x^2+y^2}\right|=0,$$

从而

$$\lim_{\substack{x\to 0\\y\to 0}}\frac{x^3+y^3}{x^2+y^2}=0.$$

又因为

$$\lim_{\substack{x\to 0\\y\to 0}}\frac{\sin(x^3+y^3)}{x^3+y^3}\xlongequal{\text{令 } u=x^3+y^3}\lim_{u\to 0}\frac{\sin u}{u}=1,$$

故

$$\lim_{\substack{x\to 0\\y\to 0}}\frac{\sin(x^3+y^3)}{x^2+y^2}=\lim_{\substack{x\to 0\\y\to 0}}\frac{\sin(x^3+y^3)}{x^3+y^3}\cdot\lim_{\substack{x\to 0\\y\to 0}}\frac{x^3+y^3}{x^2+y^2}=1\cdot 0=0.$$

例 6　求 $\lim\limits_{\substack{x\to 0\\ y\to 0}} \dfrac{\ln(1+xy)}{xy\cos(x^2+y^2)}$.

解　因为

$$\lim_{\substack{x\to 0\\ y\to 0}} \frac{\ln(1+xy)}{xy} \xlongequal{令\ u=xy} \lim_{u\to 0} \frac{\ln(1+u)}{u} = 1,$$

而

$$\lim_{\substack{x\to 0\\ y\to 0}} \frac{1}{\cos(x^2+y^2)} = \frac{1}{\cos 0} = 1 \quad (\text{利用初等函数在其定义区域上连续}),$$

故

$$\lim_{\substack{x\to 0\\ y\to 0}} \frac{\ln(1+xy)}{xy\cos(x^2+y^2)} = \lim_{\substack{x\to 0\\ y\to 0}} \frac{\ln(1+xy)}{xy} \cdot \lim_{\substack{x\to 0\\ y\to 0}} \frac{1}{\cos(x^2+y^2)} = 1.$$

例 7　证明 $\lim\limits_{\substack{x\to 0^+\\ y\to 0^+}} \dfrac{xy}{x+y}$ 存在, 且为 0, 但 $\lim\limits_{\substack{x\to 0\\ y\to 0}} \dfrac{xy}{x+y}$ 不存在.

证　当 $x>0, y>0$ 时, 有

$$0 < \frac{xy}{x+y} \le \frac{xy}{2\sqrt{xy}} = \frac{\sqrt{xy}}{2} \longrightarrow 0 \qquad (x\to 0^+, y\to 0^+),$$

由夹逼准则

$$\lim_{\substack{x\to 0^+\\ y\to 0^+}} \frac{xy}{x+y} = 0.$$

令点 (x,y) 沿 $y=-x+ax^2$ 趋于 $(0,0)$, 此时

$$\lim_{\substack{x\to 0\\ y=-x+ax^2}} \frac{xy}{x+y} = \lim_{x\to 0} \frac{-x^2+ax^3}{ax^2} = -\frac{1}{a},$$

a 不同, 极限不等. 故 $\lim\limits_{\substack{x\to 0\\ y\to 0}} \dfrac{xy}{x+y}$ 不存在.

例 8　证明函数

$$f(x,y) = \begin{cases} \dfrac{x^2y}{x^4+y^2}, & x^2+y^2>0, \\ 0, & x^2+y^2=0 \end{cases}$$

在点 $(0,0)$ 处沿着此点的每一条射线

$$x = t\cos\alpha, \quad y = t\sin\alpha, \qquad 0 \le t < +\infty$$

连续, 即

$$\lim_{t\to 0} f(t\cos\alpha, t\sin\alpha) = f(0,0),$$

但此函数在点 $(0,0)$ 处并不连续.

证 当 $t \neq 0$ 时,

$$f(t\cos\alpha, t\sin\alpha) = \frac{t^3\cos^2\alpha\sin\alpha}{t^4\cos^4\alpha + t^2\sin^2\alpha} = \frac{t\cos^2\alpha\sin\alpha}{t^2\cos^4\alpha + \sin^2\alpha},$$

故

$$\lim_{t\to 0} f(t\cos\alpha, t\sin\alpha) = 0 = f(0,0),$$

即函数 $f(x,y)$ 在点 $(0,0)$ 处沿着此点的每一条射线连续.

但由于极限 $\lim\limits_{\substack{x\to 0\\ y\to 0}} f(x,y)$ 不存在, 故此函数在点 $(0,0)$ 处并不连续. 可令 $y = kx^2$, 则此时

$$\lim_{\substack{x\to 0\\ y=kx^2}} f(x,y) = \lim_{x\to 0}\frac{kx^4}{x^4+k^2x^4} = \frac{k}{1+k^2},$$

故极限 $\lim\limits_{\substack{x\to 0\\ y\to 0}} f(x,y)$ 不存在.

例 9 设 $f(x,y) = \begin{cases} \dfrac{e^{x-y}-1}{x-y}, & x > y, \\ 1, & x = y, \\ \dfrac{\sin x - \sin y}{x-y}, & x < y, \end{cases}$ 试讨论 $f(x,y)$ 的连续性.

解 显然, 当 $x \neq y$ 时, $f(x,y)$ 连续.

现讨论在 $x = y$ 上, $f(x,y)$ 的连续性. 在 $x = y$ 上任取一点 (x_0, y_0) 分 $x > y$ 与 $x < y$ 两个方向讨论.

当 $x > y$ 时,

$$\lim_{\substack{x\to x_0\\ y\to y_0}} f(x,y) = \lim_{\substack{x\to x_0\\ y\to y_0}} \frac{e^{x-y}-1}{x-y} \xlongequal{\text{令 } x-y=u} \lim_{u\to 0}\frac{e^u-1}{u} = 1 = f(x_0,y_0),$$

即 $f(x,y)$ 在直线 $x = y$ 上任一点沿方向 $x > y$ 连续.

当 $x < y$ 时,

$$\lim_{\substack{x\to x_0\\ y\to y_0}} f(x,y) = \lim_{\substack{x\to x_0\\ y\to y_0}} \frac{\sin x - \sin y}{x-y} = \lim_{\substack{x\to x_0\\ y\to y_0}} \frac{2\cos\dfrac{x+y}{2}\sin\dfrac{x-y}{2}}{x-y} = \cos x_0 \quad (x_0 = y_0),$$

所以当 $x = y = 2k\pi$ $(k = 0, \pm 1, \cdots)$ 时 $f(x,y)$ 连续, 当 $x = y \neq 2k\pi$, $f(x,y)$ 间断.

8.3　多变量函数的微分和偏微商

学习要点

一、基本概念

1. 偏导数的定义

设函数 $z=f(x,y)$ 在点 $M_0(x_0,y_0)$ 的某邻域内有定义, 则 $f(x,y)$ 在 M_0 处对 x 和 y 的偏导数分别定义为

$$\left.\frac{\partial z}{\partial x}\right|_{M_0}=f'_x(x_0,y_0)=\lim_{x\to x_0}\frac{f(x,y_0)-f(x_0,y_0)}{x-x_0}$$
$$\overset{或}{=\!=}\lim_{\Delta x\to 0}\frac{f(x_0+\Delta x,y_0)-f(x_0,y_0)}{\Delta x},$$

$$\left.\frac{\partial z}{\partial y}\right|_{M_0}=f'_y(x_0,y_0)=\lim_{y\to y_0}\frac{f(x_0,y)-f(x_0,y_0)}{y-y_0}$$
$$\overset{或}{=\!=}\lim_{\Delta y\to 0}\frac{f(x_0,y_0+\Delta y)-f(x_0,y_0)}{\Delta y}.$$

2. 可微的定义

设函数 $z=f(x,y)$ 在点 $M(x,y)$ 具有两个一阶偏导数, 若对自变量 x 及 y 的任意改变量 Δx 及 Δy, 相应函数的改变量 $\Delta z=f(x+\Delta x,y+\Delta y)-f(x,y)$ 可以表为

$$\Delta z=f'_x(x,y)\Delta x+f'_y(x,y)\Delta y+o(\rho),$$

其中 $\rho=\sqrt{(\Delta x)^2+(\Delta y)^2}$, $o(\rho)$ 是当 $\rho\to 0$ 时比 ρ 高级的无穷小量, 则称 $f(x,y)$ 在点 $M(x,y)$ 处可微. 表达式 $f'_x(x,y)\Delta x+f'_y(x,y)\Delta y$ 称为 $f(x,y)$ 在点 $M(x,y)$ 处的全微分或微分, 记为

$$dz=f'_x(x,y)\Delta x+f'_y(x,y)\Delta y=\frac{\partial f}{\partial x}dx+\frac{\partial f}{\partial y}dy\overset{或}{=\!=}\frac{\partial z}{\partial x}dx+\frac{\partial z}{\partial y}dy.$$

二、主要定理

1. (可微的必要条件) 若函数 $z=f(x,y)$ 在点 $M(x,y)$ 处可微, 则在该点处 $\frac{\partial z}{\partial x}$, $\frac{\partial z}{\partial y}$ 必存在, 且有 $dz=\frac{\partial z}{\partial x}dx+\frac{\partial z}{\partial y}dy$.

2. (可微的必要条件) 若函数 $z=f(x,y)$ 在点 $M(x,y)$ 处可微, 则在该点处必连续.

3. (可微的充分条件) 若函数 $z=f(x,y)$ 的两个偏导数 $\frac{\partial z}{\partial x}$, $\frac{\partial z}{\partial y}$ 在点 $M(x,y)$ 处存在且连续, 则 $z=f(x,y)$ 在点 $M(x,y)$ 处可微.

4. 若 $z=f(x,y)$ 的两个混合偏导数 $f''_{xy}(x,y)$ 及 $f''_{yx}(x,y)$ 在区域 D 内连续，则有

$$f''_{xy}(x,y)=f''_{yx}(x,y).$$

三、$f(x,y)$连续、偏导数存在及可微关系

“$\longrightarrow$” 表示可推出，“$\not\longrightarrow$” 表示推不出或未必推出.

反例:

(1) $z=\sqrt{x^2+y^2}$ 在点 $(0,0)$ 连续，但偏导数不存在，当然不可微.

(2) $f(x,y)=\begin{cases}\dfrac{xy}{x^2+y^2}, & (x,y)\neq(0,0),\\ 0, & (x,y)=(0,0)\end{cases}$ 在点 $(0,0)$ 不连续，但二个偏导数存在 (读者自行证之).

解题方法

1. 由偏导数定义知，偏导数 $f'_x(x_0,y_0)$ 实质上是单变量函数 $f(x,y_0)$ 在点 x_0 处的导数. 因此，求 $f'_x(x,y)$ 时，只须把 y 当常数，利用一元函数的求导公式及运算法则即可求得. 分片函数在分界点处的偏导数一般用定义求.

2. 证明可微. 可根据可微的充分定理及可微的定义.

例题分析

例 1 设 $z=2\sqrt{\dfrac{1-\sqrt{xy}}{1+\sqrt{xy}}}$，求 $\left.\dfrac{\partial z}{\partial x}\right|_{(x,1)}$ 与 $\left.\dfrac{\partial z}{\partial y}\right|_{(x,1)}$.

解 先求 $z'_x(x,y)$ 与 $z'_y(x,y)$，然后令 $y=1$ 即得

$$\begin{aligned}z'_x(x,y)&=2\cdot\frac{1}{2}\left(\frac{1-\sqrt{xy}}{1+\sqrt{xy}}\right)^{-\frac{1}{2}}\cdot\frac{-\sqrt{y}}{\sqrt{x}(1+\sqrt{xy})^2}\\&=-\frac{\sqrt{y}}{\sqrt{x-x^2y}(1+\sqrt{xy})},\end{aligned}$$

故

$$z'_x(x,1)=-\frac{1}{\sqrt{x-x^2}(1+\sqrt{x})}.$$

由对称性可知

$$z'_y(x,y)=-\frac{\sqrt{x}}{\sqrt{y-y^2x}(1+\sqrt{xy})},$$

于是

$$z_y'(x,1)=-\frac{\sqrt{x}}{\sqrt{1-x}(1+\sqrt{x})}.$$

例 2　求函数 $z=\arcsin\dfrac{\sqrt{x^2-y^2}}{\sqrt{x^2+y^2}}$ 的偏微商.

解　按照复合函数的求导法则, 可得

$$\frac{\partial z}{\partial x}=\frac{1}{\sqrt{1-\dfrac{x^2-y^2}{x^2+y^2}}}\cdot\frac{1}{2}\left(\frac{x^2-y^2}{x^2+y^2}\right)^{-\frac{1}{2}}\cdot\frac{4xy^2}{(x^2+y^2)^2}=\frac{\sqrt{2}x|y|}{(x^2+y^2)\sqrt{x^2-y^2}},$$

$$\frac{\partial z}{\partial y}=\frac{1}{\sqrt{1-\dfrac{x^2-y^2}{x^2+y^2}}}\cdot\frac{1}{2}\left(\frac{x^2-y^2}{x^2+y^2}\right)^{-\frac{1}{2}}\cdot\frac{-4x^2y}{(x^2+y^2)^2}=-\frac{\sqrt{2}x^2y}{|y|(x^2+y^2)\sqrt{x^2-y^2}}.$$

例 3　证明函数 $f(x,y)=\sqrt{|xy|}$ 在点 $(0,0)$ 处连续, 且偏导数存在, 但在此点不可微.

证　由连续函数的复合函数在其定义域内是连续的, 显然 $f(x,y)=\sqrt{|xy|}$ 在 $(0,0)$ 处连续, 也可由定义, 任给 $\varepsilon>0$, 取 $\delta=\varepsilon$, 当 $|x|<\delta$, $|y|<\delta$ 时, 有

$$|\sqrt{|xy|}-0|=\sqrt{|xy|}<\sqrt{\delta^2}=\delta=\varepsilon,$$

即

$$\lim_{\substack{x\to 0\\ y\to 0}}f(x,y)=0=f(0,0).$$

由偏导数定义

$$f_x'(0,0)=\lim_{x\to 0}\frac{f(x,0)-f(0,0)}{x-0}=0,$$

同理

$$f_y'(0,0)=0,$$

即偏导数存在, 且

$$f_x'(0,0)=f_y'(0,0)=0.$$

由于

$$\frac{\sqrt{|xy|}}{\sqrt{x^2+y^2}}\xlongequal{\text{取 } y=kx}\sqrt{\frac{|k|}{1+k^2}},$$

k 不同, 极限不等. 由极限的唯一性知,

$$\lim_{\substack{x\to 0\\ y\to 0}}\frac{\sqrt{|xy|}}{\sqrt{x^2+y^2}}$$

不存在, 即等式

$$f(x,y)-f(0,0)=f'_x(0,0)x+f'_y(0,0)y+o(\rho)\qquad(\rho=\sqrt{x^2+y^2})$$

不成立. 由可微定义, $f(x,y)$ 在 $(0,0)$ 处不可微.

例 4 设 $f(x,y)=\begin{cases}(x^2+y^2)\sin\dfrac{1}{x^2+y^2}, & x^2+y^2\neq 0,\\ 0, & x^2+y^2=0,\end{cases}$ 证明:

(1) $f(x,y)$ 在点 $(0,0)$ 处连续;

(2) $f'_x(0,0)$, $f'_y(0,0)$ 存在;

(3) $f(x,y)$ 在点 $(0,0)$ 处可微;

(4) $f'_x(x,y)$, $f'_y(x,y)$ 在点 $(0,0)$ 处不连续.

证 (1) 因为

$$0<\left|(x^2+y^2)\sin\frac{1}{x^2+y^2}\right|\leqslant x^2+y^2\longrightarrow 0\qquad(x\to 0,y\to 0),$$

故

$$\lim_{\substack{x\to 0\\ y\to 0}}f(x,y)=\lim_{\substack{x\to 0\\ y\to 0}}(x^2+y^2)\sin\frac{1}{x^2+y^2}=0=f(0,0),$$

即 $f(x,y)$ 在点 $(0,0)$ 处连续.

(2)

$$f'_x(0,0)=\lim_{x\to 0}\frac{f(x,0)-f(0,0)}{x}=\lim_{x\to 0}\frac{x^2\sin\frac{1}{x^2}}{x}=0,$$
$$f'_y(0,0)=\lim_{y\to 0}\frac{f(0,y)-f(0,0)}{y}=\lim_{y\to 0}\frac{y^2\sin\frac{1}{y^2}}{y}=0.$$

(3) 因为

$$f(0,0)=0,\quad f'_x(0,0)=f'_y(0,0)=0,$$

又

$$\lim_{\substack{x\to 0\\ y\to 0}}\frac{f(x,y)}{\rho}=\lim_{\substack{x\to 0\\ y\to 0}}\sqrt{x^2+y^2}\sin\frac{1}{x^2+y^2}=0,$$

即

$$f(x,y)=o(\rho),\qquad \rho=\sqrt{x^2+y^2},$$

有 $\Delta f=f(x,y)-f(0,0)=f'_x(0,0)x+f'_y(0,0)y+o(\rho)$ 成立. 由可微定义, $f(x,y)$ 在点 $(0,0)$ 处可微.

(4)

$$f'_x(x,y)=\begin{cases} 2x\sin\dfrac{1}{x^2+y^2}-\dfrac{2x}{x^2+y^2}\cos\dfrac{1}{x^2+y^2}, & x^2+y^2\neq 0,\\ 0, & x^2+y^2=0,\end{cases}$$

由于

$$\lim_{\substack{x\to 0\\ y\to 0}} 2x\sin\frac{1}{x^2+y^2}=0,$$

而

$$\lim_{\substack{x\to 0\\ y\to 0}} \frac{2x}{x^2+y^2}\cos\frac{1}{x^2+y^2}$$

不存在, 故

$$\lim_{\substack{x\to 0\\ y\to 0}} f'_x(x,y)$$

不存在. 因此 $f'_x(x,y)$ 在点 $(0,0)$ 处不连续.

同理

$$f'_y(x,y)=\begin{cases} 2y\sin\dfrac{1}{x^2+y^2}-\dfrac{2y}{x^2+y^2}\cos\dfrac{1}{x^2+y^2}, & x^2+y^2\neq 0,\\ 0, & x^2+y^2=0\end{cases}$$

在点 $(0,0)$ 处不连续.

例 5 设

$$f(x,y)=\begin{cases} xy\dfrac{x^2-y^2}{x^2+y^2}, & x^2+y^2\neq 0,\\ 0, & x^2+y^2=0,\end{cases}$$

证明: $f''_{xy}(0,0)\neq f''_{yx}(0,0)$.

证 当 $x^2+y^2\neq 0$ 时,

$$f'_x=y-\frac{2y^3(y^2-x^2)}{(x^2+y^2)^2}.$$

而当 $x^2+y^2=0$ 时, 应该用定义来求 $f'_x(0,0)$,

$$f'_x(0,0)=\lim_{x\to 0}\frac{f(x,0)-f(0,0)}{x-0}=0,$$

故

$$f'_x(x,y)=\begin{cases} y-\dfrac{2y^3(y^2-x^2)}{(x^2+y^2)^2}, & x^2+y^2\neq 0,\\ 0, & x^2+y^2=0.\end{cases}$$

于是

$$f''_{xy}(0,0)=\lim_{y\to 0}\frac{f'_x(0,y)-f'_x(0,0)}{y-0}=-1.$$

同样方法求得

$$f'_y(x,y)=\begin{cases}-x+\dfrac{2x^3(x^2-y^2)}{(x^2+y^2)^2}, & 当\ x^2+y^2\neq 0,\\ 0, & x^2+y^2=0.\end{cases}$$

于是

$$f''_{yx}(0,0)=\lim_{x\to 0}\frac{f'_y(x,0)-f'_y(0,0)}{x-0}=1,$$

所以

$$f''_{xy}(0,0)\neq f''_{yx}(0,0).$$

本题两个混合偏导数在 $(0,0)$ 点不等, 根据学习要点 (二、4) 知, f''_{xy} 与 f''_{yx} 至少有一个在 $(0,0)$ 点不连续. 事实上, 当 $x^2+y^2\neq 0$ 时,

$$f''_{xy}=1-\frac{2y^2(6x^2y^2+y^4-3x^4)}{(x^2+y^2)^3}.$$

沿路径 $y=0$,

$$\lim_{\substack{x\to 0\\ y=0}} f''_{xy}=1,$$

沿路径 $y=x$,

$$\lim_{\substack{x\to 0\\ y=x}} f''_{xy}=0,$$

于是可知 $\lim\limits_{\substack{x\to 0\\ y\to 0}} f''_{xy}$ 不存在. 当然 f''_{xy} 在 $(0,0)$ 点不连续.

8.4 复合函数的微分法

学习要点

一、复合函数偏微商的链式法则

在计算复合函数的微商时, 注意区别全导数, 全偏导数, 偏导数不同概念及记号. 例如:

1. 设 $u=\varphi(x,y)$, $v=\psi(x,y)$ 在点 (x,y) 存在偏导数, 而 $z=f(u,v)$ 在相应点 (u,v) 处可微, 则复合函数 $z=f(\varphi(x,y),\psi(x,y))$ 在点 (x,y) 必存在偏导数, 且

$$\begin{cases}\dfrac{\partial z}{\partial x}=\dfrac{\partial z}{\partial u}\dfrac{\partial u}{\partial x}+\dfrac{\partial z}{\partial v}\dfrac{\partial v}{\partial x}=\dfrac{\partial f}{\partial u}\dfrac{\partial \varphi}{\partial x}+\dfrac{\partial f}{\partial v}\dfrac{\partial \psi}{\partial x},\\ \dfrac{\partial z}{\partial y}=\dfrac{\partial z}{\partial u}\dfrac{\partial u}{\partial y}+\dfrac{\partial z}{\partial v}\dfrac{\partial v}{\partial y}=\dfrac{\partial f}{\partial u}\dfrac{\partial \varphi}{\partial y}+\dfrac{\partial f}{\partial v}\dfrac{\partial \psi}{\partial y}.\end{cases}$$

2. 设 $u=\varphi(x)$, $v=\psi(x)$ 在点 x 处可导, $z=f(u,v)$ 在相应点 (u,v) 可微, 则复合函数 $z=f(\varphi(x),\psi(x))$ 在点 x 处可导, 且

$$\frac{dz}{dx}=\frac{\partial z}{\partial u}\frac{du}{dx}+\frac{\partial z}{\partial v}\frac{dv}{dx}=\frac{\partial f}{\partial u}\varphi'(x)+\frac{\partial f}{\partial v}\psi'(x).$$

此时 $z=f(\varphi(x),\psi(x))$ 是关于 x 的一元函数, $\frac{dz}{dx}$ 称为 z 对 x 的全导数.

3. 设 $u=\varphi(x,y),v=\psi(x,y)$ 在点 (x,y) 存在偏导数, 而 $z=f(x,u,v)$ 在相应点 (x,u,v) 处可微, 则复合函数 $z=f(x,\varphi(x,y),\psi(x,y))$ 在点 (x,y) 处存在偏导数, 且

$$\begin{cases}\dfrac{\partial z}{\partial x}=\dfrac{\partial f}{\partial x}+\dfrac{\partial f}{\partial u}\dfrac{\partial u}{\partial x}+\dfrac{\partial f}{\partial v}\dfrac{\partial v}{\partial x},\\[2mm] \dfrac{\partial z}{\partial y}=0+\dfrac{\partial f}{\partial u}\dfrac{\partial u}{\partial y}+\dfrac{\partial f}{\partial v}\dfrac{\partial v}{\partial y}.\end{cases}$$

此时 $z=f(x,\varphi(x,y),\psi(x,y))$ 是 (x,y) 的复合函数, $\frac{\partial z}{\partial x}$, $\frac{\partial z}{\partial y}$ 称为全偏导数. $\frac{\partial z}{\partial x}$ 与 $\frac{\partial f}{\partial x}$ 意义不同. $\frac{\partial z}{\partial x}$ 指的是: 把 z 看成 (x,y) 的复合函数时对 x 的偏导数, 而 $\frac{\partial f}{\partial x}$ 指的是: 把 z 看成独立变量 (x,u,v) 的函数时对 x 的偏导数, 即平常讲的偏导数, 它是有明确意义的.

二、全微分形式的不变性

可微函数 $z=f(x,y)$, 不管 x,y 是自变量或中间变量, 总有

$$dz=\frac{\partial f}{\partial x}dx+\frac{\partial f}{\partial y}dy.$$

这就是一阶微分的形式不变性, 也称全微分形式不变性.

利用全微分形式不变性, 易得

1. $d(u+v)=du+dv$.
2. $d(uv)=udv+vdu$.
3. $d\left(\dfrac{u}{v}\right)=\dfrac{vdu-udv}{v^2}$.

三、方向导数与梯度

1. 函数 (数量场)$u=f(x,y,z)$ 在点 $M(x,y,z)$ 处的梯度为

$$\operatorname{grad}u\big|_M=\left(\frac{\partial f}{\partial x}\boldsymbol{i}+\frac{\partial f}{\partial y}\boldsymbol{j}+\frac{\partial f}{\partial z}\boldsymbol{k}\right)_M.$$

2. $u=f(x,y,z)$ 在点 $M(x,y,z)$ 处沿 $\boldsymbol{l}$ 的方向导数为

$$\left.\frac{\partial u}{\partial \boldsymbol{l}}\right|_M=\operatorname{grad}u\big|_M\cdot\boldsymbol{l}^\circ=\left(\frac{\partial f}{\partial x}\cos\alpha+\frac{\partial f}{\partial y}\cos\beta+\frac{\partial f}{\partial z}\cos\gamma\right)_M,$$

$$\boldsymbol{l}^\circ=(\cos\alpha,\cos\beta,\cos\gamma),\quad \left(\frac{\partial u}{\partial \boldsymbol{l}}\right)_{\max}=|\operatorname{grad}u|.$$

3. 梯度的运算法则

(1) $\operatorname{grad}(c_1u_1+c_2u_2)=c_1\operatorname{grad}u_1+c_2\operatorname{grad}u_2$.

(2) $\operatorname{grad}(u_1u_2)=u_1\operatorname{grad}u_2+u_2\operatorname{grad}u_1$.

(3) $\operatorname{grad}f(u)=f'(u)\operatorname{grad}u$.

解题方法

1. 利用复合函数的链式法则求微商, 注意区别全微商、偏微商及记号.
2. 利用全微分形式不变性, 计算多元函数的偏导数及全微分.

例题分析

例 1 设 $z=f\left(\ln\dfrac{x}{y},xy\right)$, 其中函数 $f(u,v)$ 具有二阶连续偏导数, 求 $\dfrac{\partial z}{\partial x}$, $\dfrac{\partial^2 z}{\partial x\partial y}$.

解

$$\begin{aligned}
\frac{\partial z}{\partial x}&=\frac{1}{x}f_1'+yf_2',\\
\frac{\partial^2 z}{\partial x\partial y}&=\frac{1}{x}\left[f_{11}''\cdot\left(-\frac{1}{y}\right)+f_{12}''\cdot x\right]+f_2'+y\left[f_{21}''\cdot\left(-\frac{1}{y}\right)+f_{22}''\cdot x\right]\\
&=-\frac{1}{xy}f_{11}''+xyf_{22}''+f_2'.
\end{aligned}$$

例 2 设 $z=\dfrac{1}{x}f(xy)+y\varphi(x+y)$, f,φ 具有二阶连续导数, 求 $\dfrac{\partial^2 z}{\partial x^2}$, $\dfrac{\partial^2 z}{\partial x\partial y}$, $\dfrac{\partial^2 z}{\partial y^2}$.

解

$$\begin{aligned}
\frac{\partial z}{\partial x}&=-\frac{1}{x^2}f(xy)+\frac{y}{x}f'(xy)+y\varphi'(x+y),\\
\frac{\partial z}{\partial y}&=f'(xy)+\varphi(x+y)+y\varphi'(x+y),\\
\frac{\partial^2 z}{\partial x^2}&=\frac{2}{x^3}f(xy)-\frac{2y}{x^2}f'(xy)+\frac{y^2}{x}f''(xy)+y\varphi''(x+y),\\
\frac{\partial^2 z}{\partial x\partial y}&=yf''(xy)+\varphi'(x+y)+y\varphi''(x+y),\\
\frac{\partial^2 z}{\partial y^2}&=xf''(xy)+2\varphi'(x+y)+y\varphi''(x+y).
\end{aligned}$$

注 8.2 例 2 中, f,φ 是单变量函数, 其导函数应写成 $f'(xy)$ 或 $\dfrac{df}{du}$ (其中 $u=xy$), $\varphi'(x+y)$ 或 $\dfrac{d\varphi}{dv}$ $(v=x+y)$, 写成记号 $f_x'(xy),\varphi_x'(x+y)$ 是错的.

例 3 设 $u+v=x+y$, $\dfrac{\sin u}{\sin v}=\dfrac{x}{y}$, 求 du,dv.

解 利用全微分形式的不变性及运算性质. 由 $u+v=x+y$ 得

$$du+dv=dx+dy,$$

由 $y\sin u=x\sin v$ 得

$$\sin udy+y\cos udu=\sin vdx+x\cos vdv.$$

解方程组

$$\begin{cases} du+dv=dx+dy, \\ y\cos udu-x\cos vdv=\sin vdx-\sin udy, \end{cases}$$

得

$$du=\frac{x\cos v+\sin v}{x\cos v+y\cos u}dx+\frac{x\cos v-\sin u}{x\cos v+y\cos u}dy,$$
$$dv=\frac{y\cos u-\sin v}{x\cos v+y\cos u}dx+\frac{\sin u+y\cos u}{x\cos v+y\cos u}dy.$$

利用全微分表达式的唯一性, 又得

$$\frac{\partial u}{\partial x}=\frac{x\cos v+\sin v}{x\cos v+y\cos u},\qquad \frac{\partial u}{\partial y}=\frac{x\cos v-\sin u}{x\cos v+y\cos u};$$
$$\frac{\partial v}{\partial x}=\frac{y\cos u-\sin v}{x\cos v+y\cos u},\qquad \frac{\partial v}{\partial y}=\frac{\sin u+y\cos u}{x\cos v+y\cos u}.$$

例 4 试证: 方程

$$u''_{xx}+2\cos xu''_{xy}-\sin^2 xu''_{yy}-\sin xu'_y=0$$

经变换

$$\begin{cases} \xi=x-\sin x+y, \\ \eta=x+\sin x-y \end{cases}$$

后变成

$$u''_{\xi\eta}=0.$$

证 **方法 1** 将 $u''_{xx}, u''_{xy}, u''_{yy}, u'_y$ 用关于 ξ,η 的偏导数表示后, 再代入原方程化简.

由链式法则, 可得

$$u'_x=u'_\xi\cdot\xi'_x+u'_\eta\cdot\eta'_x=(1-\cos x)u'_\xi+(1+\cos x)u'_\eta,$$

于是

$$\begin{aligned} u''_{xx} &= \sin x \cdot u'_\xi + (1-\cos x)[(1-\cos x)u''_{\xi\xi} + (1+\cos x)u''_{\xi\eta}] - \sin x \cdot u'_\eta \\ &\quad + (1+\cos x)[(1-\cos x)u''_{\xi\eta} + (1+\cos x)u''_{\eta\eta}] \\ &= \sin x(u'_\xi - u'_\eta) + (1-\cos x)^2 u''_{\xi\xi} + 2(1-\cos^2 x)u''_{\xi\eta} + (1+\cos x)^2 u''_{\eta\eta}, \end{aligned}$$

$$\begin{aligned} u''_{xy} &= (1-\cos x)(u''_{\xi\xi} - u''_{\xi\eta}) + (1+\cos x)(u''_{\xi\eta} - u''_{\eta\eta}) \\ &= (1-\cos x)u''_{\xi\xi} + 2\cos x u''_{\xi\eta} - (1+\cos x)u''_{\eta\eta}. \end{aligned}$$

又

$$u'_y = u'_\xi - u'_\eta,$$

故

$$u''_{yy} = u''_{\xi\xi} - 2u''_{\xi\eta} + u''_{\eta\eta}.$$

将上述这些表达式代入原方程, 可得

$$u''_{\xi\eta} = 0.$$

方法 2 直接计算 $u''_{\xi\eta}$. 由

$$\begin{cases} \xi = x - \sin x + y, \\ \eta = x + \sin x - y \end{cases}$$

可知,

$$\begin{aligned} x &= \frac{1}{2}(\xi+\eta), \\ y &= \frac{1}{2}(\xi-\eta) + \sin\frac{1}{2}(\xi+\eta). \end{aligned}$$

于是

$$\begin{aligned} u'_\xi &= u'_x \cdot x'_\xi + u'_y \cdot y'_\xi \\ &= \frac{1}{2}u'_x + \left(\frac{1}{2} + \frac{1}{2}\cos\frac{\xi+\eta}{2}\right)u'_y, \end{aligned}$$

故

$$\begin{aligned} u''_{\xi\eta} &= \frac{1}{2}\left[\frac{1}{2}u''_{xx} + \left(-\frac{1}{2} + \frac{1}{2}\cos\frac{\xi+\eta}{2}\right)u''_{xy}\right] - \frac{1}{4}\sin\frac{\xi+\eta}{2}u'_y \\ &\quad + \left(\frac{1}{2} + \frac{1}{2}\cos\frac{\xi+\eta}{2}\right)\left[\frac{1}{2}u''_{xy} + \left(-\frac{1}{2} + \frac{1}{2}\cos\frac{\xi+\eta}{2}\right)u''_{yy}\right] \\ &= \frac{1}{4}(u''_{xx} + 2\cos x u''_{xy} - \sin^2 x u''_{yy} - \sin x u'_y) \\ &= 0. \end{aligned}$$

例 5　设 $u=x^af\left(\dfrac{y}{x^m},\dfrac{z}{x^n}\right)$, f 是可微函数, 试证 u 满足

$$x\frac{\partial u}{\partial x}+my\frac{\partial u}{\partial y}+nz\frac{\partial u}{\partial z}=au.$$

证　由链式法则可得

$$\begin{aligned}&\frac{\partial u}{\partial x}=ax^{a-1}f+x^a(-myx^{-(m+1)}f_1'-nzx^{-(n+1)}f_2'),\\&\frac{\partial u}{\partial y}=x^{a-m}f_1',\quad \frac{\partial u}{\partial z}=x^{a-n}f_2',\end{aligned}$$

故

$$\begin{aligned}x\frac{\partial u}{\partial x}+my\frac{\partial u}{\partial y}+nz\frac{\partial u}{\partial z}&=ax^af-mx^{a-m}yf_1'-nx^{a-n}zf_2'\\&\quad+mx^{a-m}yf_1'+nx^{a-n}zf_2'\\&=au.\end{aligned}$$

例 6　设 $u=u(x,y)$ 满足方程 $\dfrac{\partial^2u}{\partial x^2}-\dfrac{\partial^2u}{\partial y^2}=0$ 以及条件 $u(x,2x)=x$, $u_x'(x,2x)=x^2$. 求 $u_{xx}''(x,2x)$, $u_{xy}''(x,2x)$, $u_{yy}''(x,2x)$.

解　由 $u(x,2x)=x$ 两边对 x 求导得

$$u_x'(x,2x)+2u_y'(x,2x)=1,$$

又

$$u_x'(x,2x)=x^2, \tag{1}$$

故

$$u_y'(x,2x)=\frac{1-x^2}{2}. \tag{2}$$

(1)(2) 两边分别对 x 求导

$$\begin{cases}u_{xx}''(x,2x)+2u_{xy}''(x,2x)=2x,\\u_{yx}''(x,2x)+2u_{yy}''(x,2x)=-x,\\u_{xx}''=u_{yy}'',\quad u_{xy}''=u_{yx}'',\end{cases}$$

解此方程组, 得

$$\begin{aligned}&u_{xx}''(x,2x)=u_{yy}''(x,2x)=-\frac{4x}{3},\\&u_{xy}''(x,2x)=\frac{5x}{3}.\end{aligned}$$

注 8.3 $u(x,2x)=x$, 即函数 $u=u(x,y)$, 当 $y=2x$ 时, 复合函数 $u=u(x,2x)=x$, 所以 $\dfrac{du}{dx}=u'_x(x,2x)+u'_y(x,2x)\cdot 2=1$.

例 7 证明可微函数 $f(x,y,z)$ 为 n 次齐次函数的充要条件是

$$xf'_x(x,y,z)+yf'_y(x,y,z)+zf'_z(x,y,z)=nf(x,y,z).$$

证 (⇒) 因为 $f(x,y,z)$ 为 n 次齐次函数, 故满足恒等式

$$f(tx,ty,tz)=t^n f(x,y,z) \qquad (t>0). \tag{3}$$

(3) 式分别对 x,y,z,t 求偏导, 且令 $tx=u,ty=v,tz=w$, 得

$$f'_u(u,v,w)=t^{n-1}f'_x(x,y,z) \tag{4}$$

$$f'_v(u,v,w)=t^{n-1}f'_y(x,y,z) \tag{5}$$

$$f'_w(u,v,w)=t^{n-1}f'_z(x,y,z) \tag{6}$$

$$xf'_u(u,v,w)+yf'_v(u,v,w)+zf'_w(u,v,w)=nt^{n-1}\cdot f(x,y,z) \tag{7}$$

把 (4)、(5)、(6) 代入 (7), 又因 $t>0$, 即得

$$xf'_x(x,y,z)+yf'_y(x,y,z)+zf'_z(x,y,z)=nf(x,y,z).$$

(⇐) 令

$$F(t)=\frac{f(tx,ty,tz)}{t^n} \qquad (t>0),$$

则

$$\begin{aligned}F'(t)&=\frac{1}{t^{2n}}\left\{t^n[xf'_u(u,v,w)+yf'_v(u,v,w)+zf'_w(u,v,w)]-nt^{n-1}f(u,v,w)\right\}\\&=\frac{1}{t^{n+1}}[uf'_u(u,v,w)+vf'_v(u,v,w)+wf'_w(u,v,w)-nf(u,v,w)]\\&\equiv 0.\end{aligned}$$

所以

$$F(t)\equiv F(1)=f(x,y,z),$$

即

$$f(tx,ty,tz)\equiv t^n f(x,y,z).$$

由定义, $f(x,y,z)$ 为 n 次齐次函数.

例 8 求 $u=xy^2z^3$ 在点 $(2,-1,1)$ 处沿方向 $\boldsymbol{l}=(1,2,-1)$ 的方向导数.

解

$$\frac{\partial u}{\partial x}=y^2z^3,\qquad \frac{\partial u}{\partial y}=2xyz^3,\qquad \frac{\partial u}{\partial z}=3xy^2z^2,$$

$$\text{grad}u\big|_{(2,-1,1)}=\boldsymbol{i}-4\boldsymbol{j}+6\boldsymbol{k},$$

$$\boldsymbol{l}^\circ=\frac{1}{\sqrt{6}}(1,2,-1),$$

$$\left.\frac{\partial u}{\partial \boldsymbol{l}}\right|_{(2,-1,1)}=\frac{1}{\sqrt{6}}[1\times 1+2\times(-4)-1\times 6]=\frac{-13}{\sqrt{6}}.$$

8.5 隐函数的微分法

学习要点

一、多元方程所确定的隐函数及其导数(隐函数存在定理)

1. 对方程 $F(x,y)=0$, 若有点 $M_0(x_0,y_0)$, 满足 $F(x_0,y_0)=0$. 又在 M_0 的某一邻域内 $F(x,y)$ 有连续偏导数 $\frac{\partial F}{\partial x}$, $\frac{\partial F}{\partial y}$, 且 $\left.\frac{\partial F}{\partial y}\right|_{M_0}\neq 0$, 则方程 $F(x,y)=0$ 在 M_0 的某一邻域内确定唯一连续的隐函数 $y=y(x)$, 它满足 $F(x,y(x))\equiv 0$, $y(x_0)=y_0$, 且有连续的导数 $\frac{dy}{dx}=-\frac{\frac{\partial F}{\partial x}}{\frac{\partial F}{\partial y}}$.

2. 对方程 $F(x,y,z)=0$, 若有点 $M_0(x_0,y_0,z_0)$, 满足 $F(x_0,y_0,z_0)=0$, 又在 M_0 的某一邻域内 $F(x,y,z)$ 有连续偏导数 $\frac{\partial F}{\partial x}$, $\frac{\partial F}{\partial y}$, $\frac{\partial F}{\partial z}$, 且 $\left.\frac{\partial F}{\partial z}\right|_{M_0}\neq 0$, 则方程 $F(x,y,z)=0$ 在 M_0 的某一邻域内确定唯一连续的隐函数 $z=z(x,y)$, 它满足 $F(x,y,z(x,y))\equiv 0$, $z(x_0,y_0)=z_0$, 且有连续的偏导数 $\frac{\partial z}{\partial x}=-\frac{\frac{\partial F}{\partial x}}{\frac{\partial F}{\partial z}}$, $\frac{\partial z}{\partial y}=-\frac{\frac{\partial F}{\partial y}}{\frac{\partial F}{\partial z}}$.

二、方程组的隐函数存在定理

设存在 $M_0\ (x_0,\ y_0,\ u_0,\ v_0)$ 使 $F(x_0,\ y_0,\ u_0,\ v_0)=0$, $G\ (x_0,\ y_0,\ u_0,\ v_0)=0$, $F(x,y,u,v)$ 和 $G(x,y,u,v)$ 在点 M_0 的某一邻域内对各变量都有连续偏导数, 且行列式

$$\begin{vmatrix}\frac{\partial F}{\partial u} & \frac{\partial F}{\partial v}\\ \frac{\partial G}{\partial u} & \frac{\partial G}{\partial v}\end{vmatrix}$$

在 M_0 的值不为 0, 则方程组

$$\begin{cases}F(x,y,u,v)=0,\\ G(x,y,u,v)=0\end{cases}$$

在点 (x_0,y_0) 的某一邻域内确定唯一的函数组

$$\begin{cases} u=u(x,y), \\ v=v(x,y), \end{cases}$$

它们连续, 对各变量有连续偏导数, 且满足

$$\begin{cases} u(x_0,y_0)=u_0, \\ v(x_0,y_0)=v_0 \end{cases} \quad \text{和} \quad \begin{cases} F(x,y,u(x,y),v(x,y))\equiv 0, \\ G(x,y,u(x,y),v(x,y))\equiv 0\,. \end{cases}$$

解题方法

以下各种情形, 均假设隐函数存在定理的条件成立.

1. $F'_y(x,y)\neq 0$ 时由方程 $F(x,y)=0$ 确定隐函数 $y=y(x)$, 满足

$$\frac{dy}{dx}=-\frac{F'_x(x,y)}{F'_y(x,y)}. \tag{1}$$

(1) 也可以直接对恒等式

$$F(x,y(x))\equiv 0$$

两边对 x 求导, 得

$$F'_x+F'_y\frac{dy}{dx}=0.$$

由于

$$F'_y\neq 0,$$

因此

$$\frac{dy}{dx}=-\frac{F'_x}{F'_y}\quad (\text{即公式推导过程}).$$

(2) 也可以根据全微分形式的不变性, 及全微分表达式的唯一性

$$F'_xdx+F'_ydy=0$$

得

$$\frac{dy}{dx}=-\frac{F'_x}{F'_y}.$$

2. $F'_z(x,y,z)\neq 0$ 时由方程 $F(x,y,z)=0$ 确定隐函数 $z=z(x,y)$, 满足

$$\frac{\partial z}{\partial x}=-\frac{F'_x(x,y,z)}{F'_z(x,y,z)},\quad \frac{\partial z}{\partial y}=-\frac{F'_y(x,y,z)}{F'_z(x,y,z)}. \tag{2}$$

(1) 也可以直接对恒等式

$$F(x,y,z(x,y))\equiv 0$$

两边关于 x 求偏导数, 得

$$F'_x+F'_z\frac{\partial z}{\partial x}=0.$$

由于

$$F'_z\neq 0,$$

因此

$$\frac{\partial z}{\partial x}=-\frac{F'_x}{F'_z}.$$

同理求得

$$\frac{\partial z}{\partial y}=-\frac{F'_y}{F'_z}\quad \text{(即公式推导过程)}.$$

(2) 也可以根据全微分形式的不变性及全微分表达式的唯一性

$$F'_x dx+F'_y dy+F'_z dz=0,$$

即

$$dz=-\frac{F'_x}{F'_z}dx-\frac{F'_y}{F'_z}dy,$$

故

$$\frac{\partial z}{\partial x}=-\frac{F'_x}{F'_z},\quad \frac{\partial z}{\partial y}=-\frac{F'_y}{F'_z}.$$

3. 由三个变量两个方程所构成的方程组, 一般是其中两个变量确定为第三个变量的一元函数, 例如:

方程组 $\begin{cases}F(x,y,z)=0\\G(x,y,z)=0\end{cases}$ 确定隐函数 $y=y(x), z=z(x)$, 则 $\frac{dy}{dx}$, $\frac{dz}{dx}$ 的求法可通过解如下关于 $\frac{dy}{dx}$, $\frac{dz}{dx}$ 的线性方程组来完成

$$\begin{cases}F'_x+F'_y\dfrac{dy}{dx}+F'_z\dfrac{dz}{dx}=0,\\ G'_x+G'_y\dfrac{dy}{dx}+G'_z\dfrac{dz}{dx}=0\end{cases}\iff\begin{cases}F'_y\dfrac{dy}{dx}+F'_z\dfrac{dz}{dx}=-F'_x,\\ G'_y\dfrac{dy}{dx}+G'_z\dfrac{dz}{dx}=-G'_x.\end{cases}$$

由克拉默 (Cramer) 法则

$$\frac{dy}{dx}=\frac{\begin{vmatrix}-F'_x & F'_z\\ -G'_x & G'_z\end{vmatrix}}{\begin{vmatrix}F'_y & F'_z\\ G'_y & G'_z\end{vmatrix}},\qquad \frac{dz}{dx}=\frac{\begin{vmatrix}F'_y & -F'_x\\ G'_y & -G'_x\end{vmatrix}}{\begin{vmatrix}F'_y & F'_z\\ G'_y & G'_z\end{vmatrix}}.\tag{3}$$

4. 由四个变量两个方程所构成的方程组, 一般是其中两个变量确定为另二个变量的二元函数. 例如:

方程组 $\begin{cases} F(x,y,u,v)=0 \\ G(x,y,u,v)=0 \end{cases}$ 确定隐函数 $u=u(x,y), v=v(x,y)$, 则 $\dfrac{\partial u}{\partial x}, \dfrac{\partial v}{\partial x}$ 的求法可通过解如下关于 $\dfrac{\partial u}{\partial x}, \dfrac{\partial v}{\partial x}$ 的线性方程组来完成

$$\begin{cases} F'_x+F'_u\dfrac{\partial u}{\partial x}+F'_v\dfrac{\partial v}{\partial x}=0 \\ G'_x+G'_u\dfrac{\partial u}{\partial x}+G'_v\dfrac{\partial v}{\partial x}=0 \end{cases} \iff \begin{cases} F'_u\dfrac{\partial u}{\partial x}+F'_v\dfrac{\partial v}{\partial x}=-F'_x, \\ G'_u\dfrac{\partial u}{\partial x}+G'_v\dfrac{\partial v}{\partial x}=-G'_x. \end{cases}$$

由克拉默法则

$$\frac{\partial u}{\partial x}=\frac{\begin{vmatrix} -F'_x & F'_v \\ -G'_x & G'_v \end{vmatrix}}{\begin{vmatrix} F'_u & F'_v \\ G'_u & G'_v \end{vmatrix}}, \qquad \frac{\partial v}{\partial x}=\frac{\begin{vmatrix} F'_u & -F'_x \\ G'_u & -G'_x \end{vmatrix}}{\begin{vmatrix} F'_u & F'_v \\ G'_u & G'_v \end{vmatrix}}.$$

同理求得

$$\frac{\partial u}{\partial y}=\frac{\begin{vmatrix} -F'_y & F'_v \\ -G'_y & G'_v \end{vmatrix}}{\begin{vmatrix} F'_u & F'_v \\ G'_u & G'_v \end{vmatrix}}, \qquad \frac{\partial v}{\partial y}=\frac{\begin{vmatrix} F'_u & -F'_y \\ G'_u & -G'_y \end{vmatrix}}{\begin{vmatrix} F'_u & F'_v \\ G'_u & G'_v \end{vmatrix}}. \tag{4}$$

注 8.4 1° 以上公式中, $F'_x, F'_y, F'_z, F'_u, F'_v, G'_u, G'_v$ 等都是偏导数, 即视各分量为独立变量时, 对各变量的偏导数, 与复合函数的全偏导数区别开来.

2° 公式 (3), (4) 不必刻意去记, 理解其方法, 在解题中自会运用自如.

例题分析

例 1 设 $u=f(x,y,z)$ 有连续偏导数, $y=y(x)$ 和 $z=z(x)$ 分别由方程 $e^{xy}-y=0$ 和 $e^z-xz=0$ 所确定, 求 $\dfrac{du}{dx}$.

解 由复合函数的链式法则,

$$\frac{du}{dx}=\frac{\partial f}{\partial x}+\frac{\partial f}{\partial y}\frac{dy}{dx}+\frac{\partial z}{\partial x}\frac{dz}{dx},$$

再由隐函数微分法公式 (1), 令

$$F(x,y)=e^{xy}-y, \quad G(x,z)=e^z-xz,$$

有

$$\frac{dy}{dx}=-\frac{F'_x}{F'_y}=-\frac{ye^{xy}}{xe^{xy}-1}=\frac{y^2}{1-xy},$$
$$\frac{dz}{dx}=-\frac{G'_x}{G'_z}=-\frac{-z}{e^z-x}=\frac{z}{xz-x},$$

故得

$$\frac{du}{dx}=\frac{\partial f}{\partial x}+\frac{y^2}{1-xy}\frac{\partial f}{\partial y}+\frac{z}{xz-x}\frac{\partial f}{\partial z}.$$

例 2 设 $u=f(x,y,z)$, $\varphi(x^2,e^y,z)=0$, $y=\sin x$, 其中 f,φ 都具有一阶连续偏导数, 且 $\dfrac{\partial\varphi}{\partial z}\neq 0$, 求 $\dfrac{du}{dx}$.

解 方程 $\varphi(x^2,e^y,z)=0$ 确定 $z=z(x,y)$, 又 $y=\sin x$, 故 $z=g(x)$. $\varphi(x^2,e^y,z)=0$ 对 x 求导

$$2x\varphi'_1+e^y\cdot\cos x\varphi'_2+\varphi'_3\frac{dz}{dx}=0,$$

所以

$$\frac{dz}{dx}=-\frac{1}{\varphi'_3}(2x\varphi'_1+\cos x\cdot e^y\varphi'_2).$$

由复合函数链式法则, 即得

$$\begin{aligned}\frac{du}{dx}&=\frac{\partial f}{\partial x}+\frac{\partial f}{\partial y}\frac{dy}{dx}+\frac{\partial f}{\partial z}\frac{dz}{dx}\\&=\frac{\partial f}{\partial x}+\cos x\cdot\frac{\partial f}{\partial y}-\frac{\partial f}{\partial z}\frac{1}{\varphi'_3}(2x\varphi'_1+e^y\cdot\cos x\varphi'_2).\end{aligned}$$

例 3 设 $z=z(x,y)$, 由方程

$$x^3+y^3+z^3-3axyz=0$$

确定, 求 z'_x,z'_y,z''_{xx}.

解 对方程 $x^3+y^3+z^3-3axyz=0$ 两边关于 x 求偏导数, 得

$$3x^2+3z^2z'_x-3ayz-3axyz'_x=0,$$

故

$$z'_x=\frac{ayz-x^2}{z^2-axy}.$$

由对称性可知

$$z'_y=\frac{axz-y^2}{z^2-axy}.$$

于是

$$
\begin{aligned}
z''_{xx} &= \frac{1}{(z^2-axy)^2}[(z^2-axy)(ayz'_x-2x)-(ayz-x^2)(2zz'_x-ay)] \\
&= \frac{1}{(z^2-axy)^2}\left[(z^2-axy)\left(ay\cdot\frac{ayz-x^2}{z^2-axy}-2x\right)\right. \\
&\quad \left. -(ayz-x^2)\left(2z\cdot\frac{ayz-x^2}{z^2-axy}-ay\right)\right] \\
&= \frac{2xy^3z(1-a^3)}{(z^2-axy)^3}.
\end{aligned}
$$

例 4 设 $x=x(y,z), y=y(x,z), z=z(x,y)$ 都是由方程 $F(x,y,z)=0$ 确定的隐函数, 并假定 $F(x,y,z)$ 可微, 且所有偏导数不为 0, 证明:

$$\frac{\partial x}{\partial y}\cdot\frac{\partial y}{\partial z}\cdot\frac{\partial z}{\partial x}=-1.$$

证　方法 1 由公式法

$$\frac{\partial x}{\partial y}=-\frac{F'_y}{F'_x},\qquad \frac{\partial y}{\partial z}=-\frac{F'_z}{F'_y},\qquad \frac{\partial z}{\partial x}=-\frac{F'_x}{F'_z},$$

故

$$\frac{\partial x}{\partial y}\cdot\frac{\partial y}{\partial z}\cdot\frac{\partial z}{\partial x}=\left(-\frac{F'_y}{F'_x}\right)\left(-\frac{F'_z}{F'_y}\right)\left(-\frac{F'_x}{F'_z}\right)=-1.$$

方法 2 对 $F(x,y,z)=0$ 两边微分, 得

$$F'_xdx+F'_ydy+F'_zdz=0.$$

视 $x=x(y,z)$,

$$dx=-\frac{F'_y}{F'_x}dy-\frac{F'_z}{F'_x}dz,$$

视 $y=y(x,z)$,

$$dy=-\frac{F'_x}{F'_y}dx-\frac{F'_z}{F'_y}dz,$$

视 $z=z(x,y)$,

$$dz=-\frac{F'_x}{F'_z}dx-\frac{F'_y}{F'_z}dy.$$

于是

$$\frac{\partial x}{\partial y}=-\frac{F'_y}{F'_x},\qquad \frac{\partial y}{\partial z}=-\frac{F'_z}{F'_y},\qquad \frac{\partial z}{\partial x}=-\frac{F'_x}{F'_z},$$

故

$$\frac{\partial x}{\partial y}\cdot\frac{\partial y}{\partial z}\cdot\frac{\partial z}{\partial x}=-1.$$

例 5　设 $z=z(x,y)$ 是方程 $x^2+y^2+z^2=yf\left(\dfrac{z}{y}\right)$ 确定的隐函数, 其中 f 为可微函数, 证明:

$$(x^2-y^2-z^2)\frac{\partial z}{\partial x}+2xy\frac{\partial z}{\partial y}=2xz.$$

证　$z=z(x,y)$ 是方程 $x^2+y^2+z^2=yf\left(\dfrac{z}{y}\right)$ 确定的隐函数, 方程对 x 求偏导

$$2x+2z\frac{\partial z}{\partial x}=yf'(u)\cdot\frac{1}{y}\frac{\partial z}{\partial x},\qquad u=\frac{z}{y},$$

得

$$\frac{\partial z}{\partial x}=\frac{2x}{f'(u)-2z}.$$

方程对 y 求偏导

$$2y+2z\frac{\partial z}{\partial y}=f(u)+yf'(u)\cdot\frac{y\dfrac{\partial z}{\partial y}-z}{y^2},$$

得

$$\frac{\partial z}{\partial y}=\frac{2y+\dfrac{z}{y}f'(u)-f(u)}{f'(u)-2z},$$

所以

$$\begin{aligned}&(x^2-y^2-z^2)\frac{\partial z}{\partial x}+2xy\frac{\partial z}{\partial y}\\=&\frac{2x(x^2-y^2-z^2)}{f'(u)-2z}+\frac{4xy^2+2xzf'(u)-2xyf(u)}{f'(u)-2z}\\=&\frac{2x(x^2+y^2+z^2-yf(u))+2xz(f'(u)-2z)}{f'(u)-2z}\\=&2xz.\end{aligned}$$

例 6　设 $y=y(x),z=z(x)$ 是由方程 $z=xf(x+y)$ 和 $F(x,y,z)=0$ 所确定的函数, 其中 f 和 F 分别具有一阶连续导数和一阶连续偏导数, 求 $\dfrac{dz}{dx}$.

解　方程组 $\begin{cases}z=xf(x+y)\\F(x,y,z)=0\end{cases}$ 确定 y,z 为 x 的一元函数, 两边对 x 求导, 得

$$\begin{cases}\dfrac{dz}{dx}=f+xf'\left(1+\dfrac{dy}{dx}\right)\\F'_x+F'_y\dfrac{dy}{dx}+F'_z\dfrac{dz}{dx}=0\end{cases}\iff\begin{cases}-xf'\dfrac{dy}{dx}+\dfrac{dz}{dx}=f+xf',\\F'_y\dfrac{dy}{dx}+F'_z\dfrac{dz}{dx}=-F'_x,\end{cases}$$

解得

$$\frac{dz}{dx}=\frac{\begin{vmatrix}-xf' & f+xf' \\ F'_y & -F'_x\end{vmatrix}}{\begin{vmatrix}-xf' & 1 \\ F'_y & F'_z\end{vmatrix}}=\frac{(f+xf')F'_y-xf'F'_x}{F'_y+xf'F'_z}.$$

例 7 求由方程

$$\begin{cases} x=x(u,v), \\ y=y(u,v)\end{cases}$$

所确定的反函数

$$\begin{cases} u=u(x,y), \\ v=v(x,y)\end{cases}$$

的偏微商 u'_x, u'_y, v'_x, v'_y.

解 对

$$\begin{cases} x=x(u,v), \\ y=y(u,v)\end{cases}$$

微分, 可得

$$\begin{cases} dx=x'_u du+x'_v dv, \\ dy=y'_u du+y'_v dv.\end{cases}$$

视 du, dv 为未知数, 解此方程组, 得

$$\begin{cases} du=y'_v\Big/\dfrac{\partial(x,y)}{\partial(u,v)}\cdot dx-x'_v\Big/\dfrac{\partial(x,y)}{\partial(u,v)}\cdot dy, \\ dv=-y'_u\Big/\dfrac{\partial(x,y)}{\partial(u,v)}\cdot dx+x'_u\Big/\dfrac{\partial(x,y)}{\partial(u,v)}\cdot dy.\end{cases}$$

于是

$$u'_x=y'_v\Big/\frac{\partial(x,y)}{\partial(u,v)},\quad u'_y=-x'_v\Big/\frac{\partial(x,y)}{\partial(u,v)},$$
$$v'_x=-y'_u\Big/\frac{\partial(x,y)}{\partial(u,v)},\quad v'_y=x'_u\Big/\frac{\partial(x,y)}{\partial(u,v)},$$

其中

$$\frac{\partial(x,y)}{\partial(u,v)}=\begin{vmatrix}x'_u & x'_v \\ y'_u & y'_v\end{vmatrix}$$

称为雅可比 (Jacobi) 行列式, 而且容易证明

$$\frac{\partial(x,y)}{\partial(u,v)}\cdot\frac{\partial(u,v)}{\partial(x,y)}=1.$$

例 8 设 $u=u(x,y)$, $v=v(x,y)$ 是由方程组 $\begin{cases} u=f(ux,v+y) \\ v=g(u-x,v^2y) \end{cases}$ 所确定的隐函数组, 求 $\dfrac{\partial u}{\partial x}$, $\dfrac{\partial u}{\partial y}$, $\dfrac{\partial v}{\partial x}$, $\dfrac{\partial v}{\partial y}$.

解 对方程组

$$\begin{cases} u=f(ux,v+y), \\ v=g(u-x,v^2y) \end{cases}$$

微分, 可得

$$\begin{cases} du=(xdu+udx)f_1'+(dv+dy)f_2', \\ dv=(du-dx)g_1'+(2vydv+v^2dy)g_2', \end{cases}$$

即

$$\begin{cases} (1-xf_1')du-f_2'dv=uf_1'dx+f_2'dy, \\ g_1'du+(2vyg_2'-1)dv=g_1'dx-v^2g_2'dy. \end{cases}$$

视 du,dv 为未知数, 由克拉默法则, 得

$$du=\frac{\begin{vmatrix} uf_1' & -f_2' \\ g_1' & 2vyg_2'-1 \end{vmatrix}}{\begin{vmatrix} 1-xf_1' & -f_2' \\ g_1' & 2vyg_2'-1 \end{vmatrix}}dx+\frac{\begin{vmatrix} f_2' & -f_2' \\ -v^2g_2' & 2vyg_2'-1 \end{vmatrix}}{\begin{vmatrix} 1-xf_1' & -f_2' \\ g_1' & 2vyg_2'-1 \end{vmatrix}}dy,$$

$$dv=\frac{\begin{vmatrix} 1-xf_1' & uf_1' \\ g_1' & g_1' \end{vmatrix}}{\begin{vmatrix} 1-xf_1' & -f_2' \\ g_1' & 2vyg_2'-1 \end{vmatrix}}dx+\frac{\begin{vmatrix} 1-xf_1' & f_2' \\ g_1' & -v^2g_2' \end{vmatrix}}{\begin{vmatrix} 1-xf_1' & -f_2' \\ g_1' & 2vyg_2'-1 \end{vmatrix}}dy.$$

于是

$$\frac{\partial u}{\partial x}=\frac{\begin{vmatrix} uf_1' & -f_2' \\ g_1' & 2vyg_2'-1 \end{vmatrix}}{\begin{vmatrix} 1-xf_1' & -f_2' \\ g_1' & 2vyg_2'-1 \end{vmatrix}},\quad \frac{\partial u}{\partial y}=\frac{\begin{vmatrix} f_2' & -f_2' \\ -v^2g_2' & 2vyg_2'-1 \end{vmatrix}}{\begin{vmatrix} 1-xf_1' & -f_2' \\ g_1' & 2vyg_2'-1 \end{vmatrix}};$$

$$\frac{\partial v}{\partial x}=\frac{\begin{vmatrix} 1-xf_1' & uf_1' \\ g_1' & g_1' \end{vmatrix}}{\begin{vmatrix} 1-xf_1' & -f_2' \\ g_1' & 2vyg_2'-1 \end{vmatrix}},\quad \frac{\partial v}{\partial y}=\frac{\begin{vmatrix} 1-xf_1' & f_2' \\ g_1' & -v^2g_2' \end{vmatrix}}{\begin{vmatrix} 1-xf_1' & -f_2' \\ g_1' & 2vyg_2'-1 \end{vmatrix}}.$$

8.6 向量值函数的微分法

学习要点

一、空间曲线的切线与法平面

1. 若空间曲线 L 的向量方程为

$$\boldsymbol{r}(t)=x(t)\boldsymbol{i}+y(t)\boldsymbol{j}+z(t)\boldsymbol{k},$$

且 $x(t),y(t),z(t)$ 具有不同时为 0 的连续微商 $x'(t),y'(t),z'(t)$, 则在点 $\boldsymbol{r}(t_0)=(x_0, y_0, z_0)$ 处, 曲线 L 的切线方程为

$$\frac{x-x_0}{x'(t_0)}=\frac{y-y_0}{y'(t_0)}=\frac{z-z_0}{z'(t_0)}.$$

通过切点而与切线垂直的平面, 即曲线 L 在该点的法平面方程为

$$x'(t_0)(x-x_0)+y'(t_0)(y-y_0)+z'(t_0)(z-z_0)=0.$$

2. 若空间曲线 L 的方程为

$$\begin{cases} F(x,y,z)=0, \\ G(x,y,z)=0. \end{cases}$$

假设三元函数 $F(x,y,z)$, $G(x,y,z)$ 在 L 上有对各变量的连续偏微商, 且雅可比行列式

$$\frac{\partial(F,G)}{\partial(x,y)},\quad \frac{\partial(F,G)}{\partial(y,z)},\quad \frac{\partial(F,G)}{\partial(z,x)}$$

不同时为 0, 又设曲线 L 在其上一点 (x,y,z) 处存在切线, 则切线的方向为

$$\left(\frac{\partial(F,G)}{\partial(y,z)},\ \frac{\partial(F,G)}{\partial(z,x)},\ \frac{\partial(F,G)}{\partial(x,y)}\right).$$

二、空间曲面的切平面与法线

1. 若空间曲面 S 的方程为 $F(x,y,z)=0$, $M_0(x_0,y_0,z_0)$ 为其上的一点, 且 $F(x,y,z)$ 的偏微商 F'_x,F'_y,F'_z 在该点连续且不同时为 0, 则在点 M_0 处的切平面方程为

$$F'_x(x_0,y_0,z_0)(x-x_0)+F'_y(x_0,y_0,z_0)(y-y_0)+F'_z(x_0,y_0,z_0)(z-z_0)=0.$$

通过切点 M_0 且垂直于切平面的直线, 即为曲面在该点的法线, 法线方程为

$$\frac{x-x_0}{F'_x(x_0,y_0,z_0)}=\frac{y-y_0}{F'_y(x_0,y_0,z_0)}=\frac{z-z_0}{F'_z(x_0,y_0,z_0)}.$$

2. 若空间曲面由参数方程

$$\begin{cases} x = x(u,v), \\ y = y(u,v), \\ z = z(u,v) \end{cases}$$

表示, 或写成向量形式

$$\boldsymbol{r} = \boldsymbol{r}(u,v) = x(u,v)\boldsymbol{i} + y(u,v)\boldsymbol{j} + z(u,v)\boldsymbol{k},$$

又设向量函数 $\boldsymbol{r}(u,v)$ 对参数 u, v 有连续的非零偏微商 $\boldsymbol{r}'_u, \boldsymbol{r}'_v$, 则当 $\boldsymbol{r}'_u \times \boldsymbol{r}'_v$ 不为 $\mathbf{0}$ 时, 其即为曲面的法向量.

例题分析

例 1 证明曲线 $x = a\cos t, y = a\sin t, z = bt$ 的切线与 Oz 轴成定角.

证 曲线的切向量为

$$\boldsymbol{v} = (-a\sin t, a\cos t, b),$$

而 Oz 轴的单位向量为 $\boldsymbol{k} = (0,0,1)$, 于是

$$\boldsymbol{v} \cdot \boldsymbol{k} = b$$

为一常数, 故曲线的切线与 Oz 轴成定角.

例 2 在抛物面 $z = x^2 + y^2$ 上求一点, 使该点处曲面的法向量平行于向量 $\boldsymbol{g}$, 其中 $\boldsymbol{g}$ 是函数 $u = xy^2z^3$ 在点 $(2,-1,1)$ 处的梯度向量.

解 $\boldsymbol{g} = \mathrm{grad} u|_{(2,-1,1)} = \boldsymbol{i} - 4\boldsymbol{j} + 6\boldsymbol{k}$. $z = x^2 + y^2$ 在一般点 (x,y,z) 处法向量为 $(-2x,-2y,1)$. 由假设 $(-2x,-2y,1)$ 与 $(1,-4,6)$ 平行,

$$-2x = \lambda, \qquad -2y = -4\lambda, \qquad 1 = 6\lambda,$$

所以

$$\lambda = \frac{1}{6}, \quad x = -\frac{1}{12}, \quad y = \frac{1}{3}, \quad z = x^2 + y^2 = \frac{17}{144}.$$

所以在点 $\left(-\frac{1}{12}, \frac{1}{3}, \frac{7}{144}\right)$ 处, $z = x^2 + y^2$ 的法向量平行于向量 $\boldsymbol{g}$.

例 3 求 $u = xy^2z^3$ 在点 $(2,-1,1)$ 处沿 $\boldsymbol{v}$ 方向的方向导数, 其中 $\boldsymbol{v}$ 是椭球面 $x^2 + 2y^2 + 3z^2 = 1$ 在点 $\left(\frac{1}{\sqrt{3}}, \frac{1}{\sqrt{6}}, \frac{1}{3}\right)$ 处外侧法向量方向.

解 $x^2+2y^2+3z^2=1$ 在点 $\left(\frac{1}{\sqrt{3}},\frac{1}{\sqrt{6}},\frac{1}{3}\right)$ 处外侧法向量为

$$\boldsymbol{v}=\left(\frac{2}{\sqrt{3}},\frac{4}{\sqrt{6}},2\right),\quad \boldsymbol{v}^0=\left(\frac{1}{\sqrt{6}},\frac{1}{\sqrt{3}},\frac{1}{\sqrt{2}}\right),$$
$$\text{grad}u\big|_{(2,-1,1)}=\boldsymbol{i}-4\boldsymbol{j}+6\boldsymbol{k},$$

所以

$$\left.\frac{\partial u}{\partial \boldsymbol{v}}\right|_{(2,-1,1)}=\frac{1}{\sqrt{6}}-\frac{4}{\sqrt{3}}+\frac{6}{\sqrt{2}}=\frac{1}{6}\sqrt{6}-\frac{4}{3}\sqrt{3}+3\sqrt{2}.$$

例 4 求椭球面 $x^2+2y^2+z^2=1$ 上平行于平面 $x-y+2z=0$ 的切平面方程.

解 所求平面平行于平面 $x-y+2z=0$, 故其法向 $\boldsymbol{n}=(1,-1,2)$.

下步求椭球面上一点, 在该点处法向平行于 $\boldsymbol{n}$, 故

$$(F'_x,F'_y,F'_z)=(2x,4y,2z)=\lambda(1,-1,2),$$

得 $x=\frac{\lambda}{2}$, $y=-\frac{\lambda}{4}$, $z=\lambda$, 代入

$$x^2+2y^2+z^2=1,$$

即

$$\frac{\lambda^2}{4}+\frac{\lambda^2}{8}+\lambda^2=1,$$

解得 $\lambda=\pm\frac{2\sqrt{2}}{\sqrt{11}}$.

故切平面经过椭球面上的点为

$$\left(\pm\sqrt{\frac{2}{11}},\mp\frac{1}{2}\sqrt{\frac{2}{11}},\pm2\sqrt{\frac{2}{11}}\right),$$

切平面方程为

$$\left(x\mp\sqrt{\frac{2}{11}}\right)-\left(y\pm\frac{1}{2}\sqrt{\frac{2}{11}}\right)+2\left(z\mp2\sqrt{\frac{2}{11}}\right)=0,$$

即

$$x-y+2z=\pm\sqrt{\frac{11}{2}}.$$

例 5 在旋转椭球面

$$\frac{x^2}{4}+y^2+z^2=1$$

上, 求距平面 $x+y+2z=9$ 最远和最近的点.

解 本题显然可以化为求条件极值问题, 但我们用几何方法来求, 显得更加直观、简单.

设所求点为 (a,b,c), 则在该点 (无论最远点或最近点) 处, 椭球面的切平面应与平面 $x+y+2z=9$ 平行, 而椭球面在点 (a,b,c) 处切平面的法向量为 $(a,4b,4c)$, 于是可得

$$\frac{a}{1}=\frac{4b}{1}=\frac{4c}{2}.$$

又

$$\frac{a^2}{4}+b^2+c^2=1,$$

故可解得

$$(a,b,c)=\left(\frac{4}{3},\frac{1}{3},\frac{2}{3}\right) \quad 或 \quad \left(-\frac{4}{3},-\frac{1}{3},-\frac{2}{3}\right).$$

容易验证, $\left(-\frac{4}{3},-\frac{1}{3},-\frac{2}{3}\right)$ 为最远点, $\left(\frac{4}{3},\frac{1}{3},\frac{2}{3}\right)$ 为最近点.

例 6 设直线 $L:\begin{cases}x+y+b=0\\x+ay-z-3=0\end{cases}$ 在平面 π 上, 而平面 π 与曲面 $z=x^2+y^2$ 相切于点 $(1,-2,5)$, 求 a,b 之值.

解 在点 $(1,-2,5)$ 处, 曲面 $z=x^2+y^2$ 的法向量为 $\boldsymbol{n}=(2,-4,-1)$, 故曲面在该点的切平面, 即平面 π 方程为

$$2(x-1)-4(y+2)-(z-5)=0,$$

即

$$2x-4y-z-5=0.$$

再由

$$\begin{cases}x+y+b=0,\\x+ay-z-3=0,\end{cases}$$

得

$$y=-(x+b),\quad z=x-a(x+b)-3.$$

代入平面 π, L 在 π 上, 故

$$2x+4(x+b)-x+a(x+b)+3-5\equiv 0.$$

因而有

$$5+a=0,\ 4b+ab-2=0.$$

解得

$$a = -5, \quad b = -2.$$

例 7 求曲线

$$\begin{cases} 2x^2 + 3y^2 + z^2 = 47, \\ x^2 + 2y^2 = z \end{cases}$$

在点 $(-2, 1, 6)$ 处的切线及法平面方程.

解 在点 $(-2, 1, 6)$ 处, 曲面 $2x^2 + 3y^2 + z^2 = 47$ 的法向量为 $\boldsymbol{n}_1 = (-4, 3, 6)$, 曲面 $x^2 + 2y^2 = z$ 的法向量为 $\boldsymbol{n}_2 = (-4, 4, -1)$. 故曲线在该点的切向量为

$$\boldsymbol{n}_1 \times \boldsymbol{n}_2 = (-27, -28, -4),$$

于是切线方程为

$$\frac{x+2}{27} = \frac{y-1}{28} = \frac{z-6}{4}.$$

而法平面方程为

$$27x + 28y + 4z + 2 = 0.$$

例 8 试证曲面

$$x^2 + y^2 + z^2 = ax$$

和

$$x^2 + y^2 + z^2 = by$$

互相正交 (即交点处的法向量正交).

证 设点 (x, y, z) 为此两曲面的交点, 则 (x, y, z) 满足 $x^2 + y^2 + z^2 = ax$ 及 $x^2 + y^2 + z^2 = by$. 又曲面 $x^2 + y^2 + z^2 = ax$ 在点 (x, y, z) 处的法向量为 $\boldsymbol{n}_1 = (2x - a, 2y, 2z)$, 曲面 $x^2 + y^2 + z^2 = by$ 在点 (x, y, z) 处的法向量为 $\boldsymbol{n}_2 = (2x, 2y - b, 2z)$, 于是

$$\begin{aligned} \boldsymbol{n}_1 \cdot \boldsymbol{n}_2 &= 4x^2 - 2ax + 4y^2 - 2by + 4z^2 \\ &= 4(x^2 + y^2 + z^2) - 2ax - 2by = 0. \end{aligned}$$

即两曲面在交点处的法向量正交, 故两曲面相互正交.

例 9 设空间曲面的参数方程是

$$\begin{cases} x = u^2 + v^2, \\ y = u^2 - v^2, \\ z = 2uv, \end{cases}$$

求在参数 $u=1, v=1$ 处, 曲面的切平面及法线方程.

解 因为

$$x'_u(1,1)=2, \quad y'_u(1,1)=2, \quad z'_u(1,1)=2,$$
$$x'_v(1,1)=2, \quad y'_v(1,1)=-2, \quad z'_v(1,1)=2,$$

于是曲面在点 $(2,0,2)$ 处的法向量为 $(2,2,2)\times(2,-2,2)=(8,0,-8)$, 故所求切平面方程为 $x=z$, 而法线方程为

$$\frac{x-2}{1}=\frac{y}{0}=\frac{z-2}{-1}.$$

8.7 多元函数的泰勒公式与极值

学习要点

一、二元函数的泰勒公式

设 $z=f(x,y)$ 是定义在平面区域 G 内的二元函数, 且在 G 内有直至 $n+1$ 阶的连续偏导数. 在 G 内取定一点 $M_0(x_0,y_0)$, 并设动点 $M(x,y)$ 与 M_0 的连线完全落在 G 内, 则有 $f(x,y)$ 的泰勒公式

$$f(x,y)=f(x_0,y_0)+\sum_{m=1}^{n}\frac{1}{m!}\left(h\frac{\partial}{\partial x}+k\frac{\partial}{\partial y}\right)^m f(x_0,y_0)+R_n,$$

其中

$$h=x-x_0, \quad k=y-y_0,$$
$$R_n=\frac{1}{(n+1)!}\left(h\frac{\partial}{\partial x}+k\frac{\partial}{\partial y}\right)^{n+1} f(x_0+\theta h,\ y_0+\theta k) \qquad (0<\theta<1),$$

R_n 称为余项.

二、极值与条件极值

1. 无条件极值: 函数在定义域的内点处的极值问题

(1) (取极值的必要条件) 设 $z=f(x,y)$ 在 $M_0(x_0,y_0)$ 的一阶偏导数存在, 且 $M_0(x_0,y_0)$ 是 $f(x,y)$ 的极值点, 则

$$\begin{cases} f'_x(x_0,y_0)=0, \\ f'_y(x_0,y_0)=0. \end{cases}$$

使 $\begin{cases} f'_x(x,y)=0 \\ f'_y(x,y)=0 \end{cases}$ 的点 $M(x,y)$ 称为 $z=f(x,y)$ 的驻点.

注 8.5 $M_0(x_0,y_0)$ 为 $z=f(x,y)$ 的驻点 $\not\Leftarrow$ $M_0(x_0,y_0)$ 为 $z=f(x,y)$ 的极值点.

(2) (取极值的充分条件) 设 $z=f(x,y)$ 在点 $M_0(x_0,y_0)$ 的附近有直至二阶的连续偏导数, 且 $f'_x(x_0,y_0)=0$, $f'_y(x_0,y_0)=0$, 记

$$\Delta=f''_{xx}(x_0,y_0)\cdot f''_{yy}(x_0,y_0)-[f''_{xy}(x_0,y_0)]^2.$$

那么

(i) $\Delta>0$, 且 $f''_{xx}(x_0,y_0)>0$, $f(x,y)$ 在点 $M_0(x_0,y_0)$ 取极小值.

(ii) $\Delta>0$, 且 $f''_{xx}(x_0,y_0)<0$, $f(x,y)$ 在点 $M_0(x_0,y_0)$ 取极大值.

(iii) $\Delta<0$, 点 $M_0(x_0,y_0)$ 不是 $f(x,y)$ 的极值点.

2. 条件极值: 函数中的自变量除受定义域约束外, 还受其他条件限制的极值问题.

求条件极值一般是利用拉格朗日乘数法.

作辅助函数 $F(x,y,\lambda)=f(x,y)+\lambda\varphi(x,y)$, 由方程组

$$\begin{cases} F'_x=f'_x+\lambda\varphi'_x=0,\\ F'_y=f'_y+\lambda\varphi'_y=0,\\ F'_\lambda=\varphi(x,y)=0,\end{cases}$$

解得驻点

$$M_0(a,b),$$

则 $M_0(a,b)$ 可能是极值点. 在许多问题中, 常根据问题本身的几何或物理意义判断 $M_0(a,b)$ 是否为极大值点或极小值点; 也可根据条件极值到非条件极值转化的论述, 借助非条件极值的判别法作出结论.

拉格朗日乘数法可推广到求 n 元函数 $u=f(x_1,x_2,\cdots,x_n)$ 在 $m(<n)$ 个方程 $\varphi_1(x_1,x_2,\cdots,x_n)=0,\varphi_2(x_1,x_2,\cdots,x_n)=0,\cdots,\varphi_m(x_1,x_2,\cdots,x_n)=0$ 限制下的条件极值.

解题方法

1. 求二元函数的泰勒公式, 常用

(1) 二元函数的二阶泰勒公式, 即

$$\begin{aligned} f(x,y)=&f(x_0,y_0)+[f'_x(x_0,y_0)h+f'_y(x_0,y_0)k]\\ &+\frac{1}{2!}[f''_{xx}(x_0,y_0)h^2+2f''_{xy}(x_0,y_0)hk+f''_{yy}(x_0,y_0)k^2]+R_2.\end{aligned}$$

(2) 某些多元函数, 常常可通过变换先化为一元函数, 再运用一元函数的泰勒展开式而求得这些函数的泰勒公式. 如 $f(x,y)=\varphi(x^2+y^2)$, 求 $f(x,y)$ 在 $(0,0)$ 的泰勒展式可化为求 $\varphi(t)$ 在 $t=0$ 的泰勒展式.

2. 非条件极值的求法

(1) 在定义域内求 $f(x,y)$ 的驻点 $M_0(x_0,y_0)$, 由取极值的充分条件, 判别 $M_0(x_0,\ y_0)$ 是否为 $f(x,y)$ 的极值点. 再考虑 $f(x,y)$ 的不连续点. 偏导数不存在的点以及定义域的边界点, 它们也可能是极值点.

(2) 用配方法或几何方法判断极值

(3) 也可用全微分来判断. 即 $z=f(x,y)$ 在点 $M_0(x_0,y_0)$ 处, 如果

$$df(x_0,y_0)=0,\ d^2f(x_0,y_0)>0,\ \text{则 } f(x_0,y_0) \text{ 为极小值},$$

$$df(x_0,y_0)=0,\ d^2f(x_0,y_0)<0,\ \text{则 } f(x_0,y_0) \text{ 为极大值}.$$

注 8.6 $d^2f(x,y)=\dfrac{\partial^2 f}{\partial x^2}dx^2+2\dfrac{\partial^2 f}{\partial x\partial y}dxdy+\dfrac{\partial^2 f}{\partial y^2}dy^2$. (3) 与 (1) 本质一样.

3. 条件极值的求法

例如, 在条件 $\varphi(x,y)=0$ 的限制下, 求 $z=f(x,y)$ 的极值.

(1) 化为无条件极值问题, 即从联系方程 $\varphi(x,y)=0$ 中把 y 解成 x 的函数 $y=y(x)$, 再代入 $z=f(x,y)$, 便转化为求 $z=f(x,y(x))$ 的无条件极值问题 (注: 求得极值点 (x_0,y_0), 必须在 $\varphi(x,y)=0$ 的定义域内).

(2) 更一般是利用拉格朗日乘数法.

作辅助函数 $F(x,y,\lambda)=f(x,y)+\lambda\varphi(x,y)$, 由方程组

$$\begin{cases} F'_x=f'_x+\lambda\varphi'_x=0, \\ F'_y=f'_y+\lambda\varphi'_y=0, \\ F'_\lambda=\varphi(x,y)=0, \end{cases}$$

解得驻点 $M_0(a,b)$, 则 $M_0(a,b)$ 可能是极值点.

4. 最值的求法

设 $z=f(x,y)$ 在有界闭区域 D 上连续, 则它必在 D 上取到它的最大值与最小值. 求最值的方法: 首先求出 $f(x,y)$ 在 D 内的一切极值, 再求出 $f(x,y)$ 在 D 的边界上的最值, 将以上函数值进行比较, 最大 (小) 者即为 $f(x,y)$ 的最大 (小) 值.

如果 $f(x,y)$ 在 D 内只有一个极值点, 则函数在该点的值即是最值.

例题分析

例 1 将 $\sin(x^2+y^2)$ 在 $(0,0)$ 点按 Taylor 公式展开.

解 令 $x^2+y^2=t$, 则

$$\begin{matrix} x=0 \\ y=0 \end{matrix} \quad \longleftrightarrow \quad t=0.$$

$\sin t$ 在 $t=0$ 点的展开式为

$$\sin t=\sum_{m=1}^{n}(-1)^{m-1}\frac{t^{2m-1}}{(2m-1)!}+R_{2n},$$

故

$$\sin(x^2+y^2)=\sum_{m=1}^{n}(-1)^{m-1}\frac{1}{(2m-1)!}(x^2+y^2)^{2m-1}+R_{2n}.$$

例 2 根据麦克劳林公式展开函数 $f(x,y)=\dfrac{1}{1-x-y+xy}$ 到 n 次项.

解 因为

$$f(x,y)=\frac{1}{(1-x)(1-y)}=\frac{1}{x-y}\left(\frac{1}{1-x}-\frac{1}{1-y}\right),$$

又根据麦克劳林公式, 有

$$\begin{aligned}\frac{1}{1-x}&=1+x+\cdots+x^{n+1}+R'_{n+1},\\ \frac{1}{1-y}&=1+y+\cdots+y^{n+1}+R''_{n+1},\end{aligned}$$

故

$$\begin{aligned}f(x,y)&=\frac{1}{x-y}[(1+x+\cdots+x^{n+1}+R'_{n+1})-(1+y+\cdots+y^{n+1}+R''_{n})]\\ &=1+(x+y)+(x^2+xy+y^2)+\cdots+\frac{x^{n+1}-y^{n+1}}{x-y}+R_n.\end{aligned}$$

例 3 求由方程 $x^2+y^2+z^2-2x+2y-4z-10=0$ 所确定的函数 $z=f(x,y)$ 的极值.

解 **方法 1** 将原方程两边分别对 x,y 求偏导, 得

$$\begin{cases} 2x+2zz'_x-2-4z'_x=0 \\ 2y+2zz'_y+2-4z'_y=0 \end{cases} \longrightarrow \begin{cases} z'_x=\dfrac{1-x}{z-2}, \\ z'_y=\dfrac{-(1+y)}{z-2}, \end{cases}$$

得驻点

$$M_0:\begin{cases} x=1, \\ y=-1. \end{cases}$$

把 $x=1,\ y=-1$ 代入原方程, 得 $z_1=-2,\ z_2=6$.

$$A=z''_{xx}\Big|_{M_0}=\frac{(z-2)^2+(1-x)^2}{(2-z)^3}\Big|_{M_0}=\frac{1}{2-z},$$

$$B=z''_{xy}\Big|_{M_0}=\frac{(x-1)(1+y)}{(2-z)^3}\Big|_{M_0}=0,$$

$$C=z''_{yy}\Big|_{M_0}=\frac{(2-z)^2+(1+y)^2}{(2-z)^3}\Big|_{M_0}=\frac{1}{2-z}.$$

因为 $\Delta=AC-B^2=\dfrac{1}{(2-z)^2}>0$, 所以 $z=f(x,y)$ 在 $M_0(1,-1)$ 取极值.

当 $z=-2$ 时, $A>0$, 故 $z=f(1,-1)=-2$ 为极小值.

当 $z=6$ 时, $A<0$, 故 $z=f(1,-1)=6$ 为极大值.

方法 2　配方法. 原方程可变形为

$$(x-1)^2+(y+1)^2+(z-2)^2=16,$$

于是

$$z=2\pm\sqrt{16-(x-1)^2-(y+1)^2}.$$

显然, 当 $x=1,y=-1$ 时, 根号中的极大值为 4, 由此可知, $z=2\pm 4$ 为极值, 即 $z=6$ 为极大值, $z=-2$ 为极小值.

例 4　求 $z=\sqrt{x^2+y^2}$ 在条件 $x^2-y^2=1$ 下的极值.

解　**方法 1**　为简化计算, 求 $u=x^2+y^2$ 在条件 $x^2-y^2=1$ 的极值. 把 $y^2=x^2-1$ 代入 $u=x^2+y^2$, 化为无条件极值问题

$$u=2x^2-1\quad(y=\pm\sqrt{x^2-1},\ \text{定义域}\ |x|\geq 1).$$

令 $\dfrac{du}{dx}=0$, 显然驻点 $x=0$ 不在定义域 $|x|\geq 1$ 内. 由 $|x|\geq 1$, 推得

$$u=2x^2-1\geq 1.$$

故当 $x=\pm 1,\ y=0$ 时, $u(\pm 1,0)=1$ 为最小值, 即 $z(\pm 1,0)=1$ 为极小值, 即最小值.

方法 2　用拉格朗日乘数法. 作辅助函数 $F(x,y,\lambda)=x^2+y^2+\lambda(x^2-y^2-1)$, 解方程组

$$F'_x=2x+2\lambda x=0, \tag{1}$$

$$F'_y=2y-2\lambda y=0, \tag{2}$$

$$F'_\lambda=x^2-y^2-1=0. \tag{3}$$

由 (1) 式得 $x=0$ 或 $\lambda=-1$. 当 $x=0$, 与 (3) 式不相容, 故 $\lambda=-1$, 解得驻点

$$M_1(1,0),\quad M_2(-1,0),$$

由题意知 $u(1,0)=u(-1,0)=1$ 是极小值, 即 $z(\pm1,0)=1$ 为极小值.

方法 3 本题的几何意义是在平面上求原点 $(0,0)$ 到双曲线 $x^2-y^2=1$ 的最短距离, 显然这个最短距离是原点 $(0,0)$ 到双曲线与 x 轴的交点 $(\pm1,0)$ 的距离, 即

$$z_{\min}=z(\pm1,0)=1.$$

例 5 求 $u=\dfrac{1}{x}+\dfrac{1}{y}+\dfrac{1}{z}$ 在条件 $\dfrac{1}{x^2}+\dfrac{1}{y^2}+\dfrac{1}{z^2}=\dfrac{1}{a^2}$ 限制下的极值.

解 为了简化计算, 先作变换, 即令

$$r=\frac{1}{x},\quad s=\frac{1}{y},\quad t=\frac{1}{z},$$

则本题化为在条件 $r^2+s^2+t^2=\dfrac{1}{a^2}$ 下, 求 $u=r+s+t$ 的极值. 作辅助函数

$$F(r,s,t,\lambda)=r+s+t+\lambda\left(r^2+s^2+t^2-\frac{1}{a^2}\right),$$

解方程组

$$\begin{cases} F'_r=1+2\lambda r=0,\\ F'_s=1+2\lambda s=0,\\ F'_t=1+2\lambda t=0,\\ F'_\lambda=r^2+s^2+t^2-\dfrac{1}{a^2}=0, \end{cases}$$

求得驻点

$$M_1\left(\frac{1}{\sqrt{3}a},\frac{1}{\sqrt{3}a},\frac{1}{\sqrt{3}a}\right),\qquad M_2\left(-\frac{1}{\sqrt{3}a},-\frac{1}{\sqrt{3}a},-\frac{1}{\sqrt{3}a}\right).$$

于是点 M_1,M_2 便可能是极值点. 由题意知极大值、极小值一定存在. 故 $u=\dfrac{1}{x}+\dfrac{1}{y}+\dfrac{1}{z}$ 在条件 $\dfrac{1}{x^2}+\dfrac{1}{y^2}+\dfrac{1}{z^2}=\dfrac{1}{a^2}$ 下的极大值为 $u(\sqrt{3}a,\sqrt{3}a,\sqrt{3}a)=\dfrac{\sqrt{3}}{a}$, 极小值为 $u(-\sqrt{3}a,-\sqrt{3}a,-\sqrt{3}a)=-\dfrac{\sqrt{3}}{a}$.

判断驻点是否为极值点, 也可借助非条件极值的判别法. 现在视 $u=r+s+t$ 中的 t 是由方程 $r^2+s^2+t^2=\dfrac{1}{a^2}$ 确定的 r,s 的函数, 则易求得

$$A=u''_{rr}=-\frac{1}{t^3}(r^2+t^2),$$

$$B=u''_{rs}=-\frac{rs}{t^3},$$

$$C=u''_{ss}=-\frac{1}{t^3}(s^2+t^2).$$

于是对驻点 $M_1\left(\frac{1}{\sqrt{3}a},\frac{1}{\sqrt{3}a},\frac{1}{\sqrt{3}a}\right)$ 有 $AC-B^2>0, A<0$, 故 M_1 为极大值点; 对驻点 $M_2\left(-\frac{1}{\sqrt{3}a},-\frac{1}{\sqrt{3}a},-\frac{1}{\sqrt{3}a}\right)$ 有 $AC-B^2>0, A>0$, 故 M_2 为极小值点.

例 6 求函数 $f(x,y)=xy\sqrt{1-x^2-y^2}$ 在定义域上的极值, 最大值与最小值.

解 $f(x,y)$ 的定义域为圆域 D: $x^2+y^2\le 1$.

先求 D 内驻点

$$\begin{cases} f'_x=y\sqrt{1-x^2-y^2}-\dfrac{x^2y}{\sqrt{1-x^2-y^2}}=0, \\ f'_y=x\sqrt{1-x^2-y^2}-\dfrac{xy^2}{\sqrt{1-x^2-y^2}}=0, \end{cases}$$

得驻点

$$M_1(0,0),\ M_2\left(\frac{1}{\sqrt{3}},\frac{1}{\sqrt{3}}\right),\ M_3\left(\frac{1}{\sqrt{3}},-\frac{1}{\sqrt{3}}\right),$$
$$M_4\left(-\frac{1}{\sqrt{3}},\frac{1}{\sqrt{3}}\right),\ M_5\left(-\frac{1}{\sqrt{3}},-\frac{1}{\sqrt{3}}\right).$$

再求

$$A=f''_{xx}=\frac{-xy(3-2x^2-3y^2)}{(1-x^2-y^2)^{3/2}},$$
$$B=f''_{xy}=\frac{1-x^2-2y^2}{(1-x^2-y^2)^{1/2}}-\frac{x^2-x^4}{(1-x^2-y^2)^{3/2}},$$
$$C=f''_{yy}=\frac{-xy(3-3x^2-2y^2)}{(1-x^2-y^2)^{3/2}}.$$

在点 $M_1(0,0)$,

$$A=C=0,\ B=1,\ AC-B^2<0,$$

故 M_1 不是极值点.

在点 $M_2\left(\frac{1}{\sqrt{3}},\frac{1}{\sqrt{3}}\right)$, $M_5\left(-\frac{1}{\sqrt{3}},-\frac{1}{\sqrt{3}}\right)$,

$$A=C=-\frac{4}{3}\sqrt{3},\quad B=-\frac{2}{3}\sqrt{3},\quad AC-B^2>0,\ A<0,$$

故 M_2, M_5 是极大值点, 极大值为

$$f\left(-\frac{1}{\sqrt{3}},-\frac{1}{\sqrt{3}}\right)=f\left(\frac{1}{\sqrt{3}},\frac{1}{\sqrt{3}}\right)=\frac{1}{3\sqrt{3}}.$$

在点 $M_3\left(\frac{1}{\sqrt{3}},-\frac{1}{\sqrt{3}}\right)$, $M_4\left(-\frac{1}{\sqrt{3}},\frac{1}{\sqrt{3}}\right)$,

$$A=C=\frac{4}{3}\sqrt{3},\ B=-\frac{2}{3}\sqrt{3},\ AC-B^2>0,\ A>0,$$

故 M_3, M_4 是极小值点, 极小值为

$$f\left(-\frac{1}{\sqrt{3}}, \frac{1}{\sqrt{3}}\right) = f\left(\frac{1}{\sqrt{3}}, -\frac{1}{\sqrt{3}}\right) = -\frac{1}{3\sqrt{3}}.$$

由于 $f(x,y)$ 在闭区域 D 内连续, 必取到最大值与最小值. 在边界 $x^2+y^2=1$ 上, $f(x,y)=0$, 故 $f(x,y)$ 在 D 上的最大值与最小值分别为

$$M = \frac{1}{3\sqrt{3}}, \quad m = -\frac{1}{3\sqrt{3}}.$$

例 7 求二元函数 $f(x,y) = x^2y(4-x-y)$ 在由直线 $x+y=6$, x 轴, y 轴所围成的闭区域 D 上的极值、最大值与最小值.

解 先求 D 内驻点

$$\begin{cases} f'_x = xy(8-3x-2y) = 0, \\ f'_y = x^2(4-x-2y) = 0, \end{cases}$$

$x=0, y=0$ 都在 D 边界上, 故由 $\begin{cases} 8-3x-2y=0 \\ 4-x-2y=0 \end{cases}$ 解得 D 内唯一驻点 $M_0(2,1)$.

又

$$A = f''_{xx}|_{M_0} = -6, \quad B = f''_{xy}|_{M_0} = -4, \quad C = f''_{yy}|_{M_0} = -8,$$

有 $AC - B^2 > 0$, 且 $A < 0$, 故 $f(x,y)$ 在 $M_0(2,1)$ 取得极大值, $f(2,1) = 4$ 也是 D 上的最大值.

在边界 $x=0, y=0$ 上, $f(x,y)=0$.

在边界 $x+y=6$ 上, 把 $y=6-x$ 代入 $f(x,y)$ 中, 得

$$f = 2x^3 - 12x^2 \quad (0 \le x \le 6),$$
$$f' = 6x^2 - 24x,$$

得驻点 $x=0, x=4$.

$$f'' = (12x-24)|_{x=4} = 24 > 0,$$

故点 $(4,2)$ 是边界上的极小值, $f(4,2) = -64$ 也是 D 上的最小值.

例 8 在第一卦限内作椭球面 $\frac{x^2}{a^2} + \frac{y^2}{b^2} + \frac{z^2}{c^2} = 1$ 的切平面, 使切平面与三坐标面所围成的四面体体积最小. 求此切平面方程及四面体体积的最小值.

解 设 $M(x_0, y_0, z_0)$ 为椭球面上第一卦限一点, 令

$$F(x,y,z) = \frac{x^2}{a^2} + \frac{y^2}{b^2} + \frac{z^2}{c^2} - 1,$$
$$\boldsymbol{n} = (F'_x, F'_y, F'_z)|_M = \left(\frac{2x_0}{a^2}, \frac{2y_0}{b^2}, \frac{2z_0}{c^2}\right),$$

故过 M 点的切平面方程为

$$\frac{x_0}{a^2}(x-x_0)+\frac{y_0}{b^2}(y-y_0)+\frac{z_0}{c^2}(z-z_0)=0,$$

即

$$\frac{x_0}{a^2}x+\frac{y_0}{b^2}y+\frac{z_0}{c^2}z=1.$$

切平面在三坐标轴上的截距分别为

$$x=\frac{a^2}{x_0},\quad y=\frac{b^2}{y_0},\quad z=\frac{c^2}{z_0},$$

则切平面与三坐标平面所围成四面体体积为

$$V=\frac{1}{6}xyz=\frac{a^2b^2c^2}{6x_0y_0z_0}.$$

问题转为求 $V=\dfrac{a^2b^2c^2}{6xyz}$ 满足 $\dfrac{x^2}{a^2}+\dfrac{y^2}{b^2}+\dfrac{z^2}{c^2}=1$ 的条件极值.

为简化计算, 求 $u=xyz$ 在条件 $\dfrac{x^2}{a^2}+\dfrac{y^2}{b^2}+\dfrac{z^2}{c^2}=1$ 的极值, 或 $u=\ln(xyz)$ 在条件 $\dfrac{x^2}{a^2}+\dfrac{y^2}{b^2}+\dfrac{z^2}{c^2}=1$ 下的极值.

可用拉格朗日乘数法. 这里我们用其他方法, 由 n 个正数的几何平均不大于算术平均, 即

$$\sqrt[n]{a_1a_2\cdots a_n}\le\frac{a_1+a_2+\cdots+a_n}{n}\qquad(a_i>0,i=1,2,\cdots,n),$$

有

$$\left(\frac{xyz}{abc}\right)^2\le\left[\frac{\left(\frac{x}{a}\right)^2+\left(\frac{y}{b}\right)^2+\left(\frac{z}{c}\right)^2}{3}\right]^3=\frac{1}{27},$$

且当 $\dfrac{x}{a}=\dfrac{y}{b}=\dfrac{z}{c}$ 时, $\dfrac{xyz}{abc}$ 最大, 即 V 最小. 由此求得

$$x_0=\frac{a}{\sqrt{3}},\quad y_0=\frac{b}{\sqrt{3}},\quad z_0=\frac{c}{\sqrt{3}},$$

所求切平面方程为

$$\frac{x}{\sqrt{3}a}+\frac{y}{\sqrt{3}b}+\frac{z}{\sqrt{3}c}=1,$$

即

$$\frac{x}{a}+\frac{y}{b}+\frac{z}{c}=\sqrt{3}.$$

四面体体积的最小值

$$V_{\min}=\frac{1}{6}\frac{a^2b^2c^2}{\left(\frac{1}{\sqrt{3}}\right)^3abc}=\frac{\sqrt{3}}{2}abc.$$

第 9 章　多变量函数的重积分

9.1　二 重 积 分

学 习 要 点

一、理解二重积分的概念

设 $f(x,y)$ 在有界闭区域 D 上有定义, 用一些曲线将 D 分割成两两无公共内点的有限个闭区域 $D_1, D_2, \cdots, D_n$, 称为 D 上的一个分割, 记 D_i 的直径为 d_i, D_i 的面积为 ΔA_i, $\lambda(T) = \max\{d_1, d_2, \cdots, d_n\}$, 在每个 D_i 上各任取一点 (ξ_i, η_i), 作和数 (称为积分和或黎曼和): $\sigma = \sum\limits_{i=1}^{n} f(\xi_i, \eta_i)\Delta A_i$, 如果

$$\lim_{\lambda(T)\to 0} \sum_{i=1}^{n} f(\xi_i, \eta_i)\Delta A_i$$

收敛, 则称 $f(x,y)$ 在 D 上 (黎曼) 可积, 并称其极限值为 $f(x,y)$ 在 D 上的二重积分, 记作 $\iint\limits_D f(x,y)dA$. 有时也简记为 $\int\limits_D f$.

其中极限收敛是指存在一个定数 I, 使得对 $\forall \varepsilon > 0$, 都存在 $\delta > 0$, 使对无论怎样的分割 T, 无论各点 (ξ_i, η_i) 如何选取, 只要 $\lambda(T) < \delta$, 就有

$$\left|\sum_{i=1}^{n} f(\xi_i, \eta_i)\Delta A_i - I\right| < \varepsilon$$

成立.

二重积分的几何意义是曲顶柱体的体积, 物理上表示以密度为 $f(x,y)$ 的不均匀分布薄片的质量.

二、了解什么样的函数在有界闭区域 D 上可积

设平面上有界闭区域 D 是由一条或多条光滑的或逐段光滑的闭曲线所围成, 函数 $f(x,y)$ 在 D 上有界, 且它在 D 上的间断点集至多是有限个点与有限条光滑或逐段光滑的曲线的并集, 则 $f(x,y)$ 在 D 上可积 (特别, 在上述 D 上连续函数可积). 可积函数的线性组合仍可积, 可积函数的绝对值函数可积, 有限个可积函数的乘积仍可积.

三、掌握二重积分的性质

1. 可积必有界.

2. 线性. 设 $f(x,y),g(x,y)$ 都在 D 上可积, C_1,C_2 是任意常数, 则 $C_1f(x,y)+C_2g(x,y)$ 也在 D 上可积且有

$$\iint\limits_D (C_1f(x,y)+C_2g(x,y))dA=C_1\iint\limits_D f(x,y)dA+C_2\iint\limits_D g(x,y)dA.$$

3. 1 的积分. $\iint\limits_D 1dA=D$ 的面积.

4. 对积分区域的可加性. 设 D_1,D_2 都是有界闭区域, D_1 与 D_2 无公共的内点, $D=D_1\cup D_2$, 则若三个积分 $\iint\limits_{D_1} f(x,y)dA$, $\iint\limits_{D_2} f(x,y)dA$ 及 $\iint\limits_D f(x,y)dA$ 中至少有两个存在, 则第三个也存在, 且有

$$\iint\limits_D f(x,y)dA=\iint\limits_{D_1} f(x,y)dA+\iint\limits_{D_2} f(x,y)dA.$$

5. 保持不等号方向的性质. 设 $f(x,y),g(x,y)$ 都在 D 上可积, 且对 $\forall(x,y)\in D$, 都有 $f(x,y)\le g(x,y)$, 则

$$\iint\limits_D f(x,y)dA\le\iint\limits_D g(x,y)dA.$$

6. 绝对值函数的积分. 设 $f(x,y)$ 在 D 上可积, 则 $|f(x,y)|$ 也在 D 上也可积, 且有

$$\left|\iint\limits_D f(x,y)dA\right|\le\iint\limits_D |f(x,y)|dA.$$

7. 积分中值定理. 设 $f(x,y)$ 在有界闭区域 D 上连续, 则存在 $(\xi,\eta)\in D$, 使得

$$\iint\limits_D f(x,y)dA=f(\xi,\eta)\cdot D\text{ 的面积}.$$

四、掌握直角坐标系下二重积分的累次积分法

1. 直角坐标系下面积微元 $dA=dxdy$.

2. 设 $D=\{(x,y)|\ \varphi_1(x)\le y\le\varphi_2(x),\ a\le x\le b\}$, $f(x,y)$ 在 D 上可积, 且对 $\forall x\in[a,b]$, $\int_{\varphi_1(x)}^{\varphi_2(x)} f(x,y)dy$ 都存在, 则 $\int_a^b\left(\int_{\varphi_1(x)}^{\varphi_2(x)} f(x,y)dy\right)dx$ 也存在且有

$$\iint\limits_D f(x,y)dA=\int_a^b dx\int_{\varphi_1(x)}^{\varphi_2(x)} f(x,y)dy.$$

3. 设 $D=\{(x,y)|\ \psi_1(y)\le x\le\psi_2(y),\ c\le y\le d\}$, $f(x,y)$ 在 D 上可积, 且对 $\forall y\in[c,d]$, $\int_{\psi_1(y)}^{\psi_2(y)}f(x,y)dx$ 都存在, 则 $\int_c^d\left(\int_{\psi_1(y)}^{\psi_2(y)}f(x,y)dx\right)dy$ 也存在且有

$$\iint\limits_D f(x,y)dA=\int_c^d dy\int_{\psi_1(y)}^{\psi_2(y)}f(x,y)dx.$$

五、掌握极坐标系下二重积分的累次积分法

1. 极坐标系下面积微元 $dA=rdrd\theta$.

2. 设 (r,θ) 是平面上点的极坐标, 若直角坐标系 Oxy 上区域 D 的内点与直角坐标系 $Or\theta$ 上区域 D' 的内点构成一一对应 (边界上允许有不一一对应的点和线段), 则有

$$\iint\limits_D f(x,y)dxdy=\iint\limits_{D'}f(r\cos\theta,r\sin\theta)rdrd\theta.$$

3. 设 $D=\{M|\ M$的极坐标(r,θ) 满足 $r_1(\theta)\le r\le r_2(\theta)\ (0\le r_1(\theta)),\ \alpha\le\theta\le\beta\ (\beta-\alpha\le 2\pi)\}$, $f(x,y)$ 在 D 上连续, 则

$$\iint\limits_D f(x,y)dA=\int_\alpha^\beta d\theta\int_{r_1(\theta)}^{r_2(\theta)}f(r\cos\theta,r\sin\theta)rdr.$$

4. 设 $D=\{M|\ M$的极坐标(r,θ) 满足 $\theta_1(r)\le\theta\le\theta_2(r)\,(\theta_2(r)-\theta_1(r)\le 2\pi),\ c\le r\le d\,(c\ge 0)\}$, $f(x,y)$ 在 D 上连续, 则

$$\iint\limits_D f(x,y)dA=\int_c^d dr\int_{\theta_1(r)}^{\theta_2(r)}f(r\cos\theta,r\sin\theta)rd\theta.$$

六、二重积分的一般变量代换

1. 设映射 $x=x(u,v)$, $y=y(u,v)$ 实现了从 Ouv 平面上的有界闭区域 D' 到 Oxy 平面上的有界闭区域 D 的一一对应, 函数 $x=x(u,v)$ 及 $y=y(u,v)$ 在闭区域 D' 上有连续的偏导数, $f(x,y)$ 在 D 连续, 则

$$\iint\limits_D f(x,y)dxdy=\iint\limits_{D'}f(x(u,v),y(u,v))\left|\frac{\partial(x,y)}{\partial(u,v)}\right|dudv,$$

其中

$$\frac{\partial(x,y)}{\partial(u,v)}=\begin{vmatrix}\dfrac{\partial x}{\partial u} & \dfrac{\partial y}{\partial u}\\ \dfrac{\partial x}{\partial v} & \dfrac{\partial y}{\partial v}\end{vmatrix}$$

称为变换的雅可比 (Jacobi) 行列式.

面积微元

$$dA = \left|\frac{\partial(x,y)}{\partial(u,v)}\right| dudv.$$

2. 设 $D = \{M|\ M$的曲线坐标 (u,v) 满足 $\varphi_1(u) \le v \le \varphi_2(u),\ a \le u \le b\}$, 则

$$\iint\limits_D f(x,y)dxdy = \int_a^b du \int_{\varphi_1(u)}^{\varphi_2(u)} f(x(u,v),y(u,v)) \left|\frac{\partial(x,y)}{\partial(u,v)}\right| dv.$$

3. 设 $D = \{M|\ M$的曲线坐标 (u,v) 满足 $\psi_1(v) \le u \le \psi_2(v),\ c \le v \le d\}$, 则

$$\iint\limits_D f(x,y)dxdy = \int_c^d dv \int_{\psi_1(v)}^{\psi_2(v)} f(x(u,v),y(u,v)) \left|\frac{\partial(x,y)}{\partial(u,v)}\right| du.$$

七、了解广义二重积分及其计算法

解题方法

在积分时首先要弄清积分域的形状. 求积时要灵活运用分项积分及分块积分的技巧. 根据积分区域和被积函数的特征, 选取适当的坐标系 (直角坐标, 极坐标或曲线坐标). 化为累次积分时要选择适当的积分次序. 要熟练将累次积分写成二重积分的方法.

例题分析

例 1 设平面区域 D 是由曲线 $y = x^2$ 及它在点 $(1,1)$ 处的法线所围成, 求二重积分

$$\iint\limits_D (8y - 4x^2 + 2x - 6)dxdy.$$

解 $y = x^2,\ y' = 2x,\ y = x^2$ 在 $(1,1)$ 处切线斜率为 2, 法线斜率为 $-\dfrac{1}{2}$, 故法线方程为

$$y = -\frac{1}{2}x + \frac{3}{2}.$$

易得法线与 $y = x^2$ 的交点为 $(1,1)$ 及 $\left(-\dfrac{3}{2}, \dfrac{9}{4}\right)$, 作图可知,

$$D = \left\{(x,y)|\ x^2 \le y \le -\frac{x}{2} + \frac{3}{2},\ -\frac{3}{2} \le x \le 1\right\},$$

故

$$\iint\limits_D (8y - 4x^2 + 2x - 6)dxdy = \int_{-\frac{3}{2}}^1 dx \int_{x^2}^{-\frac{x}{2}+\frac{3}{2}} (8y - 4x^2 + 2x - 6)dy$$

$$= \int_{-\frac{3}{2}}^1 \left\{4\left[\left(-\frac{x}{2} + \frac{3}{2}\right)^2 - x^4\right] + (-4x^2 + 2x - 6)\left(-\frac{1}{2}x + \frac{3}{2} - x^2\right)\right\} dx = 0.$$

注 9.1　1° 熟练、正确地写出切线和法线方程是求解本题时进入角色的前提条件.

2° 画出 (或想像出) 区域形状是求解二重积分必不可少的一步. 如本题改为 D 是由 $y=x^2$ 及 $y=-\dfrac{1}{2}x+\dfrac{3}{2}$ 所围成的区域, 除求交点外, 还须弄清在区间 $\left[-\dfrac{3}{2},1\right]$ 上直线段 $y=-\dfrac{1}{2}x+\dfrac{3}{2}$ 在曲线段 $y=x^2$ 的上方 (这里可用 $y=x^2$ 的凹性即可判定).

3° 题解中累次积分次序是先 y 后 x, 若改成先 x 后 y, 也可积出来, 但必须先将区域分块, 计算稍繁.

例 2　求累次积分的值.

(1) $\displaystyle\int_0^1 dx\int_{\sqrt[3]{x}}^1 e^{y^2}dy$;

(2) $\displaystyle\left(\int_0^1 dx\int_{\sqrt{1-x^2}}^{\sqrt{4-x^2}}+\int_1^2 dx\int_0^{\sqrt{4-x^2}}\right)(5-x^2-y^2)^{\alpha}dy\quad(\alpha\neq -1)$.

解　(1) 因为无法写出 $\displaystyle\int_{\sqrt[3]{x}}^1 e^{y^2}dy$ 的具体表达式, 所以我们试交换积分次序后来算累次积分值. 易见,

$$\begin{aligned}D&=\{(x,y)|\ \sqrt[3]{x}\le y\le 1,\ 0\le x\le 1\}\\&=\{(x,y)|\ 0\le x\le y^3,\ 0\le y\le 1\},\end{aligned}$$

$$\begin{aligned}&\int_0^1 dx\int_{\sqrt[3]{x}}^1 e^{y^2}dy=\iint\limits_D e^{y^2}dxdy\\=&\int_0^1 dy\int_0^{y^3}e^{y^2}dx=\int_0^1 y^3e^{y^2}dy\\=&\frac{1}{2}\int_0^1 te^t dt=\frac{1}{2}(t-1)e^t\Big|_0^1=\frac{1}{2}.\end{aligned}$$

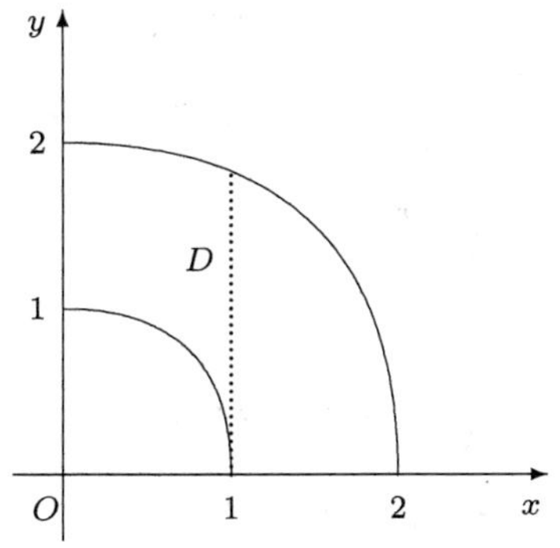

图 9.1

(2) 先将累次积分化为二重积分. 为弄清积分区域, 先在 $0\le x\le 1$ 上画出曲线 $y=\sqrt{4-x^2}$ (即 $x^2+y^2=4$ 且 $y\ge 0$) 及曲线 $y=\sqrt{1-x^2}$, 及直线 $x=0,x=1,x=2$, 即可画出区域 D, 见图 9.1.

观察到被积函数是 x^2+y^2 的复合函数, 它的极坐标表达式较为简单, 于是

试用极坐标来求二重积分值.

$$\left(\int_0^1 dx \int_{\sqrt{1-x^2}}^{\sqrt{4-x^2}} + \int_1^2 dx \int_0^{\sqrt{4-x^2}}\right)(5-x^2-y^2)^\alpha dy$$

$$= \iint\limits_D (5-x^2-y^2)^\alpha dxdy = \int_0^{\frac{\pi}{2}} d\theta \int_1^2 (5-r^2)^\alpha r dr$$

$$= \frac{-1}{2(\alpha+1)}(5-r^2)^{\alpha+1}\Big|_1^2 \cdot \frac{\pi}{2} = \frac{\pi}{4(\alpha+1)}[4^{\alpha+1}-1).$$

例 3　计算由曲面 $z=8-x^2-y^2$ 及平面 $z=2y$ 所围区域的体积.

解　曲面 $z=8-x^2-y^2$ 是开口向下的旋转抛物面, 本题所指区域是抛物面下方被平面 $z=2y$ 截下的有限部分区域, 我们从求交线着手, 先消去 z, 得 $2y=8-x^2-y^2$, 即 $x^2+(y+1)^2=9$. 由此可知交线在母线平行于 z 轴的圆柱面 $x^2+(y+1)^2=9$ 上, 且易见本题题设区域在 Oxy 平面上的投影是圆域 $x^2+(y+1)^2\le 9$. 记作 D. 因为, 当 $x^2+(y+1)^2\le 9$ 时, 平面 $z=2y$ 及曲面 $z=8-x^2-y^2$ 的相应部分都在上半空间且曲面在平面的上方, 所以本题立体区域的体积可看成 D 上方以 $z=8-x^2-y^2$ 为顶的曲顶柱体体积与 D 上方以 $z=2y$ 为顶的曲顶柱体体积的差. 于是

$$V=\iint\limits_D[(8-x^2-y^2)-2y]dxdy=\iint\limits_D[9-x^2-(y+1)^2]dxdy$$

$$=\int_0^{2\pi}d\theta\int_0^3(9-r^2)rdr=\frac{81}{2}\pi.$$

注 9.2　极坐标的极点和极轴的取法是可以变动的. 本题极点取在 $(0,-1)$, 极轴仍是 x 轴正方向, 极坐标变换式为 $x=r\cos\theta$, $y+1=r\sin\theta$.

例 4　计算二重积分:

(1) $\iint\limits_D(|x|+|y|)dxdy$, 其中 $D=\{(x,y)|\ |x|+|y|\le 2\}$;

(2) $\iint\limits_D x(1+ye^{x^4y^6})dxdy$, 其中 D 是由曲线 $y=\sin x$, $x=-\dfrac{\pi}{2}$ 及 $y=1$ 围成.

解　(1) 本题区域 D 关于两个坐标轴都对称, 被积函数既是 x 的偶函数, 又是 y 的偶函数, 所以

$$\iint\limits_D(|x|+|y|)dxdy=4\iint\limits_{D_1}(x+y)dxdy=4\int_0^2dx\int_0^{2-x}(x+y)dy$$

$$=4\int_0^2\left[x(2-x)+\frac{1}{2}(2-x)^2\right]dx=\frac{32}{3}.$$

(2) 发现 $\iint\limits_D xye^{x^4y^6}dxdy$ 不好积, 区域也并无对称性, 但被积函数既是 x 的奇函数, 又是 y 的奇函数. 因而试用曲线 $y=-\sin x$ 将区域 D 分成两块 D_1 与 D_2, 见图 9.2, 其中 D_1 关于 y 轴对称, 而 D_2 关于 x 轴对称, 于是

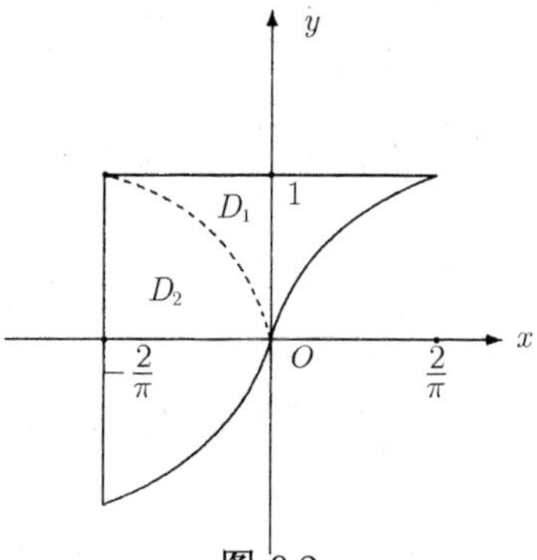

图 9.2

$$\iint\limits_D xye^{x^4y^6}dxdy=\iint\limits_{D_1} xye^{x^4y^6}dxdy+\iint\limits_{D_2} xye^{x^4y^6}dxdy=0.$$

$$\iint\limits_D (x+xye^{x^4y^6})dxdy=\int_{-\frac{\pi}{2}}^{\frac{\pi}{2}}dx\int_{\sin x}^{1}xdy+0=\int_{-\frac{\pi}{2}}^{\frac{\pi}{2}}(x-x\sin x)dx=-2.$$

注 9.3 利用对称性及潜在的对称性来计算重积分, 是重积分计算中的一个重要技巧.

例 5 (1) 证明 $\int_a^b dx\int_a^x(x-y)^nf(y)dy=\frac{1}{n+1}\int_a^b(b-y)^{n+1}f(y)dy \quad (a<b)$;

(2) 证明 $\iint\limits_{x^2+y^2\le 1} f(ax+by)dxdy=2\int_{-1}^{1}\sqrt{1-u^2}f(\sqrt{a^2+b^2}u)du.$

证 (1) 记由 $y=x, y=a$ 及 $x=b$ 所围成的区域为 D, 则

$$\begin{aligned}
左&=\int_a^b dx\int_a^x(x-y)^nf(y)dy=\iint\limits_D(x-y)^nf(y)dy\\
&=\int_a^b dy\int_y^b(x-y)^nf(y)dx\\
&=\int_a^b\frac{1}{n+1}(b-y)^{n+1}f(y)dy=右.
\end{aligned}$$

(2)

$$\begin{aligned}
左&=\iint\limits_D f(ax+by)dxdy\\
&=\int_0^{2\pi}d\theta\int_0^1 f(ar\cos\theta+br\sin\theta)rdr \quad (极坐标)\\
&=\int_0^{2\pi}d\theta\int_0^1 f(\sqrt{a^2+b^2}r\cos(\theta+\varphi))rdr \quad (三角函数和差化积)\\
&=\int_\varphi^{2\pi+\varphi}d\psi\int_0^1 f(\sqrt{a^2+b^2}r\cos\psi)rdr \quad (\theta+\varphi=\psi)
\end{aligned}$$

$$= \int_0^{2\pi} d\psi \int_0^1 f(\sqrt{a^2+b^2}r\cos\psi)rdr \quad (\text{周期函数的定积分性质})$$

$$= \iint\limits_D f(\sqrt{a^2+b^2}u)dudv \quad (\text{极坐标 } r\cos\psi = u,\ r\sin\psi = v)$$

$$= \int_{-1}^1 du \int_{-\sqrt{1-u^2}}^{\sqrt{1-u^2}} f(\sqrt{a^2+b^2}u)dv \quad (\text{直角坐标下的累次积分})$$

$$= 2\int_{-1}^1 \sqrt{1-u^2} f(\sqrt{a^2+b^2}u)du = \text{右}.$$

注 9.4 1° 当二重积分的被积函数仅依赖于某个坐标变量时, 往往可先对另一个坐标变量积分, 将二重积分写成一个定积分形式.

2° 第 (2) 题也可利用正交变换 $u = x\cos\varphi + y\sin\varphi,\ v = -x\sin\varphi + y\cos\varphi$ (即作坐标旋转) 化为在 $u^2+v^2 \le 1$ 上的二重积分, 然后再作先 v 后 u 的累次积分证明之.

例 6 已知 $\int_\alpha^\beta f(\cos\theta, \sin\theta)d\theta = A,\ f(0,0) = 1$, 其中 $f(x,y)$ 有一阶连续的偏导数, 区域 D 是由极坐标 (r,θ) 满足 $0 \le r \le 1,\ \alpha \le \theta \le \beta\ (\beta - \alpha \le 2\pi)$ 的全部点所构成, 求

$$\iint\limits_D \left(\frac{x}{x^2+y^2}\frac{\partial f}{\partial x} + \frac{y}{x^2+y^2}\frac{\partial f}{\partial y}\right) dxdy.$$

解 注意到

$$\frac{\partial}{\partial r} f(r\cos\theta, r\sin\theta) = \cos\theta\frac{\partial f}{\partial x} + \sin\theta\frac{\partial f}{\partial y},$$

$$\begin{aligned}
&\iint\limits_D \left(\frac{x}{x^2+y^2}\frac{\partial f}{\partial x} + \frac{y}{x^2+y^2}\frac{\partial f}{\partial y}\right) dxdy \\
=& \int_\alpha^\beta d\theta \int_0^1 \left(\frac{r\cos\theta}{r^2}\frac{\partial f}{\partial x} + \frac{r\sin\theta}{r^2}\frac{\partial f}{\partial y}\right) rdr \\
=& \int_\alpha^\beta d\theta \int_0^1 \frac{\partial}{\partial r} f(r\cos\theta, r\sin\theta)dr \\
=& \int_\alpha^\beta [f(\cos\theta, \sin\theta) - f(0,0)]d\theta \\
=& A - (\beta - \alpha).
\end{aligned}$$

例 7 求 $\iint\limits_D |\sin(x+y)|dxdy$, 其中 D: $0 \le x \le \pi,\ 0 \le y \le \pi$.

解 积分区域 D, 如图 9.3, $D = D_1 \cup D_2$.

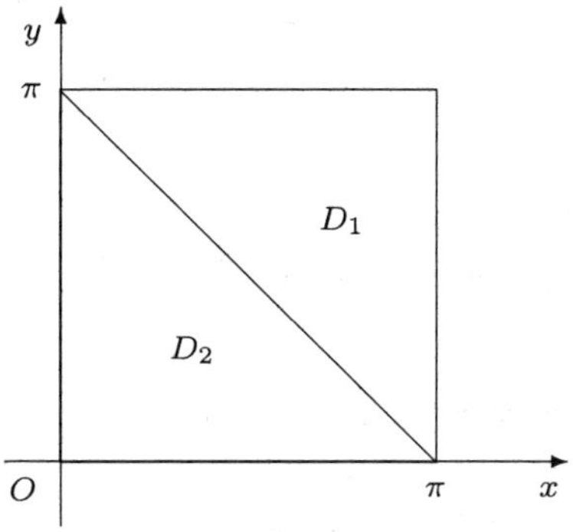

图 9.3

因为 D_2 与 D_1 关于直线 $x+y=\pi$ 对称, 且在对称点处被积函数值对应相等, 于是有

$$\iint\limits_{D_2} |\sin(x+y)|dxdy = \iint\limits_{D_1} |\sin(x+y)|dxdy,$$

$$\begin{aligned}\iint\limits_{D} |\sin(x+y)|dxdy &= 2\iint\limits_{D_2} |\sin(x+y)|dxdy = 2\iint\limits_{D_2} \sin(x+y)dxdy \\ &= 2\int_0^{\pi} dx \int_0^{\pi-x} \sin(x+y)dy \\ &= 2\int_0^{\pi} (\cos x - \cos\pi)dx = 2\pi.\end{aligned}$$

注 9.5 对被积表达式中含有函数的绝对值的重积分, 一般应先适当分块, 以化去绝对值, 然后再求出积分.

例 8 求 $\iint\limits_{D} \sqrt{x^2+y^2}dxdy$, 其中

(1) D 是由曲线 $(x^2+y^2)^{\frac{3}{2}} = y^2$ $(a>0)$ 所围成.

(2) D 是由心形线 $r = a(1+\cos\theta)$ $(a>0)$ 所围成.

解 (1) 因为曲线方程中坐标变量是以 x^2 和 y^2 的形式出现的, 可见, 当点 (x_0, y_0) 在曲线上时, 它关于 x 轴的对称点 $(x_0, -y_0)$, 关于 y 轴的对称点 $(-x_0, y_0)$ 及关于坐标原点的对称点 $(-x_0, -y_0)$ 都在曲线上, 即曲线关于 x 轴和 y 轴都对称, 所以, 只要画出它在第一象限部分的图形, 便可得曲线的图形. 根据方程的特点, 我们采用极坐标, 得 $r^3 = r^2\sin^2\theta$ 化简得 $r = \sin^2\theta$, $0 \le \theta \le \dfrac{\pi}{2}$. 于是曲线所围区域在第一象限部分 D_1 为

$$D_1 = \left\{M|\ M \text{ 的极坐标 } (r,\theta) \text{ 满足 } 0 \le r \le \sin^2\theta,\ 0 \le \theta \le \frac{\pi}{2}\right\},$$

$$\iint\limits_{D} \sqrt{x^2+y^2}dxdy = 4\iint\limits_{D_1} \sqrt{x^2+y^2}dxdy = 4\int_0^{\frac{\pi}{2}} d\theta \int_0^{\sin^2\theta} r\cdot rdr$$

$$=\frac{4}{3}\int_0^{\frac{\pi}{2}} \sin^6\theta d\theta = \frac{5}{24}\pi.$$

(2) 曲线上下对称, 被积函数也是 y 的偶函数, 易见区域在上半平面部分 D_1 为

$$D_1 = \{M|\ M \text{ 的极坐标满足 } 0\le r\le a(1+\cos\theta),\ 0\le\theta\le\pi\},$$

$$\iint\limits_{D} \sqrt{x^2+y^2}dxdy = 2\iint\limits_{D_1} \sqrt{x^2+y^2}dxdy = 2\int_0^{\pi} d\theta \int_0^{a(1+\cos\theta)} r\cdot rdr$$

$$=\frac{2}{3}a^3\int_0^{\pi}(1+3\cos\theta+3\cos^2\theta+\cos^3\theta)d\theta$$

$$=\frac{2}{3}a^3\left(\pi+\frac{3}{2}\pi\right)=\frac{5}{3}\pi a^3.$$

例 9 计算下列各题.

(1) $\iint\limits_{D} \ln\left(\frac{x^2}{a^2}+\frac{y^2}{b^2}+1\right)dxdy$, 其中 $D:\ \frac{x^2}{a^2}+\frac{y^2}{b^2}\le 1$;

(2) $\iint\limits_{D} \sqrt{4-x^2-4y^2}dxdy$, 其中 $D:\ x^2+4y^2\le 2x$;

(3) $\iint\limits_{D} xydxdy$, 其中 $D:\ x^4+y^2\le 1,\ x\ge 0, y\ge 0$.

解 (1) 本题用椭圆的参数方程 $x=|a|r\cos\theta,\ y=|b|r\sin\theta$.

$$\frac{\partial(x,y)}{\partial(r,\theta)} = \begin{vmatrix} |a|\cos\theta & |b|\sin\theta \\ -|a|r\sin\theta & |b|r\cos\theta \end{vmatrix} = |ab|r,$$

$$D':\ 0\le r\le 1,\ 0\le\theta\le 2\pi.$$

故

$$\iint\limits_{D} \ln\left(\frac{x^2}{a^2}+\frac{y^2}{b^2}+1\right)dxdy = \iint\limits_{D'} \ln(r^2+1)\cdot|ab|rdrd\theta$$

$$=|ab|\int_0^{2\pi}d\theta\int_0^1 \ln(r^2+1)rdr$$

$$=|ab|\pi(\ln 4-1).$$

(2) 积分区域是过坐标原点的椭圆, 采用椭圆参数方程, $x=r\cos\theta,\ y=\frac{1}{2}r\sin\theta$. 算出 $J=\frac{1}{2}r$, 方程 $x^2+4y^2=2x$ 化为 $r=2\cos\theta$, 因此

$$D':\ 0\le r\le 2\cos\theta,\quad -\frac{\pi}{2}\le\theta\le\frac{\pi}{2}.$$

$$\iint\limits_{D} \sqrt{4-x^2-4y^2}dxdy = \iint\limits_{D'} \sqrt{4-r^2}\cdot\frac{1}{2}rdrd\theta$$
$$= \frac{1}{2}\int_{-\frac{\pi}{2}}^{\frac{\pi}{2}} d\theta \int_0^{2\cos\theta} \sqrt{4-r^2}rdr$$
$$= -\frac{1}{6}\int_{-\frac{\pi}{2}}^{\frac{\pi}{2}} [(4-4\cos^2\theta)^{\frac{3}{2}} - 4^{\frac{3}{2}}]d\theta$$
$$= \frac{1}{3}\int_0^{\frac{\pi}{2}} (8-8|\sin\theta|^3)d\theta = \frac{4}{3}\pi - \frac{16}{9}.$$

(3) 根据方程 $x^4+y^2=1$ 的特征, 可令 $x=\sqrt{r\cos\theta}$, $y=r\sin\theta$,

$$\frac{\partial(x,y)}{\partial(r,\theta)} = \begin{vmatrix} \dfrac{1}{2\sqrt{r}}\sqrt{\cos\theta} & \sin\theta \\ \dfrac{-\sin\theta}{2\sqrt{\cos\theta}}\sqrt{r} & r\cos\theta \end{vmatrix} = \frac{\sqrt{r}}{2\sqrt{\cos\theta}},$$
$$D':\ 0\le r\le 1,\ 0\le\theta\le\frac{\pi}{2},$$

$$\iint\limits_{D} xydxdy = \iint\limits_{D'} \sqrt{r\cos\theta}\cdot r\sin\theta\cdot\frac{\sqrt{r}}{2\sqrt{\cos\theta}}drd\theta$$
$$= \int_0^{\frac{\pi}{2}} d\theta \int_0^1 \frac{1}{2}r^2\sin\theta dr = \frac{1}{6}.$$

注 9.6 当 $\alpha>0,\beta>0$ 时, 曲线 $|x|^\alpha+|y|^\beta=1$ 所围区域是关于 x 轴及 y 轴都对称的区域. 第一象限部分可作以下变量代换:

$$x=(r\cos\theta)^{\frac{2}{\alpha}},\quad y=(r\sin\theta)^{\frac{2}{\beta}},$$

而第一象限部分 D_1 变为

$$D_1':\quad 0\le r\le 1,\ 0\le\theta\le\frac{\pi}{2}.$$

如果要对整个区域作变量代换, 则可令

$$x=(r|\cos\theta|)^{\frac{2}{\alpha}}\cdot \mathrm{sgn}x,\quad y=(r|\sin\theta|)^{\frac{2}{\beta}}\cdot \mathrm{sgn}y,$$

相应的 D' 为 $0\le r\le 1$, $0\le\theta\le 2\pi$. 本题区域及星形线 $x^{\frac{2}{3}}+y^{\frac{2}{3}}=a^{\frac{2}{3}}$ 所围区域都可利用这一类变量代换法.

例 10 (1) $\displaystyle\iint\limits_{x^4+y^4\le a^2} \frac{|xy|(x^{\frac{2}{7}}+1)}{x^{\frac{2}{7}}+y^{\frac{2}{7}}+2}dxdy$; (2) $\displaystyle\iint\limits_{\frac{x^2}{a^2}+\frac{y^2}{b^2}\le 1} \arctan\left|\frac{x-y}{x+y}\right|dxdy.$

解 (1) 因积分域关于 $y=x$ 对称, 故

$$\iint\limits_{x^4+y^4\le a^2}\frac{|xy|(x^{\frac{2}{7}}+1)}{x^{\frac{2}{7}}+y^{\frac{2}{7}}+2}dxdy=\iint\limits_{x^4+y^4\le a^2}\frac{|yx|(y^{\frac{2}{7}}+1)}{x^{\frac{2}{7}}+y^{\frac{2}{7}}+2}dxdy$$

$$=\frac{1}{2}\iint\limits_{x^4+y^4\le a^2}\left[\frac{|xy|(x^{\frac{2}{7}}+1)}{x^{\frac{2}{7}}+y^{\frac{2}{7}}+2}+\frac{|yx|(y^{\frac{2}{7}}+1)}{y^{\frac{2}{7}}+x^{\frac{2}{7}}+2}\right]dxdy$$

$$=\frac{1}{2}\iint\limits_{x^4+y^4\le a^2}|xy|dxdy$$

$$=2\iint\limits_{D_1}|xy|dxdy\qquad (D_1: x^4+y^4\le a^2,\ x\ge 0, y\ge 0)$$

$$=2\int_0^{\frac{\pi}{2}}d\theta\int_0^a\sqrt{r\cos\theta}\cdot\sqrt{r\sin\theta}\cdot\frac{1}{4\sqrt{\sin\theta\cos\theta}}dr$$

$$(x=\sqrt{r\cos\theta},\ y=\sqrt{r\sin\theta})$$

$$=\frac{\pi}{8}a^2.$$

(2) 因积分域关于 x 轴对称, 故将被积函数中 y 换成 $-y$, 积分值不变, 即

$$\iint\limits_{\frac{x^2}{a^2}+\frac{y^2}{b^2}\le 1}\arctan\left|\frac{x-y}{x+y}\right|dxdy=\iint\limits_{\frac{x^2}{a^2}+\frac{y^2}{b^2}\le 1}\arctan\left|\frac{x+y}{x-y}\right|dxdy.$$

由于当 $u>0$ 时,

$$\arctan u+\arctan\frac{1}{u}=\frac{\pi}{2},$$

故

$$\iint\limits_{\frac{x^2}{a^2}+\frac{y^2}{b^2}\le 1}\arctan\left|\frac{x-y}{x+y}\right|dxdy$$

$$=\frac{1}{2}\iint\limits_{\frac{x^2}{a^2}+\frac{y^2}{b^2}\le 1}\left(\arctan\left|\frac{x-y}{x+y}\right|+\arctan\left|\frac{x+y}{x-y}\right|\right)dxdy$$

$$=\frac{1}{2}\iint\limits_{\frac{x^2}{a^2}+\frac{y^2}{b^2}\le 1}\frac{\pi}{2}dxdy=\frac{\pi}{4}\cdot\pi|ab|=\frac{1}{4}\pi^2|ab|.$$

例 11 (1) 求曲线 $\left(\frac{x}{3}+\frac{y}{4}\right)^4=xy$ 所围面积;

(2) 求 $\iint\limits_D e^{\frac{x-y}{x+y}}dxdy$, D 是由 $x+y=1$ 与两坐标轴围成.

解 (1) 由曲线方程可见, x 与 y 同号, 故曲线必在一、三象限内, 从方程还可看出, 当 x,y 同时变号时, 方程不变, 由此可知曲线关于坐标原点是中心对称的, 所求面积等于第一象限内所围面积的 2 倍. 在第一象限内, 可引进曲线坐标 $x=3r\cos^2\theta$, $y=4r\sin^2\theta$, 其中 $r\geq 0$, $0\leq\theta\leq\dfrac{\pi}{2}$. 曲线方程化为 $r^4=12r^2\sin^2\theta\cos^2\theta$, 化简得 $r=2\sqrt{3}\sin\theta\cos\theta$, 于是第一象限部分区域 D_1 对应的 D_1' 为

$$D_1'=\left\{(r,\theta)\middle|\ 0\leq r\leq 2\sqrt{3}\sin\theta\cos\theta,\ 0\leq\theta\leq\frac{\pi}{2}\right\},$$

所求面积 A 为

$$\begin{aligned}A&=2\iint\limits_{D_1}dxdy=2\iint\limits_{D_1'}\begin{vmatrix}3\cos^2\theta & 4\sin^2\theta\\ -6r\cos\theta\sin\theta & 8r\sin\theta\cos\theta\end{vmatrix}drd\theta\\&=48\int_0^{\frac{\pi}{2}}d\theta\int_0^{2\sqrt{3}\sin\theta\cos\theta}r\sin\theta\cos\theta dr\\&=24\int_0^{\frac{\pi}{2}}(2\sqrt{3})^2\sin^3\theta\cos^3\theta d\theta\\&=24\cdot 12\cdot\frac{2\times 2}{6\times 4\times 2}=24.\end{aligned}$$

(2) 令 $\begin{cases}x-y=u,\\ x+y=v,\end{cases}$ 则

$$\begin{cases}x=\dfrac{1}{2}(u+v),\\ y=\dfrac{1}{2}(v-u),\end{cases}\qquad \frac{\partial(x,y)}{\partial(u,v)}=\begin{vmatrix}\dfrac{1}{2} & -\dfrac{1}{2}\\ \dfrac{1}{2} & \dfrac{1}{2}\end{vmatrix}=\frac{1}{2}.$$

在此变换下, $x+y=1$ 变为 $v=1$, $x=0$ 变为 $u=-v$, 而 $y=0$ 变为 $u=v$, 所以区域 D 的象 D' 为 $-v\leq u\leq v$, $0\leq v\leq 1$,

$$\begin{aligned}\iint\limits_D e^{\frac{x-y}{x+y}}dxdy&=\iint\limits_{D'}e^{\frac{u}{v}}\cdot\frac{1}{2}dudv=\frac{1}{2}\int_0^1dv\int_{-v}^{v}e^{\frac{u}{v}}du\\&=\frac{1}{2}\int_0^1 v\left(e-\frac{1}{e}\right)dv=\frac{1}{4}\left(e-\frac{1}{e}\right).\end{aligned}$$

例 12 证明

$$\iint\limits_{x^2+y^2\leq 1}e^{x^2+y^2}dxdy\leq\left(\int_{-\frac{\sqrt{\pi}}{2}}^{\frac{\sqrt{\pi}}{2}}e^{x^2}dx\right)^2.$$

证 先将不等式的右端也写成一个二重积分

$$\left(\int_{-\frac{\sqrt{\pi}}{2}}^{\frac{\sqrt{\pi}}{2}}e^{x^2}dx\right)^2=\int_{-\frac{\sqrt{\pi}}{2}}^{\frac{\sqrt{\pi}}{2}}e^{x^2}dx\int_{-\frac{\sqrt{\pi}}{2}}^{\frac{\sqrt{\pi}}{2}}e^{y^2}dy=\iint\limits_{\widetilde{D}}e^{x^2+y^2}dxdy,\tag{1}$$

其中

$$\widetilde{D}: -\frac{\sqrt{\pi}}{2} \le x \le \frac{\sqrt{\pi}}{2}, \quad -\frac{\sqrt{\pi}}{2} \le y \le \frac{\sqrt{\pi}}{2}.$$

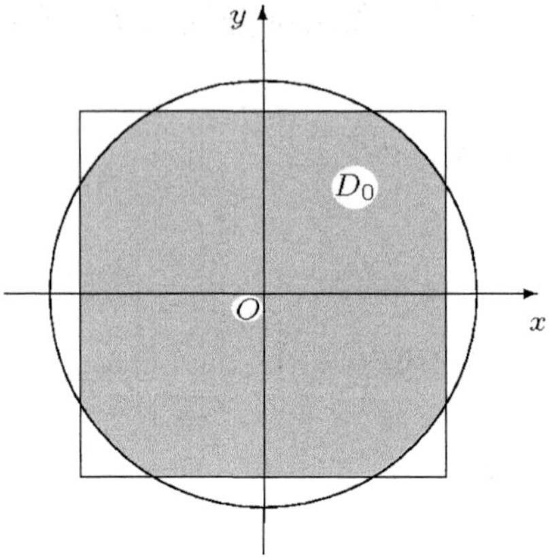

图 9.4

记 $D: x^2+y^2 \le 1$, 又记 $D \cap \widetilde{D} = D_0$, 见图 9.4. 因为 D 与 $\widetilde{D}$ 的面积都等于 π. 设 D_0 的面积为 A_0, 则 $D-D_0$ 及 $\widetilde{D}-D_0$ 的面积都等于 $\pi - A_0$, 因在 $D-D_0$ 上有 $x^2+y^2 \le 1$, 故

$$\iint\limits_{D-D_0} e^{x^2+y^2} dxdy \le \iint\limits_{D-D_0} edxdy = e(\pi - A_0).$$

因在 $\widetilde{D}-D_0$ 上有 $x^2+y^2 \ge 1$, 故

$$\iint\limits_{\widetilde{D}-D_0} e^{x^2+y^2} dxdy \ge \iint\limits_{\widetilde{D}-D_0} edxdy = e(\pi - A_0),$$

从而有

$$\iint\limits_{D-D_0} e^{x^2+y^2} dxdy \le e(\pi - A_0) \le \iint\limits_{\widetilde{D}-D_0} e^{x^2+y^2} dxdy,$$

$$\iint\limits_{D} e^{x^2+y^2} dxdy \le \iint\limits_{\widetilde{D}} e^{x^2+y^2} dxdy,$$

再由 (1) 式即得欲证的结论.

例 13 求 $\int_0^1 \frac{x^b - x^a}{\ln x} dx \ (0 < a < b)$.

解 因

$$\frac{x^b - x^a}{\ln x} = \int_a^b x^u du,$$

故

$$\int_0^1 \frac{x^b - x^a}{\ln x} dx = \int_0^1 dx \int_a^b x^u du = \iint\limits_{D} x^u dxdu$$

$$= \int_a^b du \int_0^1 x^u dx = \int_a^b \frac{1}{u+1} du = \ln \frac{b+1}{a+1}.$$

例 14 求 $\iint\limits_{\mathbf{R}^2} \max\{x, y\} e^{-x^2-y^2} dxdy$.

解

$$
\begin{aligned}
&\iint\limits_{\mathbf{R}^2} \max\{x,y\}e^{-x^2-y^2}dxdy\\
=&\iint\limits_{x\le y} \max\{x,y\}e^{-x^2-y^2}dxdy+\iint\limits_{y\le x} \max\{x,y\}e^{-x^2-y^2}dxdy\\
=&\int_{-\infty}^{+\infty}dx\int_x^{+\infty}ye^{-x^2}e^{-y^2}dy+\int_{-\infty}^{+\infty}dy\int_y^{+\infty}xe^{-x^2}e^{-y^2}dx\\
=&\frac{1}{2}\int_{-\infty}^{+\infty}e^{-2x^2}dx+\frac{1}{2}\int_{-\infty}^{+\infty}e^{-2y^2}dy\\
=&\frac{1}{2\sqrt{2}}\int_{-\infty}^{+\infty}e^{-t^2}dt+\frac{1}{2\sqrt{2}}\int_{-\infty}^{+\infty}e^{-t^2}dt=\sqrt{\frac{\pi}{2}}.
\end{aligned}
$$

9.2 三 重 积 分

学 习 要 点

一、理解三重积分的概念, 掌握三重积分的性质(与二重积分类似), **了解三重积分存在的条件.**

二、掌握化三重积分为累次积分的计算方法(以下我们总假定所出现的积分都是存在的).

1. 直角坐标系下三重积分的体积微元 $dV=dxdydz$.

2. 先一后二的累次积分法. 当

$$V=\{(x,y,z)|\ \varphi_1(x,y)\le z\le\varphi_2(x,y),\ (x,y)\in D\},$$

有

$$\iiint\limits_V f(x,y,z)dV=\iint\limits_D dxdy\int_{\varphi_1(x,y)}^{\varphi_2(x,y)}f(x,y,z)dz.$$

3. 先二后一的累次积分法. 当

$$V=\{(x,y,z)|\ 对\forall z\in[c,d],\ (x,y)\in D_z,\ c\le z\le d\},$$

有

$$\iiint\limits_V f(x,y,z)dV=\int_c^d dz\iint\limits_{D_z}f(x,y,z)dxdy.$$

三、掌握三重积分的柱坐标与球坐标代换, 熟悉三重积分的一般曲线坐标代换.

1. 设在柱坐标代换 $x=r\cos\theta,\ y=r\sin\theta,\ z=z$ 之下, $Oxyz$ 空间中的区域 V 一一地对应到 $O'r\theta z$ 空间中的 V'(允许存在不一一对应的点、线段及平面块), 那么

$$dV = rdrd\theta dz$$

且

$$\iiint\limits_V f(x,y,z)dV = \iiint\limits_{V'} f(r\cos\theta, r\sin\theta, z)rdrd\theta dz.$$

2. 设在球坐标代换 $x=r\sin\theta\cos\varphi,\ y=r\sin\theta\sin\varphi,\ z=r\cos\theta$ 之下 $Oxyz$ 空间中的区域 V 一一地对应到 $O'r\theta\varphi$ 空间中的 V'(允许存在不一一对应的点、曲线段及曲面块), 那么

$$dV = r^2\sin\theta drd\theta d\varphi,$$

且

$$\iiint\limits_V f(x,y,z)dV = \iiint\limits_{V'} f(r\sin\theta\cos\varphi, r\sin\theta\sin\varphi, r\cos\theta)r^2\sin\theta drd\theta d\varphi.$$

3. 设在曲线坐标 $x=x(u,v,w),\ y=y(u,v,w),\ z=z(u,v,w)$ 之下 $Oxyz$ 空间中区域 V 一一地对应到 $O'uvw$ 空间中的区域 V'(原则上允许存在不一一对应的点, 曲线段及光滑或逐片光滑的曲面片), 那么有

$$dV = \left|\frac{\partial(x,y,z)}{\partial(u,v,w)}\right| dudvdw,$$

$$\iiint\limits_V f(x,y,z)dV = \iiint\limits_{V'} f(x(u,v,w), y(u,v,w), z(u,v,w))\cdot\left|\frac{\partial(x,y,z)}{\partial(u,v,w)}\right| dudvdw.$$

解题方法

在求积分前首先要弄清积分域的形状. 在求积时要灵活运用分项积分和分块积分的技巧. 要掌握积分域和被积函数的特征, 选取适当的坐标系 (直角坐标、柱坐标、球坐标、曲线坐标). 化累次积分时要选择适当的累次积分次序. 建议初学者不要跳过先一后二或先二后一的步骤, 不要将三重积分直接写成三次积分形式的积分. 此外, 要掌握将累次积分化成三重积分的方法.

例题分析

例 1 求 $\iiint\limits_V y\cos(x+z)dV$, 其中 V 是由 $y=\sqrt{x}, y=0, z=0$ 及 $x+z=\dfrac{\pi}{2}$ 所围成.

解 首先弄清积分区域的形状, V 是由凸柱面 $y=\sqrt{x}$ 及三张平面所围成, 其空间图形如图 9.5 所示.

此立体既可看成母线平行于 z 轴, 在 Oxy 平面上截面是 D_1(见图 9.6(a)) 的无限长柱体被 (下方)$z=0$ 及 (上方)$z=\dfrac{\pi}{2}-x$ 截下的部分, 又可看成母线平行于 y 轴, 在 Ozx 平面上截面为 D_2(见图 9.6(b)) 的无限长柱体被 (下方)$y=0$ 及 (上方) $y=\sqrt{x}$ 截下的部分, 还可看成母线平行于 x 轴, 在 Oyz 平面上截面是 D_3 (见图 9.6(c)) 的无限长柱体被 (下方)$x=y^2$ 及 (上方)$x=\dfrac{\pi}{2}-z$ 所截下的部分.

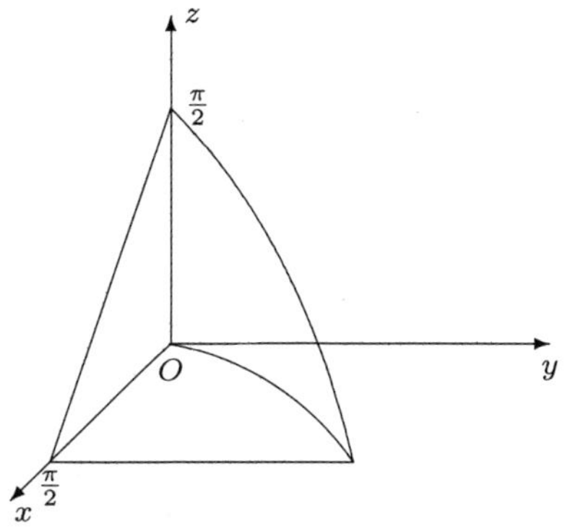

图 9.5

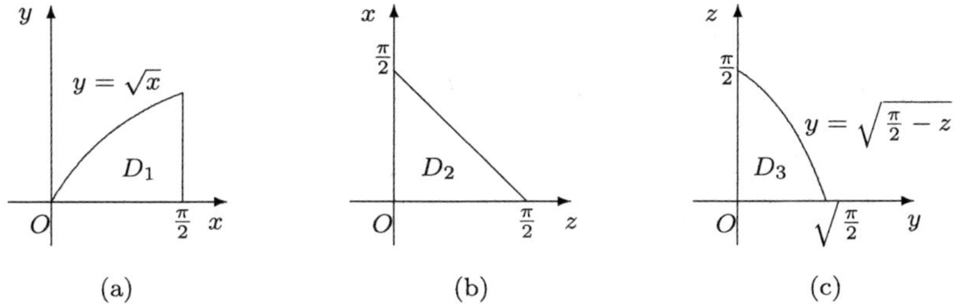

图 9.6

由此可见, 以上积分区域 V 适合用先一后二的积分方法, 且对先 x 后 yz, 先 y 后 zx, 先 z 后 xy 的方法均可. 由于本题被积函数较为简单, 可选取以上任一种积法, 例如用先 y 后 zx 的方法.

$$\iiint\limits_V y\cos(x+z)dV = \iint\limits_{D_2} dzdx\int_0^{\sqrt{x}} y\cos(x+z)dy$$

$$= \iint\limits_{D_2} \frac{x}{2}\cos(x+z)dzdx = \int_0^{\frac{\pi}{2}} dx\int_0^{\frac{\pi}{2}-x}\frac{x}{2}\cos(x+z)dz$$

$$= \int_0^{\frac{\pi}{2}}\frac{x}{2}(1-\sin x)dx = \frac{\pi^2}{16}-\frac{1}{2}.$$

本题区域 V 被平行于坐标平面的平面所截时, 截出的区域也较易求出, 故

区域 V 又适合于先二后一的积分法. 由于被积函数较为简单, 通过计算可知, 无论采用先 xy 后 z, 先 zx 后 y 或先 yz 后 x 的积分法都可求得本题的积分值, 为丰富空间想像能力, 我们将三个方向上截面形状作图 (见图 9.7(a)~(c)).

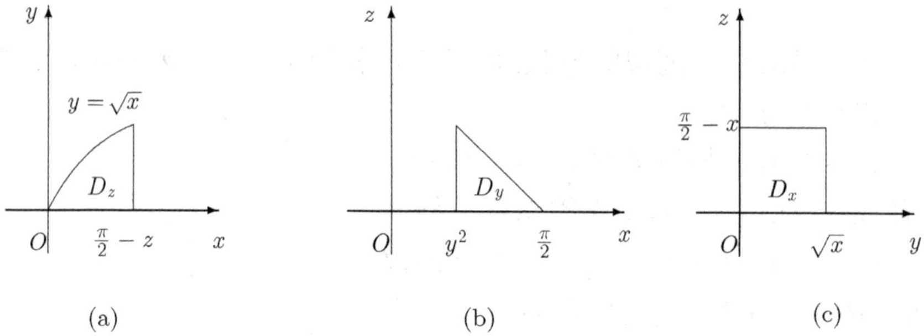

图 9.7

以下采用先 yz 再 x 的累次积分法.

$$\iiint\limits_V y\cos(x+z)dV=\int_0^{\frac{\pi}{2}}dx\iint\limits_{D_x}y\cos(x+z)dydz$$

$$=\int_0^{\frac{\pi}{2}}dx\int_0^{\frac{\pi}{2}-x}dz\int_0^{\sqrt{x}}y\cos(x+z)dy$$

$$=\int_0^{\frac{\pi}{2}}dx\int_0^{\frac{\pi}{2}-x}\frac{x}{2}\cos(x+z)dz$$

$$=\int_0^{\frac{\pi}{2}}\frac{x}{2}(1-\sin x)dx=\frac{\pi^2}{16}-\frac{1}{2}.$$

例 2 求 $\iiint\limits_V z^2dV$, 其中

(1) V 是由 $x^2+y^2+z^2=2$ 与 $z=x^2+y^2$ 所围成, 含点 $(0,0,1)$ 的部分;

(2) V 是由 $x^2+y^2+z^2=2$ 与 $z=x^2+y^2$ 所围成, 含点 $(0,0,-1)$ 的部分.

解 (1) 本题被积函数不依赖于 x,y, 且固定 z, 平行于 Oxy 平面与 V 的截面是圆, 故宜用先 xy 后 z 的累次积分. 先求 $x^2+y^2+z^2=2$ 与 $z=x^2+y^2$ 交线所在的位置, 消去 x^2+y^2 得 $z^2+z-2=0$, 得 $z=1$ ($z=-2$ 不取, 因为 $z=x^2+y^2\geq 0$) 即交线在平面 $z=1$ 上. 记 V_1 为 V 的 $z\leq 1$ 的部分, V_2 为 V 的 $z\geq 1$ 的部分, 则

$$\iiint\limits_V z^2dV=\iiint\limits_{V_1}z^2dV+\iiint\limits_{V_2}z^2dV$$

$$=\int_0^1dz\iint\limits_{x^2+y^2\leq z}z^2dxdy+\int_1^{\sqrt{2}}dz\iint\limits_{x^2+y^2\leq 2-z^2}z^2dxdy$$

$$= \int_0^1 \pi z^3 dz + \int_1^{\sqrt{2}} \pi(2-z^2)z^2 dz$$
$$= \left(\frac{8}{15}\sqrt{2} - \frac{13}{60}\right)\pi.$$

(2) 积分域在抛物面 $z = x^2 + y^2$ 之下, 球面 $x^2 + y^2 + z^2 = 2$ 的内部, 平面 $z = 0$ 将区域分成两部分, 用先 xy 后 z 的积分.

$$\iiint\limits_V = \int_0^1 dz \iint\limits_{z \le x^2+y^2 \le 2-z^2} z^2 dxdy + \int_{-\sqrt{2}}^0 dz \iint\limits_{x^2+y^2 \le 2-z^2} z^2 dxdy$$
$$= \int_0^1 \pi(2-z^2-z)z^2 dz + \int_{-\sqrt{2}}^0 \pi(2-z^2)z^2 dz$$
$$= \left(\frac{8}{15}\sqrt{2} + \frac{13}{60}\right)\pi.$$

注 9.7 请注意第 (2) 题之立体在 Oxy 平面上的投影区域不是两曲面交线所过的柱面 $x^2 + y^2 = 1$ 在 Oxy 平面上所界定的区域, 而是 $x^2 + y^2 \le 2$.

例 3 求积分 $\iiint\limits_V (2z - 3x^2 - 3y^2 + 1)dV$, 其中 V 是由 $z = 2(x^2 + y^2)$, $z = x^2 + y^2$, $y = x$, $y = x^2$ 所围成的区域.

解 本题区域是平行于 z 轴的柱面 $y = x$ 及 $y = x^2$ 所围成的无限长柱体被曲面 $z = x^2 + y^2$ 及 $z = 2(x^2 + y^2)$ 所截下的部分, 宜用先 z 后 xy 的累次积分法,

$$\iiint\limits_V (2z - 3x^2 - 3y^2 + 1)dV$$
$$= \iint\limits_D dxdy \int_{x^2+y^2}^{2(x^2+y^2)} (2z - 3x^2 - 3y^2 + 1)dz$$
$$= \iint\limits_D \{[2(x^2+y^2)]^2 - (x^2+y^2)^2 - (3x^2+3y^2-1)[2(x^2+y^2) - (x^2+y^2)]\}dxdy$$
$$= \int_0^1 dx \int_{x^2}^x (x^2+y^2)dy = \int_0^1 x^2(x-x^2) + \frac{1}{3}(x^3 - x^6)dx = \frac{3}{35}.$$

例 4 计算 $\int_0^1 dx \int_0^{1-x} dy \int_0^{\frac{y}{2}} \frac{\cos z}{(2z-1)^2} dz$.

解 因为 $\int_0^{\frac{y}{2}} \frac{\cos z}{(2z-1)^2} dz$ 求不出来, 所以想到要交换积分次序. 三重积分的积分域可看成是由 $x = 0, y = 0$ 及 $x + y = 1$ 所围成的无限长柱体被 $z = 0$ 及 $z = \frac{1}{2}y$ 所截下的部分, 是个锥体, 因函数 $\frac{\cos z}{(2z-1)^2}$ 仅依赖于 z, 可先在平行于

Oxy 平面的截面上积分, 即采取先 xy 后 z 的累次积分法.

$$\begin{aligned}&\int_0^1 dx\int_0^{1-x}dy\int_0^{\frac{y}{2}}\frac{\cos z}{(2z-1)^2}dz\\&=\iiint\limits_V\frac{\cos z}{(2z-1)^2}dz=\int_0^{\frac12}dz\iint_{D_z}\frac{\cos z}{(2z-1)^2}dxdy\\&=\int_0^{\frac12}\frac{\cos z}{(2z-1)^2}\cdot\frac12\left(\frac{\frac12-z}{\frac12}\right)^2dz=\frac12\int_0^{\frac12}\cos zdz=\frac12\sin\frac12,\end{aligned}$$

其中锥体截面 D_z 的面积由相似形关系得到. 在锥体上, $0\le z\le\frac12$, 底面积为 $\frac12$, 高为 $\frac12$.

例 5 $\iiint\limits_{x^2+y^2+z^2\le 2z}(\sqrt{x^2+y^2+z^2}+x-y^3)dV.$

解 积分域关于坐标面 Oyz,Ozx 对称, x 是 x 的奇函数, $-y^3$ 是 y 的奇函数, 于是有

$$\iiint\limits_{x^2+y^2+z^2\le 2z}xdV=0,\qquad\iiint\limits_{x^2+y^2+z^2\le 2z}(-y^3)dV=0.$$

积分域又是过坐标原点的球面的内部, 宜用球坐标, 在球坐标系下易得球面方程为 $r=2\cos\theta$, 于是

$$\begin{aligned}&\iiint\limits_{x^2+y^2+z^2\le 2z}\sqrt{x^2+y^2+z^2}dV=\iint\limits_{\substack{0\le\theta\le\frac{\pi}{2}\\0\le\varphi\le2\pi}}d\theta d\varphi\int_0^{2\cos\theta}r\cdot r^2\sin\theta dr\\&=\int_0^{2\pi}d\varphi\int_0^{\frac{\pi}{2}}\frac{2^4\cos^4\theta}{4}\sin\theta d\theta=\frac85\pi.\end{aligned}$$

该积分还可用先 xy 后 z 的积分, 对 xy 的积分用极坐标 (即空间的柱坐标) 来求积

$$\begin{aligned}&\iiint\limits_{x^2+y^2+z^2\le 2z}\sqrt{x^2+y^2+z^2}dV\\&=\int_0^2 dz\iint\limits_{x^2+y^2\le 2z-z^2}\sqrt{x^2+y^2+z^2}dxdy\\&=\int_0^2 dz\int_0^{2\pi}d\theta\int_0^{\sqrt{2z-z^2}}\sqrt{r^2+z^2}rdr\\&=2\pi\int_0^2\frac13\sqrt{(r^2+z^2)^3}\Big|_{r=0}^{r=\sqrt{2z-z^2}}dz\end{aligned}$$

$$= \frac{2\pi}{3}\int_0^2 (\sqrt{8z^3} - z^3)dz = \frac{8}{5}\pi.$$

综合以上结果, 得原式 $= \dfrac{8}{5}\pi$.

例 6 $\displaystyle\iiint\limits_V (x-1)^{\frac{2}{3}}dV$, 其中 V 是 $(x-1)^2+(y-2)^2+(z-3)^2 \le 1$.

解 积分区域是以 $(1,2,3)$ 为中心的球域, 被积函数为 $(x-1)^{\frac{2}{3}}$, 可采用以 $(1,2,3)$ 为中心, 平行于 x 轴正方向的方向为立轴的球坐标, 即

$$y-2 = r\sin\theta\cos\varphi, \quad z-3 = r\sin\theta\sin\varphi, \quad x-1 = r\cos\theta,$$

$$0 \le \theta \le \pi,\ 0 \le \varphi \le 2\pi,\ 0 \le r \le 1.$$

$$\iiint\limits_V (x-1)^{\frac{2}{3}}dV = \int_0^{2\pi} d\varphi \int_0^{\pi} d\theta \int_0^1 (r\cos\theta)^{\frac{2}{3}} r^2 \sin\theta dr$$

$$= 2\pi\cdot\frac{6}{5}\cdot\frac{3}{11} = \frac{36}{55}\pi.$$

例 7 (1) $\displaystyle\iiint\limits_V \sqrt{\frac{x^2}{a^2}+\frac{y^2}{b^2}+\frac{z^2}{c^2}}dV$, 其中 V 是 $\dfrac{x^2}{a^2}+\dfrac{y^2}{b^2}+\dfrac{z^2}{c^2} \le \dfrac{2z}{c}$.

(2) $\displaystyle\iiint\limits_V x^2 dxdydz$, 其中 V 是由 $z=y^2,\ z=4y^2,\ z=x,\ z=2x$ 及 $z=1$ 所围成, $y \ge 0$ 的部分.

解 (1) 用椭球坐标 $x = ar\sin\theta\cos\varphi,\ y = br\sin\theta\sin\varphi,\ z = cr\cos\theta$, 边界曲面方程化为 $r = 2\cos\theta$, 其雅可比行列式为 $abcr^2\sin\theta$, 参数变化范围是 $0 \le \theta \le \dfrac{\pi}{2},\ 0 \le \varphi \le 2\pi$. 于是

$$\iiint\limits_V \sqrt{\frac{x^2}{a^2}+\frac{y^2}{b^2}+\frac{z^2}{c^2}}dV = \int_0^{2\pi} d\varphi \int_0^{\frac{\pi}{2}} d\theta \int_0^{2\cos\theta} r\cdot abcr^2\sin\theta dr$$

$$= 2\pi\cdot\int_0^{\frac{\pi}{2}} \frac{1}{4}(2\cos\theta)^4 abc\sin\theta d\theta = \frac{8}{5}\pi abc.$$

(2) **方法 1** 对区域 V 可引进曲线坐标 $z = uy^2, z = vx$ 及 $z = w$, 或 $x = \dfrac{w}{v},\ y = \sqrt{\dfrac{w}{u}},\ z = w$, 对应的 V' 是长方体 $1 \le u \le 4,\ 1 \le v \le 2,\ 0 \le w \le 1$,

$$\frac{\partial(x,y,z)}{\partial(u,v,w)} = \begin{vmatrix} 0 & -\dfrac{w}{v^2} & \dfrac{1}{v} \\ \dfrac{-\sqrt{w}}{2\sqrt{u^3}} & 0 & \dfrac{1}{2\sqrt{uw}} \\ 0 & 0 & 1 \end{vmatrix} = -\frac{w\sqrt{w}}{2v^2u\sqrt{u}},$$

$$\iiint\limits_V x^2 dxdydz = \int_0^1 dw \int_1^2 dv \int_1^4 \frac{w^2}{v^2} \cdot \frac{w\sqrt{w}}{2v^2u\sqrt{u}} du = \frac{7}{216}.$$

方法 2　固定 z, 易求出截面的区域是由 $y=\sqrt{z},\ y=\frac{1}{2}\sqrt{z},\ x=z$ 及 $x=\frac{1}{2}z$ 所围成, $0\le z\le 1$, 所以可用先 xy 后 z 的积分.

$$\begin{aligned}\iiint\limits_V x^2 dxdydz &= \int_0^1 dz \int_{\frac{1}{2}\sqrt{z}}^{\sqrt{z}} dy \int_{\frac{1}{2}z}^{z} x^2 dx \\ &= \int_0^1 \frac{1}{2}\sqrt{z}\cdot\frac{1}{3}\left[z^3-\frac{1}{8}z^3\right]dz = \frac{7}{216}.\end{aligned}$$

对于 (2), 读者还可试用先 y 后 zx 的积分法也可得到结果.

例 8　(1) 求曲面 $\frac{x^2}{a^2}+\frac{|y|}{b}+\frac{\sqrt[3]{z^2}}{\sqrt[3]{c^2}}=\frac{\sqrt[3]{z}}{\sqrt[3]{c}}$ 所围体积, 其中 a,b,c 均为正数;

(2) 求曲面 $\left(\frac{|x|}{a}+\frac{|y|}{b}\right)^2+\left(\frac{z}{c}\right)^2=1$ 所围体积, 其中 a,b,c 均为正数.

解　(1) 令

$$x=ar\sin\theta\cos\varphi,\quad y=br^2\sin^2\theta\sin^2\varphi\,\mathrm{sgn}\,y,\quad z=cr^3\cos^3\theta,$$

曲面方程可化为

$$r=\cos\theta.$$

因为曲面关于坐标平面 Oyz 及 Ozx 都是对称的且曲面在上半空间, 故曲面所围体积等于第一卦限部分所围体积的 4 倍. 在以上曲线坐标之下, 曲面所围立体的第一卦限部分 V_1 的象 V_1' 是 $0\le r\le\cos\theta,\ 0\le\theta\le\frac{\pi}{2},\ 0\le\varphi\le\frac{\pi}{2}$, 其雅可比行列式为

$$\begin{vmatrix} a\sin\theta\cos\varphi & 2br\sin^2\theta\sin^2\varphi & 3cr^2\cos^3\theta \\ ar\cos\theta\cos\varphi & 2br^2\sin\theta\cos\theta\sin^2\varphi & -3cr^3\cos^2\theta\sin\theta \\ -ar\sin\theta\sin\varphi & 2br^2\sin^2\theta\sin\varphi\cos\varphi & 0 \end{vmatrix}$$
$$=6abcr^5\cos^2\theta\sin^2\theta\sin\varphi.$$

$$\begin{aligned}V &= 4\iiint\limits_{V_1} dV = 4\iiint\limits_{V_1'} 6abcr^5\cos^2\theta\sin^2\theta\sin\varphi drd\theta d\varphi \\ &= 24abc\int_0^{\frac{\pi}{2}} d\varphi\int_0^{\frac{\pi}{2}} d\theta\int_0^{\cos\theta} r^5\cos^2\theta\sin^2\theta\sin\varphi dr \\ &= 4abc\int_0^{\frac{\pi}{2}}\cos^8\theta\sin^2\theta d\theta = 4abc\cdot\frac{7\times5\times3}{10\times8\times6\times4\times2}\cdot\frac{\pi}{2} \\ &= \frac{7}{128}\pi.\end{aligned}$$

(2) 由对称性, 所围体积等于第一卦限内体积的 8 倍, 第一卦限部分作变换

$$x = ar\sin\theta\cos^2\varphi,\quad y = br\sin\theta\sin^2\varphi,\quad z = cr\cos\theta,$$

则

$$\frac{\partial(x,y,z)}{\partial(r,\theta,\varphi)} = abcr^2\sin\theta\sin 2\varphi,$$

所对应的

$$V_1':\ 0\le\theta\le\frac{\pi}{2},\ 0\le\varphi\le\frac{\pi}{2},\ 0\le r\le 1,$$

$$\begin{aligned}V &= 8\iiint\limits_{V_1} dV = 8\iiint\limits_{V_1'} abcr^2\sin\theta\sin 2\varphi dr d\theta d\varphi\\ &= 8abc\int_0^{\frac{\pi}{2}} d\varphi\int_0^{\frac{\pi}{2}} d\theta\int_0^1 r^2\sin\theta\sin 2\varphi dr = \frac{8}{3}abc.\end{aligned}$$

例 9 求函数 $f(x,y,z) = \frac{x^2}{a^2}+\frac{y^2}{b^2}+\frac{z^2}{c^2}$ 在区域 V:

$$\frac{x^2}{a^2}+\frac{y^2}{b^2}+\frac{z^2}{c^2}\le\frac{x}{a}+\frac{y}{b}+\frac{z}{c}$$

上的平均值.

解 令 $x = au,\ y = bv,\ z = cw$, 则 f 的平均值 $\bar{f}$ 为

$$\bar{f} = \frac{\iiint\limits_{V}\frac{x^2}{a^2}+\frac{y^2}{b^2}+\frac{z^2}{c^2}dV}{\iiint\limits_{V} 1dV} = \frac{\iiint\limits_{V'}(u^2+v^2+w^2)abc\,dudvdw}{\iiint\limits_{V'} abc\,dudvdw}.$$

V' 是球 $u^2+v^2+w^2\le u+v+w$. 配方得 $\left(u-\frac{1}{2}\right)^2+\left(v-\frac{1}{2}\right)^2+\left(w-\frac{1}{2}\right)^2\le\frac{3}{4}$, 易知其直径为 $\sqrt{3}$. 今建立球坐标, 以坐标原点指向球心的方向为立轴, 对任意点 M, $\overrightarrow{OM}$ 与立轴夹角为 θ, 点 M 到 O 的距离为 r, 过 O 作立轴垂直平面, 在该垂直平面上以 O 为极点, 任取一方向为极轴方向, 则令 $\overrightarrow{OM}$ 在该垂直平面上的投影向量的极角为 φ, 在此球坐标 (r,θ,φ) 之下, V' 的边界曲面方程可化为 $r = \sqrt{3}\cos\theta$, 这样,

$$\iiint\limits_{V'}(u^2+v^2+w^2)dudvdw = \int_0^{2\pi} d\varphi\int_0^{\frac{\pi}{2}} d\theta\int_0^{\sqrt{3}\cos\theta} r^2\cdot r^2\sin\theta dr = \frac{3\sqrt{3}}{5}\pi,$$

$$\iiint\limits_{V'} dudvdw = \int_0^{2\pi} d\varphi\int_0^{\frac{\pi}{2}} d\theta\int_0^{\sqrt{3}\cos\theta} r^2\sin\theta dr = \frac{\sqrt{3}}{2}\pi.$$

故

$$\bar{f}=\frac{\displaystyle\iiint\limits_{V'}(u^2+v^2+w^2)abc\,dudvdw}{\displaystyle\iiint\limits_{V'}abc\,dudvdw}=\frac{\frac{3\sqrt{3}}{5}\pi}{\frac{\sqrt{3}}{2}\pi}=\frac{6}{5}.$$

注 9.8 本题也可用曲线坐标 $x-\dfrac{a}{2}=ar\sin\theta\cos\varphi,\ y-\dfrac{b}{2}=br\sin\theta\sin\varphi,\ z-\dfrac{c}{2}=cr\cos\theta$ 来做.

例 10 设 $f(x)$ 连续且恒大于 0,

$$F(t)=\frac{\displaystyle\iiint\limits_{\Omega(t)}f(x^2+y^2+z^2)dV}{\displaystyle\iint\limits_{D(t)}f(x^2+y^2)d\sigma},$$

其中 $\Omega(t)=\{(x,y,z)|\ x^2+y^2+z^2\le t^2\},\ D(t)=\{(x,y)|\ x^2+y^2\le t^2\}$, 证明 $F(t)$ 在 $(0,+\infty)$ 内严格增加.

证 因为

$$F(t)=\frac{\displaystyle\int_0^{2\pi}d\varphi\int_0^{\pi}d\theta\int_0^t f(r^2)r^2\sin\theta dr}{\displaystyle\int_0^{2\pi}d\varphi\int_0^t f(r^2)rdr}=\frac{2\displaystyle\int_0^t f(r^2)r^2dr}{\displaystyle\int_0^t f(r^2)rdr},$$

$$F'(t)=\frac{2tf(t^2)\displaystyle\int_0^t f(r^2)r(t-r)dr}{\left(\displaystyle\int_0^t f(r^2)rdr\right)^2},$$

又 $f(t^2)>0, f(r^2)>0$, 且当 $0<r<t$ 时, $r(t-r)>0$, 所以在 $(0,+\infty)$ 内 $F'(t)>0$, 故 $F(t)$ 在 $(0,+\infty)$ 内严格增加.

9.3 重积分的应用

学 习 要 点

一、学会直接写出(平面或空间区域上) 不均匀分布的可加量的**微元公式**.

二、理解重积分的概念, 学会直接写出不均匀分布的物体**质量、重心、转动惯量及引力等的积分表达式**(不要死记硬背).

例题分析

例 1 一半径为 a 的圆盘, 其上各点密度与它到圆心的距离平方成正比, 比例系数为 1, 今内切于圆盘截去一半径为 $\frac{a}{2}$ 的圆, 求余下部分的重心位置.

解 取圆盘中心为坐标原点, 圆盘中心指向截去圆的圆心方向为 x 轴正方向, 建立平面直角坐标系 Oxy, 并以 O 为极点, Ox 正方向为极轴建立极坐标系, 则截去小圆的圆周的极坐标方程为 $r=a\cos\theta$, $-\frac{\pi}{2}\leq\theta\leq\frac{\pi}{2}$. 记小圆周所界定的区域为 D_1, 大圆盘所在区域为 D_2, 余下部分区域为 D, 由对称性可知, 余下部分的重心在 x 轴上, 重心的横坐标 x_G 为

$$x_G=\frac{\iint\limits_D x(x^2+y^2)dxdy}{\iint\limits_D (x^2+y^2)dxdy}=\frac{\iint\limits_{D_2} x(x^2+y^2)dxdy-\iint\limits_{D_1} x(x^2+y^2)dxdy}{\iint\limits_{D_2} (x^2+y^2)dxdy-\iint\limits_{D_1} (x^2+y^2)dxdy}$$

$$=\frac{\int_{-\pi}^{\pi}d\theta\int_0^a r\cos\theta\cdot r^2\cdot rdr-\int_{-\frac{\pi}{2}}^{\frac{\pi}{2}}d\theta\int_0^{a\cos\theta} r\cos\theta\cdot r^2\cdot rdr}{\int_{-\pi}^{\pi}d\theta\int_0^a r^2\cdot rdr-\int_{-\frac{\pi}{2}}^{\frac{\pi}{2}}d\theta\int_0^{a\cos\theta} r^2\cdot rdr}$$

$$=\frac{0-\frac{2}{5}\cdot\frac{5\cdot 3}{6\cdot 4\cdot 2}\cdot\frac{\pi}{2}a^5}{2\pi\cdot\frac{1}{4}a^4-\frac{2}{4}\cdot\frac{3}{4\cdot 2}\cdot\frac{\pi}{2}a^4}=-\frac{2}{13}a.$$

因此, 重心在两圆圆心连线大圆心一侧的延长线上, 距大圆心为 $\frac{2}{13}a$ 处.

例 2 设有一半径为 R 的球体, P_0 是此球表面上的一个定点, π 是 P_0 处球面的切平面, 球体上任一点的密度与该点到 π 的距离成正比, 比例系数为 1, 求球体的重心坐标.

解 以 P_0 为坐标原点, 过 P_0 的直径在 z 轴正方向上, 作空间直角坐标系, 由题意, 球上任一点密度为 z. 根据对称性, 球体重心在 z 轴上, 重心的立坐标 z_G 为

$$z_G=\frac{\iiint\limits_V z\cdot zdV}{\iiint\limits_V zdV}=\frac{\int_0^{2R}dz\iint\limits_{D_z}z^2dxdy}{\int_0^{2R}dz\iint\limits_{D_z}zdxdy}$$

$$=\frac{\int_0^{2R}z^2\cdot\pi[R^2-(z-R)^2]dz}{\int_0^{2R}z\cdot\pi[R^2-(z-R)^2]dz}=\frac{8\pi}{5}R^5\Big/\frac{4\pi}{3}R^4=\frac{6}{5}R.$$

所以重心在过 P_0 的直径上, 距离 P_0 为 $\frac{6}{5}R$ 处.

例 3 求心形线 $r=a(1+\cos\theta)$ $(a>0)$ 绕其对称轴旋转一周所得旋转体对于对称轴的转动惯量 (假设旋转体有均匀的密度).

解 **方法 1** Oxy 平面上的心形线的对称轴是 x 轴. 利用球坐标:

$$y=r\sin\theta\cos\varphi,\quad z=r\sin\theta\sin\varphi,\quad x=r\cos\theta,$$

旋转体相应的积分域对应的 V' 为

$$0\le\varphi\le 2\pi,\quad 0\le\theta\le\pi,\quad 0\le r\le a(1+\cos\theta).$$

所求转动惯量是

$$\begin{aligned}
I_x&=\iiint\limits_V(y^2+z^2)dV=\int_0^{2\pi}d\varphi\int_0^{\pi}d\theta\int_0^{a(1+\cos\theta)}r^2\sin^2\theta\cdot r^2\sin\theta dr\\
&=\frac{2\pi}{5}a^5\int_0^{\pi}(1+\cos\theta)^5\sin^3\theta d\theta\\
&=\frac{2\pi}{5}a^5\int_0^{\pi}(\sin^3\theta+5\sin^3\theta\cos\theta+10\sin^3\theta\cos^2\theta+10\sin^3\theta\cos^3\theta\\
&\quad+5\sin^3\theta\cos^4\theta+\sin^3\theta\cos^5\theta)d\theta\\
&=\frac{2\pi}{5}a^5\left(2\times\frac{2}{3}+0+2\times 10\times\frac{2}{5\times 3}+0+2\times 5\times\frac{2\times 3}{7\times 5\times 3}+0\right)\\
&=\frac{64}{35}\pi a^5.
\end{aligned}$$

方法 2 在 Oxy 平面的心形线上容易算出, $x_{\max}=2a$ 及 $x_{\min}=-\frac{a}{4}$. 利用柱坐标 $y=\rho\cos\varphi$, $z=\rho\sin\varphi$, $x=x$. 当 $x\in[0,2a]$ 时, 平行于 Oyz 的平面截 V 的截面为半径 ρ 等于 $a(1+\cos\theta)\sin\theta$ 的圆. 当 $x\in\left[-\frac{a}{4},0\right]$ 时, 截面为圆环, 大圆半径

$$\rho=a(1+\cos\theta)\sin\theta,\qquad \theta\in\left[\frac{\pi}{2},\frac{2}{3}\pi\right],$$

小圆半径

$$\rho_1=a(1+\cos\theta)\sin\theta,\qquad \theta\in\left[\frac{2}{3}\pi,\pi\right],$$

所求转动惯量为

$$
\begin{aligned}
I_x &= \iiint\limits_V (y^2+z^2)dV \\
&= \int_{-\frac{a}{4}}^{0} dx \iint\limits_{\rho_1 \le \sqrt{y^2+z^2} \le \rho} (y^2+z^2)dydz + \int_0^{2a} dx \iint\limits_{\sqrt{y^2+z^2} \le \rho} (y^2+z^2)dydz \\
&= \int_{-\frac{a}{4}}^{0} dx \int_0^{2\pi} d\varphi \int_{\rho_1}^{\rho} r^2 \cdot rdr + \int_0^{2a} dx \int_0^{2\pi} d\varphi \int_0^{\rho} r^2 \cdot rdr \\
&= \frac{\pi}{2}\int_{-\frac{a}{4}}^{0} (\rho^4-\rho_1^4)dx + \frac{\pi}{2}\int_0^{2a} \rho^4 dx \\
&= \frac{\pi}{2}\int_{-\frac{a}{4}}^{2a} \rho^4 dx - \frac{\pi}{2}\int_{-\frac{a}{4}}^{0} \rho_1^4 dx
\end{aligned}
$$

在定积分中引进参数 θ, $x=a(1+\cos\theta)\cos\theta$, $dx=-a\sin\theta(1+2\cos\theta)d\theta$, $x=2a$ 对应于 $\theta=0$, $x=-\dfrac{a}{4}$ 对应于 $\theta=\dfrac{2}{3}\pi$, $x=0$ 对应于 $\theta=\pi$, 于是

$$
\begin{aligned}
I_x &= \frac{\pi}{2}\int_{\frac{2}{3}\pi}^{0} [a(1+\cos\theta)\sin\theta]^4 \cdot [-a\sin\theta(1+2\cos\theta)]d\theta \\
&\quad - \frac{\pi}{2}\int_{\frac{2}{3}\pi}^{\pi} [a(1+\cos\theta)\sin\theta]^4 \cdot [-a\sin\theta(1+2\cos\theta)]d\theta \\
&= \frac{\pi}{2}\int_0^{\pi} a^5\sin^5\theta(1+\cos\theta)^4(1+2\cos\theta)d\theta \\
&= \frac{\pi}{2}a^5\int_0^{\pi} [\sin^5\theta + 6\sin^5\theta\cos\theta + 14\sin^5\cos^2\theta \\
&\quad + 16\sin^5\theta\cos^3\theta + 9\sin^5\theta\cos^4\theta + 2\sin^5\theta\cos^5\theta]d\theta \\
&= \frac{\pi}{2}a^5\left[2\times\frac{4\times 2}{5\times 3} + 0 + 2\times 14\times\frac{4\times 2}{7\times 5\times 3} + 0 \right. \\
&\quad \left. +2\times 9\times\frac{4\times 2\times 3}{9\times 7\times 5\times 3} + 0\right] \\
&= \frac{64}{35}\pi a^5.
\end{aligned}
$$

例 4 设由曲面 $z=\sqrt{x^2+y^2}$, $z=a$, $z=b$ $(0<a<b)$ 所围成的截锥体 V 上有一均匀质量分布 (密度为 ρ), 锥顶处有一质量为 m 的质点, 求截锥体对于质点的引力.

解 由对称性可知, 引力指向 z 轴正方向, 因此只需求出引力在 z 轴正方向上的分力. 设截锥体上位于 (x,y,z) 处有小块体积 dV, 可将它看成一个质量为 ρdV 的小质点, 该小质点对位于锥顶质点的引力在 z 轴方向的投影为

$$
dF_z = \frac{km\rho}{x^2+y^2+z^2} \cdot \frac{z}{\sqrt{x^2+y^2+z^2}} dV,
$$

故

$$F_z = \iiint\limits_V \frac{km\rho z}{(x^2+y^2+z^2)^{3/2}}\,dV.$$

用球坐标计算. 在球坐标下, 方程 $z=a$ 化为

$$r\cos\theta = a,$$

即 $r=\dfrac{a}{\cos\theta}$, 而方程 $z=b$ 化为

$$r=\frac{b}{\cos\theta},$$

锥面的球坐标方程为

$$r\cos\theta = \sqrt{r^2\sin^2\theta\cos^2\varphi + r^2\sin^2\theta\sin^2\varphi},$$

即 $r\cos\theta = r\sin\theta$. 由于在上半空间, 由上式可得 $\theta=\dfrac{\pi}{4}$ (这也可由几何上直接得到). 于是

$$\begin{aligned}
F_z &= \iiint\limits_V \frac{km\rho z}{(x^2+y^2+z^2)^{3/2}}\,dV \\
&= \int_0^{2\pi} d\varphi \int_0^{\frac{\pi}{4}} d\theta \int_{\frac{a}{\cos\theta}}^{\frac{b}{\cos\theta}} \frac{km\rho r\cos\theta}{r^3}\cdot r^2\sin\theta dr \\
&= 2\pi km\rho \int_0^{\frac{\pi}{4}} \sin\theta\cos\theta\cdot\frac{b-a}{\cos\theta}\,d\theta \\
&= \pi km\rho(b-a)(2-\sqrt{2}).
\end{aligned}$$

以上积分也易从柱坐标求出

$$\begin{aligned}
F_z &= \int_a^b dz \iint\limits_{x^2+y^2\leqslant z^2} \frac{km\rho z}{(x^2+y^2+z^2)^{3/2}}\,dxdy \\
&= \int_a^b 2\pi km\rho z\left(\frac{1}{\sqrt{z^2}}-\frac{1}{\sqrt{z^2+z^2}}\right)dz \\
&= \pi km\rho(b-a)(2-\sqrt{2}).
\end{aligned}$$

故截锥体对质点的引力指向 z 轴正方向, 大小为 $\pi km\rho(b-a)(2-\sqrt{2})$.

第 10 章　曲线积分与曲面积分

10.1　曲线弧长与第一型曲线积分

学习要点

一、理解曲线弧长的概念, 掌握曲线弧长的计算公式

1. *光滑曲线段的弧长.* 设空间曲线段 L 的方程为 $\boldsymbol{r}=\boldsymbol{r}(t)=(x(t),y(t),z(t))$, $t\in[\alpha,\beta]$, 并设 $x'(t),y'(t),z'(t)$ 都在 $[\alpha,\beta]$ 上连续, 则曲线段 L 的弧长 l_0 为

$$l_0=\int_\alpha^\beta|\boldsymbol{r}'(t)|dt=\int_\alpha^\beta\sqrt{x'^2(t)+y'^2(t)+z'^2(t)}dt,$$

并称

$$dl=\sqrt{x'^2(t)+y'^2(t)+z'^2(t)}dt \quad 或 \quad dl^2=dx^2+dy^2+dz^2$$

为弧长的微分公式.

2. *弧长公式的推广.* 在第 1 条中 $x'(t),y'(t),z'(t)$ 都在 $[\alpha,\beta]$ 上连续的条件可降低为 $x'(t),y'(t),z'(t)$ 都在 $[\alpha,\beta]$ 上除至多有限个点外存在、有界, 并且在 $[\alpha,\beta]$ 上至多只有有限个间断点, 第 1 条中弧长公式仍然成立.

3. *弧长为参数的特殊情况.* 当曲线 L 以弧长 l 为参数时, 有 $\dfrac{dx}{dl}=\cos\alpha$, $\dfrac{dy}{dl}=\cos\beta$, $\dfrac{dz}{dl}=\cos\gamma$, 其中 $\cos\alpha,\cos\beta,\cos\gamma$ 为曲线 L 的切线方向的方向余弦, 此时弧长公式化为

$$l_0=\int_L dl.$$

二、理解第一型曲线积分的概念, 掌握其基本性质

1. *基本概念.* 设 L 是具有有限弧长的曲线段, $f(x,y,z)$ 在 L 上有定义. 按弧长增加方向将 L 分成有限小段, 记作 $\Delta l_1,\Delta l_2,\cdots,\Delta l_n$, 其各段长仍用 $\Delta l_1,\Delta l_2,\cdots,\Delta l_n$ 表示, 记 $\lambda=\max\{\Delta l_1,\Delta l_2,\cdots,\Delta l_n\}$, 任取 $(x_i,y_i,z_i)\in\Delta l_i$ $(i=1,2,\cdots,n)$, 如果

$$\lim_{\lambda\to0}\sum_{i=1}^n f(x_i,y_i,z_i)\Delta l_i$$

收敛, 则称 $f(x,y,z)$ 在 L 上的第一型曲线积分存在, 并称其极限值为函数 $f(x,y,z)$ 在 L 上的第一型曲线积分 (或对弧长的曲线积分), 记作 $\displaystyle\int_L f(x,y,z)dl$, 其中 dl 是由 Δl_i 改写而来, 由曲线积分的公式推导可知, dl 就是曲线 L 上的弧长微分元素.

2. 基本性质. 第一型曲线积分具有类似于定积分的基本性质. 例如 $\int_L dl =$ L 的长.

三、掌握第一型曲线积分的计算方法

1. 基本计算公式. 设曲线 L： $\boldsymbol{r} = \boldsymbol{r}(t) = (x(t), y(t), z(t))$, $t \in [\alpha, \beta]$, $\boldsymbol{r}'(t)$ 有界且在 $[\alpha, \beta]$ 上至多只有有限个间断点, 则有

$$\int_L f(x,y,z)dl = \int_\alpha^\beta f(x(t),y(t),z(t))\sqrt{x'^2(t)+y'^2(t)+z'^2(t)}dt.$$

2. 特殊情况. 若平面曲线方程为 $y = y(x), x \in [a, b]$, 则可将 x 看作参数, 由以上公式可得

$$\int_L f(x,y)dl = \int_a^b f(x,y(x))\sqrt{1+y'^2(x)}dx.$$

若平面曲线由极坐标方程 $r = r(\theta)$, $\theta \in [\alpha, \beta]$ 给出, 则可将 θ 看成参数, 由 $x = r(\theta)\cos\theta$, $y = r(\theta)\sin\theta$ 可得

$$\int_L f(x,y)dl = \int_\alpha^\beta f(r(\theta)\cos\theta, r(\theta)\sin\theta)\sqrt{r^2(\theta)+r'^2(\theta)}d\theta.$$

3. 会用分段求积法. 若不便于写出全曲线 L 的参数方程, 则可利用第一型曲线积分对曲线段的可加性, 将 L 分段, 在各分段上计算出曲线积分值, 然后相加即得全曲线 L 上的曲线积分值.

解题方法

计算曲线积分, 首先要设法找到 (或分段后找到) 曲线的参数方程, 确定参数的变化范围, 然后根据计算公式进行计算. 若是应用题, 则还要写出所求量的曲线积分表达式.

例题分析

例 1　(1) 求心形线 $r = a(1-\cos\theta)$ 的弧长, 其中 $a > 0$;

(2) 求旋轮线 $x = a(t-\sin t)$, $y = a(1-\cos t)$ 一拱的弧长, 其中 $a > 0$.

解　(1) 当极角 θ 从 0 变到 2π 时, $r = a(1+\cos\theta)$ 恰绘出全条心形线.

$$\begin{aligned} l_0 &= \int_0^{2\pi} \sqrt{r^2(\theta)+r'^2(\theta)}d\theta \\ &= \int_0^{2\pi} \sqrt{a^2(1+\cos\theta)^2+(-a\sin\theta)^2}d\theta = 2a\int_0^{2\pi}\left|\cos\frac{\theta}{2}\right|d\theta = 8a. \end{aligned}$$

(2) 参数 $t \in [0, 2\pi]$ 恰对应旋轮线的一拱, 于是

$$l_0 = \int_0^{2\pi} \sqrt{x'^2(t) + y'^2(t)}dt = \int_0^{2\pi} \sqrt{[a(1-\cos)]^2 + (a\sin t)^2}dt$$
$$= 2a \int_0^{2\pi} \left|\sin \frac{t}{2}\right| dt = 8a.$$

例 2 设 $L = L_1 + L_2$, 其中 L_1 是点 $A(1,2,3)$ 与坐标原点的连接线段, L_2 是曲面 $x = (y+z)^2$ 与曲面 $\frac{4}{3}x^2 + y^2 = z^2$ 的交线, 介于坐标原点与点 $B\left(1, -\frac{1}{6}, \frac{7}{6}\right)$ 之间的一段, 求 $\int_L zdl$.

解 L_1 上可取横坐标 x 为参数, L_1 的参数方程为 $x = x, y = 2x, z = 3x$, 参数 x 的变化范围为 $[0, 1]$, 于是

$$\int_{L_1} zdl = \int_0^1 3x\sqrt{1^2 + 2^2 + 3^2}dx = \frac{3}{2}\sqrt{14}.$$

为找到 L_2 的参数方程, 可令 $y + z = t,\ t \geq 0$, 由 $x = (y+z)^2$ 得 $x = t^2$, 由 $\frac{4}{3}x^2 + y^2 = z^2$, 得 $\frac{4}{3}x^2 = (z+y)(z-y)$, $\frac{4}{3}t^4 = t(z-y)$, 有 $z - y = \frac{4}{3}t^3$, 与 $y + z = t$ 联立可得 $y = \frac{1}{2}\left(t - \frac{4}{3}t^3\right)$, $z = \frac{1}{2}\left(t + \frac{4}{3}t^3\right)$, 与 $x = t^2$ 联立, 即为 L_2 的参数方程, 易见 L_2 上参数变化范围为 $[0, 1]$.

$$\int_{L_2} zdl = \int_0^1 \frac{1}{2}\left(t + \frac{4}{3}t^3\right)\sqrt{(2t)^2 + \left[\frac{1}{2}(1-4t^2)\right]^2 + \left[\frac{1}{2}(1+4t^2)\right]^2}dt$$
$$= \int_0^1 \frac{1}{2\sqrt{2}}\left(t + \frac{4}{3}t^3\right)(1+4t^2)dt = \frac{49}{72}\sqrt{2}.$$

所以

$$\int_L zdl = \int_{L_1} zdl + \int_{L_2} zdl = \frac{3}{2}\sqrt{14} + \frac{49}{72}\sqrt{2}.$$

例 3 求 $\int_L (x^2 + y)dl$, 其中 L 是球面 $x^2 + y^2 + z^2 = R^2$ 与平面 $x + y + z = R$ 的交线, $R > 0$.

解 首先注意到曲线关于 x, y, z 轮换对称, 即若 $(x_0, y_0, z_0) \in L$, 则以下各点都在 L 上, 它们是

$$(y_0, z_0, x_0),\ (z_0, x_0, y_0),\ (x_0, z_0, y_0),\ (z_0, y_0, x_0),\ (y_0, x_0, z_0),$$

因此

$$\int_L x^2dl = \int_L y^2dl = \int_L z^2dl, \quad \int_L ydl = \int_L zdl = \int_L xdl.$$

其次, 注意到曲线上点必满足曲线方程, 即在曲线上有 $x^2+y^2+z^2=R^2$ 及 $x+y+z=R$. 因此

$$\begin{aligned}\int_L (x^2+y)dl &= \frac{1}{3}\int_L (x^2+y^2+z^2)dl + \frac{1}{3}\int_L (x+y+z)dl \\ &= \frac{1}{3}(R^2+R)\int_L dl.\end{aligned}$$

注意到 L 是球面与平面的交线, 是个圆, 而球心 O 到平面 $x+y+z=R$ 的距离等于

$$d=\frac{|0+0+0-R|}{\sqrt{1^2+1^2+1^2}}=\frac{R}{\sqrt{3}},$$

可得截圆半径

$$r=\sqrt{R^2-\left(\frac{1}{\sqrt{3}}R\right)^2}=\sqrt{\frac{2}{3}}R,$$

从而

$$\int_L dl = 2\pi\cdot\sqrt{\frac{2}{3}}R,$$

最后得

$$\int_L (x^2+y)dl=\frac{1}{3}(R^2+R)\int_L dl=\frac{2\sqrt{6}}{9}\pi R^2(R+1).$$

注 10.1 本题还可以利用空间的直角坐标变换, 从而找到曲线的较简单的参数方程来求解, 另外, 还可利用圆周在 $z=0$ 平面上的投影曲线 (椭圆) 的参数来求解.

例 4 设 L 是星形线 $x^{\frac{2}{3}}+y^{\frac{2}{3}}=a^{\frac{2}{3}}$ $(a>0)$ 的 $y\geq 0$ 的部分, 在 L 上有一均匀的质量分布, 密度 $\rho=1$, 求 L 的重心.

解 曲线 L 的参数方程为 $x=a\cos^3 t, y=a\sin^3 t$, 参数 $t\in[0,\pi]$,

$$\begin{aligned}dl &= \sqrt{x'^2(t)+y'^2(t)}dt=\sqrt{(-3a\cos^2 t\sin t)^2+(3a\sin^2 t\cos t)^2}dt \\ &= 3a\sin t|\cos t|dt,\end{aligned}$$

根据求重心公式

$$y_G=\frac{\displaystyle\int_L y\rho dl}{\displaystyle\int_L \rho dl}=\frac{\displaystyle\int_0^\pi a\sin^3 t\cdot 3a\sin t|\cos t|dt}{\displaystyle\int_0^\pi 3a\sin t|\cos t|dt}=\frac{2}{5}a.$$

同样, 通过直接计算 (或利用曲线的对称性) 可得 $x_G=0$. 故重心坐标为 $\left(0,\dfrac{2}{5}a\right)$.

例 5 设双扭线 $\begin{cases}(x^2+y^2)^2=a^2(x^2-y^2)\\ z=0\end{cases}$ 上有一质量分布, 其密度与点到坐标原点的距离成正比, 比例系数为 1, 求它绕 z 轴的转动惯量.

解 取 Ox 轴为极轴, Oxy 平面上的极角 θ 为参数, 则方程 $(x^2+y^2)^2=a^2(x^2-y^2)$ 可化为 $r=a\sqrt{\cos 2\theta}$, 由此可得 L 的参数方程, 它是

$$x=a\sqrt{\cos 2\theta}\cos\theta,\quad y=a\sqrt{\cos 2\theta}\sin\theta,\quad z=0,$$

直接计算得

$$\begin{aligned}dl&=\sqrt{x'^2(\theta)+y'^2(\theta)+z'^2(\theta)}d\theta\\&=\sqrt{\left(\frac{-a\sin 2\theta\cos\theta}{\sqrt{\cos 2\theta}}-a\sqrt{\cos 2\theta}\sin\theta\right)^2+\left(\frac{-a\sin 2\theta\sin\theta}{\sqrt{\cos 2\theta}}+a\sqrt{\cos 2\theta}\cos\theta\right)^2}d\theta\\&=\frac{a}{\sqrt{\cos 2\theta}}d\theta,\end{aligned}$$

从而, 所求转动惯量为

$$\begin{aligned}\int_L(x^2+y^2)\rho dl&=\int_L(x^2+y^2)\sqrt{x^2+y^2}dl\\&=4\int_0^{\frac{\pi}{4}}a^3(\sqrt{\cos 2\theta})^3\cdot\frac{a}{\sqrt{\cos 2\theta}}d\theta=2a^4.\end{aligned}$$

例 6 求 $\frac{1}{8}$ 球面 $x^2+y^2+z^2=R^2$, $x\geq 0,y\geq 0,z\geq 0$ 的边界曲线对于位于球心的质量为 m 的质点的引力, 设曲线的线密度为 1.

解 设曲线上位于 (x,y,z) 处有质量为 ρdl 的质点, 则它对位于坐标原点处质量为 m 的质点的引力大小为 $\frac{km\rho dl}{R^2}$, 其方向为 $\frac{\boldsymbol{r}}{|\boldsymbol{r}|}=\frac{1}{R}(x\boldsymbol{i}+y\boldsymbol{j}+z\boldsymbol{k})$, 故曲线对坐标原点处质点引力的 x 轴方向分量为

$$F_x=\int_L\frac{x}{R}\cdot\frac{km\rho}{R^2}dl=\frac{km}{R^3}\int_L xdl.$$

曲线 L 是由三个 $\frac{1}{4}$ 圆周组成, 分别记在 Oxy 平面, Ozx 平面及 Oyz 平面上三个 $\frac{1}{4}$ 圆周为 L_1,L_2 及 L_3. 在 L_1 上, 可取关于极轴 Ox 轴的极角 θ 为参数, 则 $dl=Rd\theta$, $x=R\cos\theta$, 有

$$\int_{L_1}xdl=\int_0^{\frac{\pi}{2}}R\cos\theta\cdot Rd\theta=R^2.$$

同理可得 $\int_{L_2}xdl=R^2$. 因在 L_3 上, $x=0$, 故 $\int_{L_3}xdl=0$. 得 $\int_L xdl=2R^2$,

$$F_x=\frac{km}{R^3}\int_L xdl=\frac{2km}{R}.$$

由曲线的对称性 (或通过同样的计算) 可得 $F_y = F_z = \dfrac{2km}{R}$. 所求引力 $\boldsymbol{F}$ 的坐标为 $\left(\dfrac{2km}{R}, \dfrac{2km}{R}, \dfrac{2km}{R}\right)$.

10.2 曲面面积与第一型曲面积分

学习要点

一、理解曲面面积的概念, 掌握曲面面积的计算公式

1. *简单光滑曲面的面积*. 设空间曲面 S 的参数方程为 $\boldsymbol{r} = \boldsymbol{r}(u,v)$, $(u,v) \in D$, D 是由光滑或逐段光滑曲线所围成, 并设以上参数方程实现了区域 D 上点 (u,v) 与曲面 S 上点的一一对应. 又设 $\boldsymbol{r}'_u(u,v)$, $\boldsymbol{r}'_v(u,v)$ 都在闭区域 D 上连续, 则曲面 S 的面积 S 为

$$S = \iint\limits_D |\boldsymbol{r}'_u(u,v) \times \boldsymbol{r}'_v(u,v)| dudv = \iint\limits_D \sqrt{EG - F^2} dudv,$$

其中

$$E = \boldsymbol{r}'_u(u,v) \cdot \boldsymbol{r}'_u(u,v),\ G = \boldsymbol{r}'_v(u,v) \cdot \boldsymbol{r}'_v(u,v),\ F = \boldsymbol{r}'_u(u,v) \cdot \boldsymbol{r}'_v(u,v).$$

并称

$$dS = |\boldsymbol{r}'_u \times \boldsymbol{r}'_v| dudv = \sqrt{EG - F^2} dudv$$

为面积的微分元素公式.

2. *面积公式的推广*. 在第 1 条中 $\boldsymbol{r}'_u(u,v)$, $\boldsymbol{r}'_v(u,v)$ 都在闭区域 D 上连续的条件可降低为 $\boldsymbol{r}'_u(u,v), \boldsymbol{r}'_v(u,v)$ 在闭区域 D 上不存在的点的全体至多是有限个点与有限条光滑曲线的并集, $\boldsymbol{r}'_u(u,v)$ 与 $\boldsymbol{r}'_v(u,v)$ 都有界且在 D 上不连续点的全体至多是有限个点与有限条光滑曲线的并集, 则以上面积公式仍成立.

3. *曲面参数方程的特殊情况*. 当曲面 S 以两个坐标变量 (例如 x,y) 为参数时, 即曲面方程为 $z = z(x,y), (x,y) \in D$ 时, D 上点与曲面上点的一一对应关系是显然成立的, 而对参数可微性的要求转化为要求函数 $z'_x(x,y), z'_y(x,y)$ 在闭区域 D 上连续, 由直接计算可得

$$|\boldsymbol{r}'_x(x,y) \times \boldsymbol{r}'_y(x,y)| = \sqrt{1 + z'^2_x(x,y) + z'_y(x,y)},$$

故面积元公式为

$$dS = \sqrt{1 + z'^2_x + z'^2_y} dxdy,$$

面积公式化为

$$S = \iint_D \sqrt{1 + z_x'^2 + z_y'^2}dxdy.$$

值得一提的是, 如果给定曲面 S 在 Oxy 平面上的投影区域为 D, 则以上面积公式成立的条件是: D 上的点与曲面上点一一对应. 如果不满足一一对应的条件, 则先要将曲面 S 分块, 使每小块与其在 Oxy 平面上的投影区域是一一对应的, 然后分别求各小块面积, 再相加可得 S 的面积.

此外, 球面 $x^2+y^2+z^2=R^2$ 在球坐标 $x = R\sin\theta\cos\varphi$, $y = R\sin\theta\sin\varphi$, $z = R\cos\theta$ 之下的面积元为

$$dS = R^2\sin\theta d\theta d\varphi.$$

柱面 $x^2+y^2=a^2$ 在柱坐标 $x = a\cos\theta$, $y = a\sin\theta$, $z = z$ 之下的面积元为

$$dS = ad\theta dz.$$

二、理解第一型曲面积分的概念, 掌握其基本性质

1. **基本概念.** 设 S 是具有有限面积的曲面片, $f(x,y,z)$ 在 S 上有定义, 用位于 S 上的曲线将 S 分割成有限个小块, 记作 $\Delta S_1, \Delta S_2, \cdots, \Delta S_n$, 其面积仍用 $\Delta S_1, \Delta S_2, \cdots, \Delta S_n$ 表示, 记 $d_i = \Delta S_i$ 的直径 $= \max\{|\overline{M'M''}|\ \big| M', M''$ 都 $\in \Delta S_i\}$, 记 $\lambda = \max\{d_1, d_2, \cdots, d_n\}$, 任取 $(x_i, y_i, z_i) \in \Delta S_i$ $(i = 1, 2, \cdots, n)$, 如果

$$\lim_{\lambda\to 0}\sum_{i=1}^n f(x_i, y_i, z_i)\Delta S_i$$

收敛, 则称 $f(x,y,z)$ 在 S 上的第一型曲面积分存在, 并称其极限值为函数 $f(x,y,z)$ 在 S 上的第一型曲面积分 (或对面积的曲面积分), 记作 $\iint\limits_S f(x,y,z)dS$. 其中 dS 是由 ΔS_i 改写而来, 由曲面积分的公式推导可知, dS 就是曲面 S 的面积的微分元素.

2. **基本性质.** 第一型曲面积分具有类似于定积分与第一型曲线积分的性质. 例如 $\iint\limits_S 1dS = S$ 的面积.

三、掌握第一型曲面积分的计算方法

1. **基本计算公式.** 设曲面 S: $\boldsymbol{r} = \boldsymbol{r}(u,v)$, $(u,v)\in D$ 实现了闭区域 D 到曲面 S 的一一对应, 区域 D 是由光滑或逐段光滑的曲线段围成, $\boldsymbol{r}_u' \times \boldsymbol{r}_v'$ 在 D 上

连续, $f(x,y,z)$ 在 S 上连续, 则有

$$\iint_S f(x,y,z)dS = \iint_D f(x(u,v),y(u,v),z(u,v))|\boldsymbol{r}'_u(u,v)\times\boldsymbol{r}'_v(u,v)|dudv$$
$$= \iint_D f(x(u,v),y(u,v),z(u,v))\sqrt{EG-F^2}dudv,$$

其中 $E=x_u'^2+y_u'^2+z_u'^2$, $G=x_v'^2+y_v'^2+z_v'^2$, $F=x'_ux'_v+y'_uy'_v+z'_uz'_v$.

像面积公式的推广一样, 以上基本公式可推广到 $f(x,y,z)$, $\boldsymbol{r}'_u\times\boldsymbol{r}'_v$ 有一些间断点的情形.

2. **重要的特例**. 曲面 S 由方程 $z=z(x,y),(x,y)\in D$ 给出时, 有

$$\iint_S f(x,y,z)dS = \iint_D f(x,y,z(x,y))\sqrt{1+z_x'^2+z_y'^2}dxdy.$$

当曲面 S 由方程 $y=y(z,x)$, $(z,x)\in D$ 给出时, 有

$$\iint_S f(x,y,z)dS = \iint_D f(x,y(z,x),z)\sqrt{1+y_z'^2+y_x'^2}dzdx,$$

当曲面 S 由方程 $x=x(y,z)$, $(y,z)\in D$ 给出时, 有

$$\iint_S f(x,y,z)dS = \iint_D f(x(y,z),y,z)\sqrt{1+x_y'^2+x_z'^2}dydz.$$

3. 当整个曲面 S 的参数方程不易写出时, 或曲面 S 在坐标平面上的投影区域与曲面 S 不一一对应时, 可将曲面适当分块, 使各小块易写出其参数方程或各小块与其投影区域一一对应, 先求出各小块上曲面积分, 相加后即可得全曲面 S 上的曲面积分值.

解题方法

计算曲面积分时, 首先要设法找到 (或分片找到) 曲面的参数方程, 并确定参数组的变化区域, 然后根据公式进行计算. 若是应用题, 则还要写出所求量的曲面积分表达式.

例题分析

例 1 计算圆柱面 $x^2+y^2=a^2$ 被圆柱面 $y^2+z^2=a^2$ 所割下的部分的面积.

解 被割下的曲面上下, 前后, 左右对称, 其总面积 S 应等于第一卦限部分面积 S_1 的 8 倍, 为计算 S_1, 可用多种方法:

投影法. 第一卦限部分曲面在 Oyz 平面上的投影区域 D 为 $y^2+z^2 \le a^2$, $y \ge 0, z \ge 0$, 曲面方程为 $x=\sqrt{a^2-y^2}$, 且曲面与投影区域是一一对应的, 故

$$
\begin{aligned}
S_1 &= \iint\limits_D \sqrt{1+x_y'^2+x_z'^2}dydz \\
&= \iint\limits_D \sqrt{1+\left(\frac{-y}{\sqrt{a^2-y^2}}\right)+0}dydz \\
&= \int_0^a dy\int_0^{\sqrt{a^2-y^2}} \frac{a}{\sqrt{a^2-y^2}}dz = a^2.
\end{aligned}
$$

参数法. 第一卦限内曲面部分的参数方程为

$$x=a\cos\theta,\quad y=a\sin\theta,\quad z=z,$$

参数组 (θ,z) 的变化范围 D 是

$$0\le z\le a\cos\theta,\ 0\le\theta\le\frac{\pi}{2},$$

易得

$$
\begin{aligned}
&E=|\boldsymbol{r}_\theta'|^2=a^2,\quad G=|\boldsymbol{r}_z'|^2=1,\quad F=\boldsymbol{r}_\theta'\cdot\boldsymbol{r}_z'=0,\\
&dS=\sqrt{EG-F^2}d\theta dz=ad\theta dz,
\end{aligned}
$$

故

$$S_1=\int_0^{\frac{\pi}{2}}d\theta\int_0^{a\cos\theta}adz=a^2.$$

被割下部分面积 $S=8S_1=8a^2$.

例 2 设半径为 R 的球面 Σ 的球心在定球面 $x^2+y^2+z^2=a^2\ (a>0)$ 上, 问当 R 取何值时, 球面 Σ 在定球面内的部分的面积最大?

解 不妨设 Σ 的球心在 $(0,0,a)$ 处, 则 Σ 的方程为

$$x^2+y^2+(z-a)^2=R^2.$$

将它与定球面的方程联立, 并消去 z, 得交线满足柱面方程

$$x^2+y^2=\frac{R^2}{4a^2}(4a^2-R^2).$$

易见, Σ 在定球面内的部分曲面在 Oxy 平面上的投影区域 D, 就是以上柱面在 Oxy 平面所界定的区域, 且该区域上的点与曲面上点是一一对应的, 于是 Σ 位

于定球面内的部分的面积 S 为

$$S(R)=\iint\limits_{D}\sqrt{1+z_x'^2+z_y'^2}dxdy=\iint\limits_{D}\frac{R}{\sqrt{R^2-x^2-y^2}}dxdy$$

$$=R\int_0^{2\pi}d\theta\int_0^{\frac{R}{2a}\sqrt{4a^2-R^2}}\frac{rdr}{\sqrt{R^2-r^2}}$$

$$=2\pi R^2-\frac{\pi}{a}R^3.$$

计算得

$$S'(R)=4\pi R-\frac{3\pi}{a}R^2,\quad S''(R)=4\pi-\frac{6\pi}{a}R.$$

令 $S'(R)=0$, 得驻点 $R_1=0$ (舍去), $R_2=\frac{4}{3}a$. 又 $S''\left(\frac{4}{3}a\right)=-4\pi<0$, 故当 $R=\frac{4}{3}a$ 时, 球面 Σ 在定球面内的部分的面积最大.

例 3 设 S 是锥面 $z^2=x^2+y^2$ 与平面 $z=\sqrt{2}\left(\frac{x}{2}+1\right)$ 所围区域 V 的全表面, 求 S 的面积.

解 由平面 $z=\sqrt{2}\left(\frac{x}{2}+1\right)$ 与 z 轴的交点为 $(0,0,\sqrt{2})$ 可知, V 是由上半锥面 $z=\sqrt{x^2+y^2}$ 与平面所围的区域, 其全表面为锥面 $z=\sqrt{x^2+y^2}$ 上的部分 S_1 与平面 $z=\sqrt{2}\left(\frac{x}{2}+1\right)$ 上的部分 S_2 的并. 为求出这两部分曲面在 Oxy 平面上的投影区域, 将锥面方程与平面方程联立, 消去 z, 并化简可知, 交线满足柱面方程 $\frac{(x-2)^2}{2}+y^2=4$. 易见, 该椭圆柱面在 Oxy 平面上所界定的椭圆内部区域 D 就是 S_1 及 S_2 在 Oxy 平面上的投影区域, 且 S_1 及 S_2 都与 D 是一一对应的. 直接计算可得

$$S_1\text{ 上: }\quad dS=\sqrt{1+z_x'^2+z_y'^2}dxdy$$

$$=\sqrt{1+\left(\frac{x}{\sqrt{x^2+y^2}}\right)^2+\left(\frac{y}{\sqrt{x^2+y^2}}\right)^2}dxdy$$

$$=\sqrt{2}dxdy,$$

$$S_2\text{ 上: }\quad dS=\sqrt{1+z_x'^2+z_y'^2}dxdy=\sqrt{1+\left(\frac{\sqrt{2}}{2}\right)^2+0}dxdy=\sqrt{\frac{3}{2}}dxdy,$$

故

$$S = S_1 + S_2 = \iint_D \sqrt{2}dxdy + \iint_D \sqrt{\frac{3}{2}}dxdy$$
$$= \left(\sqrt{2} + \sqrt{\frac{3}{2}}\right) \cdot D \text{ 的面积} = \left(\sqrt{2} + \sqrt{\frac{3}{2}}\right) \cdot \pi \cdot 2\sqrt{2} \cdot 2$$
$$= (8 + 4\sqrt{3})\pi.$$

注 10.2 注意锥面 $z = \sqrt{x^2 + y^2}$ 及平面 $z = ax + by + c$ 的面积元素都是 $dxdy$ 的常数倍.

例 4 计算曲面 $(x^2 + y^2)^{\frac{1}{3}} + z^{\frac{2}{3}} = 1$ 的面积.

解 易见曲面上下, 左右, 前后对称, 曲面全面积 S 应等于它在第一卦限部分曲面面积 S_1 的 8 倍.S_1 在 Oxy 平面上投影区域为 $x^2 + y^2 \le 1$, $x \ge 0$, $y \ge 0$, 即 $\frac{1}{4}$ 圆. 由 $\frac{1}{4}$ 圆的极坐标方程及 $r^{\frac{2}{3}} + z^{\frac{2}{3}} = 1$ 的参数方程得到启发, 可得 S_1 的参数方程为

$$x = \sin^3 \varphi \cos\theta, \quad y = \sin^3 \varphi \sin\theta, \quad z = \cos^3 \varphi,$$

其参数 (θ, φ) 的变化范围是 $0 \le \theta \le \frac{\pi}{2}$, $0 \le \varphi \le \frac{\pi}{2}$. 易得

$$\boldsymbol{r}'_\theta = (-\sin^3 \varphi \sin\theta, \sin^3 \varphi \cos\theta, 0),$$
$$\boldsymbol{r}'_\varphi = (3\sin^2 \varphi \cos\varphi \cos\theta, 3\sin^2 \varphi \cos\varphi \sin\theta, -3\cos^2 \varphi \sin\varphi),$$

从而

$$E = \sin^6 \varphi, \quad G = 9\sin^2 \varphi \cos^2 \varphi, \quad F = 0,$$
$$dS = \sqrt{EG - F^2} d\theta d\varphi = 3\sin^4 \varphi \cos\varphi d\theta d\varphi,$$

于是

$$S_1 = \iint_D \sqrt{EG - F^2} d\theta d\varphi = \int_0^{\frac{\pi}{2}} d\theta \int_0^{\frac{\pi}{2}} 3\sin^4 \varphi \cos\varphi d\varphi = \frac{3}{10}\pi.$$

故

$$S = 8S_1 = \frac{12}{5}\pi.$$

例 5 计算曲面 $(x^2 + y^2 + z^2)^2 = 2a^2 xy$ 的面积.

解 注意到当 (x_0, y_0, z_0) 满足曲面方程时, $(-x_0, -y_0, z_0)$, $(x_0, y_0, -z_0)$ 及 $(-x_0, -y_0, -z_0)$ 都满足方程, 并且 $x_0 y_0 \ge 0$, 可见曲面位于一、三、五、七卦限内, 且上、下对称, 关于坐标原点对称, 曲面的全面积 S 应等于它在第一卦限部分面积 S_1 的 4 倍. 以下用两种方法来计算 S_1.

参数法. 在空间球坐标

$$x = r\sin\theta\cos\varphi, \quad y = r\sin\theta\sin\varphi, \quad z = r\cos\theta$$
$$(r \geq 0,\ 0 \leq \theta \leq \pi,\ 0 \leq \varphi \leq 2\pi)$$

之下, 给定曲面方程可化为

$$r = a|\sin\theta|\sqrt{\sin 2\varphi},$$

可见曲面可取 θ, φ 为参数. S_1 的参数方程是

$$\begin{aligned} x &= a\sin^2\theta\cos\varphi\sqrt{\sin 2\varphi}, \\ y &= a\sin^2\theta\sin\varphi\sqrt{\sin 2\varphi}, \\ z &= a\sin\theta\cos\theta\sqrt{\sin 2\varphi}, \end{aligned}$$

其中参数 (θ, φ) 的变化范围是 $0 \leq \theta \leq \dfrac{\pi}{2}$, $0 \leq \varphi \leq \dfrac{\pi}{2}$. 计算得

$$\begin{aligned} \boldsymbol{r}'_\theta &= (a\sin 2\theta\cos\varphi\sqrt{\sin 2\varphi}, a\sin 2\theta\sin\varphi\sqrt{\sin 2\varphi}, a\cos 2\theta\sqrt{\sin 2\varphi}), \\ \boldsymbol{r}'_\varphi &= \left(\frac{a\sin^2\theta\cos 3\varphi}{\sqrt{\sin 2\varphi}}, \frac{a\sin^2\theta\sin 3\varphi}{\sqrt{\sin 2\varphi}}, \frac{a\sin\theta\cos\theta\cos 2\varphi}{\sqrt{\sin 2\varphi}}\right), \end{aligned}$$

从而

$$\begin{aligned} &E = a^2\sin 2\varphi, \quad G = \frac{a^2}{\sin 2\varphi}(\sin^4\theta + \sin^2\theta\cos^2\theta\cos^2 2\varphi), \\ &F = a^2\sin\theta\cos\theta\cos 2\varphi, \\ &dS = \sqrt{EG - F^2}d\theta d\varphi = a^2\sin^2\theta d\theta d\varphi \end{aligned}$$

故

$$S_1 = \int_0^{\frac{\pi}{2}} d\varphi \int_0^{\frac{\pi}{2}} a^2\sin^2\theta d\theta = \frac{1}{8}\pi^2 a^2.$$

投影法. 曲面在 Oxy 平面的投影区域是 Oxy 平面上双扭线 $(x^2 + y^2)^2 = 2a^2xy$ 所界定的区域, 在 Oxy 平面上取极坐标, 则可得双扭线的极坐标方程为 $r = a\sqrt{\sin 2\theta}$. 易见曲面的第一卦限部分对应的区域 D 的范围是 $0 \leq r \leq a\sqrt{\sin 2\theta}$, $0 \leq \theta \leq \dfrac{\pi}{2}$, 其中 (r, θ) 是 D 上点的极坐标. 由给定方程可得曲面在第一卦限部分的直角坐标方程, 它是 $z = \sqrt{\sqrt{2a^2xy} - x^2 - y^2}$. 由曲面面积计算公式,

$$
\begin{aligned}
S_1 &= \iint\limits_D \sqrt{1+z_x'^2+z_y'^2}dxdy \\
&= \iint\limits_D \left[1+\left(\frac{\frac{\sqrt{2a^2y}}{2\sqrt{x}}-2x}{2\sqrt{\sqrt{2a^2xy}-x^2-y^2}}\right)^2+\left(\frac{\frac{\sqrt{2a^2x}}{2\sqrt{y}}-2y}{2\sqrt{\sqrt{2a^2xy}-x^2-y^2}}\right)^2\right]^{\frac{1}{2}} dxdy \\
&= \iint\limits_D \frac{a\sqrt{x^2+y^2}}{2\sqrt{2xy}\sqrt{\sqrt{2a^2xy}-x^2-y^2}}dxdy \\
&= \frac{a}{2}\int_0^{\frac{\pi}{2}} d\theta \int_0^{a\sqrt{\sin 2\theta}} \frac{r}{r\sqrt{\sin 2\theta}\sqrt{ar\sqrt{\sin 2\theta}-r^2}} \cdot rdr \\
&= \frac{a}{2}\int_0^{\frac{\pi}{2}} \frac{1}{\sqrt{\sin 2\theta}} \cdot \left(\int_0^{a\sqrt{\sin 2\theta}} \frac{r}{\sqrt{ar\sqrt{\sin 2\theta}-r^2}}dr\right)d\theta \\
&= \frac{a}{2}\int_0^{\frac{\pi}{2}} \frac{1}{\sqrt{\sin 2\theta}} \cdot \frac{\pi a}{2}\sqrt{\sin 2\theta}d\theta \\
&= \frac{1}{8}\pi^2 a^2.
\end{aligned}
$$

最后得曲面的全面积为 $4S_1 = \frac{1}{2}\pi^2 a^2$.

例 6 计算曲面积分 $\iint\limits_S x^2 dS$, 其中 S 是球面 $x^2+y^2+z^2=2z$.

解 **方法 1** 投影法. S 是球心在 $(0,0,1)$ 半径为 1 的球面, 用平面 $z=1$ 将 S 分为上、下两半, 分别记作 S_1 与 S_2. S_1 的方程为 $z=1+\sqrt{1-x^2-y^2}$, S_2 的方程为 $z=1-\sqrt{1-x^2-y^2}$, S_1, S_2 在 Oxy 平面上的投影区域都是圆 $x^2+y^2\le 1$, 且其面积元素也相同, 都是

$$
dS=\sqrt{1+z_x'^2+z_y'^2}dxdy=\frac{1}{\sqrt{1-x^2-y^2}}dxdy,
$$

故

$$
\begin{aligned}
\iint\limits_S x^2 dS &= \iint\limits_{S_1} x^2 dS + \iint\limits_{S_2} x^2 dS \\
&= \iint\limits_{x^2+y^2\le 1} \frac{x^2}{\sqrt{1-x^2-y^2}}dxdy + \iint\limits_{x^2+y^2\le 1} \frac{x^2}{\sqrt{1-x^2-y^2}}dxdy \\
&= 2\int_0^{2\pi} d\theta \int_0^1 \frac{r^2\cos^2\theta}{\sqrt{1-r^2}} rdr = 2\int_0^{2\pi} \cos^2\theta d\theta \cdot \frac{1}{2}\int_0^1 \frac{t}{\sqrt{1-t}}dt \\
&= \frac{4\pi}{3}.
\end{aligned}
$$

方法 2 参数法.因 S 是球面 $x^2+y^2+(z-1)^2=1$, 球心在 $(0,0,1)$, 半径为 1, 故可取球坐标变量 θ,φ 为参数 (以球心为球坐标中心), 有

$$\begin{aligned}&x=\sin\theta\cos\varphi,\quad y=\sin\theta\sin\varphi,\quad z=1+\cos\theta,\\&\boldsymbol{r}'_\theta=(\cos\theta\cos\varphi,\cos\theta\sin\varphi,-\sin\theta),\\&\boldsymbol{r}'_\varphi=(-\sin\theta\sin\varphi,\sin\theta\cos\varphi,0),\\&E=1,\quad G=\sin^2\theta,\quad F=0,\quad \sqrt{EG-F^2}=\sin\theta,\end{aligned}$$

故

$$\begin{aligned}\iint_S x^2dS&=\int_0^{2\pi}d\varphi\int_0^{\pi}\sin^2\theta\cos^2\varphi\cdot\sin\theta d\theta\\&=\int_0^{2\pi}\cos^2\varphi d\varphi\cdot\int_0^{\pi}\sin^3\theta d\theta=\frac{4\pi}{3}.\end{aligned}$$

注 10.3 因本题球面过坐标原点, 故也可用中心在原点的球坐标来做, 此时球面的球坐标方程为 $r=2\cos\theta$, 由此得 S 的参数方程为

$$x=2\cos\theta\sin\theta\cos\varphi,\quad y=2\cos\theta\sin\theta\sin\varphi,\quad z=2\cos\theta\cdot\cos\theta,$$

其中 $0\le\varphi\le2\pi$, $0\le\theta\le\dfrac{\pi}{2}$. 同样可算出以上曲面积分的值. 有兴趣的读者可以一试.

例 7 求曲面积分 $\displaystyle\iint_S\frac{\sqrt{|x|}+y}{\sqrt{|x|}+\sqrt{|y|}+\sqrt{|z|}}dS$, 其中 S 是球面 $x^2+y^2+z^2=R^2$.

解 注意到球面的对称性, 有

$$\begin{aligned}&\iint_S\frac{\sqrt{|x|}}{\sqrt{|x|}+\sqrt{|y|}+\sqrt{|z|}}dS=\iint_S\frac{\sqrt{|y|}}{\sqrt{|x|}+\sqrt{|y|}+\sqrt{|z|}}dS\\=&\iint_S\frac{\sqrt{|z|}}{\sqrt{|x|}+\sqrt{|y|}+\sqrt{|z|}}dS=\frac{1}{3}\iint_S\frac{\sqrt{|x|}+\sqrt{|y|}+\sqrt{|z|}}{\sqrt{|x|}+\sqrt{|y|}+\sqrt{|z|}}dS\\=&\frac{1}{3}S\text{ 的面积}=\frac{4}{3}\pi R^2.\end{aligned}$$

因 $\dfrac{y}{\sqrt{|x|}+\sqrt{|y|}+\sqrt{|z|}}$ 是 y 的奇函数, 且球面关于 Ozx 平面对称, 故

$$\iint_S\frac{y}{\sqrt{|x|}+\sqrt{|y|}+\sqrt{|z|}}dS=0.$$

综合得

$$\text{原式}=\frac{4}{3}\pi R^2.$$

注 10.4 计算曲面积分时, 不要忘记利用曲面方程化简被积表达式, 不要忘记利用对称性.

例 8 求 $\iint\limits_S |y|dS$. 其中 S 是柱面 $x^2+y^2=x$ 被球面 $x^2+y^2+z^2=1$ 所截下的部分曲面.

解 **方法 1** 投影法.由 $x^2+y^2=x$ 可解得 $y=\pm\sqrt{x-x^2}$, 故柱面可分为右半 S_1 : $y=\sqrt{x-x^2}$ 及左半 S_2 : $y=-\sqrt{x-x^2}$, 其中 x 满足 $0\le x\le 1$. 为求得 S_1 及 S_2 在 Ozx 平面上的投影区域, 可先求出柱面与球面的交线. 联立柱面与球面两个方程并消去 y, 知交线在柱面 $z^2=1-x$ 上, 该柱面在 Ozx 平面的条形区域 $0\le x\le 1$ 上所界定的区域即 S_1 及 S_2 在 Ozx 平面上的投影区域 D, 由上面讨论可知, D 上点满足 $-\sqrt{1-x}\le z\le\sqrt{1-x}$, $0\le x\le 1$. 由 $S_{1,2}$ 的方程 $y=\pm\sqrt{x-x^2}$ 可得 S_1 与 S_2 上的面积元

$$\begin{aligned}dS&=\sqrt{1+y_x'^2+y_z'^2}dzdx=\sqrt{1+\left[\frac{\pm(1-2x)^2}{2\sqrt{x-x^2}}\right]^2+0}dzdx\\&=\frac{1}{2\sqrt{x-x^2}}dzdx,\end{aligned}$$

故

$$\iint\limits_S |y|dS=2\iint\limits_D\sqrt{x-x^2}\cdot\frac{1}{2\sqrt{x-x^2}}dzdx=\int_0^1 dx\int_{-\sqrt{1-x}}^{\sqrt{1-x}}dz=\frac{4}{3}.$$

方法 2 参数法. 取 Oxy 平面上以 $\left(\frac{1}{2},0\right)$ 为极点, 极轴与 x 轴同方向, 极角 θ 为一个参数, 另一参数为立坐标 z, 则有

$$\begin{aligned}&x=\frac{1}{2}+\frac{1}{2}\cos\theta,\quad y=\frac{1}{2}\sin\theta,\quad z=z,\\&dS=|\boldsymbol{r}_\theta'\times\boldsymbol{r}_z'|d\theta dz=\frac{1}{2}d\theta dz.\end{aligned}$$

曲面 S 在球 $x^2+y^2+z^2=1$ 内, 故 $-\sqrt{1-x^2-y^2}\le z\le\sqrt{1-x^2-y^2}$, 用参数方程代入知 $-\sqrt{\frac{1-\cos\theta}{2}}\le z\le\sqrt{\frac{1-\cos\theta}{2}}$, 而 $\theta\in[-\pi,\pi]$, 从而

$$\begin{aligned}\iint\limits_S |y|dS&=\iint\limits_D\frac{1}{2}|\sin\theta|\cdot\frac{1}{2}dzd\theta=\frac{1}{4}\int_{-\pi}^{\pi}|\sin\theta|d\theta\int_{-\sqrt{\frac{1-\cos\theta}{2}}}^{\sqrt{\frac{1-\cos\theta}{2}}}dz\\&=\frac{1}{2}\int_{-\pi}^{\pi}|\sin\theta|\left|\sin\frac{\theta}{2}\right|d\theta=\frac{4}{3}.\end{aligned}$$

例 9 设 S 为椭球面 $\frac{x^2}{2}+\frac{y^2}{2}+z^2=1$ 的上半部分, 点 $P(x,y,z)\in S$, π 为 S 在点 P 处的切平面, $\rho(x,y,z)$ 为点 $O(0,0,0)$ 到平面 π 的距离, 求 $\iint\limits_S\frac{z}{\rho(x,y,z)}dS$.

解 设 (X,Y,Z) 为 π 上任意一点, 则 π 的方程为

$$\frac{xX}{2}+\frac{yY}{2}+zZ=1,$$

从而知

$$\rho(x,y,z)=\left(\frac{x^2}{4}+\frac{y^2}{4}+z^2\right)^{-\frac{1}{2}}.$$

由

$$z=\sqrt{1-\frac{x^2}{2}-\frac{y^2}{2}},$$

有

$$\begin{aligned}dS&=\sqrt{1+\left(\frac{\partial z}{\partial x}\right)^2+\left(\frac{\partial z}{\partial y}\right)^2}dxdy\\&=\left[1+\left(\frac{-x}{2\sqrt{1-\frac{x^2}{2}-\frac{y^2}{2}}}\right)^2+\left(\frac{-y}{2\sqrt{1-\frac{x^2}{2}-\frac{y^2}{2}}}\right)^2\right]^{\frac{1}{2}}dxdy\\&=\frac{\sqrt{4-x^2-y^2}}{2\sqrt{1-\frac{x^2}{2}-\frac{y^2}{2}}}dxdy,\end{aligned}$$

故

$$\iint\limits_S\frac{zdS}{\rho(x,y,z)}=\frac{1}{4}\iint\limits_D(4-x^2-y^2)d\sigma=\frac{1}{4}\int_0^{2\pi}d\theta\int_0^{\sqrt{2}}(4-r^2)rdr=\frac{3}{2}\pi.$$

例 10 一个均匀球壳, 密度为 ρ, 半径为 R, 试求它对于距球心为 a, 质量为 m 的质点的引力, 并讨论该质点在球内和球外两种情况.

解 以球心为坐标原点, 球心指向质点的射线为正半 z 轴, 建立空间直角坐标系, 此时球壳方程为 $x^2+y^2+z^2=R^2$, 质量为 m 的质点在坐标为 $(0,0,a)$ 的点处. 设质点受到的引力 $\boldsymbol{F}=(F_x,F_y,F_z)$, 由对称性易知, $F_x=F_y=0$. 设球壳上位于 (x,y,z) 处有一质点, 其质量为 ρdS, 则由引力公式知, 该小质点对于指定质点的引力在 z 轴方向的分量为

$$dF_z=\frac{km\rho dS}{x^2+y^2+(z-a)^2}\cdot\frac{z-a}{\sqrt{x^2+y^2+(z-a)^2}},$$

因此

$$F_z=\iint\limits_S\frac{km\rho(z-a)}{[x^2+y^2+(z-a)^2]^{\frac{3}{2}}}dS.$$

利用球面坐标 $x = R\sin\theta\cos\varphi,\ y = R\sin\theta\sin\varphi,\ z = R\cos\theta,\ 0 \le \theta \le \pi,\ 0 \le \varphi \le 2\pi$, 此时, $dS = R^2\sin\theta d\theta d\varphi$. 于是

$$
\begin{aligned}
F_z &= \int_0^{2\pi} d\varphi \int_0^{\pi} \frac{km\rho(R\cos\theta - a)\cdot R^2\sin\theta d\theta}{[(R\sin\theta\cos\varphi)^2 + (R\sin\theta\sin\varphi)^2 + (R\cos\theta - a)^2]^{\frac{3}{2}}} \\
&= km\rho \int_0^{2\pi} d\varphi \int_0^{\pi} \frac{R\cos\theta - a}{(R^2 + a^2 - 2aR\cos\theta)^{\frac{3}{2}}} R^2\sin\theta d\theta \\
&= km\rho R^2 \cdot 2\pi \cdot \int_{-1}^{1} \frac{Rt - a}{(R^2 + a^2 - 2aRt)^{\frac{3}{2}}} dt \\
&= 2k\pi m\rho R^2 \left(\frac{1}{aR} \frac{Rt - a}{\sqrt{R^2 + a^2 - 2aRt}} \Bigg|_{-1}^{1} - \frac{1}{aR}\int_{-1}^{1} \frac{Rdt}{\sqrt{R^2 + a^2 - 2aRt}} \right) \\
&= 2k\pi m\rho R^2 \left[\frac{1}{aR}\left(\frac{R-a}{|R-a|} + \frac{R+a}{|R+a|} \right) + \frac{1}{a^2R}\sqrt{R^2 + a^2 - 2aRt}\Bigg|_{-1}^{1} \right] \\
&= 2k\pi m\rho R \left[\frac{1}{a}\left(\frac{R-a}{|R-a|} + 1 \right) + \frac{1}{a^2}(|R-a| - |R+a|) \right].
\end{aligned}
$$

当 $a < R$ 时,

$$
\frac{R-a}{|R-a|} = 1,\quad |R-a| - |R+a| = R - a - a - R = -2a,
$$

得

$$
F_z = 2k\pi m\rho R\left(\frac{2}{a} - \frac{2a}{a^2} \right) = 0.
$$

当 $a > R$ 时,

$$
\frac{R-a}{|R-a|} = -1,\quad |R-a| - |R+a| = a - R - a - R = -2R,
$$

得

$$
F_z = 2k\pi m\rho R\left(0 - \frac{2R}{a^2} \right) = -\frac{4k\pi m\rho R^2}{a^2}.
$$

所以当质点位于球壳内部时, 质点受到球壳的引力为 0, 而当质点位于球壳外部时, 质点受到球壳引力指向球心, 大小等于 $\dfrac{4k\pi m\rho R^2}{a^2}$.

注 10.5 注意到球壳质量为 $\rho\cdot 4\pi R^2 = M$, 可见以上对球外质点的引力相当于将球壳质量集中在球心的一个质点对该质点的引力, 其大小等于 $\dfrac{kmM}{a^2}$.

例 11 设 S 是锥面 $z = \sqrt{x^2 + y^2}$ 位于圆柱面 $x^2 + y^2 = 2y$ 内部的部分曲面, 在 S 上有一质量分布, 其密度 $\rho = \sqrt{x^2 + y^2 + z^2}$, 求曲面块 S 的重心坐标.

解 S 在 Oxy 平面上的投影区域为 $x^2+y^2\le 2y$, 用极坐标变量为参数, 则有 $0\le r\le 2\sin\theta$, $0\le\theta\le\pi$. S 上面积元素为

$$dS=\sqrt{1+z_x'^2+z_y'^2}dxdy=\sqrt{2}dxdy,$$

根据重心坐标公式有

$$z_G=\frac{\iint\limits_S z\rho dS}{\iint\limits_S \rho dS}=\frac{\iint\limits_S \sqrt{x^2+y^2}\sqrt{x^2+y^2+(\sqrt{x^2+y^2})^2}dS}{\iint\limits_S \sqrt{x^2+y^2+(\sqrt{x^2+y^2})^2}dS}$$

$$=\frac{\iint\limits_D \sqrt{2}(x^2+y^2)\cdot\sqrt{2}dxdy}{\iint\limits_D \sqrt{2(x^2+y^2)}\cdot\sqrt{2}dxdy}=\frac{\int_0^\pi d\theta\int_0^{2\sin\theta}\sqrt{2}r^2\cdot\sqrt{2}rdr}{\int_0^\pi d\theta\int_0^{2\sin\theta}\sqrt{2}r\cdot\sqrt{2}rdr}$$

$$=\frac{\int_0^\pi \frac{1}{2}(2\sin\theta)^4d\theta}{\int_0^\pi 2\cdot\frac{1}{3}\cdot(2\sin\theta)^3d\theta}=\frac{27}{64}\pi,$$

$$y_G=\frac{\iint\limits_S y\rho dS}{\iint\limits_S \rho dS}=\frac{\int_0^\pi d\theta\int_0^{2\sin\theta} r\sin\theta\cdot\sqrt{2}r\cdot\sqrt{2}rdr}{\int_0^\pi d\theta\int_0^{2\sin\theta}\sqrt{2}r\cdot\sqrt{2}rdr}=\frac{6}{5},$$

$$x_G=\frac{\iint\limits_S x\rho dS}{\iint\limits_S \rho dS}=\frac{\int_0^\pi d\theta\int_0^{2\sin\theta} r\cos\theta\cdot\sqrt{2}r\cdot\sqrt{2}rdr}{\int_0^\pi d\theta\int_0^{2\sin\theta}\sqrt{2}r\cdot\sqrt{2}rdr}=0.$$

重心坐标为 $\left(0,\frac{6}{5},\frac{27}{64}\pi\right)$.

10.3 第二型曲线积分

学 习 要 点

一、理解第二型曲线积分的概念

1. 有向曲线

有向曲线是指质点运动的轨迹曲线, 在曲线上每一点处质点有确定的运动方向.

有向曲线常用向量方程 $\boldsymbol{r}=\boldsymbol{r}(t),\ t\in[\alpha,\beta]$ 或参数方程 $x=x(t),y=y(t),z=z(t),\ t\in[\alpha,\beta]$ 来表示, 并指明它是参数增加的方向, 还是参数减少的方向. 另一种指明参数曲线的方向的方法是指明起点 (或终点) 所对应的参数值. 当 $\boldsymbol{r}'(t)$ 存在且不为零向量时, 则可通过指明相应点处的单位切向量是 $=\dfrac{\boldsymbol{r}'(t)}{|\boldsymbol{r}'(t)|}$ 还是 $=-\dfrac{\boldsymbol{r}'(t)}{|\boldsymbol{r}'(t)|}$ 以规定方向. 为便于写出统一的公式, 常在 $\boldsymbol{r}'(t_0)\neq\mathbf{0}$ 处, 引进单位切向量 $\boldsymbol{\tau}(t_0)=\varepsilon\dfrac{\boldsymbol{r}'(t_0)}{|\boldsymbol{r}'(t_0)|}$, 其中 $\varepsilon=\pm1$, 在一条轨迹曲线上要确定一个方向, 即要规定 $\varepsilon=1$ 或规定 $\varepsilon=-1$. 显然在整条轨迹曲线上, ε 应为常值 (1 或 -1).

常用几何的方法来说明有向曲线的方向. 鉴于空间曲线的复杂性, 我们常假定轨迹曲线是不自交的连续曲线, 即**简单曲线**. 对于不封闭的简单曲线, 规定了它的起点 (或终点) 即规定了轨迹曲线的方向, 对于封闭的空间简单曲线, 可相应地规定其在坐标平面上投影曲线的方向, 以规定空间曲线方向. 例如, 从 y 轴正向看某封闭的简单曲线是逆时针方向, 即从 y 轴正方向去看曲线在 Ozx 平面上的投影曲线时是逆时针方向. 从而该空间曲线的方向也就唯一地确定了.

2. 有向曲线上的第二型曲线积分

设 $P(x,y,z),Q(x,y,z),R(x,y,z)$ 都在有向曲线段 L 上有定义, 称形式积分

$$\int_L P(x,y,z)dx+Q(x,y,z)dy+R(x,y,z)dx$$

为第二型曲线积分. 记 $\boldsymbol{v}=P\boldsymbol{i}+Q\boldsymbol{j}+R\boldsymbol{k}$, 设 $\boldsymbol{v}(x,y,z)$ 在 L 上连续, 又设 L 上有连续变化的且指向指定方向的单位切向量 $\boldsymbol{\tau}=\boldsymbol{\tau}(x,y,z)$, 则规定

$$\int_L Pdx+Qdy+Rdz=\int_L \boldsymbol{v}\cdot\boldsymbol{\tau}dl.$$

这就是说, 规定左端第二型曲线积分表示一个数, 该数等于函数 $\boldsymbol{v}\cdot\boldsymbol{\tau}$ 在 L 上的第一型曲线积分的值. 易见, 以上连续可微的条件可以稍稍减弱, 即只要设曲线上不存在单位切向量的点至多只有有限个, 设函数 $\boldsymbol{v}\cdot\boldsymbol{\tau}$ 在 L 上有界且在 L 上至多只有有限个间断点, 此时右端第一型曲线积分存在, 且仍可用以上公式来规定左端的第二型曲线积分. 更广一些, 即使 $\boldsymbol{v}\cdot\boldsymbol{\tau}$ 在 L 上无界, 只要作为广义积分的 $\displaystyle\int_L \boldsymbol{v}\cdot\boldsymbol{\tau}dl$ 收敛, 仍可用它来规定左端的积分值, 此时, 当然只能称左端为广义的第二型曲线积分了.

注 10.6 本教材用第一型曲线积分来规定第二型曲线积分的方法, 与有些书直接用分割求和取极限的定义方法形式上是不同的, 但实质上是一致的. 例如本教材用 $\displaystyle\int_L P\boldsymbol{i}\cdot\boldsymbol{\tau}dl$ 来定义 $\displaystyle\int_L Pdx$, 而那些教材则是用 $\displaystyle\int_L P\boldsymbol{i}\cdot\boldsymbol{\tau}dl$ 的分割求和取极限的方式来定义 $\displaystyle\int_L Pdx$, 两者实质相同. 在这里, 读者要理解的是 $\boldsymbol{i}\cdot\boldsymbol{\tau}dl$

是有向曲线微元 $\boldsymbol{\tau} dl$ 在 Ox 轴方向上的投影 dx, 它的值可正可负, 与定积分 $\int_a^b f(x)dx$ 中的 dx 不同, 在定积分中, 因 $a<b$, 故恒有 $dx>0$.

二、掌握第二型曲线积分的性质

1. **方向性**. 设 L 是有向曲线, 改变了方向后记为 L^-, 则

$$\int_{L^-} Pdx+Qdy+Rdz=-\int_L Pdx+Qdy+Rdz.$$

2. **线性**. 对任意常数 c_1 和 c_2, 有

$$\begin{aligned}&\int_L (c_1P_1+c_2P_2)dx+(c_1Q_1+c_2Q_2)dy+(c_1R_1+c_2R_2)dz\\=&c_1\int_L P_1dx+Q_1dy+R_1dz+c_2\int_L P_2dx+Q_2dy+R_2dz,\end{aligned}$$

特别

$$\int_L Pdx+Qdy+Rdz=\int_L Pdx+\int_L Qdy+\int_L Rdz.$$

3. **对有向曲线段的可加性**. 设有向曲线 L 是由有向曲线 L_1 与有向曲线 L_2 首尾相接而成 (L_1 的终点是 L_2 的起点), 则

$$\int_L Pdx+Qdy+Rdz=\int_{L_1} Pdx+Qdy+Rdz+\int_{L_2} Pdx+Qdy+Rdz.$$

为方便, 若 L_1 与 L_2 是两条相交或相离的有向曲线段, $L=L_1+L_2$, 我们仍用以上和式来规定左端的积分.

4. **几个重要特例**.

当有向曲线上恒有 $\boldsymbol{\tau}\cdot\boldsymbol{i}=0$ (或恒有 $dx=0$), 则 $\int_L Pdx=0$.

当有向曲线上恒有 $\boldsymbol{\tau}\cdot\boldsymbol{j}=0$ (或恒有 $dy=0$), 则 $\int_L Qdy=0$.

当有向曲线上恒有 $\boldsymbol{\tau}\cdot\boldsymbol{k}=0$ (或恒有 $dz=0$), 则 $\int_L Rdz=0$.

三、掌握第二型曲线积分的计算方法

1. **定义法**. 即用 $\int_L (P\boldsymbol{i}+Q\boldsymbol{j}+R\boldsymbol{k})\cdot\boldsymbol{\tau} dl$ 来计算 $\int_L Pdx+Qdy+Rdz$.

2. **参数法**. 设有向曲线的参数方程为 $x=x(t),\ y=y(t),\ z=z(t)$, 其起点对应参数 $t=\alpha$, 终点对应 β. 又设 $x'(t),y'(t),z'(t)$ 连续 (或有界且仅有有限个间断点), 则

$$\begin{aligned}&\int_L Pdx+Qdy+Rdz\\=&\int_\alpha^\beta [P(x(t),y(t),z(t))x'(t)+Q(x(t),y(t),z(t))y'(t)\\&+R(x(t),y(t),z(t))z'(t)]dt\end{aligned}$$

3. 利用第二型曲线积分的性质. 如用分项, 分段法来计算积分等.

四、掌握格林 (Green) 公式

1. 两种类型的区域

设函数 $\varphi_1(x),\varphi_2(x)$ 在 $x\in[a,b]$ 连续且 $\varphi_1(x)\le\varphi_2(x)$, 则称区域

$$D_A=\{(x,y)|\ \varphi_1(x)\le y\le\varphi_2(x),\ a\le x\le b\}$$

为 A 型区域. 设 $\psi_1(y),\psi_2(y)$ 在 $y\in[c,d]$ 连续且 $\psi_1(y)\le\psi_2(y)$, 则称区域

$$D_B=\{(x,y)|\ \psi_1(x)\le y\le\psi_2(x),\ c\le y\le d\}$$

为 B 型区域.

2. 有界单连通闭区域与有界多连通闭区域

设 C 是平面上一条简单闭曲线, 其内部连同该曲线所成之集称为单连通的闭区域. 设 $C,C_1,C_2,\cdots,C_n$ 是 $n+1$ 条平面简单闭曲线, $C_1,C_2,\cdots,C_n$ 两两相离且 $C_1,C_2,\cdots,C_n$ 都在 C 的内部, 则称由 $C,C_1,C_2,\cdots,C_n$ 所围成的闭区域为多连通闭区域 ($n+1$ 连通闭域). 对于以上多连通域 D. 记 $\partial D=C\cup C_1\cup\cdots\cup C_n$ 称为 D 的边界. 并称 C 上取逆时针方向, $C_1,C_2,\cdots,C_n$ 上都取顺时针方向, 这样定向后的 ∂D 称为正方向.

3. 格林定理

设闭区域 D 既可分为有限个互不重叠的 A 型区域, 又可分为有限个互不重叠的 B 型区域, 又设函数 $P(x,y),Q(x,y)$ 都在闭区域 D 上有一阶连续的偏导数, 则有

$$\int_{\partial D}P(x,y)dx+Q(x,y)dy=\iint_D\left(\frac{\partial Q}{\partial x}-\frac{\partial P}{\partial y}\right)dxdy,$$

其中 ∂D 表示 D 的边界, 取正方向.

例题分析

例 1 计算 $\int_L x^2dy$, 其中 L 是由点 $A(-2,1)$ 沿直线到点 $B(3,4)$, 再由 B 沿圆心在坐标原点半径为 5 的圆周上的劣弧到点 $C(5,0)$.

解 L_1 是从点 $(-2,1)$ 到点 $(3,4)$ 的直线段, 其参数方程为 $x=-2+5t,\ y=1+3t,\ t$ 从 0 变到 1, 故

$$\int_{L_1}x^2dy=\int_0^1(-2+5t)^2\cdot 3dt=7.$$

L_2 是圆弧, 圆周的参数方程为 $x=5\cos\theta$, $y=5\sin\theta$, 起点对应极角 θ_0 满足 $\sin\theta_0=\frac{4}{5}$, $\cos\theta_0=\frac{3}{5}$, θ_0 取锐角, 终点 $(5,0)$ 对应于极角 $\theta=0$, 于是

$$\begin{aligned}\int_{L_2}x^2dy&=\int_{\theta_0}^{0}(5\cos\theta)^2\cdot d(5\sin\theta)=125\left(\sin\theta-\frac{1}{3}\sin^3\theta\right)\Big|_{\theta_0}^{0}\\&=-125\sin\theta_0+\frac{125}{3}\sin^3\theta_0=-125\cdot\frac{4}{5}+\frac{125}{3}\cdot\left(\frac{4}{5}\right)^3=-\frac{236}{3},\end{aligned}$$

故

$$\int_L x^2dy=\int_{L_1}x^2dy+\int_{L_2}x^2dy=7-\frac{236}{3}=-\frac{215}{3}.$$

注 10.7 为求出过点 $M_1(x_1,y_1,z_1)$ 及点 $M_2(x_2,y_2,z_2)$ 的直线方程, 可设点 $M(x,y,z)$ 在直线上, 因向量 $\overrightarrow{M_1M}$ 与向量 $\overrightarrow{M_1M_2}$ 平行, 故存在数 t, 使 $\overrightarrow{M_1M}=t\overrightarrow{M_1M_2}$, 写出以上向量关系式对应的坐标形式, 并解出 x,y,z, 可得过 M_1,M_2 的直线的参数方程

$$x=(1-t)x_1+tx_2,\quad y=(1-t)y_1+ty_2,\quad z=(1-t)z_1+tz_2,$$

并且 $t=0$ 对应于点 M_1, $t=1$ 对应于点 M_2, 线段 M_1M_2 对应于 $t\in[0,1]$.

例 2 求曲线积分 $\int_C ydx+zdy+xdz$, 其中 C 是 $x+y=2$ 与 $x^2+y^2+z^2=2(x+y)$ 的交线, 从原点看去是逆时针方向.

解 在曲线 C 所满足的方程组中消去 y 并化简可得 $2(x-1)^2+z^2=2$, 由此可知 C 在 Ozx 平面上的投影曲线是 Ozx 平面上的椭圆 $\left(\frac{z}{\sqrt{2}}\right)^2+(x-1)^2=1$. 注意到坐标原点在平面 $x+y=2$ 的 $y\to-\infty$ 的一侧, 故知从 O 点看曲线是逆时针方向, 相当于从 y 轴正方向看曲线是顺时针方向. 这样可得曲线 C 的参数方程为

$$z=\sqrt{2}\cos t,\ x-1=\sin t,$$

而

$$y=2-x=1-\sin t,\qquad t\in[0,2\pi],$$

且其方向为参数减少方向. 从而

$$\begin{aligned}&\int_C ydx+zdy+xdz\\&=\int_{2\pi}^{0}[(1-\sin t)\cos t+\sqrt{2}\cos t\cdot(-\cos t)+(1+\sin t)\cdot(-\sqrt{2}\sin t)]dt\\&=+\int_0^{2\pi}\sqrt{2}(\cos^2 t+\sin^2 t)dt+0=+2\sqrt{2}\pi.\end{aligned}$$

注 10.8 若曲线是柱面 $\dfrac{x^2}{a^2}+\dfrac{y^2}{b^2}=1$ 与曲面 $z=f(x,y)$ 的交线时, 可引进参数方程 $x=a\cos t,\ y=b\sin t,\ z=f(a\cos t,b\sin t)$.

例 3 在过点 $O(0,0)$ 和 $A(\pi,0)$ 的曲线簇 $y=a\sin x\ (a>0)$ 中, 求一条曲线 L, 使沿该曲线从 O 到 A 的积分 $\displaystyle\int_L(1+y^3)dx+(2x+y)dy$ 的值最小.

解

$$\begin{aligned}I(a)&=\int_L(1+y^3)dx+(2x+y)dy\\&=\int_0^\pi[1+a^3\sin^3x+(2x+a\sin x)\cdot a\cos x]dx=\pi-4a+\frac{4}{3}a^3.\end{aligned}$$

$$I'(a)=4(a^2-1),\quad I''(a)=8a.$$

令 $I'(a)=0$ 得 $a_1=-1$ (舍去), $a_2=1,\ I''(1)=8>0$, 所以 $I(a)$ 在 $a=1$ 取最小值. 因此所求曲线为 $y=\sin x\ (0\le x\le\pi)$.

注 10.9 本题结果说明, 在一般情况下, 尽管两有向曲线的起点和终点都相同, 沿两条曲线的曲线积分也未必相等.

例 4 已知平面区域 $D=\{(x,y)|\ 0\le x\le\pi,\ 0\le y\le\pi\}$, L 为 D 的正向边界. 试证:

(1) $\displaystyle\oint_L xe^{\sin y}dy-ye^{-\sin x}dx=\oint_L xe^{-\sin y}dy-ye^{\sin x}dx$;

(2) $\displaystyle\oint_L xe^{\sin y}dy-ye^{-\sin x}dx\ge 2\pi^2$.

证 (1) **方法 1**

$$\begin{aligned}\text{左边}&=\int_0^\pi\pi e^{\sin y}dy-\int_\pi^0\pi e^{-\sin x}dx=\pi\int_0^\pi(e^{\sin x}+e^{-\sin x})dx,\\\text{右边}&=\int_0^\pi\pi e^{-\sin y}dy-\int_\pi^0\pi e^{\sin x}dx=\pi\int_0^\pi(e^{\sin x}+e^{-\sin x})dx.\end{aligned}$$

所以

$$\oint_L xe^{\sin y}dy-ye^{-\sin x}dx=\oint_L xe^{-\sin y}dy-ye^{\sin x}dx.$$

方法 2 根据格林公式得

$$\oint_L xe^{\sin y}dy-ye^{-\sin x}dx=\iint_D(e^{\sin y}+e^{-\sin x})d\sigma,$$

$$\oint_L xe^{-\sin y}dy-ye^{\sin x}dx=\iint_D(e^{-\sin y}+e^{\sin x})d\sigma,$$

因为 D 关于 $y=x$ 对称, 所以

$$\iint\limits_D (e^{\sin y}+e^{-\sin x})d\sigma=\iint\limits_D (e^{-\sin y}+e^{\sin x})d\sigma=\iint\limits_D (e^{-\sin x}+e^{\sin x})d\sigma,$$

故

$$\oint_L xe^{\sin y}dy-ye^{-\sin x}dx=\oint_L xe^{-\sin y}dy-ye^{\sin x}dx.$$

(2) **方法 1** 由于 $e^{\sin x}+e^{-\sin x}\geq 2$. 故由 (1) 的证法 1 的过程得

$$\oint_L xe^{\sin y}dy-ye^{-\sin x}dx=\pi\int_0^\pi (e^{\sin x}+e^{-\sin x})dx\geq \pi\int_0^\pi 2dx=2\pi^2.$$

方法 2 由 (1) 证法 2 知

$$\begin{aligned}\oint_L xe^{\sin y}dy-ye^{-\sin x}dx&=\iint\limits_D (e^{\sin y}+e^{-\sin x})d\sigma\\&=\iint\limits_D (e^{\sin x}+e^{-\sin x})d\sigma\geq\iint\limits_D 2d\sigma=2\pi^2.\end{aligned}$$

例 5 试利用曲线积分计算心形线 $r=a(1+\cos\theta)$ 所围面积, 其中 $a>0$.

解 θ 从 0 变到 2π, 动点恰好沿曲线逆时针转一圈, 曲线的参数方程是

$$x=a(1+\cos\theta)\cos\theta,\quad y=a(1+\cos\theta)\sin\theta,$$
$$dy=a(\cos\theta+\cos^2\theta-\sin^2\theta)d\theta,$$

曲线所围面积

$$\begin{aligned}A&=\iint\limits_D d\sigma \xlongequal{\text{格林公式}} \oint_L xdy\\&=\int_0^{2\pi} a(1+\cos\theta)\cos\theta\cdot a(\cos\theta+\cos^2\theta-\sin^2\theta)d\theta\\&=a^2\int_0^{2\pi}(\cos^2\theta+\cos^4\theta-\cos^2\theta\sin^2\theta+2\cos^3\theta-\cos\theta\sin^2\theta)d\theta\\&=\frac{3}{2}\pi a^2.\end{aligned}$$

注 10.10 当 L 是平面简单闭曲线, 其参数方程为 $x=x(t)$, $y=y(t)$, t 从 α 变到 β 时, 点 $(x(t),y(t))$ 沿 L 逆时针方向转一圈, 则由格林公式可知, L 所围

面积 A 为

$$\begin{aligned}A&=\oint_L xdy=-\oint_L ydx=\frac{1}{2}\oint_L -ydx+xdy\\&=\int_\alpha^\beta x(t)y'(t)dt=-\int_\alpha^\beta y(t)x'(t)dt\\&=\frac{1}{2}\int_\alpha^\beta[x(t)y'(t)-y(t)x'(t)]dt.\end{aligned}$$

例 6 求 $I=\int_L[e^x\sin y-b(x+y)]dx+(e^x\cos y-ax)dy$, 其中 a,b 为正常数, L 为从点 $(2a,0)$ 沿曲线 $y=\sqrt{2ax-x^2}$ 到点 $O(0,0)$ 的弧.

解 记从 $O(0,0)$ 到 $(2a,0)$ 的直线段为 Γ, 则

$$\begin{aligned}I=&\int\limits_{L+\Gamma}[e^x\sin y-b(x+y)]dx+(e^x\cos y-ax)dy\\&-\int_\Gamma[e^x\sin y-b(x+y)]dx+(e^x\cos y-ax)dy\\=&\iint\limits_D\left\{\frac{\partial}{\partial x}[e^x\cos y-ax]-\frac{\partial}{\partial y}[e^x\sin y-b(x+y)]\right\}dxdy-\int_0^{2a}(-bx)dx\\=&\iint\limits_D(b-a)dxdy+\int_0^{2a}bxdx=\frac{\pi}{2}(b-a)a^2+2a^2b.\end{aligned}$$

例 7 计算曲线积分 $I=\oint_L\frac{xdy-ydx}{4x^2+y^2}$, 其中 L 是以点 $(1,0)$ 为中心, R 为半径的圆周 $(R>1)$, 取逆时针方向.

解 $P=\frac{-y}{4x^2+y^2}$, $Q=\frac{x}{4x^2+y^2}$, 易得当 $(x,y)\neq(0,0)$ 时有

$$\frac{\partial Q}{\partial x}=\frac{y^2-4x^2}{(4x^2+y^2)^2}=\frac{\partial P}{\partial y}.$$

由于 $R>1$, 点 $(0,0)$ 在 L 内部, 所以不能直接在 L 及其内部用格林公式. 今取 ε, $0<\varepsilon<R-1$, 作椭圆 $4x^2+y^2=\varepsilon^2$, 逆时针方向, 记此有向曲线为 Γ, 并记 L 与 Γ 所围区域为 D, 则

$$\begin{aligned}\oint_L\frac{xdy-ydx}{4x^2+y^2}&=\oint\limits_{L+\Gamma^-}\frac{xdy-ydx}{4x^2+y^2}+\int_{\Gamma^+}\frac{xdy-ydx}{4x^2+y^2}\\&=\iint\limits_D 0d\sigma+\int_0^{2\pi}\frac{\frac{\varepsilon}{2}\cos\theta\cdot\varepsilon\cos\theta-\varepsilon\sin\theta\cdot\left(-\frac{\varepsilon}{2}\sin\theta\right)}{\varepsilon^2}d\theta\\&=\pi.\end{aligned}$$

注 10.11 例 6、例 7 两题不能直接用格林公式, 但采用了补线和挖洞的方法, 创造了利用格林公式的条件. 读者应学会这类典型的解题方法.

10.4 第二型曲面积分

学习要点

一、理解第二型曲面积分的概念

1. 双侧曲面

空间中一张简单曲面, 设想它是一张白纸片, 在上任选定一点开始涂 (红) 色, 涂色的规则是不越过曲面边界, 在曲面上能够连续到达的点全涂上同一颜色. 如果涂色后, 曲面上可分成涂色的一面及未涂色的一面 (例如球面外表面涂色, 内表面则仍是白色), 这样的曲面称为双侧曲面. 双侧曲面有涂色的一面 (一侧) 与未涂色的一面 (一侧). 如果涂色后, 曲面每点的两侧全涂上了颜色 (如默比乌斯 (Möbius) 曲面), 则称其为单侧曲面.

2. 双侧曲面的定向

规定了侧 (方向) 的双侧曲面称为**定向曲面** (例如规定涂色的一侧). 当曲面在某点处存在法向量时, 规定曲面的方向相当于规定指向指定侧的单位法向量. 如果曲面是光滑曲面, 则它是双侧曲面等价于在该曲面上存在单值的连续变化的单位法向量 (场). 显然, 每张双侧曲面有且仅有两种方式的定向, 例如规定涂色的侧或不涂色的侧. 如果用 S 表示给定侧 (方向) 的双侧曲面, 则常用 S^- 来表示该曲面上具有相反定向的一侧.

为确定双侧曲面的定侧, 只要确定曲面上某一点处的定侧 (即从某点的一侧开始涂色). 当曲面有法向量时, 只要确定曲面上某一点处单位法向量的指向即可.

3. 确定双侧曲面定向的具体方法

光滑的双侧参数曲面 $\boldsymbol{r}=\boldsymbol{r}(u,v)$, $(u,v)\in D$, 其上一点处单位法向量为 $\boldsymbol{n}=\varepsilon\dfrac{\boldsymbol{r}'_u\times\boldsymbol{r}'_v}{|\boldsymbol{r}'_u\times\boldsymbol{r}'_v|}$, 其中 ε 是常数 1 或 -1. 所谓给定一个侧, 即确定 $\varepsilon=1$ 还是 $\varepsilon=-1$.

显式曲面 $z=z(x,y)$, $(x,y)\in D$, 其上一点处的单位法向量为

$$\boldsymbol{n}=\varepsilon\cdot\frac{-z'_x\boldsymbol{i}-z'_y\boldsymbol{j}+\boldsymbol{k}}{\sqrt{1+z'^2_x+z'^2_y}},$$

所谓定向即确定 $\varepsilon=1$(上侧) 还是 $\varepsilon=-1$(下侧). 同样显式曲面 $y=y(z,x),(z,x)\in D$, 其上一点单位法向量为

$$\boldsymbol{n}=\varepsilon\cdot\frac{-y'_x\boldsymbol{i}+\boldsymbol{j}-y'_z\boldsymbol{k}}{\sqrt{1+y'^2_x+y'^2_z}},$$

显式曲面 $x=x(y,z)$, $(y,z)\in D$, 则

$$\boldsymbol{n}=\varepsilon\cdot\frac{\boldsymbol{i}-x_y'\boldsymbol{j}-x_z'\boldsymbol{k}}{\sqrt{1+x_y'^2+x_z'^2}},$$

确定其方向都是确定 $\varepsilon=1$ 还是 $\varepsilon=-1$.

对于封闭的简单曲面, 则可规定内侧和外侧来确定定向. 例如椭球面 $\dfrac{x^2}{a^2}+\dfrac{y^2}{b^2}+\dfrac{z^2}{c^2}=1$ 上点 (x,y,z) 处的外侧单位法向量是

$$\boldsymbol{n}=\frac{\dfrac{x}{a^2}\boldsymbol{i}+\dfrac{y}{b^2}\boldsymbol{j}+\dfrac{z}{c^2}\boldsymbol{k}}{\sqrt{\dfrac{x^2}{a^4}+\dfrac{y^2}{b^4}+\dfrac{z^2}{c^4}}}.$$

(因以上 $\boldsymbol{n}$ 与 $\boldsymbol{r}=x\boldsymbol{i}+y\boldsymbol{j}+z\boldsymbol{k}$ 的点积为正值, 故知以上 $\boldsymbol{n}$ 与 $\boldsymbol{r}$ 指向同一侧, 即指向外侧.)

4. 分片光滑的双侧曲面的定向

设一张双侧曲面是由两片光滑的双侧曲面沿曲线段 C 连接而成, C 是公共的边界, 但它不是连接后所得的整张曲面的边界. 因为在此公共边界上 (整张) 曲面的法向量可能不存在, 在这种情况下, 不再能用法向量在曲面上连续变化的原理, 从一片曲面上的定向延拓到另一片曲面上去. 此时为了确定另一片曲面上的定向, 应回到利用涂色原理的方法. 除此之外, 还有一种方法比较直观, 即利用边界曲线方向与曲面方向的关系来完成定向的延拓. 具体做法是: 第一步由第一片曲面的定向导出其边界曲线的定向, 使观察者沿边界曲线行进时, 最贴近观察者的曲面上的法向量始终立在观察者的左侧, 我们称此法则为**右手螺旋法则**. 第二步由第一片曲面在其边界曲线上的方向来确定第二片曲面边界曲线的方向, 使得它们在公共边界上的方向恰恰相反. 第三步, 从第二片曲面的边界曲线的方向, 按右手螺旋法则, 确定第二片曲面的方向, 可以验证, 以上做法所得第二片曲面上的定向与涂色原理所确定的定向是一致的.

5. 第二型曲面积分的定义

设 S 是给定了方向的双侧曲面, $\boldsymbol{v}=P(x,y,z)\boldsymbol{i}+Q(x,y,z)\boldsymbol{j}+R(x,y,z)\boldsymbol{k}$ 在 S 上有定义, 称形式积分

$$\iint\limits_S Pdydz+Qdzdx+Rdxdy$$

为 (向量场 $\boldsymbol{v}$ 在有向曲面 S 上的) 第二型曲面积分或对坐标的曲面积分. 当 S 上至多除去有限个点与有限条光滑曲线段外处处都有指向指定侧的单位法向

量 $\boldsymbol{n}$, 并且函数 $(P\boldsymbol{i}+Q\boldsymbol{j}+R\boldsymbol{k})\cdot\boldsymbol{n}$ 在曲面 S 上的第一型曲面积分存在时, 规定

$$\iint\limits_S Pdydz+Qdzdx+Rdxdy=\iint\limits_S(P\boldsymbol{i}+Q\boldsymbol{j}+R\boldsymbol{k})\cdot\boldsymbol{n}dS.$$

也就是说, 当上式右端积分存在时, 规定左端的第二型曲面积分表示一个数, 其值等于右端的积分值.

该定义中要理解以下问题.

1° 被积表达式 $(P\boldsymbol{i}+Q\boldsymbol{j}+R\boldsymbol{k})\cdot\boldsymbol{n}dS$ 恰为以 $P\boldsymbol{i}+Q\boldsymbol{j}+R\boldsymbol{k}$ 为速度的流场 (密度为 1) 在单位时间内通过曲面小块 dS 流向指定侧的流量.

2° 要理解有向微元 $dydz=\boldsymbol{i}\cdot\boldsymbol{n}dS$, $dzdx=\boldsymbol{j}\cdot\boldsymbol{n}dS$, $dxdy=\boldsymbol{k}\cdot\boldsymbol{n}dS$ 其大小为 dS 在 Oyz, Ozx 及 Oxy 平面上投影的大小, 其符号由 $\boldsymbol{n}$ 与 $\boldsymbol{i}$, $\boldsymbol{n}$ 与 $\boldsymbol{j}$ 及 $\boldsymbol{n}$ 与 $\boldsymbol{k}$ 的夹角是锐角或钝角而定, 是有向微元 $\boldsymbol{n}dS$ 在各坐标平面上的投影. 单位法向 $\boldsymbol{n}$ 可用它的方向角来表示, $\boldsymbol{n}=\cos\alpha\boldsymbol{i}+\cos\beta\boldsymbol{j}+\cos\gamma\boldsymbol{k}$, 故 $dydz=\cos\alpha dS$, $dzdx=\cos\beta dS$, $dxdy=\cos\gamma dS$.

3° 该定义基于微分式 $Pdydz+Qdzdx+Rdxdy$ 加上方向后与微分式 $(P\boldsymbol{i}+Q\boldsymbol{j}+R\boldsymbol{k})\cdot\boldsymbol{n}dS$ 相等的基础之上. 在微积分中, 积分号下的微分式可恒等变形这个性质, 给积分带来了极大的方便和灵活性.

4° 有些书直接用分割求和取极限的方式来定义第二型曲面积分, 与本教材的定义是一致的. 例如本教材用 $\iint\limits_S P\boldsymbol{i}\cdot\boldsymbol{n}dS$ 来定义 $\iint\limits_S Pdydz$, 而那些教材中则用 $\iint\limits_S P\boldsymbol{i}\cdot\boldsymbol{n}dS$ 的相应的分割求和取极限的方式来定义 $\iint\limits_S Pdydz$, 两者实质相同.

二、掌握第二型曲面积分的性质

1. **方向性**. 设 S 是定向曲面, 改变了方向后记作 S^-, 则

$$\iint\limits_{S^-} Pdydz+Qdzdx+Rdxdy=-\iint\limits_S Pdydz+Qdzdx+Rdxdy.$$

2. **线性**. 对任意常数 c_1 和 c_2, 有

$$\iint\limits_S (c_1P_1+c_2P_2)dydz+(c_1Q_1+c_2Q_2)dzdx+(c_1R_1+c_2R_2)dxdy$$

$$=c_1\iint\limits_S P_1dydz+Q_1dzdx+R_1dxdy+c_2\iint\limits_S P_2dydz+Q_2dzdx+R_2dxdy.$$

特别,

$$\iint\limits_S Pdydz+Qdzdx+Rdxdy=\iint\limits_S Pdydz+\iint\limits_S Qdzdx+\iint\limits_S Rdxdy.$$

3. **对有向曲面片的可加性.** 设定向曲面由 S_1 和 S_2 两部分组成, 则

$$\iint_S Pdydz + Qdzdx + Rdxdy$$
$$= \iint_{S_1} Pdydz + Qdzdx + Rdxdy + \iint_{S_2} Pdydz + Qdzdx + Rdxdy.$$

4. **几个重要特例.**

在母线平行于 x 轴的柱面上, 有 $\iint_S Pdydz = 0$ (因 $\boldsymbol{n}\cdot\boldsymbol{i} = 0$ 及 $dydz = 0$).

在母线平行于 y 轴的柱面上, 有 $\iint_S Qdzdx = 0$ (因 $\boldsymbol{n}\cdot\boldsymbol{j} = 0$ 及 $dzdx = 0$).

在母线平行于 z 轴的柱面上, 有 $\iint_S Rdxdy = 0$ (因 $\boldsymbol{n}\cdot\boldsymbol{k} = 0$ 及 $dxdy = 0$).

三、掌握第二型曲面积分的计算方法

1. **定义法.** 即用 $\iint_S (P\boldsymbol{i}+Q\boldsymbol{j}+R\boldsymbol{k})\cdot\boldsymbol{n}dS$ 来计算 $\iint_S Pdydz+Qdzdx+Rdxdy$ 的值.

2. **参数法.** 设 $S:\ \boldsymbol{r} = \boldsymbol{r}(u,v),\ (u,v)\in D,\ \boldsymbol{n} = \varepsilon\dfrac{\boldsymbol{r}'_u\times\boldsymbol{r}'_v}{|\boldsymbol{r}'_u\times\boldsymbol{r}'_v|}$ 是指向指定侧的单位法向量, 则可用以下计算公式

$$\iint_S Pdydz + Qdzdx + Rdxdy$$
$$= \varepsilon\iint_D \begin{vmatrix} P(x(u,v),y(u,v),z(u,v)) & Q & R \\ x'_u(u,v) & y'_u & z'_u \\ x'_v(u,v) & y'_v & z'_v \end{vmatrix} dudv$$
$$= \varepsilon\iint_D \left[P\cdot\frac{\partial(y,z)}{\partial(u,v)} + Q\cdot\frac{\partial(z,x)}{\partial(u,v)} + R\cdot\frac{\partial(x,y)}{\partial(u,v)}\right] dudv.$$

(注意这里有 $dydz = \dfrac{\partial(y,z)}{\partial(u,v)}dudv,\ dzdx = \dfrac{\partial(z,x)}{\partial(u,v)}dudv,\ dxdy = \dfrac{\partial(x,y)}{\partial(u,v)}dudv$, 与二重积分的变量代换稍有不同, 在二重积分中 $dxdy = \left|\dfrac{\partial(x,y)}{\partial(u,v)}\right|dudv$, 这里没有绝对值记号!)

3. **以坐标变量为参数的特例.** 设 $S:\ z = z(x,y), (x,y)\in D,\ \boldsymbol{n} = \varepsilon\dfrac{-z'_x\boldsymbol{i} - z'_y\boldsymbol{j} + \boldsymbol{k}}{\sqrt{1+z'^2_x+z'^2_y}}$

是指向指定侧的单位法向量, 则有计算公式

$$\begin{aligned}&\iint\limits_S Pdydz+Qdzdx+Rdxdy\\&=\varepsilon\iint\limits_D\begin{vmatrix}P(x,y,z(x,y)) & Q(x,y,z(x,y)) & R(x,y,z(x,y))\\ 1 & 0 & z'_x\\ 0 & 1 & z'_y\end{vmatrix}dxdy\\&=\varepsilon\iint\limits_D[-z'_xP(x,y,z(x,y))-z'_yQ(x,y,z(x,y))+R(x,y,z(x,y))]dxdy.\end{aligned}$$

设 S : $y=y(z,x),(z,x)\in D$, $\boldsymbol{n}=\varepsilon\dfrac{-y'_x\boldsymbol{i}+\boldsymbol{j}-y'_z\boldsymbol{k}}{\sqrt{1+y'^2_x+y'^2_z}}$ 是指向指定侧的单位法向量, 则有计算公式

$$\begin{aligned}&\iint\limits_S Pdydz+Qdzdx+Rdxdy\\&=\varepsilon\iint\limits_D\begin{vmatrix}P(x,y(z,x),z) & Q(x,y(z,x),z) & R(x,y(z,x),z)\\ 0 & y'_z & 1\\ 1 & y'_x & 0\end{vmatrix}dzdx\\&=\varepsilon\iint\limits_D[-y'_xP(x,y(z,x),z)+Q(x,y(z,x),z)-y'_zR(x,y(z,x),z)]dzdx.\end{aligned}$$

设 S : $x=x(y,z),(y,z)\in D$, $\boldsymbol{n}=\varepsilon\dfrac{\boldsymbol{i}-x'_y\boldsymbol{j}-x'_z\boldsymbol{k}}{\sqrt{1+x'^2_y+x'^2_z}}$ 是指向指定侧的单位法向量, 则有计算公式

$$\begin{aligned}&\iint\limits_S Pdydz+Qdzdx+Rdxdy\\&=\varepsilon\iint\limits_D\begin{vmatrix}P(x(y,z),y,z) & Q(x(y,z),y,z) & R(x(y,z),y,z)\\ x'_y & 1 & 0\\ x'_z & 0 & 1\end{vmatrix}dydz\\&=\varepsilon\iint\limits_D[P(x(y,z),y,z)-x'_yQ(x(y,z),y,z)-x'_zR(x(y,z),y,z)]dydz.\end{aligned}$$

例题分析

例 1 计算 $\iint\limits_S xdydz+ydzdx+zdxdy$, 其中 S 是球面 $x^2+y^2+z^2=R^2$ 的 $z\leq 0$ 的部分, 远离坐标原点的一侧.

解 **方法 1** (化第一型曲面积分法) 球面上远离坐标原点一侧的法向量就是指向球面外侧的法向量, 它是 $\boldsymbol{n}=\frac{1}{R}(x\boldsymbol{i}+y\boldsymbol{j}+z\boldsymbol{k})$,

$$
\begin{aligned}
&\iint_S xdydz+ydzdx+zdxdy\\
=&\iint_S\left(x\cdot\frac{x}{R}+y\cdot\frac{y}{R}+z\cdot\frac{z}{R}\right)dS \qquad (\text{定义})\\
=&\iint_S\frac{x^2+y^2+z^2}{R}dS=\iint_S\frac{R^2}{R}dS \qquad (\text{点 }(x,y,z)\in\text{球面})\\
=&R\cdot S\text{ 的面积}=2\pi R^3.
\end{aligned}
$$

方法 2 (投影法) S 的显式方程为 $z=-\sqrt{R^2-x^2-y^2}$, $(x,y)\in D$, D : $x^2+y^2\le R^2$. 远离坐标原点一侧即下侧.

$$
\begin{aligned}
\iint_S xdydz+ydzdx+zdxdy&=-\iint_D\begin{vmatrix}x & y & -\sqrt{R^2-x^2-y^2}\\ 1 & 0 & \dfrac{x}{\sqrt{R^2-x^2-y^2}}\\ 0 & 1 & \dfrac{y}{\sqrt{R^2-x^2-y^2}}\end{vmatrix}dxdy\\
=\iint_D\left(\sqrt{R^2-x^2-y^2}+\frac{x^2+y^2}{\sqrt{R^2-x^2-y^2}}\right)dxdy&\\
=\int_0^{2\pi}d\theta\int_0^R\left(\sqrt{R^2-r^2}+\frac{r^2}{\sqrt{R^2-r^2}}\right)rdr&\\
=2\pi\left(\frac{1}{3}R^3+\frac{2}{3}R^3\right)=2\pi R^3.&
\end{aligned}
$$

方法 3 (球面坐标法) S 的参数方程是 $x=R\sin\theta\cos\varphi$, $y=R\sin\theta\sin\varphi$, $z=R\cos\theta$, $(\theta,\varphi)\in D$, D : $0\le\varphi\le 2\pi$, $\frac{\pi}{2}\le\theta\le\pi$. 远离坐标原点一侧即法向量 $\boldsymbol{n}=\frac{\boldsymbol{r}'_\theta\times\boldsymbol{r}'_\varphi}{|\boldsymbol{r}'_\theta\times\boldsymbol{r}'_\varphi|}$, 故

$$
\begin{aligned}
&\iint_S xdydz+ydzdx+zdxdy\\
=&\iint_D\begin{vmatrix}R\sin\theta\cos\varphi & R\sin\theta\sin\varphi & R\cos\theta\\ R\cos\theta\cos\varphi & R\cos\theta\sin\varphi & -R\sin\theta\\ -R\sin\theta\sin\varphi & R\sin\theta\cos\varphi & 0\end{vmatrix}d\theta d\varphi\\
=&\int_0^{2\pi}d\varphi\int_{\frac{\pi}{2}}^{\pi}R^3\sin\theta d\theta=2\pi R^3.
\end{aligned}
$$

例 2 计算 $\iint_S y^2dzdx+zdxdy$, 其中 S 是椭球面 $\frac{x^2}{4}+\frac{y^2}{4}+z^2=1$, 外侧.

解 方法 1 (分块投影) S 被 Oxy 平分为上、下两部分, 分别记为 S_1 和 S_2. 它们在 Oxy 平面上的投影都是区域 D : $x^2+y^2\le 4$. S_1 的显式方程是 $z=\frac{1}{2}\sqrt{4-x^2-y^2}$, 上侧, $z'_y=\frac{-y}{2\sqrt{4-x^2-y^2}}$, 故

$$\iint_{S_1} y^2dzdx+zdxdy=\iint_D\left(\frac{y^3}{2\sqrt{4-x^2-y^2}}+\frac{1}{2}\sqrt{4-x^2-y^2}\right)dxdy$$

$$=0+\int_0^{2\pi}d\theta\int_0^2\frac{1}{2}\sqrt{4-r^2}\cdot rdr=\frac{8}{3}\pi.$$

S_2 的方程是 $z=-\frac{1}{2}\sqrt{4-x^2-y^2}$, 下侧, $z'_y=\frac{y}{2\sqrt{4-x^2-y^2}}$, 故

$$\iint_{S_2} y^2dzdx+zdxdy=-\iint_D\left(\frac{-y^3}{2\sqrt{4-x^2-y^2}}-\frac{1}{2}\sqrt{4-x^2-y^2}\right)dxdy$$

$$=0+\int_0^{2\pi}d\theta\int_0^2\frac{1}{2}\sqrt{4-r^2}\cdot rdr=\frac{8}{3}\pi.$$

故

$$\iint_S y^2dzdx+zdxdy=\frac{16}{3}\pi.$$

方法 2 (参数法) S 的参数方程是 $x=2\sin\theta\cos\varphi$, $y=2\sin\theta\sin\varphi$, $z=\cos\theta$, $(\theta,\varphi)\in D$, D: $0\le\varphi\le 2\pi$, $0\le\theta\le\pi$. 外侧, $\boldsymbol{n}=\frac{\boldsymbol{r}'_\theta\times\boldsymbol{r}'_\varphi}{|\boldsymbol{r}'_\theta\times\boldsymbol{r}'_\varphi|}$,

$$\iint_S y^2dzdx+zdxdy$$

$$=\iint_D\begin{vmatrix}0 & 4\sin^2\theta\sin^2\varphi & \cos\theta\\ 2\cos\theta\cos\varphi & 2\cos\theta\sin\varphi & -\sin\theta\\ -2\sin\theta\sin\varphi & 2\sin\theta\cos\varphi & 0\end{vmatrix}d\theta d\varphi$$

$$=\int_0^{2\pi}d\varphi\int_0^{\pi}(4\sin\theta\cos^2\theta+8\sin^4\theta\sin^3\varphi)d\theta=\frac{16}{3}\pi.$$

方法 3 (分项) Ozx 平面将 S 分成左、右两半, 分别记为 S_4 和 S_3, S_3,S_4 在 Ozx 平面上投影区域都是 D_1 : $\frac{x^2}{4}+z^2\le 1$. S_3 的方程为 $y=\sqrt{4-x^2-4z^2}$, 右侧; S_4 的方程为 $y=-\sqrt{4-x^2-4z^2}$, 左侧, 故

$$\int_S y^2dzdx=\iint_{S_3}y^2dzdx+\iint_{S_4}y^2dzdx$$

$$=\iint_{D_1}(\sqrt{4-x^2-4z^2})^2dzdx-\iint_{D_1}(-\sqrt{4-x^2-4z^2})^2dzdx=0.$$

而

$$\begin{aligned}\iint_S zdxdy &= \iint_{S_1} zdxdy + \iint_{S_2} zdxdy \\ &= \iint_D \frac{1}{2}\sqrt{4-x^2-y^2}dxdy - \iint_D \left(-\frac{1}{2}\sqrt{4-x^2-y^2}\right)dxdy \\ &= \iint_D \sqrt{4-x^2-y^2}dxdy = \int_0^{2\pi} d\theta \int_0^2 \sqrt{4-r^2}rdr = \frac{16}{3}\pi.\end{aligned}$$

故原式 $=\frac{16}{3}\pi$.

注 10.12 由方法 3 可见, y^2 是 y 的偶函数, 曲面 S 关于平面 Ozx 对称, 但因在对称部分上法向量指向左, 右侧不同, 故 $\iint_S y^2dzdx = 0$. 与第一型曲面积分 $\iint_S y^2dS > 0$ 不同. 同理, 对于 z 的奇函数 z 及关于平面 Oxy 上下对称的曲面 S, 由于对称部分上法向量指向上、下侧不同, 故 $\iint_S zdxdy > 0$. 与第一型曲面积分 $\iint_S zdS = 0$ 不同.

例 3 求 $\iint_S -ydzdx + (z-1)dxdy$, 其中 S 是圆柱面 $x^2+y^2=4$ 被两平面 $x+z=2$ 和 $z=0$ 所截下的部分, 外侧.

解 **方法 1** (分块投影) 平面 Ozx 将 S 分成左、右两部分, 分别记作 S_2 和 S_1, S_1 和 S_2 在 Ozx 平面上的投影都是三角形区域 D, 它是由直线 $z=0, z=2-x$, 和 $x=-2$ 所围成. 右半 S_1 : $y=\sqrt{4-x^2}$, 右侧, 左半 S_1 : $y=-\sqrt{4-x^2}$, 左侧, 故

$$\begin{aligned}\iint_S -ydzdx &= \iint_{S_1} -ydzdx + \iint_{S_2} -ydzdx \\ &= \iint_D -\sqrt{4-x^2}dzdx - \iint_D -(-\sqrt{4-x^2})dzdx \\ &= -2\int_{-2}^2 dx \int_0^{2-x} \sqrt{4-x^2}dz \\ &= -4\int_{-2}^2 \sqrt{4-x^2}dx + 2\int_{-2}^2 x\sqrt{4-x^2}dx \\ &= -4\cdot\frac{1}{2}\pi\cdot 2^2 + 0 = -8\pi.\end{aligned}$$

因 S 在 Oxy 平面上的投影是一圆周, $dxdy=0$, 故

$$\iint_S (z-1)dxdy=0.$$

综合以上得

$$\iint_S -ydzdx+(z-1)dxdy=-8\pi.$$

方法 2 (参数法)　取 Oxy 平面上的极角 θ 及立坐标 z 为参数, 则 S 的参数方程是:$x=2\cos\theta,\ y=2\sin\theta,\ z=z$, 参数组 $(\theta,z)\in D,\ D:\ 0\le z\le 2-2\cos\theta,\ 0\le\theta\le 2\pi$. 易验证 (或从几何上可见)$\boldsymbol{n}=\dfrac{\boldsymbol{r}'_\theta\times\boldsymbol{r}'_z}{|\boldsymbol{r}'_\theta\times\boldsymbol{r}'_z|}$ 指向外侧, 故

$$\iint_S -ydzdx+\iint_S (z-1)dxdy=\int_0^{2\pi}d\theta\int_0^{2-2\cos\theta}-2\sin\theta\cdot\frac{\partial(z,x)}{\partial(\theta,z)}dz+0$$
$$=\int_0^{2\pi}d\theta\int_0^{2-2\cos\theta}-4\sin^2\theta dz=4\int_0^{2\pi}(2\cos\theta-2)\sin^2\theta dz=-8\pi.$$

例 4　计算曲面积分 $\displaystyle\iint_S \frac{xdydz+z^2dxdy}{x^2+y^2+z^2}$, 其中 S 是由曲面 $x^2+y^2=R^2$ 及两平面 $z=R,\ z=-R\,(R>0)$ 所围立体表面的外侧.

解　设 S_1,S_2,S_3 依次为 S 的上、下底和柱面部分, 则

$$\iint_{S_1}\frac{xdydz}{x^2+y^2+z^2}=\iint_{S_2}\frac{xdydz}{x^2+y^2+z^2}=0.$$

记 S_1,S_2 在 Oxy 平面上的投影域为 D, 则

$$\iint_{S_1+S_2}\frac{z^2}{x^2+y^2+z^2}dxdy$$
$$=\iint_D\frac{R^2}{x^2+y^2+R^2}dxdy-\iint_D\frac{(-R)^2}{x^2+y^2+(-R)^2}dxdy=0.$$

在 S_3 上,

$$\iint_{S_3}\frac{z^2}{x^2+y^2+z^2}dxdy=0.$$

S_3 被 Oyz 平面分成前后两部分, 它们在 Oyz 平面上的投影区域都是 D_1 :

$-R \leq y \leq R$, $-R \leq z \leq R$, 前侧部分方向向前, 后侧部分方向向后, 有

$$\begin{aligned}
&\iint\limits_{S_3} \frac{x}{x^2+y^2+z^2} dydz \\
&= \iint\limits_{D_1} \frac{\sqrt{R^2-y^2}}{(R^2-y^2)+y^2+z^2} dydz - \iint\limits_{D_1} \frac{-\sqrt{R^2-y^2}}{(-\sqrt{R^2-y^2})^2+y^2+z^2} dydz \\
&= 2\iint\limits_{D_1} \frac{\sqrt{R^2-y^2}}{R^2+z^2} dydz = 2\int_{-R}^{R} dy \int_{-R}^{R} \frac{\sqrt{R^2-y^2}}{R^2+z^2} dz \\
&= \frac{1}{2}\pi^2 R.
\end{aligned}$$

故原式 $= \dfrac{1}{2}\pi^2 R.$

例 5 (1) 设 V 是长方体区域 $-a \leq x \leq a$, $-b \leq y \leq b$, $-c \leq z \leq c$, S 是 V 的外侧表面, 求向量场 $\boldsymbol{v} = x\boldsymbol{i} + y^2\boldsymbol{j} + z^3\boldsymbol{k}$ 流向 S 外侧的通量.

(2) 设 $u = x + y^2 + z^3$, S 为长方体 $-a \leq x \leq a$, $-b \leq y \leq b$, $-c \leq z \leq c$ 的全表面, $\boldsymbol{n}$ 为 S 的外法向, 求 $\displaystyle\iint\limits_S \frac{\partial u}{\partial \boldsymbol{n}} dS$.

解 (1) 通量为 $\displaystyle\iint\limits_S xdydz + y^2dzdx + z^3dxdy$. 用 S_1, S_2 分别表示 S 的上下底面部分, 用 S_3, S_4 分别表示 S 的右、左侧面部分, 用 S_5, S_6 分别表示 S 的前后侧面部分, D_{xy}, D_{zx}, D_{yz} 分别表示 S 在 O_{xy}, O_{zx}, O_{yz} 平面上投影, 则

$$\begin{aligned}
\iint\limits_S xdydz &= \iint\limits_{S_5} xdydz + \iint\limits_{S_6} xdydz + \iint\limits_{S_1+S_2+S_3+S_4} xdydz \\
&= \iint\limits_{D_{yz}} adydz - \iint\limits_{D_{yz}} -adydz + 0 = 8abc,
\end{aligned}$$

$$\begin{aligned}
\iint\limits_S y^2dzdx &= \iint\limits_{S_3} y^2dzdx + \iint\limits_{S_4} y^2dzdx + \iint\limits_{S_1+S_2+S_5+S_6} y^2dzdx \\
&= \iint\limits_{D_{zx}} b^2dzdx - \iint\limits_{D_{zx}} (-b)^2dzdx + 0 = 0,
\end{aligned}$$

$$\begin{aligned}
\iint\limits_S z^3dxdy &= \iint\limits_{S_1} z^3dxdy + \iint\limits_{S_2} z^3dxdy + \iint\limits_{S_3+S_4+S_5+S_6} z^3dxdy \\
&= \iint\limits_{D_{xy}} c^3dxdy - \iint\limits_{D_{xy}} (-c)^3dxdy + 0 = 8abc^3.
\end{aligned}$$

故

$$\iint_S xdydz + y^2dzdx + z^3dxdy = 8abc(1+c^2).$$

(2) 不妨设 $\boldsymbol{n}$ 为 S 的外法向上的单位向量, 则

$$\frac{\partial u}{\partial \boldsymbol{n}} = \left(\frac{\partial u}{\partial x}\boldsymbol{i} + \frac{\partial u}{\partial y}\boldsymbol{j} + \frac{\partial u}{\partial z}\boldsymbol{k}\right)\cdot \boldsymbol{n} = (\boldsymbol{i} + 2y\boldsymbol{j} + 3z^2\boldsymbol{k})\cdot \boldsymbol{n},$$

故

$$\begin{aligned}\iint_S \frac{\partial u}{\partial \boldsymbol{n}} dS &= \iint_S (\boldsymbol{i} + 2y\boldsymbol{j} + 3z^2\boldsymbol{k})\cdot \boldsymbol{n}dS \\ &= \iint_S dydz + 2ydzdx + 3x^2dxdy,\end{aligned}$$

与 (1) 同样计算可得

$$\iint_S dydz = \iint_S 3z^2dxdy = 0, \qquad \iint_S 2ydzdx = 16abc.$$

故

$$\iint_S \frac{\partial u}{\partial n} dS = 16abc.$$

10.5 高斯定理与斯托克斯定理

学 习 要 点

一、了解散度的概念, 会计算散度

1. 向量场的散度

设向量场 $\boldsymbol{v} = \boldsymbol{v}(x, y, z)$ 在 $M_0(x_0, y_0, z_0)$ 的一个邻域内有定义, 在此邻域内围绕点 M_0 作一封闭曲面 ΔS, 其外侧法向量为 $\boldsymbol{n}$, 记 ΔS 所围区域为 ΔV, 其体积仍记作 ΔV, 如果当 ΔS 收缩到点 M_0 时

$$\lim_{\Delta S \text{ 收缩到 } M_0} \frac{1}{\Delta V}\iint_{\Delta S} \boldsymbol{v}\cdot \boldsymbol{n}dS$$

收敛, 则称 $\boldsymbol{v}$ 在点 M_0 处的散度存在, 并称以上极限值为向量场 $\boldsymbol{v}$ 在点 M_0 处的散度, 记作 $\operatorname{div}\boldsymbol{v}|_{M_0}$.

向量场在一点处的散度, 表示向量场在该点处向外散发通量的强度.

可微向量场的散度是存在的.

若向量场 $\boldsymbol{v}$ 在区域 V 内处处有 $\operatorname{div}\boldsymbol{v}=0$, 则称 $\boldsymbol{v}$ 是 V 内的无源场.

2. **散度的计算公式**

在直角坐标系中, 若向量场 $\boldsymbol{v}=P\boldsymbol{i}+Q\boldsymbol{j}+R\boldsymbol{k}$ 在点 $M(x,y,z)$ 处散度存在, 则

$$\operatorname{div}\boldsymbol{v}=\frac{\partial P}{\partial x}+\frac{\partial Q}{\partial y}+\frac{\partial R}{\partial z}.$$

散度可看成向量场到函数的映射, 该映射具有以下性质.

1° 线性. 设 $\boldsymbol{v}_1,\boldsymbol{v}_2$ 是可微向量场, c_1,c_2 是任意常数, 则

$$\operatorname{div}(c_1\boldsymbol{v}_1+c_2\boldsymbol{v}_2)=c_1\operatorname{div}\boldsymbol{v}_1+c_2\operatorname{div}\boldsymbol{v}_2.$$

2° 函数乘向量场的散度. 设 $u=u(x,y,z)$ 是可微函数, $\boldsymbol{v}=\boldsymbol{v}(x,y,z)$ 是可微向量场, 则

$$\operatorname{div}(u\boldsymbol{v})=\operatorname{grad}u\cdot\boldsymbol{v}+u\operatorname{div}\boldsymbol{v},$$

其中 $\operatorname{grad}u$ 是 u 的梯度 (向量).

二、掌握高斯 (Gauss) 公式

1. **三种类型的区域**

设 $\varphi_1(x,y)$, $\varphi_2(x,y)$ 都在 $(x,y)\in D_1$ 上连续, D_1 是平面有界闭区域, $\varphi_1(x,y)\leq\varphi_2(x,y)$ $(\forall(x,y)\in D)$, 则称区域

$$V_A=\{(x,y,z)|\ \varphi_1(x,y)\leq z\leq\varphi_2(x,y),\ (x,y)\in D_1\}$$

为 A 型区域.

设 $\psi_1(y,z),\psi_2(y,z)$ 都在 $(y,z)\in D_2$ 上连续, D_2 是平面有界闭区域, $\psi_1(y,z)\leq\psi_2(y,z)$ $(\forall(y,z)\in D_2)$, 则称区域

$$V_B=\{(x,y,z)|\ \psi_1(y,z)\leq x\leq\psi_2(y,z),\ (y,z)\in D_2\}$$

为 B 型区域.

设 $\chi_1(z,x),\chi_2(z,x)$ 都在 $(z,x)\in D_3$ 上连续, D_3 是平面有界区域, $\chi_1(z,x)\leq\chi_2(z,x)$ $(\forall(z,x)\in D_3)$, 则称区域

$$V_C=\{(x,y,z)|\ \chi_1(z,x)\leq y\leq\chi_2(z,x),\ (z,x)\in D_3\}$$

为 C 型区域.

2. 环量

设 L 是一条定向曲线, $\boldsymbol{v} = P\boldsymbol{i} + Q\boldsymbol{j} + R\boldsymbol{k}$ 是向量场, 称曲线积分 $\int_L Pdx + Qdy + Rdz$ 的值为向量场 $\boldsymbol{v}$ 沿 L 的环量.

3. 高斯定理

设闭区域 V 既可分解成有限个互不重叠的 A 型区域, 又可分解成有限个互不重叠的 B 型区域, 同时还可分解成有限个互不重叠的 C 型区域, 函数 P, Q, R 在闭区域 V 上有一阶连续的偏导数, 则

$$\iint\limits_S Pdydz + Qdzdx + Rdxdy = \iiint\limits_V \left(\frac{\partial P}{\partial x} + \frac{\partial Q}{\partial y} + \frac{\partial R}{\partial z}\right) dV,$$

其中 S 是 V 的外侧表面.

高斯定理中的公式称为高斯公式, 它的向量形式是

$$\iint\limits_S \boldsymbol{v} \cdot \boldsymbol{n} dS = \iiint\limits_V \operatorname{div} \boldsymbol{v} dV.$$

4. 多连通区域的情形

设 $\Sigma, \Sigma_1, \Sigma_2, \cdots, \Sigma_n$ 都是光滑或分片光滑的简单双侧闭曲面, 外侧, 其中 $\Sigma_1, \Sigma_2, \cdots, \Sigma_n$ 两两相离, 且都在 Σ 的内部, V 是由 Σ 和 $\Sigma_1, \Sigma_2, \cdots, \Sigma_n$ 所围成的闭区域, 此时 V 的外侧边界为

$$S = \Sigma + \Sigma_1^- + \Sigma_2^- + \cdots + \Sigma_n^-,$$

高斯公式可写成

$$\left(\iint\limits_{\Sigma} - \iint\limits_{\Sigma_1} - \iint\limits_{\Sigma_2} - \cdots - \iint\limits_{\Sigma_n}\right) Pdydz + Qdzdx + Rdxdy$$
$$= \iiint\limits_V \left(\frac{\partial P}{\partial x} + \frac{\partial Q}{\partial y} + \frac{\partial R}{\partial z}\right) dV.$$

三、会用斯托克斯 (Stokes) 定理

1. 双侧曲面与其边界曲线的协调定向

设 S 是双侧曲面, L 是它的边界. 称 S 的定向与 L 的定向是协调的, 如果当观察者沿 L 的方向行进时, 最接近观察者的曲面部分上的法向总是立在观察者的左侧. 若 S 的边界是一条简单封闭曲线时, 显然 L 的方向与 S 的方向成右手螺旋关系.

2. 斯托克斯定理

设 S 是以光滑或逐段光滑的曲线 L 为边界的光滑或分片光滑的有界的双侧曲面, 函数 $P(x,y,z)$, $Q(x,y,z)$ 和 $R(x,y,z)$ 都在包含全曲面 S 在内的某个空间区域上有一阶连续的偏导数, 则有

$$\oint_L Pdx + Qdy + Rdz$$
$$= \iint_S \left(\frac{\partial R}{\partial y} - \frac{\partial Q}{\partial z}\right)dydz + \left(\frac{\partial P}{\partial z} - \frac{\partial R}{\partial x}\right)dzdx + \left(\frac{\partial Q}{\partial x} - \frac{\partial P}{\partial y}\right)dxdy,$$

其中 L 的定向与 S 的定向是协调的.

该定理中的公式称为斯托克斯公式, 我们常把它写成以下便于记忆的形式:

$$\oint_L Pdx + Qdy + Rdz = \iint_S \begin{vmatrix} dydz & dzdx & dxdy \\ \dfrac{\partial}{\partial x} & \dfrac{\partial}{\partial y} & \dfrac{\partial}{\partial z} \\ P & Q & R \end{vmatrix}.$$

该公式还可写成以下向量的形式

$$\oint_L \boldsymbol{v} \cdot \boldsymbol{\tau} dl = \iint_S \operatorname{rot} \boldsymbol{v} \cdot \boldsymbol{n} dS,$$

其中 $\operatorname{rot}\boldsymbol{v}$ 是 $\boldsymbol{v}$ 的旋度 (向量), $\boldsymbol{\tau}$ 是 L 上指向指定方向的单位切向量, $\boldsymbol{n}$ 是 S 上指向指定侧的单位法向量且 L 的方向与 S 的方向是协调的.

四、了解旋度的概念, 会算旋度

1. 旋度在直角坐标系下的计算公式

给定向量场 $\boldsymbol{v} = P\boldsymbol{i} + Q\boldsymbol{j} + R\boldsymbol{k}$, 则向量

$$\operatorname{rot}\boldsymbol{v} = \left(\frac{\partial R}{\partial y} - \frac{\partial Q}{\partial z}\right)\boldsymbol{i} + \left(\frac{\partial P}{\partial z} - \frac{\partial R}{\partial x}\right)\boldsymbol{j} + \left(\frac{\partial Q}{\partial x} - \frac{\partial P}{\partial y}\right)\boldsymbol{k}$$

为 $\boldsymbol{v}$ 的旋度向量. 该向量的方向表示向量场 $\boldsymbol{v}$ 在点 $M(x,y,z)$ 处旋转的方向, 该向量的大小表示 $\boldsymbol{v}$ 在 M 点处旋转强度的大小.

为便于记忆, 旋度常写成行列式的形式

$$\operatorname{rot}(P\boldsymbol{i} + Q\boldsymbol{j} + R\boldsymbol{k}) = \begin{vmatrix} \boldsymbol{i} & \boldsymbol{j} & \boldsymbol{k} \\ \dfrac{\partial}{\partial x} & \dfrac{\partial}{\partial y} & \dfrac{\partial}{\partial z} \\ P & Q & R \end{vmatrix}.$$

2. 旋度的运算性质

旋度可看成从向量到向量的映射. 作为映射, 有以下运算性质.

1° 线性. $\mathrm{rot}\,(c_1\boldsymbol{v}_1+c_2\boldsymbol{v}_2)=c_1\mathrm{rot}\,\boldsymbol{v}_1+c_2\mathrm{rot}\,\boldsymbol{v}_2$.

2° 函数乘向量场的旋度.

$$\mathrm{rot}\,(u\boldsymbol{v})=\mathrm{grad}\,u\times\boldsymbol{v}+u\mathrm{rot}\,\boldsymbol{v}.$$

解题方法

利用高斯公式来计算第二型曲面积分, 利用斯托克斯公式 (其特例为格林公式) 来计算第二型曲线积分, 是求第二型线面积分的基本方法之一.

当曲面不封闭时, 可利用**补片**法. 当封闭曲面内部有个别点处向量 $\boldsymbol{v}$ 不满足连续可微条件时, 可利用**挖洞**法.

对第二型曲线积分, 也可采用类似方法, 如**补线**或**挖洞**.

例题分析

例 1 设 $\boldsymbol{a}=a_1\boldsymbol{i}+a_2\boldsymbol{j}+a_3\boldsymbol{k}$, $\boldsymbol{b}=b_1\boldsymbol{i}+b_2\boldsymbol{j}+b_3\boldsymbol{k}$ 都是常向量, $\boldsymbol{r}=x\boldsymbol{i}+y\boldsymbol{j}+z\boldsymbol{k}$, $r=|\boldsymbol{r}|$, f 为可微函数. 求

(1) $\mathrm{div}\,((\boldsymbol{a}\cdot\boldsymbol{r})\boldsymbol{b})$;
(2) $\mathrm{div}\,(f(r)\boldsymbol{a})$;

(3) $\mathrm{div}\,(\boldsymbol{r}\times(f(r))\boldsymbol{a})$;
(4) $\mathrm{div}\,(f(r)\boldsymbol{r})$.

解 (1)

$$(\boldsymbol{a}\cdot\boldsymbol{r})\boldsymbol{b}=(a_1x+a_2y+a_3z)b_1\boldsymbol{i}+(a_1x+a_2y+a_3z)b_2\boldsymbol{j}\\+(a_1x+a_2y+a_3z)b_3\boldsymbol{k},$$

$$\begin{aligned}\mathrm{div}\,((\boldsymbol{a}\cdot\boldsymbol{r})\boldsymbol{b})&=\frac{\partial}{\partial x}[(a_1x+a_2y+z_3z)b_1]+\frac{\partial}{\partial y}[(a_1x+a_2y+z_3z)b_2]\\&\quad+\frac{\partial}{\partial z}[(a_1x+a_2y+z_3z)b_3]\\&=a_1b_1+a_2b_2+a_3b_3(=\boldsymbol{a}\cdot\boldsymbol{b}).\end{aligned}$$

(2) $f(r)\boldsymbol{a}=f(r)a_1\boldsymbol{i}+f(r)a_2\boldsymbol{j}+f(r)a_3\boldsymbol{k}$,

$$\begin{aligned}\mathrm{div}\,(f(r)\boldsymbol{a})&=f'(r)\cdot\frac{x}{r}a_1+f'(r)\cdot\frac{y}{r}a_2+f'(r)\cdot\frac{z}{r}a_3\\&=\frac{1}{r}f'(r)(a_1x+a_2y+a_3z),\end{aligned}$$

或

$$\begin{aligned}\mathrm{div}\,(f(r)\boldsymbol{a})&=\mathrm{grad}\,f(r)\cdot\boldsymbol{a}+f(r)\mathrm{div}\,\boldsymbol{a}=f'(r)\cdot\frac{\boldsymbol{r}}{r}\cdot\boldsymbol{a}+\boldsymbol{0}\\&=\frac{1}{r}f'(r)(a_1x+a_2y+a_3z).\end{aligned}$$

(3)

$$\begin{aligned}\boldsymbol{r}\times(f(r)\boldsymbol{a}) &= f(r)\boldsymbol{r}\times\boldsymbol{a}\\ &= f(r)[(a_3y-a_2z)\boldsymbol{i}+(a_1z-a_3x)\boldsymbol{j}+(a_2x-a_1y)\boldsymbol{k}],\end{aligned}$$

$$\begin{aligned}&\operatorname{div}(\boldsymbol{r}\times(f(r)\boldsymbol{a}))\\ =&\frac{\partial}{\partial x}[f(r)(a_3y-a_2z)]+\frac{\partial}{\partial y}[f(r)(a_1z-a_3x)]+\frac{\partial}{\partial z}[f(r)(a_2x-a_1y)]\\ =&\frac{f'(r)}{r}[x(a_3y-a_2z)+y(a_1z-a_3x)+z(a_2x-a_1y)]=0,\end{aligned}$$

或

$$\begin{aligned}&\operatorname{div}(\boldsymbol{r}\times(f(r)\boldsymbol{a}))\\ =&\operatorname{div}[f(r)(\boldsymbol{r}\times\boldsymbol{a})]=\operatorname{grad}f(r)\cdot(\boldsymbol{r}\times\boldsymbol{a})+f(r)\operatorname{div}(\boldsymbol{r}\times\boldsymbol{a})\\ =&f'(r)\cdot\frac{\boldsymbol{r}}{r}\cdot(\boldsymbol{r}\times\boldsymbol{a})+f(r)\operatorname{div}[(a_3y-a_2z)\boldsymbol{i}+(a_1z-a_3x)\boldsymbol{j}+(a_2x-a_1y)\boldsymbol{k}]\\ =&0.\end{aligned}$$

(4)

$$\begin{aligned}\operatorname{div}(f(r)\boldsymbol{r}) &= \operatorname{grad}f(r)\cdot\boldsymbol{r}+f(r)\operatorname{div}\boldsymbol{r}=f'(r)\cdot\frac{\boldsymbol{r}}{r}\cdot\boldsymbol{r}+3f(r)\\ &= rf'(r)+3f(r).\end{aligned}$$

例 2 设 $\boldsymbol{v}=(e^{yz}+x^2yz)\boldsymbol{i}+(\cos(x^2z)-xy^2z)\boldsymbol{j}+(\sin(x^3y^2)+xyz)\boldsymbol{k}$ 通过 V 的外侧表面的通量, 其中,

(1) V 是长方体 $0\le x\le a,\ 0\le y\le b,\ 0\le z\le c$;

(2) V 是四面体 $x\ge 0,\ y\ge 0,\ z\ge 0,\ x+y+z\le 1$;

(3) V 是椭球体 $\dfrac{x^2}{a^2}+\dfrac{y^2}{b^2}+\dfrac{z^2}{c^2}\le 1$.

解

$$\begin{aligned}N=&\iint_{\partial V}(e^{yz}+x^2yz)dydz+(\cos(x^2z)-xy^2z)dzdx\\ &+(\sin(x^3y^2)+xyz)dxdy\\ =&\iiint_V\left[\frac{\partial}{\partial x}(e^{yz}+x^2yz)+\frac{\partial}{\partial y}(\cos(x^2z)-xy^2z)+\frac{\partial}{\partial z}(\sin(x^3y^2)+xyz)\right]dV\\ =&\iiint_V xydV.\end{aligned}$$

(1) $N=\displaystyle\iiint_V xydV=\int_0^a dx\int_0^b dy\int_0^c xydz=\frac{1}{4}a^2b^2c.$

(2)

$$N = \iiint\limits_V xydV = \int_0^1 dx \int_0^{1-x} dy \int_0^{1-x-y} xydz$$
$$= \int_0^1 dx \int_0^{1-x} (xy - x^2y - xy^2)dy = \int_0^1 \frac{1}{6}x(1-x)^3 dx = \frac{1}{120}.$$

(3) $N = \iiint\limits_V xydV = 0$ (利用对称性).

注 10.13 一般, 对可微函数 $f(y,z), g(z,x), h(x,y)$, 向量场 $f(y,z)\boldsymbol{i}+g(z,x)\boldsymbol{j}+h(x,y)\boldsymbol{k}$ 通过封闭曲面外侧的通量为 0.

例 3 计算曲面积分 $\iint\limits_S (2x+z)dydz + zdxdy$, 其中 S 为有向曲面 $z = x^2+y^2\ (0 \le z \le 1)$, 其法向与 z 轴正方向夹角为锐角.

解 这里用**补片**后再用高斯公式法. 作辅助曲面 $\varSigma$: $z = 1\ (x^2+y^2 \le 1)$, 上侧, 则 $S+\varSigma^-$ 形成封闭曲面, 内侧, 可用高斯公式

$$\iint\limits_S (2x+z)dydz + zdxdy$$
$$= \iint\limits_{S+\varSigma^-} (2x+z)dydz + zdxdy + \iint\limits_{\varSigma} (2x+z)dydz + zdxdy$$
$$= -\iiint\limits_V \left[\frac{\partial}{\partial x}(2x+z) + \frac{\partial}{\partial z}z\right] dV + 0 + \iint\limits_{x^2+y^2\le 1} dxdy$$
$$= -3\int_0^{2\pi} d\theta \int_0^1 rdr \int_{r^2}^1 dz + \pi = -\frac{1}{2}\pi.$$

例 4 设 S 是单位球面 $x^2+y^2+z^2=1$ 的外侧, 求曲面积分

$$\iint\limits_S \frac{xdydz + ydzdx + zdxdy}{(\sqrt{2x^2+2y^2+z^2})^3}.$$

解 $P = x(2x^2+2y^2+z^2)^{-\frac{3}{2}}$, $Q = y(2x^2+2y^2+z^2)^{-\frac{3}{2}}$, $R = z(2x^2+2y^2+z^2)^{-\frac{3}{2}}$, 直接计算可得 $\dfrac{\partial P}{\partial x} + \dfrac{\partial Q}{\partial y} + \dfrac{\partial R}{\partial z} = 0$, 故宜用高斯公式. 但又因为在全球体内, 点 $(0,0,0)$ 处 P,Q,R 不存在 (更谈不上有偏导数), 所以又不能在全球体上用高斯公式. 今采用**挖洞法**, 取 $0<\varepsilon<1$, 作椭球面 $\varSigma$: $2x^2+2y^2+z^2=\varepsilon^2$, 外侧, 则在

S 与 Σ 所围的区域 Ω 内, 可用高斯公式.

$$\iint_S \frac{xdydz+ydzdx+zdxdy}{(\sqrt{2x^2+2y^2+z^2})^3}$$

$$=\iint_{S+\Sigma^-} \frac{xdydz+ydzdx+zdxdy}{(\sqrt{2x^2+2y^2+z^2})^3}+\iint_{\Sigma} \frac{xdydz+ydzdx+zdxdy}{(\sqrt{2x^2+2y^2+z^2})^3}$$

$$=\iiint_{\Omega} 0dv+\iint_{\Sigma} \frac{xdydz+ydzdx+zdxdy}{\varepsilon^3}$$

$$=0+\iiint_V \frac{3}{\varepsilon^3}dV \quad (V \text{ 是 } 2x^2+2y^2+z^2=\varepsilon^2 \text{ 所围区域})$$

$$=\frac{3}{\varepsilon^3}\cdot\frac{4}{3}\pi\cdot\frac{\varepsilon}{\sqrt{2}}\cdot\frac{\varepsilon}{\sqrt{2}}\cdot\varepsilon=2\pi.$$

例 5 已知位于原点处质量为 m 的质点产生的引力场是 $\boldsymbol{F}=-km\dfrac{\boldsymbol{r}}{r^3}$, 求它通过下列闭曲面外侧的通量.

(1) 空间中任一包围原点的闭曲面;

(2) 空间中任一不包围原点的闭曲面;

(3) 原点在光滑闭曲面上.

其中 $\boldsymbol{r}=x\boldsymbol{i}+y\boldsymbol{j}+z\boldsymbol{k}$, $r=|\boldsymbol{r}|$.

解 由例 1(4) 可知, $\operatorname{div}\boldsymbol{F}=0$ (当 $(x,y,z)\neq(0,0,0)$ 时), 故宜用高斯公式, 但 (1),(3) 两种情况下, 不能直接用高斯公式, 要作挖洞处理.

(1) 设 S 是包围原点的任一闭曲面, 取 $\varepsilon>0$, ε 足够小, 使得以原点为心, ε 为半径的球面 Σ 在 S 的内部, Σ 取外侧. 记 Σ 与 S 所围区域为 Ω, 则有

$$\begin{aligned}\iint_S \boldsymbol{F}\cdot\boldsymbol{n}dS&=\iint_{S+\Sigma^-}\boldsymbol{F}\cdot\boldsymbol{n}dS+\iint_{\Sigma}\boldsymbol{F}\cdot\boldsymbol{n}dS\\&=\iiint_{\Omega}\operatorname{div}\boldsymbol{F}dV+\iint_{\Sigma}-km\frac{\boldsymbol{r}}{r^3}\cdot\frac{\boldsymbol{r}}{r}dS\\&=0-km\iint_{\Sigma}\frac{1}{\varepsilon^2}dS=-km\cdot\frac{1}{\varepsilon^2}\cdot4\pi\varepsilon^2=-4\pi km.\end{aligned}$$

(2) 设 S 是不包围原点的闭曲面, 直接用高斯公式得

$$\iint_S \boldsymbol{F}\cdot\boldsymbol{n}dS=\iiint_V\operatorname{div}\boldsymbol{F}dV=0 \qquad (\text{其中 } V \text{ 是 } S \text{ 的内部}).$$

(3) 设原点在光滑曲面 S 上, 以原点 (m 所在的点) 为球心, ε 为半径 ($\varepsilon>0$, 很小) 作球面 Σ, 外侧, 记 Σ 在 S 内部的部分为 Σ_1, 记 S 在 Σ 外部的部分为 S_1,

则 Σ_1 与 S_1 构成一封闭曲面, 记所围区域为 Ω, 由高斯公式

$$\iint\limits_{S_1+\Sigma_1^-} \boldsymbol{F}\cdot\boldsymbol{n}dS = \iint\limits_{\Omega} \operatorname{div}\boldsymbol{F}dv = 0,$$

故

$$\begin{aligned}\iint\limits_{S_1} \boldsymbol{F}\cdot\boldsymbol{n}dS &= \iint\limits_{\Sigma_1} \boldsymbol{F}\cdot\boldsymbol{n}dS = \iint\limits_{\Sigma_1} -km\frac{\boldsymbol{r}}{r^3}\cdot\frac{\boldsymbol{r}}{r}dS\\ &= \iint\limits_{\Sigma_1} -km\frac{1}{\varepsilon^2}dS = \frac{-km}{\varepsilon^2}\cdot\Sigma_1\text{ 的面积}.\end{aligned}$$

因 S 在原点处光滑, 故 Σ_1 的面积 (当 ε 很小时) 接近于半球面的面积 $2\pi\varepsilon^2$, 有

$$\lim_{\varepsilon\to0^+}\iint\limits_{S_1} \boldsymbol{F}\cdot\boldsymbol{n}dS = \lim_{\varepsilon\to0^+}\left(\frac{-km}{\varepsilon^2}\cdot\Sigma_1\text{ 的面积}\right) = -2\pi km,$$

即

$$\iint\limits_{S} \boldsymbol{F}\cdot\boldsymbol{n}dS = -2\pi km.$$

例 6　设对于半空间 $x>0$ 内任一光滑封闭曲面 S 有

$$\oiint\limits_S xf(x)dydz-(y+x)f(x)dzdx-x^2ze^{2x}dxdy=0,$$

其中函数 $f(x)$ 在 $(0,+\infty)$ 内具有连续的一阶导数, 且 $\lim\limits_{x\to0^-}f(x)=0$. 求 $f(x)$.

解　由题设和高斯公式得

$$\begin{aligned}0 &= \oiint\limits_S xf(x)dydz-(y+x)f(x)dzdx-x^2ze^{2x}dxdy\\ &= \pm\iiint\limits_V (xf'(x)+f(x)-f(x)-x^2e^{2x})dV,\end{aligned}$$

其中 V 为 S 所围成的有界闭区域. 当 S 取外侧时取 “+” 号, 当 S 取内侧时取 “−” 号. 由 S 的任意性知, $x>0$ 时有

$$\begin{aligned}&xf'(x)+f(x)-f(x)-x^2e^{2x}=0,\\ &f'(x)=xe^{2x},\\ &f(x)=\left(\frac{x}{2}-\frac{1}{4}\right)e^{2x}+c,\end{aligned}$$

再由 $\lim\limits_{x\to 0^+} f(x)=0$, 得 $c=\dfrac{1}{4}$. 故

$$f(x)=\left(\frac{x}{2}-\frac{1}{4}\right)e^{2x}+\frac{1}{4}.$$

例 7 设 V 是由曲面 $z=\sqrt{2-x^2-y^2}$ 及 $z=\sqrt{x^2+y^2}$ 所围区域之 $y\geq 0$ 的部分, 其表面为 S, $\cos\alpha, \cos\beta, \cos\gamma$ 为 S 的外侧法向量的方向余弦, 求

$$\iint\limits_S [(e^{yz}+x^2)\cos\alpha+e^{zx}\cos\beta+(e^{xy}+z)\cos\gamma]dS.$$

解

$$\begin{aligned}
&\iint\limits_S [(e^{yz}+x^2)\cos\alpha+e^{zx}\cos\beta+(e^{xy}+z)\cos\gamma]dS\\
=&\iint\limits_S (e^{yz}+x^2)dydz+e^{zx}dzdx+(e^{xy}+z)dxdy\\
=&\iiint\limits_V \left[\frac{\partial}{\partial x}(e^{yz}+x^2)+\frac{\partial}{\partial y}e^{zx}+\frac{\partial}{\partial z}(e^{xy}+z)\right]dV\\
=&\iiint\limits_V (2x+1)dV=0+\int_0^{\pi}d\theta\int_0^1 rdr\int_r^{\sqrt{2-r^2}}dz=\frac{2}{3}(\sqrt{2}-1)\pi.
\end{aligned}$$

例 8 设 $\boldsymbol{a}=a_1\boldsymbol{i}+a_2\boldsymbol{j}+a_3\boldsymbol{k}$, $\boldsymbol{b}=b_1\boldsymbol{i}+b_2\boldsymbol{j}+b_3\boldsymbol{k}$ 都是常向量, $\boldsymbol{r}=x\boldsymbol{i}+y\boldsymbol{j}+z\boldsymbol{k}$, $r=|\boldsymbol{r}|$, f 为可微函数, 求

(1) $\mathrm{rot}\,((\boldsymbol{a}\cdot\boldsymbol{r})\boldsymbol{b})$; (2) $\mathrm{rot}\,(f(r)\boldsymbol{a})$;

(3) $\mathrm{rot}\,(\boldsymbol{r}\times(f(r))\boldsymbol{a})$; (4) $\mathrm{rot}\,(f(r)\boldsymbol{r})$.

解 (1)

$$\begin{aligned}(\boldsymbol{a}\cdot\boldsymbol{r})\boldsymbol{b}=&(a_1x+a_2y+a_3z)b_1\boldsymbol{i}+(a_1x+a_2y+a_3z)b_2\boldsymbol{j}\\&+(a_1x+a_2y+a_3z)b_3\boldsymbol{k},\end{aligned}$$

$$\begin{aligned}
&\mathrm{rot}((\boldsymbol{a}\cdot\boldsymbol{r})\boldsymbol{b})\\
=&\begin{vmatrix}\boldsymbol{i}&\boldsymbol{j}&\boldsymbol{k}\\ \dfrac{\partial}{\partial x}&\dfrac{\partial}{\partial y}&\dfrac{\partial}{\partial z}\\ (a_1x+a_2y+a_3z)b_1&(a_1x+a_2y+a_3z)b_2&(a_1x+a_2y+a_3z)b_3\end{vmatrix}\\
=&(a_2b_3-a_3b_2)\boldsymbol{i}+(a_3b_1-a_1b_3)\boldsymbol{j}+(a_1b_2-a_2b_1)\boldsymbol{k},
\end{aligned}$$

或

$$\mathrm{rot}((\boldsymbol{a}\cdot\boldsymbol{r})\boldsymbol{b})=\mathrm{grad}(\boldsymbol{a}\cdot\boldsymbol{r})\times\boldsymbol{b}+(\boldsymbol{a}\cdot\boldsymbol{r})\mathrm{rot}\,\boldsymbol{b}=\boldsymbol{a}\times\boldsymbol{b}+\boldsymbol{0}=\boldsymbol{a}\times\boldsymbol{b}.$$

(2) $$\operatorname{rot}(f(r)\boldsymbol{a}) = \operatorname{grad} f(r)\times\boldsymbol{a} + f(r)\operatorname{rot}\boldsymbol{a} = f'(r)\cdot\frac{\boldsymbol{r}}{r}\times\boldsymbol{a}+\boldsymbol{0}$$
$$= \frac{1}{r}f'(r)[(a_3y-a_2z)\boldsymbol{i}+(a_1z-a_3x)\boldsymbol{j}+(a_2x-a_1y)\boldsymbol{k}].$$

(3) $$\operatorname{rot}(\boldsymbol{r}\times(f(r)\boldsymbol{a})) = \operatorname{rot}[f(r)(\boldsymbol{r}\times\boldsymbol{a})]$$
$$= \operatorname{grad} f(r)\times(\boldsymbol{r}\times\boldsymbol{a}) + f(r)\operatorname{rot}(\boldsymbol{r}\times\boldsymbol{a})$$
$$= f'(r)\cdot\frac{\boldsymbol{r}}{r}\times(\boldsymbol{r}\times\boldsymbol{a}) + f(r)\begin{vmatrix} \boldsymbol{i} & \boldsymbol{j} & \boldsymbol{k} \\ \dfrac{\partial}{\partial x} & \dfrac{\partial}{\partial y} & \dfrac{\partial}{\partial z} \\ a_3y-a_2z & a_1z-a_3x & a_2x-a_1y \end{vmatrix}$$
$$= f'(r)\left(\frac{\boldsymbol{r}\cdot\boldsymbol{a}}{r}\boldsymbol{r}-r\boldsymbol{a}\right)-2f(r)\boldsymbol{a}.$$

(4) $$\operatorname{rot}(f(r)\boldsymbol{r}) = \operatorname{grad} f(r)\times\boldsymbol{r} + f(r)\operatorname{rot}\boldsymbol{r} = \boldsymbol{0}+\boldsymbol{0}=\boldsymbol{0}.$$

注 10.14 由 (4) 可见, 有心力场 $\boldsymbol{F}=f(r)\boldsymbol{r}$ 是无旋场.

例 9 计算 $I=\int_L (y^2-z^2)dx+(2z^2-x^2)dy+(3x^2-y^2)dz$, 其中 L 是平面 $x+y+z=2$ 与柱面 $|x|+|y|=1$ 的交线, 从 z 轴正方向看去, L 为逆时针方向.

解 记 S 为平面 $x+y+z=2$ 上 L 所围部分, 上侧, D 为 S 在平面 Oxy 上的投影区域, 由斯托克斯公式得

$$I = \iint_S (-2y-4z)dydz + (-2z-6x)dzdx + (-2x-2y)dxdy$$
$$= \iint_S \left[(-2y-4z)\cdot\frac{1}{\sqrt{3}} + (-2z-6x)\cdot\frac{1}{\sqrt{3}} + (-2x-2y)\cdot\frac{1}{\sqrt{3}}\right]dS$$
$$= \iint_S -\frac{2}{\sqrt{3}}(4x+2y+3z)dS$$
$$= -\frac{2}{\sqrt{3}}\iint_S (x-y+6)dS \quad (\text{利用曲面方程})$$
$$= -\frac{2}{\sqrt{3}}\iint_D (x-y+6)\cdot\sqrt{3}dxdy \quad (dS=\sqrt{3}dxdy)$$
$$= -2\left(\iint_D xdxdy - \iint_D ydxdy + \iint_D 6dxdy\right)$$
$$= 0+0-24=-24 \quad (D\ \text{的面积为}\ 2).$$

例 10 求向量 $\boldsymbol{v}=(y^2+z^2)\boldsymbol{i}+(z^2+x^2)\boldsymbol{j}+(x^2+y^2)\boldsymbol{k}$ 沿曲线 L 的环量, 其中 L 为 $x^2+y^2+z^2=R^2\ (z\geq 0)$ 与 $x^2+y^2=Rx$ 的交线, 从 Oz 轴正向看来, L 沿反时针方向.

解 要求的是曲线积分

$$I=\oint_L (y^2+z^2)dx+(z^2+x^2)dy+(x^2+y^2)dz.$$

方法 1 参数法.$x^2+y^2=Rx$ 可化为 $\left(x-\dfrac{R}{2}\right)^2+y^2=\left(\dfrac{R}{2}\right)^2$, 而 $z\geq 0$, 故在曲线上有 $z=\sqrt{R^2-x^2-y^2}$. 由平面圆周参数方程的启发, 可写出 L 的参数方程为

$$x=\frac{R}{2}(1+\cos\theta),\quad y=\frac{R}{2}\sin\theta,\quad z=R\left|\sin\frac{\theta}{2}\right|$$

$$\left(z=\sqrt{R^2-x^2-y^2}=\sqrt{R^2-Rx}=\sqrt{R^2-R\cdot\frac{R}{2}(1+\cos\theta)}\right.$$
$$\left.=\sqrt{\frac{R^2}{2}(1-\cos\theta)}=R\left|\sin\frac{\theta}{2}\right|\right),$$

由题意 θ 取增加方向, $\theta\in[0,2\pi]$ (此时 $z=R\sin\dfrac{\theta}{2}$). 于是

$$\begin{aligned}I=\int_0^{2\pi}&\left\{\left[\left(\frac{R}{2}\sin\theta\right)^2+\frac{R^2}{2}(1-\cos\theta)\right]\cdot\left(-\frac{R}{2}\sin\theta\right)\right.\\&+\left[\frac{R^2}{2}(1-\cos\theta)+\frac{R^2}{4}(1+\cos\theta)^2\right]\frac{R}{2}\cos\theta\\&\left.+\left[\frac{R^2}{4}(1+\cos\theta)^2+\left(\frac{R}{2}\sin\theta\right)^2\right]\frac{R}{2}\cos\frac{\theta}{2}\right\}d\theta\\=0.&\end{aligned}$$

方法 2 斯托克斯公式法. 取 S 为上半球面 $x^2+y^2+z^2=R^2$, $z\geq 0$ 在柱面 $x^2+y^2=2x$ 内部的部分曲面, 上侧, 此时 S 的单位法向量为 $\boldsymbol{n}=\dfrac{1}{R}(x\boldsymbol{i}+y\boldsymbol{j}+z\boldsymbol{k})$,

$$\begin{aligned}I&=\iint_S\begin{vmatrix}dydz & dzdx & dxdy\\ \dfrac{\partial}{\partial x} & \dfrac{\partial}{\partial y} & \dfrac{\partial}{\partial z}\\ y^2+z^2 & z^2+x^2 & x^2+y^2\end{vmatrix}\\&=2\iint_S(y-z)dydz+(z-x)dzdx+(x-y)dxdy\\&=2\iint_S\left[(y-z)\frac{x}{R}+(z-x)\frac{y}{R}+(x-y)\frac{z}{R}\right]dS\\&=0.\end{aligned}$$

例 11 设 L 是 Oxy 平面上光滑的有向曲线段, Σ 是以 L 为准线, 母线平行于 z 轴的柱面, S: $z=z(x,y),(x,y)\in R^2$(全平面), 是光滑曲面, Γ 是 Σ 与 S 的交

线, 从 z 轴正方向看, Γ 与 L 同向. 则对连续函数 $P(x,y,z)$, $Q(x,y,z)$, $R(x,y,z)$, 有

$$\begin{aligned}&\int_{\Gamma} P(x,y,z)dx+Q(x,y,z)dy+R(x,y,z)dz\\=&\int_{L}[P(x,y,z(x,y))+R(x,y,z(x,y))z_x'(x,y)]dx\\&+[Q(x,y,z(x,y))+R(x,y,z(x,y))z_y'(x,y)]dy.\end{aligned}$$

证 设 L 的参数方程为 $x=x(t),y=y(t),t\in[\alpha,\beta]$, 不妨设 L 的方向是 t 增加的方向, 则 Γ 的参数方程为 $x=x(t),y=y(t),z=z(x(t),y(t))$, $t\in[\alpha,\beta]$, 也是 t 增加方向. 由第二型曲线积分的计算公式

$$\begin{aligned}\text{左边}=&\int_{\alpha}^{\beta}[P((x),y(t),z(x(t),y(t)))x'(t)\\&+Q(x(t),y(t),z(x(t),y(t)))y'(t)\\&+R(x(t),y(t),z(x(t),y(t)))(z_x'(x(t),y(t))x'(t)\\&+z_y'(x(t),y(t))y'(t))]dt\\=&\int_{\alpha}^{\beta}\{[P(x(t),y(t),z(x(t)),y(t))\\&+R(x(t),y(t),z(x(t),y(t)))z_x'(x(t),y(t))]x'(t)\\&+[Q(x(t),y(t),z(x(t)),y(t))\\&+R(x(t),y(t),z(x(t),y(t)))z_y'(x(t),y(t))]y'(t)\}dt,\\\text{右边}=&\int_{\alpha}^{\beta}\{[P(x(t),y(t),z(x(t),y(t)))\\&+R(x(t),y(t),z(x(t),y(t)))z_x'(x(t),y(t))]x'(t)\\&+[Q(x(t),y(t),z(x(t)),y(t))\\&+R(x(t),y(t),z(x(t),y(t)))z_y'(x(t),y(t))]y'(t)\}dt.\end{aligned}$$

可见, 左边 = 右边. 证毕.

注 10.15 以上结果揭示了空间曲线上及其在坐标平面的投影曲线上曲线积分的联系.

10.6 保 守 场

学习要点

一、掌握保守场, 有势场及无旋场的概念

1. 数量场与向量场

若在空间 (平面) 点集 $V(D)$ 上给定一个数量值函数 $u=u(M)$, 则称 $\boldsymbol{u}$ 是在 $V(D)$ 上有定义的**数量场**, 若在空间 (平面) 点集 $V(D)$ 上给定一个向量值函数 $\boldsymbol{v}=\boldsymbol{v}(M)$, 则称 $\boldsymbol{v}$ 是在 $V(D)$ 上有定义的**向量场**. 以下我们仅考虑在区域或闭区域上有定义的数量场与向量场.

平面场可看成空间场的特例, 例如 $\boldsymbol{v}=\boldsymbol{v}(M)$ 是平面场, $M\in D$. 在平面上引进直角坐标系, 则

$$\boldsymbol{v}=P(x,y)\boldsymbol{i}+Q(x,y)\boldsymbol{j},\qquad (x,y)\in D.$$

增加立轴后成空间直角坐标系. 令

$$V=\{(x,y,z)|\ (x,y)\in D\},$$

此时 $\boldsymbol{v}$ 可看成 V 上的向量场

$$\boldsymbol{v}=P(x,y)\boldsymbol{i}+Q(x,y)\boldsymbol{j}+0\boldsymbol{k},\qquad (x,y,z)\in V.$$

2. 保守场

设 $\boldsymbol{v}$ 是区域 V 内有定义的向量场. 如对 V 内的任一闭路 L(即光滑或逐段光滑的简单的有向闭曲线), $\boldsymbol{v}$ 沿 L 的环量都为零 (即 $\oint_L \boldsymbol{v}\cdot\boldsymbol{\tau}dl=0$), 则称 $\boldsymbol{v}$ 是 V 内的**保守场**.

设 $\boldsymbol{v}$ 是区域 V 内有定义的向量场. 如对 V 内的任意两点 M_1,M_2, 及对从 M_1 到 M_2, 且全在 V 内的任意两条光滑或逐段光滑的简单有向曲线 L 与 $\varGamma$, 都有 $\int_L \boldsymbol{v}\cdot\boldsymbol{\tau}dl=\int_\varGamma \boldsymbol{v}\cdot\boldsymbol{\tau}dl$, 则称向量场 $\boldsymbol{v}$ 在区域 V 内第二型曲线积分与路径无关, 简称**线积分与路径无关**.

易见 $\boldsymbol{v}$ 是 V 内的保守场, 当且仅当 $\boldsymbol{v}$ 在 V 内线积分与路径无关, 当且仅当 $\boldsymbol{v}$ 沿 V 内任一闭路的环量都为零.

3. 有势场

设 $\boldsymbol{v}$ 是区域 V 内的向量场, 如果存在 V 内的数量场 $u=u(M)$, 使得在 V 内处处有 $\operatorname{grad}u=\boldsymbol{v}$, 则称 $\boldsymbol{v}$ 是 V 内的**有势场**, 并称 u 为 $\boldsymbol{v}$ 在 V 内的一个**势函数**.

设 $P(x,y,z)$, $Q(x,y,z)$ 和 $R(x,y,z)$ 都在区域 V 内有定义, 如果在 V 内存在函数 $u=u(x,y,z)$, 使在 V 内处处有

$$du = Pdx + Qdy + Rdz,$$

则称微分式 $Pdx+Qdy+Rdz$ 是 V 内一个**恰当微分形式**, 并称 u 为该恰当微分形式的**原函数**.

显然, $\boldsymbol{v}=P\boldsymbol{i}+Q\boldsymbol{j}+R\boldsymbol{k}$ 是区域 V 内的有势场, 当且仅当微分式 $Pdx+Qdy+Rdz$ 是 V 内的一个恰当微分形式, 并且有势场 $P\boldsymbol{i}+Q\boldsymbol{j}+R\boldsymbol{k}$ 在 V 内的势函数 u, 就是恰当微分形式 $Pdx+Qdy+Rdz$ 在 V 内的原函数.

4. *无旋场*

设 $\boldsymbol{v}$ 是区域 V 内的向量场, 如果在 V 内的每点处都有 $\operatorname{rot}\boldsymbol{v}=\boldsymbol{0}$, 则称 $\boldsymbol{v}$ 是 V 内的**无旋场**.

5. *了解空间三维单连通域与空间二维单连通区域的概念*

若空间区域 V 具有以下性质, 对任一封闭的简单双侧曲面 S, 只要 $S\subset V$, 必有 S 的内部也含于 V 内. 称具有这样性质的空间区域为三维单连通区域.

若空间区域 V 具有以下性质: 对 V 内任一条有向闭曲线 L, 只要在全空间内存在双侧曲面 S, 使得 S 以 L 为全部边界, 那么在 V 内也存在双侧曲面 $\Sigma(\Sigma\subset V)$, 使 Σ 也以 L 为全部边界, 称具有以上性质的空间区域 V 为**二维单连通域或曲面单连通域**.

例如椭球面内部区域既是三维单连通域, 又是二维单连通域, 去心球体是三维二连通域, 又是二维单连通域. 环面体 (车胎) 及全空间去掉立轴后的区域都是三维单连通域, 但不是二维单连通域.

引进二维单连通域的实质是便于在区域内运用斯托克斯定理.

二、掌握有关保守场的重要定理

1. 设 $\boldsymbol{v}=P\boldsymbol{i}+Q\boldsymbol{j}+R\boldsymbol{k}$ 是区域 V 内的连续的向量场, 则

$\boldsymbol{v}$ 是 V 内的保守场 $\Longleftrightarrow$ 在 V 内 $\boldsymbol{v}$ 的曲线积分与路径无关 $\Longleftrightarrow$ $\boldsymbol{v}$ 是 V 内的有势场 $\Longleftrightarrow$ 在 V 内, $Pdx+Qdy+Rdz$ 是一个恰当微分式.

2. 设向量场 $\boldsymbol{v}$ 在区域 V 内有连续的一阶偏导 (向量), $\boldsymbol{v}$ 又是区域 V 内的保守场, 则 $\boldsymbol{v}$ 必是区域 V 内的无旋场.

设向量场 $\boldsymbol{v}$ 在区域 V 内有连续的一阶偏导 (向量), 且 V 是二维单连通域, 则在 V 内, $\boldsymbol{v}$ 是保守场 $\Longleftrightarrow$ $\boldsymbol{v}$ 是无旋场.

3. 设向量场 $\boldsymbol{v}=P\boldsymbol{i}+Q\boldsymbol{j}+R\boldsymbol{k}$ 是区域 V 内的连续的保守场, 则

(1) 对任意的 $A, B \in V$, $\int_A^B Pdx + Qdy + Rdz$ 有意义, 它等于 $\boldsymbol{v}$ 在曲线 L 上的第二型曲线积分, 其中 L 是 V 内以 A 为起点 B 为终点的任意一条有向曲线.

(2) V 内 $\boldsymbol{v}$ 必有势函数 $u = u(M)$.

(3) $\int_A^B Pdx + Qdy + Rdz = u(M)\Big|_A^B = u(B) - u(A)$.

解题方法

一、如何验证一个向量场是否是保守场

如果向量场 $\boldsymbol{v}$ 是 V 内的可微向量场, 可计算 $\mathrm{rot}\,\boldsymbol{v}$, 看它在 V 内是否恒为零向量. 若 $\mathrm{rot}\,\boldsymbol{v}$ 在 V 内不恒等于零, 则 $\boldsymbol{v}$ 不是 V 内的保守场; 若 $\mathrm{rot}\,\boldsymbol{v}$ 在 V 内恒等于零, 如果区域 V 又是二维单连通的, 则 $\boldsymbol{v}$ 必是 V 内的保守场.

如果在 V 内微分式 $Pdx + Qdy + Rdz$ 可凑成一个全微分 du, 则 $\boldsymbol{v}$ 是 V 内的保守场.

二、已知向量场 $\boldsymbol{v}$ 是区域 V 内的保守场, 可得些什么关系?

当 $\boldsymbol{v}$ 又在 V 内可微时, 可得 $\dfrac{\partial R}{\partial y} - \dfrac{\partial Q}{\partial z} = 0$, $\dfrac{\partial P}{\partial z} - \dfrac{\partial R}{\partial x} = 0$, $\dfrac{\partial Q}{\partial x} - \dfrac{\partial P}{\partial y} = 0$ 在 V 内恒成立. 当 $\boldsymbol{v} = P\boldsymbol{i} + Q\boldsymbol{j} + R\boldsymbol{k}$ 在 V 内连续时, 可知存在势函数 u, 使 $\dfrac{\partial u}{\partial x} = P$, $\dfrac{\partial u}{\partial y} = Q$, $\dfrac{\partial u}{\partial z} = R$ 在 V 内恒成立. 当 P, Q, R 的表达式中含有未知常数或未知函数时, 保守场的条件提供了进一步确定未知量的一些条件.

三、如何求出有势场的势函数

方法 1 利用有势场内曲线积分与路径无关, 选定一点 $M_0 \in V$, 动点 $M \in V$, 任选一条包含于 V 内以 M_0 为起点, M 为终点的积分路径 L_{M_0M}, 则 $u(M) = \int_{L_{M_0M}} Pdx + Qdy + Rdz$ 就是 $\boldsymbol{v}$ 在 V 内的一个势函数. 特别, V 是全空间, 或是椭球面内部时, L_{M_0M} 可取折线段

$$(x_0, y_0, z_0) \longrightarrow (x, y_0, z_0) \longrightarrow (x, y, z_0) \longrightarrow (x, y, z).$$

此时

$$\begin{aligned} u(M) &= \int_{L_{M_0M}} Pdx + Qdy + Rdz \\ &= \int_{x_0}^{x} P(x, y_0, z_0)dx + \int_{y_0}^{y} Q(x, y, z_0)dy + \int_{z_0}^{z} R(x, y, z)dz. \end{aligned}$$

方法 2 利用微分运算的性质把 $Pdx + Qdy + Rdz$ 凑成一个全微分 du, 则 $u(M)$ 就是 $\boldsymbol{v}$ 在 V 内的一个势函数.

例题分析

例 1 证明向量场 $\boldsymbol{v} = yz(2x+y+z)\boldsymbol{i} + zx(2y+z+x)\boldsymbol{j} + xy(2z+x+y)\boldsymbol{k}$ 是全空间的有势场. 并求其势函数.

解 **方法 1** 在全空间内

$$\operatorname{rot}\boldsymbol{v} = \begin{vmatrix} \boldsymbol{i} & \boldsymbol{j} & \boldsymbol{k} \\ \dfrac{\partial}{\partial x} & \dfrac{\partial}{\partial y} & \dfrac{\partial}{\partial z} \\ yz(2x+y+z) & zx(2y+z+x) & xy(2z+x+y) \end{vmatrix} = \boldsymbol{0},$$

故 $\boldsymbol{v}$ 是全空间的无旋场. 从而 $\boldsymbol{v}$ 是全空间的有势场, 它的一个势函数是

$$\begin{aligned} u(x,y,z) &= \int_{(0,0,0)}^{(x,y,z)} yz(2x+y+z)dx + zx(2y+z+x)dy \\ &\quad + xy(2z+x+y)dz \\ &= \int_0^x 0\cdot 0(2x+0+0)dx + \int_0^y 0x(2y+0+x)dy \\ &\quad + \int_0^z xy(2z+x+y)dz \\ &= xyz(x+y+z). \end{aligned}$$

方法 2 在全空间上, 因为

$$\begin{aligned} & yz(2x+y+z)dx + zx(2y+z+x)dy + xy(2z+x+y)dz \\ = {} & yz2xdx + zx^2dy + x^2ydz + y^2zdx + zx\cdot 2ydy + xy^2dz \\ & + yz^2dx + z^2xdy + xy2zdz \\ = {} & yzd(x^2) + zx^2dy + x^2ydz + y^2zdx + zxd(y^2) + xy^2dz \\ & + yz^2dx + z^2xdy + xyd(z^2) \\ = {} & d(yzx^2) + d(y^2zx) + d(yz^2x) \\ = {} & d[xyz(x+y+z)]. \end{aligned}$$

故向量场 $\boldsymbol{v} = yz(2x+y+z)\boldsymbol{i} + zx(2y+z+x)\boldsymbol{j} + xy(2z+x+y)\boldsymbol{k}$ 是保守场, 且有势函数 $xyz(x+y+z)$.

例 2 证明微分式 $(y\sin y - x\cos y)e^x dx + (x\sin y + y\cos y)e^x dy$ 是一个恰当微分形式. 并求出它的一个原函数.

解 $P=(y\sin y-x\cos y)e^x$, $Q=(x\sin y+y\cos y)e^x$, 计算得

$$\frac{\partial Q}{\partial x}=(\sin y+x\sin y+y\cos y)e^x=\frac{\partial P}{\partial y}.$$

可知线积分与路径无关, 因此微分式是一个恰当微分形式, 它的一个原函数是

$$\begin{aligned}u(x,y)&=\int_{(0,0)}^{(x,y)}Pdx+Qdy=\int_{(0,0)}^{(x,0)}Pdx+\int_{(x,0)}^{(x,y)}Qdy\\&=\int_0^x(0\sin 0-x\cos 0)e^xdx+\int_0^y(x\sin y+y\cos y)e^xdy\\&=(y\sin y-x\cos y+\cos y)e^x-1.\end{aligned}$$

注 10.16 二维向量场 $P(x,y)\boldsymbol{i}+Q(x,y)\boldsymbol{j}$ 可看成特殊的空间向量场 $\boldsymbol{v}=P(x,y)\boldsymbol{i}+Q(x,y)\boldsymbol{j}+0\boldsymbol{k}$, 此时, $\mathrm{rot}\,\boldsymbol{v}=\left(\dfrac{\partial Q}{\partial x}-\dfrac{\partial P}{\partial y}\right)\boldsymbol{k}$.

例 3 设 $f(u)$ 连续, 证明 $f(x+y^2-z^3)\boldsymbol{i}+f(x+y^2-z^3)\cdot 2y\boldsymbol{j}-f(x+y^2-z^3)3z^2\boldsymbol{k}$ 是保守场. 并求势函数.

解 因 $f(u)$ 不一定可微, 故不能用证明无旋场的方法来验证保守场了. 这里采用凑全微分法.

$$\begin{aligned}&f(x+y^2-z^3)dx+f(x+y^2-z^3)\cdot 2ydy-f(x+y^2-z^3)\cdot 3z^2dz\\=&f(x+y^2-z^3)[dx+d(y^2)-d(z^3)]\\=&f(x+y^2-z^3)d(x+y^2-z^3).\end{aligned}$$

因 $f(u)$ 连续, 故 $f(u)$ 至少有一个原函数 $F(u)$, 使得 $f(u)du=dF(u)$. 由此, 上式 $=dF(x+y^2-z^3)$. 这就是说微分式

$$f(x+y^2-z^3)dx+f(x+y^2-z^3)\cdot 2ydy-f(x+y^2-z^3)\cdot 3z^2dz$$

是一个恰当微分形式, 因而所给定的向量场是保守场. 其势函数是 $F(x+y^2-z^3)$, 其中 $F(u)$ 是 $f(u)$ 的一个原函数.

例 4 设函数 $Q(x,y)$ 在 Oxy 平面上具有一阶连续的偏导数, 曲线积分

$$\int_L 2xydx+Q(x,y)dy$$

与路径无关, 并且对任意的 t 恒有

$$\int_{(0,0)}^{(t,1)}2xydx+Q(x,y)dy=\int_{(0,0)}^{(1,t)}2xydx+Q(x,y)dy.$$

求 $Q(x,y)$.

解　由曲线积分与路径无关的条件可得

$$\frac{\partial Q}{\partial x}=\frac{\partial P}{\partial y}=\frac{\partial}{\partial y}(2xy)=2x,$$

于是, $Q(x,y)=x^2+C(y)$, 其中 $C(y)$ 是待定函数.

$$\int_{(0,0)}^{(t,1)}2xydx+Q(x,y)dy=0+\int_0^1(t^2+C(y))dy=t^2+\int_0^1C(y)dy,$$

$$\int_{(0,0)}^{(1,t)}2xydx+Q(x,y)dy=0+\int_0^t(1^2+C(y))dy=t+\int_0^tC(y)dy.$$

由题设知,

$$t^2+\int_0^1C(y)dy=t+\int_0^tC(y)dy,$$

两边对 t 求导得 $2t=1+C(t)$, 故 $C(t)=2t-1$, 从而

$$C(y)=2y-1,\quad Q(x,y)=x^2+2y-1.$$

例 5　设函数 $f(x)$ 在 $(-\infty,+\infty)$ 内具有一阶连续导数, L 是上半平面 $(y>0)$ 内的有向分段光滑曲线, 其起点为 (a,b), 终点为 (c,d), 记

$$I=\int_L\frac{1}{y}[1+y^2f(xy)]dx+\frac{x}{y^2}[y^2f(xy)-1]dy,$$

(1) 证明曲线积分 I 与路径 L 无关;

(2) 当 $ab=cd$ 时, 求 I 的值.

证　(1) 因为

$$\frac{\partial}{\partial y}\left\{\frac{1}{y}[1+y^2f(xy)]\right\}=f(xy)-\frac{1}{y^2}+xyf'(xy)=\frac{\partial}{\partial x}\left\{\frac{x}{y^2}[y^2f(xy)-1]\right\}.$$

在上半平面内处处成立, 所以在上半平面内曲线积分 I 与路径无关.

(2) 因曲线积分 I 与路径无关, 故可取积分路径 L 为从点 (a,b) 到 (c,b) 再到 (c,d) 的折线段. 于是

$$\begin{aligned}I&=\int_a^c\frac{1}{b}[1+b^2f(bx)]dx+\int_b^d\frac{c}{y^2}[y^2f(cy)-1]dy\\&=\frac{c-a}{b}+\int_a^cbf(bx)dx+\int_b^dcf(cy)dy+\frac{c}{d}-\frac{c}{b}\\&=\frac{c}{d}-\frac{a}{b}+\int_{ab}^{bc}f(t)dt+\int_{bc}^{cd}f(t)dt\\&=\frac{c}{d}-\frac{a}{b}+\int_{ab}^{cd}f(t)dt\\&=\frac{c}{d}-\frac{a}{b}\quad(\text{利用 } ab=cd \text{ 的条件}).\end{aligned}$$

注 10.17 在本题中若引进 $f(u)$ 的原函数 $F(u)$, 则可用凑全微法

$$
\begin{aligned}
&\frac{1}{y}[1+y^2f(xy)]dx+\frac{x}{y^2}[y^2f(xy)-1]dy\\
=&\frac{1}{y}dx-x\cdot\frac{dy}{y^2}+f(xy)(ydx+xdy)\\
=&d\left(\frac{x}{y}\right)+f(xy)d(xy)=d\left[\frac{x}{y}+F(xy)\right].
\end{aligned}
$$

由此可知曲线积分 I 与路径无关, 并由势函数得曲线积分的值

$$I=\left[\frac{x}{y}+F(xy)\right]\Bigg|_{(a,b)}^{(c,d)}=\frac{c}{d}-\frac{a}{b}+F(cd)-F(ab)=\frac{c}{d}-\frac{a}{b}.$$

例 6 设点涡 $O(0,0)$ 产生平面流场 $\boldsymbol{v}$ 为

$$\boldsymbol{v}=\frac{1}{x^2+y^2}(-y\boldsymbol{i}+x\boldsymbol{j}),\qquad x^2+y^2\neq 0,$$

试求场 $\boldsymbol{v}$ 沿平面上任意光滑闭曲线的环量 Γ.

解 $P=\dfrac{-y}{x^2+y^2}$, $Q=\dfrac{x}{x^2+y^2}$, 直接计算得

$$\frac{\partial Q}{\partial x}=\frac{y^2-x^2}{(x^2+y^2)^2}=\frac{\partial P}{\partial y}.$$

(1) 当 O 在光滑闭曲线 L 的外部时, 记 L 所围区域为 D, 由格林公式

$$
\begin{aligned}
\Gamma&=\oint_L\frac{-ydx+xdy}{x^2+y^2}\\
&=\iint\limits_D\left\{\frac{\partial}{\partial x}\left[\frac{x}{x^2+y^2}\right]-\frac{\partial}{\partial y}\left[\frac{-y}{x^2+y^2}\right]\right\}d\sigma=0.
\end{aligned}
$$

(2) 当 O 在光滑曲线 L 的内部时, 取 ε 为正数, 作圆周 L_ε : $x^2+y^2=\varepsilon^2$, 逆时针方向. 当 ε 足够小时, L_ε 在 L 的内部. 记 L 与 L_ε 所围区域为 D_ε, 在 D_ε 上可用格林公式. 于是

$$
\begin{aligned}
\Gamma&=\oint\limits_L\frac{-ydx+xdy}{x^2+y^2}=\oint\limits_{L+L_\varepsilon^-}\frac{-ydx+xdy}{x^2+y^2}+\int\limits_{L_\varepsilon}\frac{-ydx+xdy}{x^2+y^2}\\
&=0+\int_0^{2\pi}\frac{-(\varepsilon\sin\theta)\cdot(-\varepsilon\sin\theta)+\varepsilon\cos\theta\cdot\varepsilon\cos\theta}{\varepsilon^2}d\theta\\
&=2\pi.
\end{aligned}
$$

(3) 当 O 点在光滑曲线 L 上时, 同 (2) 作圆周 C_ε, 逆时针方向并取 ε 足够地小. 记 C_ε 在 L 的内部部分为 C_ε^*, 记 L 在 C_ε 外部的部分为 L^*, 记有向闭曲线 $L^*+C_\varepsilon^{*-}$ 所围的区域为 D^*, 则在 D^* 上可用格林公式. 于是,

$$
\begin{aligned}
\Gamma &= \lim_{\varepsilon\to 0^+}\int_{L^*}\frac{-ydx+xdy}{x^2+y^2}\\
&= \lim_{\varepsilon\to 0^+}\left(\int\limits_{L^*+C_\varepsilon^{*-}}\frac{-ydx+xdy}{x^2+y^2}+\int\limits_{C_\varepsilon^*}\frac{-ydx+xdy}{x^2+y^2}\right)\\
&= \lim_{\varepsilon\to 0^+}\left(0+\int\limits_{C_\varepsilon^*}\frac{-y\cos\alpha+x\cos\beta}{x^2+y^2}\,dl\right)\\
&= \lim_{\varepsilon\to 0^+}\left(\int_{C_\varepsilon^*}\frac{1}{\varepsilon}dl\right)=\lim_{\varepsilon\to 0^+}\frac{1}{\varepsilon}C_\varepsilon^* \text{ 的弧长}\\
&= \pi.
\end{aligned}
$$

(L_ε 上切向为 $-y\boldsymbol{i}+x\boldsymbol{j}$, $\cos\alpha=\dfrac{-y}{\sqrt{x^2+y^2}}$, $\cos\beta=\dfrac{x}{\sqrt{x^2-y^2}}$.)

注 10.18 (1) 当 $O\in$ 光滑曲线 L 时, 用来表示环量的曲线积分实际上是一个广义的第二型曲线积分.

(2) 若将平面场看成空间场的特例, 则 $\operatorname{rot}\boldsymbol{v}=\left(\dfrac{\partial Q}{\partial x}-\dfrac{\partial P}{\partial y}\right)\boldsymbol{k}$. 本题中 $\boldsymbol{v}$ 是全空间除去 z 轴后所得到的区域 V 内的无旋场. 但因该区域不是二维单连通的, 故由此还不能判定 $\boldsymbol{v}$ 是否是 V 内的保守场. 事实上, 由 (2) 的结果可知, $\boldsymbol{v}$ 不是整个区域 V 内的保守场.

例 7 设在曲线段 L : $x=y=0$, $0\le z\le 1$ 上有一均匀质量分布, 密度为 1.

(1) 求出 L 所产生的引力场;

(2) 证明该引力场是保守场.

解 (1) 设空间中 (x,y,z) 处有一单位质量的质点, L 上 $(0,0,\zeta)$ 处有质量为 $1\cdot d\zeta$ 的质点 $(0\le\zeta\le 1)$, 由引力公式可知, 单位质点所受引力为

$$
d\boldsymbol{F}=\frac{-x\boldsymbol{i}-y\boldsymbol{j}+(\zeta-z)\boldsymbol{k}}{[x^2+y^2+(\zeta-z)^2]^{\frac{3}{2}}}\,kd\zeta
$$

积分得

$$\begin{aligned}F_x &= k\int_0^1 \frac{-x}{[x^2+y^2+(\zeta-z)^2]^{\frac{3}{2}}}\,d\zeta\\ &= \left.\frac{-x(\zeta-z)k}{(x^2+y^2)[x^2+y^2+(\zeta-z)^2]^{\frac{1}{2}}}\right|_{\zeta=0}^{\zeta=1}\\ &= \frac{-xk}{x^2+y^2}\left(\frac{1-z}{\sqrt{x^2+y^2+(1-z)^2}}+\frac{z}{\sqrt{x^2+y^2+z^2}}\right),\end{aligned}$$

$$\begin{aligned}F_y &= k\int_0^1 \frac{-y}{[x^2+y^2+(\zeta-z)^2]^{\frac{3}{2}}}\,d\zeta\\ &= \frac{-yk}{x^2+y^2}\left(\frac{1-z}{\sqrt{x^2+y^2+(1-z)^2}}+\frac{z}{\sqrt{x^2+y^2+z^2}}\right),\\ F_z &= k\int_0^1 \frac{\zeta-z}{[x^2+y^2+(\zeta-z)^2]^{\frac{3}{2}}}\,d\zeta = \frac{k}{\sqrt{x^2+y^2+z^2}}-\frac{k}{\sqrt{x^2+y^2+(1-z)^2}}.\end{aligned}$$

(F_x, F_y, F_z) 即为 L 上的质量分布所形成的引力场.

(2) 直接计算可知,

$$\frac{\partial F_y}{\partial z}=\frac{\partial F_z}{\partial y},\qquad \frac{\partial F_x}{\partial z}=\frac{\partial F_z}{\partial x},\qquad \frac{\partial F_y}{\partial x}=\frac{\partial F_x}{\partial y},$$

故当 $(x,y,z)\in L$ 时, $\operatorname{rot}\boldsymbol{F}=\boldsymbol{0}$, 又因全空间划去 L 后所得区域 V 是二维单连通的, 故 $\boldsymbol{F}$ 是 V 内的保守场.

注 10.19 因为质点形成的引力场是保守场, 故

$$\operatorname{rot}\frac{-x\boldsymbol{i}-y\boldsymbol{j}+(\zeta-z)\boldsymbol{k}}{[x^2+y^2+(\zeta-z)^2]^{\frac{3}{2}}}=\boldsymbol{0}.$$

如果 rot 的运算与 $\displaystyle\int_0^1 \cdot d\zeta$ 的运算可交换次序, 则可直接得到

$$\begin{aligned}\operatorname{rot}\boldsymbol{F} &= \operatorname{rot}\left(k\int_0^1 \frac{-x\boldsymbol{i}-y\boldsymbol{j}+(\zeta-z)\boldsymbol{k}}{[x^2+y^2+(\zeta-z)^2]^{\frac{3}{2}}}\,d\zeta\right)\\ &= k\int_0^1 \operatorname{rot}\frac{-x\boldsymbol{i}-y\boldsymbol{j}+(\zeta-z)\boldsymbol{k}}{[x^2+y^2+(\zeta-z)^2]^{\frac{3}{2}}}\,d\zeta = k\int_0^1 \boldsymbol{0}\,d\zeta=\boldsymbol{0}.\end{aligned}$$

从数学上讲, 以上问题归结为含参变量积分是否可在积分号下求导的问题. 学了含参积分一章后, 容易明白以上交换运算次序是合理的.

进一步可知, 分布在空间有限区域内的一些物质形成的引力场是保守场.

例 8 求 $\int_L (x^2y^2+x^2z^2+y)dx+(x^2y^2+y^2z^2+z)dy+(2x+y+z)dz$, 其中 L 是球面 $x^2+y^2+z^2=a^2$ 与平面 $x+y+z=a\ (a>0)$ 的交线, 从 z 轴正方向看, 是逆时针方向.

解 首先, 曲线上点满足曲线方程, 有

$$\begin{aligned}&\int_L (x^2y^2+x^2z^2+y)dx+(x^2y^2+y^2z^2+z)dy+(2x+y+z)dz\\=&\int_L [x^2(a^2-x^2)+y]dx+[y^2(a^2-y^2)+z]dy+(x+a)dz\\=&\int_L x^2(a^2-x^2)dx+y^2(a^2-y^2)dy+adz+\int_L ydx+zdy+xdz.\end{aligned}$$

因上面第一项的被积表达式是一个全微分, L 又是封闭曲线, 故第一项积分值为 0. 对第二项, 在平面 $x+y+z=a$ 被 L 所围的圆上应用斯托克斯定理, 该圆面的单位法向量为 $\left(\frac{1}{\sqrt{3}},\frac{1}{\sqrt{3}},\frac{1}{\sqrt{3}}\right)$, 于是

$$\begin{aligned}\text{上式}=0+\int_L ydx+zdy+xdz&=\iint_S \begin{vmatrix} dydz & dzdx & dxdy\\ \frac{\partial}{\partial x} & \frac{\partial}{\partial y} & \frac{\partial}{\partial z}\\ y & z & x\end{vmatrix}\\&=\iint_S -dydz-dzdx-dxdy=\iint_S\left(-\frac{1}{\sqrt{3}}-\frac{1}{\sqrt{3}}-\frac{1}{\sqrt{3}}\right)dS\\&=-\sqrt{3}\cdot S\ \text{的面积}.\end{aligned}$$

因 S 是 L 内部的圆面, O 到 S 所在平面 $x+y+z=a$ 的距离为 $\frac{a}{\sqrt{3}}$, 故圆半径 $r=\sqrt{a^2-\left(\frac{a}{\sqrt{3}}\right)^2}=\sqrt{\frac{2}{3}}a$. S 的面积为 $\frac{2}{3}\pi a^2$. 最后得

$$\text{所求积分}=-\frac{2}{\sqrt{3}}\pi a^2.$$

注 10.20 (1) 求曲线积分时, 充分利用曲线方程往往能帮助我们化简被积表达式.

(2) 若曲线积分的被积表达式中有一部分是全微分式, 则这一部分的积分可利用势函数较快地算出来. 当被积式较复杂时, 注意利用这种技巧往往可简化计算.

第 11 章　无穷级数

11.1　数 项 级 数

学 习 要 点

一、基本概念与性质

1. 数项级数 $\sum\limits_{n=1}^{\infty} a_n$ 收敛的概念

设有数项级数 $\sum\limits_{n=1}^{\infty} a_n$, 称

$$S_n = a_1 + a_2 + \cdots + a_n = \sum_{k=1}^{n} a_k$$

为级数的第 n 个部分和, 如果当 n 无限增大时, S_n 趋于一个有限的极限 S, 即 $S = \lim\limits_{n\to\infty} S_n$, 则称无穷级数 $\sum\limits_{n=1}^{\infty} a_n$ 收敛, 其和为 S; 否则就称无穷级数 $\sum\limits_{n=1}^{\infty} a_n$ 发散.

注意到无穷级数 $\sum\limits_{n=1}^{\infty} a_n$ 是否收敛归结为部分和数列 $S_n = \sum\limits_{k=1}^{n} a_k$ 是否有有限的极限, 所以数列极限的理论是本节的基础.

2. 绝对收敛与条件收敛的概念

若 $\sum\limits_{n=1}^{\infty} |a_n|$ 收敛 (可推得 $\sum\limits_{n=1}^{\infty} a_n$ 收敛), 称级数 $\sum\limits_{n=1}^{\infty} a_n$ 绝对收敛.

若 $\sum\limits_{n=1}^{\infty} a_n$ 收敛, 但 $\sum\limits_{n=1}^{\infty} |a_n|$ 发散. 称级数 $\sum\limits_{n=1}^{\infty} a_n$ 条件收敛.

3. 基本性质

(1) 线性. 设 $\sum\limits_{n=1}^{\infty} a_n$ 与 $\sum\limits_{n=1}^{\infty} b_n$ 都是收敛级数. c_1, c_2 为任意常数, 则 $\sum\limits_{n=1}^{\infty}(c_1a_n + c_2b_n)$ 也收敛, 且有 $\sum\limits_{n=1}^{\infty}(c_1a_n + c_2b_n) = c_1\sum\limits_{n=1}^{\infty} a_n + c_2\sum\limits_{n=1}^{\infty} b_n$.

(2) 在级数 $\sum\limits_{n=1}^{\infty} a_n$ 中改变有限项的值, 不影响级数的敛散性.

(3) 收敛级数的项加括号后所成的新级数仍收敛, 且其和不变.

(4) $\sum\limits_{n=1}^{\infty} a_n$ 收敛的必要条件是 $\lim\limits_{n\to\infty} a_n = 0$ (反之未必成立).

注 11.1 性质 (4) 只能用来证明发散, 即如果 $\lim\limits_{n\to\infty} a_n \neq 0$, 则 $\sum\limits_{n=1}^{\infty} a_n$ 发散.

(5) 若 $\sum\limits_{n=1}^{\infty} |a_n|$ 收敛, 则 $\sum\limits_{n=1}^{\infty} a_n$ 也收敛 (反之未必成立).

二、重要定理与判别法

1. 正项级数 (或 $\sum\limits_{n=1}^{\infty} |a_n|$) 的敛散判别法

(1) 有界判别法

设 $\sum\limits_{n=1}^{\infty} a_n$ 是正项级数, $S_n = \sum\limits_{k=1}^{n} a_k$ 为其部分和, 则

$$\sum_{n=1}^{\infty} a_n \text{ 收敛} \Longleftrightarrow \{S_n\} \text{ 有界}.$$

(2) 比较判别法及其极限形式

1° 设 $\sum\limits_{n=1}^{\infty} a_n$ 与 $\sum\limits_{n=1}^{\infty} b_n$ 都是正项级数, 从某项开始有 $a_n \leq b_n$, 则当 $\sum\limits_{n=1}^{\infty} b_n$ 收敛时, $\sum\limits_{n=1}^{\infty} a_n$ 也收敛; 当 $\sum\limits_{n=1}^{\infty} a_n$ 发散时, $\sum\limits_{n=1}^{\infty} b_n$ 也发散.

2° 设 $\sum\limits_{n=1}^{\infty} a_n$ 与 $\sum\limits_{n=1}^{\infty} b_n$ 都是正项级数. 如果 $\lim\limits_{n\to\infty} \dfrac{a_n}{b_n} = k$, 则

(i) 当 $0 < k < +\infty$ 时, $\sum\limits_{n=1}^{\infty} a_n, \sum\limits_{n=1}^{\infty} b_n$ 同敛散.

(ii) 当 $k = 0$ 时, 由 $\sum\limits_{n=1}^{\infty} b_n$ 收敛可得 $\sum\limits_{n=1}^{\infty} a_n$ 收敛, 由 $\sum\limits_{n=1}^{\infty} a_n$ 发散, 可得 $\sum\limits_{n=1}^{\infty} b_n$ 发散.

(iii) 当 $k = +\infty$ 时, 由 $\sum\limits_{n=1}^{\infty} a_n$ 收敛可得 $\sum\limits_{n=1}^{\infty} b_n$ 收敛, 由 $\sum\limits_{n=1}^{\infty} b_n$ 发散可得 $\sum\limits_{n=1}^{\infty} a_n$ 发散.

(3) 比值判别法及其极限形式 (达朗贝尔 (d'Alembert))

1° 设有正项级数 $\sum\limits_{n=1}^{\infty} a_n$. 若从某项起有 $\dfrac{a_{n+1}}{a_n} \leq q < 1$, 则级数收敛; 反之, 若从某项起有 $\dfrac{a_{n+1}}{a_n} \geq 1$, 则级数发散.

2° 设有正项级数 $\sum\limits_{n=1}^{\infty} a_n$, 且 $\lim\limits_{n\to\infty} \dfrac{a_{n+1}}{a_n} = q$, 则当 $q < 1$ 时级数收敛, 当 $q > 1$ 时级数发散.

(4) 根值判别法及其极限形式 (柯西)

1° 设有正项级数 $\sum_{n=1}^{\infty} a_n$, 若从某项起有 $\sqrt[n]{a_n} \leq q < 1$, 则级数收敛; 反之, 若从某项起有 $\sqrt[n]{a_n} \geq 1$, 则级数发散.

2° 设有正项级数 $\sum_{n=1}^{\infty} a_n$, 且 $\lim_{n\to\infty} \sqrt[n]{a_n} = q$, 则当 $q < 1$ 时级数收敛, 当 $q > 1$ 时级数发散.

(5) 柯西积分判别法

设 $f(x)$ 定义在 $[1, +\infty)$ 上非负不增的连续函数, 则 $\sum_{n=1}^{\infty} f(n)$ 与 $\int_1^{+\infty} f(x)dx$ 同敛散.

(6) 拉阿伯 (Raabe) 判别法

设 $\sum_{n=1}^{\infty} a_n$ 是正项级数, 且有 $\lim_{n\to\infty} n\left(\frac{a_n}{a_{n+1}} - 1\right) = r$, 则当 $r > 1$ 时级数收敛, 当 $r < 1$ 时级数发散.

2. 一般级数 $\sum_{n=1}^{\infty} a_n$ 敛散判别法

(1) 交错级数的莱布尼茨判别法

设 $\sum_{n=1}^{\infty}(-1)^n a_n$ $(a_n > 0)$ 为交错级数, 如果从某项开始有 $\{a_n\}$ 单调减趋于 0, 则 $\sum_{n=1}^{\infty}(-1)^n a_n$ 收敛.

(2) 狄利克雷 (Dirichlet) 判别法

设 $\sum_{n=1}^{\infty} a_n b_n$ 满足 (i) 数列 $\{b_n\}$ 单调趋于 0, (ii) $S_n = \sum_{k=1}^{n} a_k$ 有界. 则 $\sum_{n=1}^{\infty} a_n b_n$ 收敛.

(3) 阿贝尔 (Abel) 判别法

设 $\sum_{n=1}^{\infty} a_n b_n$ 满足 (i) 数列 $\{b_n\}$ 单调有界,(ii) $\sum_{n=1}^{\infty} a_n$ 收敛. 则 $\sum_{n=1}^{\infty} a_n b_n$ 收敛.

(4) 柯西准则

$\sum_{n=1}^{\infty} a_n$ 收敛 $\Longleftrightarrow$ $\forall \varepsilon > 0$, $\exists N$, 当 $n > N$ 时, 有

$$|a_{n+1} + a_{n+2} + \cdots + a_{n+p}| < \varepsilon$$

对任自然数 P 成立.

(5) 定义法

$\sum_{n=1}^{\infty} a_n$ 收敛 $\Longleftrightarrow$ 部分和数列 $\{S_n\}$ 收敛, 其中 $S_n = \sum_{k=1}^{n} a_k$.

三、记住几个常用级数的敛散性

1. 几何级数 $\sum\limits_{n=0}^{\infty} q^n$ 当 $|q|<1$ 收敛, 当 $|q|\geq 1$ 发散.

2. P 级数 $\sum\limits_{n=1}^{\infty} \dfrac{1}{n^p}$ 当 $p>1$ 收敛, 当 $p\leq 1$ 发散.

3. $\sum\limits_{n=2}^{\infty} \dfrac{1}{n(\ln n)^p}$ 当 $p>1$ 收敛, 当 $p\leq 1$ 发散.

4. $\sum\limits_{n=1}^{\infty} \dfrac{\cos nx}{n}$ 当 $x\neq 2k\pi$ 时收敛, 当 $x=2k\pi$ 时发散.

5. $\sum\limits_{n=1}^{\infty} \dfrac{\sin nx}{n}$ 对任 x 都收敛.

本节重点是判断数项级数 $\sum\limits_{n=1}^{\infty} a_n$ 的敛散性.

解题方法

1. 判断 $\sum\limits_{n=1}^{\infty} a_n$ 敛散步骤与方法

判 $\lim\limits_{n\to\infty} a_n=0$是否成立 $\xrightarrow{\text{若} \lim\limits_{n\to\infty} a_n\neq 0}$ $\sum\limits_{n=1}^{\infty} a_n$发散.

↓ $\lim\limits_{n\to\infty} a_n=0$

判 $\sum\limits_{n=1}^{\infty} |a_n|$是否收敛 $\xrightarrow[\text{(正项级数敛散判别)}]{\text{若} \sum\limits_{n=1}^{\infty} |a_n| \text{收敛}}$ $\sum\limits_{n=1}^{\infty} a_n$绝对收敛.

↓ $\sum\limits_{n=1}^{\infty} |a_n|$发散

判 $\sum\limits_{n=1}^{\infty} a_n$是否收敛 $\xrightarrow[\text{(一般级数敛散判别)}]{\text{若} \sum\limits_{n=1}^{\infty} a_n \text{收敛}}$ $\sum\limits_{n=1}^{\infty} a_n$条件收敛.

↓ 若 $\sum\limits_{n=1}^{\infty} a_n$ 发散

$\sum\limits_{n=1}^{\infty} a_n$发散

2. 利用级数性质及某些定理判敛散

(1) 若级数的通项 a_n 可分解成两项 b_n 与 c_n 的和, 如果 $\sum\limits_{n=1}^{\infty} b_n$ 与 $\sum\limits_{n=1}^{\infty} c_n$ 都

收敛, 则 $\sum_{n=1}^{\infty} a_n$ 也收敛; 如果 $\sum_{n=1}^{\infty} b_n$ 与 $\sum_{n=1}^{\infty} c_n$ 中一个收敛, 另一个发散, 则 $\sum_{n=1}^{\infty} a_n$ 发散.

(2) 已知幂级数 $\sum_{n=0}^{\infty} a_n x^n$ 的收敛半径为 R, 则当 $|x| < R$ 时, $\sum_{n=0}^{\infty} a_n x^n$ 绝对收敛. 当 $|x| > R$ 时, $\sum_{n=0}^{\infty} a_n x^n$ 发散.

(3) 又如 $f(x)$ 是 $(-\infty, +\infty)$ 内逐段光滑的周期函数, 则它的傅里叶级数在任意给定的 x 处都是收敛的, 并且还可利用收敛定理写出它的和来.

例题分析

例 1 证明: 若级数 $\sum_{n=1}^{\infty} a_n^2$ 和 $\sum_{n=1}^{\infty} b_n^2$ 收敛, 则级数 $\sum_{n=1}^{\infty} |a_n b_n|$, $\sum_{n=1}^{\infty} (a_n - b_n)^2$, $\sum_{n=1}^{\infty} \frac{|a_n|}{n^{\frac{3}{4}}}$ 也收敛.

证 因为

$$\begin{aligned}
&|a_n b_n| \le \frac{1}{2}(a_n^2 + b_n^2),\\
&(a_n - b_n)^2 \le 2(a_n^2 + b_n^2),\\
&\frac{|a_n|}{n^{\frac{3}{4}}} \le \frac{1}{2}\left(a_n^2 + \frac{1}{n^{\frac{3}{2}}}\right),
\end{aligned}$$

又 $\sum_{n=1}^{\infty} a_n^2$, $\sum_{n=1}^{\infty} b_n^2$, $\sum_{n=1}^{\infty} \frac{1}{n^{\frac{3}{2}}}$ 收敛, 由比较判别法, $\sum_{n=1}^{\infty} |a_n b_n|$, $\sum_{n=1}^{\infty} (a_n - b_n)^2$, $\sum_{n=1}^{\infty} \frac{|a_n|}{n^{\frac{3}{4}}}$ 也收敛.

例 2 设 $x_n > 0$, 证明 $\sum_{n=1}^{\infty} \frac{x_n}{(1+x_1)(1+x_2)\cdots(1+x_n)}$ 收敛.

证

$$\begin{aligned}
S_n &= \sum_{k=1}^{n} \frac{x_k}{(1+x_1)(1+x_2)\cdots(1+x_k)}\\
&= \sum_{k=1}^{n} \left[\frac{1}{(1+x_1)(1+x_2)\cdots(1+x_{k-1})} - \frac{1}{(1+x_1)(1+x_2)\cdots(1+x_k)}\right]\\
&= \left(1 - \frac{1}{1+x_1}\right) + \left[\frac{1}{1+x_1} - \frac{1}{(1+x_1)(1+x_2)}\right] + \cdots\\
&\quad + \left[\frac{1}{(1+x_1)\cdots(1+x_{n-1})} - \frac{1}{(1+x_1)\cdots(1+x_n)}\right]\\
&= 1 - \frac{1}{(1+x_1)\cdots(1+x_n)}\\
&< 1 \quad \text{(即裂项相消法)},
\end{aligned}$$

由正项级数的有界判别法, 得原级数收敛.

例 3 研究下列级数的敛散性.

(1) $\sum\limits_{n=1}^{\infty}\cos n$; (2) $\sum\limits_{n=1}^{\infty}\dfrac{(n!)^2}{(2n)!}$;

(3) $\sum\limits_{n=1}^{\infty}\left(\cos\dfrac{1}{n}\right)^{n^3}$; (4) $\sum\limits_{n=1}^{\infty}\dfrac{(\ln n)^{\alpha}}{n^p}$ $(p>1,\ \alpha$ 为任意常数$)$;

(5) $\sum\limits_{n=1}^{\infty}\dfrac{\sqrt[n]{n}-1}{n}$; (6) $\sum\limits_{n=1}^{\infty}\left(1-\cos\dfrac{1}{n^p}\right)$ $(p>0)$;

(7) $\sum\limits_{n=1}^{\infty}\dfrac{1}{2^{\sqrt{n}}}$; (8) $\sum\limits_{n=1}^{\infty}\dfrac{1}{a^{\ln n}}$ $(a>0)$;

(9) $\sum\limits_{n=2}^{\infty}\dfrac{\cos\frac{n\pi}{4}}{\ln n}$; (10) $\sum\limits_{n=1}^{\infty}(-1)^n\dfrac{n-1}{n+1}\sin\dfrac{1}{n}$.

解 (1) 证 $\lim\limits_{n\to\infty}\cos n=0$ 不成立, 否则 $\lim\limits_{n\to\infty}\cos 2n=0$. 由 $\cos 2n=2\cos^2 n-1$, 两边取极限得 $0=-1$, 矛盾! 即得 $\lim\limits_{n\to\infty}\cos n=0$ 不成立, 由收敛的必要条件得 $\sum\limits_{n=1}^{\infty}\cos n$ 发散.

(2) 因为

$$\frac{(n!)^2}{(2n)!}=\frac{n!}{2^n(2n-1)!!}<\frac{1}{2^n},$$

而 $\sum\limits_{n=1}^{\infty}\dfrac{1}{2^n}$ 收敛, 故 $\sum\limits_{n=1}^{\infty}\dfrac{(n!)^2}{(2n)!}$ 收敛.

(3) 由于

$$\lim_{n\to\infty}\sqrt[n]{a_n}=\lim_{n\to\infty}\left(\cos\frac{1}{n}\right)^{n^2}=e^{\lim\limits_{n\to\infty}n^2\ln\cos\frac{1}{n}}=e^{-\frac{1}{2}}<1,$$

故 $\sum\limits_{n=1}^{\infty}\left(\cos\dfrac{1}{n}\right)^{n^3}$ 收敛.

(4) 因为 $p>1$, 故总存在 k, 使 $1<k<p$. 而

$$\lim_{n\to\infty}\frac{\dfrac{(\ln n)^{\alpha}}{n^p}}{\dfrac{1}{n^k}}=\lim_{n\to\infty}\frac{(\ln n)^{\alpha}}{n^{p-k}}=0\quad(\text{因为 } p-k>0),$$

又 $\sum\limits_{n=1}^{\infty}\dfrac{1}{n^k}$ 收敛, 故 $\sum\limits_{n=1}^{\infty}\dfrac{(\ln n)^{\alpha}}{n^p}$ 收敛.

(5) 因为 $\dfrac{\sqrt[n]{n}-1}{n}=\dfrac{e^{\frac{1}{n}\ln n}-1}{n}$, 且 $\lim\limits_{n\to\infty}\dfrac{1}{n}\ln n=0$, 所以

$$\frac{e^{\frac{1}{n}\ln n}-1}{n}\sim\frac{\ln n}{n^2}\qquad(n\to\infty).$$

又 (4) 题结论, $\sum\limits_{n=1}^{\infty}\dfrac{\ln n}{n^2}$ 收敛, 故 $\sum\limits_{n=1}^{\infty}\dfrac{\sqrt[n]{n}-1}{n}$ 收敛.

(6) 当 $p>0$, $\lim\limits_{n\to\infty}\left(1-\cos\dfrac{1}{n^p}\right)=0$, 又 $1-\cos\dfrac{1}{n^p}\sim\dfrac{1}{2n^{2p}}$ $(n\to\infty)$. 由 p 级数的收敛性知, 当 $p>\dfrac{1}{2}$ 时, $\sum\limits_{n=1}^{\infty}\left(1-\cos\dfrac{1}{n^p}\right)$ 收敛; 当 $0<p\leq\dfrac{1}{2}$ 时, $\sum\limits_{n=1}^{\infty}\left(1-\cos\dfrac{1}{n^p}\right)$ 发散.

(7) 令 $\sqrt{x}=t$, 则

$$\int_1^{+\infty}\frac{1}{2^{\sqrt{x}}}dx=\int_1^{+\infty}\frac{2t}{2^t}dt=\frac{-2t}{\ln 2}\cdot 2^{-t}\Big|_1^{+\infty}+\int_1^{+\infty}\frac{2}{\ln 2}2^{-t}dt$$
$$=\frac{1}{\ln 2}-\frac{2}{(\ln 2)^2}\cdot 2^{-t}\Big|_1^{+\infty}=\frac{1}{\ln 2}+\frac{1}{(\ln 2)^2},$$

由柯西积分判别法 $\sum\limits_{n=1}^{\infty}\dfrac{1}{2^{\sqrt{n}}}$ 收敛.

(8) 因为 $a^{\ln n}=n^{\ln a}$, 所以

$$\sum_{n=1}^{\infty}\frac{1}{a^{\ln n}}=\sum_{n=1}^{\infty}\frac{1}{n^{\ln a}},$$

故当 $\ln a>1$, 即 $a>e$ 时, 级数收敛; 当 $\ln a\leq 1$, 即 $0<a\leq e$ 时, 级数发散.

(9) 因为

$$\left|\sum_{k=1}^{n}\cos\frac{k\pi}{4}\right|=\left|\frac{\sin\left(n+\dfrac{1}{2}\right)\dfrac{\pi}{4}-\sin\dfrac{\pi}{8}}{2\sin\dfrac{\pi}{8}}\right|\leq\frac{1}{\left|\sin\dfrac{\pi}{8}\right|},$$

即部分和 $S_n=\sum\limits_{k=1}^{n}a_k$ 有界. 又 $b_n=\dfrac{1}{\ln n}$ 单调减趋于零, 由狄利克雷判别法, 原级数收敛.

(10) 因为 $\sin\dfrac{1}{n}$ 单调下降趋于 0, 由莱布尼茨判别法知, $\sum\limits_{n=1}^{\infty}(-1)^n\sin\dfrac{1}{n}$ 收敛, 又 $b_n=\dfrac{n-1}{n+1}=1-\dfrac{2}{n+1}$ 单调有界, 再由阿贝尔判别法, 原级数收敛.

例 4 判断级数的敛散性. 若收敛, 指出是条件收敛或绝对收敛.

(1) $\sum\limits_{n=1}^{\infty}\dfrac{(-1)^n2^n}{n[3^n+(-2)^n]}$; (2) $\sum\limits_{n=1}^{\infty}(-1)^n\left[\dfrac{1}{n}-\ln\left(1+\dfrac{1}{n}\right)\right]$;

(3) $\sum\limits_{n=1}^{\infty}\dfrac{(-1)^n\cos n}{n}\left(1+\dfrac{1}{n}\right)^n$; (4) $\sum\limits_{n=1}^{\infty}\sin\dfrac{1}{n}\sin nx$;

(5) $\sum\limits_{n=2}^{\infty}\dfrac{(-1)^n}{n^p+(-1)^n}$ $(p>0)$; (6) $\sum\limits_{n=1}^{\infty}(-1)^n\left(1-\cos\dfrac{1}{n}\right)^p$.

解 (1) 因为

$$\left|\frac{(-1)^n 2^n}{n[3^n+(-2)^n]}\right| = \frac{2^n}{n[3^n+(-2)^n]} \sim \frac{2^n}{n3^n} \qquad (n\to\infty),$$

由比值判别法知 $\sum\limits_{n=1}^{\infty}\frac{2^n}{n3^n}$ 收敛, 故原级数绝对收敛.

(2) 因为

$$\lim_{x\to 0}\frac{x-\ln(1+x)}{x^2}=\frac{1}{2},$$

即

$$\frac{1}{n}-\ln\left(1+\frac{1}{n}\right) \sim \frac{1}{2n^2} \qquad (n\to\infty),$$

故原级数绝对收敛.

(3) 由狄利克雷判别法知

$$\sum_{n=1}^{\infty}\frac{(-1)^n\cos n}{n}=\sum_{n=1}^{\infty}\frac{\cos(n\pi+n)}{n}$$

收敛, 又 $\left(1+\frac{1}{n}\right)^n$ 单调趋于 e, 由阿贝尔判别法知原级数收敛.

但

$$\left|\frac{(-1)^n\cos n}{n}\left(1+\frac{1}{n}\right)^n\right| \geq \frac{\cos^2 n}{n}\left(1+\frac{1}{n}\right)^n = \frac{1}{2n}\left(1+\frac{1}{n}\right)^n + \frac{\cos 2n}{2n}\left(1+\frac{1}{n}\right)^n,$$

重复上证法得 $\sum\limits_{n=1}^{\infty}\frac{\cos 2n}{n}\left(1+\frac{1}{n}\right)^n$ 收敛. 又

$$\frac{1}{2n}\left(1+\frac{1}{n}\right)^n \sim \frac{e}{2n} \qquad (n\to\infty),$$

得 $\sum\limits_{n=1}^{\infty}\frac{1}{2n}\left(1+\frac{1}{n}\right)^n$ 发散. 所以 $\sum\limits_{n=1}^{\infty}\left|\frac{(-1)^n\cos n}{n}\left(1+\frac{1}{n}\right)^n\right|$ 发散.

故原级数条件收敛.

(4) 当 $x\neq 2k\pi(k\in Z)$ 时,

$$\left|\sum_{k=1}^{n}\sin kx\right| = \left|\frac{\cos\frac{x}{2}-\cos\frac{2n+1}{2}x}{2\sin\frac{x}{2}}\right| \leq \frac{1}{\left|\sin\frac{x}{2}\right|},$$

即 $\sum\limits_{n=1}^{\infty}\sin nx$ 的部分和有界, 又 $\sin\frac{1}{n}$ 单调下降趋于 0.

由狄利克雷判别法, $\sum_{n=1}^{\infty}\sin\frac{1}{n}\sin nx$ 当 $x\neq 2k\pi$ 时收敛; 当 $x=2k\pi$, $\sin\frac{1}{n}\sin nx$ 的值为 0, 故 $\sum_{n=1}^{\infty}\sin\frac{1}{n}\sin nx$ 对 $\forall x$ 都收敛.

再证 $\sum_{n=1}^{\infty}\left|\sin\frac{1}{n}\sin nx\right|$ 当 $x\neq k\pi$ 时发散 (当 $x=k\pi$ 时显然收敛). 因

$$\left|\sin\frac{1}{n}\sin nx\right|\geq\sin\frac{1}{n}\sin^2 nx=\frac{1}{2}\sin\frac{1}{n}-\frac{\cos 2nx}{2}\sin\frac{1}{n},$$

又 $\sum_{n=1}^{\infty}\sin\frac{1}{n}$ 发散, $\sum_{n=1}^{\infty}\sin\frac{1}{n}\cos 2nx$ 当 $x\neq k\pi$ 时收敛. 所以 $\sum_{n=1}^{\infty}\left|\sin\frac{1}{n}\sin nx\right|$ 当 $x\neq k\pi$ 时发散.

综上, 当 $x=k\pi\ (k\in\mathbf{Z})$ 时, $\sum_{n=1}^{\infty}\sin\frac{1}{n}\sin nx$ 绝对收敛; 当 $x\neq k\pi\ (k\in\mathbf{Z})$ 时, $\sum_{n=1}^{\infty}\sin\frac{1}{n}\sin nx$ 条件收敛.

(5) 由于

$$\left|\frac{(-1)^n}{n^p+(-1)^n}\right|\sim\frac{1}{n^p}\qquad(n\to\infty,p>0),$$

所以, 当 $p>1$ 时, $\sum_{n=2}^{\infty}\frac{(-1)^n}{n^p+(-1)^n}$ 绝对收敛; 当 $0<p\leq 1$ 时, $\sum_{n=2}^{\infty}\left|\frac{(-1)^n}{n^p+(-1)^n}\right|$ 发散, 再判 $\sum_{n=2}^{\infty}\frac{(-1)^n}{n^p+(-1)^n}$ 的敛散性.

因

$$\frac{(-1)^n}{n^p+(-1)^n}=\frac{(-1)^n}{n^p}-\frac{1}{n^p[n^p+(-1)^n]},$$

前者 $\sum_{n=2}^{\infty}\frac{(-1)^n}{n^p}$ 当 $0<p\leq 1$ 条件收敛, 而后者

$$\frac{1}{n^p[n^p+(-1)^n]}\sim\frac{1}{n^{2p}}\qquad(n\to\infty),$$

故 $\sum_{n=2}^{\infty}\frac{1}{n^p[n^p+(-1)^n]}$ 当 $\frac{1}{2}<p\leq 1$ 时收敛, 当 $0<p\leq\frac{1}{2}$ 时发散.

综上, 级数 $\sum_{n=2}^{\infty}\frac{(-1)^n}{n^p+(-1)^n}$ (i) 当 $p>1$ 时绝对收敛,(ii) 当 $\frac{1}{2}<p\leq 1$ 时条件收敛, (iii) 当 $0<p\leq\frac{1}{2}$ 时发散.

(6) 当 $p\leq 0$ 时, 由于 $\lim\limits_{n\to\infty}a_n\neq 0$, 级数发散. 当 $p>0$ 时

$$\left(1-\cos\frac{1}{n}\right)^p\sim\left(\frac{1}{2n^2}\right)^p=\frac{1}{2^p}\cdot\frac{1}{n^{2p}}\qquad(n\to\infty),$$

所以, 当 $p>\frac{1}{2}$ 时, $\sum_{n=1}^{\infty}(-1)^n\left(1-\cos\frac{1}{n}\right)^p$ 绝对收敛, 当 $0<p\leq\frac{1}{2}$ 时,

$$\sum_{n=1}^{\infty}\left|(-1)^n\left(1-\cos\frac{1}{n}\right)^p\right|$$

发散.

又 $\left(1-\cos\frac{1}{n}\right)^p>0$, 且 $n\to\infty$ 时, $\left(1-\cos\frac{1}{n}\right)^p$ 单调减趋于 0.

由莱布尼茨判别法, $\sum_{n=1}^{\infty}(-1)^n\left(1-\cos\frac{1}{n}\right)^p$ 当 $p>0$ 时收敛.

综上, 级数 $\sum_{n=1}^{\infty}(-1)^n\left(1-\cos\frac{1}{n}\right)^p$ (i) 当 $p>\frac{1}{2}$ 时绝对收敛,(ii) 当 $0<p\leq\frac{1}{2}$ 时条件收敛,(iii) 当 $p\leq 0$ 时发散.

例 5　设 $f(x)$ 在点 $x=0$ 的某一邻域内具有二阶连续导数, 且 $\lim\limits_{x\to 0}\frac{f(x)}{x}=0$, 证明级数 $\sum_{n=1}^{\infty}f\left(\frac{1}{n}\right)$ 绝对收敛.

证　因为 $\lim\limits_{x\to 0}\frac{f(x)}{x}=0$, 所以

$$f(0)=\lim_{x\to 0}f(x)=\lim_{x\to 0}\frac{f(x)}{x}\cdot x=0,$$
$$f'(0)=\lim_{x\to 0}\frac{f(x)-f(0)}{x}=\lim_{x\to 0}\frac{f(x)}{x}=0.$$

又

$$\lim_{x\to 0}\frac{f(x)}{x^2}\xlongequal{(\text{洛必达})}\lim_{x\to 0}\frac{f'(x)}{2x}=\frac{1}{2}\lim_{x\to 0}\frac{f'(x)-f'(0)}{x}=\frac{1}{2}f''(0),$$

从而

$$\lim_{n\to\infty}\frac{\left|f\left(\frac{1}{n}\right)\right|}{\left(\frac{1}{n}\right)^2}=\frac{1}{2}|f''(0)|.$$

由极限性质得, n 充分大时有

$$\frac{\left|f\left(\frac{1}{n}\right)\right|}{\frac{1}{n^2}}\leq M\qquad(\text{有界}),$$

即

$$\left|f\left(\frac{1}{n}\right)\right|\leq M\cdot\frac{1}{n^2}.$$

因 $\sum\limits_{n=1}^{\infty}\frac{1}{n^2}$ 收敛, 故 $\sum\limits_{n=1}^{\infty}f\left(\frac{1}{n}\right)$ 绝对收敛.

例 6 设正项数列 $\{a_n\}$ 单调减少. 试问 $\sum\limits_{n=1}^{\infty}\left(\frac{a_n}{a_{n+1}}-1\right)$ 是否收敛? 并说明理由.

解 因 $\{a_n\}$ 单调减, 且 $a_n>0$, 所以 $\lim\limits_{n\to\infty}a_n=a$ 存在, 且 $a\geq 0$, $a_n\geq a$.

(i) 当 $a>0$ 时

$$0\leq\frac{a_n}{a_{n+1}}-1=\frac{a_n-a_{n+1}}{a_{n+1}}\leq\frac{a_n-a_{n+1}}{a},$$

而正项级数

$$\sum_{n=1}^{\infty}(a_n-a_{n+1})=\lim_{n\to\infty}\sum_{k=1}^{n}(a_k-a_{k+1})=\lim_{n\to\infty}(a_1-a_{n+1})=a_1-a$$

收敛, 由比较判别法, 级数 $\sum\limits_{n=1}^{\infty}\left(\frac{a_n}{a_{n+1}}-1\right)$ 收敛.

(ii) 当 $a=0$ 时, 易证当 $x\geq 1$ 时, 有 $x-1\geq\ln x$, 即

$$\frac{a_n}{a_{n+1}}-1\geq\ln\frac{a_n}{a_{n+1}},$$

又正项级数

$$\sum_{n=1}^{\infty}\ln\frac{a_n}{a_{n+1}}=\lim_{n\to\infty}\sum_{k=1}^{n}\ln\frac{a_k}{a_{k+1}}=\lim_{n\to\infty}(\ln a_1-\ln a_{n+1})=\infty$$

发散, 由比较判别法, 级数 $\sum\limits_{n=1}^{\infty}\left(\frac{a_n}{a_{n+1}}-1\right)$ 发散.

例 7 设级数 $\sum\limits_{n=1}^{\infty}a_n$ 收敛, 且数列 $\{a_n\}$ 单调递减. 证明 $\lim\limits_{n\to\infty}na_n=0$.

证 因 $\sum\limits_{n=1}^{\infty}a_n$ 收敛, 所以 $\lim\limits_{n\to\infty}a_n=0$. 又因为 $\{a_n\}$ 单调减, 故 $a_n\geq 0$. 由级数收敛的柯西准则, 对 $\forall p\in\mathbf{N}$, 有

$$\lim_{n\to\infty}(a_{n+1}+a_{n+2}+\cdots+a_{n+p})=0,$$

又 $\{a_n\}$ 单调减, 故

$$0\leq pa_{n+p}\leq a_{n+1}+a_{n+2}+\cdots+a_{n+p},\qquad\forall p\in\mathbf{N}.$$

由夹逼准则推得

$$\lim_{n\to\infty}2na_{2n}=0,\quad\lim_{n\to\infty}(2n+1)a_{2n+1}=0,$$

所以

$$\lim_{n\to\infty} na_n = 0.$$

11.2 函数项级数

学习要点

一、基本概念

1. 函数项级数 $\sum_{n=1}^{\infty} u_n(x)$ 收敛的概念, 收敛域及和函数

设 $u_1(x), u_2(x), \cdots, u_n(x), \cdots$ 是定义在 $[a,b]$ 上的一列函数, 称和式 $\sum_{n=1}^{\infty} u_n(x)$ 是 $[a,b]$ 上的一个函数项级数. 在 $[a,b]$ 上任取一点 x_0, 若数项级数 $\sum_{n=1}^{\infty} u_n(x_0)$ 收敛, 就称函数项级数 $\sum_{n=1}^{\infty} u_n(x)$ 在点 x_0 收敛, 否则称在 x_0 发散. 使 $\sum_{n=1}^{\infty} u_n(x)$ 收敛的点 x 的全体称为函数项级数的收敛域, 在收敛域上函数项级数在每个收敛点 x 都有一个确定的和数, 称为和函数, 记为 $S(x)$, 即

$$S(x) = \sum_{n=1}^{\infty} u_n(x) \qquad (x \in \text{收敛域}).$$

2. 函数项级数 $\sum_{n=1}^{\infty} u_n(x)$ 一致收敛的概念

设函数项级数 $\sum_{n=1}^{\infty} u_n(x)$ 的收敛域为 D, $I \subset D$, 如果对任给 $\varepsilon > 0$, 都存在与 x 无关的自然数 N, 当 $n > N$ 时, 有

$$|r_n(x)| = \left|\sum_{k=n+1}^{\infty} u_k(x)\right| < \varepsilon,$$

对 I 上一切 x 都成立, 称 $\sum_{n=1}^{\infty} u_n(x)$ 在区间 I 上一致收敛, 或称余项 $r_n(x)$ 在 I 上一致趋于零.

二、函数项级数 $\sum_{n=1}^{\infty} u_n(x)$ 一致收敛的判别法

1. 一致收敛的必要条件

$\sum_{n=1}^{\infty} u_n(x)$ 在区间 I 上一致收敛的必要条件是通项 $u_n(x)$ 在 I 上一致趋于零.

2. 魏尔斯特拉斯 (Weierstrass) 判别法

如果存在一个收敛的正项级数 $\sum_{n=1}^{\infty} a_n$, 使在区间 I 上从某项起成立

$$|u_n(x)| \leq a_n.$$

则级数 $\sum_{n=1}^{\infty} u_n(x)$ 在区间 I 上一致收敛.

3. 狄利克雷判别法

如果级数 $\sum_{n=1}^{\infty} a_n(x)b_n(x)$ 满足

(i) 函数列 $\{b_n(x)\}$ 对每个 x 单调, 且在区间 I 上一致趋于 0,

(ii) $S_n(x) = \sum_{k=1}^{n} a_k(x)$ 在 I 上一致有界,

则 $\sum_{n=1}^{\infty} a_n(x)b_n(x)$ 在 I 上一致收敛.

4. 阿贝尔判别法

如果级数 $\sum_{n=1}^{\infty} a_n(x)b_n(x)$ 满足

(i) 函数列 $\{b_n(x)\}$ 对每个 x 值单调, 且在区间 I 上一致有界,

(ii) $\sum_{n=1}^{\infty} a_n(x)$ 在 I 上一致收敛,

则 $\sum_{n=1}^{\infty} a_n(x)b_n(x)$ 在 I 上一致收敛.

5. 柯西准则

$\sum_{n=1}^{\infty} u_n(x)$ 在 I 上一致收敛的充分必要条件是: 任给正数 ε, 存在仅与 ε 有关的 $N(\varepsilon)$, 当 $n > N$ 时, 有不等式

$$|u_{n+1}(x) + u_{n+2}(x) + \cdots + u_{n+p}(x)| < \varepsilon,$$

对任意自然数 P 及 I 中一切 x 都成立.

三、一致收敛条件下函数项级数和函数的性质

1. 连续性

设 $\sum_{n=1}^{\infty} u_n(x)$ 在区间 I 上一致收敛于 $S(x)$, 且每项 $u_n(x)$ 都在 I 上连续, 则 $S(x)$ 在 I 上也连续. 即 $\forall x_0 \in I$, 有

$$\lim_{x \to x_0} \sum_{n=1}^{\infty} u_n(x) = \sum_{n=1}^{\infty} \lim_{x \to x_0} u_n(x) = \sum_{n=1}^{\infty} u_n(x_0).$$

注 11.2 若 x_0 是区间 I 的右端点时, $x \to x_0$ 应改为 $x \to x_0^-$, 若 x_0 是 I 的左端点时, $x \to x_0$ 应改为 $x \to x_0^+$.

2. 积分性质 (逐项积分)

设 $\sum\limits_{n=1}^{\infty} u_n(x)$ 在区间 I 上一致收敛于 $S(x)$, 且每项 $u_n(x)$ 在 I 上连续, $[a,b] \subset I$, 则

$$\int_a^b S(x)dx = \int_a^b \sum_{n=1}^{\infty} u_n(x)dx = \sum_{n=1}^{\infty} \int_a^b u_n(x)dx.$$

3. 微分性质 (逐项求导)

设 $\sum\limits_{n=1}^{\infty} u_n(x)$ 在区间 I 上收敛于 $S(x)$, 它的每项 $u_n(x)$ 在 I 上有连续的导数 $u_n'(x)$, 且 $\sum\limits_{n=1}^{\infty} u_n'(x)$ 在区间 I 上一致收敛, 则 $S(x)$ 在 I 上有连续的导数, 且

$$S'(x) = \left(\sum_{n=1}^{\infty} u_n(x)\right)' = \sum_{n=1}^{\infty} u_n'(x).$$

四、记住几个结论

设 $\sum\limits_{n=1}^{\infty} u_n(x)$ 的收敛域为 D.

1. 设 $T = \{x_1, x_2, \cdots, x_p\}$ 是一有限集, 且 $T \subset D$, 则 $\sum\limits_{n=1}^{\infty} u_n(x)$ 在 T 上一致收敛.

2. $T_1, T_2, T_3 \subseteq D$, 且 $\sum\limits_{n=1}^{\infty} u_n(x)$ 在 T_1, T_2, T_3 上一致收敛, 则 $\sum\limits_{n=1}^{\infty} u_n(x)$ 在 $T_1 \cup T_2 \cup T_3$ 上一致收敛.

3. $\sum\limits_{n=1}^{\infty} u_n(x)$ 在 (a,b) 上一致收敛, 在 a, b 两点收敛, 则 $\sum\limits_{n=1}^{\infty} u_n(x)$ 在 $[a,b]$ 上一致收敛.

4. $\sum\limits_{n=1}^{\infty} u_n(x)$ 在 $(a,b]$ 上收敛, 且每项 $u_n(x)$ 在 $[a,b]$ 连续, 若 $\sum\limits_{n=1}^{\infty} u_n(x)$ 在 a 点发散, 则 $\sum\limits_{n=1}^{\infty} u_n(x)$ 在 $(a,b]$ 上不一致收敛.

以上结论, 由一致收敛的定义或柯西准则容易证得.

本节难点 判断函数项级数 $\sum\limits_{n=1}^{\infty} u_n(x)$ 在指定区间上的一致收敛性.

解题方法

1. 求 $\sum_{n=1}^{\infty} u_n(x)$ 收敛域的方法

(1) 由定义, 使 $\lim_{n\to\infty} S_n(x)$ 存在的点 x 的集合, $S_n(x)=\sum_{k=1}^{n} u_k(x)$.

(2) 借助数项级数的敛散判别法 (常用比值判别法或根值判别法等).

2. 证明 $\sum_{n=1}^{\infty} u_n(x)$ 一致收敛方法

(1) 魏尔斯特拉斯判别法;

(2) 狄利克雷判别法;

(3) 阿贝尔判别法;

(4) 一致收敛的定义;

(5) 柯西一致收敛准则.

3. 证明 $\sum_{n=1}^{\infty} u_n(x)$ 不一致收敛方法

(1) 通项 $u_n(x)$ 在所给区间上不一致趋于零 (注: 若通项在所给区间上一致趋于零, 也不能说明级数一致收敛, 须用其他方法).

(2) 不一致收敛的定义.

(3) 违背柯西一致收敛准则.

(4) 利用一致收敛级数的和函数性质 (如每项 $u_n(x)$ 在 I 上连续, 但和函数 $S(x)$ 在 I 上不连续, 则 $\sum_{n=1}^{\infty} u_n(x)$ 在 I 上不一致收敛).

4. 证明和函数 $S(x)$ 的连续性、可微性、可积性

利用一致收敛级数的性质定理及连续可微的 "局部" 概念.

例题分析

例 1 确定下列级数的收敛域:

(1) $\sum_{n=1}^{\infty} n!\left(\frac{x}{n}\right)^n$;　　(2) $\sum_{n=1}^{\infty} \frac{x^{n^2}}{n^2}$;

(3) $\sum_{n=1}^{\infty} \frac{\sin nx}{e^{nx}}$;　　(4) $\sum_{n=1}^{\infty}(-1)^n(e^{\frac{1}{n}}-1)^x$.

解 (1) 由比值判别法

$$\lim_{n\to\infty}\left|\frac{u_{n+1}(x)}{u_n(x)}\right|=\lim_{n\to\infty}\left(\frac{n}{n+1}\right)^n\cdot|x|=\frac{|x|}{e},$$

故当 $|x| < e$ 时, 级数绝对收敛.

当 $x = \pm e$ 时, 由于

$$\frac{u_{n+1}(e)}{u_n(e)} = \frac{(n+1)!\left(\dfrac{e}{n+1}\right)^{n+1}}{n!\left(\dfrac{e}{n}\right)^n} = \frac{e}{\left(1+\dfrac{1}{n}\right)^n} > 1,$$

显然通项 $u_n(x)$ 不趋于 0, 故 $\sum\limits_{n=1}^{\infty}(\pm 1)^n \cdot n! \cdot \left(\dfrac{e}{n}\right)^n$ 发散.

当 $|x| > e$ 时, 显然通项 $u_n(x)$ 不趋于 0, 级数发散.

所以收敛域为 $|x| < e$.

(2) 由根值判别法

$$\lim_{n\to\infty}\sqrt[n]{|a_n|} = \lim_{n\to\infty}\sqrt[n]{\frac{|x|^{n^2}}{n^2}} = \lim_{n\to\infty}|x|^n,$$

故当 $|x| < 1$ 时, $\lim\limits_{n\to\infty}\sqrt[n]{|a_n|} = 0$, 级数收敛; 当 $|x| = 1$ 时, $\sum\limits_{n=1}^{\infty}\left|\dfrac{(\pm 1)^{n^2}}{n^2}\right| = \sum\limits_{n=1}^{\infty}\dfrac{1}{n^2}$ 收敛; 当 $|x| > 1$ 时, 由于 $\lim\limits_{n\to\infty}\dfrac{x^{n^2}}{n^2} = \infty$, 级数发散. 所以, 收敛域为 $|x| \le 1$.

(3) 由比较判别法

$$\left|\frac{\sin nx}{e^{nx}}\right| \le \frac{1}{e^{nx}},$$

而 $\sum\limits_{n=1}^{\infty}\dfrac{1}{e^{nx}}$ 当 $x > 0$ 时收敛 (因 $\lim\limits_{n\to\infty}\sqrt[n]{|a_n|} = \dfrac{1}{e^x} < 1$).

故当 $x > 0$ 时, $\sum\limits_{n=1}^{\infty}\dfrac{\sin nx}{e^{nx}}$ 绝对收敛; 当 $x = k\pi(k = 0, -1, -2, \cdots)$ 时, $\dfrac{\sin nx}{e^{nx}}$ 值为 0, 级数收敛; 当 $x < 0$ 且 $x \ne k\pi(k = -1, -2, \cdots)$ 时, 因为 $\lim\limits_{n\to\infty}\dfrac{\sin nx}{e^{nx}}$ 不存在, 级数发散.

所以, 收敛域为 $x \ge 0$ 及 $x = -k\pi(k = 1, 2, \cdots)$.

(4) 当 $x \le 0$ 时, 由于 $\lim\limits_{n\to\infty}(-1)^n(e^{\frac{1}{n}} - 1)^x \ne 0$, 级数发散.

当 $x > 0$ 时, $(e^{\frac{1}{n}} - 1)^x > 0$ 且 $(e^{\frac{1}{n}} - 1)^x$ 对每个 x 单调减趋于 0.

由莱布尼茨判别法, $\sum\limits_{n=1}^{\infty}(-1)^n(e^{\frac{1}{n}} - 1)^x$ 当 $x > 0$ 收敛, 故收敛域为 $x > 0$.

例 2　设 k 是自然数, 数列 $\{a_n\}$ 由下式定义:

$$a_n = \begin{cases} 1+2+\cdots+k, & \text{当 } n = 1+2+\cdots+k, \\ 0, & \text{当 } n \text{ 是其他自然数时}. \end{cases}$$

(1) 求幂级数 $\sum_{n=1}^{\infty} a_n x^n$ 的收敛域.

(2) 求级数 $\sum_{n=1}^{\infty} a_n \left(\frac{1-x}{1+x}\right)^n$ 的收敛域.

解 (1) 将 $\sum_{n=1}^{\infty} a_n x^n$ 中等于 0 的项去掉, 所得级数与原级数有相同的收敛性及绝对收敛性. 去掉等于 0 的项后的级数为

$$\sum_{n=1}^{\infty} u_n(x) = a_1 x + a_3 x^3 + a_6 x^6 + a_{10} x^{10} + \cdots + a_{1+2+\cdots+n} x^{1+2+\cdots+n} + \cdots,$$

$$\begin{aligned}\left|\frac{u_{k+1}(x)}{u_k(x)}\right| &= \frac{[1+2+\cdots+k+(k+1)]|x|^{1+2+\cdots+k+(k+1)}}{[1+2+\cdots+k]|x|^{1+2+\cdots+k}} \\ &= \frac{(k+2)(k+1)}{2} \cdot \frac{2}{k(k+1)} \cdot |x|^{k+1},\end{aligned}$$

当 $|x|<1$ 时, $\left|\frac{u_{k+1}(x)}{u_k(x)}\right| \to 0$, 所以 $\sum_{n=1}^{\infty} u_n(x)$ 绝对收敛.

当 $|x|>1$ 时, $\left|\frac{u_{k+1}(x)}{u_k(x)}\right| \to +\infty$, 所以 $\sum_{n=1}^{\infty} u_n(x)$ 发散.

当 $|x|=1$ 时, 级数因通项不趋于 0 而发散, 所以 $\sum_{n=1}^{\infty} a_n x^n$ 的收敛域为 $(-1,1)$.

(2) 令 $\frac{1-x}{1+x}=t$, 级数 $\sum_{n=1}^{\infty} a_n \left(\frac{1-x}{1+x}\right)^n = \sum_{n=1}^{\infty} a_n t^n$, 由 (1), 收敛域为 $-1<t<1$, 即 $-1<\frac{1-x}{1+x}<1$, 解此不等式得 $0<x<+\infty$, 因此 $\sum_{n=1}^{\infty} a_n \left(\frac{1-x}{1+x}\right)^n$ 的收敛域为 $(0,+\infty)$.

例 3 设有函数项级数 $x+\sum_{n=2}^{\infty}(x^n - x^{n-1})$.

(1) 求收敛域 D; (2) 证明级数在 D 不一致收敛.

解 (1) 第 n 个部分和

$$S_n(x) = x + \sum_{k=2}^{n}(x^k - x^{k-1}) = x^n,$$

$$S(x) = \lim_{n\to\infty} S_n(x) = \lim_{n\to\infty} x^n = \begin{cases} 0, & -1<x<1, \\ 1, & x=1. \end{cases}$$

由收敛定义, 所以收敛域 D 为 $(-1,1]$.

(2) 显然级数的每一项 $x^n - x^{n-1}$ 在 $(-\infty, +\infty)$ 上连续, 但和函数 $S(x)$ 在收敛域 D 内 $x = 1$ 不连续. 由一致收敛级数和函数的性质可知, 级数在 D 不一致收敛.

例 4 证明: 级数 $\sum\limits_{n=1}^{\infty} \dfrac{(-1)^n}{x+n}$ 在 $(0, +\infty)$ 内一致收敛, 但不绝对收敛.

证 由于

$$|r_n(x)| = \left|\frac{1}{x+n+1} - \frac{1}{x+n+2} + \cdots\right| < \frac{1}{x+n+1} < \frac{1}{n} \qquad (x > 0),$$

对 $\forall \varepsilon > 0$, 取自然数 $N > \dfrac{1}{\varepsilon}$, 当 $n > N$ 时, $|r_n(x)| < \varepsilon$ 对 $x > 0$ 都成立, 据**一致收敛定义**, $\sum\limits_{n=1}^{\infty} \dfrac{(-1)^n}{x+n}$ 在 $(0, +\infty)$ 内一致收敛 (本题证一致收敛也可用狄利克雷判别法).

又对任 $x \in (0, +\infty)$, 有 $\lim\limits_{n\to\infty} \dfrac{\frac{1}{x+n}}{\frac{1}{n}} = 1$, 由比较判别法的极限形式, $\sum\limits_{n=1}^{\infty} \left|\dfrac{(-1)^n}{x+n}\right| = \sum\limits_{n=1}^{\infty} \dfrac{1}{x+n}$ 是发散的, 即 $\sum\limits_{n=1}^{\infty} \dfrac{(-1)^n}{x+n}$ 在 $(0, +\infty)$ 上不绝对收敛.

例 5 证明: 级数 $\sum\limits_{n=0}^{\infty} \dfrac{(-1)^n x}{(1+x)^n}$ 在 $(0, +\infty)$ 内绝对并一致收敛, 但 $\sum\limits_{n=0}^{\infty} \left|\dfrac{(-1)^n x}{(1+x)^n}\right|$ 在 $(0, +\infty)$ 内并不一致收敛.

证 显然, 对每个 $x \in (0, +\infty)$, $\{b_n(x)\}$ 单调减. 又由

$$b_n(x) = \frac{x}{(1+x)^n} = \frac{x}{1 + nx + \cdots} < \frac{1}{n},$$

可知 $\{b_n(x)\}$ 在区间 $(0, +\infty)$ 上一致趋于 0, 而 $S_n = \sum\limits_{k=0}^{n-1} (-1)^k$ 在 $(0, +\infty)$ 上一致有界 (即 $|S_n| \leq 1$, 对 $\forall n$ 及 $x \in (0, +\infty)$). 由狄利克雷判别法知, $\sum\limits_{n=0}^{\infty} \dfrac{(-1)^n x}{(1+x)^n}$ 在 $(0, +\infty)$ 上一致收敛.

又

$$\lim_{n\to\infty} \left|\frac{u_{n+1}(x)}{u_n(x)}\right| = \lim_{n\to\infty} \frac{1}{1+x} = \frac{1}{1+x} < 1 \qquad (\text{因为 } x > 0),$$

所以 $\sum\limits_{n=0}^{\infty} \dfrac{(-1)^n x}{(1+x)^n}$ 在 $(0, +\infty)$ 内绝对收敛.

下面证明 $\sum\limits_{n=0}^{\infty} \left|\dfrac{(-1)^n x}{(1+x)^n}\right| = \sum\limits_{n=0}^{\infty} \dfrac{x}{(1+x)^n}$ 在 $(0, +\infty)$ 上不一致收敛.

方法 1 因为

$$S_n(x) = \sum_{k=0}^{n-1} \frac{x}{(1+x)^k} = (1+x) - \frac{1}{(1+x)^{n-1}},$$

故

$$S(x)=\lim_{n\to\infty}S_n(x)=\begin{cases}1+x, & x>0,\\ 0, & x=0.\end{cases}$$

显然 $S(x)$ 在 $x\geq 0$ 不连续, 由一致收敛级数的性质定理 1, $\sum\limits_{n=0}^{\infty}\dfrac{x}{(1+x)^n}$ 在 $[0,+\infty)$ 上不一致收敛, 故 $\sum\limits_{n=0}^{\infty}\dfrac{x}{(1+x)^n}$ 在 $(0,+\infty)$ 内不一致收敛 (学习要点中的 (四、3)).

方法 2 用反证法. 今取 $\varepsilon_0=\dfrac{1}{3}$, 对一切 $n=2,3,\cdots$, 取 $x=2^{\frac{1}{n-1}}-1\in(0,+\infty)$, 则

$$|r_n(x)|=|S(x)-S_n(x)|=\frac{1}{(1+x)^{n-1}}=\frac{1}{2}>\frac{1}{3},$$

和一致收敛定义矛盾. 故 $\sum\limits_{n=0}^{\infty}\dfrac{x}{(1+x)^n}$ 在 $(0,+\infty)$ 上不一致收敛.

注 11.3 例 4、例 5 都不能用魏尔斯特拉斯判别法. 魏尔斯特拉斯判别法用起来很方便, 但条件太强, 由于 $|u_n(x)|\leq a_n$, 即要求:

(1) $\sum\limits_{n=1}^{\infty}u_n(x)$ 在 I 上绝对收敛;

(2) $\sum\limits_{n=1}^{\infty}|u_n(x)|$ 在 I 上一致收敛.

但可能有

(1) $\sum\limits_{n=1}^{\infty}u_n(x)$ 在 I 上一致收敛但不绝对收敛 (如例 4);

(2) $\sum\limits_{n=1}^{\infty}u_n(x)$ 在 I 上一致收敛但 $\sum\limits_{n=1}^{\infty}|u_n(x)|$ 在 I 上不一致收敛 (如例 5).

对这类题, 魏尔斯特拉斯判别法就不适用了, 应考虑其他方法.

例 6 研究下列函数在给定区间上的一致收敛性:

(1) $\sum\limits_{n=0}^{\infty}x^n,\ \ -1<x<1$;

(2) $\sum\limits_{n=1}^{\infty}\dfrac{x}{\sqrt{n}}e^{-nx},\ \ 0\leq x<+\infty$;

(3) $\sum\limits_{n=1}^{\infty}\dfrac{\ln n}{n^x},\ \ 1<x<+\infty$;

(4) $\sum\limits_{n=1}^{\infty}\dfrac{\sin x\cos nx}{\sqrt{n+x}},\ \ 0\leq x<+\infty$;

(5) $\sum\limits_{n=1}^{\infty}\dfrac{x}{\sqrt{n}(ne^n)^x},\ \ 0\leq x<+\infty$.

解 (1) 只要证通项 x^n 在 $(-1,1)$ 上不一致趋于 0, 取 $\varepsilon_0=\dfrac{1}{3}$, 对一切 $n=1,2,\cdots$, 取 $x=\left(\dfrac{1}{2}\right)^{\frac{1}{n}}\in(-1,1)$, 都有

$$|x^n|=\frac{1}{2}>\frac{1}{3},$$

故 x^n 在 $(-1,1)$ 上不一致趋于 0, 不满足一致收敛的必要条件, 故 $\sum\limits_{n=0}^{\infty} x^n$ 在 $(-1,1)$ 上不一致收敛.

(2) 因为

$$e^{nx}=1+nx+\frac{n^2x^2}{2!}+\cdots>nx \qquad (x\geq 0),$$

故

$$\left|\frac{x}{\sqrt{n}}e^{-nx}\right|=\frac{x}{\sqrt{n}e^{nx}}<\frac{1}{n\sqrt{n}}.$$

又 $\sum\limits_{n=1}^{\infty}\frac{1}{n\sqrt{n}}$ 收敛, 由魏尔斯特拉斯判别法知 $\sum\limits_{n=1}^{\infty}\frac{x}{\sqrt{n}}e^{-nx}$ 在 $[0,+\infty)$ 一致收敛.

(3) 本题的通项 $\frac{\ln n}{n^x}$ 在 $x>1$ 时一致趋于 0, 所以想从不满足一致收敛级数的必要条件来证不一致收敛是不行了, 须用其他方法. 如果用定义, 由于本级数不是交错级数, 且和函数又不易求得, 余项

$$r_n(x)=\frac{\ln(n+1)}{(n+1)^x}+\frac{\ln(n+2)}{(n+2)^x}+\cdots$$

仍是无穷和, 所以想用定义来证明不一致收敛也比较困难. 本题用柯西准则.

方法 1 若 $\sum\limits_{n=1}^{\infty}\frac{\ln n}{n^x}$ 在 $x>1$ 一致收敛, 据柯西一致收敛准则, 对任给 $\varepsilon>0$, 存在 $N(\varepsilon)$, 当 $n>N$ 时, 有

$$\left|\frac{\ln(n+1)}{(n+1)^x}+\frac{\ln(n+2)}{(n+2)^x}+\cdots+\frac{\ln(n+p)}{(n+p)^x}\right|<\varepsilon,$$

对任意自然数 p 及 $x>1$ 都成立. 取 $\varepsilon_0=\frac{1}{4}$, 固定 $n_0>\max\{N,2\}$, 则成立

$$\begin{aligned}\left|\frac{\ln(n_0+1)}{(n_0+1)^x}+\cdots+\frac{\ln(n_0+p)}{(n_0+p)^x}\right|&=\frac{\ln(n_0+1)}{(n_0+1)^x}+\cdots+\frac{\ln(n_0+p)}{(n_0+p)^x}\\&>\frac{1}{(n_0+1)^x}+\cdots+\frac{1}{(n_0+p)^x}\\&>\frac{p}{(n_0+p)^x}.\end{aligned}$$

取 $p=n_0, x=\log_{(2n_0)}(4n_0)=1+\log_{(2n_0)}2\in(1,+\infty)$, 则

$$\frac{p}{(n_0+p)^x}=\frac{n_0}{(2n_0)^x}=\frac{1}{4},$$

这与柯西一致收敛准则矛盾, 故 $\sum\limits_{n=1}^{\infty}\frac{\ln n}{n^x}$ 在 $x>1$ 时不一致收敛.

方法 2 若 $\sum_{n=1}^{\infty}\frac{\ln n}{n^x}$ 在 $x>1$ 时一致收敛, 据柯西准则, 对任给 $\varepsilon>0$, 存在 $N(\varepsilon)$, 当 $n>N$ 时, 有

$$\left|\frac{\ln(n+1)}{(n+1)^x}+\frac{\ln(n+2)}{(n+2)^x}+\cdots+\frac{\ln(n+p)}{(n+p)^x}\right|<\varepsilon,$$

对任意自然数 p 及 $x>1$ 都成立. 则当 $x\to1$ 时, 有

$$\left|\frac{\ln(n+1)}{n+1}+\frac{\ln(n+2)}{n+2}+\cdots+\frac{\ln(n+p)}{n+p}\right|\le\varepsilon,$$

这与 $\sum_{n=1}^{\infty}\frac{\ln n}{n}$ 发散矛盾. 故 $\sum_{n=1}^{\infty}\frac{\ln n}{n^x}$ 在 $x>1$ 时不一致收敛.

(4) 令

$$a_n(x)=\sin x\cos nx,\quad b_n(x)=\frac{1}{\sqrt{n+x}},$$

则 $b_n(x)$ 在 $x\ge0$ 时对每一 x 值单调减且一致趋于 0. 又

$$\begin{aligned}\left|\sum_{k=1}^{n}a_k(x)\right|&=\left|\cos\frac{x}{2}\sum_{k=1}^{n}\left(2\sin\frac{x}{2}\cos kx\right)\right|\\&=\left|\cos\frac{x}{2}\left[\sin\left(n+\frac{1}{2}\right)x-\sin\frac{x}{2}\right]\right|\le2,\end{aligned}$$

即 $\sum_{k=1}^{n}a_k(x)$ 在 $x\ge0$ 中一致有界. 由狄利克雷判别法知, $\sum_{n=1}^{\infty}\frac{\sin x\cos nx}{\sqrt{n+x}}$ 在 $0\le x<+\infty$ 上一致收敛.

(5) 由题 (2) 知, $\sum_{n=1}^{\infty}\frac{x}{\sqrt{n}}e^{-nx}$ 在 $0\le x<+\infty$ 一致收敛. 又 $\left\{\frac{1}{n^x}\right\}$ 对每个 $x\ge0$ 单调, 且在 $x\ge0$ 上一致有界, 即 $\frac{1}{n^x}\le1$(对 $\forall x\ge0$ 及 $\forall n$).

由阿贝尔判别法知, $\sum_{n=1}^{\infty}\frac{x}{\sqrt{n}(ne^n)^x}$ 在 $0\le x<+\infty$ 上一致收敛.

例 7 证明:$F(x)=\sum_{n=1}^{\infty}e^{-nx}\cos nx$ 在 $(0,+\infty)$ 上不一致收敛, 但是连续的.

证 取 $\varepsilon_0=\frac{\cos1}{4}$. 对一切 $n=1,2,\cdots$, 取 $x=\frac{1}{n}\in(0,+\infty)$, 都有

$$|e^{-nx}\cos nx|=\frac{\cos1}{e}>\frac{\cos1}{4}.$$

故通项 $e^{-nx}\cos nx$ 在 $(0,+\infty)$ 上不一致趋于 0, 不满足级数一致收敛的必要条件, 所以 $\sum_{n=1}^{\infty}e^{-nx}\cos nx$ 在 $(0,+\infty)$ 上非一致收敛.

但 $F(x)=\sum\limits_{n=1}^{\infty}e^{-nx}\cos nx$ 在 $(0,+\infty)$ 上连续. 因为连续概念是局部性概念. 只要证明在 $(0,+\infty)$ 上任取 x_0, $F(x)$ 在 x_0 连续就行了.

在 $(0,+\infty)$ 上任取 x_0, 则存在 δ, 满足 $0<\delta<x_0<+\infty$. 又因为 $\left|\dfrac{\cos nx}{e^{nx}}\right|\le\dfrac{1}{e^{n\delta}}(x\ge\delta>0)$, 而 $\sum\limits_{n=1}^{\infty}\dfrac{1}{e^{n\delta}}$ 收敛, 故 $\sum\limits_{n=1}^{\infty}e^{-nx}\cos nx$ 在 $\delta\le x<+\infty$ 上一致收敛. 所以 $F(x)=\sum\limits_{n=1}^{\infty}e^{-nx}\cos nx$ 在 $x\ge\delta$ 上连续, 即 $F(x)$ 在 x_0 点连续. 又 x_0 是在 $(0,+\infty)$ 上任取的, 所以 $F(x)=\sum\limits_{n=1}^{\infty}e^{-nx}\cos nx$ 在 $(0,+\infty)$ 上连续.

例 8 证明:$\zeta(x)=\sum\limits_{n=1}^{\infty}\dfrac{1}{n^x}$ 当 $x>1$ 时是 x 的连续函数, 并且在此域内有各阶连续导函数.

证 在 $(1,+\infty)$ 上任取一点 x_0, 总能找到 δ, 满足 $1<\delta<x_0<+\infty$.

在 $[\delta,+\infty)$ 上, $\dfrac{1}{n^x}\le\dfrac{1}{n^\delta}$, 而 $\sum\limits_{n=1}^{\infty}\dfrac{1}{n^\delta}$ 收敛, 故 $\sum\limits_{n=1}^{\infty}\dfrac{1}{n^x}$ 在 $\delta\le x<+\infty$ 上一致收敛. 每一项 $\dfrac{1}{n^x}$ 在 $[\delta,+\infty)$ 上连续, 所以和函数 $\zeta(x)$ 在 $\delta\le x<+\infty$ 上连续, 即 $\zeta(x)$ 在 x_0 点连续. 又 x_0 在 $(1,+\infty)$ 上任取, 所以 $\xi(x)$ 在 $(1,+\infty)$ 上连续.

再证 $\xi(x)$ 在 $(1,+\infty)$ 上有各阶连续导函数. 在 $(1,+\infty)$ 上任取一点 x_0, 则存在 δ, 满足 $1<\delta<x_0<+\infty$. 利用逐项求导的定理, 因为

(i) $\sum\limits_{n=1}^{\infty}\dfrac{1}{n^x}$ 在 $x>1$ 时收敛于 $\zeta(x)$;

(ii) $\left(\dfrac{1}{n^x}\right)'_x=-\dfrac{\ln n}{n^x}$ 在 $x>1$ 时连续;

(iii) $\sum\limits_{n=1}^{\infty}\left(-\dfrac{\ln n}{n^x}\right)$ 在 $x\ge\delta$ 上一致收敛,

故 $\zeta(x)$ 在 $x\ge\delta>1$ 上有连续的微商, 且有

$$\zeta'(x)=\sum_{n=1}^{\infty}\left(\frac{1}{n^x}\right)'_x=\sum_{n=1}^{\infty}\left(-\frac{\ln n}{n^x}\right)\quad(1<\delta\le x<+\infty),$$

即 $\zeta(x)$ 在 x_0 点有连续微商. 又因 x_0 为在 $(1,+\infty)$ 上任取, 所以 $\zeta(x)$ 在 $(1,+\infty)$ 上有连续的导函数.

类似地, 不断逐项求导, 可得

(i) $\sum\limits_{n=1}^{\infty}\left(\dfrac{1}{n^x}\right)_x^{(k-1)}$ 在 $x>1$ 时收敛于 $\zeta^{(k-1)}(x)$;

(ii) $\left(\dfrac{1}{n^x}\right)_x^{(k)}=\dfrac{(-1)^k(\ln n)^k}{n^x}$ 在 $x>1$ 时连续;

(iii) $\sum_{n=1}^{\infty}\frac{(-1)^k(\ln n)^k}{n^x}$ 在 $x\geq\delta>1$ 上一致收敛 $\left(因 \left|\frac{(-1)^k(\ln n)^k}{n^x}\right|\leq\frac{(\ln n)^k}{n^\delta}\right.$ 而 $\left.\sum_{n=1}^{\infty}\frac{(\ln n)^k}{n^\delta} 收敛\right)$，由定理可知 $\zeta(x)$ 在 $x\geq\delta>1$ 上有连续的 k 阶微商，且有

$$\zeta^{(k)}(x)=\sum_{n=1}^{\infty}\left(\frac{1}{n^x}\right)_x^{(k)}=\sum_{n=1}^{\infty}\frac{(-1)^k(\ln n)^k}{n^x},$$

即 $\zeta(x)$ 在 x_0 点有连续的 k 阶微商. 又 x_0 为在 $(1,+\infty)$ 上任取，所以 $\zeta(x)$ 在 $(1,+\infty)$ 上有各阶连续导函数.

11.3 幂级数与泰勒展开式

11.4 级数的应用

学习要点

一、幂级数的基本理论

1. 幂级数 $\sum_{n=0}^{\infty}a_n(x-x_0)^n$ 的收敛半径及收敛域

(1) 阿贝尔定理

1° (i) 设幂级数 $\sum_{n=0}^{\infty}a_n(x-x_0)^n$ 在 $x=x_1$ 处收敛，且 $x_1\neq x_0$，则当 $|x-x_0|<|x_1-x_0|$ 时，级数 $\sum_{n=0}^{\infty}a_n(x-x_0)^n$ 绝对收敛.

(ii) 设幂级数 $\sum_{n=0}^{\infty}a_n(x-x_0)^n$ 在 $x=x_2$ 处发散，则当 $|x-x_0|>|x_2-x_0|$ 时，级数 $\sum_{n=0}^{\infty}a_n(x-x_0)^n$ 发散.

2° 若幂级数 $\sum_{n=0}^{\infty}a_n(x-x_0)^n$ 在某点 $x=x_1$ 处收敛且 $x_1\neq x_0$，$\sum_{n=0}^{\infty}a_n(x-x_0)^n$ 又在某点 $x=x_2$ 处发散，则必存在正数 R，使得当 $|x-x_0|<R$ 时，级数 $\sum_{n=0}^{\infty}a_n(x-x_0)^n$ 绝对收敛，而当 $|x-x_0|>R$ 时，级数 $\sum_{n=0}^{\infty}a_n(x-x_0)^n$ 发散. R 称为幂级数 $\sum_{n=0}^{\infty}a_n(x-x_0)^n$ 的收敛半径.

(2) 求幂级数收敛半径的定理

1° 若 $\lim\limits_{n\to\infty}\left|\dfrac{a_{n+1}}{a_n}\right|=l$, 则 $\sum\limits_{n=0}^{\infty}a_n(x-x_0)^n$ 的收敛半径 $R=\dfrac{1}{l}$.

2° 若 $\lim\limits_{n\to\infty}\sqrt[n]{|a_n|}=l$, 则 $\sum\limits_{n=0}^{\infty}a_n(x-x_0)^n$ 的收敛半径 $R=\dfrac{1}{l}$.

注 11.4　当 $l=0$ 时, $R=+\infty$, 当 l 改为 $+\infty$ 时, $R=0$.

(3) 设 $\sum\limits_{n=0}^{\infty}a_n(x-x_0)^n$ 的收敛半径 $R>0$, 则收敛区间为 (x_0-R,x_0+R), 在两个端点 $x=x_0\pm R$, 级数是否收敛要具体讨论, 如 $\sum\limits_{n=1}^{\infty}x^n$, $\sum\limits_{n=1}^{\infty}\dfrac{x^n}{n}$, $\sum\limits_{n=1}^{\infty}\dfrac{x^n}{n^2}$ 的收敛半径 R 都为 1, 收敛域却分别为 $(-1,1)$, $[-1,1)$, $[-1,1]$.

2. *幂级数的性质*

(1) 设 $\sum\limits_{n=0}^{\infty}a_nx^n$ 的收敛半径为 R, $R>0$, 则其在收敛区间 $(-R,R)$ 内的任何闭区间 $[-r,r]$ 上一致收敛; 若级数在 $x=R$ 收敛, 则它在 $[-r,R]$ 上一致收敛; 若级数在 $x=-R$ 收敛, 则它在 $[-R,r]$ 上一致收敛.

(2) 幂级数的和函数 $S(x)$ 在它的收敛域上是连续的.

(3) 设 $\sum\limits_{n=0}^{\infty}a_nx^n$ 的收敛半径为 R, 则其和函数 $S(x)$ 在 $(-R,R)$ 中可导, 且 $S'(x)=\sum\limits_{n=1}^{\infty}na_nx^{n-1}$, 逐项求导后的幂级数的收敛半径仍为 R.

(4) 设 $\sum\limits_{n=0}^{\infty}a_nx^n$ 的收敛半径为 R, 和函数 $S(x)$, 则对 $(-R,R)$ 中的任意 x, 恒有

$$\int_0^x S(x)dx=\sum_{n=0}^{\infty}\int_0^x a_nx^ndx=\sum_{n=0}^{\infty}\frac{a_n}{n+1}x^{n+1},$$

且逐项积分后的幂级数的收敛半径仍为 R.

3. *幂级数的运算*

设 $\sum\limits_{n=0}^{\infty}a_nx^n$ 与 $\sum\limits_{n=0}^{\infty}b_nx^n$ 的收敛半径分别为 R_1,R_2, 取 $R=\min(R_1,R_2)$, 则在 $(-R,R)$ 上有

(1) $\sum\limits_{n=0}^{\infty}a_nx^n\pm\sum\limits_{n=0}^{\infty}b_nx^n=\sum\limits_{n=0}^{\infty}(a_n\pm b_n)x^n$,

(2) $\left(\sum\limits_{n=0}^{\infty}a_nx^n\right)\cdot\left(\sum\limits_{n=0}^{\infty}b_nx^n\right)=\sum\limits_{n=0}^{\infty}c_nx^n$, 其中 $c_n=\sum\limits_{k=0}^{n}a_kb_{n-k}$.

二、函数泰勒展开的基本定理与重要展式

1. 函数能展成泰勒级数的充要条件

设 $f(x)$ 在 (x_0-R,x_0+R) 中有任意阶导数, 则 $f(x)$ 能在 (x_0-R,x_0+R) 上展成泰勒级数, 即

$$f(x)=\sum_{n=0}^{\infty}\frac{f^{(n)}(x_0)}{n!}(x-x_0)^n$$

成立的充要条件是对任意 $x\in(x_0-R,x_0+R)$, 都有

$$\lim_{n\to\infty}R_n(x)=0.$$

2. 函数能展成泰勒级数的充分条件

若存在常数 M, 使对 (x_0-R,x_0+R) 中的所有 x 以及一切自然数 n, 均有 $|f^{(n)}(x)|\le M$(即一致有界), 则 $f(x)$ 能在 (x_0-R,x_0+R) 中展成泰勒级数, 即

$$f(x)=\sum_{n=0}^{\infty}\frac{f^{(n)}(x_0)}{n!}(x-x_0)^n.$$

3. 记住几个初等函数的泰勒展开及收敛域

(1) $e^x=\sum\limits_{n=0}^{\infty}\dfrac{x^n}{n!},\ x\in(-\infty,+\infty)$;

(2) $\sin x=\sum\limits_{n=0}^{\infty}\dfrac{(-1)^n}{(2n+1)!}x^{2n+1},\ x\in(-\infty,+\infty)$;

(3) $\cos x=\sum\limits_{n=0}^{\infty}\dfrac{(-1)^n}{(2n)!}x^{2n},\ x\in(-\infty,+\infty)$;

(4) $\dfrac{1}{1-x}=\sum\limits_{n=0}^{\infty}x^n,\ x\in(-1,1)$;

(5) $\dfrac{1}{1+x}=\sum\limits_{n=0}^{\infty}(-1)^nx^n,\ x\in(-1,1)$;

(6) $\ln(1+x)=\sum\limits_{n=0}^{\infty}(-1)^n\dfrac{x^{n+1}}{n+1},\ x\in(-1,1]$;

(7) $\dfrac{1}{1+x^2}=\sum\limits_{n=0}^{\infty}(-1)^nx^{2n},\ x\in(-1,1)$;

(8) $\arctan x=\sum\limits_{n=0}^{\infty}(-1)^n\dfrac{x^{2n+1}}{2n+1},\ x\in[-1,1]$;

(9) 设α是任意实数, 则对$x\in(-1,1)$,总有$(1+x)^\alpha=1+\sum\limits_{n=1}^{\infty}\dfrac{\alpha(\alpha-1)\cdots(\alpha-n+1)}{n!}x^n$.

$\alpha=\dfrac{1}{2}$ 时,

$$\sqrt{1+x}=1+\frac{x}{2}+\sum_{n=2}^{\infty}(-1)^{n-1}\frac{(2n-3)!!}{(2n)!!}x^n,\qquad x\in[-1,1],$$

$\alpha=-\dfrac{1}{2}$ 时,

$$\frac{1}{\sqrt{1+x}}=1+\sum_{n=1}^{\infty}(-1)^n\frac{(2n-1)!!}{(2n)!!}x^n,\qquad x\in(-1,1].$$

三、幂级数应用于近似计算及斯特林 (Stirling) 公式

斯特林公式 设 n 是自然数, 则有

$$n!=\sqrt{2n\pi}\left(\frac{n}{e}\right)^n\cdot e^{\frac{\theta n}{12n}},$$

其中 $0<\theta_n<1$, 或写成

$$n!\sim\sqrt{2n\pi}\left(\frac{n}{e}\right)^n\qquad(n\to\infty),$$

它给出了 $n!$ 趋于 ∞ 的阶.

本节重点 (1) 求幂级数的和函数与收敛域;(2) 把已知函数展成泰勒级数, 并求成立区间.

解题方法

1. 求幂级数收敛半径与收敛域方法

(1) 若 $\lim\limits_{n\to\infty}\left|\dfrac{a_n}{a_{n+1}}\right|$ 或 $\lim\limits_{n\to\infty}\sqrt[n]{|a_n|}$ 存在, 则幂级数 $\sum\limits_{n=0}^{\infty}a_n(x-x_0)^n$ 的收敛半径 $R=\lim\limits_{n\to\infty}\left|\dfrac{a_n}{a_{n+1}}\right|$ 或 $R=\lim\limits_{n\to\infty}\dfrac{1}{\sqrt[n]{|a_n|}}$; 收敛区间为 (x_0-R,x_0+R), 在两个端点 $x=x_0\pm R$, 级数是否收敛要具体讨论.

(2) 当极限 $\lim\limits_{n\to\infty}\left|\dfrac{a_n}{a_{n+1}}\right|$ 或 $\lim\limits_{n\to\infty}\sqrt[n]{|a_n|}$ 不存在, 仍可幂级数的收敛半径. 用其他方法如:

在一个幂级数 $\sum\limits_{n=0}^{\infty}a_nx^n$ 中, 如果有许多系数为 0, 显然半径公式失效, 则剔除 $\sum\limits_{n=0}^{\infty}a_nx^n$ 中等于 0 的项, 得函数项级数 $\sum\limits_{n=1}^{\infty}u_n(x)$. 再确定使 $\sum\limits_{n=1}^{\infty}|u_n(x)|$ 收敛

的开区间 (常用比值判别法或根值判别法等). 则这个开区间就是 $\sum\limits_{n=0}^{\infty}a_nx^n$ 的收敛区间, 从而可定出收敛半径.

(3) 广义幂级数 $\sum\limits_{n=0}^{\infty}a_n(f(x))^n$ 收敛域的求法:

先求出幂级数 $\sum\limits_{n=0}^{\infty}a_nt^n$ 的收敛域. 则 $\sum\limits_{n=0}^{\infty}a_n(f(x))^n$ 的收敛域 $=\{x\big|f(x)\in\sum\limits_{n=0}^{\infty}a_nt^n$ 的收敛域 $\}$ (一般是解一个不等式组).

2. 幂级数求和方法

(1) 利用幂级数的加法、乘法、复合等运算, 如:

$$\sum_{n=0}^{\infty}\left(1+\frac{1}{n!}\right)x^n=\frac{1}{1-x}+e^x,\quad(-1,1),$$

$$\sum_{n=0}^{\infty}\left(1+\frac{1}{2!}+\cdots+\frac{1}{n!}\right)x^n=\left(\sum_{n=0}^{\infty}x^n\right)\cdot\left(\sum_{n=0}^{\infty}\frac{x^n}{n!}\right)-\sum_{n=0}^{\infty}x^n=\frac{e^x-1}{1-x},\quad(-1,1),$$

$$\sum_{n=1}^{\infty}\frac{x^{3n}}{n!}=\sum_{n=1}^{\infty}\frac{(x^3)^n}{n!}=e^{x^3}-1.$$

(2) 利用在收敛区间内幂级数可逐项求导, 逐项积分的性质, 如:

$$\sum_{n=1}^{\infty}nx^n=x\sum_{n=1}^{\infty}nx^{n-1}=x\sum_{n=1}^{\infty}(x^n)'=x\left(\sum_{n=1}^{\infty}x^n\right)'=x\left(\frac{x}{1-x}\right)'=\frac{x}{(1-x)^2},$$
$$x\in(-1,1),$$

$$\sum_{n=1}^{\infty}\frac{x^n}{n}=\sum_{n=1}^{\infty}\int_0^x x^{n-1}dx=\int_0^x\sum_{n=1}^{\infty}x^{n-1}dx=\int_0^x\frac{1}{1-x}dx=-\ln(1-x),$$
$$x\in[-1,1).$$

(3) 利用和函数满足微分方程, 求解微分方程 (如例题分析的例 3(3)).

(4) 直接用定义

$$S(x)=\lim_{n\to\infty}S_n(x),\quad S_n(x)=\sum_{k=0}^{n-1}a_kx^k$$

(5) 某些数项级数可看成已知和函数的幂级数在某点的值, 例如

$$\sum_{n=0}^{\infty}\frac{1}{2^n\cdot n!}=\sum_{n=0}^{\infty}\frac{x^n}{n!}\bigg|_{x=\frac{1}{2}}=e^x|_{x=\frac{1}{2}}=\sqrt{e}.$$

3. 将函数展成幂级数的方法

(1) 直接法, 直接计算 $f^{(n)}(x_0)$ 的值. 写出泰勒级数 $\sum\limits_{n=0}^{\infty}\frac{f^{(n)}(x_0)}{n!}(x-x_0)^n$, 再根据函数展成泰勒级数的充要条件 $\lim\limits_{n\to\infty}R_n(x)=0$ 或充分条件 $f^{(n)}(x)$ 一致

有界. 证明等式

$$f(x)=\sum_{n=0}^{\infty}\frac{f^{(n)}(x_0)}{n!}(x-x_0)^n,\qquad x\in(x_0-R,x_0+R)$$

成立.

注 11.5 直接法计算量比较大, 而且不是对每个函数 $f(x)$. 都容易证明 $f^{(n)}(x)$ 一致有界或 $\lim\limits_{n\to\infty}R_n(x)=0$. 所以, 更适用的方法是下面间接法.

(2) 利用已知函数的泰勒展式及幂级数的代数运算作间接展开 (如例题分析的例 5(2))

(3) 利用复合运算作间接展开 (如例题分析的例 5(1)).

(4) 利用幂级数的分析性质及已知函数泰勒展式作间接展开 (如例题分析的例 6).

4. 利用斯特林公式求极限.

例题分析

例 1 求下列幂级数的收敛半径及收敛域:

(1) $\sum\limits_{n=1}^{\infty}\dfrac{x^n}{n+\sqrt{n}}$;　　(2) $\sum\limits_{n=1}^{\infty}\dfrac{x^n}{a^n+b^n}$, $a>0,b>0$;

(3) $\sum\limits_{n=0}^{\infty}3^nx^{2n}$;　　(4) $\sum\limits_{n=1}^{\infty}\dfrac{x^{n^2}}{3^n}$.

解 (1) 收敛半径为

$$R=\lim_{n\to\infty}\left|\frac{a_n}{a_{n+1}}\right|=\lim_{n\to\infty}\frac{n+1+\sqrt{n+1}}{n+\sqrt{n}}=1.$$

又在 $x=1$ 处, $\sum\limits_{n=1}^{\infty}\dfrac{1}{n+\sqrt{n}}$ 发散; 在 $x=-1$ 处, $\sum\limits_{n=1}^{\infty}\dfrac{(-1)^n}{n+\sqrt{n}}$ 收敛. 所以, 收敛域为 $[-1,1)$.

(2) 收敛半径为

$$R=\lim_{n\to\infty}\left|\frac{a_n}{a_{n+1}}\right|=\lim_{n\to\infty}\frac{a^{n+1}+b^{n+1}}{a^n+b^n}=\lim_{n\to\infty}\frac{a+b\left(\dfrac{b}{a}\right)^n}{1+\left(\dfrac{b}{a}\right)^n}$$

$$=\begin{cases}a, & \text{当 } a>b \text{ 时},\\ \dfrac{a+b}{2}, & \text{当 } a=b \text{ 时},\\ b, & \text{当 } a<b \text{ 时},\end{cases}$$

所以

$$R = \max\{a, b\}.$$

又当 $x = \pm R$ 时, $\lim\limits_{n\to\infty} \dfrac{(\pm R)^n}{a^n + b^n} \neq 0$, 故 $\sum\limits_{n=1}^{\infty} \dfrac{(\pm R)^n}{a^n + b^n}$ 发散. 所以, 收敛域为 $(-R, R)$.

(3) 由达朗贝尔判别法, 因为

$$\lim_{n\to\infty} \left|\frac{u_{n+1}(x)}{u_n(x)}\right| = \lim_{n\to\infty} \frac{3^{n+1}|x|^{2(n+1)}}{3^n|x|^{2n}} = 3|x|^2,$$

故当 $3|x|^2 < 1$, 即 $|x| < \dfrac{\sqrt{3}}{3}$ 时, 级数收敛; 当 $3|x|^2 > 1$, 即 $|x| > \dfrac{\sqrt{3}}{3}$ 时, 级数发散. 所以, 收敛半径 $R = \dfrac{\sqrt{3}}{3}$.

又当 $x = \pm\dfrac{\sqrt{3}}{3}$ 时, 级数为 $\sum\limits_{n=0}^{\infty} 1$ 发散. 所以, 收敛域为 $\left(-\dfrac{\sqrt{3}}{3}, \dfrac{\sqrt{3}}{3}\right)$.

(4) 由柯西判别法, 因为

$$\lim_{n\to\infty} \sqrt[n]{|a_n|} = \lim_{n\to\infty} \frac{|x|^n}{3},$$

故当 $|x| < 1$ 时, $\lim\limits_{n\to\infty} \dfrac{|x|^n}{3} = 0 < 1$, 级数收敛; 当 $|x| > 1$ 时, $\lim\limits_{n\to\infty} \dfrac{|x|^n}{3} = \infty > 1$, 级数发散. 所以, 收敛半径 $R = 1$.

又当 $x = \pm 1$ 时, $\sum\limits_{n=0}^{\infty} \left|\dfrac{(\pm 1)^{n^2}}{3^n}\right| = \sum\limits_{n=1}^{\infty} \dfrac{1}{3^n}$ 收敛. 所以, 收敛域为 $[-1, 1]$.

注 11.6 在第 (3) 题中, 因为 $a_{2n} = 3^n$, $a_{2n+1} = 0$; 在第 (4) 题中, 因为 $a_{n^2} = \dfrac{1}{3^n}$, $a_k = 0 (k \neq n^2)$, 故 $\lim\limits_{n\to\infty} \left|\dfrac{a_n}{a_{n+1}}\right|$ 及 $\lim\limits_{n\to\infty} \sqrt[n]{|a_n|}$ 都不存在. 所以, 这两题用收敛半径公式都无效, 但收敛半径是存在的, 可用达朗贝尔判别法或柯西判别法求得.

例 2 求下列广义幂级数的收敛域

(1) $\sum\limits_{n=1}^{\infty} \dfrac{2^n}{n(x-1)^n}$; (2) $\sum\limits_{n=1}^{\infty} \dfrac{(-1)^{n-1}}{2n-1} \left(\dfrac{1-x}{x}\right)^n$.

解 (1) 令 $\dfrac{2}{x-1} = y$. 易求得 $\sum\limits_{n=1}^{\infty} \dfrac{y^n}{n}$ 的收敛域为 $-1 \leq y < 1$. 解不等式 $\left|\dfrac{2}{x-1}\right| < 1\ (x \neq 1)$, 即 $|x-1| > 2$, 得 $x > 3$ 或 $x < -1$.

当 $x = 3$, 级数为 $\sum\limits_{n=1}^{\infty} \dfrac{1}{n}$ 发散, 当 $x = -1$. 级数为 $\sum\limits_{n=1}^{\infty} \dfrac{(-1)^n}{n}$ 收敛.

故收敛域为 $x > 3$ 或 $x \leq -1$.

(2) 令 $\frac{1-x}{x}=y$. 易求得 $\sum_{n=1}^{\infty}\frac{(-1)^{n-1}}{2n-1}y^n$ 的收敛域为 $-1<y\le 1$. 解不等式 $\left|\frac{1-x}{x}\right|<1\ (x\ne 0)$, 即 $|1-x|<|x|$, $(1-x)^2<x^2$, 求得 $x>\frac{1}{2}$.

当 $x=\frac{1}{2}$, 级数为 $\sum_{n=1}^{\infty}\frac{(-1)^{n-1}}{2n-1}$ 收敛.

故收敛域为 $x\ge\frac{1}{2}$.

例 3　求下列级数的和函数及收敛域.

(1) $\sum_{n=1}^{\infty}\frac{x^n}{n2^n}$;　　(2) $\sum_{n=0}^{\infty}(n^2-n+1)x^n$;　　(3) $\sum_{n=0}^{\infty}\frac{x^{2n}}{(2n)!}$.

解　(1) 令 $\frac{x}{2}=y$, $F(y)=\sum_{n=1}^{\infty}\frac{y^n}{n}$, 则

$$F'(y)=\sum_{n=1}^{\infty}y^{n-1}=\frac{1}{1-y}\qquad(|y|<1),$$

故

$$F(y)=\int_0^y F'(y)dy+F(0)=\int_0^y\frac{1}{1-y}dy=-\ln(1-y),$$

即

$$\sum_{n=1}^{\infty}\frac{y^n}{n}=-\ln(1-y),$$

收敛域 $-1\le y<1$, 故

$$\sum_{n=1}^{\infty}\frac{x^n}{n2^n}=F\left(\frac{x}{2}\right)=-\ln\left(1-\frac{x}{2}\right)=\ln\frac{2}{2-x}$$

收敛域为 $-2\le x<2$.

(2) 显然收敛半径 $R=1$, 当 $|x|<1$ 时,

$$\begin{aligned}S(x)&=\sum_{n=0}^{\infty}(n^2-n+1)x^n=\sum_{n=0}^{\infty}n(n-1)x^n+\sum_{n=0}^{\infty}x^n\\&=\sum_{n=2}^{\infty}n(n-1)x^n+\frac{1}{1-x}=x^2\sum_{n=2}^{\infty}(x^n)''+\frac{1}{1-x}\\&=x^2\left(\sum_{n=2}^{\infty}x^n\right)''+\frac{1}{1-x}=x^2\left(\frac{x^2}{1-x}\right)''+\frac{1}{1-x}\\&=\frac{2x^2}{(1-x)^3}+\frac{1}{1-x}=\frac{3x^2-2x+1}{(1-x)^3}.\end{aligned}$$

(3) 因为

$$\lim_{n\to\infty}\left|\frac{u_{n+1}(x)}{u_n(x)}\right|=\lim_{n\to\infty}\frac{(2n)!}{(2n+2)!}x^2=x^2\lim_{n\to\infty}\frac{1}{(2n+1)(2n+2)}=0\qquad(\forall x),$$

故 $\sum\limits_{n=0}^{\infty}\dfrac{x^{2n}}{(2n)!}$ 的收敛域为 $(-\infty,+\infty)$.

设 $\sum\limits_{n=0}^{\infty}\dfrac{x^{2n}}{(2n)!}=S(x)$, 则

$$S'(x)=\sum_{n=1}^{\infty}\frac{x^{2n-1}}{(2n-1)!},\quad S''(x)=\sum_{n=1}^{\infty}\frac{x^{2n-2}}{(2n-2)!}=S(x)$$

且从原式及求导式得 $S(0)=1,\ S'(0)=0$.

解方程 $\begin{cases}S''(x)=S(x),\\ S(0)=1,\ S'(0)=0,\end{cases}$ 得 $S(x)=\dfrac{e^x+e^{-x}}{2}$, 即

$$\sum_{n=0}^{\infty}\frac{x^{2n}}{(2n)!}=\operatorname{ch}x\qquad(-\infty,+\infty).$$

(本题求和函数还可利用展式 $e^x=\sum\limits_{n=0}^{\infty}\dfrac{x^n}{n!}$ 及幂级数的加法.)

例 4 求下列级数的和.

(1) $\sum\limits_{n=0}^{\infty}\dfrac{(-1)^n}{3n+1}$; (2) $\sum\limits_{n=0}^{\infty}\dfrac{1}{(2n+1)2^n}$.

解 (1) 当 $|x|<1$ 时,

$$\sum_{n=0}^{\infty}(-1)^n x^{3n}=\frac{1}{1+x^3},$$

故 $\sum\limits_{n=0}^{\infty}(-1)^n\dfrac{x^{3n+1}}{3n+1}=\displaystyle\int_0^x\frac{1}{1+x^3}dx$, 收敛域 $-1<x\le 1$.

令 $x=1$ 得

$$\sum_{n=0}^{\infty}\frac{(-1)^n}{3n+1}=\int_0^1\frac{1}{1+x^3}dx=\left[\frac{1}{6}\ln\frac{(x+1)^2}{x^2-x+1}+\frac{1}{\sqrt{3}}\arctan\frac{2x-1}{\sqrt{3}}\right]\Bigg|_0^1$$

$$=\frac{1}{3}\left(\ln 2+\frac{\pi}{\sqrt{3}}\right).$$

(2) 设

$$\sum_{n=0}^{\infty}\frac{x^{2n+1}}{(2n+1)2^n}=S(x).$$

则

$$S'(x)=\sum_{n=0}^{\infty}\frac{x^{2n}}{2^n}=\sum_{n=0}^{\infty}\left(\frac{x^2}{2}\right)^n=\frac{1}{1-\dfrac{x^2}{2}}=\frac{2}{2-x^2},\qquad |x|<\sqrt{2}.$$

又

$$S(0)=0,$$

所以 $S(x)=\int_0^x S'(x)dx=\int_0^x \frac{2}{2-x^2}dx=\frac{1}{\sqrt{2}}\ln\frac{\sqrt{2}+x}{\sqrt{2}-x}$, 收敛域 $(-\sqrt{2},\sqrt{2})$. 令 $x=1$, 得

$$\sum_{n=0}^{\infty}\frac{1}{(2n+1)2^n}=S(1)=\frac{1}{\sqrt{2}}\ln\frac{\sqrt{2}+1}{\sqrt{2}-1}=\sqrt{2}\ln(\sqrt{2}+1).$$

例 5　将下列函数在指定点附近展成幂级数, 并求收敛区域:

(1) $e^{\frac{x}{2}}\ \ (x=4)$;　　(2) $\dfrac{1}{x^2+3x+2}\ \ (x=-4)$;

(3) $\dfrac{1}{\sqrt{1-x^2}}\ \ (x=0)$;　　(4) $\arcsin x\ \ (x=0)$.

解　(1) 因为 $e^x=\sum_{n=0}^{\infty}\frac{x^n}{n!}$, 收敛域为 $|x|<+\infty$. 所以

$$e^{\frac{x}{2}}=e^2\cdot e^{\frac{x-4}{2}}=e^2\cdot\sum_{n=0}^{\infty}\frac{1}{n!}\left(\frac{x-4}{2}\right)^n,$$

收敛域为 $\left|\frac{x-4}{2}\right|<+\infty$, 即 $|x|<+\infty$.

(2) 因为

$$\frac{1}{x^2+3x+2}=\frac{1}{(x+1)(x+2)}=\frac{1}{x+1}-\frac{1}{x+2},$$

据 $\frac{1}{1-x}=\sum_{n=0}^{\infty}x^n$, 且收敛域为 $-1<x<1$, 有

$$\frac{1}{x+1}=\frac{1}{x+4-3}=-\frac{1}{3}\cdot\frac{1}{1-\dfrac{x+4}{3}}=-\frac{1}{3}\cdot\sum_{n=0}^{\infty}\left(\frac{x+4}{3}\right)^n,$$

收敛域为 $\left|\frac{x+4}{3}\right|<1$, 即 $-7<x<-1$;

$$\frac{1}{x+2}=\frac{1}{x+4-2}=-\frac{1}{2}\cdot\frac{1}{1-\dfrac{x+4}{2}}=-\frac{1}{2}\cdot\sum_{n=0}^{\infty}\left(\frac{x+4}{2}\right)^n,$$

收敛域为 $\left|\dfrac{x+4}{2}\right|<1$, 即 $-6<x<-2$.

所以

$$\frac{1}{x^2+3x+2}=\frac{1}{x+1}-\frac{1}{x+2}=\frac{1}{2}\sum_{n=0}^{\infty}\frac{(x+4)^n}{2^n}-\frac{1}{3}\sum_{n=0}^{\infty}\frac{(x+4)^n}{3^n}$$
$$=\sum_{n=0}^{\infty}\left(\frac{1}{2^{n+1}}-\frac{1}{3^{n+1}}\right)(x+4)^n.$$

收敛域为 $-6<x<-2$.

(3) 据

$$(1+x)^\alpha=1+\sum_{n=1}^{\infty}\frac{\alpha(\alpha-1)\cdots(\alpha-n+1)}{n!}x^n,\qquad |x|<1,$$

有

$$(1-x)^{-\frac{1}{2}}=1+\sum_{n=1}^{\infty}\frac{(2n-1)!!}{(2n)!!}x^n.$$

将 x^2 代替 x, 得

$$\frac{1}{\sqrt{1-x^2}}=1+\sum_{n=1}^{\infty}\frac{(2n-1)!!}{(2n)!!}x^{2n},$$

收敛半径 $R=1$.

在端点 $x=\pm1$ 处, 因

$$\frac{(2n-1)!!}{(2n)!!}=\frac{1}{2n}\cdot\frac{3\cdot5\cdots(2n-1)}{2\cdot4\cdots(2n-2)}>\frac{1}{2n},$$

故 $\displaystyle\sum_{n=1}^{\infty}\frac{(2n-1)!!}{(2n)!!}$ 是发散的. 所以收敛域为 $|x|<1$.

(4) 因为

$$(\arcsin x)'=\frac{1}{\sqrt{1-x^2}}=1+\sum_{n=1}^{\infty}\frac{(2n-1)!!}{(2n)!!}x^{2n},$$

收敛半径 $R=1$, 故

$$\arcsin x=\int_0^x\frac{1}{\sqrt{1-x^2}}\,dx=\int_0^x\left[1+\sum_{n=1}^{\infty}\frac{(2n-1)!!}{(2n)!!}x^{2n}\right]dx$$
$$=x+\sum_{n=1}^{\infty}\int_0^x\frac{(2n-1)!!}{(2n)!!}x^{2n}dx=x+\sum_{n=1}^{\infty}\frac{(2n-1)!!}{(2n)!!}\frac{x^{2n+1}}{2n+1},$$

仍有收敛半径 $R=1$.

当 $x=\pm1$ 时, 有

$$\sum_{n=1}^{\infty}\frac{(2n-1)!!}{(2n)!!}\frac{x^{2n+1}}{2n+1}=\pm\sum_{n=1}^{\infty}\frac{(2n-1)!!}{(2n)!!}\frac{1}{2n+1}.$$

由于

$$\begin{aligned}\left[\frac{(2n-1)!!}{(2n)!!}\right]^2&=\left(\frac{1}{2}\right)^2\cdot\left(\frac{3}{4}\right)^2\cdot\cdots\cdot\left(\frac{2n-1}{2n}\right)^2\\&<\frac{1}{2}\cdot\frac{2}{3}\cdot\frac{3}{4}\cdot\frac{4}{5}\cdot\cdots\cdot\frac{2n-1}{2n}\cdot\frac{2n}{2n+1}=\frac{1}{2n+1},\end{aligned}$$

故

$$\frac{(2n-1)!!}{(2n)!!}\cdot\frac{1}{2n+1}<\frac{1}{(2n+1)^{\frac{3}{2}}}.$$

而 $\sum\limits_{n=1}^{\infty}\frac{1}{(2n+1)^{\frac{3}{2}}}$ 收敛, 推得 $\sum\limits_{n=1}^{\infty}\frac{(2n-1)!!}{(2n)!!}\frac{1}{2n+1}$ 收敛. 所以

$$\arcsin x=x+\sum_{n=1}^{\infty}\left[\frac{(2n-1)!!}{(2n)!!}\cdot\frac{x^{2n+1}}{2n+1}\right],$$

收敛域为 $|x|\le 1$.

例 6 将 $f(x)=\frac{1}{4}\ln\frac{1+x}{1-x}+\frac{1}{2}\arctan x-x$ 展开成 x 的幂级数.

解

$$\begin{aligned}f'(x)&=\frac{1}{4}\left(\frac{1}{1+x}+\frac{1}{1-x}\right)+\frac{1}{2}\cdot\frac{1}{1+x^2}-1\\&=\frac{1}{2(1-x^2)}+\frac{1}{2(1+x^2)}-1=\frac{1}{1-x^4}-1\\&=\sum_{n=0}^{\infty}(x^4)^n-1=\sum_{n=1}^{\infty}x^{4n}\qquad(-1<x<1),\end{aligned}$$

又由 $f(0)=0$, 所以

$$f(x)=\int_0^x f'(x)dx=\sum_{n=1}^{\infty}\frac{x^{4n+1}}{(4n+1)}\qquad(-1<x<1).$$

例 7 设

$$f(x)=\begin{cases}\dfrac{1+x^2}{x}\arctan x, & x\ne 0,\\ 1, & x=0,\end{cases}$$

试将 $f(x)$ 展开成 x 的幂级数, 并求级数 $\sum\limits_{n=1}^{\infty}\frac{(-1)^n}{1-4n^2}$ 的和.

解

$$\frac{1}{1+x^2}=\sum_{n=0}^{\infty}(-1)^n x^{2n}, \qquad x\in(-1,1),$$

在 0 到 x 积分

$$\arctan x=\sum_{n=0}^{\infty}\frac{(-1)^n}{2n+1}x^{2n+1}, \qquad x\in[-1,1],$$

$x\neq 0$ 且 $x\in[-1,1]$ 时,

$$\begin{aligned}
f(x)&=\left(\frac{1}{x}+x\right)\arctan x\\
&=\sum_{n=0}^{\infty}\frac{(-1)^n}{2n+1}x^{2n}+\sum_{n=0}^{\infty}\frac{(-1)^n}{2n+1}x^{2(n+1)}\\
&=1+\sum_{n=1}^{\infty}\left(\frac{(-1)^n}{2n+1}+\frac{(-1)^{n-1}}{2n-1}\right)x^{2n}\\
&=1+\sum_{n=1}^{\infty}\frac{(-1)^n\cdot 2}{1-4n^2}x^{2n}.
\end{aligned}$$

最后直接可见, $x=0$ 时上式也成立.

令 $x=1$ 时, 得

$$\sum_{n=1}^{\infty}\frac{(-1)^n}{1-4n^2}=\frac{1}{2}(f(1)-1)=\frac{\pi}{4}-\frac{1}{2}.$$

例 8 用级数形式表示下列积分:

(1) $\displaystyle\int_0^x \cos x^2 dx$; (2) $\displaystyle\int_0^1 \frac{\ln(1-x)}{x}dx$.

解 (1) 因为

$$\cos x^2=\sum_{n=0}^{\infty}(-1)^n\frac{(x^2)^{2n}}{(2n)!}=\sum_{n=0}^{\infty}(-1)^n\frac{x^{4n}}{(2n)!},$$

故

$$\int_0^x \cos x^2 dx=\sum_{n=0}^{\infty}(-1)^n\int_0^x\frac{x^{4n}}{(2n)!}\,dx=\sum_{n=0}^{\infty}(-1)^n\frac{x^{4n+1}}{(4n+1)\cdot(2n)!},$$

收敛域为 $|x|<+\infty$.

(2) 因为

$$\ln(1-x)=\sum_{n=1}^{\infty}-\frac{x^n}{n}, \qquad x\in[-1,1),$$

故

$$\int_0^x \frac{\ln(1-x)}{x}dx = -\sum_{n=1}^{\infty}\int_0^x \frac{x^{n-1}}{n}\,dx = -\sum_{n=1}^{\infty}\frac{x^n}{n^2},$$

且级数在 $x=1$ 处收敛, 所以

$$\int_0^1 \frac{\ln(1-x)}{x}\,dx = -\sum_{n=1}^{\infty}\frac{1}{n^2} = -\frac{\pi^2}{6}.$$

例 9 (1) 证明: 当 $n\to\infty$ 时, $\ln(n!)\sim\ln n^n$.

(2) 判断 $\sum\limits_{n=2}^{\infty}\frac{1}{\ln(n!)}$ 的敛散性.

(3) 求幂级数 $\sum\limits_{n=2}^{\infty}\frac{1}{\ln(n!)}x^{2n}$ 的收敛半径.

证 (1) 由斯特林公式

$$n! = \sqrt{2n\pi}\left(\frac{n}{e}\right)^n\cdot \mathrm{e}^{\frac{\theta_n}{12n}},\qquad 0<\theta_n<1,$$

故

$$\begin{aligned}\frac{\ln(n!)}{\ln n^n} &= \frac{\frac{1}{2}\ln(2\pi)+\frac{1}{2}\ln n + n\ln n - n + \frac{\theta_n}{12n}}{n\ln n}\\ &= \frac{\ln(2\pi)}{2n\ln n}+\frac{1}{2n}+1-\frac{1}{\ln n}+\frac{\theta_n}{12n^2\ln n}\to 1\quad (n\to\infty),\end{aligned}$$

即当 $n\to\infty$ 时, $\ln(n!)\sim\ln n^n$.

(2) 由 (1) 知

$$\frac{1}{\ln(n!)}\sim\frac{1}{n\ln n},\qquad n\to\infty,$$

而 $\sum\limits_{n=2}^{\infty}\frac{1}{n\ln n}$ 发散, 所以 $\sum\limits_{n=2}^{\infty}\frac{1}{\ln(n!)}$ 发散.

(3) 由斯特林公式

$$\ln(n!) = \frac{1}{2}\ln(2n\pi)+n\ln n - n + \frac{\theta_n}{12n}.$$

当 n 充分大, $n<\ln(n!)<n^2$, 故 $\sqrt[n]{\ln(n!)}\to 1\ (n\to\infty)$. 从而 $\sum\limits_{n=2}^{\infty}\frac{1}{\ln(n!)}t^n$ 的收敛半径为 1. 最后得 $\sum\limits_{n=2}^{\infty}\frac{1}{\ln(n!)}x^{2n}$ 的收敛半径为 1.

第 12 章　广义积分和含参变量的积分

12.1　广义积分

学习要点

一、基本概念

1. 无穷区间上广义积分的收敛概念

设 $f(x)$ 在 $[a,+\infty)$ 上定义, 且对任意 $b>a$, 常义积分 $\int_a^b f(x)dx$ 都存在. 如果 $\lim\limits_{b\to+\infty}\int_a^b f(x)dx$ 收敛, 称广义积分 $\int_a^{+\infty} f(x)dx$ 是收敛的. 并记

$$\int_a^{+\infty} f(x)dx=\lim_{b\to+\infty}\int_a^b f(x)dx.$$

如果 $\lim\limits_{b\to+\infty}\int_a^b f(x)dx$ 发散, 称广义积分 $\int_a^{+\infty} f(x)dx$ 是发散的.

类似地, 定义 $f(x)$ 在 $(-\infty,a]$ 上的广义积分为

$$\int_{-\infty}^a f(x)dx=\lim_{c\to-\infty}\int_c^a f(x)dx.$$

定义 $f(x)$ 在 $(-\infty,+\infty)$ 上的广义积分为

$$\int_{-\infty}^{+\infty} f(x)dx=\int_{-\infty}^a f(x)dx+\int_a^{+\infty} f(x)dx,\qquad a \text{ 为任意实数}.$$

上式右端两个广义积分都收敛时, 才称 $\int_{-\infty}^{+\infty} f(x)dx$ 收敛.

2. 无界函数广义积分的收敛概念

设 $f(x)$ 在 $x=a$ 附近无界 (a 称为瑕点), 且对任意 $0<\varepsilon<b-a$, 常义积分 $\int_{a+\varepsilon}^b f(x)dx$ 都存在.

如果 $\lim\limits_{\varepsilon\to0^+}\int_{a+\varepsilon}^b f(x)dx$ 收敛, 称广义积分 $\int_a^b f(x)dx$ 收敛, 并记 $\int_a^b f(x)dx=\lim\limits_{\varepsilon\to0^+}\int_{a+\varepsilon}^b f(x)dx$. 如果 $\lim\limits_{\varepsilon\to0^+}\int_{a+\varepsilon}^b f(x)dx$ 发散, 称广义积分 $\int_a^b f(x)dx$ 发散.

类似地, 定义 $f(x)$ 在 $[a,b)$ 上 (仅以 b 为瑕点) 的广义积分为

$$\int_a^b f(x)dx=\lim_{\varepsilon\to0^+}\int_a^{b-\varepsilon} f(x)dx,$$

定义 $f(x)$ 在 (a,b) 上 (仅有 a,b 两个瑕点) 的广义积分为

$$\int_a^b f(x)dx = \lim_{\varepsilon\to0^+}\int_{a+\varepsilon}^c f(x)dx + \lim_{\eta\to0^+}\int_c^{b-\eta} f(x)dx, \qquad c\in(a,b).$$

二、重要定理与判别法

1. 无穷区间上的广义积分敛散判别法

(1) 有界判别法

设 $f(x)$ 在 $[a,+\infty)$ 上非负连续, 则

$$\int_a^{+\infty} f(x)dx \text{ 收敛} \iff F(b)=\int_a^b f(x)dx \qquad (a<b<+\infty)$$

有界.

(2) 比较判别法及其极限形式

1° 设 $f(x),\varphi(x)$ 在 $[a,+\infty)$ 上连续, 且对充分大的 x, 有 $0\le f(x)\le\varphi(x)$, 则

(i) 当 $\displaystyle\int_a^{+\infty}\varphi(x)dx$ 收敛时, $\displaystyle\int_a^{+\infty} f(x)dx$ 也收敛;

(ii) 当 $\displaystyle\int_a^{+\infty} f(x)dx$ 发散时, $\displaystyle\int_a^{+\infty}\varphi(x)dx$ 也发散.

2° 设 $f(x)$ 和 $\varphi(x)$ 都是 $[a,+\infty)$ 上的非负连续函数, 且 $\displaystyle\lim_{x\to+\infty}\frac{f(x)}{\varphi(x)}=k$, 有

(i) 若 $0<k<+\infty$, 则 $\displaystyle\int_a^{+\infty} f(x)dx$ 和 $\displaystyle\int_a^{+\infty}\varphi(x)dx$ 同敛散;

(ii) 若 $k=0$, 则当 $\displaystyle\int_a^{+\infty}\varphi(x)dx$ 收敛时, $\displaystyle\int_a^{+\infty} f(x)dx$ 也收敛;

(iii) 若 $k=+\infty$, 则当 $\displaystyle\int_a^{+\infty}\varphi(x)dx$ 发散时, $\displaystyle\int_a^{+\infty} f(x)dx$ 也发散.

(3) 狄利克雷判别法

设 $f(x)$ 与 $g(x)$ 在 $[a,+\infty)$ 上连续, 若满足

(i) $F(A)=\displaystyle\int_a^A f(x)dx$ $(a<A<+\infty)$ 有界;

(ii) $g(x)$ 在 $[a,+\infty)$ 上单调, 且 $\displaystyle\lim_{x\to+\infty} g(x)=0$,

则 $\displaystyle\int_a^{+\infty} f(x)g(x)dx$ 收敛.

(4) 阿贝尔判别法

设 $f(x)$ 与 $g(x)$ 在 $[a,+\infty)$ 上连续, 若满足

(i) $\displaystyle\int_a^{+\infty} f(x)dx$ 收敛;

(ii) $g(x)$ 在 $[a,+\infty)$ 上单调有界;

则 $\int_a^{+\infty} f(x)g(x)dx$ 收敛.

(5) 柯西收敛准则

设 $f(x)$ 在 $[a,+\infty)$ 上连续, 则 $\int_a^{+\infty} f(x)dx$ 收敛的充要条件是任给 $\varepsilon>0$, 总有 $A_0>a$, 使当 $A_1, A_2>A_0$ 时, 有 $\left|\int_{A_1}^{A_2} f(x)dx\right|<\varepsilon$ 成立.

(6) 绝对收敛必收敛

设 $f(x)$ 在 $[a,+\infty)$ 上连续, 且 $\int_a^{+\infty} |f(x)|dx$ 收敛, 则 $\int_a^{+\infty} f(x)dx$ 收敛.

以上各敛散判别法都可以类推到积分区间为 $(-\infty,a)$ 上的广义积分.

2. 无界函数的广义积分敛散判别法

(1) 比较判别法及其极限形式

1° 设 $f(x)$ 在 $(a,b]$ 连续, a 为 $f(x)$ 的瑕点. 若对充分接近 a 的 $x\,(x>a)$, 有不等式 $0\le f(x)\le\varphi(x)$, 那么

(i) 若 $\int_a^b \varphi(x)dx$ 收敛, 则 $\int_a^b f(x)dx$ 也收敛;

(ii) 若 $\int_a^b f(x)dx$ 发散, 则 $\int_a^b \varphi(x)dx$ 也发散.

2° 设 $f(x)$ 和 $\varphi(x)$ 都是 $(a,b]$ 上的非负连续函数 (a 为它们的瑕点), 且 $\lim\limits_{x\to a}\dfrac{f(x)}{\varphi(x)}=k$, 那么

(i) 若 $0<k<+\infty$, 则 $\int_a^b f(x)dx$ 与 $\int_a^b \varphi(x)dx$ 同敛散;

(ii) 若 $k=0$, 则当 $\int_a^b \varphi(x)dx$ 收敛时, $\int_a^b f(x)dx$ 也收敛;

(iii) 若 $k=+\infty$, 则当 $\int_a^b \varphi(x)dx$ 发散时, $\int_a^b f(x)dx$ 也发散.

(2) 柯西收敛准则

设 $f(x)$ 在 $(a,b]$ 连续, a 为 $f(x)$ 的瑕点, 则积分 $\int_a^b f(x)dx$ 收敛的充要条件是任给 $\varepsilon>0$, 存在 $\delta>0$, 只要 $0<\delta'<\delta$, $0<\delta''<\delta$, 就有

$$\left|\int_{a+\delta'}^{a+\delta''} f(x)dx\right|<\varepsilon.$$

(3) 绝对收敛必收敛

设 $f(x)$ 在 $(a,b]$ 连续, a 为 $f(x)$ 的瑕点, 且 $\int_a^b |f(x)|dx$ 收敛, 则 $\int_a^b f(x)dx$ 收敛.

三、记住几个常用积分的敛散性

1. $\int_a^{+\infty}\frac{1}{x^p}dx\ (a>0)$ 当 $p>1$ 时收敛, 当 $p\leq 1$ 时发散.

2. $\int_a^b\frac{1}{(x-a)^p}dx$ 当 $p<1$ 时收敛, 当 $p\geq 1$ 时发散.

(上两积分也称 p 积分.)

3. $\int_0^{+\infty}\frac{\sin x}{x^p}dx$ 当 $0<p<2$ 时收敛.

4. $\int_0^{+\infty}\frac{\cos x}{x^p}dx$ 当 $0<p<1$ 时收敛.

我们注意到, 无穷限积分的收敛判别法与无穷级数相应的收敛判别法类似. 但也必须注意, 两者是有差别的, 如: 无穷级数 $\sum_{n=1}^{\infty}a_n$ 收敛的必要条件是 $\lim_{n\to\infty}a_n=0$, 但无穷积分 $\int_a^{+\infty}f(x)dx$ 收敛, 未必有 $\lim_{x\to+\infty}f(x)=0$. 例如, $\int_1^{+\infty}\sin x^2dx$ 与 $\int_1^{+\infty}x\sin x^3dx$ 都是收敛积分, 但是 $\lim_{x\to+\infty}\sin x^2$ 不存在, $x\sin x^3$ 当 $x\to+\infty$ 时是无界的.

解题方法

首先在广义积分的积分区间上, 找出 $f(x)$ 的所有瑕点. 例如在区间 $[a,+\infty)$ 上. 除 $x=a, x=b\ (b>a)$ 是 $f(x)$ 的瑕点外, 其他都是 $f(x)$ 的连续点. 则规定

$$\int_a^{+\infty}f(x)dx=\int_a^{\frac{a+b}{2}}f(x)dx+\int_{\frac{a+b}{2}}^{b}f(x)dx+\int_b^{b+c}f(x)dx+\int_{b+c}^{+\infty}f(x)dx\qquad(c>0).$$

当上式右端中各个广义积分都收敛时,称左端广义积分 $\int_a^{+\infty}f(x)dx$ 收敛, 上式右端只要有一个广义积分发散, 则称左端广义积分 $\int_a^{+\infty}f(x)dx$ 发散, 当右端每个广义积分都绝对收敛, 称左端广义积分 $\int_a^{+\infty}f(x)dx$ 绝对收敛; 当右端各个广义积分都收敛, 只要有一个广义积分条件收敛, 称左端广义积分 $\int_a^{+\infty}f(x)dx$ 条件收敛.

例题分析

例 1　判断下列广义积分的敛散性:

(1) $\int_1^{+\infty} \frac{x\ln x}{(x^2-1)^{3/2}}\,dx$;　　(2) $\int_a^b \frac{xdx}{\sqrt{(x-a)(b-x)}},\quad a<b$;

(3) $\int_0^{\frac{\pi}{2}} \frac{\ln\sin x}{\sqrt{x}}\,dx$;　　(4) $\int_0^{+\infty} \frac{\sin x}{\sqrt{x^3}\cdot\sqrt[3]{1-x}}\,dx$;

(5) $\int_0^{+\infty} \frac{\ln(1+x)}{x^2(2-x)}\,dx$;　　(6) $\int_0^{+\infty} \frac{x^{\alpha-1}}{1+x}\,dx$.

解 (1) 因

$$\lim_{x\to 1}\frac{x\ln x}{(x^2-1)^{3/2}}=\infty,$$

故 $x=1$ 为瑕点, 则有

$$\int_1^{+\infty}\frac{x\ln x}{(x^2-1)^{3/2}}\,dx=\int_1^2\frac{x\ln x}{(x^2-1)^{3/2}}\,dx+\int_2^{+\infty}\frac{x\ln x}{(x^2-1)^{3/2}}\,dx.$$

当 $x\to 1$ 时, $\frac{x\ln x}{(x^2-1)^{3/2}}\sim\frac{1}{2\sqrt{2}(x-1)^{\frac{1}{2}}}$, 而 $\int_1^2\frac{1}{\sqrt{x-1}}\,dx$ 收敛, 故 $\int_1^2\frac{x\ln x}{(x^2-1)^{3/2}}\,dx$ 收敛.

又因

$$\lim_{x\to+\infty}\frac{\ln x}{\sqrt{x}}=0,$$

故当 x 充分大时有 $\ln x<\sqrt{x}$, 即

$$0\le\frac{x\ln x}{(x^2-1)^{3/2}}<\frac{x\sqrt{x}}{(x^2-1)^{3/2}}.$$

而

$$\frac{x\sqrt{x}}{(x^2-1)^{3/2}}\sim\frac{1}{x^{3/2}}\quad(x\to+\infty),$$

又 $\int_2^{+\infty}\frac{1}{x^{3/2}}\,dx$ 收敛, 推得 $\int_2^{+\infty}\frac{x\ln x}{(x^2-1)^{3/2}}\,dx$ 收敛, 所以原积分收敛.

(2) a,b 都为瑕点. 取 $a<c<b$, 则有

$$\int_a^b\frac{xdx}{\sqrt{(x-a)(b-x)}}=\int_a^c\frac{xdx}{\sqrt{(x-a)(b-x)}}+\int_c^b\frac{xdx}{\sqrt{(x-a)(b-x)}}.$$

当 $x\to a$ 时,

$$\frac{x}{\sqrt{(x-a)(b-x)}}\sim\frac{a}{\sqrt{(b-a)(x-a)}},$$

且 $\int_a^c\frac{dx}{\sqrt{x-a}}$ 收敛; 当 $x\to b$ 时,

$$\frac{x}{\sqrt{(x-a)(b-x)}}\sim\frac{b}{\sqrt{(b-a)(b-x)}},$$

且 $\int_c^b \frac{dx}{\sqrt{b-x}}$ 收敛, 所以原积分收敛.

(3) 显然 $x=0$ 为瑕点. 又因为

$$\lim_{x\to 0^+} x^{\frac{1}{4}} \ln x = 0,$$

故当 x 充分小时 $|x^{\frac{1}{4}}\ln x|<1$, 即

$$\frac{|\ln x|}{\sqrt{x}} < \frac{1}{x^{\frac{3}{4}}}.$$

又当 $x\to 0^+$ 时,

$$\frac{|\ln\sin x|}{\sqrt{x}} \sim \frac{|\ln x|}{\sqrt{x}} < \frac{1}{x^{\frac{3}{4}}},$$

而 $\int_0^{\frac{\pi}{2}} \frac{dx}{x^{\frac{3}{4}}}$ 收敛, 可推得 $\int_0^{\frac{\pi}{2}} \frac{|\ln\sin x|}{\sqrt{x}}dx$ 收敛. 所以原积分绝对收敛.

(4) 0, 1 为瑕点. 故

$$\int_0^{+\infty} \frac{\sin x}{\sqrt{x^3}\cdot\sqrt[3]{1-x}}dx = \int_0^{\frac{1}{2}} \frac{\sin x}{\sqrt{x^3}\cdot\sqrt[3]{1-x}}dx + \int_{\frac{1}{2}}^1 \frac{\sin x}{\sqrt{x^3}\cdot\sqrt[3]{1-x}}dx + \int_1^2 \frac{\sin x}{\sqrt{x^3}\cdot\sqrt[3]{1-x}}dx + \int_2^{+\infty} \frac{\sin x}{\sqrt{x^3}\cdot\sqrt[3]{1-x}}dx.$$

当 $x\to 0^+$ 时,

$$\frac{\sin x}{\sqrt{x^3}\cdot\sqrt[3]{1-x}} \sim \frac{1}{\sqrt{x}},$$

又 $\int_0^{\frac{1}{2}} \frac{1}{\sqrt{x}}dx$ 收敛. 故 $\int_0^{\frac{1}{2}} \frac{\sin x}{\sqrt{x^3}\cdot\sqrt[3]{1-x}}dx$ 收敛.

当 $x\to 1$ 时,

$$\frac{\sin x}{\sqrt{x^3}\cdot\sqrt[3]{1-x}} \sim \frac{\sin 1}{\sqrt[3]{1-x}},$$

又 $\int_{\frac{1}{2}}^1 \frac{\sin 1}{\sqrt[3]{1-x}}dx$ 收敛. 故 $\int_{\frac{1}{2}}^1 \frac{\sin x}{\sqrt{x^3}\cdot\sqrt[3]{1-x}}dx$ 收敛.

同理

$$\int_1^2 \frac{\sin x}{\sqrt{x^3}\cdot\sqrt[3]{1-x}}dx = -\int_1^2 \frac{\sin x}{\sqrt{x^3}\cdot\sqrt[3]{x-1}}dx$$

也收敛.

当 x 充分大时,

$$\left|\frac{\sin x}{\sqrt{x^3}\cdot\sqrt[3]{1-x}}\right| \le \frac{1}{x^{3/2}},$$

又 $\int_2^{+\infty} \frac{1}{x^{3/2}}dx$ 收敛, 故 $\int_2^{+\infty} \frac{\sin x}{\sqrt{x^3}\cdot\sqrt[3]{1-x}}dx$ 收敛.

上式右端 4 个广义积分都收敛, 所以原积分收敛.

(5) 0, 2 为瑕点. 则有

$$\int_0^{+\infty}\frac{\ln(1+x)}{x^2(2-x)}\,dx=\int_0^1\frac{\ln(1+x)}{x^2(2-x)}\,dx+\int_1^2\frac{\ln(1+x)}{x^2(2-x)}\,dx+\int_2^3\frac{\ln(1+x)}{x^2(2-x)}\,dx+\int_3^{+\infty}\frac{\ln(1+x)}{x^2(2-x)}\,dx.$$

当 $x\to 0$ 时,

$$\frac{\ln(1+x)}{x^2(2-x)}\sim\frac{1}{2x},$$

又 $\int_0^1\frac{1}{x}\,dx$ 发散, 故 $\int_0^1\frac{\ln(1+x)}{x^2(2-x)}\,dx$ 发散.

上式右端有一个广义积分发散, 则左端广义积分 $\int_0^{+\infty}\frac{\ln(1+x)}{x^2(2-x)}\,dx$ 发散.

(6) 由于

$$\int_0^{+\infty}\frac{x^{\alpha-1}}{1+x}\,dx=\int_0^1\frac{dx}{x^{1-\alpha}(1+x)}+\int_1^{+\infty}\frac{dx}{x^{1-\alpha}(1+x)}.$$

当 $x\to 0$ 时, $\frac{1}{x^{1-\alpha}(1+x)}\sim\frac{1}{x^{1-\alpha}}$, 而 $\int_0^1\frac{1}{x^{1-\alpha}}\,dx$ 当 $1-\alpha<1$(即 $\alpha>0$) 时收敛, 故 $\int_0^1\frac{dx}{x^{1-\alpha}(1+x)}$ 当 $\alpha>0$ 时收敛.

当 $x\to+\infty$ 时, $\frac{1}{x^{1-\alpha}(1+x)}\sim\frac{1}{x^{2-\alpha}}$, 而 $\int_1^{+\infty}\frac{1}{x^{2-\alpha}}\,dx$ 当 $2-\alpha>1$(即 $\alpha<1$) 时收敛, 故 $\int_1^{+\infty}\frac{dx}{x^{1-\alpha}(1+x)}$ 当 $\alpha<1$ 时收敛.

所以, 当 $0<\alpha<1$ 时原积分收敛.

例 2 研究下列积分的条件收敛性与绝对收敛性:

(1) $\int_0^{+\infty}\frac{\cos(2x+1)}{\sqrt{x}\cdot\sqrt[3]{x^2+1}}\,dx$; (2) $\int_0^{+\infty}\frac{\sin\frac{1}{x}}{x\sqrt{x}}\,dx$.

解 (1) $x=0$ 为瑕点.

$$\int_0^{+\infty}\frac{\cos(2x+1)}{\sqrt{x}\cdot\sqrt[3]{x^2+1}}dx=\int_0^1\frac{\cos(2x+1)}{\sqrt{x}\cdot\sqrt[3]{x^2+1}}\,dx+\int_1^{+\infty}\frac{\cos(2x+1)}{\sqrt{x}\cdot\sqrt[3]{x^2+1}}\,dx.$$

当 $x\to 0$ 时,

$$\left|\frac{\cos(2x+1)}{\sqrt{x}\cdot\sqrt[3]{x^2+1}}\right|\leqslant\frac{1}{\sqrt{x}\cdot\sqrt[3]{x^2+1}}\sim\frac{1}{\sqrt{x}}.$$

又 $\int_0^1\frac{1}{\sqrt{x}}\,dx$ 收敛, 故 $\int_0^1\frac{\cos(2x+1)}{\sqrt{x}\cdot\sqrt[3]{x^2+1}}\,dx$ 绝对收敛.

当 $x\to+\infty$ 时,

$$\left|\frac{\cos(2x+1)}{\sqrt{x}\cdot\sqrt[3]{x^2+1}}\right|\le\frac{1}{\sqrt{x}\cdot\sqrt[3]{x^2+1}}\sim\frac{1}{x^{7/6}},$$

又 $\int_1^{+\infty}\frac{1}{x^{7/6}}dx$ 收敛, 故 $\int_1^{+\infty}\frac{\cos(2x+1)}{\sqrt{x}\cdot\sqrt[3]{x^2+1}}dx$ 绝对收敛.

所以原积分绝对收敛.

(2) 令 $\frac{1}{x}=t$, 则

$$\int_0^{+\infty}\frac{\sin\frac{1}{x}}{x\cdot\sqrt{x}}dx=\int_0^{+\infty}\frac{\sin t}{\sqrt{t}}dt.$$

后一积分中, 0 不是瑕点. 由狄利克雷判别法, $\int_1^A\sin tdt$ 有界. $\frac{1}{\sqrt{t}}$ 在 $[1,+\infty)$ 单调减且 $\lim\limits_{t\to+\infty}\frac{1}{\sqrt{t}}=0$, 故原积分收敛. 但

$$\int_1^{+\infty}\frac{|\sin t|}{\sqrt{t}}dt>\int_1^{+\infty}\frac{\sin^2 t}{\sqrt{t}}dt=\frac{1}{2}\left(\int_1^{+\infty}\frac{1}{\sqrt{t}}dt-\int_1^{+\infty}\frac{\cos 2t}{\sqrt{t}}dt\right).$$

由 $\int_1^{+\infty}\frac{1}{\sqrt{t}}dt$ 发散及 $\int_1^{+\infty}\frac{\cos 2t}{\sqrt{t}}dt$ 收敛, 推得 $\int_1^{+\infty}\frac{\sin^2 t}{\sqrt{t}}dt$ 发散, 所以 $\int_1^{+\infty}\frac{|\sin t|}{\sqrt{t}}dt$ 发散. 故原积分条件收敛.

注 12.1 因 0 不是瑕点, $\int_0^1\frac{\sin t}{\sqrt{t}}dt$ 是黎曼可积的.

例 3 如果 $f(x)$ 在区间 $[a,+\infty)$ 上是非负的连续函数, 从 $\int_a^{+\infty}f(x)dx$ 收敛能否断言 $\lim\limits_{x\to+\infty}f(x)=0$?

解 未必有 $\lim\limits_{x\to+\infty}f(x)=0$. 如定义函数 (见图 12.1)

$$f(x)=\begin{cases}0, & a+n-1<x\le a+n-\frac{1}{2^{n-1}},\\ 2^n\left(x-a-n+\frac{1}{2^{n-1}}\right), & a+n-\frac{1}{2^{n-1}}<x\le a+n-\frac{1}{2^n},\\ -2^n(x-a-n), & a+n-\frac{1}{2^n}<x\le a+n,\quad n=1,2,\cdots.\end{cases}$$

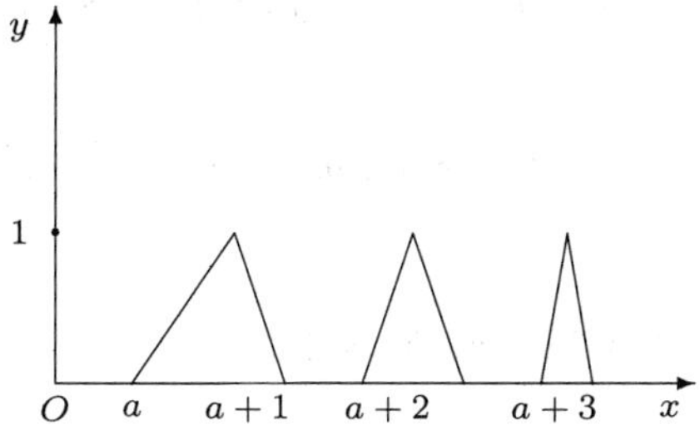

图 12.1

则有

$$\int_a^{+\infty} f(x)dx = \sum_{n=1}^{\infty}\int_{a+n-1}^{a+n} f(x)dx = \sum_{n=1}^{\infty}\frac{1}{2^n},$$

因而它是收敛的, 且 $f(x)$ 在 $[a,+\infty)$ 上是非负的连续函数, 但是 $\lim\limits_{x\to+\infty} f(x)$ 不存在.

例 4 证明: 若函数 $f(x)$ 在 $[a,+\infty)$ 上非负、连续, 且 $\lim\limits_{x\to+\infty} f(x) = b \neq 0$, 则 $\int_a^{+\infty} f(x)dx = +\infty$.

证 因 $f(x)$ 在 $[a,+\infty)$ 上非负、连续, 且 $\lim\limits_{x\to+\infty} f(x) = b \neq 0$, 故必有 $b > 0$. 因而存在 $x_0 > a$, 当 $x > x_0$ 时, 有 $f(x) > \frac{b}{2} > 0$. 所以

$$\begin{aligned}\int_a^{+\infty} f(x)dx &= \int_a^{x_0} f(x)dx + \int_{x_0}^{+\infty} f(x)dx \\ &> \int_a^{x_0} f(x)dx + \int_{x_0}^{+\infty}\frac{b}{2}\,dx = +\infty,\end{aligned}$$

即

$$\int_a^{+\infty} f(x)dx = +\infty.$$

例 5 设 $f(x)$ 在 $[a,+\infty)$ 中是正的单调非增的函数, 那么 $\int_a^{+\infty} f(x)dx$ 和 $\int_a^{+\infty} f(x)\sin^2 x dx$ 同敛散. 由此证明积分

$$\int_1^{+\infty}\frac{\sin^2 x}{x}\,dx, \qquad \int_2^{+\infty}\frac{\sin^2 x}{x\ln x}\,dx$$

发散.

证 因 $f(x)$ 在 $[a,+\infty)$ 中是正的单调非增函数, 即 $f(x)$ 单调减有下界, 故 $\lim\limits_{x\to+\infty} f(x) = b \geq 0$.

当 $b>0$ 时, 即存在 $x_0>a$, 使当 $x>x_0$ 时 $f(x)>\frac{b}{2}$. 于是

$$\int_{x_0}^{+\infty} f(x)dx \geq \int_{x_0}^{+\infty} f(x)\sin^2 xdx > \int_{x_0}^{+\infty} \frac{b}{2}\sin^2 xdx = +\infty,$$

即 $\int_a^{+\infty} f(x)dx$ 与 $\int_a^{+\infty} f(x)\sin^2 xdx$ 同发散.

当 $b=0$ 时, 由

$$\int_a^{+\infty} f(x)dx = 2\int_a^{+\infty} f(x)\sin^2 xdx + \int_a^{+\infty} f(x)\cos 2xdx,$$

而 $\int_a^{+\infty} f(x)\cos 2xdx$ 收敛 (由狄利克雷判别法, $\int_a^A \cos 2xdx$ 有界.$f(x)$ 单调, 且 $\lim\limits_{x\to+\infty} f(x)=0$), 所以 $\int_a^{+\infty} f(x)dx$ 与 $\int_a^{+\infty} f(x)\sin^2 xdx$ 同敛散.

例如, 因为 $\int_1^{+\infty}\frac{1}{x}dx$, $\int_2^{+\infty}\frac{1}{x\ln x}dx$ 发散, 所以 $\int_1^{+\infty}\frac{\sin^2 x}{x}dx$ 与 $\int_2^{+\infty}\frac{\sin^2 x}{x\ln x}dx$ 也发散.

12.2　含参变量的常义积分

学 习 要 点

一、基本概念

设 $f(x,u)$ 在矩形区域 $D(a\leq x\leq b,\alpha\leq u\leq\beta)$ 上连续, 对固定 $u\in[\alpha,\beta]$, 函数 $f(x,u)$ 对变量 x 在 $[a,b]$ 上黎曼可积, 则称 $\int_a^b f(x,u)dx$ 是含参变量的常义积分, 并记 $\varphi(u)=\int_a^b f(x,u)dx$.

二、含参变量常义积分的性质

1. 连续性

(1) 设 $f(x,u)$ 在矩形区域 $D(a\leq x\leq b,\alpha\leq u\leq\beta)$ 上连续. 则 $\varphi(u)=\int_a^b f(x,u)dx$ 在 $[\alpha,\beta]$ 上连续.

(2) 设 $f(x,u)$ 在 $D(a\leq x\leq b,\alpha\leq u\leq\beta)$ 上连续, 函数 $a(u),b(u)$ 都在 $[\alpha,\beta]$ 上连续, 并且 $a\leq a(u)\leq b$, $a\leq b(u)\leq b(\alpha\leq u\leq\beta)$, 则 $\psi(u)=\int_{a(u)}^{b(u)} f(x,u)dx$ 在 $[\alpha,\beta]$ 上连续.

2. 积分性质

设 $f(x,u)$ 在矩形区域 $D(a \le x \le b, \alpha \le u \le \beta)$ 上连续. 则 $\varphi(u) = \int_a^b f(x,u)dx$ 在 $[\alpha,\beta]$ 上可积, 且有

$$\int_\alpha^\beta \varphi(u)du = \int_\alpha^\beta \left(\int_a^b f(x,u)dx\right) du = \int_a^b \left(\int_\alpha^\beta f(x,u)du\right) dx.$$

3. 微分性质

(1) 设 $f(x,u)$ 及 $f'_u(x,u)$ 都在矩形区域 $D(a \le x \le b, \alpha \le u \le \beta)$ 上连续. 则 $\varphi(u) = \int_a^b f(x,u)dx$ 在 $[\alpha,\beta]$ 上可微, 且有

$$\varphi'(u) = \int_a^b f'_u(x,u)dx.$$

(2) 如果 $f(x,u)$ 及偏导数 $f'_u(x,u)$ 在 $D(a \le x \le b, \alpha \le u \le \beta)$ 上连续, 又函数 $a(u), b(u)$ 都在 $[\alpha,\beta]$ 上可微, 且 $a \le a(u) \le b$, $a \le b(u) \le b$, 则函数 $\psi(u) = \int_{a(u)}^{b(u)} f(x,u)dx$ 在 $[\alpha,\beta]$ 上可微, 且有

$$\psi'(u) = \int_{a(u)}^{b(u)} f'_u(x,u)dx + f(b(u),u)b'(u) - f(a(u),u)a'(u).$$

例题分析

例 1 (1) 已知 $F(\alpha) = \int_{-1}^1 e^{\sqrt{x^2+\alpha^2}}dx$, 求 $\lim\limits_{\alpha\to 0} F(\alpha)$;

(2) 已知 $\varphi(u) = \int_{\sin u}^{\cos u} \frac{1}{1+(1+u)x^2}dx$, 求 $\lim\limits_{u\to 0}\varphi(u)$.

解 (1) 由常义参变量积分的连续性质, $F(\alpha)$ 在 $\alpha = 0$ 连续. 所以

$$\lim_{\alpha\to 0} F(\alpha) = F(0) = \int_{-1}^1 e^{|x|}dx = 2\int_0^1 e^x dx = 2(e-1).$$

(2) 由常义参变量积分的连续性质, $\varphi(u)$ 在 $u=0$ 连续. 所以

$$\lim_{u\to 0}\varphi(u) = \varphi(0) = \int_0^1 \frac{1}{1+x^2}dx = \frac{\pi}{4}.$$

例 2 (1) 设 $y(x) = \int_x^{x^2} \sin(x-t)^2 dt$, 求 $y'(x)$;

(2) 设 $F(\alpha) = \int_0^\alpha f(x+\alpha, x-\alpha)dx$, 其中 $f(u,v)$ 有连续的偏导数, 求 $F'(\alpha)$.

解　(1)

$$
\begin{aligned}
y'(x) &= \int_x^{x^2} \cos(x-t)^2 \cdot 2(x-t)dt + \sin(x-x^2)^2 \cdot 2x \\
&= -\sin(x-t)^2\Big|_x^{x^2} + 2x\sin(x-x^2)^2 \\
&= (2x-1)\sin(x-x^2)^2.
\end{aligned}
$$

(2)

$$
\begin{aligned}
F'(\alpha) &= \int_0^{\alpha} \frac{\partial}{\partial \alpha} f(x+\alpha, x-\alpha)dx + f(2\alpha, 0) \\
&= \int_0^{\alpha} \left[f'_u(u,v) - f'_v(u,v)\right] dx + f(2\alpha, 0),
\end{aligned}
$$

其中 $u = x+\alpha, v = x-\alpha$. 因为

$$
\frac{\partial}{\partial x} f(x+\alpha, x-\alpha) = f'_u(u,v) + f'_v(u,v),
$$

故又有另一表达式

$$
\begin{aligned}
F'(\alpha) &= 2\int_0^{\alpha} f'_u(u,v)\, dx - \int_0^{\alpha} \frac{\partial}{\partial x} f(x+\alpha, x-\alpha)dx + f(2\alpha, 0) \\
&= 2\int_0^{\alpha} f'_u(u,v)\, dx - f(x+\alpha, x-\alpha)\Big|_0^{\alpha} + f(2\alpha, 0) \\
&= 2\int_0^{\alpha} f'_u(u,v)\, dx + f(\alpha, -\alpha).
\end{aligned}
$$

例 3　计算下列积分:

(1) $\displaystyle\int_0^{\frac{\pi}{2}} \ln(a^2\sin^2 x + b^2\cos^2 x)dx, a>0, b>0;$

(2) $\displaystyle\int_0^{\pi} \ln(1-2a\cos x + a^2)dx, |a| \neq 1.$

解　(1) 记

$$
F(u) = \int_0^{\frac{\pi}{2}} \ln(a^2\sin^2 x + u^2\cos^2 x)dx.
$$

由于 $\ln(a^2\sin^2 x + u^2\cos^2 x)$ 及其关于 u 的偏微商 $\dfrac{2u\cos^2 x}{a^2\sin^2 x + u^2\cos^2 x}$ 都在区域 $D: 0 \le x \le \dfrac{\pi}{2}, 0 < a \le u \le b$ (或 $b \le u \le a$) 连续, 由参变量常义积分的微分性质, 于是有

$$
F'(u) = \int_0^{\frac{\pi}{2}} \frac{2u\cos^2 x}{a^2\sin^2 x + u^2\cos^2 x} dx = \int_0^{\frac{\pi}{2}} \frac{2u}{a^2\tan^2 x + u^2} dx.
$$

作变换 $t=\tan x$, 可得

$$\begin{aligned}F'(u)&=\int_0^{+\infty}\frac{2u}{(a^2t^2+u^2)(1+t^2)}dt\\&=\frac{2u}{u^2-a^2}\int_0^{+\infty}\Big(\frac{1}{1+t^2}-\frac{a^2}{a^2t^2+u^2}\Big)dt\\&=\frac{\pi}{u+a},\end{aligned}$$

故

$$\begin{aligned}F(b)-F(a)&=\int_a^b F'(u)du=\pi\int_a^b\frac{1}{u+a}du\\&=\pi\ln(b+a)-\pi\ln(2a).\end{aligned}$$

又 $F(a)=\pi\ln a$, 故所求积分的值 $F(b)=\pi\ln\dfrac{a+b}{2}$.

(2) 记 $F(u)=\displaystyle\int_0^\pi\ln(1-2u\cos x+u^2)dx$, 则 $F(0)=0$.

当 $|a|<1$ 时, 这个积分的被积函数 $\ln(1-2u\cos x+u^2)$ 及其关于 u 的偏微商 $\dfrac{-2\cos x+2u}{1-2u\cos x+u^2}$ 都在 $D:0\le x\le\pi,-|a|\le u\le|a|$ 连续, 由参变量常义积分的微分性质, 于是有

$$F'(u)=\int_0^\pi\frac{-2\cos x+2u}{1-2u\cos x+u^2}\,dx.$$

由此得

$$F'(0)=-2\int_0^\pi\cos x dx=0$$

现设 $u\neq0$, 则

$$\begin{aligned}F'(u)&=\frac{1}{u}\int_0^\pi\Big(1+\frac{u^2-1}{1-2u\cos x+u^2}\Big)dx\\&=\frac{\pi}{u}+\frac{u^2-1}{u}\int_0^\pi\frac{1}{1-2u\cos x+u^2}dx\end{aligned}$$

作变换 $t=\tan\dfrac{x}{2}$, 可得

$$\begin{aligned}\int_0^\pi\frac{1}{1-2u\cos x+u^2}dx&=\int_0^{+\infty}\frac{2dt}{(1+u)^2t^2+(1-u)^2}\\&=\frac{2}{1-u^2}\arctan\frac{1+u}{1-u}t\Big|_0^{+\infty}=\frac{\pi}{1-u^2}.\end{aligned}$$

因此得 $F'(u)=0$ 对所有 $|u|\le|a|<1$ 成立, 所以 $F(u)=c$, 由于 $F(0)=0$, 得 $c=0$, 即 $F(a)=0(|a|<1)$.

当 $|a|>1$,

$$\begin{aligned}F(a)&=\int_0^{\pi}\ln(1-2a\cos x+a^2)dx\\&=\int_0^{\pi}\ln a^2\Big(1-\frac{2}{a}\cos x+\frac{1}{a^2}\Big)dx\\&=2\pi\ln|a|+\int_0^{\pi}\ln\Big(1-\frac{2}{a}\cos x+\frac{1}{a^2}\Big)dx\\&=2\pi\ln|a|.\end{aligned}$$

注 12.2　当 $|a|=1$, $\int_0^{\pi}\ln(1-2a\cos x+a^2)dx$ 是瑕积分, 也可算得 $F(a)=0$.

例 4　设 $f(x)$ 在 $[a,A]$ 上连续, 证明:

$$\lim_{h\to 0}\frac{1}{h}\int_a^x[f(t+h)-f(t)]dt=f(x)-f(a),\qquad a<x<A.$$

证　由于

$$\begin{aligned}\int_a^x[f(t+h)-f(t)]dt&=\int_a^x f(t+h)dt-\int_a^x f(t)dt\\&=\int_{a+h}^{x+h}f(t)dt-\int_a^x f(t)dt\\&=\int_{a+h}^{a}f(t)dt+\int_a^{x+h}f(t)dt+\int_x^a f(t)dt\\&=\int_x^{x+h}f(t)dt-\int_a^{a+h}f(t)dt,\end{aligned}$$

由积分中值定理, 有

$$\int_x^{x+h}f(t)dt=hf(x+\theta_1 h),$$

其中 $0<\theta_1<1$;

$$\int_a^{a+h}f(t)dt=hf(a+\theta_2 h),$$

其中 $0<\theta_2<1$. 故

$$\lim_{h\to 0}\frac{1}{h}\int_a^x[f(t+h)-f(t)]dt=\lim_{h\to 0}[f(x+\theta_1 h)-f(a+\theta_2 h)]=f(x)-f(a).$$

另也可用洛必达法则

$$\begin{aligned}\lim_{h\to 0}\frac{1}{h}\int_a^x[f(t+h)-f(t)]dt&=\lim_{h\to 0}\frac{1}{h}\left[\int_x^{x+h}f(t)dt-\int_a^{a+h}f(t)dt\right]\\&=\lim_{h\to 0}[f(x+h)-f(a+h)]=f(x)-f(a).\end{aligned}$$

注 12.3 本题没有可微条件, 不能把极限号与积分号交换, 用

$$\lim_{h\to 0}\frac{1}{h}[f(t+h)-f(t)]=f'(t)$$

来证明.

例 5 设 $f(x,y)=\dfrac{y^2-x^2}{(x^2+y^2)^2}$, 证明:

$$\int_0^1 dy\int_0^1 f(x,y)dx\neq\int_0^1 dx\int_0^1 f(x,y)dy.$$

证 因为

$$\frac{\partial}{\partial x}\left(\frac{x}{x^2+y^2}\right)=\frac{y^2-x^2}{(x^2+y^2)^2}=\frac{\partial}{\partial y}\left(\frac{-y}{x^2+y^2}\right),$$

所以

$$\int_0^1 dy\int_0^1\frac{y^2-x^2}{(x^2+y^2)^2}\,dx=\int_0^1\left(\left.\frac{x}{x^2+y^2}\right|_0^1\right)dy=\int_0^1\frac{1}{1+y^2}\,dy=\frac{\pi}{4},$$

$$\int_0^1 dx\int_0^1\frac{y^2-x^2}{(x^2+y^2)^2}dy=\int_0^1\left(\left.\frac{-y}{x^2+y^2}\right|_0^1\right)dx=-\int_0^1\frac{1}{1+x^2}\,dx=-\frac{\pi}{4}.$$

从而等式不成立.

注 12.4 由于本题被积函数 $f(x,y)=\dfrac{y^2-x^2}{(x^2+y^2)^2}$ 在点 $(0,0)$ 不连续, 不满足常义参变量积分的积分性质. 故积分号未必可交换.

12.3 含参变量的广义积分

含参变量的广义积分和函数项级数有许多平行的定理 (前者是连续型理论, 后者是离散型理论). 和讨论函数项级数一样, 首先要讨论收敛域. 同样, 一致收敛概念是本节的难点, 广义参变量积分 $\displaystyle\int_a^{+\infty}f(x,u)dx$ 也有类似函数项级数 $\displaystyle\sum_{n=1}^{\infty}u_n(x)$ 一致收敛的判定定理等. 所以在学习这一节时, 应与 11.2 节函数项级数比较着学习. 归纳出哪些是平行的理论, 并同时注意到不同点. 另外, 注意 $\displaystyle\int_a^{+\infty}f(x)dx$ 的收敛性定理与 $\displaystyle\int_a^{+\infty}f(x,u)dx$ 的一致收敛性定理的异同之处, 也有利于本节定理的学习.

学习要点

一、基本概念

1. 广义参变量积分 $\int_a^{+\infty} f(x,u)dx$ 收敛的概念及收敛域

设 $f(x,u)$ 在 $D(a<x<+\infty,\alpha\le u\le\beta)$ 上连续. 若对 $\forall u_0\in[\alpha,\beta]$, 广义积分 $\int_a^{+\infty} f(x,u_0)dx$ 收敛, 称 $\int_a^{+\infty} f(x,u)dx$ 在 $[\alpha,\beta]$ 上收敛, 则它就确定了 $[\alpha,\beta]$ 上的一个函数 $\varphi(u)=\int_a^{+\infty} f(x,u)dx$.

使 $\int_a^{+\infty} f(x,u)dx$ 收敛的 u 值的全体称为广义参变量积分的收敛域.

2. 广义参变量积分一致收敛的概念

(1) 无穷限的广义积分 $\int_a^{+\infty} f(x,u)dx$ 一致收敛的定义.

设 $f(x,u)$ 在区域 $D(a\le x<+\infty,a\le u\le\beta)$ 上连续, 且 $\int_a^{+\infty} f(x,u)dx$ 在 $\alpha\le u\le\beta$ 上收敛, 若对任给 $\varepsilon>0$, 总能找到仅与 ε 有关的 $A_0>a$, 当 $A>A_0$ 时, 不等式 $\left|\int_A^{+\infty} f(x,u)dx\right|<\varepsilon$ 对 $[\alpha,\beta]$ 上所有的 u 都成立, 则称广义参变量积分 $\int_a^{+\infty} f(x,u)dx$ 在 $[\alpha,\beta]$ 上一致收敛. 这里的 $[\alpha,\beta]$ 也可以是开区间或无穷区间.

(2) 无界函数的广义积分 $\int_a^b f(x,u)dx$(设 a 为瑕点) 一致收敛的定义.

设 $f(x,u)$ 在区域 $D(a<x\le b,\alpha\le u\le\beta)$ 上连续, $\lim\limits_{x\to a^+} f(x,u)=\infty$, 且 $\int_a^b f(x,u)dx$ 在 $\alpha\le u\le\beta$ 上收敛, 若对任给的 $\varepsilon>0$, 存在仅与 ε 有关的 $\delta_0>0$, 当 $0<\delta<\delta_0$ 时, 不等式 $\left|\int_a^{a+\delta} f(x,u)dx\right|<\varepsilon$ 对 $[\alpha,\beta]$ 上所有的 u 都成立, 则称 $\int_a^b f(x,u)dx$ 在 $[\alpha,\beta]$ 上一致收敛.

二、广义参变量积分 $\int_a^{+\infty} f(x,u)dx$ 一致收敛的判别法

1. 魏尔斯特拉斯判别法

设 $f(x,u)$ 在 $D(a\le x<+\infty,\ \alpha\le u\le\beta)$ 上连续, 若存在连续函数 $P(x)$, 使得对充分大的 x 及 $[\alpha,\beta]$ 上的一切 u, 都有 $|f(x,u)|\le p(x)$, 且 $\int_a^{+\infty} p(x)dx$ 收敛, 则 $\int_a^{+\infty} f(x,u)dx$ 在 $[\alpha,\beta]$ 上一致收敛.

2. 狄利克雷判别法

设 $f(x,u)$ 和 $g(x,u)$ 都在 $D(a\le x<+\infty,\ \alpha\le u\le\beta)$ 上连续. 如果

(i) 对任意 $A>a$, $\int_a^A f(x,u)dx$ 对 $u\in[\alpha,\beta]$ 一致有界,

(ii) $g(x,u)$ 是 x 的单调函数, 且当 $x\to+\infty$ 时关于 u 一致地趋于 0,

则 $\int_a^{+\infty} f(x,u)g(x,u)dx$ 在 $[\alpha,\beta]$ 上一致收敛.

3. 阿贝尔判别法

设 $f(x,u)$ 和 $g(x,u)$ 都在 $D(a\le x<+\infty,\ \alpha\le u\le\beta)$ 上连续. 如果

(i) $\int_a^{+\infty} f(x,u)dx$ 关于 $u\in[\alpha,\beta]$ 一致收敛,

(ii) $g(x,u)$ 是 x 的单调函数, 且关于 u 一致有界,

则 $\int_a^{+\infty} f(x,u)g(x,u)dx$ 在 $[\alpha,\beta]$ 上一致收敛.

4. 柯西判别法

设 $f(x,u)$ 在 $D(a\le x<+\infty,\ \alpha\le u\le\beta)$ 上连续, 则 $\int_a^{+\infty} f(x,u)dx$ 在 $[\alpha,\beta]$ 上一致收敛的充要条件是: 任给 $\varepsilon>0$, 存在 $A_0(\varepsilon)$, 只要 $A',A''>A_0$, 就有 $\left|\int_{A'}^{A''} f(x,u)dx\right|<\varepsilon$ 对 $[\alpha,\beta]$ 上所有 u 都成立.

上面只给出无穷限的广义积分 $\int_a^{+\infty} f(x,u)dx$ 一致收敛的判别法. 对于无界函数的广义积分 $\int_a^b f(x,u)dx$, 也有类似无穷限广义积分的一致收敛判别法, 这里就不一一列举了.

三、一致收敛条件下广义参变量积分的性质

1. 连续性

若 $f(x,u)$ 在 $D(a\le x<+\infty,\ \alpha\le u\le\beta)$ 上连续, 且积分

$$\varphi(u)=\int_a^{+\infty} f(x,u)dx$$

在 $[\alpha,\beta]$ 上一致收敛, 则 $\varphi(u)$ 在 $[\alpha,\beta]$ 上连续.

2. 积分性质(交换积分次序)

(1) 若 $f(x,u)$ 在 $D(a\le x<+\infty,\ \alpha\le u\le\beta)$ 上连续, 且积分

$$\varphi(u)=\int_a^{+\infty} f(x,u)dx$$

在 $[\alpha,\beta]$ 上一致收敛, 则

$$\int_\alpha^\beta \varphi(u)du=\int_\alpha^\beta\left(\int_a^{+\infty} f(x,u)dx\right)du=\int_a^{+\infty}\left(\int_\alpha^\beta f(x,u)du\right)dx.$$

(2) 若 $f(x,u)$ 满足以下条件:

(i) $f(x,u)$ 在 $a\le x<+\infty$, $\alpha\le u<+\infty$ 上连续;

(ii) 对任何 $\beta>\alpha$, $\int_a^{+\infty}f(x,u)dx$ 在 $[\alpha,\beta]$ 上一致收敛, 对任何 $b>a$, $\int_\alpha^{+\infty}f(x,u)du$ 在 $[a,b]$ 上一致收敛;

(iii) 积分

$$\int_a^{+\infty}\left(\int_\alpha^{+\infty}|f(x,u)|du\right)dx \quad 与 \quad \int_\alpha^{+\infty}\left(\int_a^{+\infty}|f(x,u)|dx\right)du$$

中至少有一个收敛. 则积分

$$\int_\alpha^{+\infty}\left(\int_a^{+\infty}f(x,u)dx\right)du \quad 与 \quad \int_a^{+\infty}\left(\int_\alpha^{+\infty}f(x,u)du\right)dx$$

都收敛, 且积分值相等.

3. 微分性质(积分号下求导)

若

(i) $f(x,u)$ 与 $f'_u(x,u)$ 都在 $a\le x<+\infty$, $\alpha\le u\le\beta$ 上连续;

(ii) $\int_a^{+\infty}f(x,u)dx$ 在 $[\alpha,\beta]$ 上收敛;

(iii) $\int_a^{+\infty}f'_u(x,u)dx$ 在 $[\alpha,\beta]$ 上一致收敛.

则函数

$$\varphi(u)=\int_a^{+\infty}f(x,u)dx$$

在 $[\alpha,\beta]$ 上可微, 且

$$\varphi'(u)=\int_a^{+\infty}f'_u(x,u)dx.$$

四、记住某些典型例题结论(几个重要积分)

1. 狄利克雷积分

$$\int_0^{+\infty}\frac{\sin x}{x}dx=\frac{\pi}{2}.$$

2. 概率积分

$$\int_0^{+\infty}e^{-x^2}dx=\frac{\sqrt{\pi}}{2}.$$

3. 拉普拉斯 (Laplace) 积分

$$\int_0^{+\infty}\frac{\cos\beta x}{\alpha^2+x^2}dx=\frac{\pi}{2\alpha}e^{-\alpha\beta}\qquad(\alpha>0,\beta\ge 0),$$

$$\int_0^{+\infty}\frac{x\sin\beta x}{\alpha^2+x^2}dx=\frac{\pi}{2}e^{-\alpha\beta}\qquad(\alpha>0,\beta>0).$$

4. 菲涅耳 (Fresnel) 积分

$$\int_0^{+\infty} \sin x^2 dx = \int_0^{+\infty} \cos x^2 dx = \frac{1}{2}\sqrt{\frac{\pi}{2}}.$$

5. 设 $f(x,u)$ 在 $a \leq x < +\infty.\ \alpha \leq u \leq \beta$ 上连续, 且积分 $\int_a^{+\infty} f(x,u)dx$ 在 $[\alpha,\beta)$ 收敛. 而当 $u=\beta$ 时, $\int_a^{+\infty} f(x,\beta)dx$ 发散, 则积分 $\int_a^{+\infty} f(x,u)dx$ 在 $[\alpha,\beta)$ 上必不一致收敛 (例题分析中例 3).

我们注意到广义参变量积分与函数项级数有许多类似的定理, 但也应注意它们的不同点. 例如, 函数项级数 $\sum\limits_{n=1}^{\infty} u_n(x)$ 在区间 I 上一致收敛的必要条件是: 当 $x \to +\infty$ 时, $u_n(x)$ 在 I 上一致趋于 0; 但对于广义参变量积分, 虽然 $\int_a^{+\infty} f(x,u)dx$ 在 $[\alpha,\beta]$ 上一致收敛, 但当 $x \to +\infty$ 时, 未必有 $f(x,u)$ 关于 $u \in [\alpha,\beta]$ 一致趋于 0.

例如 $\int_0^{+\infty} \frac{\sin x^2}{1+x^p} dx (0 \leq p < +\infty)$, 由阿贝尔判别法, 因为 $\int_0^{+\infty} \sin x^2 dx = \frac{1}{2}\sqrt{\frac{\pi}{2}}$ 是收敛的, 又 $\frac{1}{1+x^p} \leq 1 (x \geq 0, p \geq 0)$, 即 $\frac{1}{1+x^p}$ 关于 x 单调, 且关于 $p \geq 0$ 一致有界, 所以积分 $\int_0^{+\infty} \frac{\sin x^2}{1+x^p} dx$ 在 $0 \leq p < +\infty$ 上一致收敛; 但当 $x \to +\infty$ 时, $\frac{\sin x^2}{1+x^p}$ 关于 $p \geq 0$ 是不一致趋于 0 的, 这只要取 $p=0$, 由 $\lim\limits_{x\to+\infty} \sin x^2$ 不存在就可说明.

解题方法

1. 求 $\int_a^{+\infty} f(x,u)dx$ 收敛域的方法

(1) 利用定义, 直接求使 $\lim\limits_{A\to+\infty} \int_a^A f(x,u)dx$ 存在的点 u 的集合, 即收敛域.

(2) 利用广义积分的敛散判别法.

2. 证明 $\int_a^{+\infty} f(x,u)dx$ 一致收敛方法

(1) 魏尔斯特拉斯判别法;

(2) 狄利克雷判别法;

(3) 阿贝尔判别法;

(4) 一致收敛的定义;

(5) 柯西一致收敛准则.

3. 证明 $\int_a^{+\infty} f(x,u)dx$ 不一致收敛方法

(1) 不一致收敛的定义;

(2) 违背柯西一致收敛准则;

(3) 反证法, 假设一致收敛, 利用一致收敛广义参变量积分的性质推出矛盾 (如 $f(x,u)$ 在 $a \le x < +\infty$, $\alpha \le u \le \beta$ 连续, 但 $\varphi(u) = \int_a^{+\infty} f(x,u)dx$ 在 $\alpha \le u \le \beta$ 上不连续, 则 $\int_a^{+\infty} f(x,u)dx$ 在 $u \in [\alpha,\beta]$ 不一致收敛).

4. 证明 $\varphi(u) = \int_a^{+\infty} f(x,u)dx$ 的连续性、可微性、可积性的方法

利用一致收敛广义参变量积分的性质定理, 证明时注意连续, 可微都是 "局部性" 概念.

5. 计算广义参变量积分的方法

常利用微分性质与积分性质.

例题分析

例 1　确定下列广义参变量积分的收敛域.

(1) $\displaystyle\int_0^{+\infty} \frac{\sin^2 \frac{1}{x}}{x^p} dx$;　　(2) $\displaystyle\int_0^{+\infty} \frac{\ln(1+x^2)}{x^\alpha(1+x)} dx$.

解　(1) 令 $\frac{1}{x} = t$. 则

$$\int_0^{+\infty} \frac{\sin^2 \frac{1}{x}}{x^p} dx = \int_0^{+\infty} \frac{\sin^2 t}{t^{2-p}} dt = \int_0^1 \frac{\sin^2 t}{t^{2-p}} dt + \int_1^{+\infty} \frac{\sin^2 t}{t^{2-p}} dt$$

当 $t \to 0$ 时,

$$\frac{\sin^2 t}{t^{2-p}} \sim \frac{1}{t^{-p}},$$

而 $\int_0^1 \frac{1}{t^{-p}} dt$ 当 $p > -1$ 时收敛, 故 $\int_0^1 \frac{\sin^2 t}{t^{2-p}} dt$ 当 $p > -1$ 时收敛.

当 $t \to +\infty$ 时, 有

$$\frac{\sin^2 t}{t^{2-p}} \le \frac{1}{t^{2-p}},$$

而 $\int_1^{+\infty} \frac{1}{t^{2-p}} dt$ 当 $p < 1$ 时收敛. 故 $\int_1^{+\infty} \frac{\sin^2 t}{t^{2-p}} dt$ 当 $p < 1$ 时收敛.

当 $p = 1$ 时, 由于

$$\int_1^{+\infty} \frac{\sin^2 t}{t} dt = \frac{1}{2}\left(\int_1^{+\infty} \frac{1}{t} dt - \int_1^{+\infty} \frac{\cos 2t}{t} dt\right),$$

而 $\int_1^{+\infty} \frac{1}{t} dt$ 发散, $\int_1^{+\infty} \frac{\cos 2t}{t} dt$ 收敛, 故 $\int_1^{+\infty} \frac{\sin^2 t}{t} dt$ 发散.

当 $p>1$ 时, 因为当 t 充分大时有

$$\frac{\sin^2 t}{t^{2-p}} > \frac{\sin^2 t}{t},$$

故 $\int_1^{+\infty} \frac{\sin^2 t}{t^{2-p}} dt$ 当 $p \geq 1$ 发散.

所以, 收敛域为 $-1<p<1$.

(2) 由于

$$\int_0^{+\infty} \frac{\ln(1+x^2)}{x^\alpha(1+x)} dx = \int_0^1 \frac{\ln(1+x^2)}{x^\alpha(1+x)} dx + \int_1^{+\infty} \frac{\ln(1+x^2)}{x^\alpha(1+x)} dx,$$

当 $x \to 0$ 时, 有

$$\frac{\ln(1+x^2)}{x^\alpha(1+x)} \sim \frac{1}{x^{\alpha-2}},$$

而 $\int_0^1 \frac{1}{x^{\alpha-2}} dx$ 当 $\alpha<3$ 收敛, 故 $\int_0^1 \frac{\ln(1+x^2)}{x^\alpha(1+x)} dx$ 当 $\alpha<3$ 收敛.

又对任 $k>0$, 有

$$\lim_{x\to+\infty} \frac{\ln(1+x^2)}{x^k} = 0,$$

故当 x 充分大时

$$0 < \frac{\ln(1+x^2)}{x^\alpha(1+x)} < \frac{x^k}{x^\alpha(1+x)} \sim \frac{1}{x^{\alpha+1-k}}, \qquad x \to +\infty.$$

而 $\int_1^{+\infty} \frac{1}{x^{\alpha+1-k}} dx$ 当 $\alpha>k$ 时收敛, 又 $k>0$ 任取, 故 $\int_1^{+\infty} \frac{\ln(1+x^2)}{x^\alpha(1+x)} dx$ 当 $\alpha>0$ 时收敛.

当 $\alpha \leq 0$ 时, 对充分大的 x, 有

$$\frac{\ln(1+x^2)}{x^\alpha(1+x)} > \frac{1}{1+x},$$

故 $\int_1^{+\infty} \frac{\ln(1+x^2)}{x^\alpha(1+x)} dx$ 当 $\alpha \leq 0$ 发散.

所以, 收敛域为 $0<\alpha<3$.

例 2 研究下列积分在指定区间上的一致收敛性:

(1) $\int_0^{+\infty} \alpha e^{-\alpha x} dx,\ \ 0<a\leq\alpha\leq b$;　　(2) $\int_0^{+\infty} \alpha e^{-\alpha x} dx,\ \ 0\leq\alpha<+\infty$;

(3) $\int_0^{+\infty} \frac{x\sin x^3}{1+x^p} dx,\ \ 0\leq p<+\infty$.

解 (1) **方法 1** 由魏尔斯特拉斯判别法, 因 $\alpha e^{-\alpha x} \leq be^{-ax}$, 而 $\int_0^{+\infty} be^{-ax}dx$ 收敛, 故 $\int_0^{+\infty} \alpha e^{-\alpha x} dx$ 在 $0<a\leq\alpha\leq b$ 上一致收敛.

方法 2　用定义. 因 $\alpha \geq a > 0$, 所以

$$\int_A^{+\infty} \alpha e^{-\alpha x} dx = e^{-\alpha A} \leq e^{-aA}.$$

故对任给 $\varepsilon > 0\,(\varepsilon < 1)$, 只要取 $A_0 > -\dfrac{\ln \varepsilon}{a}$, 则当 $A > A_0$ 时,

$$\left|\int_A^{+\infty} \alpha e^{-\alpha x} dx\right| \leq e^{-aA} < e^{-aA_0} < \varepsilon,$$

对 $0 < a \leq \alpha \leq b$ 都成立. 由一致收敛定义, $\displaystyle\int_0^{+\infty} \alpha e^{-\alpha x} dx$ 在 $0 < a \leq \alpha \leq b$ 一致收敛.

(2) **方法 1**　根据不一致收敛的定义.

取 $\varepsilon_0 = \dfrac{1}{4}$. 对任意 $A_0 > 0$, 取 $A_1 > A_0$ 及 $\alpha_0 = \dfrac{1}{A_1} \in (0, +\infty)$, 有

$$\left|\int_{A_1}^{+\infty} \alpha_0 e^{-\alpha_0 x} dx\right| = e^{-\alpha_0 A_1} = e^{-1} > \varepsilon_0.$$

所以 $\displaystyle\int_0^{+\infty} \alpha e^{-\alpha x} dx$ 在 $0 \leq \alpha < +\infty$ 上不一致收敛.

方法 2　由于

$$\varphi(\alpha) = \int_0^{+\infty} \alpha e^{-\alpha x} dx = \begin{cases} 0, & \alpha = 0, \\ 1, & \alpha > 0 \end{cases}$$

在 $\alpha = 0$ 不连续, 而 $f(x, \alpha) = \alpha e^{-\alpha x}$ 在 $0 \leq x < +\infty$, $0 \leq \alpha < +\infty$ 连续, 由一致收敛广义积分的连续性质, 推得 $\displaystyle\int_0^{+\infty} \alpha e^{-\alpha x} dx$ 在 $0 \leq \alpha < +\infty$ 不一致收敛.

(3) 据阿贝尔判别法, 因

$$\int_0^{+\infty} x \sin x^3 dx \xlongequal{令\ x = \sqrt[3]{t}} \frac{1}{3} \int_0^{+\infty} \frac{\sin t}{\sqrt[3]{t}} dt$$

是收敛的, 又 $\dfrac{1}{1 + x^p}$ 关于 x 单调, 且关于 $p \geq 0$ 一致有界 $\left(\dfrac{1}{1 + x^p} \leq 1\,(x \geq 0, p \geq 0)\right)$, 所以 $\displaystyle\int_0^{+\infty} \frac{x \sin x^3}{1 + x^p} dx$ 在 $0 \leq p < +\infty$ 上一致收敛.

例 3　设 $f(x, u)$ 在 $a \leq x < +\infty$, $\alpha \leq u \leq \beta$ 上连续, 又对于 $[\alpha, \beta)$ 上每一个 u, 积分 $\displaystyle\int_a^{+\infty} f(x, u) dx$ 收敛, 而当 $u = \beta$ 时, $\displaystyle\int_a^{+\infty} f(x, \beta) dx$ 发散, 试证积分 $\displaystyle\int_a^{+\infty} f(x, u) dx$ 在 $[\alpha, \beta)$ 上必不一致收敛.

证 (反证) 设 $\int_a^{+\infty} f(x,u)dx$ 在 $[\alpha,\beta)$ 上一致收敛, 据柯西一致收敛准则, 即对任给 $\varepsilon>0$, 存在 $A_0(\varepsilon)>a$, 当 $A_1,A_2>A_0$ 时, $\left|\int_{A_1}^{A_2} f(x,u)dx\right|<\varepsilon$ 对 $u\in[\alpha,\beta)$ 都成立. 因 $f(x,u)$ 在 $a\le x<+\infty$, $\alpha\le u\le\beta$ 上连续, 由常义参变量积分的连续性质有

$$\lim_{u\to\beta}\int_{A_1}^{A_2} f(x,u)dx=\int_{A_1}^{A_2} f(x,\beta)dx.$$

所以 $\left|\int_{A_1}^{A_2} f(x,\beta)dx\right|\le\varepsilon$, 根据广义积分的柯西准则, $\int_a^{+\infty} f(x,\beta)dx$ 收敛, 这与已知 $\int_a^{+\infty} f(x,\beta)dx$ 发散相矛盾. 故 $\int_a^{+\infty} f(x,u)dx$ 在 $[\alpha,\beta)$ 上必不一致收敛.

注 12.5 (1) 本题的证法具有典型性, 适合许多同类型题, 如

$$\int_1^{+\infty}\frac{\ln(1+x^2)}{x^\alpha}dx \qquad (1<\alpha<+\infty),$$

$$\int_1^{+\infty}\frac{\sin^2 x}{x^\alpha(1+x)}dx \qquad (0<\alpha<+\infty).$$

(2) 本题若用定义证明, 不易叙述清楚, 因为 $\lim\limits_{u\to\beta}\int_A^{+\infty} f(x,u)dx=\int_A^{+\infty} f(x,\beta)dx$ 没有理论根据.

例 4 求 $F(x)=\int_0^{+\infty}\frac{1}{\sqrt{t}}e^{-xt}dt$ 的收敛域, 并证明它在收敛域内不一致收敛, 但在收敛域内是连续的.

解

$$F(x)=\int_0^1\frac{1}{\sqrt{t}}e^{-xt}dt+\int_1^{+\infty}\frac{1}{\sqrt{t}}e^{-xt}dt.$$

当 $t\to 0$ 时,

$$\frac{1}{\sqrt{t}}e^{-xt}\sim\frac{1}{\sqrt{t}},$$

故 $\int_0^1\frac{1}{\sqrt{t}}e^{-xt}dt$ 对 $\forall x$ 都收敛.

当 $t\to+\infty$ 时, 由于

$$\lim_{t\to+\infty}\frac{\frac{1}{\sqrt{t}}e^{-xt}}{\frac{1}{t^2}}=\lim_{t\to+\infty}\frac{t^{3/2}}{e^{xt}}=0 \qquad (\text{当 } x>0),$$

故 $\int_1^{+\infty}\frac{1}{\sqrt{t}}e^{-xt}dt$ 当 $x>0$ 时收敛, 当 $x\le 0$ 时 $\frac{1}{\sqrt{t}}e^{-xt}\ge\frac{1}{\sqrt{t}}$.

故 $\int_1^{+\infty}\frac{1}{\sqrt{t}}e^{-xt}dt$ 当 $x\leq 0$ 发散. 所以收敛域为 $x>0$.

由于 $\frac{1}{\sqrt{t}}e^{-xt}$ 在 $1\leq t<+\infty, 0\leq x<+\infty$ 连续, 且 $\int_1^{+\infty}\frac{1}{\sqrt{t}}e^{-xt}dt$ 在 $x>0$ 收敛, 但在 $x=0$ 发散. 由例 3 结论, $\int_1^{+\infty}\frac{1}{\sqrt{t}}e^{-xt}dt$ 在 $x>0$ 不一致收敛, 即 $\int_0^{+\infty}\frac{1}{\sqrt{t}}e^{-xt}dt$ 在 $x>0$ 不一致收敛. 为证 $F(x)$ 在 $x>0$ 连续, 只要证 $F(x)$ 在 $(0,+\infty)$ 内每一点都连续在 $(0,+\infty)$ 内任取 $x_0, \exists\delta$, 使 $x_0>\delta>0$.

因为

$$\frac{1}{\sqrt{t}}e^{-xt}\leq\frac{1}{\sqrt{t}}e^{-\delta t}\qquad(当\ t>0, x\in[\delta,+\infty)),$$

而 $\int_0^{+\infty}\frac{1}{\sqrt{t}}e^{-\delta t}dt$ 收敛. 由魏尔斯特拉斯判别法, $\int_0^{+\infty}\frac{1}{\sqrt{t}}e^{-xt}dt$ 在 $[\delta,+\infty)$ 上一致收敛. 所以, $F(x)=\int_0^{+\infty}\frac{1}{\sqrt{t}}e^{-xt}dt$ 在 $[\delta,+\infty)$ 上连续, 即在点 x_0 连续. 又因 x_0 在 $(0,+\infty)$ 内任取, 所以 $F(x)$ 在 $(0,+\infty)$ 连续.

计算广义参变量积分的理论依据是一致收敛积分的积分性质与微分性质. 所以在进行计算的每一步骤时, 应说明其合理性.

例 5　计算下列参变量积分:

(1) $\int_0^1\frac{x^\beta-x^\alpha}{\ln x}dx,\ \alpha>-1,\beta>-1$;　　(2) $\int_0^{+\infty}\frac{1-e^{-\alpha x}}{xe^x}dx,\ \alpha>-1$;

(3) $\int_0^{+\infty}\left(\frac{1-e^{-ax}}{x}\right)^2dx,\ a>0$.

解　(1) 不妨令 $-1<\alpha<\beta$. 由于

$$\frac{x^\beta-x^\alpha}{\ln x}=\int_\alpha^\beta x^u du.$$

又因为 x^u 在 $\alpha\leq u\leq\beta, 0<x\leq 1$ 上连续, 且 $x^u\leq x^\alpha$, 而 $\int_0^1 x^\alpha dx$ 收敛 $(\alpha>-1)$, 故 $\int_0^1 x^u dx$ 在 $[\alpha,\beta]$ 上一致收敛. 由积分性质定理, 有

$$\int_\alpha^\beta\left(\int_0^1 x^u dx\right)du=\int_0^1\left(\int_\alpha^\beta x^u du\right)dx,$$

所以

$$\int_0^1\frac{x^\beta-x^\alpha}{\ln x}dx=\int_0^1\left(\int_\alpha^\beta x^u du\right)dx=\int_\alpha^\beta\left(\int_0^1 x^u dx\right)du$$

$$=\int_\alpha^\beta\frac{1}{u+1}du=\ln\frac{\beta+1}{\alpha+1}.$$

(2) **方法 1**

$$\frac{1-e^{-\alpha x}}{xe^x}=\int_0^\alpha e^{-(u+1)x}du.$$

因为 $e^{-(u+1)x}$ 在 $0\le x<+\infty,\alpha\le u\le 0$ 连续, 且 $\int_0^{+\infty}e^{-(u+1)x}dx$ 在 $-1<\alpha\le u$ 上一致收敛, 由积分性质定理, 有

$$\int_0^\alpha\left(\int_0^{+\infty}e^{-(u+1)x}dx\right)du=\int_0^{+\infty}\left(\int_0^\alpha e^{-(u+1)x}du\right)dx.$$

所以

$$\begin{aligned}\int_0^{+\infty}\frac{1-e^{-\alpha x}}{xe^x}dx&=\int_0^{+\infty}\left(\int_0^\alpha e^{-(u+1)x}du\right)dx\\&=\int_0^\alpha\left(\int_0^{+\infty}e^{-(u+1)x}dx\right)du\\&=\int_0^\alpha\frac{1}{u+1}du=\ln(\alpha+1).\end{aligned}$$

方法 2 令

$$F(\alpha)=\int_0^{+\infty}\frac{1-e^{-\alpha x}}{xe^x}dx,$$

则 $F(0)=0$. 又

$$\int_0^{+\infty}\left(\frac{1-e^{-\alpha x}}{xe^x}\right)'_\alpha dx=\int_0^{+\infty}e^{-(\alpha+1)x}dx=\frac{1}{\alpha+1}.$$

因 $\frac{1-e^{-\alpha x}}{xe^x}$ 与 $e^{-(\alpha+1)x}$ 在 $0\le x<+\infty,\alpha>-1$ 上连续, $F(\alpha)=\int_0^{+\infty}\frac{1-e^{-\alpha x}}{xe^x}dx$ 在 $\alpha>-1$ 上收敛, 且在 $\alpha>-1$ 上任取一点 α_0, 则存在 $\beta>-1$, 满足 $\alpha_0>\beta>-1$, 而 $\int_0^{+\infty}e^{-(\alpha+1)x}dx$ 在 $\alpha\ge\beta>-1$ 上一致收敛. 由微分性质定理, $F(\alpha)$ 在 $\alpha\ge\beta$ 上可微, 即在 α_0 点可微. 又 α_0 是在 $\alpha>-1$ 中任取, 故 $F(\alpha)$ 在 $\alpha>-1$ 上可微 (可微是局部性概念). 于是

$$F'(\alpha)=\int_0^{+\infty}\left(\frac{1-e^{-\alpha x}}{xe^x}\right)'_\alpha dx=\frac{1}{\alpha+1},$$

$$\begin{aligned}\int_0^{+\infty}\frac{1-e^{-\alpha x}}{xe^x}dx&=F(\alpha)-F(0)=\int_0^\alpha F'(\alpha)d\alpha\\&=\int_0^\alpha\frac{1}{\alpha+1}d\alpha=\ln(\alpha+1).\end{aligned}$$

(3) 先分部积分

$$\begin{aligned}I(a)&=-\int_0^{+\infty}(1-e^{-ax})^2d\left(\frac{1}{x}\right)\\&=-\frac{1}{x}(1-e^{-ax})^2\Big|_0^{+\infty}+2a\int_0^{+\infty}\frac{(1-e^{-ax})e^{-ax}}{x}dx\\&=2a\int_0^{+\infty}\frac{e^{-ax}-e^{-2ax}}{x}dx\\&=2a\int_0^{+\infty}\left(\int_a^{2a}e^{-ux}du\right)dx.\end{aligned}$$

由于 e^{-ux} 在 $0\le x<+\infty,\ a\le u\le 2a(a>0)$ 连续, 且 $\int_0^{+\infty}e^{-ux}dx$ 在 $[a,2a]$ 一致收敛, 故上两积分号可交换. 所以

$$I(a)=2a\int_a^{2a}\left(\int_0^{+\infty}e^{-ux}dx\right)du=2a\int_a^{2a}\frac{1}{u}du=2a\ln 2.$$

注 12.6 本题也可用题 (2) 中的方法 2. 先求 $I'(a)$, 再由 $I(a)-I(0)=\int_0^a I'(a)da$ 求得 $I(a)$. 只是在说明计算合理性时用的是微分性质定理. 读者可试解之.

例 6 利用 $\int_0^{+\infty}\frac{\sin x}{x}dx=\frac{\pi}{2}$ 计算 $\int_0^{+\infty}\frac{\sin^4 x}{x^2}dx$.

解

$$\begin{aligned}\int_0^{+\infty}\frac{\sin^4 x}{x^2}dx&=-\frac{\sin^4 x}{x}\Big|_0^{+\infty}+\int_0^{+\infty}\frac{4\sin^3 x\cos x}{x}dx\\&=\int_0^{+\infty}\frac{(1-\cos 2x)\sin 2x}{x}dx=\int_0^{+\infty}\frac{\sin 2x}{x}dx-\int_0^{+\infty}\frac{\sin 4x}{2x}dx\\&=\frac{\pi}{2}-\frac{\pi}{4}=\frac{\pi}{4}.\end{aligned}$$

12.4 欧拉积分

学习要点

一、基本概念

1. $\Gamma(x)=\int_0^{+\infty}t^{x-1}e^{-t}dt,\ (x>0)$, 称为 Γ 函数.

2. $\mathrm{B}(x,y)=\int_0^1 t^{x-1}(1-t)^{y-1}dt,\ (x>0,y>0)$, 称为 B 函数.

记住 $\mathrm{B}(x,y)$ 还有另一种常用表达式

$$\mathrm{B}(x,y)=\int_0^{+\infty}\frac{t^{x-1}}{(1+t)^{x+y}}dt=\int_0^{+\infty}\frac{z^{y-1}}{(1+z)^{x+y}}dz\qquad(x>0,y>0).$$

上两积分统称欧拉积分.

二、欧拉积分的连续性与可微性

1. $\Gamma(x)=\int_0^{+\infty} t^{x-1}e^{-t}dt$ 在 $(0,+\infty)$ 上连续.

2. $\mathrm{B}(x,y)=\int_0^1 t^{x-1}(1-t)^{y-1}dt$ 在 $x>0,\ y>0$ 连续.

3. (1) 在 $(0,+\infty)$ 上, $\Gamma(x)$ 可任意次在积分号下求导, 例如,

$$\Gamma'(x)=\int_0^{+\infty}\ln t\cdot t^{x-1}e^{-t}dt.$$

(2) 在 $x>0,\ y>0$ 时, $\mathrm{B}(x,y)$ 可任意多次在积分号下求偏导, 例如,

$$\frac{\partial \mathrm{B}(x,y)}{\partial x}=\int_0^1 \ln t\cdot t^{x-1}(1-t)^{y-1}dt$$
$$\frac{\partial \mathrm{B}(x,y)}{\partial y}=\int_0^1 \ln(1-t)\cdot t^{x-1}(1-t)^{y-1}dt$$

三、记住欧拉积分的重要公式与递推式

1. 当 $x>0$ 时, 有 $\Gamma(x+1)=x\Gamma(x)$. 特别,

$$\Gamma(1)=1,\quad \Gamma\left(\frac{1}{2}\right)=\sqrt{\pi}$$
$$\Gamma(n+1)=n!,\quad \Gamma\left(n+\frac{1}{2}\right)=\frac{(2n-1)!!}{2^n}\sqrt{\pi}\qquad (n\in\mathbf{N}).$$

2. 当 $x>0$ 且 $y>0$ 时, 有 $\mathrm{B}(x,y)=\dfrac{\Gamma(x)\Gamma(y)}{\Gamma(x+y)}$. 特别, 当 $x>0$ 且 $y>0$, $\mathrm{B}(x,y)=\mathrm{B}(y,x)$ ($\mathrm{B}(x,y)$ 具有对称性)

$$\mathrm{B}(x+1,y+1)=\frac{xy}{(x+y)(x+y+1)}\mathrm{B}(x,y),$$
$$\mathrm{B}(m+1,n+1)=\frac{m!n!}{(m+n+1)!}\qquad (m,n\in\mathbf{N}).$$

3. 余元公式与加倍公式.

(1) 余元公式: 当 $0<x<1$ 时, 有

$$B(x,1-x)=\Gamma(x)\Gamma(1-x)=\frac{\pi}{\sin\pi x}.$$

(2) 加倍公式: 当 $x>0$ 时, 有

$$\Gamma(2x)=\frac{2^{2x-1}}{\sqrt{\pi}}\Gamma(x)\Gamma\left(x+\frac{1}{2}\right).$$

解题方法

不少广义积分 (包括广义参变量积分), 计算它们的好方法之一就是利用欧拉积分. 因此首先要记住欧拉积分的表达式, 对广义积分作变量代换化为欧拉积分, 再利用欧拉积分的递推式或重要公式. 求得广义积分的值.

例题分析

例 1 计算下列广义积分.

(1) $\displaystyle\int_0^{+\infty} x^{2n+1}e^{-x^2}dx\ (n\in \mathbf{N})$; (2) $\displaystyle\int_0^{\frac{\pi}{2}} \tan^\alpha x dx\ (|\alpha|<1)$;

(3) $\displaystyle\int_0^1 (\ln x)^n dx\ (n\in \mathbf{N})$; (4) $\displaystyle\int_0^{+\infty} \frac{2x^2}{(1+x^2)^3}dx$;

(5) $\displaystyle\int_a^b (x-a)^2\left(\frac{b-x}{x-a}\right)^p dx\ (0<p<1)$.

解 (1)

$$\int_0^{+\infty} x^{2n+1}e^{-x^2}dx \xlongequal{令\ x^2=y} \frac{1}{2}\int_0^{+\infty} y^n e^{-y}dy=\frac{1}{2}\Gamma(n+1)=\frac{n!}{2}.$$

(2)

$$\int_0^{\frac{\pi}{2}} \tan^\alpha x dx \xlongequal{令\ \tan x=y} \int_0^{+\infty}\frac{y^\alpha}{1+y^2}dy \xlongequal{令\ y^2=u} \frac{1}{2}\int_0^{+\infty}\frac{u^{\frac{\alpha}{2}-\frac{1}{2}}}{1+u}du$$
$$=\frac{1}{2}\mathrm{B}\left(\frac{\alpha}{2}+\frac{1}{2},\frac{1}{2}-\frac{\alpha}{2}\right)=\frac{1}{2}\frac{\pi}{\sin\left(\frac{\alpha}{2}+\frac{1}{2}\right)\pi}=\frac{\pi}{2\cos\frac{\alpha\pi}{2}}.$$

(3)

$$\int_0^1 (\ln x)^n dx \xlongequal{令\ \ln x=-t} \int_0^{+\infty}(-1)^n t^n e^{-t}dt$$
$$=(-1)^n\Gamma(n+1)=(-1)^n n!.$$

(4)

$$\int_0^{+\infty}\frac{2x^2}{(1+x^2)^3}dx \xlongequal{令\ x^2=y} \int_0^{+\infty}\frac{y^{\frac{3}{2}-1}}{(1+y)^3}dy=\mathrm{B}\left(\frac{3}{2},\frac{3}{2}\right)$$
$$=\frac{\Gamma\left(\frac{3}{2}\right)\Gamma\left(\frac{3}{2}\right)}{\Gamma(3)}=\frac{\left(\frac{1}{2}\right)^2\left[\Gamma\left(\frac{1}{2}\right)\right]^2}{2}=\frac{\pi}{8}.$$

(5) 利用变量代换, 使 $[a,b]\to[0,1]$. 故令 $t=\dfrac{x-a}{b-a}$, 则

$$\begin{aligned}
&\int_a^b (x-a)^2\left(\frac{b-x}{x-a}\right)^p dx=(b-a)^3\int_0^1 t^{2-p}(1-t)^p dt\\
=&(b-a)^3\mathrm{B}(3-p,1+p)=(b-a)^3\frac{\Gamma(3-p)\Gamma(1+p)}{\Gamma(4)}\\
=&\frac{p(2-p)(1-p)(b-a)^3}{6}\Gamma(1-p)\Gamma(p)\\
=&\frac{p(2-p)(1-p)(b-a)^3}{6}\frac{\pi}{\sin p\pi}\qquad(0<p<1).
\end{aligned}$$

例 2 计算极限.

(1) $\displaystyle\lim_{n\to\infty}\int_0^{+\infty}\frac{1+x^n}{1+x^{2n}}dx$;　　(2) $\displaystyle\lim_{n\to\infty}\int_0^{+\infty}x^2e^{-x^{2n}}dx$.

解 (1)

$$\begin{aligned}
\int_0^{+\infty}\frac{1+x^n}{1+x^{2n}}dx &\xlongequal{令\ x^{2n}=t}\int_0^{+\infty}\frac{1+\sqrt{t}}{1+t}\frac{1}{2n}t^{\frac{1}{2n}-1}dt\\
&=\frac{1}{2n}\left(\int_0^{+\infty}\frac{t^{\frac{1}{2n}-1}}{1+t}dt+\int_0^{+\infty}\frac{t^{\frac{1}{2n}+\frac12-1}}{1+t}dt\right)\\
&=\frac{1}{2n}\left[\mathrm{B}\left(\frac{1}{2n},1-\frac{1}{2n}\right)+\mathrm{B}\left(\frac{1}{2n}+\frac12,\frac12-\frac{1}{2n}\right)\right]\\
&=\frac{1}{2n}\left[\frac{\pi}{\sin\frac{\pi}{2n}}+\frac{\pi}{\sin\left(\frac{1}{2n}+\frac12\right)\pi}\right]=\frac{\frac{\pi}{2n}}{\sin\frac{\pi}{2n}}+\frac{\frac{\pi}{2n}}{\cos\frac{\pi}{2n}}.
\end{aligned}$$

故

$$\lim_{n\to\infty}\int_0^{+\infty}\frac{1+x^n}{1+x^{2n}}dx=\lim_{n\to\infty}\left[\frac{\frac{\pi}{2n}}{\sin\frac{\pi}{2n}}+\frac{\frac{\pi}{2n}}{\cos\frac{\pi}{2n}}\right]=1.$$

(2)

$$\begin{aligned}
\int_0^{+\infty}x^2e^{-x^{2n}}dx &\xlongequal{令\ x^{2n}=t}\frac{1}{2n}\int_0^{+\infty}t^{\frac{3}{2n}-1}e^{-t}dt\\
&=\frac{1}{2n}\Gamma\left(\frac{3}{2n}\right)=\frac13\Gamma\left(\frac{3}{2n}+1\right).
\end{aligned}$$

又 $\Gamma(x)$ 在 $(0,+\infty)$ 上连续, 所以

$$\lim_{n\to\infty}\int_0^{+\infty}x^2e^{-x^{2n}}dx=\frac13\lim_{n\to\infty}\Gamma\left(\frac{3}{2n}+1\right)=\frac13\Gamma(1)=\frac13.$$

例 3 计算 $\displaystyle\int_0^{+\infty}\frac{x^a\ln x}{1+x^2}dx,\ -1<a<1.$

解　因为

$$\left(\frac{x^a}{1+x^2}\right)_a' = \frac{x^a \ln x}{1+x^2},$$

先计算

$$F(a) = \int_0^{+\infty} \frac{x^a}{1+x^2}dx \xlongequal{令\ x^2=t} \frac{1}{2}\int_0^{+\infty} \frac{t^{\frac{a}{2}-\frac{1}{2}}}{1+t}dt$$
$$= \frac{1}{2}\mathrm{B}\left(\frac{a}{2}+\frac{1}{2}, \frac{1}{2}-\frac{a}{2}\right) = \frac{1}{2}\frac{\pi}{\sin\dfrac{a+1}{2}\pi} = \frac{\pi}{2\cos\dfrac{a\pi}{2}}.$$

又有 $F(a) = \displaystyle\int_0^{+\infty} \frac{x^a}{1+x^2}dx$ 在 $-1 < a < 1$ 收敛, 在 $|a| < 1$ 中任取 β, 总存在 a_0, 使

$$-1 < -a_0 \le \beta \le a_0 < 1.$$

而且当 x 充分大时,

$$\left|\frac{x^a \ln x}{1+x^2}\right| \le \frac{x^{a_0}\ln x}{1+x^2},$$

而 $\displaystyle\int_1^{+\infty} \frac{x^{a_0}\ln x}{1+x^2}dx$ 收敛, 所以 $\displaystyle\int_1^{+\infty} \frac{x^a \ln x}{1+x^2}dx$ 在 $a \le a_0 < 1$ 一致收敛; 当 x 充分小时,

$$\left|\frac{x^a \ln x}{1+x^2}\right| \le |x^a \ln x| \le -x^{-a_0}\cdot \ln x,$$

而 $\displaystyle\int_0^1 \frac{\ln x}{x^{a_0}}dx$ 收敛, 故 $\displaystyle\int_0^1 \frac{x^a \ln x}{1+x^2}dx$ 在 $a \ge -a_0 > -1$ 一致收敛. 所以 $\displaystyle\int_0^{+\infty} \frac{x^a \ln x}{1+x^2}dx$ 在 $-1 < -a_0 \le a \le a_0 < 1$ 一致收敛.

由一致收敛广义参变量积分的微分性质 (即可在积分号下求导), 故 $F(a)$ 在 $a = \beta$ 可微. 又 β 在 $|a| < 1$ 任取, 故 $F(a)$ 在 $|a| < 1$ 中可微, 所以

$$\int_0^{+\infty} \frac{x^a \ln x}{1+x^2}dx = F'(a) = \frac{\pi^2}{4}\cdot\frac{\sin\dfrac{\pi a}{2}}{\cos^2\dfrac{\pi a}{2}}.$$

或直接根据欧拉积分的可微性定理, 即当 $x > 0, y > 0$ 时, $\mathrm{B}(x, y)$ 可在积分号下求偏导, 推得 $F(a)$ 可在积分号下求导, 即得

$$F'(a) = \int_0^{+\infty} \frac{x^a \ln x}{1+x^2}dx = \frac{\pi^2}{4}\frac{\sin\dfrac{\pi a}{2}}{\cos^2\dfrac{\pi a}{2}}.$$

第 13 章　傅里叶分析

13.1　周期函数的傅里叶级数

学习要点

一、傅里叶 (Fourier) 级数的几种形式

1. 傅里叶级数

以 $2l$ 为周期的函数 $f(x)$ 的傅里叶系数公式为

$$a_n = \frac{1}{l}\int_{-l}^{l} f(x)\cos\frac{n\pi x}{l}\,dx, \qquad n = 0, 1, 2, \cdots,$$

$$b_n = \frac{1}{l}\int_{-l}^{l} f(x)\sin\frac{n\pi x}{l}\,dx, \qquad n = 1, 2, \cdots;$$

相应的三角级数

$$\frac{a_0}{2} + \sum_{n=1}^{\infty}\left(a_n\cos\frac{n\pi x}{l} + b_n\sin\frac{n\pi x}{l}\right)$$

称为 $f(x)$ 的傅里叶级数.

不管级数是否收敛, 不管它是否等于 $f(x)$, 均可记为

$$f(x) \sim \frac{a_0}{2} + \sum_{n=1}^{\infty}\left(a_n\cos\frac{n\pi x}{l} + b_n\sin\frac{n\pi x}{l}\right),$$

2. 傅里叶级数的复数形式

以 $2l$ 为周期的函数 $f(x)$ 的复数形式傅里叶系数公式为

$$C_n = \frac{1}{2l}\int_{-l}^{l} f(x)e^{-i\frac{n\pi x}{l}}\,dx, \qquad n = 0, \pm 1, \pm 2, \cdots,$$

相应的级数

$$\sum_{n=-\infty}^{+\infty} C_n e^{i\frac{n\pi x}{l}}$$

称为 $f(x)$ 的傅里叶级数的复数形式. 利用欧拉公式 $e^{i\theta} = \cos\theta + i\sin\theta$ 可知, 傅里叶级数与其复数形式是等价的.

3. 余弦级数和正弦级数

当 $f(x)$ 是周期为 $2l$ 的偶函数时, $b_n = 0,\ n = 1, 2, \cdots$, 而

$$a_n = \frac{2}{l}\int_0^l f(x)\cos\frac{n\pi x}{l}\,dx, \qquad n = 0, 1, 2, \cdots.$$

这时, $f(x)$ 的傅里叶级数只含余弦项, 称为余弦级数.

当 $f(x)$ 是周期为 $2l$ 的奇函数时, $a_n = 0,\ n = 0, 1, 2, \cdots$, 而

$$b_n = \frac{2}{l}\int_0^l f(x)\sin\frac{n\pi x}{l}\,dx, \qquad n = 1, 2, \cdots.$$

这时, $f(x)$ 的傅里叶级数只含正弦项, 称为正弦级数.

4. 定义在有限区间上的函数的傅里叶级数

(1) $f(x)$ 定义在 $[-l, l]$ 上, 将 $f(x)$ 以 $2l$ 为周期开拓出去, 成为 $F(x), F(x)\Big|_{x\in[-l,l]} = f(x)$, 则其傅里叶展开式为

$$f(x) \sim \frac{a_0}{2} + \sum_{n=1}^{\infty}\left(a_n\cos\frac{n\pi x}{l} + b_n\sin\frac{n\pi x}{l}\right), \qquad |x| \le l,$$

其中

$$a_n = \frac{1}{l}\int_{-l}^l f(x)\cos\frac{n\pi x}{l}\,dx, \qquad n = 0, 1, 2, \cdots,$$
$$b_n = \frac{1}{l}\int_{-l}^l f(x)\sin\frac{n\pi x}{l}\,dx, \qquad n = 1, 2, \cdots.$$

(2) $f(x)$ 定义在 $[0, l]$ 上, 常常先将 $f(x)$ 奇延拓或偶延拓, 再延拓成为以 $2l$ 为周期的函数 $F_1(x), F_2(x)$. 然后求出 $F_1(x), F_2(x)$ 的傅里叶展开式, 限制在 $[0, l]$ 上就分别得到 $f(x)$ 的正弦级数与余弦级数如下:

$$f(x) \sim \sum_{n=1}^{\infty} b_n\sin\frac{n\pi x}{l}, \qquad 0 \le x \le l,$$
$$f(x) \sim \frac{a_0}{2} + \sum_{n=1}^{\infty} a_n\cos\frac{n\pi x}{l}, \qquad 0 \le x \le l,$$

其中

$$b_n = \frac{2}{l}\int_0^l f(x)\sin\frac{n\pi x}{l}\,dx, \qquad n = 1, 2, \cdots,$$
$$a_n = \frac{2}{l}\int_0^l f(x)\cos\frac{n\pi x}{l}\,dx, \qquad n = 0, 1, 2, \cdots.$$

(3) $f(x)$ 定义在 $[a,b]$ 上, 将 $f(x)$ 以 $b-a$ 为周期开拓出去, 则其傅里叶展开式为

$$f(x)\sim\frac{a_0}{2}+\sum_{n=1}^{\infty}\left(a_n\cos\frac{n\pi x}{l}+b_n\sin\frac{n\pi x}{l}\right),\qquad x\in[a,b],$$

其中

$$a_n=\frac{1}{l}\int_a^b f(x)\cos\frac{n\pi x}{l}dx,\qquad n=0,1,2,\cdots,$$

$$b_n=\frac{1}{l}\int_a^b f(x)\sin\frac{n\pi x}{l}dx,\qquad n=1,2,\cdots,\qquad l=\frac{b-a}{2}.$$

二、重要定理

1. 收敛定理

狄利克雷定理 设周期为 $2l$ 的函数 $f(x)$ 在任何有限区间上是逐段光滑的, 则它的傅里叶级数在整个数轴上都收敛, 且在每一个连续点处收敛于 $f(x)$, 而在每个间断点处收敛于函数 $f(x)$ 的左右极限的平均值.

另外, 如 $f(x)$ 还在整个数轴上处处连续, 则其傅里叶级数在整个数轴上绝对一致收敛于 $f(x)$.

2. 贝塞尔 (Bessel) 不等式与帕塞瓦尔 (Parseval) 等式

(1) 设 $f(x)$ 是区间 $[-l,l]$ 上可积且平方可积的函数, 则在所有的 n 次三角多项式中, 当系数是 $f(x)$ 的傅里叶系数时, 它与 $f(x)$ 的平方平均偏差 Δ_n 为最小, 且这个最小偏差可以表达成

$$\Delta_n=\int_{-l}^{l}f^2(x)dx-\pi\left\{\frac{a_0^2}{2}+\sum_{k=1}^{n}(a_k^2+b_k^2)\right\}.$$

由此得出贝塞尔不等式

$$\frac{a_0^2}{2}+\sum_{k=1}^{n}(a_k^2+b_k^2)\le\frac{1}{l}\int_{-l}^{l}f^2(x)dx.$$

(2) 设 $f(x)$ 是区间 $[-l,l]$ 上可积且平方可积的函数, 其傅里叶展开式为

$$f(x)\sim\frac{a_0}{2}+\sum_{n=1}^{\infty}\left(a_n\cos\frac{n\pi x}{l}+b_n\sin\frac{n\pi x}{l}\right),$$

则有帕塞瓦尔等式

$$\frac{a_0^2}{2}+\sum_{n=1}^{\infty}(a_n^2+b_n^2)=\frac{1}{l}\int_{-l}^{l}f^2(x)dx.$$

特别,

(i) 若 $f(x)$ 为偶函数, 帕塞瓦尔等式为

$$\frac{a_0^2}{2}+\sum_{n=1}^{\infty}a_n^2=\frac{2}{l}\int_0^l f^2(x)dx.$$

(ii) 若 $f(x)$ 为奇函数, 帕塞瓦尔等式为

$$\sum_{n=1}^{\infty}b_n^2=\frac{2}{l}\int_0^l f^2(x)dx.$$

解题方法

记住傅里叶级数及其系数公式, 准确写出 $f(x)$ 的傅里叶级数; 根据收敛定理准确写出其和函数, 并利用展式及帕塞瓦尔等式, 求某些数项级数的和.

例题分析

例 1 设 $f(x)=x^2,\ x\in[0,\pi]$.

(1) 将 $f(x)$ 展成以 π 为周期的傅里叶级数, 并说明收敛情况;

(2) 将 $f(x)$ 展成以 2π 为周期的余弦级数;

(3) 将 $f(x)$ 展成以 2π 为周期的正弦级数.

解 (1) $l=\frac{\pi}{2}$, $f(x)$ 在 $[0,\pi]$ 连续, $f(0)\neq f(\pi)$, 故 $f(x)$ 以周期 π 开拓后所成的函数在 $x=0,\ \pi$ 不连续, 其傅里叶系数为

$$\begin{aligned}
a_0&=\frac{2}{\pi}\int_0^{\pi}x^2dx=\frac{2}{3}\pi^2,\\
a_n&=\frac{2}{\pi}\int_0^{\pi}x^2\cos 2nxdx=\frac{1}{n^2},\qquad n=1,2,\cdots,\\
b_n&=\frac{2}{\pi}\int_0^{\pi}x^2\sin 2nxdx=-\frac{\pi}{n},\qquad n=1,2,\cdots,
\end{aligned}$$

于是

$$f(x)\sim\frac{1}{3}\pi^2+\sum_{n=1}^{\infty}\left(\frac{1}{n^2}\cos 2nx-\frac{\pi}{n}\sin 2nx\right)=\begin{cases}x^2, & x\in(0,\pi),\\ \frac{\pi^2}{2}, & x=0,x=\pi.\end{cases}$$

(2) $l=\pi$, 将 $f(x)$ 偶延拓, 即在 $[-\pi,0]$ 上补充 $f(x)$ 的定义, 使其在 $[-\pi,\pi]$ 上为偶函数 (见图 13.1), 这时 $f(x)$ 的傅里叶级数只含余弦项, 且

$$\begin{aligned}
a_0&=\frac{2}{\pi}\int_0^{\pi}x^2dx=\frac{2}{3}\pi^2,\\
a_n&=\frac{2}{\pi}\int_0^{\pi}x^2\cos nxdx=\frac{4(-1)^n}{n^2},\qquad n=1,2,\cdots.
\end{aligned}$$

于是

$$x^2=\frac{1}{3}\pi^2+4\sum_{n=1}^{\infty}\frac{(-1)^n}{n^2}\cos nx \qquad (0\le x\le \pi).$$

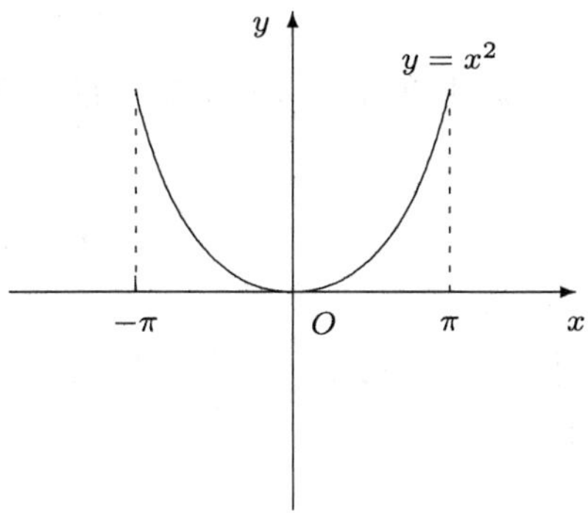

图 13.1

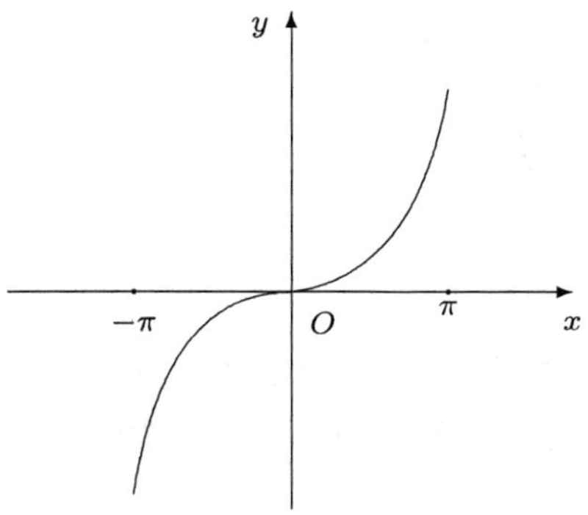

图 13.2

(3) $l=\pi$, 将 $f(x)$ 奇延拓. 即在 $[-\pi,0]$ 上补充 $f(x)$ 的定义, 使其在 $[-\pi,\pi]$ 上为奇函数 (见图 13.2), 这时 $f(x)$ 的傅里叶级数只含正弦项, 且

$$b_n=\frac{2}{\pi}\int_0^{\pi}x^2\sin nxdx=\frac{2\pi}{n}(-1)^{n-1}+\frac{4}{\pi n^3}[(-1)^n-1].$$

于是

$$x^2=\sum_{n=1}^{\infty}\left\{\frac{2\pi}{n}(-1)^{n-1}+\frac{4}{\pi n^3}[(-1)^n-1]\right\}\sin nx \qquad (0\le x<\pi).$$

当 $x=\pi$ 时, 其正弦级数收敛于 0.

注 13.1 从上题看出, 由于要求不同, 所得 $f(x)$ 的傅里叶展开式各不相同, 但只要满足收敛定理的条件, 它们都能表示 $f(x)$.

例 2 将函数 $f(x)=10-x\ (5\le x\le 15)$ 展开成周期为 10 的傅里叶级数.

解 $f(x)$ 在 $[5,15]$ 上连续. 但 $f(5)\neq f(15)$, 所以其傅里叶级数在 $5<x<15$ 收敛于 $f(x)=10-x$, 在 $x=5,15$ 处, 收敛于 $\dfrac{f(5)+f(15)}{2}=0$.

$$a_n=\frac{1}{5}\int_5^{15}(10-x)\cos\frac{n\pi}{5}xdx=0, \qquad n=0,1,2,\cdots,$$

$$b_n=\frac{1}{5}\int_5^{15}(10-x)\sin\frac{n\pi}{5}xdx=\frac{(-1)^n10}{n\pi}, \qquad n=1,2,\cdots.$$

即

$$10-x=\frac{10}{\pi}\sum_{n=1}^{\infty}\frac{(-1)^n}{n}\sin\frac{n\pi}{5}x \qquad (5<x<15).$$

例 3 设

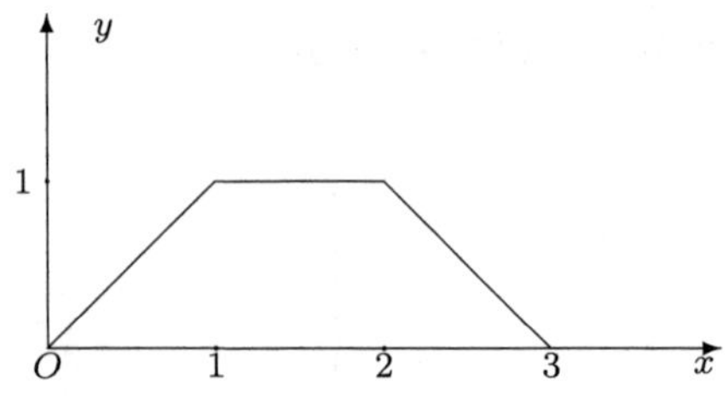

图 13.3

$$f(x)=\begin{cases} x, & 0\le x<1,\\ 1, & 1\le x<2,\\ 3-x, & 2\le x\le 3,\end{cases}$$

试将其展开成周期为 3 的傅里叶级数.

解　函数 $f(x)$ 在 $[0,3]$ 上的图形如图 13.3.

$f(x)$ 在 $[0,3]$ 上连续, $f(0)=f(3)$, 又图形关于直线 $x=\dfrac{3}{2}$ 对称, 即 $f(x)$ 以周期为 3 开拓后所成的函数为偶函数, 于是

$$b_n=0,$$
$$a_0=\frac{2}{3}\int_0^3 f(x)dx=\frac{2}{3}\left[\int_0^1 xdx+\int_1^2 1dx+\int_2^3(3-x)dx\right]=\frac{4}{3},$$

$$\begin{aligned}a_n&=\frac{2}{3}\int_0^3 f(x)\cos\frac{2n\pi x}{3}dx=\frac{4}{3}\int_0^{\frac{3}{2}} f(x)\cos\frac{2n\pi x}{3}dx\\&=-\frac{3}{n^2\pi^2}\left(1-\cos\frac{2n\pi}{3}\right)=-\frac{3}{n^2\pi^2}\left[1+(-1)^{n+1}\cos\frac{n\pi}{3}\right].\end{aligned}$$

故有

$$f(x)=\frac{2}{3}-\frac{3}{\pi^2}\sum_{n=1}^{\infty}\frac{1}{n^2}\left[1+(-1)^{n+1}\cos\frac{n\pi}{3}\right]\cos\frac{2n\pi x}{3}\qquad(0\le x\le 3).$$

例 4　把 $y=x-l\ (0\le x\le 2l)$ 展开成周期为 $2l$ 的傅里叶级数, 并求:

(1) 傅里叶级数在 $x=\dfrac{5l}{2}$ 处的值;

(2) $\displaystyle\sum_{n=1}^{\infty}\frac{\sin n}{n},\ \sum_{n=1}^{\infty}\frac{\sin 9n}{n}$;

(3) 利用帕塞瓦尔等式求 $\displaystyle\sum_{n=1}^{\infty}\frac{1}{n^2}$.

解　如图 13.4, $y=x-l$ 以 $2l$ 为周期开拓后所成的函数为奇函数, 于是

$$a_n=0,$$
$$b_n=\frac{2}{l}\int_0^l(x-l)\sin\frac{n\pi x}{l}dx=-\frac{2l}{n\pi},$$

于是

$$x-l=-\frac{2l}{\pi}\sum_{n=1}^{\infty}\frac{1}{n}\sin\frac{n\pi x}{l}\qquad(0<x<2l),$$

在 $x=0,2l$ 处, 级数收敛于 0.

(1) 注意到, $f(x)$ 的傅里叶级数在 $(-\infty,+\infty)$ 上都收敛, 其和函数 $S(x)$ 是以 $2l$ 为周期, 局限在 $[0,2l]$ 上,

$$S(x)=\begin{cases} x-l, & 0<x<2l,\\ 0, & x=0,2l,\end{cases}$$

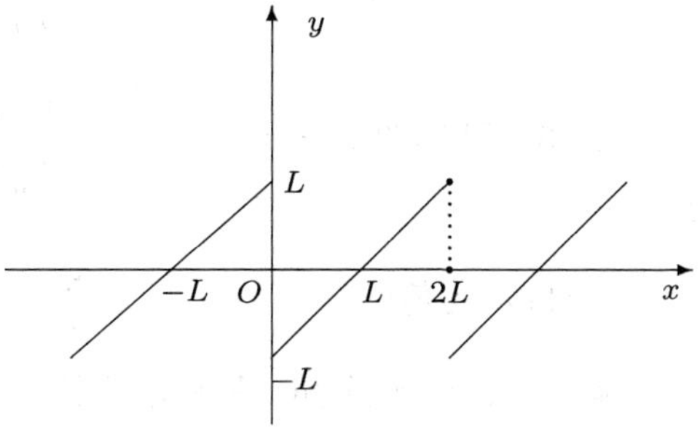

图 13.4

所以

$$S\left(\frac{5l}{2}\right)=S\left(\frac{l}{2}\right)=\frac{l}{2}-l=-\frac{l}{2}.$$

(2) 由展式

$$x-l=-\frac{2l}{\pi}\sum_{n=1}^{\infty}\frac{1}{n}\sin\frac{n\pi x}{l}\qquad(0<x<2l),$$

令 $x=\dfrac{l}{\pi}\in(0,2l)$, 得

$$\frac{l}{\pi}-l=-\frac{2l}{\pi}\sum_{n=1}^{\infty}\frac{\sin n}{n},$$

故

$$\sum_{n=1}^{\infty}\frac{\sin n}{n}=\frac{\pi-1}{2}.$$

令 $x=\dfrac{9l}{\pi}\ (>2l)$ 代入傅里叶级数, 其和函数 $S(x)$ 以 $2l$ 为周期, 于是

$$\begin{aligned}-\frac{2l}{\pi}\sum_{n=1}^{\infty}\frac{\sin 9n}{n}&=S\left(\frac{9l}{\pi}\right)=S\left(\frac{9l}{\pi}-2l\right)\\&=\frac{9l}{\pi}-2l-l\qquad\left(0<\frac{9l}{\pi}-2l<2l\right)\end{aligned}$$

所以

$$\sum_{n=1}^{\infty}\frac{\sin 9n}{n}=\frac{3(\pi-3)}{2}.$$

(3) 由于 $f(x)$ 为奇函数, 帕塞瓦尔等式为

$$\begin{aligned}&\sum_{n=1}^{\infty}b_n^2=\frac{2}{l}\int_0^l f^2(x)dx,\\&\frac{4l^2}{\pi^2}\sum_{n=1}^{\infty}\frac{1}{n^2}=\frac{2}{l}\int_0^l(x-l)^2dx=\frac{2l^2}{3},\end{aligned}$$

故

$$\sum_{n=1}^{\infty}\frac{1}{n^2}=\frac{\pi^2}{6}.$$

例 5 已知等式 $a+|x|=\pi-\frac{4}{\pi}\sum_{n=1}^{\infty}\frac{\cos(2n-1)x}{(2n-1)^2}$, 其中 $-\pi\le x\le\pi$, a 为常数, 求:

(1) a 的值; (2) $\sum_{n=1}^{\infty}\frac{1}{(2n-1)^2}$, $\sum_{n=1}^{\infty}\frac{1}{n^4}$.

解 (1) 由等式知, 傅里叶系数是已知的, 如 $a_0=2\pi$, 又 $f(x)=a+|x|$ 为偶函数, 由系数公式,

$$2\pi=a_0=\frac{2}{\pi}\int_0^{\pi}(a+x)dx=2a+\pi,$$

得

$$a=\frac{\pi}{2}.$$

也可以在收敛区间 $[-\pi,\pi]$ 内找一特殊点代入等式, 求得 a. 如令

$$x=\frac{\pi}{2},\quad a+\frac{\pi}{2}=\pi,$$

得

$$a=\frac{\pi}{2}.$$

(2) 已知等式化为

$$|x|=\frac{\pi}{2}-\frac{4}{\pi}\sum_{n=1}^{\infty}\frac{\cos(2n-1)x}{(2n-1)^2}\qquad(-\pi\le x\le\pi),$$

令 $x=0$, 得

$$\sum_{n=1}^{\infty}\frac{1}{(2n-1)^2}=\frac{\pi^2}{8}.$$

由帕塞瓦尔等式

$$\frac{a_0^2}{2}+\sum_{n=1}^{\infty}a_n^2=\frac{2}{\pi}\int_0^{\pi}f^2(x)dx.$$

即

$$\frac{\pi^2}{2}+\frac{16}{\pi^2}\sum_{n=1}^{\infty}\frac{1}{(2n-1)^4}=\frac{2}{\pi}\int_0^{\pi}x^2dx=\frac{2}{3}\pi^2.$$

推得

$$\sum_{n=1}^{\infty}\frac{1}{(2n-1)^4}=\frac{\pi^4}{96}.$$

又有

$$\sum_{n=1}^{\infty}\frac{1}{n^4}=\sum_{n=1}^{\infty}\frac{1}{(2n-1)^4}+\sum_{n=1}^{\infty}\frac{1}{(2n)^4}=\frac{\pi^4}{96}+\frac{1}{16}\sum_{n=1}^{\infty}\frac{1}{n^4}$$

即

$$\sum_{n=1}^{\infty}\frac{1}{n^4}=\frac{\pi^4}{90}.$$

例 6 设 $f(x)$ 是一个以 2π 为周期的可积与绝对可积的函数, 其傅里叶系数为 a_n, b_n.

(1) 当 $f'(x)$ 连续时, 求 $f'(x)$ 的傅里叶系数;

(2) 当 $f(x)$ 为连续的偶函数时, 求 $\int_0^x f(t)dt\ (-\pi < x \leq \pi)$ 的以 2π 为周期的傅里叶系数;

(3) 如果 $f(x\pm\pi)=-f(x)$, 试证明 $f(x)$ 在 $(-\pi,\pi)$ 内的傅里叶展开只含有奇次谐波, 即 $a_{2n}=0,\ n=0,1,2,\cdots;\ b_{2n}=0,\ n=1,2,\cdots$;

(4) 如果 $f(x\pm\pi)=f(x)$, 试证明 $f(x)$ 在 $(-\pi,\pi)$ 内的傅里叶展开只含有偶次谐波, 即 $a_{2n-1}=b_{2n-1}=0,\ n=1,2,\cdots$.

解 (1) 设

$$f'(x)\sim\frac{\alpha_0}{2}+\sum_{n=1}^{\infty}(\alpha_n\cos nx+\beta_n\sin nx),$$

则

$$\begin{aligned}
\alpha_0&=\frac{1}{\pi}\int_{-\pi}^{\pi}f'(x)dx=\frac{1}{\pi}f(x)\Big|_{-\pi}^{\pi}=0,\\
\alpha_n&=\frac{1}{\pi}\int_{-\pi}^{\pi}f'(x)\cos nxdx\\
&=\frac{1}{\pi}f(x)\cos nx\Big|_{-\pi}^{\pi}+\frac{n}{\pi}\int_{-\pi}^{\pi}f(x)\sin nxdx=nb_n,\\
\beta_n&=\frac{1}{\pi}\int_{-\pi}^{\pi}f'(x)\sin nxdx\\
&=\frac{1}{\pi}f(x)\sin nx\Big|_{-\pi}^{\pi}-\frac{n}{\pi}\int_{-\pi}^{\pi}f(x)\cos nxdx=-na_n.
\end{aligned}$$

(2) 设

$$F(x)=\int_0^x f(t)dt\sim\frac{\alpha_0}{2}+\sum_{n=1}^{\infty}(\alpha_n\cos nx+\beta_n\sin nx),$$

因

$$F(-x) = \int_0^{-x} f(t)dt \xlongequal{\text{令 } t=-u} \int_0^{x} -f(-u)du$$
$$= -\int_0^{x} f(u)du = -F(x),$$

故 $F(x)$ 是奇函数. 于是

$$\begin{aligned}
&\alpha_0 = 0, \quad \alpha_n = 0, \\
&\beta_n = \frac{1}{\pi}\int_{-\pi}^{\pi} F(x)\sin nx dx \\
&= -\frac{1}{n\pi}F(x)\cos nx\Big|_{-\pi}^{\pi} + \frac{1}{n\pi}\int_{-\pi}^{\pi} f(x)\cos nx dx = \frac{1}{n}a_n.
\end{aligned}$$

证 (3)

$$\begin{aligned}
a_m &= \frac{1}{\pi}\int_{-\pi}^{\pi} f(x)\cos mx dx = \frac{1}{\pi}\int_0^{2\pi} f(x)\cos mx dx \\
&\xlongequal{\text{令 } x=t+\pi} \frac{1}{\pi}\int_{-\pi}^{\pi} f(t+\pi)\cos m(t+\pi)dt \\
&= \frac{-1}{\pi}\int_{-\pi}^{\pi} f(t)\cos mt\cdot\cos m\pi dt = \frac{(-1)^{m+1}}{\pi}\int_{-\pi}^{\pi} f(t)\cos mt dt \\
&= (-1)^{m+1}a_m,
\end{aligned}$$

所以, 当 m 为偶数时 $a_m = 0$. 类似可证, 当 m 为偶数时 $b_m = 0$.

(4) 证明方法与 (3) 完全相同.

例 7 将

$$f(x) = \begin{cases} 1, & |x| < a; \\ 0, & a \le |x| < \pi \end{cases}$$

展开成傅里叶级数, 然后利用帕塞瓦尔等式求下列级数的和:

(1) $\displaystyle\sum_{n=1}^{\infty}\frac{\sin^2 na}{n^2}$; (2) $\displaystyle\sum_{n=1}^{\infty}\frac{\cos^2 na}{n^2}$.

解 计算得

$$\begin{aligned}
&a_0 = \frac{1}{\pi}\int_{-a}^{a} 1dx = \frac{2a}{\pi}, \\
&a_n = \frac{1}{\pi}\int_{-a}^{a} \cos nx dx = \frac{2}{n\pi}\sin na, \qquad n = 1, 2, \cdots, \\
&b_n = 0, \qquad n = 1, 2, \cdots,
\end{aligned}$$

故

$$\begin{aligned} f(x) &\sim \frac{a}{\pi} + \sum_{n=1}^{\infty} \frac{2}{n\pi} \sin na \cdot \cos nx \\ &= \begin{cases} f(x), & -\pi < x < \pi, \quad x \neq \pm a, \\ \dfrac{1}{2}, & x = \pm a. \end{cases} \end{aligned}$$

由帕塞瓦尔等式, 有

$$\frac{2a^2}{\pi^2} + \sum_{n=1}^{\infty} \frac{4\sin^2 na}{\pi^2 n^2} = \frac{1}{\pi}\int_{-a}^{a} 1dx = \frac{2a}{\pi}.$$

于是

(1)

$$\sum_{n=1}^{\infty} \frac{\sin^2 na}{n^2} = \left(\frac{2a}{\pi} - \frac{2a^2}{\pi^2}\right) \cdot \frac{\pi^2}{4} = \frac{1}{2}a(\pi - a).$$

(2)

$$\begin{aligned} \sum_{n=1}^{\infty} \frac{\cos^2 na}{n^2} &= \sum_{n=1}^{\infty} \frac{1 - \sin^2 na}{n^2} = \sum_{n=1}^{\infty} \frac{1}{n^2} - \sum_{n=1}^{\infty} \frac{\sin^2 na}{n^2} \\ &= \frac{\pi^2}{6} - \frac{a(\pi - a)}{2} = \frac{\pi^2 - 3a\pi + 3a^2}{6}. \end{aligned}$$

例 8 设 $f(x)$ 是以 2π 为周期的连续函数, a_n, b_n 为其傅里叶系数. 求卷积函数

$$F(x) = \frac{1}{\pi}\int_{-\pi}^{\pi} f(t)f(x+t)dt$$

的傅里叶系数 A_n, B_n. 利用所得结果, 推出帕塞瓦尔等式.

解 易见 $F(x)$ 也是以 2π 为周期的连续函数,

$$\begin{aligned} A_0 &= \frac{1}{\pi}\int_{-\pi}^{\pi} F(x)dx = \frac{1}{\pi}\int_{-\pi}^{\pi} \left[\frac{1}{\pi}\int_{-\pi}^{\pi} f(t)f(x+t)dt\right] dx \\ &= \frac{1}{\pi}\int_{-\pi}^{\pi} f(t) \left[\frac{1}{\pi}\int_{-\pi}^{\pi} f(x+t)dx\right] dt. \end{aligned}$$

但由于

$$\frac{1}{\pi}\int_{-\pi}^{\pi} f(x+t)dx = \frac{1}{\pi}\int_{-\pi-t}^{\pi-t} f(x+t)dx \xlongequal{z=x+t} \frac{1}{\pi}\int_{-\pi}^{\pi} f(z)dz = a_0,$$

所以

$$A_0 = \frac{a_0}{\pi}\int_{-\pi}^{\pi} f(t)dt = a_0^2,$$

$$\begin{aligned}A_n &= \frac{1}{\pi}\int_{-\pi}^{\pi}\left[\frac{1}{\pi}\int_{-\pi}^{\pi} f(t)f(x+t)dt\right]\cos nxdx\\ &= \frac{1}{\pi}\int_{-\pi}^{\pi} f(t)\left[\frac{1}{\pi}\int_{-\pi}^{\pi} f(x+t)\cos nxdx\right]dt,\end{aligned}$$

但由于

$$\begin{aligned}\frac{1}{\pi}\int_{-\pi}^{\pi} f(x+t)\cos nxdx &= \frac{1}{\pi}\int_{-\pi-t}^{\pi-t} f(x+t)\cos nxdx\\ &\xlongequal{\text{令 } z=x+t} \frac{1}{\pi}\int_{-\pi}^{\pi} f(z)\cos n(z-t)dz\\ &= \frac{1}{\pi}\int_{-\pi}^{\pi} f(z)[\cos nz\cdot\cos nt+\sin nz\cdot\sin nt]dz\\ &= a_n\cos nt+b_n\sin nt,\end{aligned}$$

故

$$A_n = \frac{1}{\pi}\int_{-\pi}^{\pi} f(t)[a_n\cos nt+b_n\sin nt]dt = a_n^2+b_n^2.$$

又

$$\begin{aligned}B_n &= \frac{1}{\pi}\int_{-\pi}^{\pi}\left[\frac{1}{\pi}\int_{-\pi}^{\pi} f(t)f(x+t)dt\right]\sin nxdx\\ &= \frac{1}{\pi}\int_{-\pi}^{\pi} f(t)\left[\frac{1}{\pi}\int_{-\pi}^{\pi} f(x+t)\sin nxdx\right]dt,\end{aligned}$$

完全类似, 可得

$$\begin{aligned}\frac{1}{\pi}\int_{-\pi}^{\pi} f(x+t)\sin nxdx &= \frac{1}{\pi}\int_{-\pi}^{\pi} f(z)\sin n(z-t)dz\\ &= \frac{1}{\pi}\int_{-\pi}^{\pi} f(z)[\sin nz\cos nt-\cos nz\sin nt]dz\\ &= b_n\cos nt-a_n\sin nt,\end{aligned}$$

故

$$\begin{aligned}B_n &= \frac{1}{\pi}\int_{-\pi}^{\pi} f(t)[b_n\cos nt-a_n\sin nt]dt\\ &= b_na_n-a_nb_n=0.\end{aligned}$$

于是

$$F(x)\sim\frac{a_0^2}{2}+\sum_{n=1}^{\infty}(a_n^2+b_n^2)\cos nx = F(x),\qquad -\pi<x<\pi.$$

特别令 $x=0$, 有

$$F(0)=\frac{1}{\pi}\int_{-\pi}^{\pi}f^2(t)dt=\frac{a_0^2}{2}+\sum_{n=1}^{\infty}(a_n^2+b_n^2).$$

这正是帕塞瓦尔等式.

13.2 广义傅里叶级数

学习要点

一、基本概念

1. 函数空间 $L^2[a,b]$

区间 $[a,b]$ 上可积且平方可积的复值函数的全体, 记为 $L^2[a,b]$. 定义这个空间的内积与模分别为

$$(f,g)=\int_a^b f(x)\overline{g(x)}dx,$$

$$\|f\|=\sqrt{(f,f)}=\left(\int_a^b|f(x)|^2dx\right)^{\frac{1}{2}},\qquad f,g\in L^2[a,b].$$

2. $L^2[a,b]$ 上的么正系

$L^2[a,b]$ 上一列复值函数

$$\varphi_1(x),\ \varphi_2(x),\cdots,\varphi_n(x),\cdots,$$

若满足

$$\int_a^b\varphi_n(x)\overline{\varphi_m(x)}dx=(\varphi_n,\varphi_m)=\begin{cases}1, & m=n,\\0, & m\neq n,\end{cases}$$

则称为 $L^2[a,b]$ 上的么正系或规范正交系.

3. 设 $g_n(x)\in L^2[a,b]$, $n=1,2,\cdots$, 若存在 $g(x)\in L^2[a,b]$, 使

$$\int_a^b|g_n(x)-g(x)|^2dx\ \to\ 0\qquad(n\to\infty),$$

则称函数列 $\{g_n(x)\}$ 在 $[a,b]$ 上平方平均收敛于函数 $g(x)$.

二、广义傅里叶级数

给定 $L^2[a,b]$ 上的么正系

$$\varphi_1(x),\ \varphi_2(x),\cdots,\varphi_n(x),\cdots,$$

设 $f(x) \in L^2[a,b]$, 则

$$a_m = \int_a^b f(x)\overline{\varphi_m(x)}dx = (f, \varphi_m)$$

称为 $f(x)$ 按幺正系 $\{\varphi_n(x)\}$ 的广义傅里叶系数, 级数

$$\sum_{n=1}^{\infty} a_n \varphi_n(x)$$

称为 $f(x)$ 按幺正系 $\{\varphi_n(x)\}$ 的广义傅里叶级数.

三、完备幺正系

1. 如对任何 $f(x) \in L^2[a,b]$, 都有 (广义帕塞瓦尔等式)

$$\sum_{k=1}^{\infty} |a_k|^2 = \int_a^b |f(x)|^2 dx,$$

其中 a_k 是 $f(x)$ 按幺正系 $\{\varphi_n(x)\}$ 的广义傅里叶系数, 则称幺正系 $\{\varphi_n(x)\}$ 是完备的幺正系.

2. 当幺正函数系 $\{\varphi_n(x)\}$ 是完备的幺正系时, $f(x)$ 按 $\{\varphi_n(x)\}$ 的广义傅里叶级数平方平均收敛于自身.

例题分析

例 1 将 $f(x) = x\ (0 \le x \le L)$ 按正幺系

$$\left\{\sqrt{\frac{2}{L}}\cos\frac{2n+1}{2L}\pi x, \qquad n = 0, 1, 2, \cdots\right\}$$

展开成广义傅里叶级数.

解

$$\begin{aligned}
a_n &= \sqrt{\frac{2}{L}}\int_0^L x\cos\frac{2n+1}{2L}\pi x dx \\
&= \sqrt{\frac{2}{L}}\left[\frac{2L}{(2n+1)\pi}x\sin\frac{2n+1}{2L}\pi x\bigg|_0^L - \int_0^L \frac{2L}{(2n+1)\pi}\sin\frac{2n+1}{2L}\pi x dx\right] \\
&= \sqrt{\frac{2}{L}}\left[\frac{2L^2}{(2n+1)\pi}\sin\frac{(2n+1)\pi}{2} + \frac{4L^2}{(2n+1)^2\pi^2}\cos\frac{(2n+1)}{2L}\pi x\bigg|_0^L\right] \\
&= \sqrt{\frac{2}{L}}\left[\frac{(-1)^n 2L^2}{(2n+1)\pi} - \frac{4L^2}{(2n+1)^2\pi^2}\right],
\end{aligned}$$

所以

$$f(x) \sim \sum_{n=0}^{\infty}\left[\frac{(-1)^n 4L}{(2n+1)\pi} - \frac{8L}{(2n+1)^2\pi^2}\right]\cos\frac{(2n+1)}{2L}\pi x.$$

13.3 傅里叶变换

学习要点

一、傅里叶积分

为讨论定义在整个数轴上的非周期函数, 引入了傅里叶积分.

$f(x)$ 的傅里叶积分是

$$\int_0^{\infty}[A(\lambda)\cos\lambda x+B(\lambda)\sin\lambda x]d\lambda,$$

其中

$$A(\lambda)=\frac{1}{\pi}\int_{-\infty}^{\infty}f(t)\cos\lambda t dt,$$
$$B(\lambda)=\frac{1}{\pi}\int_{-\infty}^{\infty}f(t)\sin\lambda t dt.$$

二、收敛定理

如果定义在整个数轴上的函数 $f(x)$ 在任意有限区间上逐段光滑, 并且在 $(-\infty,+\infty)$ 上绝对可积, 则 $f(x)$ 的傅里叶积分在任意点处收敛于 $f(x)$ 在该点的左、右极限的平均值, 即

$$\begin{aligned}\frac{f(x+0)+f(x-0)}{2}&=\int_0^{+\infty}[A(\lambda)\cos\lambda x+B(\lambda)\sin\lambda x]d\lambda\\&=\frac{1}{\pi}\int_0^{+\infty}d\lambda\int_{-\infty}^{+\infty}f(t)\cos\lambda(x-t)dt,\end{aligned}$$

特别在 $f(x)$ 的连续点上, 傅里叶积分就收敛于 $f(x)$, 即

$$f(x)=\frac{1}{\pi}\int_0^{+\infty}d\lambda\int_{-\infty}^{+\infty}f(t)\cos\lambda(x-t)dt.$$

三、傅里叶变换

$f(x)$ 的傅里叶变换为

$$F(\lambda)=F[f]=\int_{-\infty}^{+\infty}f(x)e^{-i\lambda x}dx,$$

反演公式 (即傅里叶逆变换公式) 为

$$f(x)=\frac{1}{2\pi}\int_{-\infty}^{+\infty}F(\lambda)e^{i\lambda x}d\lambda.$$

在 $f(x)$ 的间断点 x 处, 上述反演公式的左端应改为

$$\frac{1}{2}[f(x+0)+f(x-0)].$$

四、余弦变换与正弦变换

当 $f(x)$ 是偶函数时, $f(x)$ 的傅里叶变换为

$$F(\lambda)=2\int_0^{+\infty} f(x)\cos\lambda x dx.$$

这时, 它称为 $f(x)$ 的余弦变换, 其反演公式为

$$f(x)=\frac{1}{\pi}\int_0^{+\infty} F(\lambda)\cos\lambda x d\lambda,$$

也称为 $f(x)$ 的傅里叶余弦公式 (或余弦逆变换公式).

当 $f(x)$ 是奇函数时, $f(x)$ 的傅里叶变换为

$$F(\lambda)=-2i\int_0^{+\infty} f(x)\sin\lambda x dx,$$

称

$$G(\lambda)=2\int_0^{+\infty} f(x)\sin\lambda x dx$$

为 $f(x)$ 的正弦变换, 其逆变换公式为

$$f(x)=\frac{1}{\pi}\int_0^{+\infty} G(\lambda)\sin\lambda x d\lambda$$

也称为 $f(x)$ 的傅里叶正弦公式.

五、傅里叶变换的几个重要性质

1. 线性性

$$F[\alpha f+\beta g]=\alpha F[f]+\beta F[g],$$

其中, α,β 为任意常数.

2. 若当 $|x|\to\infty$ 时 $f(x)\to 0$, 且 $f'(x)$ 的傅里叶变换存在, 则

$$F[f'(x)]=-i\lambda F[f(x)].$$

这个性质很重要, 它把微商运算变成乘上一个因子 $(-i\lambda)$.

3. $F[f*g]=F[f]\cdot F[g]$, 即把卷积变成普通乘法.

解题方法

1. 记住一些基本公式, 会把定义在 $(-\infty,+\infty)$ 上或 $(0,+\infty)$ 上的函数 $f(x)$ 表示成傅里叶积分, 或求 $f(x)$ 的傅里叶变换、正弦变换与余弦变换.

2. 利用傅里叶变换, 求某些不易求的积分值.

3. 利用傅里叶变换, 求某些积分方程的解.

例题分析

例 1 用傅里叶积分表示 $f(x)=\dfrac{1}{a^2+x^2}$, $a>0$.

解 $f(x)$ 是全实数轴上的连续函数, 且满足收敛条件, 故其傅里叶积分在每一点处都收敛于 $f(x)$ 自身. 另外, $f(x)$ 是偶函数, 故 $B(\lambda)=0$, 而

$$\begin{aligned}A(\lambda)&=\frac{1}{\pi}\int_{-\infty}^{+\infty}f(t)\cos\lambda tdt=\frac{1}{\pi}\int_{-\infty}^{+\infty}\frac{\cos\lambda t}{a^2+t^2}dt\\&=\frac{1}{a}e^{-a\lambda}\qquad(\text{拉普拉斯积分}),\end{aligned}$$

所以

$$f(x)=\int_0^{+\infty}A(\lambda)\cos\lambda xd\lambda,$$

即

$$\frac{1}{a^2+x^2}=\frac{1}{a}\int_0^{+\infty}e^{-a\lambda}\cos\lambda xd\lambda.$$

例 2 设 $f(x)=xe^{-a|x|}$, $a>0$, 求它的傅里叶变换.

解 $f(x)$ 是奇函数, 所以

$$F(\lambda)=-2i\int_0^{+\infty}xe^{-ax}\sin\lambda xdx,$$

考虑积分

$$\begin{aligned}\int_0^{+\infty}xe^{(i\lambda-a)x}dx&=\frac{x}{i\lambda-a}e^{(i\lambda-a)x}\Big|_0^{+\infty}-\int_0^{+\infty}\frac{1}{i\lambda-a}e^{(i\lambda-a)x}dx\\&=-\frac{1}{(i\lambda-a)^2}e^{(i\lambda-a)x}\Big|_0^{+\infty}=\frac{1}{(i\lambda-a)^2}\\&=\frac{1}{a^2-\lambda^2-2i\lambda a}=\frac{a^2-\lambda^2+2i\lambda a}{(a^2-\lambda^2)^2+4\lambda^2a^2}\\&=\frac{a^2-\lambda^2+2i\lambda a}{(a^2+\lambda^2)^2},\end{aligned}$$

上式虚部应相等, 得

$$\int_0^{+\infty} xe^{-ax}\sin\lambda x dx=\frac{2\lambda a}{(a^2+\lambda^2)^2}.$$

故

$$F(\lambda)=F[f]=\frac{-4ia\lambda}{(a^2+\lambda^2)^2}.$$

例 3 利用傅里叶变换, 求拉普拉斯积分

$$\int_0^{+\infty}\frac{\cos xt}{a^2+t^2}dt \qquad (a>0,x\geq 0),$$
$$\int_0^{+\infty}\frac{t\sin xt}{a^2+t^2}dt \qquad (a>0,x>0).$$

解 对 $f(x)=e^{-ax}$ $(a>0,x\geq 0)$ 作傅里叶正弦变换和余弦变换

$$G(\lambda)=2\int_0^{+\infty}e^{-ax}\sin\lambda x dx=\frac{2\lambda}{a^2+\lambda^2},$$
$$F(\lambda)=2\int_0^{+\infty}e^{-ax}\cos\lambda x dx=\frac{2a}{a^2+\lambda^2}.$$

分别用反变换公式, 同时注意到公式只在连续点成立, 而正弦变换是先对 $f(x)=e^{-ax}$ 奇开拓到负半轴, 此时 $f(x)$ 在 $x=0$ 间断, 而余弦变换是先对 $f(x)=e^{-ax}$ 偶开拓到负半轴, 此时 $f(x)$ 在 $x=0$ 连续. 故有

$$\frac{1}{\pi}\int_0^{+\infty}\frac{2\lambda}{a^2+\lambda^2}\sin\lambda x d\lambda=e^{-ax} \qquad (a>0,\ x>0),$$
$$\frac{1}{\pi}\int_0^{+\infty}\frac{2a}{a^2+\lambda^2}\cos\lambda x d\lambda=e^{-ax} \qquad (a>0,\ x\geq 0),$$

即

$$\int_0^{+\infty}\frac{t\sin xt}{a^2+t^2}dt=\frac{\pi}{2}e^{-ax} \qquad (a>0,x>0),$$
$$\int_0^{+\infty}\frac{\cos xt}{a^2+t^2}dt=\frac{\pi}{2a}e^{-ax} \qquad (a>0,x\geq 0).$$

例 4 利用傅里叶变换证明

$$\int_0^{+\infty}\frac{\sin\alpha\cos\alpha x}{\alpha}d\alpha=\begin{cases}\dfrac{\pi}{2}, & |x|<1,\\ \dfrac{\pi}{4}, & |x|=1,\\ 0, & |x|>1.\end{cases}$$

解 取

$$f(x)=\begin{cases}1, & |x|<1,\\ 0, & |x|>1.\end{cases}$$

对它作傅里叶变换. 由于 $f(x)$ 为偶函数, 故

$$F(\lambda)=2\int_0^{+\infty}f(x)\cos\lambda x dx=2\int_0^1\cos\lambda x dx=\frac{2\sin\lambda}{\lambda},$$

应用反变换公式, 有

$$\frac{1}{\pi}\int_0^{+\infty}F(\lambda)\cos\lambda x d\lambda=\frac{2}{\pi}\int_0^{+\infty}\frac{\sin\lambda\cos\lambda x}{\lambda}d\lambda=\begin{cases}f(x), & |x|\neq 1,\\ \dfrac{1}{2}, & |x|=1,\end{cases}$$

即证得

$$\int_0^{+\infty}\frac{\sin\alpha\cos\alpha x}{\alpha}d\alpha=\begin{cases}\dfrac{\pi}{2}, & |x|<1,\\ \dfrac{\pi}{4}, & |x|=1,\\ 0, & |x|>1.\end{cases}$$

特别令 $x=0$, 即得重要的狄利克雷积分

$$\int_0^{+\infty}\frac{\sin\alpha}{\alpha}d\alpha=\int_0^{+\infty}\frac{\sin x}{x}dx=\frac{\pi}{2}.$$

例 5 已知积分方程

$$\int_0^{+\infty}g(t)\cos xtdt=\begin{cases}\cos x, & |x|\leq\dfrac{\pi}{2};\\ 0, & |x|>\dfrac{\pi}{2}.\end{cases}$$

求 $g(x)$.

分析 方程中的广义积分与余弦变换式或余弦公式相差个系数, 当凑成余弦变换, 则 $g(x)$ 便是像原函数; 当凑成余弦公式, 则 $g(x)$ 便是已知函数的傅里叶变换, 即像函数.

解 **方法 1** 由已知

$$2\int_0^{+\infty}g(t)\cos xtdt=\begin{cases}2\cos x, & |x|\leq\dfrac{\pi}{2}\\ 0, & |x|>\dfrac{\pi}{2}\end{cases}$$
$$=F(x),$$

$F(x)$ 便是 $g(t)$ 的余弦变换, $g(t)$ 便是像原函数. 故

$$g(x)=\frac{1}{\pi}\int_0^{+\infty}F(\lambda)\cos\lambda xd\lambda=\frac{2}{\pi}\int_0^{\frac{\pi}{2}}\cos\lambda\cos\lambda xd\lambda$$
$$=\frac{2\cos\dfrac{\pi}{2}x}{\pi(1-x^2)}.$$

方法 2　由已知

$$\frac{1}{\pi}\int_0^{+\infty} g(t)\cos xtdt = \begin{cases} \frac{1}{\pi}\cos x, & |x| \le \frac{\pi}{2} \\ 0, & |x| > \frac{\pi}{2} \end{cases}$$
$$= f(x),$$

$f(x)$ 为偶函数, $g(t)$ 便是 $f(x)$ 的余弦变换. 故

$$g(\lambda) = 2\int_0^{+\infty} f(x)\cos\lambda xdx = \frac{2}{\pi}\int_0^{\frac{\pi}{2}} \cos x\cos\lambda xdx = \frac{2\cos\frac{\pi}{2}\lambda}{\pi(1-\lambda^2)},$$

即

$$g(x) = \frac{2\cos\frac{\pi}{2}x}{\pi(1-x^2)}.$$